바른 길

분명한 나팔 소리를 내는 성직자들의 필수적인 요소

존 C. 라일 지음 | 박영호 옮김

기독교문서선교회

기독교문서선교회(Christian Literature Crusade: 약칭 **CLC**)는
1941년 영국 콜체스터에서 켄 아담스에 의해 시작되었으며
국제 본부는 영국의 쉐필드에 있습니다.
국제 CLC는 59개 나라에서 180개의 본부를 두고, 약 650여 명의
선교사들이 이동도서차량 40대를 이용하여 문서 보급에 힘쓰고 있으며
이메일 주문을 통해 130여 국으로 책을 공급하고 있습니다.
한국 CLC는 청교도적 복음주의 신학과 신앙서적을 출판하는
문서선교기관으로서, 한 영혼이라도 구원되길 소망하면서
주님이 오시는 그날까지 최선을 다할 것입니다.

No Uncertain Sound

Written by
John C. Ryle

Translated by
Young Ho Park

Korean Edition
Copyright © 2013 by Christian Literature Crusade
Seoul, Korea

추천사

D. M. 로이드 존스 박사
前 웨스트민스터교회 목사

　내가 오랜 세월 동안 복음 사역을 해오며 주시해 온 가장 고무적이고 희망적인 현상 중의 하나는 존 C. 라일(John Charles Ryle) 주교의 저서들이 새로운 관심으로 조명을 받고 있다는 것입니다.
　라일 주교는 생전에 복음적 개혁주의 신앙의 대표자이자, 가장 유명한 사람으로서 알려졌고, 특출한 면모를 보이며 사랑을 받았습니다. 그러나 여러 가지 이유로 그의 이름과 저서들은 오늘날 복음주의자들에게 잊혀지고 낯설게 되어 아쉬운 감이 있었습니다. 라일 주교의 저서들은 영국에서도 찾아보기가 어려운 형편이고, 그와 동시대 인물인 모울(Handley Carr Glyn Moul, 1841-1920) 목사도 라일 주교와 같이 잊혀진 존재가 되어 나에게 큰 안타까움을 주었습니다. 하지만 다행히 라일 주교와 모울 목사의 저서들은 재발견되고 있으며, 재출간의 요망이 증가하고 있으니 참 다행입니다.
　라일 주교의 저서를 읽어본 사람들은 누구나 그의 위대한 저술들을 새롭게 묶어 내놓은 라일 『신앙강좌 길 시리즈』에 깊은 감사를 느낄 것입니다. 내가 20년 전 이 책을 중고 책방에서 우연히 발견하고 읽으며 받았던 영적, 정신적 만족은 잊혀지지 않는 영적 감격으로 남아있습니다.

라일『신앙강좌 길 시리즈』중의『바른 길』은 어떠한 서문도 머리말도 필요하지 않습니다. 그러나 모든 독자가 라일이 글을 쓸 수밖에 없었던 상황을 제시하는 그의 서문을 읽게 되는 것은 아주 값진 일입니다.

라일 주교의 문체와 문장은 분명합니다. 그는 항상 매우 탁월할 정도로 성경적이며 주해적입니다. 그는 먼저 한 이론을 제시하고 성경의 여러 본문을 그 이론에 끼워 맞추는 방식을 결코 취하지 않습니다. 다만 항상 말씀으로 시작하여 그 말씀을 상세히 설명합니다. 그리고 그 설명은 가장 뛰어나고 가장 훌륭한 주석입니다. 또한 그 주석은 항상 명확하고 논리적이며, 언제나 명백한 교리의 선포로 나아갑니다. 더욱이 그 어조는 강하고 힘이 넘쳐 종종 "경건하다"라는 것으로 묘사되는 감상주의로부터 멀리 떨어져 있습니다.

라일 주교는 17세기의 위대한 청교도 고전 작가들의 샘물에 깊이 목을 축이고 있었습니다. 아니, 그의 책은 오히려 현대적 양식을 지닌, 참으로 읽을 만한 청교도 신학의 정수라고 부르는 것이 더 정확 할 것입니다.

그의 위대한 청교도 스승들과 마찬가지로, 라일 주교의 이『신앙강좌 길 시리즈』역시 쉬운 길을 제시하고 있지 않습니다. 어떤 "잠재적인" 방법을 따라 성결에 도달하는 길을 제시하는 것도 아닙니다. 그러나, 그는 항상 "의에 주리고 목마름"을 불러 일으켜, 의로 "채워질" 유일한 필요불가결의 조건을 형성하게 합니다.

라일의『바른 길』이 널리 읽혀지기를 바라며, 이 모든 것을 통하여 하나님의 이름이 더욱더 찬양되며 영광받으시길 바랍니다.

발간사

박영호 박사
(前)한국성서대학교 교수/CLC 대표

본서 『바른 길』(No Uncertain Sound)의 모든 교지와 연설(Charges and Addresses)은 존 라일이 리버풀교구의 성직자들을 어떻게 성경적 원리를 따라 가르치려고 했으며, 그들에게 복음적 교리와 행위의 중요성을 심어주려 했는지를 "분명한 나팔 소리"로 보여줍니다. 라일의 메시지는 오늘의 한국교회 성직자들에게 꼭 필요한 메시지로 큰 도전이 될 것을 확신하여 출간한 것입니다. 비록 잉글랜드 국교회의 주교의 메시지이지만 교파를 초월하여 한국의 성직자들이 꼭 들어야할 진실한 메시지입니다.

사실 잉글랜드 국교회에는 많은 주교가 있었으며 그들 가운데는 훌륭한 주교가 있었고 그렇지 못한 주교도 있었습니다. 어떤 주교들은 "호곡도 추가도 없이"(unwept, and unsung) 사라졌습니다. 그러나 새로운 리버풀교구의 첫 번째 주교(1880-1900년)인 존 C. 라일은 그렇지 않았습니다. 그는 참으로 우리 한국 성직자들이 본받을 빛나는 주교였습니다. 잉글랜드 국교회에서는 교구(教區)라는 단위로 행정구역을 만들어 그 교구인 사목구에 주교를 두고 교회를 형성시키고 있었습니다. 부제는 주교와 사제를 돕는 봉사자의 역할을 했습니다. 사제는 각 교구 내의 소속성당의 신부이었습니다.

존 라일은 탁월한 학식과 강인한 성품, 한없이 너그러운 심성 및 끝없는 열정을 지녔습니다. 그는 세계적으로 유명한 도시 및 산업 발전으로 잘 알려진 리버풀교구에서 하나님 나라와 진리를 위한 운동을 조직하고 발전시키는 사역을 결코 가볍게 생각하지 않았습니다. 하나님의 사람으로서 그는 성경의 완전 영감 및 충족성에 대한 절대적 신앙을 가지고 있었습니다. 16세기 종교개혁 시절 법으로 설립된 잉글랜드 국교회의 개혁주의적 특성을 사수하려는 그의 결심은 이러한 신앙과 무관하지 않았습니다. 그에게 있어서 순수한 하나님의 말씀에 기초한 그리고 그것에 의해 형성된 교리와 체험 및 삶은 교회의 생명을 유지하는 본질이었습니다.

존 라일은 리버풀교구에서 막중한 과업을 맡았습니다. 대부분의 사람들이 평생의 일(a life-work)이 주는 긴장과 압박에서 벗어나 은퇴를 생각할 무렵인 65세에 리버풀교구의 주교로 부름 받은 그는 때를 가리지 않고 지칠 줄 모르는 불굴의 정신으로 사역에 임했습니다.

존 라일은 오늘날 독자들에게 강해 및 전기 저서를 통해 잘 알려져 있습니다. 그의 『사복음서 강해』와 『신앙강좌 길 시리즈』는 참으로 귀한 책입니다.

영국 내에서 라일은 생명의 말씀을 제시하고 믿음의 선한 싸움을 싸운 최고의 반열에 올라 있었습니다. 그는 빅토리아 시대를 대표하는 주님의 종 가운데 한 분이었습니다. 그에게는 언제나 성령의 은혜가 머물러 있었습니다. 그는 지금도 타락한 세대를 향해 부르짖고 있으며 우리는 들어야 합니다. 라일의 책은 다음과 같은 이유로 영구성을 지니고 있습니다.

첫째, 라일은 성경을 해석한 사람이었습니다. 그는 성경의 진리를 제시했기에 그의 저술은 시대의 제한을 받지 않습니다. 그는 일시적인 사조나 종교적인 유행에 관심을 두지 않고 하나님 계시의 영원한 진리에 관심을 두었습니다.

둘째, 라일은 글쓰는 기술이 있었습니다. 그의 글은 명료하고 이해하기 쉽게 성경의 메시지를 제시합니다. 그렇기에 그의 글은 오랜 시간이라는 시험을 통과하여 우리 앞에 있습니다.

셋째, 라일은 진리라고 믿는 사실을 두려움 없이 고수했습니다. 오늘의 그리스도인들은 그런 인물을 고대하고 있습니다. 이런 태도는 옛날이나 요즘이나 쉬운 일은 아닙니다.

넷째, 라일은 편협한 마음을 갖지 않은 목회자였습니다. 잉글랜드 국교회가 교파의 갈등으로, 교리의 문제로 갈등을 겪을 때에도 그는 성경으로, 교회의 신앙고백으로, 기도서로 잘못된 것에 대항하며 자신의 입장을 고수했습니다.

다섯째, 라일은 예언적으로 글을 썼습니다. 그의 글을 읽으면서 오늘의 시대에 필요한 말씀이라는 것에 놀랄 수밖에 없었습니다. 달라진 것은 오로지 환경뿐입니다. 그의 목소리는 지금도 필요합니다. 이는 그의 글이 모든 그리스도인들이 복음의 진리와 하나님의 영광에 관심을 갖도록 하기 위한 것이기 때문입니다.

여섯째, 라일은 독서와 연구로 얻은 지식으로 글을 썼습니다. 그러나 그는 과시하거나 드러내려고 하지 않으며, 그의 이 글도 경건한 내면으로부터 자연스럽게 우러나와 밖으로 전개되고 있습니다.

일곱째, 라일은 청교도 신학의 계승자였습니다. 그는 신약의 경건 형식을 고수하였고, 성경석인 건전한 교리를 확립했을 뿐 아니라, 그 스스로 신앙과 삶을 일치시키려고 노력하였고, 정돈된 청교도 교회생활을 가르쳤습니다.

라일의 이러한 특징을 이 책의 곳곳에서 발견할 수 있습니다. 라일은 참으로 뛰어난 인물이었으며, 뛰어난 지도자였으며, 뛰어난 목사였습니다. 존 라일은 한국교회 성직자들이 닮아가고 배워야 할 하나님의 사람입니다.

한국교회와 성도들에게 꼭 필요한 청교도 신학과 신앙을 소개하고자 하는 마음에서, 이미 이전에 CLC에서 출판한 바 있던 라일의 『신앙강좌 길 시리즈』를 새롭게 편집, 수정하였으며, "존 C. 라일의 생애와 사상"을 부록으로 수록하였습니다.

서문

제임스 패커 박사
Regent College 교수

존 찰스 라일(John Charles Ryle)은 1880년 6월 11일 65세의 나이로 리버풀의 주교가 되었습니다. 원래 체스터교구에 속했던 리버풀은 1878년 자체 주교를 가지라는 의회의 명령을 받아들여 추밀원령(Order in Council)에 의해 1880년 3월 24일 새로운 교구로 탄생하게 되었습니다. 이렇게 하여 존 라일은 머지(Mersey)강 초입에 위치한 항구로서 런던 다음으로 중요한 도시의 첫 번째 주교가 되었습니다.

1880년에 이르러서는 오늘날의 라일을 있게 만든 모든 업적-영향력 있는 저서, 복음서 주석 및 잉글랜드 국교회의 복음적 사상을 선도했던 리더십-이 이미 성취되었습니다. 그는 25세부터 햄프셔(1841-43년에는 Exbury에서, 1843-44년에는 Winchester에서)에 이어 서퍼크(Sufforlk)에서(1845-61에는 Helmingham, 1861-80에는 Stradbroke)에서 목회자와 설교자로 섬겼습니다. 1880년 3월, 그는 생애의 마지막을 힘이 덜 드는 새로운 임지에서 보낼 것처럼 보였습니다. 그 달에 솔즈베리의 참사회장으로 임명을 받았기 때문이었습니다. 그러나 몇 주 후 취임을 앞둔 시점에 라일 자신은 몰랐으나 그를 리버풀로 보내야 한다는 여론이 들끓었습니다. 그의 개신교적 사상이 랭커셔의 많은 사람들과 일치하는 부분도 있었지만, 벤자민 디즈레일리(Benjamin Disraeli) 수상이 당시 빅토리아 여왕에게 보낸 4월 10일자 서한에서 볼 수 있듯이 다른 사항도 고려되었습니다.

리버풀 시민은 새로운 주교에 대한 관심이 많습니다. 토리당원들은 기금 전액을 승인하고 관저를 구입했습니다.[1] 샌던 경(Lord Sandon)[2]은 폐하의 현직 참모의 입에서 나온 공약에 자신의 리버풀 의석이 달려 있다고 말합니다. 온 도시는 폐하가 솔즈베리의 참사회원인 라일을 임명해주시기를 간절히 바라고 있습니다.

덧붙이자면 디즈레일리는 전 해 총선에서 자유당에 패배한 토리당 당수입니다. 그는 사실상 여왕은 물론 복음주의자도 좋아하지 않았으나 현직에서 물러나기 전에 라일을 천거한 것은 자신과 적대 관계에 있는 글래드스톤(W. E. Gladstone)이 이끄는 자유당 사람들을 지지한 고교회(High Church)에 복수하기 위한 것이었습니다. 참사회장 처치(Church)가 1889년에 밝힌 대로 확실히 라일은 글래드스톤을 포함한 고교회 사람들을 싫어했습니다.[3]

영국의 북동쪽에 위치한 리버풀로 이동하고 있는 라일은 사실상 자신이 사랑했던 곳으로 돌아가고 있는 중이었습니다. 1816년에 그가 태어난 체셔의 매클스필드(Macclesfield)는 리버풀에서 35마일밖에 떨어져 있지 않으며 라일은 그 곳에서 지내고 싶었습니다. 어린 시절 그는 리버풀 북쪽의 크로스비(Crosby)에서 여름을 보냈습니

---

[1] Abercromby Square에 있는 Georgian house로 지금은 리버풀대학교(University of Liverpool)로 사용되고 있다.
[2] 리버풀 지역 토리당 국회의원이다.
[3] 자서전적 정보에 대해서는 Marcus L. Loane, *Makers of our Heritage*, a Study of Four Evangelical Leaders, 1967; Peter Toon and Michael Smout, *John Charles Ryle*, Evangelical Bishop, 1976을 참조하라.

다. 청년시절에는 군사 훈련을 위해 체셔의 농민들과 함께 리버풀-그는 이 지역 연대의 장교로 있었습니다-로 가서 열흘씩 머무르곤 했습니다. 그리고 그가 좋아하는 크리켓 경기 역시 그가 1830년에 그곳을 찾은 이유이기도 합니다.

부유한 집안의 장남으로 태어난 그가 머지강 남쪽 언덕에 있는 시골에 계속해서 머물러 있지 못할 이유도 없었습니다. 그러나 1841년 이후 모든 것이 변했습니다. 부친의 재산은 그가 매클스필드와 맨체스터에 가지고 있던 두 은행으로부터 나왔으나 맨체스터은행이 부하직원의 부실경영으로 갑자기 도산하였으며 그 여파로 매클스필드은행도 재정난을 겪게 되었습니다. 라일은 나중에 당시에 대해 다음과 같이 회고합니다.

> 어느 여름날 아침 우리는 여느 때와 다름없이 일어났으나 그날 밤 우리는 완전히 도산한 상태로 자리에 누워야 했습니다.

집은 넘어가고 라일의 호시절은 지나갔으며 그는 직장을 찾아 어디로든 떠나야하는 신세가 되었습니다. 그는 이 모든 일이 하나님께서 그를 그리스도인의 사역으로 부르시기 위한 섭리로 보아야 했음에도 불구하고 궁전 같은 삶으로부터 추방당한 기억은 평생 그를 떠나지 않았습니다. 57세가 되었을 때 그는 자신의 자녀와 관련하여 다음과 같은 자서전적 글을 씁니다.

> 25년 된 나무는 너무 늙어 옮겨 심을 수 없고 나는 다른 세상 어느 곳에 다시 뿌리 내리기에는 너무 나이가 들었습니다. 나는 체셔를 떠난 이후 한 번도 마음 붙일 곳이 없었으며 언제나 나그네와 임시 거주자로 지내왔습니다. 나는 남은 평생 무엇인가 다른 것을 느낄 것이

라는 기대를 해본 적이 없습니다.[4]

사실 북서쪽으로 돌아갈 수 있는 기회가 있을 것이라고는-그곳을 떠나올 때와 마찬가지로-전혀 예상치 못했지만 그는 즉시 그곳을 자신의 마지막 사역 현장으로 받아들였습니다. 그는 1880년 5월에 "나는 지난 35년간 주로 서쪽에 은둔하며 그리스도를 위해 달려왔으나 이제 하나님의 은혜로 거대 도시 리버풀을 거점으로 변함없는 사역에 매진하려 한다"라고 고백했습니다.

리버풀은 그가 1830년부터 기억해온 도시와 비교하면 '거인'이었습니다. 영국의 도시들 가운데 리버풀만큼 산업혁명에 성공한 곳도 없었습니다. 리버풀은 사실상 대영제국의 상업중심지였으며 주로 목화와 설탕 등의 상품을 들여오고 랭카셔의 제품을 수출하였습니다.

1887년 빅토리아 여왕의 즉위 50주년 기념식에서 행한 설교에서 라일은 50년 전의 도시와 지금의 도시를 비교하였습니다.

> 1837년 당시 리버풀의 우리 마을 인구는 24만 6천 명뿐이었으나 지금은 외곽지역을 포함하여 7십만 명을 헤아립니다. 1837년 우리 항구에서 선적된 화물의 적재량은 1,953,894톤에 불과했으나 지금은 무려 7,546,623톤에 이릅니다. 입항 선박의 수는 15,038척이었으나 지금은 21,529척입니다. 1837년에 리버풀은 바다 전면으로 2마일 반 가량 뻗어 있는 9개의 부두가 있었으나 지금은 바다 전면 6마일 길이의 부두 50개와 독(basin)이 있습니다.

잉글랜드 국교회의 증가도 눈에 띕니다. 존 뉴톤(John Newton)은

---

[4] J. C. Ryle, *A Self-Portrait*, edited by Toon and Smout, 1975, p. 56.

이 항구에서 조류검사원으로 9년(1755-1764년)을 보내는 동안 어떤 교회에서도 복음적 목회자를 찾지 못하였다고 합니다. 18세기 내내 리버풀에서 영적 훈련을 받은 자들은 비국교도나 감리교신자들의 예배를 위해 대부분 교회를 떠났습니다. 1837년에는 교회가 36개, 성직자가 70명뿐이었으나 1880년에는 90개 교회에 185명의 성직자로 불어났으며 이러한 성장에 가장 크게 기여한 것은 복음주의의 영향이었음이 분명합니다.

지역 교회에는 탁월한 성직자들이 있었습니다. 그들 가운데 1855년부터 1903년까지 성 마리아 커크데일(St. Mary's Kirkdale)에서 사역한 레스터 경(Major Lester)은 세 교회를 개척했으며, 리차드 홉슨(Richard Hobson)은 1864년에 5명의 성도가 사는 '작은 지옥'(little hell)이라 불리는 마을로 들어갔으나 1901년 은퇴할 무렵에는 주일 평균출석 성도수가 2천 명에 달하게 되었습니다. 홉슨은 811명의 세례교인 명부를 가지고 있었으며 당시 주일학생의 수는 1,400명이며, 1,400명가량의 사람들이 다양한 모임을 통해 교회와 연결되어 있었습니다.

이러한 인재들을 곁에 두었으나 라일 주교에게는 남쪽 매클스필드 방향으로 거의 반마일 가량 되는 거대한 지역을 관할하는 새 교구의 사역을 기획하고 추진해야 하는 방대한 작업이 기다리고 있었습니다. 전체 교구민의 수는 백만 명이 넘었으나 성직자는 340명뿐이었습니다. 라일은 자신이 해야 할 '첫 번째 임무'로서 인원 부족을 가장 심각한 문제 가운데 하나로 받아들였습니다.

그가 이 문제를 비롯한 여러 현안을 어떤 식으로 다루었는지에 대해서는 곧 제시될 것입니다. 빅토리아 시대 교구의 한 주교의 전략을 단지 역사적인 주제나 단순한 지역적 관심사로 보는 독자들도 있을 입니다. 그러나 도시 주민에 대한 복음화는 당시의 가장 중요한 현안이었습니다. 라일이 사역했던 시대와 지금은 환경이 많이 다르지만 목회자의 팀 사역 개념, 평신도의 중요성에 대한 강조, 주어진 상황 속에서 진상을 파악하여 알리는 일에 대한 관심 등은 여전히 본받을만한 가치가 있으며 우리의 주목을 끕니다. 그는 자신이 노인이라고 생각했지만 본서의 저자만큼 성직자와 평신도에게 확실한 영적 리더십을 보여준 주교가 있을까? 라일은 취임 첫 해에 자신은 '우유와 물 주교'가 되지 않겠다고 했는데 그는 이 약속을 지켰던 것입니다.

그러나 라일이 직면한 핵심 문제는 지역 행정 및 복음화가 아니었습니다. 그는 잉글랜드 국교회의 미래 및 성경적 기독교 자체에 영향을 주는 보다 광범위한 영적 문제가 있다고 생각했습니다. 그는 커크데일(Kirkdale), 휘턴(Huyton), 워링턴(Warrington)뿐만 아니라 대영제국 및 모든 기독교 사회가 이러한 시대의 징조를 깨닫기 원했습니다. 따라서 라일은 자신이 내다본 두 가지의 가장 큰 위험을 구체화하였습니다. 하나는 개혁주의에서 돌아서려는 생각(잉글랜드 국교회의 비개혁주의화)이며 또 하나는 신학적 문제에 대한 보편적 관용을 허용하려는 생각(교회를 모든 의견과 신조가 자유롭게 용인되고 교제와 이웃의 중요성이 강조되는 노아 방주로 선언합니다)입니다.[5] 우리가 이러한 위험에 동의하든 그렇지 않든, 라일이 20세기 종교 및 에큐메니컬 사상의 가장 지배적인 영향 가운데 두 가지를 인식하고 있었다는 것은 분명한 사실입니다.

그가 왜 이러한 개념에 대한 아량을 베풀지 않았는지에 대해서는 본서를 통해 자세히 제시될 것입니다. 본서에는 나타나지 않지만 자신의 교구에서 이러한 영향력에 맞서 싸우는 라일에게는 말 못할 아픔도 있었습니다. 성직자수급 문제가 시급한 현안이었음에도 불구하고 그는 언제든지 서품 후보자들을 거부할 각오가 되어

---

[5] Introduction to the Third Edition of *Principles for Churchmen*, 1884, pp. vii-xxvii.

있었습니다. 1887년 자신의 아들 허버트 에드워드 라일(Herbert Edward Ryle)이 고등비평을 받아들이자 라일은 가차 없이 그의 목사후보생(Examining Chaplain) 자격을 박탈하였습니다. 라일이 주교로 있는 동안 그 일만큼 마음 아픈 사건도 없었지만 리버풀로 돌아온 그가 교구를 위해 제시한 첫 번째 표어는 "아버지의 말씀은 진리니이다"(요 17:17)라는 구절이었으며 그는 그 말씀 위에 굳게 섰습니다.

리버풀에서 라일의 사역은 세기가 끝날 때까지 계속되었습니다. 1899년 9월, 한 때 6피트 3인치의 당당한 거구를 자랑하던 그는 걸음걸이와 듣는 것과 기억력이 약해지면서 자신의 사역을 그만둘 수밖에 없었습니다.

> 나는 머지강 유역에서 마지막 날까지 사역하다 순직하려는 거창한 꿈을 꾸었습니다. 그러나 하나님의 생각은 우리의 생각과 다릅니다.

1899년 크리스마스 날 그는 지난 20년 동안 해 오던 대로 자신의 친구 리차드 홉슨이 말년에 사역하고 있던 성 나다나엘 교회로 찾아갔습니다. 홉슨은 생각했습니다.

> 라일은 야윈 팔을 뻗어 나를 붙잡으며 '죽을 날이 다가오는 것 같네. 하나님의 축복이 함께 하기를 바라네. 천국에서 만나세.' 라일의 주름 잡힌 얼굴에 하염없는 눈물이 흘러내렸습니다.

라일의 사임은 공식적으로 1900년 3월 1일자로 시행되었습니다. 그는 6월 10일 주일날 로웨스토프트(Lowestoft)에서 84세의 일기로 하나님의 부름을 받았으며 목요일 날 리버풀의 차일드월(Childwall)에 있는 올 세인츠(All Saints)에 묻혔습니다. 그의 두 손에는 성경이 들려 있었습니다. 에드워드 라일(H. E. Ryle)은 기록합니다.

묘지는 그에게 마지막 경의를 표하기 위해 수레나 버스로 달려온 가난한 사람들로 붐볐다. 그는 확실히 그들의 사랑을 얻었다.[6]

라일이 리버풀의 주교로서 행한 일에 대한 평가는 본 서문의 의도가 아니며 그러한 평가 자체는 전적으로 부적절합니다. 「리버풀 데일리 포스트」(Liverpool daily Post)에 의하면 잉글랜드 국교회 출석 성도는 1881년 54,000명에서 1891년 66,000명으로 늘었습니다. 같은 시기에 라일은 27개의 교회와 48개의 선교원이 서는 것을 지켜보았습니다. 그의 교구는 두 명의 부주교와 9명의 지구장 아래 성직자들로 조직되어 있으며 그 외에도 라일은 가능한 많은 조력자들을 두고자 했습니다. 그는 성도들에게 성경을 읽어주는 사람(Scripture Readers)이 50명, 전도 부인(Bible Women)이 30명, 그리고 580명의 회원을 가진 평신도협력단체(Lay Helpers Association)를 두었습니다. 다른 통계는 본론에서 다루게 될 것입니다. 라일 자신은 사역 말기에 "내가 처음 리버풀에 왔을 때 구상했던 일을 많이 하지 못했습니다"고 했으나 아마도 그의 사역에 대한 가장 확실한 증거는 1900년 6월 그날 아침 차일드월 묘지에 모인 수많은 "가난한 사람들"일 것입니다. 확실히 라일은 한 때 자신이 휴 라티머(Hugh Latimer)에게 했던 찬사 외에는 원하지 않았을 것입니다.

그의 주교직 임명은 그를 타락시키지 않았으며 복음을 위한 열심의 불을 끄지도 않았습니다. 그는 주교의 지위에 있을 때나 시골 교구목사로 있을 때나 캠브리지 학생으로 있을 때나 두 마음을 품지 않고 한결같이 신실하였으며 언제나 하나님의 일에 관심을 가지고 영혼의 유익을 위해 애썼습니다.

---

6 M. H. Fitzgerald, *A Memoir of Herbert Edward Ryle*, 1928, p. 135에서 인용.

1903년에 처음 출판된 본서는 라일의 출판 도서 가운데 가장 찾아보기 어려운 책일 것입니다. 출판사는 처음에 팸플릿 형식으로 나올 당시 실려 있던 교지의 대상이나 수신자를 살려둔 채 책으로 엮었습니다. 따라서 본서의 출판 년도는 1903년이지만 사실상 1881년부터 1898년 사이에 이미 출간된 내용들입니다. 따라서 처음 출판될 당시 각 자료는 활자 크기가 다르고 장 구별이 없었을 것이며 페이지가 매겨져 있지 않았고 색인도 없었을 것입니다. 아마도 그렇게 모아 엮은 팸플릿의 수는 얼마 되지 않았을 것이기 때문에 귀했을 것입니다.

현 출판사는 두 가지 사항 외에는 원래 책의 내용을 따랐습니다. 하나는 1887년 국왕의 즉위 50주년에 즈음하여 리버풀에서 행한 설교, "왕들을 위하여"(For Kings)라는 제목의 팸플릿은 『선한 길』(*The Upper Room*)에 포함되어 있기 때문에 포함시키지 않았습니다.[7] 그러나 라일이 1900년 2월 1일에 작성한 "고별사"(Farewell to the Diocese)[8]는 본서의 결론부분에 추가해서 실었습니다. 그 외의 변경 사항은 모두 세부적인 것들입니다. 1903년 출판된 책의 첫 세 장은 제목이 없었지만 나머지 장들과 맞추어 적절한 제목을 삽입하였습니다. 간혹 간략한 설명적 각주가 들어가는데 그 가운데 라일이 직접 기록한 것은 별표로 표기해두었습니다. 색인 작업은 본서를 출판하면서 처음 시도한 것입니다.

본서의 내용 대부분은 두 개의 다른 상황에서 주어진 자료로 이루어진 것입니다.

첫 번째 자료는 1881년부터 1893년까지 3년 간격으로 성직자들의 모임에 제시된 교지를 모은 것입니다. 1881년의 첫 번째 교지의

---

[7] 1888년에 처음 발행되었으며 1970년과 1977년에 재출간되었다(Banner of Truth Trust).

[8] 원래 *Principles for Churchmen*, May 1900의 4판으로 출판되었다.

수신자는 둘인데 하나는 리버풀의 성직자들이며, 다른 하나는 교구 남서쪽에 위치한 위건(Wigan)에 있는 다른 성직자들입니다. 그러나 3년 주기 교지를 두 곳에서 하달하던 방식은 계속되지 못했습니다.

두 번째 자료는 매년 도시 중심에 있는 세인트 조지 홀(St. George's Hall)에서 열린 교구회의에서 행한 여덟 차례의 연설입니다. 어느 면에서 이 회의는 3년 주기 방문시에 하달된 교지보다 중요합니다. 한 예로 매년 열리는 이 회의는 성직자와 평신도 사역자가 함께 모였기 때문에 자신의 의사를 양측 모두에 전달할 수 있는 기회를 제공했던 것입니다. 더구나 연설이 행해진 시간은 회의가 시작될 무렵이었기 때문에 이어지는 회기 동안 주교가 제시한 주제에 대해 토론할 기회가 있었습니다. 따라서 라일이 교구 회의에 더 큰 의미를 부여한 것은 당연한 일이었습니다. 어쨌든 그의 '교지'(Charges)는 1893년을 마지막으로 끝났지만 그의 의사는 매년 회의를 통해 1898년 말까지 전달되었습니다. 그는 마지막 순간까지 1881년에 선언했던 확신을 붙들었습니다.

> 우리는 함께 주님을 섬기는 자들과의 교제를 통한 영적인 삶이 절실하다고 확신합니다.

라일의 교구 사역뿐만 아니라 평생의 사역에 대한 마지막 유언은 리처드 홉슨에게 남았다고 보면 될 것입니다. 그는 옛 친구의 장례식이 끝난 주일날 행한 추모 설교에서 다음과 같이 선언하였습니다.

> 나는 19세기의 영어권 지역 및 전 세계적으로 하나님을 위해, 진리를 위해, 의를 위해 그처럼 많은 일을 한 사람은 몇 사람 없다고 감히 장담합니다.

그리스도의 모든 종들이 동일한 사역을 부여 받은 것은 아니지만 모든 사람은 동일한 신실함을 목표로 삼아야 할 것입니다. 새롭게 출판된 본서가 이러한 목적에 기여할 수 있다면 더 이상 바랄 것이 없을 것입니다.

목차

추천사 (로이드 존스 박사)   5
발간사 (박영호 박사)   7
서문 (제임스 패커 박사)   11

1장   바른 길   25
    (1881년 10월 19일, 새 교구에 대한 첫 번째 교지)

2장   기독교와 교리   69
    (1881년 10월 20일, 첫 번째 방문지 위건에서 행한 교지)

3장   리버풀과 잉글랜드   107
    (1884년 10월 21일, 리버풀교구에 보내는 두 번째 교지)

4장   우리가 처한 상황 및 위기   157
    (1885년, 네 번째 리버풀교구회의에서 행한 연설)

5장   전망   187
    (1886년, 여섯 번째 리버풀교구회의에서 행한 연설)

6장   우리의 상황 및 전망   209
    (1887년 10월 27일, 리버풀교구에 보내는 세 번째 3년 주기 교지)

7장   네가 이 큰 건물들을 보느냐   249
    (1889년 리버풀 세인트 던스턴교회에서 행한 설교)

8장   우리 교구, 우리 교회, 우리 시대   267
    (1889년, 여덟 번째 리버풀교구회의에서 행한 연설)

9장 굳게 서라 　　　　　　　　　　　　　　　**291**
(1890년 11월 4일, 리버풀교구에 대한 네 번째 3년 주기 교지)

10장 형제단 　　　　　　　　　　　　　　　　**335**
(1890년, 헐교회 회의에서 행한 연설)

11장 현재의 위기 　　　　　　　　　　　　　　**347**
(1892년, 리버풀교구회의 연설)

12장 굳게 서라 　　　　　　　　　　　　　　　**379**
(1893년 11월 10일, 다섯 번째 3년 주기 교지)

13장 무엇을 원하느냐? 　　　　　　　　　　　**407**
(1895년 11월 5일, 14번째 리버풀교구회의 연설)

14장 1896년의 교회 상황 　　　　　　　　　　**439**
(1896년 11월 3일, 세인트 조지 홀에서 열린 15차 리버풀교구회의에서 행한 연설)

15장 사려 깊은 사람들을 위한 권면 　　　　　**475**
(1897년 11월 2일, 세인트 조지 홀에서 열린 열여섯 번째 교구회의에서 행한 연설)

16장 현재의 고통 　　　　　　　　　　　　　　**497**
(1898년 11월, 열일곱 번째 교구회의에서 행한 연설)

17장 고별사 　　　　　　　　　　　　　　　　　**515**
(1900년 2월 1일)

부록 1 각주 설명 　　　　　　　　　　　　　**519**
부록 2 존 C 라일의 생애와 사상 　　　　　　**533**

No Uncertain Sound

일러두기
본서에서는 Church of England는 잉글랜드 국교회로, Anglican Church는 성공회로, Church of Scotland는 스코틀랜드 장로교회로, Episcopal Church는 감독교회로 번역했다.

1장
바른 길
(1881년 10월 19일, 새 교구에 대한 첫 번째 교지)[1]

사랑하는 성직자 여러분!

오늘 우리는 참으로 많은 관심이 집중된 엄숙한 행사에 함께 하고 있습니다. 이것은 새로 생긴 잉글랜드 교구의 첫 번째 주교의 첫 번째 방문입니다. 앞으로 얼마나 많은 방문이 있고 얼마나 많은 교지가 주어질지 아무도 알 수 없습니다. 앞으로 우리 교구는 "분명하지 않은 소리" 대신 "분명한 나팔 소리"만 들리며 잉글랜드 개혁주의 교회의 진정한 유익을 위해 일하는 주교만 존재하도록 기도합시다.

나는 자신의 허물과 연약성을 깊이 통감하면서 여러분 앞에 섰음을 믿어주시기 바랍니다. 나는 이 중요하고 특별한 교구의 주교로 예기치 않은 부름을 받았습니다. 성경 말씀을 인용하면 이 교구는 "(너는 나이가 많아 늙었고) 얻을 땅이 매우 많이 남아 있도다"(수

---

[1] Pro-Cathedral of St. Peter, Liverpool 첫 번째 방문시. Wigan에서 행한 교지(charges)를 제외한 모든 교지가 제시된다. 여기서 교지(敎指)는 종교 교육의 취지의 훈령을 말한다.

13:1)라고 했던 땅입니다. 나는 이 시대가 주교에게 얼마나 많은 것을 기대하고 있는지 알고 있으며 또한 주교가 할 수 있는 일이 얼마나 작으며-즉 우리 시대의 불행한 분열로 말미암아 이 직무의 어려움이 얼마나 가중되었으며-여러분에게 실망과 상처를 안겨드리지 않고 이 직무를 감당하는 것이 얼마나 어려운 일인지도 잘 알고 있습니다.

다시 한 번 말씀드리지만 나는 이러한 사실에 대해 잘 알고 있습니다. 그러나 예수 그리스도에 대한 믿음으로 기도하고 애쓰면 능치 못할 일이 없을 것입니다. 랭커셔의 교회들이 해야 할 일은 많습니다. 그러나 여호수아와 이스라엘이 요단강을 건너 가나안에 들어갈 때 그들과 함께 하셨던 여호와 하나님은 죽지 않았으며 지금도 살아계십니다. 나는 우리가 이 하나님의 축복을 받는다면, 그리고 주교와 성직자와 평신도가 서로 이해하고 하나가 된다면, 새롭게 형성된 리버풀교구를 통해 위대한 결실을 맺을 것이며 잉글랜드 국교회는 수년 내 웨스트 더비(West Derby, Hundred)에서 지금까지와는 다른 향상된 지위를 얻게 될 것이라고 확신합니다.

우리에게 새로운 교구에서 정확한 통계만큼 중요한 것은 없습니다. 우리가 자신이 처한 상황을 정확히 이해하지 못할 경우 우리에게 "부족한 것들"에 대한 평가는 불가능합니다. 그러므로 나는 이 교지 서두에 우리가 당연히 기억해야 할 광범위한 사실들에 대해 주의를 촉구한 것에 대해 해명하려 하지 않겠습니다. 리버풀교구는 이 땅의 어떤 교구와도 구별된 매우 독특한 특징을 가지고 있습니다. 이제 이러한 특징에 대해 순서대로 제시하고자 합니다.

1. 지리적 관점에서 우리 교구는 대영제국 가운데 런던을 제외한 어떤 교구보다 작은 지역을 관할하고 있습니다.

런던 교구는 181,000에이커이며 리버풀은 262,000에이커입니다. 우리 교구가 관할할 지역은 랭커셔의 웨스트더비 지역뿐입니다. 이 지역은 철도 연결이 잘 되어 있어 리버풀에 거주하는 주교가 교구 내 어떤 교회까지도 반시간이면 도착할 수 있습니다.

2. 지난 해 인구 조사에 의하면 우리 교구의 인구는 110만 명에 조금 못 미칩니다.

잉글랜드의 교구 가운데 런던(London), 윈체스터(winchester), 리치필드(Lichfield), 로체스터(Rochester), 우스터(Worcester), 요크(York), 더햄(Durham), 맨체스터(Manchester) 등 9개 교구는 우리보다 인구가 많습니다. 그러나 런던을 제외하면 에이커당 인구가 우리보다 밀집된 지역은 없습니다. 우리 교구는 총 110만 명 가운데 리버풀과 외곽지역에만 650,000명이 거주하고 있습니다. 위건과 외곽지역, 워링턴, 세인트 헬렌(St. Helen's), 사우스포트(Southport), 판워스(Farnworth), 위드너스(Widnes) 및 가스톤(Garston)에는 적어도 250,000명 이상이 거주하고 있습니다. 이것은 우리 교구민 가운데 두시 밖 지역에 거주하는 인구는 20만 명도 되지 않는다는 사실을 보여줍니다. 여왕의 영토 가운데 어느 곳에서도 이만한 인구 증가는 찾아볼 수 없습니다. 우리 교구의 인구 증가는 주로 노동력에 대한 수요 증가에 기인한 것으로 이러한 수요에 부응하기 위해 지난 10년간 이주민이 급격히 증가했습니다.

3. 우리 교구민의 국적, 직장 및 취업 현황은 특이하게 다양합니다.

　아마도 이처럼 특별한 계층적 다양성은 대영제국 어디에서도 찾아보기 어려울 것입니다. 리버풀만 해도 유럽 대륙에서 미국으로 끊임없이 들어오는 이주민들로 넘쳐나며 많은 사람들이 부두나 선박과 연계되어 있습니다. 또한 도시 한쪽 끝에는 연기 나는 공장과 빈민층이 즐비하지만 불과 2-3마일 거리 안에 훌륭한 도로와 부유층이 득실대는 모습을 볼 수 있습니다. 위건, 워링턴, 세인트 헬렌, 위드너스 및 이들 주변 지역의 많은 사람들은 탄광, 제철소, 목화공장, 유리 및 화학공장에 고용되어 있습니다. 옴스커크(Ormskirk), 셉톤(Sefton), 헤일(Hale) 및 스페크(Speke)에서는 훌륭한 농업 현장을 볼 수 있습니다. 이처럼 다양한 여왕의 신하들이 모인 곳은 한 곳 외에는 찾아볼 수 없을 것입니다. 110만 명의 거주자 가운데 적어도 20만 명은 아일랜드인 사람이고 5만 명은 웨일즈 사람이라는 주장은 상당한 근거가 있습니다. 스코틀랜드인의 숫자에 대해서는 정확한 자료가 없지만 랭커셔나 요크셔(Yorkshire)의 거대한 수출항처럼 활기차고 번성한 공동체에서 스코틀랜드인이 큰 비중을 차지하지 않는다면 잘못된 통계가 분명할 것입니다.

4. 잉글랜드 국교회가 지금까지 이 지역 110만 교구민을 위해 제공한 영적 지원은 매우 불충분합니다.

　나는 이 주제를 다루면서 비국교도 형제들이 이루어놓은 선한 업적에 대해 결코 무시하지 않는다는 사실을 분명히 밝히고 싶습니다. 나는 그들이 리버풀에서 보여준 그리스도를 위한 헌신을 인정합니다. 또한 나는 가톨릭교회가 그들의 지지자들에게 보여준 갸륵

한 열정에 대해서도 잊지 않습니다. 그러나 아무리 생각해도 수많은 교구민이 영혼을 위한 은혜의 방편을 지원받은 적이 없다는 사실을 부인하기는 어려울 것 같습니다. 이 땅의 국교회가 "백성의 교회"라고 주장하려면 "백성"의 어떤 영역도 목자 없는 양같이 버림을 받지 않도록 살펴야 할 것입니다. 국교회가 회중교회가 아니라 영토적 교회임을 주장하려면 보살핌을 받지 못하는 거리나 도로나 집이나 다락이나 지하실이 없어야 할 것이며 당국을 통해 은혜의 방편이 제공되어야 할 것입니다. 물론 교회가 사람들에게 신앙적 가치관을 가지게 하거나 자신이 제공하는 수단에 대해 마음을 쏟게 할 수는 없습니다. 그러나 교회의 목표는 적어도 "나는 누구의 교구민도 아니며 누구도 나를 찾아오거나 말을 걸거나 내 영혼을 보살펴주지 않는다"고 말하는 사람이 아무도 없는 상태에 이를 수 있어야 할 것입니다.

1) 지금 우리가 이러한 바람직한 상태로부터 얼마나 멀리 벗어나 있는지는 나뿐만 아니라 여러분도 잘 알고 있습니다.

모든 방문이 끝나고 보고서를 작성하는 시점이 되면(이것에 대해서는 감사하게 생각합니다) 우리 교구에는 한 명의 목사가 감당하기 어려울 정도로 인구가 성장한 교회와 주어진 일이 너무 많아 적어도 서너 명의 전임 사역자가 필요한 교회들이 많다는 고통스런 사실이 드러나게 될 것입니다. 우리 교구는 현재 성직록을 받는 200명의 전임 사역자와 140명의 부교역자가 110만 명의 교구민을 섬기고 있습니다. 감히 말하건대 잉글랜드 전체에서 교회에 대한 수요와 교회가 제공하는 공급 사이의 불균형이 이처럼 심각한 지역은 우리 교구밖에 없습니다. 노르위치(Norwich) 교구[2]에는 66만 명의 교구민에 성직록을 받는 914명을 포함하여 총 1,160명의 성직자가 있습니다. 그러나 이곳 리버풀교구에는 성직록을 받는 200명을 포함하여 총 340명의 성직자가 있습니다. 얼마나 큰 차이가 납니까?

그러나 사실 리버풀교구에 속한 교회들의 재정 상황은 이러한 현황보다 훨씬 열악한 상태입니다. 노르위치처럼 오래된 교구는 성직록으로 주로 목사관이나 사제관 및 십일조와 토지를 기부 받습니다. 우리 교구의 경우 고작 25개 교회가 약 200년 전에 그런 식으로 증여받았으며 지금까지 그 수준을 유지해오고 있습니다. 현재 우리 교구의 교회는 대부분 비교적 최근에 세워졌으며 기부를 받았다고 할 만한 재산은 거의 없습니다. 목회자들은 얼마 되지 않는 사례, 교회 좌석료(pew-rents), 헌금 등 전적으로 불확실한 수입에 의존하고 있습니다. 사실 기부제 폐지와 같은 상황이 오더라도 영국의 교구 가운데 우리처럼 성직자가 그로 인한 경제적 타격을 덜 입는 교구도 없을 것입니다. 우리 교구의 성직자는 대부분 빼앗길 십일조나 토지가 없습니다.

이처럼 이례적인 상황에 이르게 된 이유는 알 수 없습니다. 웨스트 더비의 인구는 지난 180년간 급속히 성장했습니다. 부락이 마을을 이루고 마을이 도시를 형성했습니다. 머지강 유역의 거대 항구는 몇 차례의 도약을 거쳐 여왕의 통치영역 내 최고의 위치에 오르게 되었으며 랭커셔 및 요크셔를 배경으로 지금도 성장 중입니다. 광산과 제조업의 발전은 수많은 노동자를 불러 모았습니다. 리버풀 안팎에는 이 지역으로의 끊임없는 유입과 이주 행렬이 줄을 잇고 있습니다. 그러나 이러한 시대에 불행하게도 잉글랜드 국교회는 최근까지 이렇게 모여든 사람들의 영혼을 위해 해 준 것이 별로 없

---

[2] 라일은 예전에 Norwich 교구의 교회를 섬겼다.

습니다. 나는 지난 날 많은 사람들이 쉽게 돈을 벌고 쉽게 떠나지만 그들이 돈을 벌도록 도와준 손길에 대해서는 잊어버리고 무시되는 것 같아 안타깝습니다.

2) 성경을 배우는 사람이나 인간의 본성은 이처럼 부족한 지원(은혜의 방편)이 어떤 결과로 나타날지에 대해 정확히 예측할 수 있습니다.

오늘날 많은 사람들은 사실상 홀로 방치된 채 전혀 신앙이 없는 것처럼 보입니다. 리버풀 일간지는 음주와 부도덕 및 범죄와 관련된 경찰 발표 및 검시관의 검시 결과로 가득합니다. 예를 들어 세심한 관찰자라면 주일날 더 많은 인파가 도시를 돌아다니고 구석구석마다 평소 예배당에서 한 번도 볼 수 없었던 남녀로 가득한 안타까운 현장을 볼 수 있을 것입니다. 그들의 옷차림이나 겉모습 및 행실을 보면 분명히 알 수 있습니다. 선술집이 문을 열면 할 일 없는 자들이나 그저 수다를 떨기 위해 모인 자들로 가득하지만 하나님의 집은 그렇지 않습니다. 이러한 장면은 모든 그리스도인과 우리의 도덕성에 상처를 주는 안타까운 모습입니다. 안식일을 지키지 않는 행위로부터 하나님에 대한 불신앙에 이르기까지 각종 불의가 난무하지만 누구 하나 이상하게 생각하지 않습니다. 현 상황에서 완전히 홀로 방치된 사람의 수는 수천 명에 달할 것입니다. 리버풀의 모든 성인 남녀가 다음 주일날 예배하러 온다면 모든 교회와 예배당과 선교 룸은 앉을 자리가 없을 것이며 수많은 사람이 되돌아가야 할 것입니다.

이것이 리버풀의 첫 번째 주교가 바라본 상황에 대한 간략한 요약입니다. 이러한 것들은 내가 새 교구의 성직자들에게 물어서 확인한 사실들입니다. 나는 이러한 사실이 과장되거나 지나치다고 생각하지 않습니다. 오히려 특정 교회-이름을 밝히지는 않겠습니다-

의 통계를 살펴본 후 내 생각이 옳다는 것을 알았습니다. 나는 여러분에게 쓸데없는 꼬투리를 잡거나 공연한 걱정을 끼치고 싶은 마음이 없습니다. 나는 우리가 무엇인가 해야 한다는 사실을 모든 사람이 당연한 일로 받아들일 것이라 믿지만 문제는 그 무엇이 어떤 일이냐는 것입니다. 내가 알기로 랭커셔 사람들은 실용적이며 사무적인 사람들이라고 알고 있습니다. 나는 이 문제를 사무적인 차원에서 접근하고 싶습니다.

먼저 나는 리버풀교구에서 성직자들에 의해 진행되고 있는 선한 사업에 대해 진심어린 감사를 드리는 것으로부터 시작하고 싶습니다. 영국에서 멀리 떨어진 곳에 살거나 랭커셔에 대해 모르는 사람이 머지강 언덕에 새로 생긴 교구의 주교가 교회 사역, 조직, 체계, 사회복지 시설 및 종교 단체 등에 대해서는 아무 것도 알지 못한다고 생각한다면 나는 전적인 오해라고 말해주고 싶습니다. 웨스트 더비에 있는 잉글랜드 국교회가 새로 생긴 식민지 교구처럼 광야 교회일 것이라는 생각은 망상에 불과합니다. 그것은 사실이 아닙니다. 나는 이전에 랭커셔의 이 지역을 맡아 여러모로 애써주신 체스터의 주교들에게 감사드리며 거주 성직자(resident clergy) 및 평신도의 자발적 수고에도 감사드립니다.

나는 많은 교구 조직이 효율적으로 운영되고 있다고 생각합니다. 이러한 조직은 오래 된 교구들의 조직과 비교해서 조금도 뒤떨어지지 않습니다. 나는 모든 지구에서 지구장(ruri-decanal) 회의가 열리는 것을 알고 있습니다. 또한 교회 교육의 목적에 대해 알고 있으며 주일학교 및 국내외 선교에 대한 체계적 관리와 지원이 이루어지고 있다는 사실도 알고 있습니다.

3) 나는 리버풀에 활발한 성경읽기 모임과 여전도회가 있다는 사실을 알고 있습니다.

또한 훌륭한 선원숙소와 9개의 병원이 있다는 사실을 알고 있습니다. 나는 모든 그리스도인이 공동으로 참여하는 사역 및 선원, 선장, 화차, 택시, 버스 운전사와 같은 전문 계층을 위한 특수 사역이 진행되고 있다는 사실을 알고 있습니다. 또한 고아, 맹인, 귀머거리와 벙어리, 부랑자, 신문배달원까지 잊지 않고 돌아보고 있다는 사실을 알고 있습니다. 나는 가장 유익한 교구 금융 조합에 대해 알고 있습니다. 무엇보다도 성직자들은 적은 숫자에도 불구하고 많은 일을 감당하고 있으며 대부분 적은 사례에도 불구하고 모두 잉글랜드 국교회를 대표하는 훌륭한 분들임을 알고 있습니다. 이 모든 일들에 대해 정말 고맙게 생각하며 결코 잊지 않을 것입니다. 그러나 나는 오늘 거명한 모든 분들이 아직도 할 일이 산적해 있다는 사실에 공감할 것이라고 믿습니다. 이제 무슨 일부터 착수해야 할지에 대해 살펴보겠습니다.

5. 교구 안에 있는 잉글랜드 국교회가 나에게 바라는 것이 있다면 아마도 **사역자의 수를 늘리는 것**일 것입니다.

사역자란 말씀 사역을 위해 서품을 받은 모든 성직자를 지칭합니다. 이 말에 오해가 없기를 바랍니다. 성경을 읽어주는 사람들이나 평신도 대표자들의 사역은 귀중하지 않다는 말이 아닙니다. 그들의 사역은 너무나 귀중하며 그들이 자신의 지역에 끼치는 유익은 헤아릴 수 없습니다. 그러나 새로운 지역에 교회가 체계적으로 조직되고 견고한 기초 위에 서기 위해서는, 일정한 회중이 정례적으로 참석하고 성례가 주기적으로 시행되며 전례적 예배가 거행되기 위해서는, 사역의 단위는 전적으로 사제(성직자)가 중심이 될 수밖에 없습니다. 새로운 구역이 생길 때마다 사람들은 자신을 담당하는 전문 사역자가 있고 자신은 그의 특별한 교구민이라는 사실을 실감할 수 있어야 할 것입니다. 평신도 사역자는 옥수수 씨를 뿌리고 베는 것으로 자신의 임무를 훌륭히 수행한 것입니다. 그러나 작물이 땅에서 썩도록 방치하지 않으려면 다발로 묶어 창고에 거두어 들어야 합니다. 이것이 성직자가 해야 할 일입니다. 성경 읽어주는 사람은 새로운 헌신자를 가입시켜 하나님을 섬기는 일에 동참하게 할 수 있습니다. 그러나 성직자는 그들을 가르치고 단련하며 훈련을 시킬 뿐만 아니라 함께 다니는 방법과 함께 활동하는 방법 및 효과적인 무리를 형성하는 방법을 가르칩니다.

나의 생각은 분명합니다. 잉글랜드 국교회의 모든 교구에서 인구 오천 명이 넘는 구역(parochial district)이 사라지기 전까지, 그리고 모든 구역마다 전임 교역자를 두기 전까지, 잉글랜드 국교회의 위상은 회복될 수 없으며 "백성의 교회"로서 의무를 다하거나 자신의 능력을 충분히 발휘할 수도 없다는 것입니다. 성직자가 출퇴근해야 하는 전임 사역자인 경우라면 5천 명도 감당하기 어려운 숫자입니다. 물론 자신의 신부(목사)만 따르는 로마 가톨릭교도나 비국교도의 비율은 감안되어야 할 것입니다. 장담하건데 성직자는 자신이 맡은 구역이 5천 명을 넘어서면 주어진 사역을 효과적으로 감당할 수 없습니다. 1만 명, 1만 2천 명, 1만 5천 명, 2만 명의 영혼을 책임져야 하는 교구나 구역에 수록성직자가 1명뿐이라면 이러한 구역의 성직자가 교구민을 돌본다는 것은 불가능하며 자신의 교구민을 알아보기도 어려울 것입니다.

지금 리버풀에서 잉글랜드 국교회의 사역자 수급문제가 얼마나 심각한지는 조금만 생각해보아도 명확히 드러납니다. 리버풀 및 가까운 외곽지역에만 65만 명이 거주하는 이 거대한 도시에 인구 5천 명을 기준으로 모두 130개 구역에 130명의 성직자가 있어야 하는 것은 당연한 일입니다. 나는 오늘 여러분의 이름을 외우려고 애쓸 필요가 없습니다. 가슴 아픈 일이지만 현재 우리의 성직자 수는 지금 말한 수치보다 훨씬 밑돌기 때문입니다. 이러한 여건 하에서는 잉글랜드 국교회가 자신의 능력을 충분히 발휘할 수 없으며 리버풀에서 "백성의 교회"가 되기를 기대한다는 것 자체가 터무니없는 욕심입니다. 차라리 머지강에 20명의 승무원(항해사, 선원, 엔지니어, 화부)만 태운 쿠나드(Cunard)호나 화이트 스타(White Star) 증기선을 띄우고 대서양을 건너 뉴욕항에 안전하게 도착하기를 기대하는 것이 나을 것입니다. 우리에게 가장 시급하고 중요한 것은 일할 수 있는 사역자를 늘이는 것입니다.

6. 리버풀교구에 있는 잉글랜드 국교회에 필요한 것은 **보다 많은 예배 처소입니다.**

리버풀에 보다 많은 교회가 필요하다는 사실과 관련하여 2년 전 체스터의 주교에 의해 임명된 한 위원회가 매우 중요한 보고를 한 바 있습니다. 이 보고서는 당시 기준으로도 열두 개의 교회가 긴급히 필요하며 적절한 예배 처소가 마련되어야 한다고 주장했습니다. 그러나 7 후로 진전된 사항은 거의 없으며 지금은 이러한 조치가 어느 때보다 절실한 시점입니다. 이 거대한 도시의 인구는 매년 5천 명씩 늘어나고 있는 것으로 보입니다. 이런 추세에 보조를 맞추기 위해서는 매년 새로운 교회가 하나씩 서야 할 것입니다. 우리는 현재 잃어버린 영역을 회복하기 위한 어떤 조치도 취하지 못하고 있습니다. 큰 교구는 모두 넓은 공간과 비전례적 예배를 위한 선교 룸, 기도실을 교구 조직에 반드시 필요한 요소로 여겨 갖추고 있습니다. 이러한 시설이 없으면 어떤 열심 있는 사역자도 효율적으로 사역할 수 없습니다. 리버풀에는 이처럼 귀한 공간이 얼마나 필요한지는 더 말하지 않겠습니다. 그러나 유용성이라는 측면에서 볼 때 교회 사역을 시작하고 유지하기 위해서는 이러한 시설이 어떤 예배처소보다 중요하다고 생각합니다.

우리 도시의 이러한 특수성에 대해 리버풀의 "열두 교회를 위한 기금"의 필요성에 대해 심각히 고민 중이며 나는 이 문제에 대해 성직자나 평신도를 막론하고 모든 경험 있는 지도자의 조언을 구하고 싶습니다. 비용은 큰 문제가 되지 않을 것입니다. 나는 의지만 있으면 가능하다고 확신합니다. 5년 동안 두 차례나-한 번은 주교의 사역을 위해, 또 한 번은 대학을 세우기 위해-10만 파운드에 조금 모자라는 돈을 거둔 이 도시가 리버풀의 잉글랜드 국교회가 교구민의 필요를 채워주는 일을 위해 다시 한 번 10만 파운드를 거두는 일을 감당하지 못할 것도 없다고 생각합니다. 반복되는 말이지만 필요한 돈은 얼마든지 구할 수 있습니다.

열두 교회를 위한 기금을 조성하기 위해서는 앞으로 두 가지 사항만 꾸준히 지키면 될 것이라고 생각합니다.

첫째, 새로운 교회가 들어설 모든 구역에서 여론 조성을 위한 활발한 활동이 있어야 하며 아울러 지역의 기부를 통해 공적 기금이 조성될 수 있도록 재산을 가진 자들에게 호소하는 일입니다. 할 수만 있다면 자신들의 힘으로 직접 세운 교회라면 훨씬 더 애착이 갈 것입니다.

둘째, 우리가 지켜야 할 것은 공금으로 새로운 교회를 건축할 때 가능한 경제적이고 효율적인 작업이 이루어지도록 해야 한다는 것입니다. 가능한 필요 없는 외부장식에 돈을 낭비하지 말고 편안한 실내 분위기를 조성하는데 초점을 맞추어야 할 것입니다. 토지 가격이 비쌀 경우 성 스테판(St. Stephen) 성당이나 바이롬 거리(Byrom Street)처럼 교회 안에 학교를 두는 것도 한 방법일 것입니다. 생활 수준이 낮고 적당한 집이 없을 때에는 목사관을 함께 짓는 것도 좋을 것입니다. 어떤 경우이든 견신례반과 세례교인 모임을 위한 넓고 안락한 공간과 제의실(vestry)은 반드시 구비해야 한다고 생각합니다.

셋째, 리버풀과 마찬가지로 다른 교구에도 넓고 중요한 장소에 새로운 교회가 들어서야 한다는 사실을 기억해 줄 것을 부탁합니다. 몇몇 다른 지역에도 영적 곤핍이 심각한 상태입니다. 나는 잉글랜드 국교회의 진정한 친구라면 웨스트 더비 사람들을 위한 더 많은 예배 처소와 성직자가 공급되지 않는 한 결코 만족하지 못할 것이라고 확신합니다. 그러나 이 주제에 대해서는 내일 위건을 방문할 때 언급하겠습니다.

아직 한 가지 문제에 대한 대답이 남았습니다. 그것은 새로운 교구의 심각한 성직자 부족 현상을 어떻게 대처할 것인가라는 것입니다. 이 문제에 대해 나는 오직 한 가지 대답만 할 수 있을 뿐입니다. 그것은 평신도의 자발적인 동참을 기대하는 수밖에 없다는 것입니다. 새로운 구역의 성직자를 돕기 위해, 탄광 구역의 새로운 부교역자나 재임기간이 오래된 가난한 부교역자(보좌 사제)를 돕기 위해, 우리는 머지않은 장래에 교무위원회(Ecclesiastical Commissioners)의 지원을 받을 수 있을 것입니다. 그러나 반복되는 말이지만 새로운 교회와 선교원을 세우고 부족한 성직자를 보충하기 위해서는 평신도의 자발적인 도움에 의존할 수밖에 없습니다. 나는 이러한 도움을 얻을 수 있기를 간절히 바랍니다. 구제위원회(Diocesan Church Aid Society)나 건축위원회(Diocesan church Building Society)와 같이 훌륭한 단체가 각각 연간 일만 파운드씩만 지원해도 엄청난 규모가 될 것입니다.

교구 내 모든 성직자가 맡은 바 책임과 의무를 다한다면, 필요한 기금이 얼마나 쉽게 모일 수 있는지 곧 알게 될 것입니다. 종교적 목적을 위한 기부자 수가 얼마나 적으며 기부자 명단은 항상 마음 넓은 몇 사람의 동일 인물로 채워진다는 사실을 모르는 사람은 거의 없을 것입니다.[3] 웨스트 더비에는 아직 한 번도 채굴하지 않은 부의 광산이 있습니다. 모든 평신도 사역자가 눈을 열고 담대히 나아와 이 선한 일을 깨닫고 헌금을 통해 하나님의 나라를 위해 헌신한다면 필요한 모든 교회는 조만간 세워질 것이고 필요한 성직자는 채워질 것입니다. 현재로서는 이러한 사역의 기쁨을 몇몇 선택된 소수만이 누리고 있습니다. 그렇게 해서는 안 될 것입니다.

명백한 사실은 그리스도를 위해 물질을 드리는 일에 안타깝게도 대다수 잉글랜드 성직자들이 구시대적 사고를 가지고 있으며 교육이 부족하다는 것입니다. 스코틀랜드 장로교, 잉글랜드 감리교 및 독립교단은 우리를 부끄럽게 하고 있습니다. 고상한 정신의 소유자였던 고 조지 무어(George Moore)가 런던에서 했던 것처럼, 그리고 어떤 사람들이 이전에 리버풀에서 그랬던 것처럼 우리도 더 많은 사람들이 자원하여 나서서 "우리 힘으로 교회를 세울 것이며 다른 사람들의 도움을 부탁하지 않겠다"라고 말할 수 있기를 바랍니다. 얼마나 막대한 돈이 사치품과 오락을 위해 낭비되고 영원히 사라져 버리는지 모릅니다. 그러나 "…여호와께 꾸어 드리는 것이니 그의 선행을 그에게 갚아 주시리라"(잠 19:17)는 약속이 헛된 것이라고 생각할 사람이 누가 있겠습니까? 연말에 결산할 때 영적 목적을 위해 사용한 금액이 사라졌다고 생각할 사람이 누가 있겠습니까? 영

---

[3] "교구재정협회"(Diocesan Finance Association)에 의하면 현재 교구 내 교회 건축, 교회 원조 및 교육 등을 위한 기관에 물질로 지원하고 있는 평신도 기부자는 300명밖에 없다고 합니다. 이 명단에 일곱 번 나오는 사람이 1명, 여섯 번 나오는 사람이 1명, 다섯 번 나오는 사람이 17명, 네 번 나오는 사람이 15명, 세 번 나오는 사람이 23명, 두 번 나오는 사람이 67명, 한 번 나오는 사람이 176명입니다.

혼에 유익한 일을 했다고 파산 법원에 간 사람을 보았습니까?

비록 얄팍한 동기이기는 하지만 부자는 이것이 참된 경건을 알릴 수 있는 가장 확실한 방법이자 최고의 지혜라는 사실을 잊지 말아야 할 것입니다. 장기적 안목에서 볼 때 도시나 나라의 번영의 위대한 비밀은 바로 도덕적 기준이라는 사실을 우리의 이성이 가르치지 않습니까? 금광이나 제조업, 과학적 발견, 부두, 도로, 수사학, 상업적 활동 및 민주적 제도가 나라를 부강하게 만들거나 유지시키는 것이 아닙니다.

두로와 시돈, 카르타고, 아테네, 로마, 베니스, 스페인과 포르투갈은 이러한 것들이 풍부했으나 몰락하고 말았습니다. 국력의 바탕이 되는 요소는 진실과 정직, 절제, 순수, 절약, 근면성, 형제애, 국민 상호 간의 사랑 및 그로 인한 신뢰감 등입니다. 누가 감히 이러한 사실을 부정하겠습니까? 순수한 성경적 기독교를 장려, 강화, 확산하고 가르치는 방법보다 이러한 요소들을 확실하게 배양하는 방법이 있습니까? 이교도가 아니고서야 어떻게 그런 방법이 있다고 주장하겠습니까? 따라서 이것이 사실이라면 모든 도시의 부자가 해야 할 첫 번째 일은 가능한 모든 방법을 동원하여 주변 사람들의 신앙을 격려하고 뒷받침하는 일일 것입니다.

우리는 가난한 이웃이나 자신이 고용하고 있는 자가 견고하고 검소하며 진실하며 부지런하며 절제하며 정직하며 도덕적이며 관대하기를 바랍니까? 여러분은 어떻습니까? 만일 그렇다면 그들의 신앙을 뒷받침해야 합니다. 악을 처벌하면서 덕을 사랑하지 않는 것이나, 공금으로 경찰을 먹이고 교도소를 지으면서 더 많은 사역자를 세우는 일이나 교회를 짓는 일을 등한히 하는 것은 어리석고 모순된 행동입니다.

우리의 신앙이 진실하면 할수록 우리의 삶은 더 나아지게 됩니다. 우리가 선하면 선할수록 우리의 삶은 더욱 번성하게 됩니다. 신앙을 무시하고 자신은 이웃이 그리스도인이든지 아니든지 신경 쓰지 않겠다고 말하는 부자는 치명적으로 어리석은 행동을 하고 있는 것입니다. 세상적 관점에서 보더라도 불신앙은 나라나 도시의 가장 큰 대적입니다.

물론 나는 더 많은 교회를 위한 나의 호소에 대해 지금도 자리가 비어 있는 교회가 있다는 달갑잖은 사실을 지적할 사람이 많다는 것을 압니다. "지금 있는 교회의 자리부터 채우라 그러면 새로운 교회를 지어주겠다"는 것입니다. 그러나 나는 이것이 변명에 불과하며 결코 정당한 주장이 아니라는 것을 말하고 싶습니다. 나는 비단 리버풀에 대해서만 언급하고 있는 것이 아닙니다. 당국이 자리에 부적합한 성직자를 지명하는 한, 교회가 부적격자나 노령자를 퇴직시키기 위해 아무런 조치도 취하지 않는 한, 자리가 빈 교회는 언제나 존재할 것입니다. 그러나 도시 한쪽 끝에 있는 빈 교회들의 존재가 새로운 교회를 짓지 못할 이유는 될 수 없습니다.

모든 사역자가 여러 유형의 교회와 성도들에게 동일하게 적합한 것은 아닙니다. 우리가 성직자를 선택할 때 상식을 발휘한다면, 그래서 그로 하여금 복음을 지혜와 사랑으로 전하고 복음에 따라 살며 행하게 한다면, 그가 결코 빈자리를 향해 설교하는 일은 없을 것이라고 확신합니다. 이 교구에는 내 말이 사실임을 보여주는 많은 증거가 있습니다. 그러나 사람들이 그리스도를 위해 헌신하려는 생각이 없다면 자신의 뜻을 정당화 할 변명거리를 찾기는 어렵지 않을 것입니다. 교회를 짓거나 그리스도를 위한 사역의 경우 일은 우리가 해도 결과는 하나님의 손에 달려 있다는 사실을 모르는 사람이 너무 많은 것 같습니다.

7. 리버풀교구에 필요한 것은 다루기 쉽지 않은 문제입니다.

그것은 우리 교구의 규모나 재정에 어울리며 대영제국 두 번째 도시의 중요성에 걸맞은 **대성당에 대한 필요성**입니다. 이 문제는 민감한 주제입니다. 이것은 대부분의 사람들이 생각하는 것보다 광범위하고 깊은 주제입니다. 나는 끊임없이 "언제 대성당 건축을 시작할 것인가"라고 묻습니다. 그러나 나의 의도를 정확히 아는 사람은 별로 없는 것 같습니다.

대성당에 관한 모든 이론은 훌륭합니다. 모든 교구는 가장 큰 도시 안에 웅장한 교회를 가져야 하며 이 교회는 직무에 있어서 주교가 사제를 능가하듯이 건축양식이나 설비면에서 다른 모든 교회당보다 탁월해야 한다는 것도 맞는 말입니다. 이 교회의 예배는 모든 교구의 모범이 되어야 할 것이며 이 교회의 공중 기도와 찬양과 설교는 기독교 예배의 최고 전형적인 양식이 되어야 할 것입니다. 이 교회의 경영은 참사회장(Dean)으로 불리는 위엄과 학식을 겸비한 유능한 성직자에게 맡기고 참사회원(Canon)으로 불리는 3-4명의 다른 성직자들로 보좌하게 해야 할 것입니다.

이 보좌 주교들은 한 가지 장점을 보고 뽑아야 하며 가족관계나 정치적 이유가 고려되어서는 안 될 것입니다. 가령 신학적 학문이 깊거나, 설교 능력이 탁월하거나 상담에 은사가 있거나 영성이 출중해야 할 것입니다. 이렇게 선택된 자들(Dean 및 Canons)은 주교와 긴밀하고 우호적인 관계를 유지해야 하며 그의 오른 팔, 오른 눈, 그의 참모, 조력자, 칼, 화살, 활이 되어야 합니다. 이렇게 구성된 대성당의 조직은 교구에서 진행하는 모든 선한 사역의 중추적 기관이자 핵심 동력이 되어야 할 것입니다.

사역자들에게는 충분한 사례와 거주지를 제공하고 연중 대부분의 시간을 대성당 가까이 머무르지 못할 이유가 없도록 해 주어야 할 것입니다. 그들은 영성과 거룩함의 기초가 되어야 하며 특히 도시 전체에서 그들의 영향력을 느낄 수 있어야 할 것입니다. 또한 교구 안팎으로 복음을 전하는 모든 교구 조직을 열정적으로 관리하는 모습을 통해 그들의 유용성을 보여주어야 할 것입니다. 참사회장을 비롯한 참사회원들은 모든 성직자의 꽃이자 정수리로서 모든 사람에게 "환히 비춰는 빛"으로 알려지고 이해되어야 하며 대성당 도시는 모든 교구의 영적 아테네(Athens)로서 도시 전체를 주관하는 교회의 요새이자 신학적 학문의 산실이 되어야 합니다.

나는 이것이 영국의 대성당 설립에 필요한 원리라고 생각합니다. 이것은 개혁주의 시대에 대성당 조직의 지속적인 존재를 허락한 사람들의 의도이기도 합니다. 이러한 대성당 이론은 훌륭합니다. 우리가 리버풀에 이러한 대성당과 참사회를 가지고 있었다면 나보다 감사할 사람이 없었을 것입니다. 누군가 이러한 대성당 건축을 제안하고 물질적인 도움을 준다면 진심으로 그러한 제안을 받아들일 것입니다.

그러나 지금 우리가 하고 있는 말에 대해 곰곰히 생각해봅시다. 먼저 비용을 따져봅시다. 우리는 리버풀의 새 교구가 오늘날 다른 새 교구들에 비해 매우 불리한 입장에서 이 일을 시작한다는 사실을 기억해야 합니다. 리폰(Ripon)과 맨체스터와 세인트 올번스(St. Albans)는 대성당 또는 대성당에 해당하는 교회를 가지고 있습니다. 리폰과 맨체스터는 참사회를 두고 있습니다. 서덜(Southwell)에는 아름다운 대사원이 있습니다. 웨이크필드(Wakefield)와 뉴캐슬(Newcastle) 교구 교회들은 대성당에 해당하는 훌륭한 건물입니다. 트루로(Truro)의 주교는 대성당을 건축 중에 있습니다. 그러나 교구를 형성하고 있는 콘월(Cornwall)의 경우 교회가 더 필요치 않으며 모든 노력을 대성당에 집중할 수 있습니다. 더구나 그의 대성당은 이미 부유한 엑서터 참사회(Exeter Canonry)가 주어졌습니다.

반대로 리버풀의 경우, 우리는 처음부터 모든 것을 새로 해야 합니다. 우리 도시에는 대성당으로 개조할 만한 교회도 없습니다. 많은 사람들이 싫어할 체육관 뒤 묘지를 제외하면 새로운 대성당이 들어설 자리마저 용이치 않습니다. 다른 장소는 모두 비용이 엄청나게 들 것입니다. 리버풀에 걸맞은 대성당을 짓기 위해서는 건물비만 25만 파운드는 있어야 할 것입니다. 또한 참사회장, 참사회원 및 대성당 직원들에 대한 사례도 필요합니다. 지금의 우리는 자발적으로 드리고 있는 초라한 주교좌성당 예배를 유지하는 것도 매우 어렵습니다. 이러한 것들은 모두 심각하게 고려해보아야 할 사항입니다. 오십만 파운드에 해당하는 금액을 감당할 준비가 되어 있습니까? 물론 우리는 그것을 감당해야 합니다. 그러나 준비가 되었습니까?

나를 오해하는 사람이 없었으면 좋겠습니다. 아무도 내가 대성당을 반대한다고 생각하지 않기를 바랍니다. 결코 그런 것이 아닙니다. 지금이라도 리버풀에서 누군가가 에든버러 대성당(Edinburgh Cathedral)을 세운 부인들처럼 풍성한 제안을 하거나 누군가 최근에 더블린에서 크라이스트처치(Christ Church) 대성당이나 세인트 패트릭(St. Patrick) 대성당 또는 코크(Cork)에서 세인트 핀바르(St. Finbar) 대성당에서 한 것처럼 하겠다고 나선다면 두 손 들고 환영할 것입니다. 지금이라도 누군가 자원하여 나서는 사람은 나와 동일한 생각을 하고 있을 것입니다. 그러나 새로운 교구의 주교로서 내가 가장 시급하고 중요한 일이라고 생각하는 것은 지금은 전적으로 무시되고 있는 복음을 영혼들에게 선할 수 있도록 돕는 것입니다. 나의 첫 번째 작업은 보다 많은 성직자와 예배처소를 공급하는 것이며 내가 아는 한 수년 내 모든 교회를 채울 수 있을 것입니다.

나는 여기서 대성당에 대한 필요성을 밝혔습니다. 이 문제는 오는 교구 회의에서 상세히 다루게 될 것입니다. 이 문제를 다루는 사람들은 나의 생각보다 더 많은 통찰력을 던져줄 것입니다. 나는 무오하다고 주장하지 않으며 얼마든지 실수할 수 있습니다. 내가 이 문제를 다루는 모든 사람들에게 부탁하고 싶은 것은 "비용 문제를 고려"해 달라는 것입니다.

우리 교구에 필요한 것들에 대한 주제를 마치기 전에 나는 우리 교구에서 발견한 많은 것들에 대해 감사하지 않는다면 큰 결례를 범하게 되는 것이라고 생각합니다. 나는 지금까지 "부족한 것들"에 대해 언급했으나 이제는 우리가 가진 것들에 대해 언급하고자 합니다.

1) 나는 리버풀교구에서 많은 성직자가 훌륭한 일을 하고 있다는 사실에 감사드립니다.

나는 완전을 기대하지 않습니다. 나는 조만간 모든 주교가 자신의 교구가 이런 저런 사역자-일하지 않는 사역자와 일하는 사역자-가 있다는 사실을 알게 될 것이라고 생각합니다. 그러나 나는 영국과 웨일즈에 "부끄러워할 필요가 없는 사역자"와 은밀하고 겸손하게 "열매 맺는" 성직자가 많은 교구가 얼마나 많이 있는지 의심스럽습니다.

2) 또한 감사하는 것은 모든 것이 구비되고 잘 지어진 수많은 교회와 진실하고 살아 있는 예배를 보았기 때문입니다.

나는 이렇게 말할 자격이 있습니다. 나는 이미 교구 내 교회의 절반에 해당하는 90개의 교회에서 설교했으며 내가 본 결과에 대해 말하고 있는 것입니다. 한 가지 안타까운 일은 추수감사절 행사 장식에 지나치게 많은 비용을 지출한다는 것입니다. 교구에 필요한 돈이 그렇게 많은데 말입니다. 물론 이러한 행사가 예외적인 경우에 해당한다는 것을 알고 있습니다. 그러나 솔직히 말해서 장식과 치장에 한계를 두었으면 하는 것이 나의 바램입니다. 하나님의 집은 옥수수나 과일, 꽃, 장식용 상록수나 관엽 식물을 보여주기 위한 장소가 아니라 기도하고 찬양하며 말씀을 전하는 장소입니다. 그러나 나는 선한 열심이 지나쳐서 그런 것이라고 생각합니다.

3) 나는 몇몇 저녁 성찬 때 낮은 저소득층에 속한 많은 사람들이 성찬을 받는 것을 보고 감사한 마음이 들었습니다.

저녁 성찬을 반대하는 사람들이 많지만 나는 그들의 생각에 동의할 수 없습니다. 일부 가난한 구역에서 저녁 성찬을 거부하는 것은 주님의 식탁에서 수많은 아내와 어머니를 쫓아내는 것과 같습니다. 확실히 나는 편의상 아침에 성찬을 받는 것을 선호합니다. 그러나 이 의식은 원래 저녁에 제정되었으며 교회도 분명히 주의 만찬(저녁)이라고 부른다는 사실을 생각하면 저녁 성찬이 잘못되었다는 이유를 모르겠습니다. 항상 주장하는 말이지만 잉글랜드 국교회가 노동자 계층의 사랑을 얻고 유지하기 위해서는 교회가 역할을 제대로 해야 하는 것입니다. 나는 리버풀에서 성찬에 수종들면서 이러한 생각이 옳다는 것을 재확인했습니다.

4) 나는 주일학교에 대한 관심에 대해 감사드립니다. 공립초등학교의 설립은[4] 주중 교육을 위한 것이기 때문에 주일학교의 중요성은 어떤 평가로도 부족할 것입니다.

주일학교가 없다면 신조나 세례문답 및 국교회 기도서와 같은 것들을 무시하고 견진성사를 위한 준비도 갖추지 못한 젊은 세대가

---

4 공립초등학교는 Gladstone이 첫 번째 수상으로 재직하던 1870년 Forster Education Act(교육 강화법)의 통과로 설립되었다.

이 땅에 양산될 것입니다. 간절히 바라는 것은 주일학교에 대한 관심을 더욱 많이 가져달라는 것과 자신을 부인하는 인격을 구비한 유익한 주일학교교사를 다방면으로 지원하고 양성해야 한다는 것입니다. 나는 유능한 주일학교 교사들이야말로 성직자의 든든한 오른 팔이라고 믿습니다.

5) 나는 교구의 평신도들이 교회 활동에 대해 보여준 적극적이고 지적인 관심에 대해 감사드립니다.

나는 내가 설교한 교회에서 보았던 사람들처럼 자발적으로 나서서 유능하게 자신의 직무를 수행하는 교구위원들을 본 적이 없습니다. 또한 나는 많은 성도들이 보여준 교구를 위한 귀한 헌신에 진심어린 칭찬과 격려를 드리지 않을 수 없습니다. 모든 교회가 마땅히 그렇게 해야 할 것입니다. 평신도는 성직자와 마찬가지로 "교회 자체"이기 때문입니다. 평신도가 수동적이며 파트너십을 발휘하지 않고 교회의 관심사를 전적으로 성직자에게만 맡긴다면 교회가 심각한 병에 들었다는 징조입니다. 나는 리버풀에는 이런 교회가 결코 없을 것이라고 믿습니다.

나는 지금까지 열거한 모든 사항에 대해, 모든 사람으로부터 받은 진심어린 환대에 대해, 나의 요구에 뜻을 같이하려는 모든 사람들의 의지에 대해, 이 첫 번째 방문을 통해 공식적으로 나의 진심어린 감사를 표현하고자 합니다. 나는 지금까지 만난 것보다 더 많은 어려움과 충돌이 있을지도 모른다는 염려 속에 여러분을 찾았습니다. 그러나 여러분은 나의 여정을 여러 면에서 순탄하고 편안하게 해 주었습니다. 먼저 하나님께 감사드리며 여러분에게도 감사드립니다.

6) 이제 순수한 지역적 관심사에서 벗어나 잉글랜드 국교회의 전반적 현실에 대해 언급하고자 합니다.

이런 내용은 선뜻 내키지 않는 주제이기도 합니다. 이 시대의 교회 문제는 누군가의 소중한 생각과 충돌하지 않고 다룰 수 없는 논쟁적 특성을 가지고 있습니다. 그러나 교구는 주교가 방문할 때 이러한 문제에 대한 견해를 밝히기를 기대하며 나 역시 이러한 기대가 잘못되었다고 생각하지 않습니다. 결국 나는 이 자리에 앉은 성직자 가운데 자신의 주교가 아무런 색깔도 없는 명목상의 주교이거나 선수상(figure-head)처럼 배의 속력이나 안정에 아무런 기여도 하지 못하는 장식물같이 자리나 채우는 주교가 되기를 바라는 사람은 아무도 없을 것이라고 생각합니다. 그러므로 나는 내 생각을 솔직히 밝힐 것입니다.

물론 우리는 누구나 자신의 시대의 중요성을 과장하려는 경향이 있습니다. 그러나 나는 오늘날 잉글랜드 국교회의 상황은 지난 두 세기 동안 어느 때보다 위험하고 중요한 시기를 맞았다고 생각합니다. 모든 상황은 어둡고 암울하기만 합니다. 앞에도 파괴자가 있고 뒤에도 파괴자가 있습니다. 오른 쪽에도 위험이 있고 왼쪽에도 위험이 있으며 안에도 위험이 있고 밖에도 위험이 도사리고 있습니다. 오래된 훌륭한 선박이 폭풍우를 뚫고 나아갈 수 있을지는 지켜보아야 할 것입니다. 그러나 나는 모든 것이 하나님의 뜻 안에서, 승무원의 행동에 달려 있다고 확신합니다. 이성과 성결한 상식이 지배한다면 살 수 있겠지만 그렇지 않으면 죽을 것입니다.

밖으로부터의 위험에 대해서는 가능한 말을 아끼겠습니다. 이러한 위험은 주로 국교회폐지를 주장하는 자유사회(Liberation Society)의 활동으로부터 오는 것입니다. 그처럼 불안하고 열정적인 단체는 리차드 백스터나 존 오웬과 같은 예전 비국교도의 원리로부터 완전히 벗어나서 잉글랜드 국교회의 폐지 및 몰수, 그리고 교회와 국가의 연합을 종식시키기 위해 사력을 다하고 있습니다. 그러나 나는 오늘날까지 이 운동이 성공을 거두었다는 증거를 발견하지 못했습니다. 오히려 지금 교회는 처음 동요가 시작되었을 때보다 더 강력해졌다고 생각합니다.

사실을 말하면 대중의 마음은 국교회폐지를 주장하는 논리를 받아들인다고 해도 그것이 초래할 상황에 대처할 준비가 되지 않았다는 것입니다. 물론 교회와 국가의 연합이 와해된다면 모든 교회와 교파는 동일한 대우를 받게 될 것입니다. 국가가 어느 한 쪽에 대해 호의나 특혜를 베푸는 일은 없을 것입니다. 불신자, 이신론자, 마호메트교, 소시니안파(Socinian), 유대교, 가톨릭, 성공회, 장로교, 회중교회, 감리교, 침례교는 모두 차별 없는 대우를 받을 것입니다. 국가 자체는 종교와 아무런 관계가 없을 것이며 모든 지원은 자유무역 원리와 조직의 자발적 활동에 맡길 것입니다.

한 마디로 잉글랜드 정부는 모든 백성이 하나님을 섬기던 바알을 섬기던 상관치 않을 것이며 천국이든 다른 장소든 원하는 대로 가도록 방치해 둘 것입니다. 국가는 영적 문제를 인식하지 못할 것이며 무관심한 태도와 방관자적인 자세로 바라볼 것입니다. 국가는 계속해서 백성을 보살피겠지만 영적인 삶에 대해서는 전적으로 무시할 것입니다.

기독교를 "언어와 명칭"(words and names)에 관한 문제로 보고 "이러한 것들에 관여치 않으려 했던" 갈리오(Gallio)는 잉글랜드 정치가의 귀감이 되었을 것입니다. 대영제국의 국왕은 가톨릭교도가, 수상은 이슬람교도가, 대법관은 유대인이 되었을 것입니다. 국회는 기도 없이 개원할 것이며 대법원에서의 선서도 필요치 않았을 것입니다. 아마도 다음 왕은 웨스트민스터사원에서의 예배 없이 즉위할 것입니다. 감옥과 수용시설, 군인이나 군대에 목사는 필요치 않앉을 것입니다. 한 마디로 군대 밴드는 중보 기도로 하나님을 인정하는 것을 반대하는 자들이나 불신자의 심기를 건드리지 않기 위해 "하나님이여 여왕을 구원하소서"라는 연주를 하지 못하도록 금지당했을 것입니다.

지금 잉글랜드 국민이 이러한 상태가 되는 것을 보고 싶어 한다는 것입니까? 나는 당분간 그런 일은 없을 것이라고 믿습니다. 국민들은 현 상황에서 비국교도가 경제적인 여유가 되면 무엇이든 할 자유가 있다는 사실을 알고 있습니다. 그들은 시민으로서나 종교적으로 어떤 제한도 받지 않고 있습니다. 그들은 어디든 원하는 곳에 가서 원하는 곳에 건축할 수 있으며 원하는 곳에서 설교하고 원하는 대로 예배할 수 있습니다. 그들은 국교도보다 더 많은 것을 할 수 있으며 더 많은 자유를 누리고 있습니다. 우리는 아무리 무시를 당하는 성직자의 교구라고 해도 현직자의 허락 없이 마음대로 들어가서 새로운 교회를 지을 수 없지만 비국교도는 누구든지 그곳에 예배당을 건축할 수 있습니다. 국민들은 기존의 교회가 아무리 문제가 많을지라도 해를 끼치기보다 유익을 주며 특히 시골 교구의 경우 국교회의 폐지 및 몰수는 종교말살이나 다름없다는 사실을 알고 있습니다.

국민들은 이 모든 사실을 보고 알고 있으며 그렇기 때문에 아마도 대다수 영국인은 국교회폐지를 찬성하지 않을 것입니다. 이러한 이유로 나는 외부로부터의 위험에 대해서는 이쯤에서 그만두고자 합니다. 물론 우리가 자신의 치명적인 어리석음으로 말미암아 외부 대적에게 어느 정도 힘을 실어주었는지 정확히 말하기는 어렵습니다. 그러나 나는 교회가 자신과 개혁주의의 위대한 원리들에 솔직한 한 평신도가 교회의 폐지를 용인하는 일은 일어나지 않을 것이라고 믿습니다. 교회는 열매로 평가를 받을 것입니다. 교회 보호 협회의 가장 훌륭한 동맹군은 진리를 전파하고 진리를 따라 살며 자신의 구역을 위해 일하고 성도를 돌아보며 온유한 언어와 성도를 돕고 교회를 사랑하는 마음을 가진 성직자입니다. 반면 국교회폐지를 주장하는 자유사회의 가장 훌륭한 우군은 청중석을 텅텅 비게 만드는 잘못된 설교로 만족하고 세례교인의 수가 적으며 교구 조직이나 주일학교 및 심방이 없고 대부분의 성도를 알지 못한 채 방치해두는 나태한 성직자입니다. 이러한 교구는 국교회폐지론자들을 도와주는 가장 확실한 원군입니다.

잉글랜드 국교회의 중요한 위험은 내부에서 찾을 수 있습니다. 그것은 교회를 분열시키는 격렬한 내부 논쟁과 갈등 및 싸움에서 비롯된 위기입니다. 우리는 "스스로 분쟁하는 동네나 집마다 서지 못하리라"는 말씀을 누가 했는지 압니다. 예루살렘의 멸망은 티투스(Titus)의 군대 때문이 아니라 예루살렘 내 유대인 상호간의 반목과 불화 때문이었습니다. 솔직히 나는 교회의 폐지나 몰수보다 우리 안의 분열과 대립 및 그로 인한 붕괴와 몰락이 훨씬 걱정스럽습니다.

교회의 가장 큰 내부적 위험은 잉글랜드 국교회의 비개혁주의화(unprotestantize)를 작심하고, 선조들이 개신교 개혁주의를 위해 이미 삼백 년 전에 버린 원리와 관행을 다시 끌어들이려는 성직자들이 지속적으로 존재한다는 것입니다. 이러한 성직자들이 지금도 존재한다는 것, 그들 가운데 수백 명이 수시로 가톨릭으로 돌아섬으로써 그들의 본심을 드러낸다는 것, 지난 25년 동안 그들의 활동은 대부분의 주교로부터 충고와 경고를 받았다는 사실, 모든 기독교가 그들에게 시선을 고정하고 어떻게 발전해갈지 궁금해 하며 지켜보고 있다는 것, 로마 가톨릭이 이들의 성장과 발전을 기뻐하는 반면 모든 나라의 진정한 개혁주의자들은 안타까워한다는 것 등은 부인할 수 없는 명백한 사실로서 그것을 입증하려는 시도는 시간낭비일 뿐입니다. 이들의 열심, 진지함 및 자기부인에 대해서는 당분간 논쟁하지 않겠습니다. 그러나 그들만이 이러한 자질을 가지고 있는 것은 결코 아닙니다. 또한 어떤 열심이나 진지함도 "여러 가지 이상한 교리"와 관행을 우리 교구 교회로 들여오거나 국교회의 권위 있는 예배서의 한계를 넘을 수 있는 특권이 될 수는 없습니다.

그러나 내가 여러분에게 강조하려는 것은 그런 것이 아닙니다. 양측이 수년 동안 논쟁하고 있는 핵심 주제가 성만찬이라는 복된 성례에 관한 것이라는 사실은 안타까운 일이 아닐 수 없습니다. 많은 성직자가 이미 삼백 년 전에 폐기된 방식, 로마 가톨릭에서 가져온 것으로 보이는 방식, 막강한 권력을 가지고 있던 라우드(Laud) 대주교도 시행하지 못했던 방식, 사려 깊은 대다수 사람들이 로마 가톨릭 교리 가운데 가장 위험스러운 "미사라는 희생제사"를 교회로 들여오려는 의도로 볼 수밖에 없는 방식 등이 포함된 성만찬 관습을 채택하였습니다.

여러분은 모두 이 새로운 방식의 합법성에 대해서는 이 분야에 관한 한 최고의 권위 있는 법정에서 이미 수차례 재판을 받은 주제라는 사실을 잘 알고 있을 것입니다. 최종 결과는 언제나 명백한 불법이라는 판결이었으며 제의를 입어야 한다거나 제물을 불태워야 한다거나 성만찬 식탁에 불을 켜야 한다거나 성찬 잔에 물을 타거나 축성된 요소들(consecrated elements)을 높이거나 숭배해야 한다고 주장하는 성직자는 잉글랜드 국교회의 교리를 위반하고 최고 법정이 명백히 정죄한 '예배 규정'(Ornaments Rubric)을 고수하는 것이며 따라서 법을 위반하고 있는 것입니다. 그러나 오늘날 잉글랜드 국교회의 가장 큰 위험이 되고 있는 비극적인 사실이 있습니다. 그것은 새로운 방식을 채택한 성직자들 가운데 일부가 법원의 판단이나 주교의 충고를 아예 무시한다는 것입니다. 그들은 추밀원(Privy Council)의 사법 위원회가 예배 규정에 대해 내린 해석을 확인하는 삼백 년간의 공인된 판단(comtemporanea exposito)[5]과, 우리의 성만

---

[5] agreed judgment.

찬 제도에는 그들의 새로운 주장을 인정하는 어떤 요소도 없다는 사실 및 주교에게 순종하겠다는 그들 자신의 엄숙한 서원과 맹세에도 불구하고 자신의 성만찬 방식만 고집하며 그들이 원하는 방식이 본질적인 것이 아님에도 불구하고 그들은 잉글랜드 국교회를 분열시킬 준비가 되어 있는 것처럼 보입니다. 그 중에서도 가장 나쁜 것은 자신은 법을 위반할 생각을 해본 적도 없지만 범법자인 그들에 대해서는 탁월하고 훌륭하며 박해를 받는 순교자로 여겨 제재를 반대하는 많은 성직자들이 그들을 돕고 지원하며 묵인하고 후원하고 있다는 사실입니다. 이 모든 것들이 가장 위험한 상황을 형성하고 있는 것이 아니라면 무엇이 교회의 위험이 될 수 있다는 것이겠습니까? 어떤 변화가 없다면 잉글랜드 국교회는 몰락하게 될 것입니다. 나는 지금까지 묘사한 이 위험한 상황과 관련하여 어리석고 불합리한 주장을 많이 듣고 있습니다.

8. 나는 상식 있는 모든 사람에게 오해를 불식시키고 유익을 줄 수 있는 몇 가지 언급을 하는 것이 좋겠다고 생각합니다.

1) 나는 가끔 오늘날 성만찬에 관한 교회적 소송은 제기되어서는 안 되고, 법을 위반한 성직자도 주교에 의해 얼마든지 보호를 받을 수 있으며, 법적 소송을 제기한 자는 이스라엘의 '박해자'이며 분쟁을 일으키는 자라는 말을 듣습니다.

그러나 어떻게 법이 먼저 세심한 논쟁부터 하지 않고 만족스러운 판결을 내릴 수 있다는 말입니까? 오늘날 범법자들 가운데 감독의 충고에 조금이라도 주의를 기울이는 사람들에 대한 개전의 가능성에 대해서는 침묵하는 다수의 의견에 맡기고 싶습니다. 그러나 나는 검찰을 향한 온갖 거슬리는 이름과 모욕적인 별명에 대해서는 그것을 발설한 자들의 입에 합당치 않는 언사라고 생각합니다. 성만찬에 관한 바른 교리는 메리 통치 하에 순교한 자들(Marian martyrs)이 화형을 당하면서까지 지키려 했던 교리임을 기억하는 영국인들은 많은 사람들이 가톨릭 미사로 돌아가려는 작은 시도에도 극도로 예민한 반응을 보인다는 사실에 조금도 놀라지 않을 것이며 나 역시 마찬가지입니다. 나는 많은 사람들이 의식과 관련된 새로운 내용에 대해서는 참을 수 있지만 성만찬에 관해서는 어떤 극단적인 혁신도 반대할 것이라고 생각합니다. 덜월(Thirlwall)[6] 주교가 마지막 기소에서 했던 말은 기억할 필요가 있습니다.

> 이 소송을 제기한 자는-비록 대적에게는 박해자처럼 보이겠지만-자신에 대해 불법적이고 까닭 없는 공격에 대한 방어적 차원의 행동이며 엄청난 죄악이라고 생각하는 것에 맞서기 위한 것이라고 생각할 수밖에 없을 것입니다(*Remains* ii. 306).

자신을 반대하는 자를 "박해자"라고 욕하기는 쉽습니다. 그러나 법을 위반하고 주교에 대한 순종을 거부하는 자들이야말로 교회를 박해하는 자들인 것입니다.

2) 나는 추밀원의 사법 위원회가 합법적이고 세심한 연구 끝에 내놓은 '예배 규정에 관한 해석'이 잘못되었으며 따리시 지킬 필요가 없나는 말을 자주 듣습니다.

심지어 나는 최종적 결정은 "공의에 의한 결정이 아니라 정책적

---

[6] St. Davids의 주교, 1840-75.

판단"이라는 말까지 들었습니다. 나는 이러한 말에 대해 "소송에 패한 당사자는 언제나 자신을 패소케 한 법정을 비방한다"는 옛 속담을 상기하며 무시해버립니다. 그러나 비열한 자기주장은 논쟁이 될 수 없습니다. 분노한 신학자가 교만하게도 지성과 오랜 경험을 겸비한 영국의 대표적 법률가에 대해 무능해서 교회 문제를 다룰 수 없으며 문헌이나 예배서에 나타난 용어의 의미를 분석하거나 평가할 수 없으며 법규나 교회사에 대해 무지하기 때문에 이러한 문제들을 파악할 수 없다고 말하기는 쉽습니다. 그러나 누가 그런 말을 믿는지 궁금할 따름입니다.

상원이나 하원, 템플이나 링컨법학원(Lincoln's Inn), 도시나 웨스트엔드(West End), 옥스퍼드나 캠브리지, 리버풀, 맨체스터, 리즈(Reeds), 버밍햄(Birmingham) 또는 브리스톨(Bristol)에 있는 지각 있는 사람 가운데 대다수는 그런 말을 믿지 않을 것이며 그런 말을 하는 자를 불쌍하게 생각할 것입니다. 인격의 결점이 없는 탁월한 영국의 재판장이 "공의보다 정책"을 앞세운 판단으로, 또는 불순한 동기에 의해 교회문제를 편파적으로 처리함으로써 자신의 판사직에 오점을 남길 수 있다는 암시적 언급에 대해서도 모르는 척 할 것입니다. 그처럼 넌지시 빗대는 말을 하거나 그런 말을 믿는 자들이 불쌍할 뿐입니다.

3) 나는 때때로 영적 문제는 영적인 사람들에게 맡겨야 하며 사법위원회처럼 문외한들로 구성된 법원은 신학적 문제를 다룰 수 없다는 말을 듣습니다.

얼핏 들으면 매우 그럴듯한 말처럼 들리지만 전혀 음미해볼 필요가 없는 말이라고 생각합니다. 현재의 상고법원(Court of Final Appeal)은 다른 법정과 마찬가지로 완전하지 않고 오류가 있을 수 있으며 현재의 왕립 위원회 역시 개선의 여지가 있습니다. 그러나 추밀원의 사법위원회가 교회 문제에서 손을 떼고 소위 영적 법원이 대신 들어선다고 해서 평신도를 만족시킬만한 더 나은 법원이 될 수 있을지는 심히 의문스럽습니다. 제도에 대해 잘못을 찾아내고 끌어내리기는 쉽지만 더 나은 것을 세우기는 언제나 쉽지 않습니다. 인적 자원이 어떻게 구성되어야 하겠습니까? 누가 참신하고 개선된 재판관이 되어야 하겠습니까? 나는 동서남북 모든 곳을 둘러보았지만 여러분의 "재편된" 상고 법원을 구성할 만한 인물을 찾지 못했습니다. 재판석에 앉을 준비가 된, 내가 모르는 숨은 다니엘이 있을지 모르지만 정말 그들이 누구인지 궁금합니다.

국가에 현재의 상고 법원을 제거해 버리고 주교로만 구성된 상고 법원을 세워달라고 부탁하겠습니까? 나는 그런 법원이 만족을 줄 수 있을지 심히 염려스럽습니다. 「가디언」(*Guardian*), 「레코드」(*Record*), 「처치 타임즈」(*the Church Times*) 및 「록」(*Rock*)지가 유일하게 일치하는 견해가 있다면 아마도 주교의 오류가능성일 것입니다. 이러한 신문들은 영국의 많은 고위 성직자가 현명하거나 정통적이지 않으며 분쟁이 되고 있는 문제를 맡길만한 신뢰성이 부족하다고 말합니다. 그러나 만일 그것이 사실이라면 모든 교회가 그들의 사법적 판단에 만족할 수 있는 가능성이 존재하겠습니까?

주교에서 눈을 돌려 여러분의 새로운 상고 법원을 교구에서 선정한 참사회원, 대학 교수 및 탁월한 신학자들로 구성하겠습니까? 여러분은 다시 한 번 동일한 반대에 부딪치게 될 것입니다. 영국의 참사회원 명단이나 옥스퍼드나 캠브리지의 교수들의 면면을 살펴보면서 모든 사람이 만족할 만한 더할 나위 없는 법정을 구성할 수 있는 사람은 아무나 잘 믿는 사람임이 틀림없을 것입니다. "선정된 탁월한 신학자"와 관련해서는 누가 선정권을 가져야 하는지 궁금할 따름입니다. 한 학파가 선정하는 신학자에 대해 다른 학파는 결코 바른 "신학자"로 인정하지 않을 것입니다.

사실 모든 교회 문제를 성직자 재판관에게 보내려는 사람들이 선호하는 이론은 결코 설득력이 없는 이론입니다. 처음에는 그럴듯하게 들리고 멀리서보면 괜찮아 보이겠지만 전혀 실용적인 이론이 아닙니다. 전체적 관점에서 문제를 조명할 수 있는 훈련을 받은 노련한 평신도 법조인만이 만족한 상고 법원을 형성할 수 있습니다. 성직자는 대체로 재판관에 맞지 않습니다. 강단에서 무슨 일을 하든 우리가 법정을 빛나게 할 수는 없습니다. 주교와 장로들이 한 가지 가질 수 없는 것이 있다면 편견에 치우치지 않는 결정을 내릴 수 있는 능력 및 사법적 정신일 것입니다.[7]

4) 나는 종종 예배 규정에 관한 결정을 반대하는 자들이 주장하는 문제들은 취향에 관한 문제일 뿐이라는 말을 듣습니다.

실제로 모든 문제는 유미주의와 장식에 관한 문제에 해당합니다. 어떤 사람들은 왜 그처럼 사소한 문제로 논쟁하고 다투느냐고 말합니다. 나도 그 생각이 맞기를 바랍니다. 그러나 불행히도 그렇지 않다는 강력한 증거가 있습니다. 그들이 의식(ceremonial)을 중요시하는 이유는 그것이 교리의 유형적 상징이기 때문입니다. 제의를 인도하는 자들이나 성만찬에 관한 특정 서적과 편람에 끊임없이 등장하는 언어 등은 모두 논쟁 중인 문제가 성례에 감사와 찬양의 제사와 함께 속죄적 요소가 있다는 주장이거나 신자의 마음 외에도 실제적 임재가 있다는 주장임을 보여줍니다. 이러한 것들은 결코 사소한 문제가 아닌 심각한 교리적 오류이며 나는 영국의 성직자들이 로마 가톨릭으로 회귀하려는 어떤 조짐에 대해서도 용납해

---

[7] 부록 1장 각주 1, p. 519 참조하라.

서는 안 된다고 주장하는 것입니다. 작고한 덜윌 주교의 말을 빌리면 "문제는 우리의 성만찬 직무가 가톨릭 미사를 닮아가는 것이 아닌가라는 것입니다"(Remains ii. 233).[8]

9. 나는 종종 규정에 대한 순종은 모든 사람에게 강제적이어야 하며 어떤 성직자에게는 추밀원이 해석하는 대로 예배 규정을 순종하게 하고 어떤 성직자에게는 일부 규정을 무시할 수 있도록 허락하는 것은 공평하지 못하다는 말을 듣습니다.

이 문제에 대해서는 여러 지역에서 앞 다투어 논쟁하고 있지만 나는 이것이 왜 논쟁의 주제가 되는지 모르겠습니다. 이러한 문제들에 있어서 생략하는 행위와 추가하는 행위는 결코 같은 선상에서 볼 수 없습니다. 성만찬을 집전하면서 중요한 교리적 의미가 내포된 새로운 방식을 도입하는 사람의 행위와 교리적 중요성이 전혀 내포되지 않은 사소한 구시대적 가르침을 지키지 않는 사람의 행위를 동일한 차원에서 보려는 시도야말로 상식을 벗어난 태도라고 생각합니다. 어쨌든 모든 규정을 완전히 지키기는 불가능하며 아마도 모든 규정을 지키는 성직자는 전국에 한 사람도 없을 것입니다.

성찬식(Communion Service)에서 첫 번째 세 개의 규정이 이러한 경우에 해당하는 사례들입니다. 더구나 법과 관습의 변화 및 오늘날 성직자에게 허락된 광범위한 자유는 일부 고대 규정을 구시대적이고 부적절한 것으로 만들었습니다. 교회의 상황이 어떤 규정의 준수를 요구하는지 결정해야 하는 19세기 주교에게는 특별한 재량권이 주어져야 할 것입니다. 만일 내가 어떤 성직자에게 예배 규정

---

8 부록 1장 각주 2, p. 520 참조하라.

에 관한 추밀원의 지시에 순종할 것과 제사 의복(chasuble), 향, 촛불과 같은 것들의 사용을 금지할 것을 지시한다면, 성만찬에 대한 개신교적 관점을 유지하는 것이 그만큼 중요하고 또한 미사라는 희생제사(sacrifice of the Mass)와 같은 제도의 등장에 대한 평신도들 사이의 경계심 때문입니다.

만일 내가 리버풀 북단이나 남단 또는 광산 지역의 광범위하고 가난한 구역에 있는 다른 성직자에게 아침기도와 저녁기도 및 성인의 날 예배를 요구한다면, 그것은 그에게 주어진 12시간이라는 짧은 낮 시간을 효율적으로 활용할 수 있을 것이라는 생각 때문입니다. 그는 (모든 규정이 최종적으로 완성된) 220년 전에는 엄격히 금지되었던 사역-성별되지 않은 장소에서의 비전례적 예배, 오두막 강의(Cottage Lectures), 성경 공부, 청년 모임, 어머니 모임, 금주 모임(Temperance Meetings), 기도 모임 및 오늘날 잘 알려진 다른 방식-을 통해 훨씬 유익한 시간을 가질 수 있을 것입니다. 사람들이 나에게 형평성이 부족하다거나 성직자에 따라 간섭하거나 방임하는 것은 공평치 못한 처사라고 말할 때 나는 이러한 비난을 냉담하게 받아들입니다. 나는 잉글랜드 국교회에 가장 유익이 되는 최상의 선택을 한 것이라고 믿습니다.

나는 이 지루한 주제에 대해 이쯤에서 마치려 합니다. 이 문제를 오랜 시간 너무 속속들이 다룬 것에 대해서는 사과할 생각이 없습니다. 오늘날 교회의 상황은 주교가 침묵을 지키고 있을 수 없을 만큼 심각하고 어려운 시점에 와 있습니다. 날씨가 바뀌거나 사람의 마음이 바뀌거나 배의 항로를 바꾸지 않는다면 우리에게 남은 것은 잉글랜드 국교회의 파선밖에 없습니다. 나는 다니엘과 함께 "이 모든 일의 결국이 어떠하겠나이까"라고 묻고 싶습니다. 한 번 조용히 생각해 보십시다. 대안이 없겠습니까?

1) 가톨릭으로 돌아가려는 세력에 항복하겠습니까?

잉글랜드 국교회의 모든 성직자에게 성만찬시에 제사 의복과 부속물들을 사용하게 하고 성례를 제사로 바꾸겠습니까? 하나님이 용서치 않으실 것입니다. 이러한 생각은 불가능하고 터무니없는 생각입니다. 여러분은 와이트 섬(Isle of Wight)에서 베릭 온 트위드(Berwick-on-Tweed)에 이르기까지 영국연방 시대의 폭풍보다 훨씬 심한 폭풍을 일으키려 할 것입니다. 그러나 해가 서쪽에서 떠서 동쪽으로 지기 전에는, 머지강이 리버풀에서 체셔 언덕으로 역류하기 전에는, 영국의 성직자 대부분이 메리 시대의 순교자들을 모욕하고 가톨릭 미사로 돌아가는 일은 없을 것입니다. 그들은 결코 동의하지 않을 것입니다.

2) 성만찬 방식과 관련된 모든 문제를 개방함으로써 모든 성직자가 자신이 원하는 방식대로 성만찬을 거행하게 하는 방법을 택하겠습니까?

이러한 방법은 많은 사람들이 청원한 "인내와 관용"의 정책입니다. 그러나 국회의 특별법을 제정하면 몰라도 어떻게 최종 결정에 맞서 이러한 정책을 시행할 수 있겠습니까? 나는 이보다 더 어리석고 치명적인 방법은 없다고 생각합니다. 여러분은 모든 교구를 명백히 구분된 두 영역으로 분열하게 될 것입니다. 여러분은 성직자를 두 개의 구별된 계층-제의를 입은 자들과 입지 않은 자들-으로 나눌 것이며 두 계층 간에는 더 이상 교제가 없을 것입니다. 불행한 주교들의 경우 양심을 버리고 아무런 차이도 느끼지 못한 채 모든 사상을 받아주는 명목상의 주교가 되거나 아니면 자신의 성직자 가운데 한 쪽을 두둔하고 다른 쪽에는 상처를 주는 자가 되어야 할 것입니다. 이것은 비극적인 발상입니다. "인내와 관용"은 훌륭하고 그럴듯해 보이는 말이지만 이 말의 의미가 모든 성직자가 자신이 원하는 대로 해도 좋다는 뜻이라면 혼돈과 분열과 멸망의 전조로밖에 볼 수 없습니다.⁹

3) 법원의 최종 결정에 굳게 서서 우리의 선조들이 지난 3백 년간 걸어온 옛 길과 옛 방식을 고수하시겠습니까?

어렵고 고통스러운 결론으로 보이지만 나는 다른 대안이 없다고 생각합니다. 나의 판단은 비록 탈퇴와 붕괴 및 분열 등 어떤 결과를 초래하는 한이 있더라도 최종결정을 굳게 고수해야 한다는 것입니다. "*Fiat veritas, ruat coelum*"(하늘이 무너져도 진리를 고수하라).¹⁰ 그러나 나는 선지자가 아니라는 사실을 기억하기 바랍니다. 얼마나 많은 탈퇴와 분열이 있을지 아니면 아무런 일도 일어나지 않을는지 나는 모릅니다. 가장 강력하게 탈퇴를 부르짖는 사람이라고 해서 반드시 탈퇴한다는 것도 아닙니다. 그러나 잉글랜드 국교회의 탈퇴와 붕괴가 지금 말한 정책의 결과라고 가정한다면 이 문제가 미래 역사에 어떻게 나타날지 기억해야 할 것입니다. 역사는 다음과 같이 기록할 것입니다. "19세기 후반 기존의 잉글랜드 국교회는 두 진영 간의 한 치도 양보 없는 갈등과 대립으로 찢어지고 붕괴되었다. 두 진영 가운데 한 쪽은 성경이나 기도서의 성만찬 직무에 한 번도 언급되지 않은 제의, 성례의 본질적 요소에 해당하지 않는 제의, 법원의 정죄를 받은 제의, 3백 년간 사용되지 않은 제의, 로마 교회로부터 빌려온 의식으로 성만찬을 거행할 것을 주장하였다. 다른 쪽은 16세기에 교회를 태동시킨 원리 및 엘리자베스 시대 이후

---

9 부록 1장 각주 3, p. 520 참조하라.
10 "Let the truth be upheld, though the heavens fall"('진리'를 '정의'로 인용하기도 한다).

고수해온 관습으로부터 벗어나지 않기 위해 끝까지 노력했다. 어느 쪽도 포기하지 않았으며 백성들은 지쳐갔다. 국회가 개입하고 교회는 폐지되고 몰수당했으며 분열되었다." 과연 후손들은 어떤 평가를 내리겠습니까? 대답은 여러분에게 맡기겠습니다.

그러나 나는 거짓 선지자가 되고 싶지는 않습니다. 나는 교회의 끈질긴 생명력을 믿습니다. 1662년 통일령(the Act of Uniformity)[11]에 의해 가장 유능한 청교도 성직자 2천 명에 대한 추방에도 불구하고 교회는 살아남았습니다. 윌리엄 3세가 등극하면서 충성서약을 거부한 자들의 탈당에도 불구하고 교회는 살아남았습니다. 지난 세기 감리교단을 잃었음에도 불구하고 교회는 살아남았습니다. 이 시대에도 매닝(Manning), 뉴먼(Newman), 페이버(Faber), 오클리(Oakley), 윌버포스(Wilberforce) 및 많은 사람들이 자신의 자리를 떠났음에도 불구하고 교회는 살아남았습니다. 나는 우리가 개혁주의의 원리를 고수하는 한, 설사 내년에 "잉글랜드 국교회연합"(English Church Union) 전체가 떠난다고 해도 교회는 살아남을 것이라고 믿습니다. 그러나 대부분의 사람들은 성만찬의 본질적인 요소가 아닌 문제로 선조들의 교회를 실제로 떠나는 일이 없을 것이라고 나는 믿습니다. 나는 내 눈으로 보기 전까지는 믿지 않을 것입니다.

나의 생각은 확고합니다. 나는 법원의 결정이 국회에 의해 대체되거나 무효화되지 않는 한(또는 법원이 국회의 결정을 번복하지 않는 한) 그것을 따를 것입니다. 나는 어떤 대안도 안전하거나 만족스럽지 못하다고 생각합니다. 자신을 법 위에 두고 법의 명령을 무시하는 주교는 내가 만나고 싶지 않은 불확실성의 바다에 뛰어든 것입니다. 나는 교회의 수장으로서 권위에 대한 순종의 본을 보여야한다는 것과 세상적으로나 교회적으로 여왕의 권위를 인정해야 한다

---

[11] 엘리자베스 1세가 국가 통합을 위해 국교회의 모든 기도 및 성례전을 미리 정해진 방식에 따라서만 행하도록 하는 법령은 "기도방식 통일령"을 말한다.

는 사실을 잊지 않습니다.

나는 모든 사상적 분파-고교회, 저교회, 광교회(Broad),[12] 또는 아무 분파가 없든-의 성직자에게 공의롭고 공평하며 관대할 것이라는 굳은 결심으로 리버풀의 주교라는 중책을 맡았습니다. 나는 나에 대한 소문에 개의치 않고 이러한 결심을 고수할 것입니다. 나는 진실한 사역, 일관된 삶, 충실한 성직자 정신을 가진 성직자에 대해서는-설사 그의 강단 메시지와 교구 사역이 나와 전적으로 일치하지는 않더라도-감사할 것이며 그를 도울 것입니다. 그러나 법을 위반한 성직자를 묵인하고 용납할 것이라는 기대는 하지 말아야 하며 나도 화평을 위해 지난 수년간 논쟁을 통해 최종적으로 확정된 판결의 범위 안에서 그들에게 탄원할 것입니다.

나는 오래 전부터 바람직한 국가 교회는 가능한 포용적이어야 한다고 주장해 왔습니다. 교회는 일정한 한계 내에서 광범위한 사상의 자유를 허락해야 합니다. 교회에서 "반드시 필요한 것"(necessaria)은 적고 명확해야 하며 "꼭 필요하지 않은 것"(non-necessaria)은 많을수록 좋습니다. 교회는 사람의 마음의 무한한 다양성과 세밀한 양심의 호기심어린 민감성, 그리고 한 가지 이상의 의미를 허락지 않는 언어로 사상을 표현해야 하는 어려움을 인정해야 합니다. 분파는 편협하고 배타적일 수 있지만 국가 교회는 솔로몬처럼 관대하고 포용적이며 "넓은 마음"을 가져야 합니다(왕상 4:29). 무엇보다도 이러한 교회의 지도자는 교회의 구성원은 고위 성직자로부터 평신도에 이르기까지 모두 타락한 피조물이며 그들의 실수와 도덕적 범죄는 관대한 처분이 필요한 존재라는 사실을 잊지 않아야 합니다. 모든 교회의 주님은 상한 갈대를 꺾지 아니하고 꺼져가는 심지를 끄지 아니하며(마 12:20) 제자들의 수많은 잘못과 무지에

---

[12] 고교회는 가톨릭교회의 권위와 예배의식을 존중하며, 저교회는 복음주의 신학의 입장을, 광교회는 자유주의 신학의 입장을 취하고 있다.

대해 참고 기다리는 분이십니다. 국가 교회는 그분과 함께 걷는 것을 부끄러워해서는 안 될 것입니다. 모든 현명한 정치가들의 목표는 가능한 많은 국민에게 최대의 행복과 부를 보장하는 것입니다. 모든 국가 교회의 목표 역시 성경적 기독교의 훌륭한 시스템을 통해 최대한 많은 수의 그리스도인을 포용하고 받아들이는 것이 되어야 할 것입니다. 나는 영국의 주교로서 이러한 원리를 고수할 것입니다.

나는 이러한 포용성이 잉글랜드 국교회의 독특한 특징이라고 믿습니다. 우리 경내에는 사상적으로 매우 다른 세 분파-즉 고교회파, 저교회파, 광교회파로 불리는 역사적 분파-가 있습니다. 이들은 거의 3세기 동안 존재해왔으며 인간의 본성이 크게 달라지지 않는 한 잉글랜드 국교회가 존재하는 한 이들도 계속해서 존재할 것입니다.

우리의 교회는 리들리(Ridley)와 라티머(Latimer)와 쥬엘(Jewell)의 교회였으며, 후커(Hooker)와 앤드류스(Andrews)와 피어슨(Pearson)과 하몬드(Hammond)의 교회였으며, 대버난트(Davenant)와 홀(Hall)과 어셔(Usher)와 레이놀즈(Reynolds)의 교회였으며, 스틸링플릿(Stillingfleet)과 패트릭(Patrick)과 워터랜드(Waterland)와 불(Bull)의 교회였으며, 로버트 넬슨(Robert Nelson)과 조지 허버트(George Herbert)의 교회였으며, 로메인(Romaine)과 토플레디(Toplady)와 뉴턴(Newton)과 스콧(Scott)과 세실(Cecil)과 시므온(Simeon)의 교회였으며, 라이더(Ryder) 및 블롬필드(Blomfield) 주교와 쥔느(Jeune)과 덜월의 교회였으며, 섬너(Sumner)대주교와 롱리(Longley)와 와틀리(Whately)의 교회였으며, 순교자 패터슨(Patteson)주교와 캐논 모즐리(Canon Mozley)의 교회였습니다.

독서하는 사람 가운데 이러한 신학자들이 많은 주제-교회와 사역과 성령, 기도서의 단어 및 구절에 대한 의미, 믿음의 진리 및 교리와 관련하여 각자가 생각하는 비중 및 순서-에 대해 큰 견해차를 보였다는 사실을 모르는 사람이 누가 있겠습니까? 그러나 그들은 모두 동일한 마음으로 잉글랜드 국교회를 사랑하였으며 교회를 개혁하게 하신 하나님께 감사하고 가톨릭에 대항하는 일에 하나가 되었으며 개혁주의 예배 형식에 대한 고수 및 교회의 부흥을 위해 일치단결하였습니다. 그들은 함께 기도하며 찬양할 수 있었습니다. 메리 여왕시대의 후퍼와 리들리처럼, 암흑기에나 박해를 당할 때에도 그들은 함께 모여 공통의 관심사를 찾았습니다. 우리는 누구나 앞서 열거한 사람들 가운데 특정 인물에 대한 호의를 가질 수 있습니다. 우리는 이들 가운데 특별히 선호하는 인물이 있을 수 있으며 어떤 사람에 대해서는 오류가 많고 "하나님의 뜻을 다" 전하지 못했다고 생각할 수 있습니다. 그러나 그들 가운데 우리의 교제에 함께 하지 못할 인사가 있습니까? 나는 한 명도 없다고 대답할 것입니다. 그들의 다양한 견해에도 불구하고 그들은 여전히 "정직한 성직자"이며 우리의 경내에는 그들을 위한 공간이 남아 있습니다. 이것이 바로 내가 말하는 국가 교회의 실제적인 포용성이며 나는 주교로서 이러한 포용성에 대한 관점을 바꾸거나 편협한 시각으로 보지 않겠습니다.

그러나 나는 그럼에도 불구하고 잉글랜드 국교회의 포용성에는 일정한 한계가 있어야 한다고 생각합니다. 질서는 하늘의 첫 번째 법칙이기 때문에 분명한 영역과 한계가 있어야 할 것입니다. 인간이 타락하기 전에 에덴동산에는 질서가 있었습니다. 만물이 회복될 때 세상에는 완전한 질서가 존재할 것입니다. 전혀 질서가 없는 기독교 교회는 교회라고 불릴 자격도 없습니다. 지상의 다른 모든 공동체와 마찬가지로 교회는 구성원에 대한 정확한 규정이 필요합니다. 교회는 신조가 필요하며 정해진 교리 및 예배 원리가 있어야 합니다. 교회의 구성원은 사역자들이 가르치는 것이 무엇인지 알 권리가 있습니다.

잉글랜드 국교회의 구성원은 트루로교구를 가든 링컨 교구를 가든, 캔터베리교구를 가든 칼라일(Carlisle)교구를 가든, 동일한 유형의 예배 및 가르침을 기대할 정당할 권리가 있습니다. 그는 강단에서 흘러나오는 다양한 유형의 진술에 대해서는 받아들일 수 있어야 할 것입니다. 그러나 한 교구의 교리나 성례가 다른 교구와 비교해서 빛과 어둠, 흑과 백, 산성과 알칼리, 기름과 물처럼 전혀 다를 경우 마땅히 불평할 수 있습니다. '성경 해설의 자유'나 사상의 자유 모두 이론적으로는 훌륭한 개념입니다. 그러나 이러한 것들에는 제한이 있어야 합니다. 국가에서 극단적인 자유는 방종과 독재를 가중시키듯이 교회에서도 이러한 자유는 무질서와 혼란을 초래할 뿐입니다. 이신론, 소시니안주의, 가톨릭 및 개신교의 차이를 인식하지 못하고 동일하게 보는 교회는 하나님의 도성이 아니라 "혼란의 도시" 바벨일 뿐입니다.

나는 잉글랜드 국교회가 교회의 포용성에 관한 적절하고 지혜로운 한계를 제시했다고 생각합니다. 나는 법조항과 신조 및 공동 기도서에서 이러한 제한을 찾을 수 있다고 믿습니다. 따라서 국교회의 사역자가 39개 조항에서 분명히 거명하여 규정하고 반박한 로마 가톨릭 교리를 주장하고 가르치거나, 지키기로 약속한 공개적인 선언을 무시하고 의도적으로 화체설, 미사라는 이름의 제사, 연옥, 고해성사(auricular confession)의 필요성 및 성인에 대한 기도(invocation of saints)를 가르치거나, 가톨릭 미사라는 것을 눈치 채기 어려운 방식과 의식을 사용하여 성만찬을 거행한다면 그는 잉글랜드 국교회가 허락한 자유를 위반한 것입니다. 그가 열정적이고 진지하며 헌식적인 사역자인지는 모르나 개신교의 성만찬에서는 벗어나 있으며 어떤 뒷받침이나 보증도 받을 수 없는 위치에 있는 것입니다. 이러한 한계는 지켜야 하며 그것을 위반한 자들에 대해서는 어떤 용납도 기대해서는 안 될 것입니다.

나와 견해가 다르고 교회에 더 많은 자유가 허락되어야 한다고 생각하는 성직자들은 다시 한 번 이러한 내용에 대해 곰곰이 생각해 볼 것을 촉구합니다. 나는 특히 "고통스러운 현 상황"에 대한 타개책은 국가의 지배로부터의 자유와 국교회폐지 뿐이라고 생각하는 열정적 젊은이들에게 촉구합니다. 나는 이러한 젊은이들에게 자신이 하려는 일에 대해 신중히 생각하고 결코 경솔한 행동을 하지 말 것을 경고합니다. "우리가 모르는 세상으로 달아나기보다 현재의 고통을 참는 것"이 더 나을 때가 있는 것입니다.[13] 폐지된 교회는 지금의 교회가 하듯이 성도들에게 잘 다듬어진 성만찬 조항을 제시하고 그들에게 엄격히 준수할 것을 요구할 것입니다. 요약하면, 국교회폐지는 성직자에게 지금과 마찬가지로 진정한 자유를 줄 수 없으며 오히려 교회의 붕괴로 말미암아 결국에는 잉글랜드 국교회의 몰락을 초래할 가능성이 높다는 것입니다.

이제 여러분이 모두 찬성할 것이라고 믿어 의심치 않는 한 가지 부탁을 드리는 것으로 말을 맺겠습니다. 그것은 하나 됨을 위하여 더 많이 기도하기로 다짐하자는 것입니다. 이것은 인도에서 돌아온 맥컬레이 경(Lord Macaulay)이 『이 시대를 위한 소책자들』(Tracts for the Times)과 함께 시작된 분쟁과 갈등을 목도하고 한 말입니다. 그는 "나는 인도에 있는 수백만 명의 이교도가 자신이 신성시하는 원숭이와 악어와 소 앞에서 경배하는 동안 이 땅의 그리스도인들은 의식과 형식에 대해 서로 물고 뜯고 싸우는 것을 보았습니다"라고 했습니다. 우리에게 하나가 될 수 있는 마음을 주시는 하나님께 기도하기를 쉬지 말고 시간나는 대로 6월 20일에 제정된 '하나 됨을 위한 기도'를 드립시다.

---

[13] Shakespeare, *Hamlet* 3.1.

구세주이며 평강의 왕이신 우리 주 예수 그리스도의 아버지 하나님, 우리의 비참한 분열로 말미암아 큰 위험에 처한 사실을 마음속 깊이 새길 수 있는 은혜를 주옵소서. 우리의 경건한 연합과 일치를 방해하는 모든 증오와 편견을 물리쳐 주옵소서. 오직 한 몸, 한 성령, 부르심의 한 소망, 한 주, 한 믿음, 한 세례, 우리 모두의 아버지이신 한 하나님만 계신 것처럼, 우리 모두 지금부터 한 마음과 한 뜻으로 진리와 평화, 믿음과 사랑의 거룩한 띠로 하나가 되어 당신의 영광을 찬미케 하옵소서. 우리 주 예수 그리스도의 이름으로 기도합니다. 아멘.

No Uncertain Sound

2장
기독교와 교리
(1881년 10월 20일, 첫 번째 방문지 위건에서 행한 교지)[1]

사랑하는 성직자 여러분!

나는 위건을 처음 방문한 이 뜻 깊은 자리에서 깊은 책임감을 통감합니다. 지난 3백 년간 크랜머(Cranmer)대주교로부터 타이트(Tait)대주교에 이르기까지, 리들리 주교로부터 잭슨(Jackson)주교에 이르기까지, 잉글랜드의 주교라는 직무는 언제나 가장 어렵고 불안한 자리 가운데 하나였습니다. 그러나 나는 오늘날보다 어려운 때는 없었을 것이라고 생각합니다. 지금처럼 풀어야 할 매듭이 많고 해결해야 할 문제가 산적한 때는 없었을 것입니다. 우리는 어느 때보다 심각한 당파심과 통렬한 신문 비평으로 가득한 시대를 살고 있습니다. 오늘날의 주교는 항상 따가운 여론의 눈총을 피할 수 없으며 무슨 말을 하거나 어떤 일을 하든, 누군가를 실망시킬 수 밖에 없다는 안타까운 마음을 늘 가지고 있습니다.

그러나 나는 "주께 하듯 하고 사람에게 하듯 하지 말라"고 하신

---

1 Wigan의 All Saints 교구 교회에 전달되었다..

말씀대로 사람의 칭찬이나 비방이 어떠하든지 해야 할 일이 있으며, 반드시 그 일을 할 것입니다. 이것은 결코 내가 실수가 없다는 뜻이 아니며 내 말을 선의로 해석해 주기를 부탁합니다. 여러분에게 간절히 부탁하는 것은 나의 의견을 제시함에 있어서 온유함과 지혜로 하고, 결단력과 함께 아량과 관용을 겸비하며, 모든 사람에게 공의롭고 공평할 수 있게 해달라는 나의 기도에 동참해 달라는 것입니다.

나는 우리 교구가 관할하는 지역의 넓이와 교구민 수, 성직자 수 등에 관한 전반적 통계에 관한 언급으로 여러분의 시간을 빼앗지는 않겠습니다. 정확한 수치에 대해서는 리버풀에서 행한 첫 번째 교지에서 자세히 다루었으니 참고하기 바라며 여기서는 반복을 피하겠습니다. 이 두 번째 교지는 오늘 모인 위건 지역의 특수한 상황과 부족한 것들 및 최상의 해결책에 초점을 맞추도록 하겠습니다. 또한 나는 지난 번 교지에서 시간이 없어 그냥 넘어갔던 일부 공적인 관심사에 대해서도 언급할 것입니다.

그러나 본론에 들어가기에 앞서 먼저 교구 전체의 관심사에 관한 한 가지 내용에 대해 언급하고자 합니다. 내가 말하려는 것은 새 교구가 분할하고 있는 지구의 수가 예외적으로 작다는 것입니다. 교구민 수가 백만 명이 넘는 지역에 200명의 교역자와 140명의 부교역자 등 총 340명의 성직자가 있는 교구에 지구는 6개밖에 없다는 것입니다. 아마도 여러분 가운데는 이것이 우리만의 상황이라는 사실을 모르는 사람이 있을 것입니다. 영국과 웨일즈에 이와 유사한 상황의 교구는 한 곳도 없습니다. 리치필드에는 49개 지구가 있으며 노르위치에는 41개 지구가 있습니다. 우리와 규모가 비슷한 로체스터(Rochester)에도 9개 지구가 있습니다. 인구 26만 명에 성직자 수가 우리보다 작은 세인트 아삽(St. Asaph)에도 13개 지구가 있습니다. 인구는 우리의 절반을 조금 넘지만 성직자수는 유사한 체스터(Chester)만해도 9개의 지구가 있습니다. 물론 이러한 상황에는 분명한 이유가 있습니다. 웨스트 더비는 지난 세기 동안 인구수가 급격히 증가했습니다. 그러나 교회는 100년 전만 해도 충분했으나 지금은 늘어난 인구를 따라가지 못하고 있다는 것입니다. 그러나 나는 지구 수의 부족은 우리 교구 조직에 있어서 즉시 수정되어야 할 심각한 결점으로 생각하며 빠른 시일 안에 개선하고자 합니다. 주교가 자신의 뜻을 전달하고 정보를 얻는 통로로 사용되는 지구의 가치는 주교 외에는 모를 것입니다. 그러나 지구장은 순수한 명예직이며 그에게 과도한 시간을 요구함으로써 부담을 주는 것은 지혜롭지도 정당하지도 않은 처사임을 기억해야 할 것입니다. 나는 한 지구장이 25명 이상의 수록성직자를 맡는 것은 지나친 업무 부담이라고 생각합니다.

따라서 나는 우리 교구의 지구 수는 6개보다 9개가 적절하며 현행 6개 지구 가운데 세 곳-윈위크(Winwick)와 위건 및 옴스커크-은 그대로 두고 세 곳-북 리버풀, 남 리버풀 및 프레스콧(Prescot)-은 두 지구로 나누는 방안을 제안합니다. 이것은 오래 심사숙고하여 내린 결정입니다. 나는 경우에 따라서는 전자의 세 지구 가운데 편의에 따라 일부 지역을 더하거나 제외시키는 것도 가능하다고 생각하며 교구 전체를 재배열할 때 적절한 변화를 주는 것도 좋은 방법이라고 생각합니다. 우리 교구의 경우 한 가지 면에서는 이러한 변화가 용이한 상황입니다. 다른 교구와 달리 우리 교구는 여러 헌드레드(영구의 옛 행정 단위)와 인접해 있지 않습니다. 우리 교구는 행정구역상 웨스트 더비 헌드레드 한 곳으로만 이루어져 있어 지구 간 경계선 조정이 쉽도록 되어 있습니다.

이러한 변화를 실행하기 위해 나는 특별히 지구장들의 조언과 도움을 부탁하며 각자 빠른 시간 내에 지구장 회의에서 이 문제를 내어놓고 논의해 주면 고맙겠습니다. 지구장이 제시하는 어떤 제안도 신중히 검토할 것입니다. 그러나 나는 새로운 교구가 영국과 웨일즈의 다른 교구들처럼 원활하게 작동하기 위해서는 반드시 변화가 필요하다고 믿습니다. 나는 이러한 조직으로 교구에 부담을 주려는 의도가 조금도 없다는 사실을 알아주시기 바랍니다. 그러나 나는 백만 명이 넘는 교구의 잉글랜드 주교에게 두 명의 부주교와 9명의 지구장이 결코 지나치게 과분한 규모의 참모진이라고 생각하지 않습니다. 현 상황에서 우리 교구의 조직이 문제가 없다면 다른 교구의 조직이 잘못된 것이며 반대로 다른 교구의 조직이 옳다면 우리에게 변화가 필요한 것입니다.

한 마디 더 추가하겠습니다. 나는 대규모의 공개적인 모임으로는 얻기 어려운 친밀감과 상호 간의 신뢰감 구축 및 서로를 더 잘 알기 위해, 그리고 무엇보다도 영적 교제를 위해, 지구별로 성직자들과의 사적이고 비공식적인 방식의 모임을 매년 정례화 하는 시스템이 정착되기를 간절히 바랍니다. 나는 다른 주교들로부터 이러한 사적인 지구별 모임이 매우 유익하고 교화적이라는 사실을 들어 알고 있으며 우리 교구에도 효과적일 것이라고 생각합니다. 나는 우리가 함께 섬기는 주님의 다른 종들과의 교제를 통해 우리의 영적인 삶이 각성될 필요가 있다고 확신하며 우리가 자주 만나면 만날수록 서로를 더 잘 이해하게 될 것이라고 생각합니다. 그러나 이러한 모임이 교화적이고 신선함을 주기 위해서는 조용하고 작은 규모의 만남이 되어야 할 것입니다. 솔직히 말해 앞서 언급한 세 지구가 분할되지 않는다면 이러한 계획을 실행에 옮길 생각이 없습니다.

이제 교구 조직에 관한 내용에서 보다 중요하고 심각한 주제 가운데 하나로 옮겨 시급한 대책이 필요한 리버풀교구 동쪽 지역의 영적인 상황에 관해 살펴보겠습니다. 이것은 매우 광범위한 주제로 특별한 관심을 필요로 합니다.

현재 잉글랜드 국교회가 이 지역 일부에 제공하고 있는 지원(은혜의 방편)은 전적으로 부족하며 이러한 상황은 여기서 입증을 위해 시간을 허비할 필요도 없을 만큼 명백한 사실입니다. 여러분은 수록성직자가 맡고 있는 구역별 인구수가 나와 있는 교구 연감의 항목을 살펴보시기만 하면 안타까운 현실을 충분히 직시하고도 남을 것입니다.

위건 지구의 경우 하이(High) 7,500명, 인스(Ince) 15,000명, 펨버턴(Pemberton) 11,000명, 세인트 캐스린(St. Catherine) 10,000명, 세인트 조지(St. George) 11,000명, 세인트 토마스(St. Thomas) 9,000명, 업홀랜드(Upholland) 6,000명입니다. 프레스콧 지구는 에클레스톤(Eccleston) 12,000명, 페어필드(Fairfield) 16,000명, 판워스(Farnworth) 11,000명, 세인트 헬렌(St. Helen) 18,000명, 위드너스(Widnes) 13,000명입니다. 윈위크(Winwick) 지구에서는 워링톤에 두 곳(한 곳은 13,000명, 다른 곳은 9,000명)이 있으며, 교회 사정이 낫다고 하는 옴스커크 지구조차 5,000명이 넘는 곳이 일곱 군데나 있습니다. 이러한 수치는 최근 통계치를 감안하지 않은 것이기 때문에 실제로는 더 많을 수 있습니다.

이러한 상황은 참으로 고통스럽고 불만족스럽습니다. 상식적으로 이처럼 큰 구역을 맡고 있는 성직자가 주어진 사역을 무리 없이 감당하고 교구민들의 영적 수요를 충족시킨다는 것은 물리적으로 불가능하며 자신이나 잉글랜드 국교회를 위해서도 결코 바람직하지 않습니다. 설사 삼손처럼 강한 힘을 가지고 사도 바울처럼 불타는 열정을 지녔을지라도 불가능할 것입니다. 효과적인 사역이 될 수가 없는 것입니다. 하루에 주어진 시간은 열두 시간이며 주일은 매주 한 번밖에 돌아오지 않습니다. 아무리 최선을 다해도 몇 집 심방하지 못할 것이며 설교할 수 있는 기회도 제한되어 있습니다. 결국 성직자는 할 일이 산적해 있다는 자괴심에 빠지게 될 것입니다. 나는 이런 구역을 맡고 있는 교구 내 성직자들에 대해 측은한 마음을 가지고 있으며 내가 리버풀의 주교로 있는 한 하나님의 도우심 아래 그들의 부담을 덜어주고 힘을 주기 위해 할 수 있는 최선을 다 할 것입니다.

또한 우리는 이 지역에서 넓은 구역을 맡고 있는 성직자의 고충에 대해 단순한 교구민 숫자로만 판단해서는 안 된다는 사실을 잊지 말아야 합니다. 그들을 가로막는 가장 큰 장애물은 바로 이 지역의 특수한 업종 및 작업환경입니다. 지하 탄광, 화학공장, 유리 및 제철 업종에서 밤낮없이 일하는 노동자들은 특별한 취급과 특별한 방식의 접근이 필요하다는 것입니다. 이러한 계층의 사람들에게 그럴듯한 예배당을 지어주고 훌륭한 예배를 드리게 하는 것으로 충분할 것이라고 생각하는 것은 오산입니다. 그들에게 필요한 것은 건축이 아니라 영적으로 살아 있는 사람입니다. 임직을 받은 성직자가 있다면 좋겠지만 그럴 형편이 안 된다면 평신도 가운데서라도 이러한 사람이 필요합니다. 어쨌거나 영혼을 사랑하는 마음과 하나님의 은혜를 가지고 그들의 환경 속으로 들어가 그들의 신뢰감을 얻을 수 있는 사람이어야 할 것입니다.

환경이 열악하고 암담한 구역에서 사역하는 성직자들은 결코 낙심하지 말아야 할 것입니다. 아무리 거칠고 어둡게 보이는 갱부나 광부나 화학공장 노동자라도 본성은 우리와 똑같으며 다만 작업 환경 때문에 겉으로만 조금 달라 보일 뿐입니다. 우리처럼 그들도 자비와 사랑을 필요로 합니다. 우리처럼 그들도 슬픔과 고통을 느끼며 질병과 죽음에 취약한 몸을 가지고 있습니다. 우리처럼 그들도 아내나 자식이나 부모나 형제자매나 친구에 대한 작은 관심만으로 다가설 수 있습니다. 나는 여러분이 이러한 사실을 항상 염두에 둘 것을 부탁합니다. 갱부나 용광로에서 일하는 근로자나 모두 우리와 동일한 육체이며 영혼과 감정과 양심을 가지고 있습니다. 우리가 복음을 제대로 전하기만 하면 그들 역시 그리스도의 사람이 되어 하나님의 복을 받을 수 있습니다. 마지막 날 우리는 그들이 우리의 불을 숯불로 밝혔을 뿐만 아니라 우리 구속주의 면류관을 치장할 보석을 생산하였다는 사실을 알게 될 것입니다.

탄광 지역의 성직자들에게 가장 확실한 해결책으로 제시하고 싶은 것은 바른 정신을 소유한 사역자가 많아야 한다는 것입니다. 목회자의 사역을 돕는 유익한 기관들(the Pastoral Aid, the Additional Curates, the Diocesan Church Aid Societies)에 지속적으로 호소함으로써 서품을 받은 조력자들을 보충하거나 여의치 않으면 부근에서 도움을 줄 수 있는 평신도 사역자를 구해야 합니다. 평신도의 도움을 구하는 것을 조금도 부담스럽게 여겨서는 안 될 것입니다. 종교적인 일은 성직자에게 맡겨야 한다는 낡은 사고방식은 버려야 합니다. 평신도의 재능을 과감히 활용함으로써 그들의 재능이 얼마나 도움이 되는지 알아야 합니다. 평신도를 신뢰하면 그들도 여러분을 신뢰할 것입니다. 평일에 시간을 낼 수 있는 그리스도인에게는 여러분을 자발적으로 도울 수 있도록 촉구해야 합니다. 전체 구역을 잘 조직된 몇 개의 지역으로 나누고 조력자에게 특정 지역을 전담시켜야 합니다. 그들로 하여금 창고든 오두막이든 헛간이든 모일 수 있는 곳이면 어디든 모여 기독교의 중요한 기본적 교리를 가르치고 그리스도에 관해 전하며 간단한 기도문과 은혜로운 찬양을 가르치게 해야 합니다. 인내심을 가지고 이러한 사역을 지속해 보십시오. 여러분의 수고가 결코 헛되지 않을 것입니다. 또한 여러분이 이러한 사역을 지속하는 동안 여러분의 교회와 구역과 선교 룸은 점차 만족스러운 결과를 맺을 것이며 마침내는 풍성한 영혼의 열매를 거두게 될 것입니다.

그러나 굳이 상기시킬 필요가 없는 말이지만, 모든 것은 사역자가 선포하는 메시지의 내용에 달려 있습니다. 그들은 자신이 해야 할 일에 대해 알고 있어야 합니다. 만일 사람들에게 가서 음주와 싸움, 노름, 욕설을 금하고 주일을 지키라고만 말한다면 집에서 쉬는 것이 나을 것입니다. 사역을 제대로 하기 위해서는 믿고 회개할 것을 가르쳐야 합니다. 그들은 그리스도의 십자가에 관한 말씀을 전해야 합니다. 그들은 "죄를 사해주시는 것… 믿사오며"라는 사도행전의 위대한 구절에 대해 설명해 주어야 합니다. 그들은 자물쇠에 꼭 맞는 열쇠처럼 인간의 빈 마음에 가장 합당한 교리-즉 그리스도의 대속적 죽음에 대한 믿음을 통해 완전한 죄사함을 받는 교리-에 대해 이해하고 있어야 합니다.

이것은 사도들이 이방인에게로 가서 새로운 종교에 대해 가르칠 때 힘이 되었던 영광스러운 교리입니다. 그들은 이 땅 한쪽 구석에서 천대받던 소수의 가난한 어부로부터 시작되었습니다. 그러나 몇 년이 되지 않아 그들은 지지자들을 매수할 물질이나 사람들을 강제로 굴복시킬 군사력도 없이 세상을 변화시켰습니다. 그들에게 있었던 유일한 무기가 무엇이었습니까? 그것은 예수 그리스도를 믿음으로 말미암아 값없이 얻는 죄사함이었습니다.

이것은 350년 전 영광스러운 개혁주의 시대 당시 유럽 전역에 빛을 비추고, 마틴 루터라는 한 명의 신부로 하여금 온 가톨릭교회를 흔들어 놓게 한 교리입니다. 그의 설교와 저서를 통해 많은 사람의 눈에서 비늘이 벗겨지고 영혼의 결박이 풀렸습니다. 무엇이 그에게 이러한 능력을 주었습니까? 그것은 예수 그리스도를 믿음으로 말미암아 값없이 얻는 죄사함이었습니다.

이것은 횟필드(Whitefield)와 웨슬리 및 베리지(Berridge)와 벤(Benn)이 온 땅을 덮고 있던 사악한 영혼의 잠을 깨우고 모든 사람을 각성시켰던 지난 세기 중엽 우리의 교회를 살린 교리입니다. 이 훌륭한 복음전도자들의 설교는 거칠고 세련되지 못할 때도 있었습니다. 그러나 그들의 메시지는 수많은 영혼을 "사망에서 생명으로" 인도하였습니다. 그들은 성공 가능성이 거의 없어 보이는 상황에서 교회나 국가의 도움이나 후원 없이 강력한 영적 혁명을 이끌었습니다. 그들은 적은 숫자로 시작하였으며 부유한 자나 높은 지위에 있는 자들의 격려도 거의 없었습니다. 그러나 그들은 큰 성공을 거두었으며 잉글랜드 국교회가 아무리 감사해도 부족할 만큼 큰 결실을 거두었습니다. 이유가 무엇입니까? 그것은 그들이 예수 그리스도를 믿음으로 말미암아 값없이 얻는 죄사함을 가르쳤기 때문입니다.

이것은 오늘날 지상의 어떤 교회에게도 진정한 힘을 줄 수 있는 교리입니다. 교회를 살리는 것은 조직이나 기부금이나 전례나 교육이나 훌륭한 건물이 아닙니다. 강단에서 그리스도를 통한 값없는 죄사함이 신실하게 선포된다면 지옥의 문은 결코 교회를 뚫고 들어오지 못할 것입니다. 그러나 이 교리를 사장시키거나 감춘다면 교회의 촛대는 옮겨지게 될 것입니다. 사라센제국이 한 때 제롬과 아타나시우스(Athanasius)와 키프리아누스(Cyprian)와 어거스틴이 설교하고 책을 저술하던 땅을 침범하였을 때 그 땅에 주교도 있었고 전례도 있었다는 사실에는 의문의 여지가 없습니다. 그러나 나는 그들이 그곳에서 값없이 얻는 죄사함에 대한 설교를 찾지 못했기 때문에 그 땅을 쓸어버린 것이 아닌가라는 생각을 해봅니다. 교회가 핵심적인 교리를 잃으면 껍질만 남기 때문에 무너질 수밖에 없는 것입니다.

교회가 가장 왕성한 생명력을 나타낼 때는 십자가에 못 박히신 그리스도를 높일 때라는 사실을 잊지 않아야 합니다. 이 땅의 그리스도인들이 예수님의 사랑에 관한 말씀을 듣기 위해 모였던 동굴들은 하나님이 보시기에는 가톨릭의 성베드로대성당보다 훨씬 영광스럽고 아름다운 곳입니다. 아무리 천한 헛간이라도 죄인들에게 진정한 용서의 길이 제시되는 곳이라면 쾰른이나 밀라노 대성당보다 훨씬 존귀한 곳입니다. 교회가 그리스도를 통한 값없는 용서에 초점을 맞추는 한 교회의 촛대를 옮기는 일은 없을 것입니다.

무엇보다도 이 교리는 사탄의 왕국을 무너뜨리는 강력한 원동력입니다. 브리스톨 부근의 킹스우드(Kingswood) 탄광이 휫필드의 입을 통해 이 말씀을 처음 들었을 때 그들은 검은 얼굴이 눈물범벅이 될 때까지 한없이 울었습니다. 그린란드 사람들은 모라비아교도가 인간의 창조와 타락에 관한 이야기를 했을 때는 아무런 감동을 받지 못했으나 구원의 사랑에 관한 말씀을 듣자 얼었던 마음이 눈 녹듯 녹았습니다. 성례를 통한 구원을 전파하고 그리스도보다 교회를 높이며 속죄의 교리를 피해 보십시오. 사탄은 안전하다고 생각하여 신경쓰지 않을 것입니다. 그러나 그리스도와 값없이 얻는 죄사함 및 믿음으로 의롭다 하심을 전해 보십시오. 사탄은 자신의 때가 얼마 남지 않은 줄 알고 크게 분노할 것입니다. 지난 세기 한 유명한 성직자는 자신의 교회에서 다른 설교는 하지 않고 오직 도덕성에 관한 설교만 했는데 결국 도덕적인 사람은 하나도 발견치 못했다고 했습니다. 그러나 그가 생각을 바꾸어 그리스도의 사랑을 전하기 시작하자 마른 뼈가 살아나고 많은 사람들이 하나님께로 돌아오는 역사가 있었다고 했습니다.

사랑하는 성직자 여러분!

나는 이것이 오래 전 이야기라는 것을 알고 있습니다. 그러나 이런 이야기는 오늘날에도 상기해야 할 필요가 있는 내용이라고 생각합니다. 나는 영혼의 유익을 위해 새로운 교리는 필요치 않다고 생각합니다. 우리에게 필요한 것은 옛 길입니다. 이 길을 따라 꾸준히 걸읍시다. 그리스도를 높이고 성령의 감화를 위해 항상 기도합시다. 그가 계신 곳에는 불가능이 없다는 사실을 마음에 새기고 이 길을 따라 꾸준히 걷는다면 반드시 놀라운 변화를 체험하게 될 것입니다. 사도 바울의 하나님, 로마와 고린도와 에베소와 같이 암울한 곳에서 교회를 번성케 하신 하나님은 지금도 죽지 않고 살아계십니다. 랭커셔의 탄광 지역처럼 영적으로 암울한 황무지도 하나님의 동산으로 바뀔 것입니다.

이제 교구 내 특정 문제에서 벗어나 모든 성직자가 관심을 가지고 있는 보다 일반적이고 공적인 관심사에 대해 간략히 살펴보고자 합니다. 이러한 내용은 대부분 지난 3-4세기 동안 수면으로 드러난 주제입니다. 이것은 시대를 인식하고 폭넓은 시야를 가진 공공심이 있는 성직자들이라면 반드시 살펴보고 이해해야 할 내용입니다. 여러분이 자신의 주교가 이 주제에 관한 자신의 입장을 피력하기를 바라는 것은 당연합니다.

1. 먼저 말하고 싶은 것은 장례법(Burials Act)[2]에 관한 것입니다.

나는 토지법에 관해 상기시키려는 것이 아닙니다. 그런 법은 모든 성직자가 기꺼이 지켜야 할 것입니다. 솔직히 말하면 나는 옛 법에 대한 불만은 대부분 가상적인 것이라고 생각합니다. 시골 교구에서 35년이라는 오랜 세월을 사역하는 동안 비국교도인 가운데 교구 목사가 아닌 다른 성직자가 고인을 장례해 주기를 바라는 사람은 한 번도 만나보지 못하였습니다. 그러나 나는 이 문제에 대해서는 더 이상 언급하지 않겠습니다. 이 법은 많은 대중의 찬성으로 바뀌게 되었으며 따라서 여기서 쓸데없이 불평하며 시간을 끄는 것은 유치하며 바람직하지도 못할 것입니다. 현재 교회 묘지를 소유하고 있어 새로운 장례법의 영향을 받고 있는 성직자들에게 내가 권할 수 있는 말은 가능한 이 법이 원활하게 시행될 수 있도록 돕고 장례

---

[2] 비국교도로 하여금 자신이 선택한 형식 또는 종교적 절차 없이 시신을 교구 묘지에 묻을 수 있도록 허락함으로써 그들의 불만을 제거하려는 목적으로 1880년에 제정된 법이다.

식에서 불필요한 마찰이나 갈등을 피하라는 것입니다. 나는 타종하는 것이나 교구 묘지나 관을 사용하는 것에 대해 부담을 갖지 않기를 권합니다. 비국교도가 교구 밖에서 사망한 경우 유가족의 요구로 그러한 장례식을 허락한(허락해야 할 의무가 있는 것은 아니지만 경우에 따라 교구위원들의 동의를 받아 허락한) 성직자들에게도 교구 안에서 사망한 경우와 동일한 의식과 그리스도인에게 합당한 예를 갖춘 장례를 허락할 것을 권합니다. 나는 이러한 사례가 당연한 권리로 요구될 수 있다는 우려가 없는 것은 아니지만 모든 사람의 화평과 덕을 위해 필요하다고 생각합니다. 내가 더 이상 양보를 허락할 수 없는 한 가지는 이 법에 의해 비국교도가 교구 교회 안에서 예배를 드리는 행위입니다. 이것은 상원이나 하원에서도 심의된 적이 없는 원리적인 면에서의 양보입니다. 이러한 행위는 갈등과 혼란을 초래할 수 있으며 교구 교회 내의 많은 예배자에게도 상처를 줄 것입니다. 나는 이 법이 장례식 예배를 위해 교구 묘지 사용을 허락할 때 교회 내부를 사용할 권리를 부여한 것은 결코 아니라고 생각합니다.

세례 받지 않고 죽은 고인에 대해 유가족이 교구 성직자가 집전하는 장례식예배를 원한다면 이 경우를 위해 명시된 법 조항을 이용할 것을 강력히 권합니다. 나는 그들이 적법한 예배를 통해 유가족의 마음을 어루만져 줄 것을 권합니다. 물론 이 경우에는 공적인 기도서를 사용할 수 없습니다. 그러나 마침 세 명의 탁월한 대주교가 작성한 적절한 형태의 기도문이 있으며 이런 경우에 기꺼이 사용할 수 있을 것입니다. 그러나 이처럼 세례 받지 않고 죽은 고인에 대한 예배에서 성직자가 자신이 직접 작성한 기도문을 사용하고 싶다면 기도문의 내용은 반드시 성경 말씀과 공식적인 기도서에서 발췌한 내용에 한정되어야 할 것입니다.

장례식 주제에 관한 내용을 마치기 전에 요즘 랭커셔 일부 지역에서 흔히 볼 수 있는 한 가지 풍습에 대해 경고를 해야 할 것 같습니다. 나는 살아 있는 사람의 매장지를 위해 소위 가족이 묻힌 곳 가까운 곳에 있는 '묏자리'를 사고파는 풍습이 있다는 말을 들었습니다. 법원 당국자의 말에 의하면 이러한 '묏자리' 매매는 분명한 불법이며 따라서 대법원의 '허가' 없이는 누구도 살아 있는 사람의 무덤을 매매할 수 없고 성직자도 이러한 거래를 용인해서는 안 될 것입니다. 교회 묘지를 가지고 있는 모든 성직자는 이러한 사실에 주의를 기울여야 할 것입니다. 묏자리 매매가 분쟁과 갈등의 소지가 있다는 것은 분명합니다. 이러한 풍습은 불법임을 인식하고 앞으로는 이와 유사한 사례가 발생하지 않도록 각별히 유념해주기 바랍니다. 성직자는 교회지기로 하여금 가능한 남편이나 아내의 무덤 곁에 공간을 비워두고 할 수만 있다면 온 가족이 가까이 묻힐 수 있도록 배려하라고 지시해야 할 것입니다. 그러나 허가 없이 미래의 매장지를 사고 파는 모든 행위는 불법적 거래임을 잊지 말아야 할 것입니다.

2. **나는 지난 수개월 간 많은 관심의 대상이 되고 있는 개정판 신약 성경(Revised Version of the New Testament)에 대해 언급하고자 합니다.**

나는 개정 작업에 대해 깊이 감사하며 이 일에 대해 모든 영어권 그리스도인이 고마운 마음을 가져야 한다고 생각합니다. 이 말에 오해가 없기를 바랍니다. 나는 이 개정판에 대한 일부의 순수한 칭송 대열에 가세할 생각이 없습니다. 솔직히 나는 헬라어 번역이 전적으로 잘 되었다고는 생각하지 않습니다. 개정판은 지나치게 엄격한 문자적 번역에 치중한 나머지 때로는 불필요한 단어의 전치

(transposition)로 인해 분명한 의미를 살리지 못하였다고 생각합니다. 나는 개정판의 영어가 흠정역에 비해 단조로운 산문체 형식이기 때문에 원문에 충실하지 못할 때가 있다고 생각합니다. 나는 헬라어의 온전한 의미를 살리려는 그들의 노력에서 일관성을 발견하기 어려웠습니다. 그러나 결국 이러한 판단은 완전하지 못한 한 개인의 사견에 불과합니다. 내가 지적한 것들은 태양의 흑점에 지나지 않으며 잘못된 부분이 있다면 다시 개정하면 될 것입니다. 전체적으로 보면 개정 작업은 매우 잘되었으며 모든 영국의 그리스도인이 감사해야 할 것입니다. 개정판은 성경 여러 본문에 대한 분명한 통찰력을 제공하며 모든 사람이 사용할 수 있는 귀한 자료입니다.

그러나 내가 개정판에 대해 감사하는 가장 큰 이유는 기독교의 전반적인 교리체계가 옳다는 것을 분명하게 증거한다는 것입니다. 10년에 걸친 각고의 노력과 연구 끝에, 250년 전에는 몰랐던 사본이나 역본에 대한 철저한 조사 끝에, 모두 탁월한 학자들로 구성된 성경위원회의 단합된 노력 끝에, 이 개정판은 제련 과정에서 우리의 거룩한 믿음에 관한 교리를 하나도 잃지 않았으며 모든 교리는 이전보다 더욱 분명해졌다고 말할 수 있을 것입니다. 이 땅에 있는 기독교의 많은 대적이 흠정역의 결함을 빌미로 복음을 공격해 왔음은 주지의 사실입니다. 그들은 종종 "우리에게 새로운 번역을 제시하면 너희가 좋아하는 교리가 어떤 것인지를 알게 될 것"이라고 했습니다. 그러나 개정판은 이러한 공격을 일시에 잠재워 버렸습니다.

신약성경은 누구보다 탁월한 학자들에 의해 다시 한 번 번역되었습니다. 그 결과가 어떠합니까? 기독교의 진리를 형성하는 축대의 돌 하나도 손상되지 않았습니다. 삼위일체, 그리스도의 신성, 성령의 위격, 속죄교리는 모두 고스란히 보존되었을 뿐만 아니라 이전보다 훨씬 명확해졌습니다. 나는 여러분이 이 모든 일에 대해 함께 하나님께 감사와 영광을 돌리기를 원합니다. 우리는 담대히 "아버지의 말씀은 진리니이다", "주의 말씀이 심히 순수하므로 주의 종이 이를 사랑하나이다"(요 17:17; 시 119:140)라고 고백해야 할 것입니다.

다음 주제로 넘어가기 전에, 개정판에 대한 시행이 법적으로 결정될 때까지 공식적인 성경봉독 시간에 흠정역 대신 개정판을 사용하는 성직자가 없기를 바랍니다. 이견도 있겠지만 당분간은 그렇게 하는 것이 옳은 것으로 보입니다. 우리 가운데 이 문제로 분열하는 일은 없어야 할 것입니다. 교구가 두 진영으로-개정판을 사용하는 자와 흠정역을 사용하는 자로-나뉘어서는 안 될 것입니다. "믿는 이는 다급하게 되지 아니하리로다"고 했습니다. 현재로서는 개정판에 대한 공식적인 허가가 있을 때까지, 여러 가지 결점에도 불구하고 지난 250년간 사랑을 받아온 흠정역을 사용하는 것으로 만족합시다. 원한다면 강단에서 개정판 내용을 주석형식으로 제시하기 바랍니다. 그러나 성경 봉독시간에는 반드시 흠정역을 사용해야 할 것입니다.

3. 이제 몇 마디 언급하고 싶은 세 번째 주제는 교회법원에 대한 정부 자문기관으로 올해 설립된 왕립위원회(the Royal Commission)에 관한 것입니다.

여러분이 잘 알고 있는 대로 이 위원회는 기존의 제1심 및 최종심 법원에 대한 일부의 불만을 해소하기 위해 교회의 수장이 요구한 것입니다. 이들 법원의 관행과 절차에 대해 조사하고 성직자 규칙(Clergy Discipline)[3] 및 공예배지침(Public Worship)[4]이 잘 시행되고

---

[3] 1840년.
[4] 1874년.

있는지 확인하며 앞서 언급한 불만을 제거할 수 있는 개혁안이나 수정안을 제시하는 것은 정당하고 합리적인 처사라고 할 것입니다. 그러나 이 문제는 많은 논쟁이 되고 있는 어려운 문제입니다. 지금까지 교회사에서 성직자의 비리-교리적이든 도덕적이든-를 다루는 최상의 방법에 관한 문제는 언제나 가장 지혜로운 자도 풀기 어려운 견고한 매듭이었습니다. 그럼에도 불구하고 화평을 유지하기 위해, 그리고 분노를 가라앉힐 수 있다는 희망 때문에 한 번 더 시도해보는 것에 대해 바람직한 일로 생각해 왔습니다. 나는 이러한 시도가 성공할 것이라고 믿습니다. 나는 어떤 분파도 현 상태의 교회 법정이 완전하며 개선의 여지가 없다고 말하지 못할 것이라고 생각합니다. 물론 지금으로서는 위원회가 어떤 보고를 할 것인지 알 수 없습니다. 다만 우리는 모든 위원들에게 지혜와 절제의 영이 임하기를 기다리고 소망하며 기도할 뿐입니다. 그러나 나는 한 가지 사실에 대해서는 확실히 말할 수 있습니다. 앞으로 교회 소송에서 '법정 모독'에 대한 처벌로 구속하는 일은 없을 것이라는 것입니다. 그러나 교회 소송에서 패소한 당사자-그가 어떤 잘못을 범했든-에 대한 대중의 동정심을 유발할 수 있는 방법으로 구속보다 더 좋은 방법을 찾기는 어려울 것입니다.

왕립위원회의 보고를 애타게 기다리고 있는 모든 사람에게 권면하고 싶은 것은 인내하고 절제하는 마음으로 기다릴 줄 알아야 한다는 것입니다. 우리는 허황된 기대를 해서는 안 됩니다. 왕립위원회가 불가능한 일을 하고 완전한 평화의 시대를 열 것이라는 기대는 금물입니다. 그들이 제의에 관한 최근 결정을 바꾸거나, 새롭고 완전한 예배 규정을 제시하거나, 영적인 문제들은 모두 교회 법정에 넘기거나(이 경우 평신도의 발언권은 없어질 것입니다), 주교에게 상급 법원에 호소할 수 있는 권한이 없는 자신의 교구 법정에서 모든 분쟁을 해결하도록 허락하거나, 평신도가 이단적이거나 범법한 성직자를 상대로 소송을 제기하지 못하도록 하거나, 교구회에 국왕의 허가나 국회의 동의 없이 교회 문제를 결정하거나 예배서를 바꿀 수 있는 권한을 부여하거나, 교회 문제에 관한 종심법원의 판사 구성에 대해 주교와 신학자만 허락하고 평신도는 제외하는 방안을 제시하거나, 모든 성직자가 자신이 원하는 방식대로-심지어 가톨릭 미사를 재도입하는 것을 포함하여-예배하는 것을 허락할 것이라고 생각한다면, 나는 왕립위원회가 이런 일을 할 것이라고 기대하는 사람들에 대해 자신이 전적으로 잘못되었음을 깨닫게 될 것입니다. 위원회는 주어진 권한을 초월할 수 없습니다. 나는 다음 세 가지 사실에 대해 확신할 수 있습니다. 즉 잉글랜드 국교회가 잉글랜드 땅 위에 세워진 교회인 한 국왕은 세상일은 물론 교회문제에 있어서도 지배권을 포기하지 않을 것이며, 교회는 결코 국회의 간섭을 벗어나 독립적인 행동을 할 수 없을 것이며, 교회의 평신도는 성직자만이 교회문제를 결정하거나 교회 예배서를 고치거나 교회법을 바꾸는 것을 허락하지 않을 것이라는 사실입니다.

4. 네 번째로 말하고 싶은 공적인 주제는 교회보호제도(Church Defence Institute)에 관한 것입니다.

캔터베리 대주교는 최근 서신에서 이 문제에 주의를 기울일 것을 촉구했습니다. 대주교가 이러한 서신을 보내었다는 사실 자체는 이 주제의 중요성을 보여주는 것이기 때문에 여기서 이 문제를 다루는 것은 합당하다고 생각합니다. 교회보호제도는 교회와 국가의 연합을 무너뜨리고 국교회폐지와 몰수를 주장하는 자들의 자유사회에 맞서 태동되었습니다. 대주교는 우리에게 교회보호협회(Church Defence Society)의 중요성을 인식하고 적극 지지해 줄 것을 요구했습니다.

교회보호협회가 존재하지 않을 수 없는 상황에까지 이르게 된 것에 대해서는 심히 유감스럽게 생각합니다. 공격적인 가톨릭과 불신세력에 맞서 모든 개신교 그리스도인이 다툼을 중지하고 단합해야 할 때가 있다면 바로 이때입니다. 국교회폐지가-만일 국교회폐지론자들이 그것을 성취한다면-비국교도에게 아무런 유익이 없다는 것은 명약관화합니다. 지금은 그들에게 무엇이든 할 자유가 있습니다. 또한 국교회폐지와 몰수는 교회를 크게 약화시킬 것이며 시골 지역에는 큰 타격을 주겠지만 도시 지역에는 큰 영향을 주지 못할 것이라는 사실 역시 분명합니다. 뿐만 아니라 국교회폐지는 성공회 교인들과 비국교회 방해자들 사이에 돌이킬 수 없는 단절을 가져올 것입니다. 무엇보다 확실한 것은 국교회가 폐지되었다고 해서 성직자가 교회를 떠나 독립교회나 침례교, 장로교, 감리교 신자가 되지는 않을 것이라는 사실입니다. 이 땅의 어떤 성만찬보다 크고 웅장했던 성만찬은 예전의 영향력을 계속해서 유지할 것이며 국교회폐지만 되면 반드시 이루어질 것이라던 평등은 더욱 요원해질 것입니다.

나는 잉글랜드 국교회에 대한 자유사회의 공격은 우리 시대의 가장 큰 고통 가운데 하나라고 생각합니다. 모든 개신교 비국교도와 우호적인 관계를 맺고 그들과 협력하는 것은 어려운 일이 아니며 반드시 필요하다고 생각합니다. 나는 지금도 극단적 국교회폐지론자들의 폭력적 언어가 비국교회 소수파보다 강경한 감정을 드러내는 이유를 알 수 없습니다. 사람들은 종종 숫자에서 밀릴 경우 그것을 보상하기 위해 더 거친 언어를 사용하기도 합니다. 나는 대부분의 감리교인과 독립교단 및 침례교인 가운데 많은 사람들은 국교회폐지와 몰수를 원하지 않으며 존 웨슬리(John Wesley), 아담 클라크(Adam Clarke), 도드리지(Doddridge), 풀러(Fuller), 로버트 홀(Robert Hall), 존 커밍(John Cumming)을 따라 교회를 그대로 두고 싶어 할 것이라고 믿습니다.

그러나 국교회폐지론자들이 우리를 내버려 두지 않고 계속해서 국교회폐지와 몰수를 주장한다면 캔터키대주교의 충고대로 자신을 방어하는 것이 당연한 의무라고 생각합니다. 우리는 우리의 교구가 비성경적 진술과 잘못된 설명들에 의해 잠식당하는 것을 가만히 앉아 구경만 하고 있어서는 안 되며 최소한 그러한 주장에 반박하는 작은 인쇄물이라도 돌려야 할 것입니다. 작은 소책자 형식으로 된 이러한 인쇄물은 교회보호기관이 언제든지 공급할 준비가 되어 있습니다. 대적이 단결하면 우리도 뭉쳐야 합니다. 그들이 선동하면 우리도 이러한 선동에 과감히 맞서야 합니다. 그들이 거짓을 고수하면 우리는 진리에 굳게 서야 합니다.

이러한 문제를 다룰 때 교회의 대적의 가장 큰 우군은 무지라는 사실을 알아야 합니다. 우리의 목표는 무지를 쫓아내고 그것을 진리로 대치하는 것이 되어야 할 것입니다. 이 주제에 대해 깊이 생각해보지 않았다고 해도 오늘날 일부 계층에서 교회와 교회 재정 및 성직자에 대해 어떤 인식을 가지고 있는지 모르는 사람은 거의 없을 것입니다. 그들의 말은 대부분 거짓말입니다. 예를 들어 국교회폐지는 국가 예산을 매년 2천 6백만 파운드나 절감할 수 있다는 주장입니다. 그러나 교회에 지출되는 금액의 총액은 연간 6백만 달러를 넘지 않습니다.

주교는 돈방석에 앉았고 성직자는 엄청난 사례를 받는다는 주장 역시 말도 안 되는 소리입니다. 주교는 지출할 곳이 많아 재정적 여유가 없으며 성직자의 사례도 소득을 평균하면 연간 3백 파운드가 넘지 않습니다. 성직자가 국가로부터 사례를 받거나 사람들이 성직자의 사례를 위해 세금을 낸다는 주장도 거짓말입니다. 국가는 교회에 십일조나 토지를 준 적이 없습니다. 주교와 성직자는 "국가가 세운 자들"이라는 말도 거짓입니다. 국가는 아무도 성직자로 세울 수 없으며 국왕이 임명하는 주교도 이미 서품을 받은 자입니다. 교회의 기도서는 "국가가 만든 기도서"라는 주장도 거짓입니다. 기도서는 개신교 개혁주의자들이 작성한 것입니다. 기도서가 가톨릭의 책이라는 주장도 거짓입니다. 기도서의 내용은 대부분 성경에서 나왔기 때문입니다. 이러한 주장들은 모두 거짓으로 다른 사람에게 전달하기도 창피하고 믿어주지도 않을 것입니다.

5. 우리가 살펴볼 공적인 주제는 종교 기관들(Religious Societies)의 열악한 재정 현황에 관한 것입니다.

내가 말하는 종교 기관은 그리스도인이 국내외로 복음을 전하는 사역을 장려하기 위한 기관을 말하며 기부금에 의해 유지되고 있습니다. 잉글랜드 국교회 전체가 이러한 기관에 제공하는 지원은 턱없이 적은 것으로 보입니다. 그들에게 매년 지급되는 금액은 인플렉서블(Inflexible) 호와 같은 군함 한척도 만들지 못할 액수입니다. 그러나 우리가 그리스도의 복음을 전파하는 기관들에게 지급하는 돈의 액수는 그것에 대해 어느 정도의 가치와 감사하는 마음을 가지고 있는지를 보여주는 측도가 됩니다. 확실히 이 부분에 대해서는 개선할 점이 많으며 우리 모두 부끄러움을 느껴야 할 것입니다.

나는 우리 교구가 이 문제를 바르고 건전한 방식으로 대처하지 못했다고 생각합니다. 우리 교구에는 이처럼 훌륭한 기관이 전혀 지원을 받지 못하는 구역이 적지 않습니다. 다음과 같은 통계는 안타까우며 진지한 고찰을 요구합니다. 복음전파협회(The Society for the Propagation of the Gospel)는 총 200개 교회 가운데 매년 93개 교회에서 설교하고 2,100파운드를 받습니다. 교회선교협회(The

Church Missionary Society)는 77개 교회에서 설교하고 4,220파운드를 받습니다. 목회자 지원협회(The Church Pastoral Aid Society)는 43개 교회에서 설교하고 1,190파운드를 받습니다. 부교역자협회(The Additional Curates' Society)는 54개 교회에서 설교하고 1,500파운드를 받습니다. 여러분에게 이 고통스런 수치를 늘어놓는 이유는 사례가 충분치 못하다는 사실을 알아달라는 것입니다. 이러한 수치는 결코 랭커셔의 규모에 어울리지 않습니다. 이 통계는 웨스트 더비의 국교회에 대한 명예만 실추시킬 뿐입니다.

나는 교구 성직자들이 이 주제에 관심을 가지기를 원합니다. 나는 다른 교구에 비해 우리가 매우 예외적인 상황에 처해 있으며 기부금이나 지방세나 구호금이 없이 회중의 힘만으로는 반주자, 성가대, 학교, 전기, 난방, 임대료 및 기타 공예배를 위한 지출을 감당할 수 없다는 사실을 잘 알고 있습니다. 내가 말하는 것은 모든 그리스도인과 회중은 안팎으로 복음을 전파하기 위해 무엇인가를 해야 한다는 성경적 의무에 관한 것입니다. 나는 성직자가 어떤 단체나 자선기관을 교구민에게 제시해야 하는가에 대해 말하고 있는 것이 아닙니다. 그것은 나의 의도가 아닙니다. 이 문제에 대해서는 모든 성직자가 자신의 판단에 따라 재량권을 가지고 임할 것을 당부합니다. 그러나 내가 다음 번 3년 주기 방문을 위해 여러분을 찾는다면, 매년 한 주는 해외 선교를 위해, 한 주는 국내 선교를 위해, 또 한 주는 사랑하는 교구 기관을 위해 헌금을 하지 않는 교회가 한 곳도 없기를 소망합니다. 일 년은 52주이며 52주 가운데 세 수는 종교 기관의 사역을 위해 결코 지나친 요구가 아니라고 생각합니다. 이 부탁을 잊지 말고 기억해 주기 바랍니다.

시간만 되면 지금까지 언급한 다섯 가지 주제에 대해 더 말할 수 있지만 의도적으로 간략히 말했으며 여러분 각자가 곰곰이 생각해 보시기 바랍니다. 이제 오늘날 기독교를 공격하고 있는 가장 큰 위험들 가운데 하나라고 생각하는 것에 대해 언급하고자 합니다. 이 위험은 **확실한 교리적 영역의 광범위한 붕괴**에 관한 것입니다.

물론 나는 우리가 비통하게 여기는 큰 악의 근원은 불신앙이며 이러한 불신앙은 인간 본래의 질병이자 그리스도의 교회와 죽어가는 영혼들에게 여러 가지 형태로 끊임없이 상처를 주고 있다는 사실을 알고 있습니다. 나는 불신앙이 이런 식으로 지속된다는 사실이 놀랍지 않습니다. 나는 불신이 이 세상 임금과 마찬가지로 그것이 영혼을 파괴하기에 가장 쉬운 방법이라고 생각하기 때문에 새 옷을 입거나 이름만 바꾸어 주기적으로 나타난다는 것을 알고 있습니다. 거듭 말하지만 나는 이 쾌락을 사랑하며 정욕적이고 교만하며 돈을 숭배하는 세상 속에 불신앙이 얼마나 광범위하게 퍼져있는지 예상할 수 있습니다. 그렇기 때문에 나는 그것을 보아도 결코 놀라거나 두려워하지 않습니다.

예를 들어 나는 하나님의 존재와 심판의 실재 및 장차 올 세상을 대담하게 부인했던 제1차 프랑스혁명을 지지하는 사람들의 명맥을 잇고 있는 저 추악한 불신앙에 대해 두려워하지 않습니다. 그들은 성경을 비방하고 복되신 구주를 마호메트나 톰 페인(Tom Paine)과 동일한 부류로 다루려는 자들입니다. 이러한 불신앙은 고대 이집트로부터 오늘날의 호주에 이르기까지 보이지 않는 세계의 실재에 대한 뿌리 깊은 믿음을 입증하는, 인류의 보편적인 양심을 결코 만족시킬 수 없습니다. 이러한 불신앙을 옹호하는 자들은 성경이 하나님의 말씀이며 그리스도가 성자 하나님이시라는 광범위한 증거와 기독교가 전 세계에 미친 영향 및 유대인의 분리 독립 등에 대해 대답한 적이 없습니다. 나는 그들이 이러한 증거에 대답하지 못했으며 앞으로도 대답하지 못할 것이라고 단언합니다.

나는 이 말세에 수많은 사람들을 혼란케 하는 일부 과학자들의 베일에 덮인 회의론에 대해서도 두려워하지 않습니다. 여러분은 오늘날 교육을 많이 받은 자 가운데 따르면 하늘과 땅의 일에 대해, 인류의 기원 및 고대 역사에 대해, 자신의 논리에 따라 성경과 일치하지 않는 진술을 끊임없이 늘어놓는 사람들이 많다는 사실을 알아야 합니다. 그러나 이러한 말을 하는 사람들은 자신이 불신자라는 사실을 인정하지 않을 것입니다. 그들은 "상처를 주려 하지만 공격하기를 두려워하는" 것처럼 보입니다.[5]

이런 부류의 사람들에 대해서는 두려워할 필요가 없다는 것을 다시 한 번 강조합니다. 우리가 그들의 주장에 대답하지 못하고 그들이 제기하는 문제에 대해 설명을 할 수 없다면 잠잠히 앉아 기다려도 됩니다. 패러데이(Faraday)는 "가장 고상한 철학은 우리의 마음을 사려분별이 있는 정지 상태(judicious suspense)에 두는 것"이라고 했습니다. 아무리 지혜로운 철학자라 한들 그가 얼마나 알 수 있겠습니까? 우리의 사고의 지평이 얼마나 유한합니까? 현대 과학에는 가설에 불과한 개념들이 얼마나 많습니까? 얼마나 많은 결론들이 근거가 빈약한 특정 전제로부터 불법적으로 도출한 것들입니까? 여행자가 우연히 발견한 것들이 빛을 보면서 회의론자들의 이론을 박살내어 버리는 경우가 얼마나 많습니까? 다시 한 번 말하지만 우리는 오늘날 회의론자들에 대해 조용히 앉아 빛을 기다리면 될 것입니다. 루돌프 피르호(Rudolf Virchow) 교수는 "모든 인간의 지식은 단편적일 뿐이다. 자연을 연구하는 학생으로 자처하는 우리는 모두 자연에 대한 학문의 일부만 소유하고 있을 뿐이다"라고 했습니다.[6]

그렇다면 내가 두려워하는 악은 무엇입니까? 내가 두려워하는 것은 모든 그리스도의 교회에서 발생하여 점차 전 세계로 확산중인 것으로 보이는 내부적 질병입니다. 이 질병은 목회자 편에서 확실

---

[5] Alexander Pope's *Epistle to Dr. Arbuthnot*.
[6] *Freedom of Science*, p. 20.

한 교리를 피하려는 경향이며 성도들의 입장에서 교리적 진리에 대한 분명한 진술을 싫어한다는 것입니다.

내가 잠시 이 주제를 다루는 동안 주의를 집중하기 바랍니다. 우리 앞에 놓인 질병은 "어두울 때 퍼지는 전염병"이며 인식하지도 깨닫지도 못하기 때문에 그리스도의 사람들에게 심각한 불행을 야기할 수 있습니다. 나는 성직자 여러분에게 강력한 경고의 음성과 함께 왜 이 병에 주의해야 하는지에 대해 제시하고자 합니다. 내부에 숨어 있는 대적은 밖에 있는 대적보다 훨씬 위험합니다.

분명한 교리를 싫어한다는 사실을 뒷받침하는 증거는 너무 많아 고르기 힘들 정도입니다. 보지 못하는 눈과 듣지 못하는 귀를 가지지 않은 이상 우리는 사방에서 이러한 증거를 찾아볼 수 있습니다.

예를 들어, 나는 지각 있는 자에게 일부 잉글랜드 신문들이 종교에 관한 주제를 다룰 때 사용하는 모호한 어조에 대해 살펴볼 것을 부탁할 수 있습니다. 아마도 그는 신문들이 기독교의 도덕성에 대해서는 칭찬하고 싶어 하는 반면 기독교의 교리에 대해서는 무시해버리고 있다는 사실을 발견하게 될 것입니다. 그에게 교육청 대변인이 지난 10년간 소위 '신학'이라고 부르는 것에 대해 언급할 때의 씁쓸함에 대해, 그리고 그들이 그것에 관한 모든 것을 소위 '당파주의'(sectarianism)라는 모호한 이름하에 한쪽 구석에 치워버릴 준비가 얼마나 잘 되어있는지 관찰해달라고 부탁할 수 있을 것입니다.

나는 그에게 지난 40년간 그리스도인에 대해 묘사하고 있는 가장 유명한 픽션 및 소설에 대해 분석하고 그러한 문학이 얼마나 '교리'와 같은 것들을 피하고 있으며 귀감이 되는 그리스도인을 마치 꽃집에 진열된 가지째 자른 꽃, 뿌리 없는 꽃으로 제시하고 있는지 살펴달라는 부탁을 할 수 있을 것입니다. 또한 나는 그에게 진보적 연설가가 대중에게 연설하면서 모든 '교파 기독교'를 한 통속으로 취급하고 신조와 신앙고백은 현대 영국인의 수족에 족쇄를 채우는 낡은 옷이라며 던져버리려고 안달하는 모습을 관찰해 달라고 부탁할 수 있습니다. 그에게 이 모든 경우에서 한 가지 공통적 징후-즉 뿌리 없는 기독교의 열매 및 교리가 없는 도덕성을 위한 병적이고 무분별한 집착과 갈망-에 대해 말해달라고 할 것입니다. 그런 후에도 '분명한 교리에 대한 혐오감'이야말로 우리시대에 광범위하게 퍼져 있는 악이라는 사실을 부인할 수 있는지 물어볼 것입니다.

그런 후에 나는 지각 있는 자에게 사람들이 사적인 자리에서 나누는 이야기 가운데 공통적으로 표현되는 생각을 조사해보라고 부탁할 것입니다. 여러분은 사람들이 모인 곳에서 종교에 관한 주제를 끄집어내기만 하면 됩니다. 아마도 여러분은 훨씬 많은 증거를 얻게 될 것입니다. 여러분은 많은 집에서-심지어 상당한 수준의 신앙을 고백한 가정에서 조차-'진지함'(earnestness)이라는 우상을 섬기고 있다는 사실을 발견하게 될 것입니다. 그들은 논란이 되고 있는 문제에 대해 아는 체 하지 않을 것이며 누가 옳고 누가 그른지에 대해 개인적 의견이 있는 것처럼 하지 않을 것입니다. 그들은 단지 '진지함'만 중요하게 생각하고 그것만 알 따름이며, 열심히 일하는 진지한 사역자도 신앙이 잘못될 수 있다는 사실은 생각도 하지 못합니다.

그들에게 아무리 '진지하고' 똑똑하며 언변이 좋은 성직자라도 복음을 전하지 못할 수 있다고 말해주면 틀림없이 화를 낼 것입니다. 그런 일은 결코 있을 수 없다는 것입니다. '진지한' 사람이 어떤 교리를 가지고 가르치더라도 그를 불신하는 것은 편협하고 무자비하며 도량이 없는 태도라고 그들은 생각할 것입니다. 그들에게 사역자가 성경의 진리를 가르치지 않으면 열정과 진지함과 열정은 아무런 소용이 없으며 바리새인과 예수회 수사들도 "바다와 땅을 덮을 만한" 열심이 있었다는 사실을 아무리 상기시키려고 해도 헛수고입니다. 그들이 아는 것은 일은 일이라는 것과 진지한 사람은 선한 사람일 수밖에 없으며 그가 무엇을 가르치든 잘못될 수 없다는 것입니다. 그 결과는 무엇입니까? 그들은 분명한 교리를 싫어하게 되었으며 진리에 관해서는 단호함이 사라졌습니다.

지금까지 우리는 악의 가장 일반적이고 희석된 형태에 대해서만 살펴보았습니다. 보다 구체적이고 결정적인 형태의 악을 보고 싶다면, 규모는 작지만 잘 알려진 오늘날의 성직자 교육기관의 설교와 저서로 눈을 돌리기만 하면 됩니다. 나는 이들 영역으로부터 끊임없이 들려오는 영감, 속죄, 그리스도의 대속적 죽음, 성육신, 기사와 이적, 사탄, 성령, 최후심판 등에 관한 낯설고 자유분방한 발언들로 여러분을 지루하게 할 생각은 없습니다. 나는 성경을 군데군데 진리가 담겨 있는, 무익한 신화에 관한 구시대적 기록으로 보는 사람들이 성경에 대해 자주 언급하는 말을 인용함으로써 여러분에게 충격을 주지도 않겠습니다.

또한 나는 여러분에게 '그리스도의 보혈'에 관한 어처구니없는 주장들을 들려줌으로써 고통을 안겨주지도 않을 것입니다. '초막'은 참 선지자, 위대한 주, 위대한 선생, 위대한 사상가에 해당하는 그리스도와 모세와 엘리야를 위해서뿐만 아니라 소크라테스, 플라톤, 피타고라스, 세네카(Seneca), 공자, 마호메트, 채닝(Channing), 데오도르 파커(Theodore Parker)에게도 필요한 것처럼 주장하거나, 모든 종교는 어느 정도 진리라고 생각하는 모호한 학설의 대표적 특징에 대해 언급하려면 시간이 부족할 것입니다. 여기서는 '분명한 교리에 대한 혐오감'은 내가 언급하는 진영의 지도자들의 대표적 특징 가운데 하나라는 언급만으로 만족하겠습니다. 그들의 설교와 책을 살펴보면 부정적 태도와 비판, 그리고 "하나님의 아버지 되심에 대해, 그리고 사랑, 빛, 용기, 강건함, 넓은 마음, 폭넓은 관점 및 자유로운 사상"에 관한 과장된 말로 가득하며 "진실, 공의, 아름다움, 숭고함, 온유, 자유"와 같은 지나치게 추상적인 용어와 허풍으로 가득하다는 사실을 알게 될 것입니다. 그러나 중요한 것은 분명하고 확실한 교리에 대한 언급이 전혀 없다는 것입니다.

하나님과의 화목 및 용서, 양심의 가책에 대한 바른 해결책, 상한 심령을 치유하는 방법, 믿음과 확신과 칭의와 중생과 성화에 관한 체계적 언급은 아무리 찾아도 찾아볼 수 없습니다. 찾을 수 있다고 해도 전혀 실제적인 말씀으로 볼 수 없는 것들 뿐입니다. 외견상 그럴듯해 보이고 새롭고 신기한 의미를 부여한 것 같지만 마치 썩은 열매처럼 속은 텅 비어 있다는 것입니다. 한 가지 확실한 것은 오늘날 성경을 가르치는 그리스도인 가운데 일부 계층은 분명하고 확실한 교리적 진술을 기피한다는 것입니다.

이처럼 확산된 '분명한 교리를 싫어하는 경향'의 결과는 심각합니다. 우리가 인정하든 그렇지 않든, 이러한 경향은 많은 사람에게 전염병처럼 번지고 있으며 특히 젊은 사람들에게 악영향을 끼치고 있습니다. 이것은 우리의 신앙에 막대한 불안감을 조성하고 심화시키며 유지합니다. 신조어를 만들어낸다면 육지에 있는 해파리(뼈나 근육이 없는, 또는 능력을 상실한) 기독교라고 부르고 싶습니다. 잘 아는 대로 물가에 많이 서식하는 해파리는 물에 떠다닐 때에는 부드러운 투명 우산처럼 멋지고 우아한 생물체입니다. 그러나 이런 해파리가 물 밖으로 나오는 순간 자신을 보호하거나 유지하기는커녕 몸도 가누지 못하는 무기력한 존재가 되고 마는 것입니다. "도그마도 없고 분명한 특징도 없으며 명확한 교리도 없는" 이 시대의 기독교야말로 바로 전형적인 해파리의 모습입니다.

잉글랜드 국교회 안과 밖에는 신학적 뼈대가 없는 것처럼 보이는 수백 명의 성직자가 있습니다. 그들은 분명한 주장이 없고 어떤 학파에도 속하지 않으며 '극단적 견해'를 두려워한 나머지 자기 의견이 없습니다. 마치 상아 공처럼 부드러워 죄인을 깨우치거나 성도를 교화시키지 못하고 어떤 예리함이나 강조점도 찾을 수 없는 설교가 해마다 수천 편씩 생산되고 있습니다. 매년 단편적이고 간접적인 지식만 가지고 대학 문을 나서는 수많은 젊은이들은 종교적인 문제에 관해 결정적인 의견을 표명하거나 기독교 진리에 대해 확실한 마음을 정하지 않는 것이 영리하고 지적인 태도라고 생각합니다. 그들은 하늘과 땅 사이를 떠다닌다는 마호메트의 거짓 관처럼 어중간한 상태로 살고 있습니다. 그들의 교만한 영혼은 버틀러(Butler), 팔레이(Paley), 차머스(Chalmers), 밀베인(M'Ilvaine), 와틀리(Whately), 휴웰(Whewell) 및 모즐리(Mozley)를 만족시킨 주장에 만족하지 못합니다. 그들의 유일한 신조는 일종의 '허무주의'(Nihilism)[7]입니다. 그들은 아무 것에도 확신을 가지지 못합니다. 결국 신학의 어떤 부분에 대해서도 분명한 견해를 갖지 못하고 교회만 출석하는 수많은 신자들을 양산하는 최악의 결과를 초래하고 말았습니다.

그들은 마치 색맹이 색깔을 구별하지 못하듯 다른 것을 구별하지 못합니다. 그들은 모든 사람이 옳고 틀린 사람은 아무도 없으며, 모든 것이 사실이고 틀린 것은 없으며, 모든 설교가 바르고 틀린 설교는 없으며, 모든 성직자가 바르고 거짓 성직자는 없다고 생각합니다. 그들은 아이들처럼 "교리의 바람에 밀려 요동할 뿐"이며, 가끔 새로운 흥분과 감정적 동요에 따라 휩쓸리며, 옛 것에 대한 분명한 확신이 없기 때문에 언제나 새로운 것을 맞을 준비가 되어 있으며, "자신에게 있는 소망의 이유"를 말해줄 수 없습니다. 이 모든 것들(그리고 여기서 언급하지 못한 내용까지 포함하여)은 오늘날 광범위하게 확산되어 있는, 그리고 많은 성직자들을 사로잡고 있는, "분명한 교리에 대한 기피"의 결과입니다.

이제 이처럼 안타까운 상황으로부터 돌아서야 할 것입니다. 지

---

[7] Nihilism(라틴어로는 nihil: nothing)은 소설가 Turgenev가 극단적 사회주의에 붙여준 이름으로 1870년대 러시아에서 유행했던 Bolshevism의 시초가 되었다.

지금까지의 묘사는 암담하지만 우리가 처한 상황은 너무나 분명합니다. 자신을 속이지 맙시다. 지금은 분명하고 확실한 교리가 진가를 인정받지 못하고 있습니다. 안정되지 못하고 불안한 개념들은 자연스러운 결과이며 도처에서 찾을 수 있습니다. 영리함과 진지함은 이 시대가 선호하는 우상입니다. 아무리 이상하고 이질적인 내용이라고 해도 사람의 말은 중요치 않습니다. 똑똑하고 "진지하기만하면" 틀린 말은 절대로 하지 않는다는 것입니까? 평신도가 진리에 대한 체계적 관점을 가지고, 성직자가 교리를 명확하고 분명하게 가르치는 것만큼 중요한 것은 없습니다.

어쨌든 성직자가 분명한 교리적 진술을 부끄러워해야 할 이유가 있습니까? 19세기의 지혜는 명확한 진리도 필요 없을 만큼 위대합니까? 이전의 훌륭한 잉글랜드 국교회는 모두 교리를 강조하는 교회가 아니었습니까? 나는 이러한 질문에 주저 없이 대답할 수 있습니다. '교리'는 무익하고 낡았으며 자유로운 사상에 해가 될 뿐만 아니라 19세기에 적합하지 않다는 등의 온갖 험담에도 불구하고 교리를 뒷받침하는 일련의 법조항들이 있다는 것은 변명할 수 없는 사실입니다. 다시 말하면 반박할 수 없는 증거들이 많이 있다는 것입니다.

6. 먼저 우리는 과감히 우리의 39개 조항(Thirty-Nine Articles)부터 살펴볼 수 있습니다.

이 조항에 분명한 교리가 있습니까 없습니까? 나는 많은 사람들이 이 훌륭한 신앙고백을 마음을 두지 않는다는 사실을 알고 있습니다. 어떤 사람들은 냉담하게 "모든 조항을 다 믿는 사람은 아무도 없다"고 말합니다. 어떤 사람은 39개 조항은 양심에 짐이 되는 무거운 돌(burdensome stone)이기 때문에 제거해서 던져버리고 사도신경으로 만족해야 한다고 말합니다. 그러나 이러한 시대에도 이 땅과 교회의 모든 법은 흔들림 없이 유효하며, 성직록을 받는 성직자라면 마땅히 "39개 조항에 위배되는 어떤 것"도 가르치거나 설교하지 않겠다고 공적으로 선언해야 할 것입니다. 그러나 39개 조항이야말로 교리적 진술을 요약한 것이 아니고 무엇이겠습니까?

39개 조항은 몇 가지 예외적인 조항 외에는 모두 교회가 특별히 중요하다고 생각하는 내용에 대한 일련의 교리적 진술이며 "철저히 성경에 근거한" 것입니다. 이 법을 지키기로 서약해놓고 "공표된 법"을 회피한다면 우리의 정직은 어디로 간 것입니까? 우리가 분명하고 체계적인 교리를 가르치지 않는다면 목회자의 약속에 대한 신실함은 어디로 간 것입니까?

성직록을 받고 교회를 맡아 사역하는 성직자가 이 조항을 공개적으로 반대하거나 교리적 진술을 "편협하고 불법적이며 19세기에 적합하지 않다"고 의도적으로 비웃는다면 그들의 행위처럼 일관성 없고 부적절한 것도 없을 것입니다. 그들의 열심과 영민함에 대해서는 인정할 수 있을지 모르지만 나는 이러한 성직자가 잉글랜드 국교회의 강단을 지킨다는 것은 옳지 않다고 생각합니다. 분명한 교리나 신조나 규약이 없는 자는 참되고 신실한 성직자가 될 수 없다는 것이 나의 판단입니다.

7. 우리는 기도서(Prayer-book)를 살펴볼 필요가 있습니다.

분명한 교리가 있습니까 없습니까? 이 유명한 책은 여러 가지 결점에도 불구하고 이 땅의 모든 분파와 외부의 많은 사람들이 받아들인 내용입니다. 아무리 자유롭고 넓은 사고를 가지고 신조와 법조항을 반대하는 자라도 유서 깊은 전례와 맞서거나 내용을 고치려는 사람은 거의 없습니다. 우리는 잉글랜드 국기가 꽂혀 있거나 영어가 사용되는 곳이면 어느 곳이나 매주 예전의 익숙한 말씀을 읽는 것을 볼 수 있습니다. 세월이 가면 갈수록 더 많은 사람들이 조지 허버트(George Herbert)가 죽기 전 침상에서 했던 것처럼 "잉글랜드 국교회에서 나의 어머니의 기도에 비할 수 있는 것은 없습니다"라고 고백하는 것을 볼 수 있습니다. 그러나 이러한 시대에 우리의 기도서에 그처럼 많은 교리적 신학이 기초를 이루고 있다는 것은 신기하지 않습니까? 가만히 앉아 기도서를 들여다보면 이 오래된 책 속에 삼위일체, 그리스도의 신성, 성령의 위격, 그리스도의 속죄와 중보, 성령의 역사 등에 대한 교리적 진술이 얼마나 많이 있는지 놀랄 것입니다. 우리가 잘 알고 있으면서도 흔히 간과했던 진술 속에는 이러한 내용이 반복해서 나타납니다. 영원한 심판에 관한 교리는 한 가지 사례가 될 수 있습니다. 최근 잉글랜드 국교회의 예배서에 영원한 심판에 대한 언급이 있느냐는 문제가 제기된 적이 있습니다. 그러나 오늘날 기도서에는 이 주제에 대한 강력한 언급이 세 곳에 나타납니다.

첫째, 기원 가운데 한 탄원(Litany)에는 "선하신 하나님은 우리를 영원한 저주로부터 구원하셨습니다"라는 진술이 있습니다.

둘째, 장례예배를 드릴 때에는 열린 무덤 곁에서 "우리를 영원한 죽음의 고통으로부터 구원하소서"라고 고백합니다.

셋째, 교리문답시에는 아이늘에게 주기도문을 통해 "영원한 죽음과 악으로부터" 지켜줄 것을 기도하라고 가르칩니다.

다시 한 번 말하지만 국교회의 기도서를 사용하면서 명확한 교리를 경시하는 것은 매우 모순적인 행동이며 그런 성직자는-자신이 어떻게 생각하든-어울리지 않는 자리에 앉아 있는 것입니다. 나는 기도서가 교리적 신학으로 가득한 책이라고 확신합니다.

8. 사도 시대부터 지금까지 복음이 전파되고 발전된 역사에 대해 살펴보겠습니다.

나는 "확실한 교리의 선포" 없이 복음이 확산되거나 나라가 회개하거나 복음 사역이 성공적으로 수행된 적이 없다는 사실을 분명히 말할 수 있습니다. 나는 교리 신학을 대적하는 자들에게 단지 "그리스도는 위대한 도덕 교사이며 우리는 서로 사랑해야 하며 진실하고 공평하고 이타적이고 관대하고 숭고한 정신을 가져야 한다"고 가르치는 것만으로 나라나 도시나 개인이 기독교화 된 사례가 있으면 하나라도 제시해보라고 말하고 싶습니다. 그런 예는 결단코 없다고 확신합니다. 그런 가르침은 결코 승리를 가져다 줄 수 없으며 어떤 트로피도 전시할 수 없습니다. 그런 가르침은 이 땅에 어떤 구원도 가져올 수 없습니다.

기독교의 승리는-어느 영역에서 쟁취하였든-분명하고 확실한 교리 신학을 통해 얻은 것입니다. 즉 사람들에게 그리스도의 대속적 죽음 및 희생을 전하고, 우리 대신 십자가에 달리신 그리스도와 그의 보혈을 보여주며, 믿음으로 말미암아 의롭다하심을 받는다는 사실에 대해 가르치고 십자가에 못 박히신 구세주를 믿게 하며, 죄로 인한 사망과 그리스도를 통한 구속 및 성령에 의한 중생을 가르치며, 장대에 달린 놋 뱀을 쳐다보면 살 수 있다는 것을 알리고 믿고 회개하게 함으로써 얻어진 승리인 것입니다.

이것은 하나님이 승리를 주신 18세기의 유일한 가르침이자 오늘날 영국과 모든 세계에서 유일하게 통할 수 있는 방법입니다. 포용력 넓은 비교리적 신학을 주창하는 자들과 진지하고 신실하며 냉정한 도덕적 복음을 전하는 설교자들에게 오늘날 영국의 농촌이나 마을이나 도시 가운데 분명한 교리 없이 복음을 받아들인 곳이 있는지 물어보십시오. 그들은 대답할 수도 없을 뿐 아니라 대답하려고 하지도 않을 것입니다.

　교리가 없는 기독교는 무기력한 종교입니다. 그것은 어떤 사람들에게는 화려하게 보일지 모르나 자생력 없는 불모지와 같습니다. 이보다 분명한 사실은 없습니다. 이 땅에서 선한 역사는 별로 없고 악은 도처에 있는 것처럼 보입니다. 참을성 없고 무지한 자들은 기독교가 실패했다고 목청을 높이며 불평할 수 있습니다. 그러나 우리가 선을 행하고 세상을 변화시키고 싶다면 옛 사도들의 무기로 싸워야 하며 '분명한 교리'를 고수해야만 합니다. 교리가 없으면 열매도 없습니다. 분명한 교리가 없으면 복음화도 없습니다.

9. 끝으로 확실한 위로와 소망 가운데 죽음을 맞이한 사람들의 침상을 찾아가 호소해 봅시다.

　인생을 살다보면 죽음의 그림자가 드리운 계곡을 지나 죽음과 "보이지 않는 영원한 것들"에 가까이 이른 사람들을 만나게 됩니다. 우리는 모두 세상을 떠나는 방식이 천차만별이며 죽을 때 느끼는 위로와 소망도 사람마다 큰 차이가 있다는 것을 잘 압니다. 여러분은 하나님이 자신을 받아주실 것이라는 확실한 믿음이 없이 다만 "진지하고 신실한가?"라는 질문에만 답변할 수 있는 사람이 평화로운 죽음을 맞이하는 것을 본 적이 있습니까? 내 경험을 말하자면 나는 한 번도 본 적이 없습니다. 그리스도의 도덕적 가르침과 자기 희생적 모범에 관한 이야기와 그처럼 "진지하고" 신실하게 살아야 한다는 요구만으로는 죽어가는 침상을 편하게 할 수 없습니다. 그리스도는 선생이며 그리스도는 위대한 모범이며 그리스도는 선지자라는 것만으로는 충분하지 않습니다.

　우리는 무엇인가를 더 필요로 합니다. 우리는 그리스도가 우리의 죄를 위해 죽으시고 우리를 의롭다하시기 위해 다시 사셨다는 이야기를 필요로 합니다. 우리는 공포의 왕(King of terrors)을 만나 "사망아 너의 승리가 어디 있느냐 사망아 네가 쏘는 것이 어디 있느냐"라고 호통을 치기 위해 중재자 그리스도, 대속자 그리스도, 구속자 그리스도, 중보자 그리스도를 필요로 합니다.

나는 교리적 신앙을 부인한 삶을 누린 많은 사람들이 결국은 자신의 '포용력 있는 신학'이 아무런 위로가 되지 못하고 단순히 '진지한' 복음은 결코 복음이 아니었음을 알게 될 것이라고 믿습니다. 나는 열한 시가 되어서야 자신이 즐기던 '새로운 관점'(new-fashioned views)을 버리고 '보혈'로 피난한 후 십자가의 예수님을 믿는 옛 교리에 대한 소망만 가지고 세상을 떠날 사람이 적지 않을 것이라고 생각합니다. 평생의 신앙 가운데 그들에게 열한 시에 붙든 단순한 진리만큼 진정한 평화를 준 것은 없을 것입니다.

> 큰 죄에 빠진 날 위해
> 주 보혈 흘려주시고
> 또 나를 오라하시니
> 주께로 거저 갑니다.

그렇다면 우리는 교리 신학을 부끄러워 할 이유가 없는 것입니다. 이제 다음과 같은 염원으로 지금까지 한 말의 결론을 대신하고자 합니다. 즉 리버풀교구에서 신조와 법을 굳게 지키려는 정직하고 진실한 성직자들은 선조들의 길을 걸으며 그들이 성공적으로 사용했던 옛 무기를 고수하라는 것입니다. 세상의 조롱, 교활한 저자들의 비웃음, 진보적 비평가들의 조소, 대중을 만족시키고 비위를 맞추려는 은밀한 욕망이 우리를 한시도 옛 길에서 떠나게 하거나 우리의 가르침에서 분명하고 명확하며 잘 정리된 교리를 제외시키지 않게 해야 할 것입니다. 우리의 진술은 분명하지 못하거나 애매모호해서는 안 될 것입니다.

특히 원죄, 성경의 영감과 권위, 그리스도가 성취하신 사역, 그의 죽음을 통한 완전한 속죄, 그가 하나님의 우편에서 행하실 제사장적 직무, 성령의 내적 사역, 최후 심판의 실재성 및 영원성에 대한 주제는 더욱 분명해야 합니다. 이러한 내용에 대한 우리의 증거는 반드시 예와 아멘이어야 하며 결코 "예하고 아니라"함이 되어서는 안 될 것입니다. 또한 우리의 증거는 단순하고 명확하며 오류가 없어야 합니다.

> 만일 나팔이 분명하지 못한 소리를 내면 누가 전투를 준비하리요 (고전 14:8).

우리가 이러한 주제를 얼버무리듯이 소심하고 성의 없이 다루거나 진리에 대한 결정을 내리지 못한다면 듣는 사람들이 믿을 것이라는 기대는 하지 않는 것이 좋을 것입니다.

이제 두 가지 경고와 함께 본 교지를 마치겠습니다. 이 경고는 여기서 제시한 주제와 밀접한 관련이 있습니다. 그것은 바로 이 시대를 향한 주의입니다.

10. 한편으로, 나는 소위 연합이라는 명목 하에 교리를 희생시키고 평화와 협력이라는 이름으로 분명한 교리를 포기하려는 경향에 대해 경고합니다.

오늘날 이러한 경향은 매우 강력하며 우리는 자신이 무슨 일을 하고 있는지 유의해서 살펴야 합니다. 평화와 연합은 좋은 것이지만 너무 비싼 대가를 치를 수는 없습니다. 만일 그것을 얻기 위해 복음 진리를 일부 억제한다면 지나치게 비싼 값이 될 수 있을 것입니다. 잉글랜드 국교회의 분열은 나쁜 것이며 유감스러운 일입니다. 이러한 분열은 세상의 웃음거리이며 국교폐지론에 힘을 실어줄 수 있습니다. 그것은 악한 징조입니다. 하나님은 분열을 좋아하지 않으십니다. 아이들이 촛불 때문에 싸울 때는 그들이 어둠 속에 남아 있을 때입니다. 그러나 그리스도를 위한다면, 교리의 표준을 낮춤으로써 분열을 치유하려 하거나 상처를 주지 않으려고 진리에 관한 진술을 약화시키지 않도록 조심해야 합니다. 의사의 치료로 겉으로는 상처에 딱지가 앉아도 속으로 곪고 있다면 무능한 의사이며 완전한 치료라고 할 수 없습니다.

우리는 아무리 상대와 의견이 다르더라도 "나에게는 소크라테스도 귀하고 플라톤도 귀하지만 진리만큼 귀한 것은 없다"(*amicus socrates, amicus Plato, sed magis amica veritas*)라는 원칙을 고수해야 합니다. 우리는 "나는 그리스도의 흔적을 발견할 수 있는 사람을 가장 높이 평가합니다"(*In quo aliquid Christi video, illum diligo*)라는 루터의 말을 상기해야 합니다. 그러나 교리적 진리에 관한 한 일점일획도 타협하거나 포기해서는 안 될 것입니다. 우리는 거리낌 없이 "하나님의 모든 뜻을 전해야" 할 것입니다.

마틴 루터는 "사랑이나 사도나 하늘에서 온 천사라 할지라도 믿음과 진리를 위해서는 희생되어야 하며 난파된 믿음이나 진리에서 나오는 사랑은 저주 받은 것"이라고 했습니다. 고든 박사(Dr. Gauden)는 "평화와 진리 가운데 어느 한 쪽을 버려야 한다면 평화를 버려야 한다. 진리가 없는 평화보다 평화가 없는 진리를 가지는 것이 낫다"고 했습니다. 그레고리 나지안젠(Gregory Nazianzcn)은 "하나님의 뜻과 영광을 생각하지 않는 자는 친절이나 온화함을 얻기 위

해 진리를 드러낸다"라고 했습니다.⁸

11. 다른 한편으로 나는 구원과 무관한 것들에 대해 교리적이 되고, 성경이 침묵하는 내용에 대해 적극적으로 나서며, 하나님이 정죄하지 않는 자를 비난하고 정죄하며, 복음의 진리나 중요한 내용이 아닌 사소한 문제를 중요시하는 경향에 대해 경고합니다.

그리스도의 진리에 관해서는 일말의 타협도 없이 일점일획까지 지키고 사수하되, 예배와 관련된 중요하지 않은 문제들(adiaphora)에 있어서 자신과 조금이라도 다른 관점을 가지거나 자신이 선호하는 단체를 지지하지 않거나 예배를 드리는 방식이나 교구를 운영하는 방식이 자신과 다른 사람은 모두 제거해버리는 악한 습관은 반드시 버려야 할 것입니다. 지나친 포용력과 마찬가지로 지나친 편협함도 경계의 대상이라는 사실을 기억해야 합니다.

그리스도를 위해, 본질적이지 않은 문제에 대해서는 어느 정도의 다양성을 인정해야 합니다. 소위 전례주의자들은 지나치게 세밀하고 구체적인 것까지 의례화 하려 해서는 안 될 것입니다. 가나안족속과 브리스족속이 그 땅에 버티고 있는데도 예루살렘의 유대인들이 서로 물고 뜯고 싸운 것처럼 가톨릭의 공격을 목전에 두고 우리끼리 사소한 문제로 다투지 맙시다. 신앙의 본질적인 문제에는 하나가 되고 사소한 문제에는 자유하며 모든 것에 사랑으로 대하라는 루퍼트 멜데니우스(Rupertus Meldenius)의 금과옥조를 날마다 새깁시다.

---

8 *Morning Exercises*, vol. IV, p. 221.

No Uncertain Sound

3장
리버풀과 잉글랜드
(1884년 10월 21일, 리버풀교구에 보내는 두 번째 교지)

사랑하는 성직자 여러분!

나는 하나님의 은혜로 리버풀교구를 두 번째 방문하게 되었습니다. 이번에는 둘째 날 위건 방문을 취소하고 리버풀교구의 모든 성직자가 한 자리에 모인 곳에서 교지를 전하게 되었습니다. 이렇게 한 이유는 전적으로 여러분의 편의를 위해서입니다. 우리 교구 지역은 작으며 철도망이 잘 연결되어 있습니다. 우리 교구의 성직자 수는 많지 않으며 여러분 가운데 대부분은 리버풀만큼 모이기 편한 장소가 없을 것입니다. 또한 이러한 결정에는 런던 교구의 전례도 참고했습니다. 그처럼 큰 교구의 성직자가 모두 한 날에 성 바울 대성당에서 모입니다.

3년 주기 방문과 같은 공식 방문은 엄숙한 행사입니다. 우리는 이 기간 중에 이름이 호명되는 것에 대해 진지하고 엄숙한 마음을 가져야 할 것입니다. 우리는 어떠한 차이가 있는지 잘 보아야 할 것입니다. 아마도 여러분 가운데에는 '크림전쟁'(the Crimean War)이 끝난 다음 날 아침 생존자 명단을 대하듯 하는 사람도 있을 것입니다.

월톤(Walton), 옴스커크, 그라센데일(Grassendale), 가스톤(Gaston), 프레스콧, 스켈머스데일(Skelmersdale), 셉톤, 레이븐헤드(Ravenhead), 세인트 루크(St. Luke's), 세인트 제임스 더 레스(St. James the less[작은 야고보]), 크라이스트처치, 헌터 스트리트(Hunter Street)의 성직자들은 더 이상 우리와 함께 하지 않습니다. 또 한 번의 3년이 지나기 전에 우리 무리 가운데 어떤 빈자리가 더 생길지 누가 알겠습니까? 자신의 차례가 오면 대처할 준비는 되어 있습니까? 위대하신 교회의 머리는 "다시 죽지 않으신다", "죽음은 더 이상 그를 지배할 수 없다"는 생각은 우리에게 위로가 됩니다. 웨스트민스터 사원에 있는 존 웨슬리의 위패에는 "하나님은 자신의 일꾼들을 데려가시지만 그의 사역은 계속된다"라는 놀라운 구절이 적혀 있습니다.

이와 같은 상황에서 주교는 성직자들에게 두 가지의 주제에 대해 언급하는 것이 마땅할 것입니다. 하나는 자신이 관할하고 있는 교구의 특수한 상황에 관한 것이며 또 하나는 자신의 교구가 속한 교회 전체의 일반적인 상황에 관한 것입니다. 나는 오늘 이 두 가지 주제에 대해 몇 가지를 말하고자 합니다.

1. 우리 교구의 상황에 관한 것입니다.

먼저 여러분이 참고 들어주어야 할 몇 가지 사실 및 수치에 관한 내용입니다. 그러나 다른 교구와 비교해서 우리 교구가 여러 가지 면에서 특수한 위치에 있다는 사실을 인식하지 못하는 한 우리 교구의 영적 상황에 대한 정확한 진단은 불가능합니다. 나는 오늘날 우리의 새 교구 성직자들이 받고 있는 부당한 비판 때문에 매우 분명하게 말하고자 합니다. 나는 영국이나 웨일즈의 국교회 가운데 새로운 리버풀교구만큼 많은 불이익과 어려움 가운데 사역하고 있는 교구는 없을 것이라고 장담합니다.

1) 우리 교구의 첫 번째 어려움은 **성직자의 수와 그들이 책임져야 할 영혼의 수의 불균형**에 있습니다.

우리의 관할 구역인 랭커셔의 웨스트 더비 지역 인구는 120만 명에 육박합니다. 그러나 이 거대한 수의 영혼을 책임져야 할 성직자는 187명에 불과합니다. 지역별 수록성직자 현황을 살펴보면 요크에는 130만 명의 인구에 630명, 맨체스터에는 230만 명의 인구에 490명, 리폰(Ripon)에는 160만 명의 인구에 490명, 우스터에는 120만 명의 인구에 480명, 런던에는 300만 명의 인구에 500명, 로체스터에는 160만 명에 300명 이상의 성직자가 있습니다. 물론 이 수치는 대략적인 것입니다. 그러나 이것이 전부가 아닙니다.

우리 교구에는 187개의 교회 가운데 137개 교회가 1800년 이후 세워졌으며 사실상 기부를 받지 못하고 있기 때문에 약간의 임대료와 자발적인 헌물에 의존하고 있습니다. 영국의 일부 주에서는 수백 명의 성직자가 성직록으로 풍부한 토지나 십일조(rectorial tithes)를 받고 있지만 웨스트 더비에는 그런 성직자가 20명도 되지 않습니다. 게다가 187명의 성직자 가운데 적어도 100명은 연간 수입이 300파운드를 넘지 않으며 300파운드를 받는 사람들은 대부분 8천 명에서 1만 명의 교구민을 책임지고 있습니다. 와이트 섬에서 베릭 온 트위드에 이르기까지 이런 주를 찾아본 적이 있습니까?

2) 두 번째 어려움은 **교구민의 독특하고 예외적인 특성**에 있습니다.

    거대 도시 리버풀을 벗어나면 국교회를 섬기는 중추적 인물들 가운데 귀족이나 많은 땅을 소유한 사람이 거의 없습니다. 웨스트 더비 지도를 대충 훑어보아도 토지 소유자가 거주하는 곳을 나타내는 녹색 지역은 거의 찾아볼 수 없습니다. 또한 이 지역의 큰 사유지 가운데 적어도 세 곳은 가톨릭 소유라는 사실을 기억해야 합니다. 교구민의 1/2이 살고 있는 리버풀 인구의 절반가량은 가톨릭이나 스코틀랜드 장로교 신자, 또는 웨일스나 잉글랜드 비국교도입니다. 더구나 우리 도시의 재력가나 성공한 상인들 가운데 랭커셔에 기반을 두고 있는 사람은 거의 없으며 지난 50년간 이곳에서 사업에 성공한 사람들은 대부분 리버풀을 떠나 다른 도시로 이주했다는 사실을 기억해야 합니다. 그들의 이름은 우리의 명부에서 사라졌으며 더 이상 우리와 교류가 없습니다.

    뿐만 아니라 우리는 리버풀이 세계에서 가장 큰 항구이며 따라서 세계 각지에서 이곳에 모여든 사람들은 대부분 오늘은 이곳 내일은 저곳으로 떠돌아다니는 선원들이라는 사실을 잊지 말아야 합니다. 더구나 이 도시의 남단과 북단에는 매우 열악한 상황에서 힘겨운 삶을 살고 있는 수많은 부두 노동자들이 있습니다. 이들은 무절제하고 방종한 삶을 살며 은혜의 방편을 습관적으로 무시하는 경향이 있습니다. 시간이 된다면 위건 지역 주변의 많은 탄광 갱부들과 세인트 헬렌과 위드너스 지역 화학 공장에서 일하는 수많은 근로자들에 대해서도 언급할 말이 많습니다. 어쨌든 새로운 교구의 120만 명의 영혼은 주교와 성직자에게 결코 쉽지 않은 사역이 될 것이라고 생각합니다. 다시 한 번 말하지만 잉글랜드 국교회 가운데 우리만큼 어려운 상황에 처한 교구는 없을 것입니다.

3) 세 번째 어려움은, 그리 큰 문제는 아니지만 다른 교구에 비해 우리 교구에는 **국교회의 사역을 수행하기 위한 조직이 많이 부족하다**는 것입니다.

우리 교구에는 부주교 다음 직책인 보좌관(Diocesan officers)이 없습니다. 주교에게는 이들이 지구장보다 요긴한 사람들입니다. 리버풀교구에는 이처럼 주교의 사역을 돕는 조력자들이 9명밖에 없습니다. 그러나 요크에는 31명, 런던에는 25명, 로체스터에는 19명, 우스터에는 31명, 맨체스터에는 21명, 리폰에는 24명이 있습니다. 우리에게는 참사회장과 참사회원이 없으며 대영제국에서 두 번째로 큰 도시의 주교좌 사역이 무급 명예 참사들의 자발적인 도움으로 수행되고 있습니다. 대체로 그들에게는 이러한 사역이 큰 부담이 아닐 수 없습니다. 우리 교구에는 오늘날까지 교구 대성당이라고 부를 수 있을 만한 시설이 없습니다. 맨체스터와 리폰 교구가 형성될 때 두 교구 모두 대성당의 기반이 갖추어져 있었습니다. 뉴캐슬에는 기존 교회 가운데 대성당으로 전환해도 좋을 만한 규모의 교회가 있었습니다.

웨이크필드에는 교구가 형성될 당시 리버풀 어느 교회보다 훌륭한 규모와 시설을 자랑하는 교회가 있었습니다. 서덜(Southwell)에는 이미 아름다운 대사원이 있었습니다. 리버풀 모든 도시에는 영국의 대성당에 적합한 규모의 교회가 한 곳도 없습니다. 우리에게는 이 큰 도시 안에 대성당을 세워야 하는 거대한 작업이 남아 있습니다. 나는 이 역사가 반드시 이루어질 것이라고 믿지만 이 일이 리버풀의 관대한 지원과 에너지가 요구되는 힘든 작업이 될 것이며 새로운 교구에 큰 부담이 될 수도 있다는 사실을 부인하지 않을 것입니다. 요약하면, 우리 교구는 성직자의 수가 부족하고 시설이 불충분하며 첫 번째 개신교 주교는 승무원 절반, 기술자 절반, 필요한 석탄 량의 절반만 싣고 대서양을 횡단하라는 명령을 받은 선장의 직무를 맡았다는 것입니다.

내 말을 오해해서는 안 될 것입니다. 나는 불평하는 마음으로 말하고 있는 것이 아닙니다. 또한 누구에게 잘못이 있다는 것도 아닙니다. 이러한 지역 상황은 랭커셔의 상업적 번영 및 지난 40년간 보여준 놀라운 인구 증가에 기인한 것입니다. 나는 앞서 새로운 주교직의 기반을 닦아 놓은, 우리가 잘 알고 있는 사람들의 열심과 용기와 관대함에 찬사를 보냅니다. 나는 과연 뉴캐슬과 서덜이 랭커셔로 밴을 몰고 온 사람들이 곁에 없었더라면 교구를 형성할 수 있었을까라는 의문을 가집니다.

그러나 이러한 사실을 모르는 많은 영국인이 새로운 리버풀교구에 대해 훨씬 크고 즉각적인 결과를 기대하기 때문에 몇 가지 사실에 대해 언급하였던 것입니다. 많은 사람들은 자신이 밟는 땅마다 군사가 일어났다고 자랑스럽게 말한 한 로마 장군처럼 리버풀로 주교가 가기만 하면 2-3년 내에 교구 내 모든 결점이 사라질 것이라고 생각하는 것 같습니다. 그러나 나는 그런 기대를 조금도 하지 않습니다. 나는 내 앞에 산적한 어려움을 봅니다. 나는 그들과 맞서기 위해 이 자리를 맡았으며 주변의 비판에 대해서는 기꺼이 감수할 것입니다. 또한 나는 지금 어떤 실망도 하지 않습니다. 잉글랜드 국교회에 시간을 주면 하나님의 축복에 의해 이 땅의 어느 교구 이상으로 웨스트 더비에서도 위대한 사역을 이룰 수 있을 것이라고 믿습니다.

내가 새 교구의 형성과 관련하여 공개적으로 유감을 표명하지 않을 수 없는 한 가지 사실은 주교직에 관한 내용을 규정하고 있는 국회법에서 주교를 위한 정당한 성직록 지원을 삭제했다는 것입니다. 나는 여기서 다시 한 번 리버풀 주교라는 직책은 가장 예외적인 자리라고 가벼운 항의를 하지 않을 수 없습니다. 리버풀 주교는 늙고 병약한 성직자들을 돕고 지도력이 있는 젊은 성직자들에게 보상하기 위해 겨우 네 개의 성직록밖에 줄 수 없습니다. 다른 네 개는 국왕과 번갈아 가며 하사하는 성직록입니다. 같은 위치에 있는 성직자 가운데 나와 같은 주교는 없을 것입니다. 새로 생긴 뉴캐슬교구조차 국왕과 공동으로 하사하는 11개 외에 19개의 성직록을 줄 수 있습니다. 그들이 하사하는 성직록 가운데 일부는 리버풀교구가 수여하는 네 개의 성직록 가운데 어떤 것보다 가치 있는 것들입니다. 체스터 교구는 리버풀교구가 생김으로 전체 교구민의 2/3를 떠넘기고 막중한 책임감에서 벗어났으나 성직록은 4개만 넘기고 여전히 15개의 성직록을 보유하고 있습니다.

나는 이에 대해 어떤 언급도 하지 않았습니다. 성직록 수여는 아무리 잘해도 불공평할 수밖에 없습니다. 이것은 이미 지나간 실수이며 국회의 일반법이 아니면 되돌릴 수 없습니다. 그러나 나는 성직자들이 내가 그들을 위해 해 줄 수 있는 능력이 얼마나 없는지를 알게 하고 싶기 때문에 이 문제를 공개적으로 거론하는 것이 옳다고 생각합니다.

2. 이제 나는 우리 교구의 문제점과 암울한 상황으로부터 우리가 가진 청사진으로 기꺼이 주제를 옮기고자 합니다.

우리가 지향해야 할 몇 가지 청사진이 있습니다. 지난 4년간을 되돌아볼 때 나는 처음 올 때보다 웨스트 더비에 있는 교회의 상황을 잘 알게 되었기 때문에 하나님께 감사할 거리가 많아졌으며 용기를 가집니다.

1) 나는 **교구 성직자와 평신도가 내게 보여준 정중하고 친절한 태도**에 깊은 감사를 드립니다.

　나는 동서남북 어디로 가든, 이러한 친절함과 보살핌을 받았으며 무엇이든 필요한 것을 채워주고 도와주려는 마음을 보았습니다. 19세기 후반의 잉글랜드 주교가 자신의 견해와 주장을 가지는 것은 당연합니다. 지각 있는 사람이라면 자신의 생각이 전혀 없는 허수아비가 되거나 모든 사상적 분파의 명목상의 구성원이 되기를 바라지는 않을 것입니다. 그러한 행동은 바람직하지도 않습니다. 따라서 사람이 모든 성직자의 말이나 행동을 전적으로 인정하거나 모든 성직자가 그의 말에 동의하기를 기대한다는 것은 불가능합니다. 잉글랜드 국교회는 본질적으로 포용적이며 교구민이 법조항과 기도서에 신실한 한 그들에게 최대한 사상적 자유를 허용하고 있습니다. 일정한 영역 안에 있는 성직자 사이에는 언제나 다양한 의견과 관습의 차이가 존재합니다.

　리버풀교구 역시 다른 교구와 마찬가지로 이러한 다양성으로부터 자유롭지 못합니다. 사실 랭커셔주는 다른 주제와 마찬가지로 신학적인 주제에 있어서도 상당히 폭넓은 사상적 자유를 누리고 있다고 생각하며 나는 여기에 대해 조금의 아쉬움도 없습니다. 그러나 이러한 상황에 비해 사역에서의 마찰이나 분열이 작았다는 사실에 대해 솔직히 감사한 마음을 가지고 있습니다.

　우리는 내가 기대했던 것보다 훨씬 잘 해 나가고 있으며 우리의 조화로운 행동은 지속될 것이며 더욱 확장될 것이라고 믿습니다. 우리의 다양성에도 불구하고 나는 우리가 잉글랜드 국교회의 유익을 촉진하고 싶어 하는 동일한 소원에 의해 하나가 될 것이며 시간이 갈수록 더욱 결속하고 연합할 것이라고 믿습니다. 연합은 힘이며 분열은 교회가 약해지는 주요 원인입니다. 나는 내가 언제든 실수할 수 있다는 사실을 잘 알고 있으며 내가 하는 모든 일은 더 잘 했어야 했다는 생각을 항상 가지고 있습니다. 그러나 여러분은 내가 의무를 다하고 있다고 생각해 주기를 바랍니다.

2) 나는 우리 교구의 많은 교회에서 진행하고 있는 여러 가지 **선한 사역**에 대해 감사합니다.

물론 교회마다 일의 양에 있어서는 차이가 있을 수 있습니다. 그러나 교구 내 많은 곳에서 까다롭고 열악한 상황의 지역을 맡아 적은 사례에도 불구하고 말없이 수고하는 성직자들이 이룬 사역의 양을 돌아볼 때 하나님께 감사할 이유가 충분하며 공개적으로 감사치 않을 수 없다는 생각을 하게 됩니다.

3) 나는 **대부분의 예배 처소가 잘 구비되었다는 사실** 및 예배를 드리는 방식에 대해 감사합니다.

나는 이 문제에 관한 생각을 표현할 자격이 있습니다. 나는 지난 4년 동안 교구 내 총 187개의 교회 가운데 150개 이상의 교회에서 설교나 견신례를 위해 강단에 설 수 있는 기회가 있었습니다. 그러므로 나는 내 눈으로 직접 본 것들에 대해 말할 수 있습니다. 건축학적인 관점에서 볼 때 우리 교구에는 대형 교회가 별로 없습니다. 그러나 성직자와 교구위원들의 칭찬할만한 행위를 통해 우리 교구에는 우리가 부끄러워할만한 요소가 있는 교회는 거의 찾아볼 수 없었습니다.

4) 나는 크게 불어난 교구민을 수용할 수 있는 **예배 처소를 세우는 사역**이 많은 사람이 생각하는 것보다 훨씬 빠른 속도로 진행되고 있다는 사실을 알려드리게 되어 기쁘게 생각합니다.

교구가 생긴 후 지난 4년 동안 우리는 9개의 새로운 교회(St. John the Evangelist, Walton; All Saints', Southport; St. Luke's, Southport; St. Athanasius, Kirkdale; St. Cyprian, Edge Hill; St. Andrew, Wigan; St. Elizabeth, Aspull; St. Armbrose, Widnes; St. Gabriel, Toxteth Park)를 봉헌하고 두 개의 교회(St. Andrew, Maghull; St. Stephen, Edge Hill)을 재건축하였으며 기존의 교회 세 곳(Padgate, Great Sankey, Upholland)에 성단소를 설치하였습니다. 또한 인가를 받은 세 곳의 교회(All saints, Princes Park; St. Mary, Waterloo; St. Lawrence, Kirkdale)는 수리가 끝나고 기부금이 조성되는 대로 봉헌할 예정입니다. 그 외에도 네 개의 다른 교회(St. Agnes, in Liverpool; Cowley Hill, at St. Helen's; St. Paul, Widnes; St. Philip, Southport)가 머지 않아 완공될 예정이며 곧 건축에 들어갈 것으로 보이는 교회들(St. Bede, St. Polycarp, St. Philip, Liverpool; St. Benedict, Everton; St. Dunstan, Earl's Road 및 Ince의 새 교회)도 있습니다.

나는 1885년 말까지 약 23개의 새로운 교회가 봉헌될 것을 기대합니다. 끝으로 덧붙일 한 가지 중요한 언급은 내가 리버풀에 온 뒤로 교구 내 많은 지역에서 18-20개의 선교원과 학습실 및 룸을 예배와 성만찬 준비를 위한 공간으로 사용하도록 인가를 받았으며 구체적으로 말할 수 없는 비인가 룸도 활용했다는 것입니다. 이러한 공간의 가치는 실로 크다고 생각합니다. 이러한 공간은 큰 예배당에서 모이기는 싫지만 작은 룸에서 간단한 기본적 예배에는 참석하고 싶어 하는 수백 명 규모의 사람들이 함께 모일 수 있는 기회를 제공합니다. 나는 큰 교회의 모든 성직자에게 예배에 참석하지 않는 사람들을 끌어들이기 위해서라도 이러한 공간을 확보할 것을 강력히 권합니다. 아마도 여러분은 이러한 공간이 많은 유익이 된다는 사실을 알게 될 것이며 특히 은사를 가진 평신도가 여러분의 주일 사역에 큰 도움을 줄 것이라고 확신합니다.

결론적으로 말하면 나는 지난 4년간 진행된-그리고 현재 진행되고 있는-외형적 사역을 통해 큰 감사의 조건을 보았습니다. 물론 아직도 할 일이 많이 남아 있습니다. 특히 리버풀의 북단 상황은 매우 고통스러우며 적어도 세 곳의 새로운 교회와 알렉산드라 부두 주변 지역(St. Paul's, North Shore, Bootle, Seaforth)에는 긴급한 현안이 산재해 있습니다. 나는 지난 4년간 이 지역의 토지가 새로운 주택으로 채워져 가는 것을 직접 목도했으나 지금까지 교회가 이러한 주거 지역에 예배 처소를 제공하기 위해 한 일은 전혀 없습니다. 나는 모든 성직자와 토지 소유자 및 리버풀 북단 지역의 해운업계 종사자들이 이 문제에 대해 진지하게 고려해 보기를 원합니다. 이 지역 교회들은 부단한 노력을 기울여야 할 것이며 나는 다음 3년 주기 방문 전에 어느 정도의 성과가 있기를 기대합니다. 우리가 열정적인 조치를 취하지 않으면 수천 가정이 잉글랜드 국교회를 떠나거나 다른 교단에 흡수되거나 불신자의 무리에 합류하고 말 것입니다.

5) 나는 리버풀 주교가 된 후 **서품**을 준 것에 대해 감사를 드립니다.

1880년 삼위일체 주일까지 4년 동안 처음 성직자로 서품을 받은 사람은 총 76명입니다. 내가 지금까지 4년 동안 서품을 준 성직자는 113명입니다. 이러한 결과는 이 교구에서 교회를 섬기는 성직자가 37명이나 더 늘었다는 것을 보여줍니다. 덧붙이자면 내가 처음 올 1880년 당시 우리 교구의 부교역자(보좌신부) 수는 131명이었으나 1884년 현재는 170명의 부교역자가 있습니다. 부교역자 역시

39명이 늘어났습니다. 우리 교구의 수록성직자는 187명인데다 사례가 적어 부교역자를 둘 형편이 안 된다는 사실을 감안하면 이러한 수치의 증가는 더욱 가치 있다고 하겠습니다. 반복되는 말이지만 우리처럼 성직자의 수가 부족한 교구에게 가장 필요한 것은 일을 할 수 있는 사역자의 수를 늘이는 것입니다. 부유한 성도가 리버풀에 있는 우리 교회에서 선한 일을 하고 싶다면 가난한 교회의 목회자를 찾아가 "새로운 구역을 만들거나 부교역자를 둔다면 향후 5년간 매년 150파운드를 지원하겠습니다"라고 말하는 것만큼 좋은 방법은 없다고 생각합니다. 이 거대한 도시는 더 많은 성직자를 필요로 하며 해야 할 일도 산적해 있습니다.

이제 여러분이 특별한 관심을 가져야 할 두 가지 언급을 더 한 후 서품에 관한 주제를 마치고자 합니다. 하나는 성직자의 직무에 필요한 자격 기준을 낮추고 싶은 마음은 추호도 없다는 것입니다. 나는 주교에게 라틴어나 헬라어, 교회사, 영국의 종교개혁, 기도서, 요리문답 및 기독교 흠증학에 대한 지식은 없어도 성경과 복음만 아는 경건한 사람을 목회자로 세워달라고 요구하는 사람들의 주장에 공감할 수 없습니다.

나는 목회자가 성도들의 존경을 받기 위해서는 이보다 높은 수준의 자격이 요구되며 오랜 부교역자생활이 전부는 아니라고 생각합니다. 서품은 성례가 아니지만 매우 엄숙한 절차이며 교회의 요구가 무엇이든 성직자를 세우는 일이 결코 가볍게 다루어져서는 안 될 것입니다. 나는 검증된 평신도 사역자나 성경을 읽어주는 자들을 인정하고 적극 활용하는 것은 바람직한 일이라고 생각합니다. 그들은 매우 유익한 자원이며 나는 이러한 사람들이 많이 일어나기를 진심으로 바랍니다. 사실 법적인 문제만 없다면 성직자가 잠시 교회를 비워야 할 때에 이러한 사람들에게 강단을 맡겨 간단한 예배를 인도할 수 있도록 허용하고 싶은 것이 내 생각입니다. 물론 그들이 성례를 주관하거나 주교나 목회자가 허락하지 않은 일을 할 수는 없습니다.

나는 우리가 교회를 충분히 활용하지 못하고 있다는 생각을 오랫동안 해왔습니다. 7,000-8,000파운드가 드는 거대한 교회 건물을 세워놓고 고작 주일날 3-4시간 및 주중에 4-5시간만 사용한다는 것은 지혜롭지도 이치에 합당하지도 않습니다. 나는 평신도 사역자들이 교회를 사용할 수 있으면 좋겠습니다. 그러나 내가 강력히 주장하고 싶은 것은 우리 교구에는 제대로 훈련을 받은 전문적인 성직자들이 지금보다 훨씬 많이 필요하다는 것입니다.

또 한 가지는 부교역자를 둔 목회자는 그들이 성직자로 서품을 받았다는 사실을 기억해야 하며 그들에게 과중한 업무를 맡겨 성직자가 되기 위한 준비나 독서를 위한 시간을 충분히 갖지 못하는 일이 없도록 해야 한다는 것입니다. 나와 수행 신부들이 4년간의 사역을 통해 발견한 한 가지 고통스러운 사실은 보좌신부가 신부의 서품을 받으면 처음 부제서품을 받을 때보다 좋은 성적을 올리지 못한다는 것입니다. 이것은 지속적으로 독서할 시간이 없었다는 사실을 보여줍니다.

6) 지난 4년간 매년 거행해온 **견진성사**(입교)는 대체로 매우 만족스러웠습니다.

견진성사를 신청한 사람들의 숫자는 매년 늘었습니다. 첫 해에는 4,719명, 두 번째 해에는 5,744명, 세 번째 해에는 6,310명이 신청하였으며 금년에는 이미 5,640명이 견진성사를 받았고 지금도 계속되고 있습니다. 따라서 내가 187개 교회뿐인 교구의 주교가 된 후 무려 22,000명 이상의 젊은이들에게 견진성사를 베푼 것입니다. 견진성사가 합당한 준비와 절차에 의해 시행되고 그들의 영적 상태에 대한 적절한 관심이 이어지는 것을 보면서 나는 이 귀한 사역에 대해 말로 표현할 수 없는 감사의 마음을 가집니다. 견진성사는 "그리스도의 명령에 따라 시행되는 구원에 필요한" 성례는 아니지만 잉글랜드 국교회가 성도들에게 제공하는 매우 중요한 법령 가운데 하나입니다.

이 행사는 목회자가 자신의 양떼 가운데 세상에 대한 비판적 시각을 가지고 사는 젊은 층을 개인적으로 만날 수 있는 기회를 제공합니다. 또한 견진성사는 목회자로 하여금 그들의 정서와 도덕심에 대한 관심을 가지게 하고 하나님의 은혜로 그들의 미래적 삶의 방향에 대한 좌표를 설정하게 할 수 있습니다. 때로는 이러한 관계가 지속되어 이들이 교구 성도가 되고 주일학교 교사나 교구 사역자가 되며, 이동이나 사망으로 인한 빈자리를 그들이 메울 수도 있습니다.

나는 성직자 여러분이 이 유익한 법령을 효과적으로 활용하는 노력을 아끼지 않기를 바라며 가능한 많은 사람들이 견진성사를 받을 수 있도록 최선을 다해주기를 간곡히 부탁합니다. 나는 현재 일부 교회에서 관심을 보이고 있는 이 법령의 중요성을 모든 교회가 인식한다면 매년 보다 많은 사람들이 견진성사를 받으려 할 것이라고 확신합니다. 현재 몇몇 큰 구역 중에도 지원자의 수가 매우 적은 곳이 있으며 어떤 구역에는 지원자가 한 명도 없다는 말을 들었습니다. 그렇게 해서는 안 될 것입니다.

잉글랜드 국교회가 더욱 굳건해지기를 진심으로 원하는 성직자라면 젊은이들로부터 시작하는 것이 효과적이며 젊은이들을 동참케 하는 가장 좋은 방법은 견진성사를 받도록 설득하는 것이라는 사실을 기억해야 할 것입니다.

7) 서품에 관한 내용을 마치기 전에 **주일학교**에 관한 주제에 대해 언급하지 않을 수 없습니다.

나는 우리 교구의 주일학교 교육에 대한 관심에 깊은 감사를 드립니다. 나는 이러한 관심이 사라지지 않고 매년 더 강화되고 확대되기를 바랍니다. 현재 주일학교의 학생 수는 약 4만 명이고 교사의 수는 4천 명입니다. 이러한 수치는 우리가 조금만 노력을 기울여도 쉽게 증가할 수 있습니다. 적어도 매주 한 차례씩 주일학생들에 대한 분명하고 주도면밀하며 교리적인 교육이 지금보다 더 필요한 시기는 없었습니다. 정부는 인가받은 학교의 종교적 교육에 대한 의무를 인정하거나 보상하는 것을 공식적으로 거부하였기 때문에 교회는 아이들에 대한 성경적 교육이 학교에서 외면당하지 않도록 주의하고 주일학교에 대한 특별한 관심을 기울여야 합니다.

나는 교구 내 모든 성직자가 주일학교에 대한 최대한의 관심을 가지고 능력 있는 교사를 양성하며 주일학교 시간이 흥미로운 이야기책이나 읽어주고 아이들을 웃게 만드는 것으로 만족하는 선생들에 의해 의미 없는 시간이 되지 않고 효율적인 시간이 될 수 있도록 최선을 다해 줄 것을 엄숙히 촉구합니다. 성경과 기도서에 대한 교육은 언제나 우선되어야 하며 구원에 필요한 교리에 대한 명확한 가르침에 초점을 맞추어야 할 것입니다.

8) 나는 우리 교구기 모든 남녀 관계에 있어서의 **방종을 막고 순수성을 장려**하며 젊은 여성의 복지향상을 위해 기울인 노력에 대해 다시 한 번 진심으로 감사드립니다.

이러한 노력은 참으로 가치 있고 건전한 운동이며 모든 교구민으로부터 칭찬과 격려를 받아 마땅한 일이라고 생각합니다. 견실함, 신실함, 도덕성, 바른 생활 습관, 조심성 및 한 차원 높은 자존심 등은 국가의 번영을 위한 뼈대가 되며 지금까지 이러한 요소를 무시한 나라가 번영을 누린 예는 없습니다. 나는 리버풀에 사는 부유층이 이러한 요소를 장려하는 교구 조직에 대해 자신의 물질과 영향력으로 격려하는 것보다 지혜롭고 현명한 행동은 없을 것이라고 생각합니다.

3. 이제 다소 걱정스러운 세 가지 사항에 대해 언급함으로써 우리 교구의 구체적인 상황에 대한 주제를 마치고자 합니다. 나는 세 가지 사항 가운데 두 가지는 개선의 여지가 있다고 생각합니다.

1) 첫 번째는 **우리 교구 내 많은 사람들이 주일날 전능하신 하나님에 대한 공예배에 참석하지 않는다는** 마음 아픈 현상입니다.

이러한 현상이 리버풀에 해당된다는 사실은 글래드스톤이 최근 하원에서 공개적으로 진술한 바 있습니다. 그는 "이러한 상황은 극히 수치스러운 일"이라고 했습니다. 이것은 리버풀을 염두에 두고 한 말이지만 나는 위건과 세인트 헬렌 및 워링톤도 이와 유사한 상황에 처해 있다고 생각합니다. 보다 유감스러운 것은 우리의 부족함이 현존하는 가장 큰 규모의 국가적 모임에서 이 땅의 초대 총리에 의해 공개적으로 드러나고 그의 말이 세계 곳곳에 보도되고 기사화 되었다는 사실이라는 것은 말할 필요도 없습니다. 그러나 나는 이 일에 대해 불평하지 않겠습니다. 의도적이든 아니든, 나는 글래드스톤이 놀라운 사실을 공개함으로써 우리에게 유익한 일을 해주었다고 생각합니다.

어쨌든 나는 이 일이 리버풀로 하여금 정신을 차리게 하는 계기가 되었다고 믿습니다. 나는 공예배 참석에 관한 한 리버풀의 상황이 런던이나 내가 거명할 수 있는 몇몇 대도시보다 조금이라도 못하다는 생각은 하지 않습니다. 그러나 나는 솔직히 우리의 상황이 좋지 않다는 것은 인정하며 이러한 사실에 대해서는 이 교구의 주교가 되는 순간부터 공적으로나 사적으로 수차례 언급해온 바 있습니다. 어떤 문제는 사람들을 각성시키기 매우 어려운 것들이 있는데 글래드스톤이 하원에서 한 말이 리버풀의 우리로 하여금 각성할 수 있도록 도와준 것에 대해서는 고맙게 생각합니다. 그러나 수상이 지적한 "극도로 수치스러운 통계"의 원인과 내가 생각하는 개선책에 대해 간략히 제시하고자 합니다.

우선, 정한 날에 특정 도시의 공예배 참석자를 조사하는 방식은 그 지역의 성도의 규모에 대한 바른 조사법이라고 할 수 없습니다. 나는 특정 지역의 기독교신자의 규모를 교회나 예배당 안에 모인 사람들의 숫자로 측정하는 방식에 대해 결코 동의할 수 없습니다. 나는 지금도 리버풀의 수많은 노동자들은 어떤 예배 처소에서도 찾아볼 수 없고 어떤 회중에도 속하지도 않았지만 신앙적으로 결코 부족함이 없다는 사실을 알고 있으며 그들을 이교도라고 부른다면 큰 상처가 될 것입니다. 때로는 가난해서 좋은 옷을 입지 못하는 사람들 가운데 기회가 될 때까지 잘 차려 입은 사람들 틈에 끼어 예배드리는 것이 덕이 되지 못한다고 생각하는 경우도 있습니다. 때에 따라서는 어떤 예배 처소로 가야할지 모르는 사람들도 있고 한 번도 교회의 방문이나 초내를 받지 못한 경우도 있으며 리버풀에 대해 알지 못하고 자신이 어느 구역에 살고 있는지도 모르는 이주민도 있습니다. 그 외에도 인가받지 못한 공간이나 외딴 곳에 모여 영적인 열정을 가진 사람들의 자발적인 가르침을 받고 있는 사람들도 적지 않습니다. 어떤 인구조사도 이러한 모임에 대해서는 반영할 수 없습니다. 이 문제를 다루어 나갈 때 우리는 이러한 사실에 대해 잊지 않아야 할 것입니다.

　리버풀 교회의 예배 참석자의 숫자가 적은 가장 큰 요인은 이 도시에 공예배를 위한 시설이 부족하다는 것입니다. 만일 리버풀에 있는 일부 약한 구역의 모든 교구민이 다음 주일 예배에 참석한다면 예배자의 1/10을 수용할 수 있는 공간도 되지 않을 것입니다. 리버풀교구의 국교회가 1만 명이나 1만 2천 명을 위해 예배 처소를 한 곳 제공하고 호의적인 개신교 비국교도가 한 두 곳의 처소를 더 제공한다고 해도 수천 명의 사람들은 주일날 아무 곳에도 가지 못하고 집에 머물러야 할 것입니다. 이러한 교구에서의 통계치는 글래드스톤이 말하는 "극도로 수치스러운 결과"를 보여줄 수밖에 없습니다. 명백한 사실은 지난 2-3세대에 걸쳐 국교회가 리버풀의 많은 지역을 놓쳐버렸다는 것이며 리버풀의 인구는 사실상 누구의 교구민도 아닌 사람들로 가득하게 되었습니다.

　나는 이 도시의 북단이나 남단에서 사역하는 리버풀 성직자들의 처지만큼 열악한 상황은 보지 못하였습니다. 그들은 연간 300파운드 가량의 사례를 받으면서 8천 명이나 1만 명 또는 1만 2천 명의 근로자를 섬기고 있습니다. 이성과 상식은 이런 사람이 교구민의 대다수를 돌본다는 것은 불가능하다는 것을 보여줍니다. 그의 머리는 하나이고 입도 하나이며 두 개의 눈과 두 개의 발밖에 없습니다. 이런 상황에서 아무리 열심을 낸다고 해도 제한된 수의 교구민만 돌보거나 방문할 수밖에 없습니다. 그는 많은 교구민을 보지도 못할 것이며 그들은 아무런 잘못도 없이 "홀로 방치된 채" 살다가 죽을 것입니다. 이러한 교구에서 수백 명의 사람들이 한 번도 예배당에 발걸음을 하지 않거나 하나님 없이 살거나 주일 예배 없이 살아간다고 해도 누가 이상하게 생각하겠습니까? 이러한 교구는 정확히 불신자로 가득한 교구와 같으며 글래드스톤이 말하는 "심히 수치스러운 수치"가 아닐 수 없을 것입니다.

그러나 푸른 나무의 상황이 이 정도라면 마른 나무의 상황은 어떠하겠습니까? 8천 명이나 1만 명의 교구민을 담당하고 있는 신체 건강하고 바른 정신을 소유한 성직자가 최선을 다해 열정적인 사역을 감당한 후 자신의 교구민 가운데 많은 사람들이 예배하러 갈 처소가 없다고 고백할 정도라면 전혀 다른 상황에 있는 도시는 어떤 상태이겠습니까? 성직자가 늙었거나 병약하거나 만성적으로 건전하지 못하거나 가난에 쪼들려 낙심하거나 부교역자가 없거나 어떤 조력자도 없는 성직자에 대해서는 무엇을 기대하겠습니까? 이러한 성직자가 아무리 훌륭하고 선한 의도를 가지고 있다고 해도 원래 도시 교구에 적합하지 않거나 특별한 은사를 받은 것이 없다면 무엇을 기대할 수 있겠습니까?

우리 교구 안에 이러한 구역이 있다는 것은 부인할 수 없는 사실입니다. 이런 상황이라면 교회가 텅텅 비고 많은 교구민이 주일날 찾아갈 예배 처소가 없는 상태에 이를 수밖에 없지 않겠습니까? 이처럼 불행한 성직자를 비난하는 것은 부당하고 매정한 태도입니다. 현행 법 아래서 연 300파운드를 받는 성직자에게 연 100파운드를 받고 퇴직하기를 바라는 것은 무리입니다. 불행하게도 교회는 녹초가 된 성직자를 위해 노령자 연금 지급 조항을 만들지 않았습니다. 이처럼 한정된 수입 때문에 이런 성직자가 다른 사람에게 사례를 지불하며 자신이 할 수 없는 일을 맡길 것이라는 기대는 할 수도 없습니다. 요약하면 이러한 경우 국교회 체제는 전적으로 무력하며 교구민들은 "목자 없는 양"과 같다는 것입니다. 이러한 교구에 대한 종교 인구 조사가 가장 불만족스럽고 비참한 결과로 나오지 않거나 글래드스톤이 말한 것처럼 "리버풀의 수치"가 되지 않는다면 기적일 것입니다.

결국 우리가 어떤 설명을 제시하든, 우리는 하나님께 예배해본 적이 한 번도 없는 사람들이 대부분인 것처럼 보이는 도시의 사람들이 가장 위험한 계층이며, 성직자는 물론 모든 그리스도인과 자선가와 애국자가 관심을 기울여야 한다는 사실을 모르는 체 해서는 안 될 것입니다. 인간의 본성은 얼마든지 "혼자 방치"해 놓아도 무방하며 신앙적 도덕적 영향을 받지 않을 수 있다고 생각하는 사람은 무지한 사람임이 틀림없습니다. 주일날 한 번도 예배당에 가지 않고 하나님과 오는 세상에 대해 어떤 생각도 하지 않고 사는 사람들은 가장 잘못되기 쉬운 부류의 사람들이며, 무절제하고 경솔하고 성급하고 정직하지 못하고 군중 연설가나 선동을 일삼는 사람들의 먹이가 되기 쉬우며 판사나 지방 관서 또는 국가에 폐만 끼치는 자가 되기 쉽습니다.

그들은 최근 코웬(Mr. Cowen, M. P.) 국회의원이 뉴캐슬에 대해 언급했던 부류와 정확히 일치합니다.

> 수치스럽고 절망적인 사회는 그들을 쓰레기처럼 쓸어 모아 더럽고 캄캄한 하치장 속에 담아버리며 그들은 그곳에서 비참함에 빠져 온갖 비난을 받게 된다. 이 쓰레기하치장을 정화하고 그들의 고립을 풀어주는 것은 시간이 해결할 문제이다. 사회가 이 문제를 해결하지 못한다면 시간이 이러한 사회를 해결해 줄 것이다.

사실 하나님에 대한 의무에 대해 무지한 자는 이웃에 대한 의무도 행하지 못한다고 보아야 합니다. 누가 뭐래도 성경은 질서와 도덕성과 평화의 벗이며-내가 리버풀에 거주하는 사람들에 대해 염려하고 있는 것처럼-교회에서 성경을 읽거나 가르치는 것을 들은 적이 없는 사람들은 모든 악의 온상이 되며 이들에 대해서는 상류층 사회의 진지한 관심이 요구됩니다. 그들은 "혼자 방치"해 놓아도 무방하고 영국은 자유의 나라이며 노동자 계층이 교회나 예배당에 가기 싫어한다면 어쩔 수 없으며 팔짱을 낀 채 그들이 하는 대로 내버려 두어야 한다고 말하기는 쉽습니다. 그러나 이 거대 도시에서 예배를 드리지 않는 수많은 사람들은 결코 "혼자 방치"해 두어서는 안 되며 모든 가능한 수단을 동원하여 글래드스톤이 말한 "수치스러운" 상황을 개선하는 것은 상류층과 고용주의 관심사일 뿐만 아니라 의무가 되어야 할 것입니다.

그러나 지금까지 언급한 악을 해결하기 위한 방법은 무엇입니까? 사실을 정직하고 겸손하게 받아들이고 문제를 들여다봅시다. 예배에 참석하지 않는 자들의 숫자를 줄이고 이 거대 도시의 신자 통계에 대한 신뢰성을 보다 명확하게 할 수 있는 방법은 없습니까?

엄청난 액수의 건축 헌금을 시작하고 재래적 방법으로 이러한 병폐를 치유함으로서 교회의 수를 즉시 배로 늘일 수 있다는 주장은 헛된 발상입니다. 돈으로 이러한 목적을 달성할 수 있다는 생각은 전혀 가능성이 없습니다. 여러분은 수리 기금과 약간의 기부금, 1만 파운드가 되지 않는 돈으로 리버풀에 교회를 세우거나 단장할 수 없으며 부지 확보도 어렵습니다.

리버풀에는 돈을 번 후에 혼자 힘으로 그 지역에 교회를 세운 숭고한 마음을 가진 사람들이 있었습니다. 그러나 언제나 이러한 사람들의 수는 많지 않았습니다. 더구나 교회를 사용할 준비도 되기 전에 건축부터 하는 것은 문제의 소지가 있습니다. 십 년간 교회 내부에 들어와 본 적도 없는 노동자들에게 교회를 세우자마자 기도서의 훌륭한 예배를 귀하게 여길 것을 기대한다는 것은 이성적으로나 상식적으로 타당하지 않습니다. 차라리 알파벳도 모르는 사람이 책을 읽기를 기대하는 것이 나을 것입니다.

이러한 상황을 타개하기 위한 바른 치유책은 내가 주교가 되기 전에도 말했고 그 후에도 종종 말했지만 사역자의 수를 늘이는 것과 공격적인 복음화를 위한 조직적 체계밖에 없습니다. 지나치게 과중한 교구를 각각 3,500명 가량의 작은 지역으로 분할할 수만 있다면 각 지역마다 적극적이고 열정적인 성직자를 두고 성경 읽어 주는 사람과 전도 부인으로 하여금 그를 돕게 하고 어떤 곳에서 어떤 방식이든 원하는 대로 자신의 지역을 돌보고 복잡한 제의적 예배 대신 기본적인 은혜의 방편을 제공하게 할 수 있을 것입니다. 만일 이렇게 세움을 받은 사역자가 사도 바울처럼 복음 메시지를 들고 집집마다 처소마다 돌아다니며 십자가를 전하고 모든 사람을 사랑과 자비와 거룩한 상식으로 다가갈 수 있다면, 나는 5년 내에 리버풀의 모든 지역에서 큰 변화가 있을 것이며 종교 인구 조사에서 더 이상 "수치스럽다"는 말을 듣지 않을 것이라고 확신합니다. 나는 바른 방법을 사용해도 랭커셔의 노동자 계층은 그리스도께로 오지 않을 것이라는 말을 결코 인정하지 않을 것입니다. 그들은 본성적으로 다른 계층의 사람들보다 부정하거나 부도덕하다는 주장은 거짓말입니다.

그들은 모두 우리와 동일한 조상인 아담과 하와의 후손이며, 세상에서 가장 고귀한 존재로서 우리와 똑같은 마음과 양심을 가지고 태어났습니다. 그러나 오늘날 그들이 예배를 드리지 않는 불경건한 자가 된 것은 예수께서 사마리아 여자에게 하셨듯이 그를 찾아가 말을 걸고 사랑으로 대한 사람이 아무도 없이 "홀로 방치"되었기 때문입니다. 그들이야말로 제대로 경작하기만 하면 풍성한 열매로 하나님께 영광을 돌리고 자신이 사는 지역과 온 나라에 큰 유익과 복이 될 수 있는 밭입니다.

나는 이러한 치유책이 비실제적이거나 유토피아적이거나 공상적이라거나 또는 잉글랜드 국교회 성직자들의 권리와 특권을 침해하려는 의도가 담겨 있다는 생각을 결코 하지 않습니다. 이 방법은 런던과 로체스터교구에서 큰 성공을 거둔 바 있으며 미들섹스(Middlesex)와 서레이(Surrey)에서 통한 것이 랭커셔에서는 통하지 않을 것이라고 생각할 이유는 전혀 없습니다. 나는 이 방법을 정당하고 공정하게 선정된 협의회의 도움 없이 강행하려 하지 않을 것입니다. 또한 나는 어떤 성직자의 권리도 침해하지 않을 것이며 이 방식을 강요하는 일도 없을 것입니다.

여러분 중에 많은 사람은 이러한 구상을 두 번째 교구회의에서 제안했다가 큰 호응을 얻지 못했다는 사실을 기억할 것입니다. 그러나 나는 그 날 이후 내 생각을 바꾸어야 할 어떤 이유도 찾지 못하였습니다. 우리가 개탄하는 병폐를 개선하기 위해 더 나은 방법을 제시한 사람은 아무도 없었습니다. 오늘도 나 혼자 이 문제를 들고 이 자리에 섰다고 해도 이 큰 도시의 종교인구 조사 결과를 개선하기 위한 보다 확실한 방법은 발견하지 못했다는 말을 다시 할 수밖에 없습니다. 어쨌든 한 가지는 분명합니다. 그것은 이 방법에 드는 비용이 교회를 건축하는 것보다 적게 든다는 것입니다.

앞서 언급한대로 리버풀에 교회 한 곳을 세우려면 1만 파운드가 필요합니다. 그러나 분할된 지역에서 성경 읽는 사람과 전도 부인의 도움을 받아 전도 사역을 수행하는 성직자에게 들어가는 비용은 연간 400파운드 정도입니다. 우리가 제대로 된 성직자를 파송한다면 5년 후에는 다수의 지역이 약 2천 파운드의 비용으로 자립하게 될 것입니다. 나는 여러분이 이 문제를 허심탄회하게 의논해 주었으면 좋겠습니다. 나는 제대로 된 영적 사역자를 확보하고 공격적 복음화를 위한 조직적 체계가 없이는 리버풀의 종교 현황은 결코 개선될 수 없다는 확신을 다시 한 번 밝힙니다. 비우호적인 비평가들은 이 땅이 어떤 주교도 나이 든 성직사를 쉽게 하거나 병약한 성직자를 강하게 하거나 가난한 성직자를 부하게 하거나 지친 성직자에게 생활보조금을 지급할 수 없다는 사실을 상기시키려 하지만 정작 리버풀에 있는 잉글랜드 국교회의 현실에 대해서는 입을 다물고 있습니다.

2) 이제 또 하나의 근심거리에 대해 언급하고자 합니다. 그것은 **교구 기관들의 재정 상황**에 관한 것입니다.

현재 그들은 마땅히 받아야 할 지원을 받지 못하고 있으며 매우 열악한 상황에 처해 있습니다. 여러분은 내가 상기시키지 않아도 이 가운데 다섯 개 기관이 봉사기관이라는 사실을 잘 알고 있을 것입니다. 봉사기관은 교회를 세우고 싶어 하는 사람들의 재정적 창구가 되어 교회를 지원하거나 교육을 장려하며 보조금을 받는 일을 합니다. 이러한 기관은 많은 관심과 아름다운 수고를 통해 설립되었습니다. 내가 아는 한 기관을 운영하는 위원회는 정당하고 공정한 절차에 의해 제대로 선정되었습니다. 그러나 교구의 보조나 기부는 필요에 비해 너무 적고 우리가 사는 지역에 걸맞지 않는 규모의 지원입니다.

나는 모든 성직자가 이 문제에 관심을 가져줄 것을 부탁합니다. 나는 모든 성직자가 매년 이러한 기관들의 요구에 대해 교구민을 보다 진지하게 설득한다면 더 많은 효과를 거둘 수 있을 것이라는 생각을 하지 않을 수 없습니다. 그러나 많은 구역은 교구 전체의 목적을 위해 돈을 지출하는 것에 대해 꺼리는 경향이 분명히 있으며 확실히 우리는 한 교구로서 일하는 것이 아니라 많은 개교회가 함께 모여 일하고 있다고 해야 할 것입니다. 어쨌든 아직도 개선의 여지가 많다는 것은 분명하며 나는 시간이 지나면 다양한 교구 기관들의 대차대조표는 매우 다른 양상을 띠게 될 것이라고 믿습니다.

그러나 우리가 기억해야 할 한 가지 분명한 사실이 있습니다. 그것은 이러한 기관에 대한 지원이 리버풀교구에서 교회 사역을 위해 지원하는 금액의 전부가 아니라는 것입니다. 그렇게 생각한다면 웃음거리가 될 것입니다. 리버풀교구가 생기고 지난 4년 동안 종교 법원을 통해 오래된 교회의 수리나 단장, 개조 및 확장을 위해 지원된 금액은 총 38,137파운드로 전부 77개 이상의 단체에 지원되었습니다. 그 외에도 지난 3년간 우리 교구에서 교회 신축 및 증축, 학교와 선교원을 위해 지출된 금액은 145,385파운드이고 같은 기간 동안 자선단체, 교구 기관 및 국내외 선교를 위해 지원된 금액은 98,770파운드입니다. 이 모든 일을 수록성직자가 187명뿐인 교구가 3년 동안 해낸 것입니다.[1]

나는 이러한 사실을 널리 알려야 한다고 생각합니다. 왜냐하면 많은 사람들이 이 문제에 대해 오해를 하고 있으며 악의적 비평가들은 리버풀교구가 생기고 새로운 주교가 온 후 한 일이 아무 것도 없다고 주장하기 때문입니다. 그러나 내가 언급한 사실은 알려야 합니다. 이렇게 알리는 것은 그 자체를 위해서도 좋은 일입니다. 확실히 우리는 마땅히 해야 하는 만큼 하지 못하고 우리가 할 수 있는 만큼도 하지 못합니다.

그러나 부교역자와 성경 읽는 사람 및 전도 부인을 위해 사용되는 금액이 올라가고 금주와 순결 및 교육을 위해 지출되는 금액이 올라가며 교회와 학교를 건축하고 자선과 구호를 위한 목적으로 사용되는 금액 및 선원과 고아와 교화 시설을 위한 지원이 늘어날 때, 다시는 리버풀교구가 아무 일도 하지 않는다는 말이 나오지 않을 것입니다.

3) 우리 교구의 구체적인 상황과 관련하여 여러분이 나에게서 말해주기를 기대하는 마지막 주제는 **리버풀교구의 새로운 대성당**에 관한 것이라고 생각합니다.

안타까운 말이지만 대성당에 관한 내용은 참으로 까다롭고 문제

---

[1] 부록 3장 1, p. 521 참조하라.

가 많은 주제가 아닐 수 없습니다. 여러분은 이 문제를 이 년 동안 공식적으로 다루어왔습니다. 우리는 두 번째 교구 회의에서 "리버풀교구에는 반드시 대성당이 있어야 한다"는 취지의 결론을 거의 만장일치로 통과시킨 바 있습니다. 이러한 결론을 내린 후 이 년이 지났지만 아직 대성당의 초석도 놓지 못하고 있기 때문에 먼 지역 사람들은 이러한 결정이 취소될 것이며 결코 진척될 수 없을 것이라고 말합니다. 그러나 그들의 주장만큼 거짓말도 없습니다. 이 문제는 교회의 지도급 인사들로 구성된 위원회가 맡아 극도의 세심함 속에 철저한 조사와 논의가 이루어지고 있습니다. 이 위원회가 얼마나 자주 만나 얼마나 진지하게 이 문제를 의논했는지에 대해서는 언급하지 않겠습니다. 바깥 사회는 이러한 사실에 대해 거의 알지 못합니다. 사실 이 위원회가 시작 단계부터 얼마나 큰 어려움과 난관에 직면했는지 아는 사람은 거의 없는 것 같습니다. 문제는 장소 선정입니다.

리버풀처럼 큰 도시에서 새롭고 거대한 교회 시설이 들어가기에 적합한 장소를 물색한다는 것은 아무리 똑똑한 사람들이라도 쉬운 문제가 아니며 결론에 이르기까지 많은 시간이 소요된다고 해서 조금도 놀랄 이유가 없습니다. 리버풀 중심부의 땅값은 매우 비싸며 그처럼 넓은 공간을 찾는 것도 쉬운 일은 아닙니다. 분명한 사실은 어떤 장소도 심각한 반대를 피할 수 없다는 것입니다. 위원회가 가장 우선적으로 고려하는 사항은 반대가 가장 약한 장소, 가능한 많은 찬성을 이끌어낼 수 있는 곳입니다. 물론 위원회가 다수의 찬성에 의해 최종적으로 결정한 세인트 조지 홀(St. George's Hall) 뒤에 있는 세인트 존스 처치야드(St. John's Churchyard)는 완벽한 장소가 아니며 결점을 지적하자면 한두 가지가 아닙니다. 그러나 건조물을 사들이고 땅을 고르는 데 들어가는 비용-생각만 해도 끔찍한 금액이지만-만 아니라면 이보다 나은 장소를 어디서 찾을 수 있겠습니까? 부지로 사용할 수 있는 후보지 가운데 여기만큼 세 개의 역 모두에서 가깝고 따라서 교구 내 모든 지역에서 오기 편한 곳이 없다는 것은 확실합니다.

데일 스트리트(Dale Street), 캐슬 스트리트(Castle Street), 볼드 스트리트(Bold Street), 시청(Town Hall), 환전소(Exchange), 클럽, 호텔 및 중심부의 주요 지점과 가까운 곳은 여기밖에 없습니다. 이곳이야말로 언제든 올 수 있는 리버풀 중심가입니다. 건축학적으로 이곳이 과연 영국의 두 번째 도시에 걸맞은 건물이 들어설 만한 장소에 해당하느냐에 대해서는 내가 말할 입장이 아니라고 생각합니다. 다만 당대 최고의 건축가 가운데 한 사람이 그러한 당위성에 대해 말했다는 것을 알고 있습니다.

이러한 경우 우리가 아무리 원해도 모든 사람이 한 마음이 되기는 어려우며 모든 사람이 찬성하기를 기다린다면 새로운 대성당 건축은 불가능할 것입니다. 현재로서는 위원회가 신랄한 비판에도 불구하고 자신이 할 수 있는 최선을 다했다고 믿으며 나는 대중이 그들을 정당하게 평가할 날이 올 것이라고 생각합니다. 물론 많은 시간이 지체되었고 올해에 나온 여러 연감의 속표지를 장식한 트루로 대성당을 언급하는 사람들도 있습니다.

그러나 사람들은 트루로와 리버풀은 두 곳 모두 같은 교구의 대도시라는 사실 외에는 어떤 유사성도 없다는 사실을 잊은 것 같습니다. 트루로에는 리버풀에서 찾을 수 있는 문제점을 발견할 수 없습니다. 트루로는 작은 도시로 리버풀의 몇몇 큰 교회들처럼 교구민이 많은 구역이 없으며 교구 안에 교회가 많기 때문에 새로운 교회는 거의 필요치 않으며 따라서 교구의 모든 관심을 대성당에 집중할 수 있습니다.

새로운 대성당의 비용이 얼마나 들 것인지 현재로서는 장담할 수 없습니다. 위원회는 특정 금액을 구체화함으로써 건축가들을 경쟁시킬 의도가 전혀 없습니다. 나는 위원회의 모든 구성원이 가지고 있는 한 가지 소원이 있다면 가장 훌륭하고 아름다운 대성당일 것이라고 믿습니다. 어떤 사람들은 저나 어느 위원이 주변에서 흔히 볼 수 있는 큰 교회 정도의 규모에 만족한다고 악의적 비평을 하지만 일고의 가치도 없는 근거 없는 말입니다.

우리는 이 분야에 경험이 많은 한 전문가의 자문을 통해 세인트 존스 처지야드에는 모든 실제적인 용도에 충분히 부응할 수 있는 규모의 대성당이 들어설 공간이 있으며 영국에서 가장 오래되고 훌륭한 대성당만큼 크게 지을 수 있다는 사실을 알고 있습니다. 나는 대성당 한쪽 끝에 덩치만 크고 효용성이 없는 여성 예배실이, 다른 쪽 끝에는 갈릴리(Galilee[중세 교회의 서쪽 끝에 있는 예배당이나 현관-역주]) 현관이 있는 대성당을 짓거나 또는 세인트 폴(St. Paul), 요크 민스터(York Mister), 링컨(Lincoln), 윈체스터(Winchester), 세인트 알반(St. Alban)대성당처럼 길기만 한 대성당을 짓고 싶어 하는 사람은 아무도 없을 것이라고 생각합니다.

새로운 대성당을 지어 바치는데 들어가는 비용이 즉시 준비될 것인가의 여부에 대해서는 아는 체 하지 않겠습니다. 비용 문제에 차질이 있어서는 안 될 것입니다. 지난 50년간 리버풀에는 10만파운드를 바쳐도 큰 아쉬움이 없을 만큼 많은 재산을 모은 사람들이 있습니다. 기네스(Mr. Guinness)가 세인트 패트릭대성당을 위해, 로우(Mr. Roe)가 더블린의 크라이스트처치를 위해 했던 것처럼, 만일 리버풀의 평신도가 나서서 큰 돈을 기부함으로써 경쟁심을 자극한다면 이는 그리스도인의 관대함의 모범이 될 것이며 기부자에 대해서는 마땅히 감사해야 할 것입니다. 그러나 나는 열정적인 사람에게 건축에 관한 모든 권한을 맡기는 것이 좋다고 생각합니다. 우리가 대성당을 원하는 마음이 있다면 우리가 할 일은 이 일을 시작하는 것이며 우리가 대성당이 완공될 때까지 살지 못한다고 해도 우리의 후손이 그것을 완성할 것이라고 믿으면 됩니다. 현재 우리에게 웅장한 대성당 건물이 없다고 해도 조금도 나무랄 데 없는 대성당 예배를 드리고 있으며 그것에 대해 부끄러워 할 필요는 없습니다. 이에 대해서는 우리가 리버풀교구 목사의 관심과 수고에 대해 감사해야 하는 것이 마땅하다고 생각합니다. 나는 우리 교구의 국교도가 대성당 예배는 전적으로 자발적인 기부에 달려 있다는 사실을 깨닫고 풍성한 지원을 아끼지 않았으면 좋겠습니다.

4. 이제 순수한 교구적 관심사에서 벗어나 잉글랜드 국교회의 전반적 상황이라는 광범위한 주제에 대해 살펴보고자 합니다.

우리는 우리 교구가 더 큰 몸의 한 부분이라는 사실을 인식해야 하며 자신이 속한 몸 전체의 전반적 상황에 대해 관심을 가져야 할 것입니다.

현재 잉글랜드 국교회의 전반적인 상황을 살펴보면 감사해야 할 일이 많습니다. 백 년 전만 해도 찾아볼 수 없었던 엄청난 열정과 활력, 활동력 및 노력과 수고로 가득합니다. 검은 족쇄의 공포는 사라지고 교회가 "존엄성을 상실"하거나 녹슬어버릴 위험은 없어졌습니다. 새로운 교구가 계속해서 형성되고, 인구 증가에 따라 계층별로 필요한 영적, 도덕적, 공중 위생적 요구를 충족하기 위한 대책이 수립되고, 예배 제도를 탄력적으로 운영하기 위한 광범위한 노력이 진행되고 지각 있는 성직자와 평신도가 만나 잘못된 관행에 대처하기 위한 최선의 방법을 찾기 위해 머리를 맞대고 논의하는 중에 있으며, 40년간 교회를 건축하고 복원하기 위해 많은 기부금이 들어왔으며, 부족한 것을 공급하고 남아 있는 것을 강화하고 싶어 하는 보편적 마음이 있다는 것 등은 모두 틀림없는 사실이며 아무리 비판적인 관점에서 보더라도 감사하지 않을 수 없습니다. 게으르고 무기력하며 잠만 자는 것보다 훨씬 낫습니다. 침묵과 움직임이 없다는 것은 죽음의 징후입니다. 수많은 결점과 부족에도 불구하고 교회는 여전히 살아 있습니다.

그러나 내 말을 오해하지 않기 바랍니다. 나는 솔직히 오늘날 국교회가 많은 문제점을 안고 있으며 짙은 먹구름이 드리웠다고 생각합니다. 이 문제에 대해 보다 상세히 살펴보고자 합니다.

1) 한 가지 암운은 우리 가운데 개혁주의 이전으로 돌아가 미사와 고해성사를 다시 받아들임으로 **잉글랜드 국교회를 가톨릭화 하려는**(한 마디로 교회를 혁신하려는) **것처럼 보이는 무리**가 계속되고 있다는 것입니다.

나는 의도적으로 "-것처럼 보이는"이라는 표현을 사용하였습니다. 나는 이 무리에 속한 자들이 언제나 내가 말한 것과 같은 의도가 없다고 부인한다는 사실을 잘 알고 있습니다. 그것이 사실이라면 그들이야말로 언론기관이 끊임없이 사용하는 용어의 불행한 희생양이 아닐 수 없을 것입니다. 현재로서는 이러한 움직임이 얼마나 지속될지 알 수 없습니다. 나는 영국인이 국교회가 가톨릭으로 회귀하는 것을 용납하지 않을 것이라고 생각합니다. 그러나 이러한 가톨릭화 움직임은 우리 구역 내 모든 신실한 교회의 온건한 사람들이 적극 협력하여 감시하지 않는다면 결국 국교회폐지 및 몰수의 원인이 될 것이라고 생각합니다. 무엇보다도 평신도가 법원에서 논쟁이 된 요소가 장식과 복장과 음악과 치장에 관한 단순한 문제가 아니라 교회의 개혁주의 원리를 폐지하려 하고 가톨릭의 가장 위험한 교리들을 재도입하려는 것이라는 사실을 깊이 깨닫지 못하는 한 수년 안에 모든 잉글랜드 국교회가 분열되는 것을 목도하더라도 놀라지 않아야 할 것입니다. 나는 평신도가 논쟁이 되고 있는 문제의 심각성을 깨닫지 못하고 단순히 취향에 관한 사소한 문제로 인식하려는 경향은 이 시대의 가장 경고적인 징후 가운데 하나라고 생각합니다.

2) 또 하나의 암운은 모든 신조와 법령과 정해진 원리들을 버리고 싶어 하는 것처럼 보이는 무리가 있다는 것입니다.

그들은 자유로운 '사상'과 '관용' 및 '진리에 대한 포용성'이라는 미명 하에 기독교의 명백한 교리들을 제거하려 합니다. 이러한 위험은 매우 심각한 지경에까지 이르렀습니다. 영감, 속죄, 성령의 사역 및 장차 올 세상에 대한 예전 교리를 버린다면 선조들이 우리에게 물려준 복음에 어떤 뼈대나 신경조직이나 생명이나 능력도 남지 않을 것입니다. 기독교가 이 땅에서 행한 모든 선한 일은 이러한 옛 교리로부터 기인된 것입니다. 나는 지금까지 이 시대가 그처럼 부르짖고 있는 오늘날의 관용적 원리들이 국내외에서 어떤 복음적 결실을 맺었다거나 이 땅의 어떤 도시나 마을에서 실제적이고 구체적인 선한 열매를 거두었다는 말을 들어본 적이 없습니다. 그러나 사두개인과 바리새인의 누룩이 우리 가운데 조용히 번지고 있는 것을 모르는 체 해서는 안 되며 그러한 움직임을 철저히 감시해야 할 것입니다.

나는 시카고 신문의 한 기사에 나오는 미국의 광교회파 신학(American Broad Church Theology)에서 정확히 이러한 관용적 원리를 볼 수 있었습니다.

(1) 성경은 무엇인가? 우리의 분별력에 도움을 주는 유익한 책으로 우리의 이성과 합치할 때 권위를 가지며 우리의 마음에 맞을 때

믿을 수 있는 책이다.

(2) 인간은 누구인가? 선조는 확실히 알 수 없으며 아담일 수도 있고 아닐 수도 있다.

(3) 인간의 타락은 무엇인가? 인간에게서 무엇인가가 제거된 상태를 말하며 심각한 것은 아니다.

(4) 속죄란 무엇인가? 하나님을 덜 두려워하게 만드는 도덕적 영향력으로, 우리에게 자기헌신과 자기희생적 사랑이라는 최고의 개념을 제공한다.

(5) 미래적 삶이란 무엇인가? 모든 사람이 또 한 번의 기회를 가질 수 있는 사후 상태이다. 이것이 미국의 광교회파 신학입니다. 대서양 이쪽에는 이러한 신학이 없기를 간절히 바랍니다.

3) 또 한 가지 암운은 의도는 좋지만 잘못된 생각을 하고 있는 **잉글랜드 국교회폐지론자들의 국교회폐지 및 몰수를 위한 노력**이 지속되고 있다는 것입니다.

나는 이러한 움직임을 안타까운 마음으로 예의주시하고 있습니다. 나는 그들이 현 상황에 대해 불평하거나 실망할 이유가 없다는 사실을 전혀 모르고 있다고 생각합니다. 영국의 비국교도만큼 원하는 대로 자유를 누리며 무력함으로부터 벗어난 사람은 없다고 생각합니다. 그들은 완전한 자유를 누리고 있습니다. 그들은 아무런 방해도 받지 않고 원하는 곳에 건물을 세우고 원하는 설교를 하며 원하는 방식으로 하나님을 섬깁니다. 직업상의 차별은 없으며 국왕 휘하의 최고위직은 그들이나 국교도 모두에게 오르기 쉽지 않은 자리입니다. 무엇을 더 바란다는 것입니까? 그들은 자신들이 원하는 것은 완전한 종교적 평등이라고 말합니다. 토지 소유주의 대부분이 국교도인 한 그들이 말하는 '종교적 평등'은 불가능하다는 주장은 참으로 의외입니다. 교회와 국가의 연합을 와해하는 것으로는 그것을 보장할 수 없었을 것입니다. 내일 당장 국교회폐지가 이루어져서 성공회가 국가로부터 분리된다고 해도 성공회는 여전히 국가에서 가장 크고 영향력 있는 단체로 남을 것이며 성공회 신자들은 여전히 국회와 기업과 지식층 및 모든 사회분야에서 앞서 나갈 것입니다. 그러나 이러한 설명은 별로 유익하지 않다고 생각합니다. 이것은 안타까운 주제이며 이쯤에서 기꺼이 그만두겠습니다. 다만 내가 말하고 싶은 것은 국교회폐지가 이 큰 도시의 잉글랜드 국교회에 상처를 주기보다 시골 지역을 이교도화 할 것이며, 국교회폐지는 결코 비국교도에게 유익이 되지 못하고 왕의 통치의 근원이자 나라의 부강과 번성을 좌우하는 전능자를 기쁘게 하지 못할 것이라는 사려 깊은 확신입니다.

그러나 이러한 세 가지의 암운에도 불구하고 나는 우리가 현재 잉글랜드 국교회의 상황에 감사해야 한다는 확신을 다시 한 번 주장합니다. 이 땅 동서남북을 바라볼 때 여러 가지 감사의 조건을 발견하지 못한다면 우리는 눈 뜬 장님입니다. 백 년 전으로만 돌아가 1784년의 영국과 현재의 영국을 비교해본다면 아무리 비관론자라 할지라도 여러 면에서 많은 향상이 있었다는 고백을 하지 않을 수 없을 것입니다. 욕설이나 술 취함이나 다툼이나 제7계명을 범하는 것은 더 이상 멋지거나 남성답거나 명예롭거나 신사다운 행동이 아닙니다.

성직자는 주일날 한 번 예배드리고 분기마다 한 차례 성만찬을 거행하며 단순한 도덕적 에세이에 불과한 설교나 그리스도와 성령에 대해 언급조차 하지 않는 설교에 더 이상 만족하지 않습니다. 하층 계급의 사람들은 더 이상 읽지도 쓰지도 못하는 미개한 무지에 빠지지 않으며 차라리 아무런 취미생활도 하지 않는 것이 닭싸움이나 곰이나 소를 희롱하며 즐기는 것보다 훨씬 낫다는 것을 압니다.

나라의 모든 도덕적 표준이 상향되었다는 것은 논쟁이나 의심의 여지가 없으며 우리는 이 일에 대해 감사치 않을 수 없습니다. 물론 빈부를 막론하고 아직도 미진한 부분이 많이 있지만 개선의 여지도 충분합니다. 사치와 교만, 방종, 물질 숭배, 도박과 노름, 폭음, 외모 지상주의 및 바깥에서의 오락 등은 이 시대의 안타까운 특징입니다. 그러나 결국 이 나라의 상황은 비교적 관점에서 판단할 수밖에 없습니다. 백 년 전과 비교할 때 우리의 상황은 감사할 조건이 훨씬 풍성해졌으며 지난 세기보다 향상된 것들 가운데 잉글랜드 국교회의 향상도 결코 적지 않았다고 장담할 수 있습니다.

5. 그러나 주교로서 여러분의 관심을 촉구하고 싶은 세 가지 사항이 있습니다.

이 세 가지 사항은 특별히 붙일 만한 명칭이 없기 때문에 교회 전반에서 나타나는 성직자들의 '경향'이라고 부르겠습니다. 여기에는 많은 오해의 요소들이 있기 때문에 특별한 관심이 요구됩니다. 이러한 경향은 우리 교구에만 해당되는 것이 아니라 이 땅의 모든 교구의 통찰력 있는 사람이라면 알아차릴 수 있는 전반적인 영향을 미칩니다. 이제 세 가지 경향에 대해 하나씩 언급하겠습니다.

1) 나는 교회 전반에 **성직자 치리에 관한 법에 대해 지나친 기대를 하는 경향**이 있다고 생각합니다.

우리는 현재 교회법정이 안고 있는 모든 문제점에 대해 조사하고 개선안을 제시하기 위해 약 3년 전에 왕립위원회가 구성되었다는 사실을 알고 있습니다. 이 위원회는 매우 훌륭한 자세로 많은 일에 전념하였으며 약 2년 전 여러 가지 권고안을 담은 상세한 보고서를 제출한 바 있습니다. 그러나 나는 많은 국교도가 이 위원회로부터 마땅히 기대할 수 있는 이상의 것을 기대하는 것 같아 염려스럽습니다. 어떤 사람은 수년 동안 치열한 소송을 거친 소위 의식주의에 관한 모든 문제점을 일거에 해결할 수 있을 것이라고 생각하고 있는 것 같습니다. 어떤 사람은 우리가 저 유명한 예배 규칙에 대한 권위 있는 해석을 하고 곧 추밀원 위원회의 결정을 많은 부분 개정하거나 수정할 것이라는 즐거운 상상에 빠져 있는 것처럼 보입니다. 그러나 이러한 기대를 정당화할 수 있는 근거는 없으며 위원회는 당연히 논쟁이 되는 부분은 권한 밖의 사항으로 여겨 손도 대지 못하고 지정된 사항에 대해서만 조사했을 것입니다. 요약하면 악명 높은 쟁점은 그대로 있고 많은 사람들은 실망했을 것이라는 것입니다.

그러나 그들이 실망한 것은 이것이 전부가 아닙니다. 위원회가 제시한 교회 법정에 대한 개혁과 재구성에 대한 권고안조차 광범위한 지지를 받지 못하고 있습니다. 아무리 학문적이고 세심하게 작성된 문안이라고 하더라도 그들의 권고안은 상당히 강력한 비우호적 비판에 부딪쳤습니다. 아직 국회법에 따라 위원회의 계획과 권고안이 시행된 것은 아무 것도 없으며 지난 2년간 해가 바뀔 때마다 우리의 입장은 제자리걸음을 하고 있습니다. 물론 나는 위원회가 권장하는 내용이 입법화되지 않을 것이라는 뜻은 아니며 법안이 국회에 상정되지 않을 것 같지는 않습니다. 그러나 법안이 통과되겠습니까? 이것은 매우 심각한 문제이며 이 문제에 대해 자신 있게 대답할 수 있는 사람은 대담한 사람일 것입니다. 오늘날 하원의 동의 없이 할 수 있는 일은 아무 것도 없으며 상원의 동의가 없어도 할 수 없습니다. 교회의 독립을 부르짖는 자들은 이것을 좋아하지 않겠지만 잉글랜드 국교회가 국교회인 한 이러한 상황을 받아들이고 그것을 최대한 활용할 수밖에 없을 것입니다.

그렇다면 이러한 위원회의 제안이 성직자들을 질시하고 교회에 권위를 부여하는 어떤 움직임에 대해서도 의혹의 시선을 감추지 않는다고 알려진 하원의 맹렬한 시련을 통과하겠습니까? 주교들이 범법한 성직자에 대한 기소를 저지하는 것을 하원이 보고만 있겠습니까? 오늘날 논쟁이 되고 있는 모든 문제에 대해 사적인 의견을 가지고 있으며 좀처럼 공정한 재판을 하기 어려울 것이라고 생각하는 주교들에게 하원이 그처럼 큰 사법적 권한을 맡기겠습니까? 은퇴한 대법관과 학식 있는 재판관들이 성직자의 임무에 관해 규정하고 있는 교회의 예배서에 대한 판단력에 있어서 재판석에 앉아 있는 어떤 주교보다 못하다는 것을 상하원 법률가들이 인정할 것 같습니까?

이러한 것들은 대답하기 곤란한 질문이며 일부 국교도가 이러한 문제에 대해 냉담하게 대답하는 것을 보고 놀랐습니다. 그들은 우리가 튜더-스튜어트(Tudors and Stuarts)왕조 시대인 17세기가 아니라 빅토리아 여왕시대인 19세기에 살고 있다는 사실을 잊은 것처럼 보입니다. 우리는 개혁된 하원, 여러 가지 이질적인 요소들로 구성된 집단을 상대해야 합니다. 우리는 성직자의 수장이 더 이상 독점적 학문과 지혜를 가지지 못하며 어떤 권력도 대주교를 인을 가지신 주님(Lord keeper of the seals)으로 만들 수 없는 시대를 살고 있습니다.

평신도가 주교와 성직자의 판단을 믿고 따르던 시대는 지나갔습니다. 요약하면 위원회의 보고서를 골격으로 하는 법안이 국회에 상정되더라도 대충 다루어질 것이며 참담한 결과만 받아들일 가능성이 높다는 것이 나의 판단입니다. 나는 공예배법과 같은 법안이 국회에 들어갔다가 나올 때는 다른 모습으로 손질되어 나오거나 법안 제안자가 차라리 철회하는 것이 낫겠다고 생각할 만큼 내용이 완전히 바뀌더라도 놀라지 않을 것입니다. 일반적으로 교회가 도움을 위해 국회를 찾는 발걸음이 잦으면 잦을수록 결과는 더욱 좋지 않은 쪽으로 도출되는 것입니다.

우리의 입장은 무엇입니까? 지난 해 한 유명한 평신도는 레딩의 회(Reading Congress)에 위원회의 보고서가 성직자 치리법안(Clergy Discipline Act)과 공예배법안(Public Worship Act)을 도살하여 폐기해 버렸다는 말을 했습니다. 이 말의 뜻은 두 법안이 서랍 속에 들어갔으며 다시 꺼낼 수 없게 되었다는 뜻일 것입니다. 물론 그렇게 해석하는 근거는 없습니다. 오히려 우리가 잘 알고 있는 금년 초의 마일즈 플래팅(Miles Platting) 판결[2]은 판사들이 현행 법원의 판결이 교회를 구속한다고 생각하고 있으며, 주교가 종심법원의 판결을 지키지 않는 것으로 잘 알려진 사제에 대해 성직 수임을 거부한 것은 합

---

2 Miles Platting은 맨체스터 외곽에 있다. 1869년 6월 성직 임명권자인 Perceval Heywood경은 Sidney F. Green 목사를 수록성직자로 임명했으며 6개월 후에는 James Fraser 목사(신부)가 맨체스터의 주교로 임명되었다. 1871년 Green이 자신의 교구에 제의적 의식을 도입하였다는 보고를 받은 주교는 그에게 경고서한을 보내었다. 1874년 주교는 Green이 Miles Platting의 보좌신부로 임명한 Cowgill이 교회법에 무심하다는 이유로 성품 후보자로 받아들이지 않았다. 1877년 주교는 Miles Platting에서 여전히 행해지고 있는 제의적 의식에 대해 다시 한 번 Green에게 경고 서한을 보내었으며 양자의 분쟁은 1878년까지 이어지고 급기야 교회협회(Church Association)가 이 싸움에 끼어들었다. Green이 끝까지 받아들이기를 거부함에 따라 이 문제는 당시 Penzance경이 주관하고 있던 교회법정으로 가게 되었다. 패소한 Green은 결국 1881년 3월 Lancaster 감옥에 투옥되었다. 그러나 그의 죄목은 제의적 의식에 관한 것이 아니었다. 법정은 교회문제에 관한 국회의 법에 복종하지 않겠다고 선언한 그에게 법정모독죄를 물어 수감시켰다. 1882년 11월 Green은 주교에 의해 석방된 후 성직을 사임하였다. 이제 성직 임명권자는 예전에 Fraser주교가 보좌신부직을 공식적으로 거부했던 Cowgill을 그 자리에 지명하였다. 그러자 주교는 그가 Green의 제의적 의식이 계속되는 것에 대한 조치를 취하지 않을 가능성이 있다는 이유로 수록성직자로 세우는 것을 거부하였다. 임명권자는 주교에 대한 공격을 시작하였으나 1883년 법원은 주교의 손을 들어주었으며 그 후 제의적 의식을 반대하는 후보자가 그 자리에 앉게 되었다. 분쟁은 일단락되었으며 Ryle주교는 이 문제에 큰 관심을 가지게 되었다. 자세한 내용은 *The Lancashire Life of Bishop Fraser*, J. W. Diggle, 1889: pp. 397-426을 참조하라.

당하다고 생각한다는, 한 마디로 예전 법원은 죽지 않고 살아 있다는 반박할 수 없는 증거를 제시합니다.

우리는 마일즈 플래팅 판결에 대해 상소가 이루어지지 않았다는 사실을 기억해야 합니다.

한 가지 사실은 매우 분명합니다. 현재의 법원이 "죽었다면"(물론 전혀 근거는 없지만) 우리는 완전한 혼란 상태에 처해 있는 것이며 이러한 혼란이 얼마나 갈지는 아무도 알 수 없을 것입니다. 나는 현재의 상태가 '휴전 상태'이며 조용히 앉아 기다리기만 하면 결국 모든 것이 바로 될 것이라고 말하는 사람들이 있다는 것을 압니다. 나는 솔직히 그들이 무엇을 기다린다는 것인지 왜 조용히 앉아 기다려야 하는지 모르겠습니다. 국회의 법이 아니면 교회 문제를 해결할 수 있는 방법이 전무하다는 사실은 누구나 알고 있습니다. 나는 국회에 도움을 호소하는 것은 매우 곤란한 결과를 초래할 것이라는 확신을 거듭 밝힙니다. 내가 잘못 생각할 수도 있지만 어쨌든 이것은 현재 나의 분명한 입장입니다.

이 중요한 시기에 모든 국교회 신자에 대한 나의 권면은 국회에 대해 큰 기대를 하지 않아야 하며 현 상황을 최대한 활용해야 한다는 것입니다. 질서는 하늘의 첫 번째 법칙입니다. 불복종이나 탈퇴 위협보다 인내하며 기다리는 것이 낫다는 것은 분명합니다. 지난 수년간 의식주의에 대해 내려졌던 판결과 판사들이 교회를 구속한다고 생각하고 있는 것들은 완전하지 않은 것일 수 있으며 성직자들이 제의적 문제에 대해 보다 큰 자유를 누릴 수 있는 날이 올 수도 있습니다. 그러나 그 날은 아직 오지 않았으며 현재로서는 언제가 될지 알 수가 없습니다. 그 날이 올 때까지 주교가 법원에 복종할 것을 요구하는 것은 고통스러운 의무이지만 그렇다고 불복종을 용인하는 것은 합당하지도 정당하지도 공평하지도 친절하지도 않은 행동입니다.

관대한 마음을 가진 사람들이 잉글랜드 국교회는 포용력이 넓으며 열성적인 성직자는 누구의 간섭도 없이 자신이 하고 싶은 대로 할 수 있어야 한다고 말하기는 쉽습니다. 그러나 지혜롭고 사려 깊은 평신도라면 이러한 포용력에는 한계가 있으며 어떤 단체도 구성원의 처음 상황이 상습적으로 짓밟히고 농락당하는 형편에서는 건전한 상태를 유지할 수 없다는 사실을 알아야 합니다. 모든 성직자가 더 이상 헛된 기대에 빠지지 않고, 성만찬을 거행함에 있어서 성례에 큰 영향이 없고 구원과 무관한 것들을 제재하기 위한 필사적인 노력을 그치며, 쥬엘, 후커, 앤드류스, 대버난트 및 홀이 걸었던 옛 길을 기쁨으로 걷는다면, 교회는 참으로 큰 복이 될 것입니다. 여왕의 법원이 명백히 정죄한 것들을 상습적으로 고집하는 성직자들의 행위는 정당화 될 수 없을 것이며 지각 있는 평신도라면 결코 지지하지 않을 것입니다. 그들은 자신의 주교를 가장 고통스럽고 곤란한 딜레마에 빠지게 할 것입니다. 즉 주교는 불법을 묵인하고 국왕의 법률 참모들을 멸시하거나, 아니면 몇몇 유명한 성직자를 기소함으로써 언제든 피고를 지지할 준비가 된 대중에게 박해자로 낙인찍혀 비난을 받아야 할 것입니다. 주교가 어떻게 해야 되겠습니까? 갈수록 참기 어려운 상황이 되어가고 있으며 이러한 상황이 개선되지 않으면 온 교회가 혼란에 빠지게 될 것입니다.

2) 내가 이 시대의 위험한 경향이라고 생각하는 두 번째 요소는 **교회가 공예배이 외적인 부분에 과도한 중요성을 부여하는 경향**입니다.

이것은 많은 오해와 비난의 소지 및 누군가에게 상처를 주지 않고는 다루기 힘든 매우 예민한 주제입니다. 그러나 나는 이 문제를 피하지 않을 것이며 여러분에게 제시할 때 많은 관심을 가져줄 것을 부탁합니다.

상식을 가진 지성인이라면 지난 세기 잉글랜드 국교회의 공예배가 크게 향상되었다는 사실을 모르는 사람이 없을 것입니다. 잉글랜드 국교회는 더 이상 지저분하고 단정치 못한 교회, 경솔하고 천박한 의식, 외적인 단정함에 대한 태만 등을 참지 못하며 이러한 것들은 한쪽 구석에서가 아니면 찾아볼 수 없습니다. 지난 40년간 오래된 교회를 아름답게 꾸미고 복원하는데 수백만 파운드의 돈이 들었습니다. 부모 세대에 비해 교회 음악과 찬양에 대한 인식은 완전히 달라졌으며 오르간 연주자, 성가대 및 찬송가에 대한 관심도 높아졌습니다. 성만찬은 예전보다 자주 행하고 있으며 성만찬 사이의 간격도 짧아졌습니다. 이 모든 것에 대해 나는 진심으로 감사하고 있습니다. 예배를 위한 발판이 바로 놓이지 않으면 건물이 제대로 설 수 없는 것입니다.

그러나 이제 진지하게 살펴보아야 할 몇 가지 중요한 문제가 남았습니다. 이러한 예배의 외적 향상에 발맞추어 내적 실재에도 변화가 있었습니까? 교회의 성도들에게 더 많은 믿음과 회개와 거룩함이 있습니까? 그것이 없이는 하나님을 기쁘시게 할 수 없는 구원적 믿음과, 그것이 없이는 영원히 멸망할 수밖에 없는 회개와, 그것이 없이는 아무도 주를 볼 수 없는 거룩함이 과연 더 많아졌습니까? 우리 주 예수 그리스도에 대한 지식과 믿음과 사랑과 순종이 더 많아졌습니까? 성도들은 성령의 내적 사역을 더욱 많이 깨닫고 경험하고 있습니까? 회중은 칭의와 회심과 성화에 관한 위대한 진리에 대해 더욱 철저히 깨닫고 바로 이해하고 있습니까? 혼자 성경을 읽고 기도하는 시간이 더 많아졌으며 자신을 부인하고 육신을 죽이는 노력과 온유하고 자비하며 이타적인 삶이 더욱 풍성해졌습니까? 한 마디로 모든 삶에서 더 많은 개인 경건 시간을 가지느냐는 것입니다. 이것은 매우 심각한 문제이며 나는 이 질문에 대한 명쾌한 답변을 원합니다. 나는 오늘날 교회 예배는 대부분 매우 공허하고 비실제적이며 하나님 보시기에 심히 부족할 것이라는 생각을 할 때가 종종 있습니다.

결국 우리는 "사람은 외모를 보나 하나님은 중심을 보신다"는 말씀을 기억할 필요가 있습니다. 교회의 머리되시는 주님은 "이 백성이 입술로는 나를 공경하되 마음은 내게서 멀도다"고 했습니다. 그는 "참되게 예배하는 자들은 영과 진리로 예배할 때가 오나니 곧 이 때라 아버지께서는 자기에게 이렇게 예배하는 자들을 찾으시느니라"고 했습니다. 하나님의 말씀 가운데 무엇보다 명확히 가르쳐야 할 것이 있다면 겉으로 아무리 화려한 예배라도 하나님 보시기에 예배자의 마음이 바로 되어 있지 않은 형식적인 예배는 아무런 쓸모가 없다는 것입니다.

나는 예수께서 이 땅에 계실 때 성전 예배는 겉으로 보기에는 완벽하고 아름다운 예배였을 것이라고 생각합니다. 음악과 찬양, 기도, 제사장의 의복과 태도와 자세, 때맞추어 시행되는 완벽한 의식, 절기와 금식에 대한 철저한 준수 등은 최상이었으며 어떤 오류나 결점도 없었을 것입니다. 그러나 당시에 참된 구원적 믿음이 있었습니까? 안나스(Annas)와 가야바(Caiaphas) 및 그들과 함께 한 무리의 내적인 경건은 무엇입니까? 영광의 주님을 십자가에 못 박았던 율법 신봉자들에게서 볼 수 있는 삶의 규범은 무엇입니까? 여러분은 나만큼 잘 알고 있을 것입니다. 대답은 한 가지 뿐입니다. 장엄하고 웅장한 제의적 의식에도 불구하고 유대교회는 겉은 화려하나 속은 썩어 부패한 냄새로 가득한 회칠한 무덤에 지나지 않았던 것입니다. 한 마디로 유대교회는 하나님이 모든 기독교에 제시하는 경고용 본보기이며 오늘날 우리가 잊지 말아야 할 교훈이라고 생각합니다.

우리는 사람들이 말하는 소위 "생동적이고 진심어린" 예배와 성만찬을 자주 시행하는 것으로 만족해서는 안 됩니다. 이러한 것들은 온전한 신앙을 형성하지 못하며 마음과 양심과 삶에 영향을 주지 못하는 기독교는 하나님 앞에 무익하다는 사실을 기억해야 합니다. 아름다운 음악과 찬양이 있으며 젊은이들이 아름다운 찬양을 기억하고 다시 돌아오는 교회와 회중이 반드시 하나님을 기쁘시게 하는 것은 아닙니다. 예수 그리스도와 성령의 임재가 있고 "상한 심령과 애통하는 마음"이 있는 교회와 회중이 하나님을 기쁘시게 하는 것입니다. 우리가 엘리사의 종처럼 육안으로 보이지 않는 것들을 볼 수만 있다면 가장 크고 화려한 교회보다 복음이 신실하게 전파되는 초라하고 작은 선교 룸이 훨씬 강력한 만왕의 왕의 임재와 보다 많은 축복을 누리는 것을 볼 수 있을 것입니다.

이러한 결과를 확인할 수 있는 검증시스템 같은 것은 없습니다. 오늘날 외적 예배에 대한 엄청난 관심에 비해 내적 관용과 영성도 확장되었는지 조용히 물어봅시다. 아마도 긍정적인 대답을 얻기는 어려울 것입니다. 회중의 헌금 가운데 국내외 선교 및 직접적인 구원 사역을 위해 지출되는 금액은 오르간반주자, 성가대, 장식용 꽃 및 교회를 치장하기 위해 지출되는 금액에 비해 터무니없이 적습니다. 이것이 옳은 일입니까? 이것을 정상적인 상태라고 할 수 있습니까?

오늘날처럼 물질적인 풍요를 누리는 시대에 영국과 웨일즈에서 매년 종교적 목적을 위해 내는 기부금은 각종 경기, 사냥, 사격, 요트, 유흥, 의복, 무도회 및 일반적 오락을 위해 지출되는 금액에 비해 얼마나 적은지 압니까? 그러나 지금도 예배의 외적 요소를 위해서는 엄청난 금액이 지출되고 있습니다. 나는 이것이 건전한 상태를 보여주는 징조라고 생각지 않습니다. 나는 얼마 전에 미국의 한 성직자가 나에게 했던 말을 잊을 수 없습니다. 십년 만에 영국을 다시 방문한 소감이 어떠냐는 나의 질문에 그는 공예배에서 음악과 찬양과 제의적 의식은 크게 증가하였으나 예배자들에게서 진정한 신앙은 찾아볼 수 없었다고 대답했습니다. 안타까운 말이지만 나는 그가 크게 틀리지 않았을 것이라고 생각합니다.

이것은 성직자 여러분 모두가 주의를 집중해야 할 주제입니다. 나는 영국의 모든 교회가 이 문제에 관심을 가져야 한다고 생각합니다. 이제 나는 오늘날처럼 거짓이 난무하는 시대에 몇 가지 경고를 제시하고자 합니다. 내가 예전의 냉랭하고 지루한 예배로 돌아가기를 원한다고 생각하는 사람이 있다면 잘못된 생각입니다. 결코 그렇지 않습니다. 하나님은 우리가 예전처럼 평신도는 구경만하고 성직자만 서로 화답하는 듀엣(parson and clerk duet)으로 돌아가거나 서투르게 번역된 다윗의 시나 수많은 선조들이 불러왔던 지루하고 무미건조한 노래로 되돌아가는 것을 금하십니다. "생동적이고 진심어린" 예배는 이러한 예배가 결코 아닙니다. 이러한 것들을 찬양대에만 맡기지 않고 모든 예배자가 화답하고 찬양에 동참하기 전에는 어떤 예배도 "생동적이고 진심어린" 예배라고 부를 수 없을 것입니다. 내가 오랫동안 바라온 것은 교회 예배의 모든 국면에 적절한 관심을 가져달라는 것입니다. 목회자가 성경봉독대(reading desk)나 성가대에 대한 관심만큼 강단에 관심을 가지고, 설교가 찬양만큼 "생동적이고 진심어린" 설교가 되기 전까지 적절한 관심은 불가합니다.

우리의 법은 순수한 하나님의 말씀을 전하는 것이 건강한 교회의 첫 번째 지표라고 선언합니다. 성령께서 모든 시대에 잠자는 자들의 양심을 깨워 그리스도를 위해 살게 하고 영혼을 구원하게 하시기 위해 사용하시는 것은 의식이 아니라 바르게 가르치고 전파되는 교리입니다. 초기 그리스도인이 함께 모였던 동굴과 다락방은 틀림없이 초라하고 볼품없었을 것입니다. 그들에게는 훌륭하게 조각된 나무나 돌, 스테인드글라스와 값비싼 예복, 오르간과 흰 가운을 입은 성가대도 없었습니다. 그러나 이 초기 예배자들은 "세상을 변화시킨" 사람들이었으며 적어도 하나님 앞에서는 이들의 예배 처소가 로마의 성 베드로 성당이나 콘스탄티노플의 성 소피아 성당보다 훨씬 아름다운 곳으로 보일 것입니다. 이 고대 시대의 교회는 "나무 성반에 금 같은 예배자"를 가지고 있었다는 말은 사실이며 그것은 초대 교회의 힘이었습니다. 신앙이 쇠퇴하기 시작하면 교회는 "나무 같은 예배자에 금 성반"을 가진다고 말합니다. 그러나 나는 19세기 잉글랜드 국교회는 모든 것이 금이기를 원합니다. 나는 온 교회가 금 같은 예배자, 금 같은 예배, 금 같은 설교, 금 같은 기도, 금 같은 찬양으로 가득하기를 원합니다. 나는 예배의 어떤 부분도 경시되거나 흐릿하거나 놓친 부분이 없이 완벽한 예배가 되기를 원합니다. 나는 리버풀교구에 속한 모든 성직자가 이러한 목표를 가질 것을 간절히 촉구합니다. 여러분의 마음이 생각해내고 여러분의 입술이 전달할 수 있는 최상의 설교를 통해 가장 훌륭하고 생동적이며 마음을 다하는 예배가 되기를 바랍니다.

여러분의 설교가 그리스도의 보혈과 중재와 중보, 그리스도의 사랑과 능력과 구원, 성령의 실제적인 사역과 회개와 신앙과 거룩함에 있어서 결코 부족함이 없는 설교가 되고 생명과 불과 능력으로 가득한 설교가 되며 듣는 자들로 생각하고 기도하게 하는 설교가 되게 해야 할 것입니다. 오직 그럴 때에만 잉글랜드 국교회는 모든 교구에서 정당한 영향력을 가질 것이며 하나님은 하늘 문을 여시고 복을 주실 것입니다. 가장 훌륭하고 정성들인 설교는 영혼을 구원하려는 목적을 위한 수단으로 사용되는 설교입니다. 사람들이 아름다운 음악과 찬양을 듣고 화려한 의식을 보는 것이 전부가 아닙니다. 그들의 마음과 양심이 더 나아졌습니까? 죄가 싫어졌습니까? 그리스도를 더욱 존귀하게 여길 마음이 생겼습니까? 죽음과 심판과 영원에 대한 준비가 매주 이루어지고 있습니까?

이러한 것들은 모든 성직자가 예배 때마다 제시해야 할 위대한 목적들입니다. 그는 하나님의 뜻과 마지막 나팔, 죽은 자의 부활 및 그리스도의 심판의 보좌를 항상 상기시키려고 노력해야 하며 자신의 설교가 생동적이고 훌륭한 설교인가라는 하찮은 생각을 버려야 할 것입니다. 나는 오늘날 잉글랜드 국교회의 모든 성직자가 이러한 목적을 가지기를 간절히 기도합니다.

3) 이 시대가 조심해야 할 마지막 경향은 다음과 같습니다.

나는 이 땅의 성직자들 사이에 성도의 영혼을 개인적으로 돌보고 심방하는 일보다 **소위 사역자의 공적인 사역에 지나치게 집중하는 경향**이 있다고 생각합니다. 내가 이러한 경향에 대해 특별히 염려하는 이유는 이러한 경향이 수많은 선의의 탁월한 성직자들을 함정에 빠트리는 덫이 되며 자신도 모르는 사이에 상처를 안겨주기 때문입니다. 그러므로 나는 이 경향에 대해 몇 가지를 언급하고자 합니다.

오늘날 영국의 성직자에게 과거보다 공적인 사역의 문이 훨씬 넓게 열려 있다는 것은 의심의 여지가 없는 사실입니다. 지난 20년 동안 주일 설교와 성경공부, 기도 모임, 세례교인 모임, 주일학교 교사 모임, 청년부 모임, 여성 청년 모임, 자녀 모임, 절제 모임, 순결 모임, 각종 위원회, 상호 향상 모임 등은 훨씬 많이 늘어났습니다. 나는 종종 성직자가 주일날 한 주간의 프로그램에 대해 광고하는 내용을 들으면서 깜짝 놀랄 때가 있습니다. 나는 광고를 들으면서 어떻게 몸이 하나 뿐인 사람이 그 많은 일을 감당하며 잘 해나갈 수 있을지 의문을 가지지 않을 수 없습니다. 가끔 있는 안타까운 일이지만, 나는 이처럼 능력 있는 사람들이 건강을 잃었다는 소식을 들어도 크게 놀라지 않습니다.

나는 그들의 극단적인 열심에 대해서는 인정하지만 보다 분별력 있는 절제가 필요할 것이라고 생각합니다. 나는 그들이 과연 자신의 재능을 규모 있게 사용할 것인가에 대해 의구심을 가지고 있습니다. 요약하면 나는 이들 가운데 몇몇 성직자의 경우 육신의 한계를 넘어서는 일만 피할 수 있다면 더 많은 사역을 감당하며 어떤 일은 열 배의 효율성을 발휘할 수 있을 것이라고 생각합니다. 모든 것을 쓰러뜨릴 수 있는 세 차례의 강력하고 무거운 타격이 여섯 차례의 희미하고 약한 타격보다 효과적이라는 것입니다.

그러나 내가 말하고자 하는 초점은 바로 이것입니다. 즉 "하루 중 가용 시간은 열두 시간밖에 없으며" 교구 내 많은 사람들에 대한 공적인 사역과 함께 성도를 개인적으로 만나거나 가정마다 찾아다니는 예전 사역 방식을 고수하기는 불가능하다는 것입니다. 내가 여러분에게 간절히 부탁하고 싶은 말은 이러한 문제를 마음에 새기고 자신이 시간을 어떻게 활용하고 있는지 살펴보며 매주 일정한 비율의 시간을 체계적인 심방에 투자해 달라는 것입니다.

자신의 교구민을 사랑하고 개인적으로 보살피는 것이야말로 목회자에게 필요한 일입니다. 많은 사람들은 하찮은 모임에 불과한 군중을 향해 던지는 강력한 연설이나 유창한 설교에 관심을 갖지 않습니다. 그들의 마음에 가까이 다가갈 수 있는 방법은 그들의 집으로 찾아가 함께 앉아 손을 붙들고 그들을 친구처럼 다정하게 대하며 그들의 슬픔과 기쁨, 고통과 걱정, 어려움과 문제, 가족의 출생과 결혼 및 죽음에 대해 형제와 같은 사랑과 관심을 보이는 것입니다. 이런 식으로 보살핌으로 받는 성도는 주일 설교를 열 배나 주의해서 들을 것이며 설교가 시작되면 자신에게 "이것은 지난 주 나를 찾아와 함께 이야기를 나누던 저 인정 많은 사람이 하는 설교이다. 나는 그의 말을 기꺼이 들을 준비가 되어 있다"고 말할 것입니다. 오늘날 방문을 받은 군중이 가치를 두는 것은 위에 있는 사람들이 보여주는 공감과 형제애입니다. 나는 교구민이 많은 교구에서 노동자

계층 가운데 많은 사람이 교회에 가지 않는 이유 가운데 하나는 많은 사람들의 요청에도 불구하고 불행하게도 목회자가 시간이 없어 그들을 찾아가지 못한 때문이라고 믿습니다. 리버풀같이 큰 도시에서 모든 노동자가 가정에서 매월 한 차례씩 정기적으로 친절하고 사랑이 많으며 지혜로운 성직자의 방문을 받는다면 어떤 큰 기적이 일어날지 아무도 장담할 수 없습니다. "집집마다 찾아가는 사역자는 교회 다니는 사람을 만든다"라는 지혜자 차머스의 말은 사실입니다.

나는 솔직히 옛 길로 돌아가는 것을 보고 싶습니다. 그만하면 공적인 사역은 충분히 하였습니다. 우리는 선조들이 하던 방식으로 돌아가야 합니다. 나는 그들이 우리보다 공적인 사역은 많지 않았지만 개인적인 사역은 훨씬 많았을 것이라고 생각합니다. 그들의 모범을 따르는 것을 부끄럽게 생각하지 맙시다. 나는 43년간의 도시와 시골 목회 경험 및 다른 사람의 사역의 결과에 대한 관찰을 통해 한 가지 확실한 사실을 깨달았습니다. 비교적 평범한 은사를 받았으나 복음을 전하면서 많은 시간을 심방과 개인적 만남에 투자하는 성직자는 동일한 복음을 유능하게 전하지만 강단이나 교단 및 연단에서만 볼 수 있고 성도의 가정에는 나타나지 않는 훨씬 탁월한 은사를 가진 성직자보다 그리스도를 위해 더 많은 일을 하리라는 것이 나의 확고하고 신중한 확신입니다.

이제 잉글랜드 국교회와 특히 여러분의 교구를 위해 계속해서 기도해달라는 부탁과 함께 본 교지를 마치고자 합니다. 공동체 안에 해마다 더 큰 사랑과 형제애가 넘치게 해 달라고 기도합시다. 서로의 차이점만 보려고 할 것이 아니라 같은 점이 무엇인지 보도록 노력합시다. 고교회파는 저교회파가 반드시 비국교도가 되고 싶어 하는 것은 아니며 그들만큼 교회와 기도서를 사랑한다는 사실을 믿으려고 노력해야 합니다.

저교회파는 고교회파라고 반드시 가톨릭에 가까운 신앙을 가진 것은 아니며 가톨릭으로 개종하고 싶은 마음이 없다는 사실을 믿으려고 노력해야 합니다. 광교회파는 다른 파도 그들만큼 자유로운 탐구와 학문 및 이성의 사용에 대해 우호적이라는 사실을 믿으려고 노력해야 합니다. 무엇보다도 우리는 다른 사람은 모두 나와 다른 편파적 생각을 가지고 있으며 우리만이 편파적이지 않은 생각을 가지고 있다는 사고방식을 버려야 합니다. 우리는 대부분 모든 것에 대해 불완전하게 알고 있습니다. 사실 우리의 논쟁 가운데 절반은 단순한 말싸움에 불과하며 대부분 언어에 대한 인식의 차이에서 비롯됩니다. 우리 가운데 어떤 학파도 독점적인 신학적 통찰력과 지식을 갖지 못합니다. 우리 가운데 의견 차가 있다면 굳이 괴로워하지 말고 기꺼이 받아들입시다. 어차피 모두가 한 마음이 되어 동일한 관점과 동일한 노선을 위해 같은 단체를 지지할 수 없다면 서로에게 최선을 다하고 할 수 있는 데까지 함께 보조를 맞추어 나갑시다.

우리의 포도원은 안타까운 일도 많고 우리를 겸허하게 하는 일도 많지만 감사해야 할 일도 많습니다. 45년 전 리버풀을 생각하면서 당시 영국의 이 지역에 얼마나 적은 수의 성직자가 있었는지 기억할 때, 그리고 오늘날 187명의 성직자가 있는 이 새로운 교구에 공력이 불타지 않을 선한 일을 하는 성직자들이 많이 있을 것이라는 사실을 상기할 때에 진심으로 하나님께 감사드리며 기뻐하지 않을 수 없습니다.

나는 오늘날처럼 잉글랜드 국교회를 향한 문이 사방으로 열려 있었던 적은 없다고 생각합니다. 특히 랭커셔가 그러합니다. 이 땅의 모든 성직자가 교회의 원리에 신실하고 헨리 로렌스 경(Sir Henry Lawrence)의 말처럼 언제나 "자신의 의무에 최선을 다한다면," 그리고 세 분파에 속한 모든 신실한 성직자가 각성하고 깨어나 강단과 교구를 살리고 사랑하는 마음과 진실한 입술로 무장한다면,

이러한 상황이라면 나는 잉글랜드 국교회가 어떤 대적의 공격으로부터도 안전할 것이며 온 나라를 변화시킬 수 있을 것이라고 확신합니다. 그러나 오늘날 많은 성도들은 할 일이 얼마나 많으며 자신이 할 일이 무엇인지도 모른 채 반쯤 잠들어 있습니다. 17세기와 18세기의 선조들은 우리와 같은 혜택을 누리지 못하였으며 국내외적으로 이처럼 광범위한 기회도 주어지지 않았고 언론의 전폭적인 지지도 없었으며 우리처럼 완전한 자유도 누리지 못하였습니다. 그러나 우리는 매우 유리한 입장에 서 있으며 수많은 밭이 희어져 추수할 때가 되었으나 일꾼이 없습니다. "추수하는 주인에게 추수할 일꾼들을 보내 주소서"라고 기도하고 우리에게 진정한 부흥을 달라고 기도하십시다. 우리가 잘 알고 있는 기도문을 외웁시다.

> 오 주여, 당신의 신실한 백성을 깨우소서. 선한 행위의 열매를 풍성히 맺게 하시고 우리에게 풍성히 갚아 주소서.

No Uncertain Sound

4장
우리가 처한 상황 및 위기
(1885년, 네 번째 리버풀교구회의에서 행한 연설)

사랑하는 성직자 여러분!

네 번째 연례 회의에 참석하신 것을 환영하며 이 모임이 하나님께는 영광이 되고 잉글랜드 국교회와 우리에게는 큰 은혜와 유익이 되기를 기도합니다. 우리는 모두 기도해야 합니다. 우리가 매우 중요한 시기에 모였다는 사실을 잊지 맙시다. 나는 최근 수년 동안 이 나라의 교회적 정치적 상황이 지금처럼 암울한 적이 있었을까 생각을 해봅니다. 나는 오늘날 잉글랜드 국교회는 모든 신실한 자들에게 어느 때보다 깊은 주의력과 단합된 지혜 및 단호한 용기를 요구한다고 믿습니다.

오늘 연설은 오직 두 가지 사항에 모든 초점을 맞추고자 합니다. 하나는 우리 교구의 상황에 관한 것이고 또 하나는 잉글랜드 국교회의 일반적 상황에 관한 것입니다. 나는 여러분의 주교로서 할 말이 있으며 이러한 내용은 결코 3년 주기 방문 때까지 담아두고 싶지 않습니다. 오늘날 꼬리를 물고 일어나고 있는 사건들은 예전처럼 3년간 토의를 미루고 기다리고 있기에는 너무나 중요한 결과를 초래할 수 있는 사건들입니다. 매년 행하는 주교의 목회 교서가 전통적인 3년 주기 교지를 대신할 수 있느냐 또는 모든 교구의 수장이 매년 그 해의 중요한 사안에 대해 자신의 의견을 피력할 수 있느냐라는 문제는 점차 중요한 이슈가 되고 있지만 나는 금년(1885년)부터 매년 내 생각을 밝힐 계획을 가지고 있습니다.

1. 우리 교구의 상황과 관련하여 나의 보고는 명암이 교차하는 내용이 될 것입니다.

확실히 우리의 상황은 밝은 면과 어두운 면이 있으며 슬프고 낙심되는 일들이 있는가 하면 감사해야 할 일들도 있습니다.

1) **우리 교구 기관들의 재정 상태**는 매우 열악한 상황에 있습니다.

200개 구역 가운데 80곳이 이들을 위한 지원을 전혀 하지 못하는 상태입니다. 교구 전체의 재정 상황을 감안할 때 이러한 기관들이 지원 받는 금액은 매우 적습니다. 물론 온 나라가 심각한 경제적 어려움을 겪고 있으며 특히 리버풀 지역은 많은 타격을 받고 있습니다. 더구나 잉글랜드 전역에서 국교도는 자신과 가깝거나 잘 알거나 개인적으로 관련이 있는 단체에 하는 것처럼 위원회가 임의로 분배하는 일반 단체에 돈을 내기는 쉽지 않다는 사실을 간과할 수 없습니다. 나는 이 문제를 다시 한 번 숙고해줄 것을 촉구합니다. 지난 해 통계에 따르면 리버풀교구 기관들에 대한 기부는 얼마 되지 않는데 비해 아홉 개 지구가 교회와 학교 및 선교원에 기부한 돈은 매우 많은 액수임을 알 수 있습니다.

2) 교구 내 많은 구역의 **영적 피폐**는 나에게 큰 아픔과 걱정이 됩니다.

    대도시교회들 가운데 나이 많아 지친 성직자의 은퇴를 위한 준비의 부족은 교회 시스템의 가장 큰 문제 가운데 하나로 잉글랜드 전역에서 많은 상처가 되고 있습니다. 웨스트 더비에는 8천, 1만, 1만 2천, 1만 5천 명의 교구민에 교회 한 곳, 수록성직자 한 명에 부교역자나 성경 읽어주는 사람도 없으며 따라서 교회가 아무런 영향력도 발휘하지 못하는 지역이 얼마나 많은지 모릅니다. 지금처럼 경기침체가 지속되는 한 이러한 상황을 타개할 수 있는 특별한 대책은 없어 보입니다. 더구나 이러한 지역의 숫자는 줄어들기는커녕 점차 늘어나고 있습니다.

    리버풀 시청에 거대한 컴퍼스의 한 쪽 다리를 고정시켜 중심을 잡은 후 다른 쪽 다리로 북쪽 시포스(Seaforth)로부터 남쪽 마이클스인더햄릿(Michael's in-the-Hamlet)까지 곡선을 그어보십시오. 생각이 있는 사람이라면 내가 말하는 영적 피폐함이 어느 정도 심각한지 알 수 있을 것입니다. 부틀(Bootle), 커크데일(Kirkdale), 월톤, 에버톤(Everton), 웨이버트리(Wavertree), 엣지 힐(Edge HIll)로부터 톡스테스(Toxteth) 남쪽 경계까지 모든 지역의 상황은 동일합니다. 수 마일에 걸쳐 18파운드 셋집[1]이 즐비하며 이런 셋집은 찾는 사람들이 많아 짓자마자 동납니다. 이러한 거주자를 위해 은혜의 방편을 제공한다는 것은 결코 쉬운 일이 아닙니다.

    잉글랜드 국교회가 제공하는 예배 처소는 물론 목회사의 방문도 받아본 적이 없는 이들이 교회에서 사라지거나 한 번도 예배에 참석하지 않았다고 해서 놀랄 필요는 없습니다. 리버풀은 은혜의 방편 및 생명력 있는 복음 사역자가 배가되어야만 지난 해 글래드스

---

[1] 연 18파운드짜리 셋집을 말한다.

톤이 하원에서 밝힌 것처럼 안식일을 지키지 않는 자와 불신자가 많다는 오명과 비난에서 벗어나고 웃음거리가 되지 않을 수 있을 것입니다. 목회자지원 협회(Church Pastoral Aid Society)와 부교역자 협회(Additional Curater's Society)의 지원이 없었다면 나는 절망에 빠졌을는지도 모릅니다. 리버풀은 두 기관에 대해 말할 수 없는 고마움의 빚을 지고 있습니다.

이제 감출 수 없는 우리 교구의 어두운 모습으로부터 여러 가지로 감사치 않을 수 없는 희망적인 언급을 하게 되어 기쁘게 생각합니다.

3) 재정 악화에도 불구하고 **새로운 교회의 건축**은 계속되고 있습니다.

우리는 지난 12개월 동안 네 곳의 교회를 봉헌하였으며 내가 이 교구에 온 후 모두 열 두 곳의 교회(Maghull; St. John in Walton; St. Athanasius in Kirkdale; All saints' Wigan; Farnworth; St. Cyprian; Aspull; Crossens; St. Gabriels' Toxteth Park; All Saints, Prince's Gate; St. Agnes, Selfton Park; St. Chad's Everton)를 봉헌하였습니다. 이 열두 교회 외에 네 개의 큰 교회(St. Mary, Waterloo; St. Lawrence, Kirkdale, Cowley Hill, at St. Helen's; Widnes)가 준공이 끝나고 봉헌을 위한 수리 기금 및 기부금을 기다리고 있습니다.

또한 다른 네 개의 교회(St. Bede, Hartington Road; St. Philip's Sheil Road; St. Polycarp, Everton; St. Philip's Southport)가 건축 중이며 내년 초까지 완공될 예정입니다. 건축이 예상되는 교회도 세 곳(St. Dunstan's Earle Road; St Benedict's in Everton; Wigan에서 가까운 Ince 지역의 새로운 교회)이며 나는 이 세 곳의 건축을 추진하는 사람들로부터 곧 건축에 들어갈 것이라는 믿음을 가지게 되었습니다. 그 외에도 월톤에는 이미 두 개의 지역에 임시 교회(St. Luke's; St. Simon and

St. Jude's)가 승인을 얻어 문을 열었습니다.

나는 이러한 내용이 전적으로 외형적 건축에 관한 언급임을 압니다. 그러나 이것은 중요한 의미를 가지고 있습니다. 우리 교구에 새로운 교회가 이름을 올린다는 것은 새로운 수록성직자(극히 이례적인 일이지만 때로는 새로운 보좌신부)와 주일학교와 일련의 교회 조직이 생긴다는 의미입니다. 앞서 언급한 새로운 20개 교회는 부지 구입, 설계, 난방, 수선유지, 울타리 설치 등에 총 7천파운드-8천파운드 정도의 비용이 듭니다. 이것은 국교회라는 영역 안에서 자발적인 시스템이 무엇인가 할 수 있다는 분명한 증거를 보여줍니다. 무엇보다도 이것은 우리 교구의 국교도가 잠들지 않고 깨어 있으며 경제적으로 어려운 시기이지만 우리의 시온을 건설하고 있다는 사실을 보여줍니다.

리버풀교구의 주교로서 나는 앞서 언급한 교회를 건축했거나 건축 중인 사람들에 대해 공식적으로 감사를 표현하는 것이 당연할 것이며 다른 사람들도 그들이 보여준 모범을 따를 것을 희망합니다. 지금 이 순간에도 부틀(Bootle)에는 알렉산더 부두로 인한 급격한 인구 증가로 적어도 두 곳의 대형 교회와 교구 지역(구역)이 필요합니다.

리버풀의 한 훌륭한 가정을 본받아 누군가 자원하여 건축을 하겠다고 나설 사람은 없습니까? 하나님이 그런 마음을 주셔야 할 것입니다. 돈에 대한 아쉬움 없이 그 일을 할 수 있는 사람은 많습니다. 우리 교구기 보다 많은 성직사와 은혜의 방편을 필요로 한다는 것은 가장 큰 오점입니다. 5년간 연 500파운드만 보장된다면 두 명의 성직자가 잠정적 소교구(구역) 두 곳을 맡아 사역할 수 있을 것이며 두 사람의 의인으로 인해 두 개의 교회를 얻게 될 것이라는 것이 나의 소신입니다.

4) 여러분에게 기쁜 마음으로 알려주고 싶은 또 하나의 긍정적인 요소는 **견진성사를 위해 본 주교를 찾아오는 젊은이들이 매년 증가하고 있다**는 것입니다.

내가 주교가 된 첫 해에는 총 4,700명이 견진성사를 받았으나 올해 말에는 6,700명에 이를 것 같습니다. 이러한 수치는 수록성직자가 200명인 교구에서 나름대로 의미를 가집니다. 물론 나는 이러한 수치가 전부가 아니며 지원자의 수 보다 자질이 더 중요하다는 사실을 잘 알고 있습니다. 그러나 어쨌든 지원자가 매년 증가한다는 것은 예전보다 젊은이들을 잘 돌보고 있으며 교구의 성직자들이 젊은이들에게 좋은 영향력을 끼치고 있다는 명백한 반증으로 볼 수 있습니다. 견진성사[2]의 가치와 중요성에 대해서는 지금까지 해온 말 이상으로 덧붙일 말은 없습니다. 나는 이것이 잉글랜드 국교회의 오른 팔이며 설교와 성례 다음으로 유익한 수단이라고 생각합니다. 나는 해마다 지원자의 수가 증가할 것이라고 믿습니다. 숫자가 늘어날 수 있는 여지는 충분하며 지금도 교구민 수가 많은 일부 구역의 지원자 실적은 극히 미미합니다.

5) 우리 교구에서 또 하나 감사할 것은 **서품 후보자의 수가 크게 늘었으며** 이들이 성직자의 사역에 큰 도움이 되고 있다는 것입니다.

1880년 이전 5년간 웨스트 더비에서 부제로 서품 받은 사람의 수는 92명이었습니다. 지난 5년간 나는 152명에게 서품을 주었습니다. 물론 나는 이전에 몇몇 익명의 작가들이 우리 교구에서 서품

---

[2] 세례를 받은 신자가 성령의 특별한 은총을 받아 더욱 굳건한 신앙인으로 거듭나기 위한 성사이다. 그리스도인의 성인식이라고 할수 있다. 견진성사 예식의 정규 집전자는 주교이다-역주.

을 받은 성직자에 대해 경멸하는 어조로 공격한 사실을 알고 있습니다. 나는 이러한 공격이 그들의 무지를 드러내는 것이기 때문에 아예 무시해버립니다. 나는 우리 교구의 고시 위원들은 지적인 수준이나 사역적 역량에 있어서 영국의 어떤 교구보다 뒤지지 않으며 후보자에게 요구되는 자격 수준 역시 북부 지역 어떤 교구보다 못하지 않으며 시험은 매우 공정하고 공평하게 시행되고 있다고 믿습니다. 만일 어떤 사람이 우리 교구의 서품 후보자들은 여로보암의 제사장들처럼 자원하는 자는 모두 합격하고 탈락하는 사람은 없다고 생각하는 사람이 있다면 전적으로 잘못된 생각을 하고 있는 것입니다. 애석하게도 지난 5년간 많은 지원자가 탈락의 고배를 마셨습니다. 다른 교구도 마찬가지이겠지만 우리 교구의 지원자가 모두 캠브리지의 우등생이나 옥스퍼드의 최상위권에 속한 사람들은 아닙니다.

랭커셔는 미들섹스, 켄트(Kent), 서레이, 서섹스(Sussex), 허츠(Herts) 및 따뜻한 남부지방과 달리 젊은이들에게 인기 있는 지역이 아닙니다. 그러나 만일 누가 우리 교구의 부제들 가운데 대다수는 다른 교구에 비해 수준이 떨어지고 열심이 부족하며 유용성이 없는 성직자들이라고 말한다면 한 번 증명해 보라고 말할 것입니다. 누가 어떤 말을 하든, 보좌신부(부제)는 성직에 합당한 자격이 없이는 서품을 받을 수 없으며, 성직자로 서품을 받는 사람들의 수가 매년 증가하고 있다는 사실은 수록성직자가 자신의 구역에서 사역자의 수를 늘이기 위해 많은 수고를 하고 있으며 우리 교구가 매년 더 많은 사역을 감당하고 있다는 명확한 증거입니다. 여러 가지 악조건을 가진 새로운 교구의 주교로서 나는 이러한 사실에 대해 무한한 감사를 드립니다.

시간이 없어 우리 교구의 다른 긍정적인 요소에 대해 상세히 언급하지 못하는 점이 아쉽습니다. 성경 읽어주는 사람들의 모임

(Scripture Readers' Society), 전도 부인 모임(Bible Women's Society), 절제 모임(Temperance Society), 평신도 조력자 모임(Voluntary Lay Helpers' Society), 주일학교 및 가난한 지역의 지역 유지가 세운 학교(Voluntary Schools)가 행하고 있는 꾸준한 사역은 어떤 칭찬도 아깝지 않을 것입니다. 그들은 모두 요란하게 나팔을 불지 않고 말없이 조용히 사역하고 있습니다. 리버풀교구는 자화자찬하는 사람이 없으며 우리는 거룩한 선지자 없이[3] 사역하고 있습니다. 그러나 이러한 사역은 결국 알려질 것이며 잉글랜드 국교회는 해마다 강화될 것입니다. 이제 우리 교구가 속해 있는 잉글랜드 국교회 전체의 전반적 상황이라는 보다 중요한 문제를 다루고자 합니다.

2. **잉글랜드 국교회의 전반적 상황**은 매우 암울합니다.

우리가 매우 중요한 시기에 살고 있다는 사실은 부인할 수 없습니다. 다양한 견해를 가진 모든 계층의 사람들은 이러한 사실에 공감합니다. 여러분은 어떻게 생각할는지 모르지만 나는 잉글랜드 국교회가 국교회 역사상 가장 심각한 시점에 이르렀다고 확신하며 우리는 모두 만일의 사태에 대비하여 어떤 비상시에도 대처할 수 있는 준비를 갖추어야 할 것입니다. 나는 이러한 회의를 통해 여러분이 특별한 관심을 가져야 할 몇 가지 사항을 제시할 수 있는 기회를 가지게 된 것을 다행으로 생각합니다. 나는 중요한 문제들에 대해 살펴보면서 몇 가지 현안에 대한 다루고자 합니다. 다른 때 같으면 굳이 다루지 않았겠지만 이제 이러한 현안에 대한 주교의 입장을 밝힐 시점이 되었으며 그렇지 않으면 영원히 침묵해야 할 것입

---

3 *sine vate sacro* (without a holy prophet).

니다. 배가 범법자들의 수중에 넘어갔으며 선장은 언어 사용에 있어서 격식을 차리지 않아야 할 것입니다. 오늘날 상황은 침묵하는 자가 말할 기회도 얻을 수 없을 만큼 급변하고 있으며 나는 교회의 위기 및 위기를 타개하기 위한 대책에 관해 "매우 분명하게" 언급하겠습니다.

나는 먼저 여러분에게 지금 잉글랜드 국교회는 지난 200년간 가장 큰 정치적 변화 가운데 하나와 마주하게 되었다는 사실을 상기시켜주고 싶습니다. 물론 이러한 변화란 선거권을 가질 수 있는 자격을 완화하고 투표권자의 수를 대폭 확대함으로써 대표자를 뽑고 하원을 구성하는 권한을 처음으로 다수의 사람들에게 넘긴 국회법(Act of Parliament)[4]에 관한 것입니다. 이러한 변화는 어떤 결과를 초래하였습니까? 제3의 신분에 속한 자들 가운데 어떤 사람들이 새로운 대표자가 되겠습니까? 이들에게서 어떤 법률을 기대할 수 있습니까?

나는 이러한 질문에 답변하거나 추측하겠다고 나서는 사람을 만나보지 못하였습니다. 영리한 사람들은 이 나라가 '무모한 행동'을 할 것이라는 생각에 공감하는 듯합니다. 외국인들도 놀라움과 우려의 시선으로 바라보고 있습니다. 한 가지 분명한 사실은 이러한 시대에 모든 권한은 하원에 집중된다는 것입니다. 한 유명한 작가가 얼마 전에 했던 말을 인용하고자 합니다. 그는 "프랑스의 유명한 드 토크빌(De Tocqueville)은 의회가 열리자 계단에 서서 홍포를 입은 귀족들과 예복을 입은 성직자들과 왕의 위임을 갖춘 국왕이 입장하는 것을 조용히 지켜보고만 있었다. 그러나 평범한 옷차림의 한 평민이 들어오자 '*Vlila le maître*'(주인이 오신다)라고 외쳤다"고 했습니다. 그는 집안에서 정장을 입은 사람은 하인뿐이고 실제 주

---

[4] 1884년에 제정된 국회개혁법(The Parliamentary Reform Act)은 보통 선거권을 인정하고 영국의 투표권자의 수를 3-5백만 명으로 상향 조정하였다.

4장 우리가 처한 상황 및 위기 165

인은 형식적으로 앉아 있기만 하는 시대가 왔다고 말하는 것처럼 보입니다. 현명한 프랑스 사람의 시대는 그런 시대였습니다. 1885년 역시 그런 시대가 될 것입니다.

새로 구성된 하원은 어떤 주제를 다룰 것 같습니까? 여러분은 정치적 모임에 관한 신문 기사를 읽고 국회의원 후보자의 연설만 들어도 답을 얻을 수 있을 것입니다. 야망을 가진 사람들은 어떤 엄청나고 터무니없는 법안도 제출할 것입니다. 온갖 엉뚱한 발상이 난무할 것이며 전면적인 변화와 개혁에 관한 내용이 개연성까지는 아니더라도 상당한 가능성을 가지고 담담하게 논의될 것입니다. 또한 왕조, 상원, 지주 및 군(해군, 육군)의 지배로부터 벗어날 수 있는 방안이 조용히 논의될 것입니다.

모든 사람이 부자가 되고 가난한 사람은 아무도 없을 것이며, 모든 사람이 일정한 토지를 가지게 되고 많이 가지는 사람은 아무도 없을 것이며, 사업에 성공한 사람이나 부자가 모든 세금을 내고 가난하거나 성공하지 못한 사람은 아무 것도 내지 않을 것이라는 허황된 정치경제적 구상은 성공하기 위해 노력하는 많은 사람들에게 낙심을 안겨주고 결국 이 땅에서 모든 자본을 몰아낼 것입니다. 또한 이러한 발상은 대중의 귀에 들어가게 되어 있으며 법안 발의자는 대중의 지지를 받게 되는 것입니다.

'현명한' 후커는 "사람들에게 지배로부터 벗어나야한다고 설득하는 사람에게는 청중이 끊이지 않는다"라는 지혜로운 말을 했습니다. 그러나 만일 미래의 하원이 앞서 언급한 것과 같은 생각을 가진 사람들로 채워진다면 잉글랜드 국교회처럼 예전에 기부를 받은 단체는 격렬한 공격을 받을 것이며 살아남기 위해서는 목숨을 건 투쟁을 해야 할 것입니다.[5]

---

[5] 부록 4장, p. 522 참조하라.

그러나 불행히도 이것이 전부가 아닙니다. 잉글랜드 국교회의 폐지 및 몰수는 와이트섬에서 존 그로트의 집(John o' Groat's House)까지, 랜즈 앤드(Land's End)로부터 노스 곶(North Foreland)에 이르기까지 이미 이 땅의 모든 정치 강령의 단골 메뉴가 되었다는 것은 부인할 수 없는 사실입니다. 국교회폐지론자들은 국교회를 폐지하기 위한 운동을 조직적으로 전개하고 있습니다. 국회의원 후보자에게 종종 던지는 상투적 질문 가운데 하나는 "영국과 스코틀랜드 국교회에 대한 폐지 및 몰수를 찬성하겠습니까"라는 것입니다. 이 질문의 의미는 쉽게 말해 "당신은 교회로부터 재산을 빼앗고 잉글랜드 국교회를 이 땅의 모든 교파 교회와 동일한 위치에 두며 국가와 종교의 결탁을 철저히 와해시키기 위한 준비가 되어 있습니까?"라는 것입니다. 나는 많은 후보자들이 이 질문에 대해 "그렇다"고 대답하는 것을 보았습니다. 반면에 그것은 당면한 현안에 관한 질문이 아니라는 말로 즉답을 회피하는 사람들도 많이 있습니다. 그러나 "아니오"라고 자신 있게 대답하는 사람은 별로 없습니다.

사실 국교회폐지 문제는 좋든 싫든 우리의 문제가 되었으며 지금이야말로 모든 국교도가 각성하여 어떻게 해야 할지 진지하게 생각해보아야 할 때인 것입니다. "삼손이여 블레셋 사람들이 당신에게 들이닥쳤느니라." 우리는 넬슨(Nelson)의 유명한 말을 기억하십시다. "영국은 모든 사람이 자신의 의무를 다하기를 기대합니다."

이제 우리에게 아무런 위험이 없다고 말하거나 두려운 것도 없고 경고할 필요도 없는데 일부러 "늑대가 나타났다"라고 소리친다고 말하는 것은 소용없습니다. 이미 늦어버렸습니다. 최근에 우리가 귀를 막을 수 없는 한 음성이 들렸습니다. 얼마 전에 글래드스톤은 한 정교한 선언문을 통해 국교회폐지를 우리가 수년 내에 직면할 수 있는 하나의 '가능성'으로 명확히 제시했습니다. 그가 이 문제를 개략적이고 막연한 방식으로 진술한 것은 사실입니다. 그는 자신의 말이 이 나라 정부가 더 이상 종교를 인정하지 않을 것이라는 의미인지에 대해 설명하지 않았습니다. 그는 우리의 미래적 군주들이 웨스트민스터 사원에서 기도를 받고 왕관을 쓸 것인가의 여부 및 이 기도는 개신교와 가톨릭, 성공회와 비국교도, 기독교와 유대교 가운데 누가 인도할 것인지에 대해서도 아무런 언급을 하지 않았습니다. 그러나 그가 국교회폐지에 따른 몰수의 가능성에 대해 숙고했다는 것은 명백하며 자발적 시스템의 '활기'에 대해서 어렴풋이나마 암시하고 있습니다.

그는 교회 재산을 몰수하여 세속적 목적에 사용하는 행위의 정당성이나 정직성에 대해 한 마디도 하지 않았습니다. 뿐만 아니라 그는 농업 침체로 인해 이미 가난에 찌든 시골 지역 성직자가 십일조를 빼앗기고 어떻게 살아야 할지에 대해서도 아무런 설명을 하지 않았습니다. 그는 이 모든 것들에 대해 입을 다물고 있습니다. 그러나 국교회폐지론자를 두둔하고 그들의 공격성을 돋우는 말은 거침없이 쏟아내고 있습니다. 한 마디로 아킬레스가 드러나자 자신의 텐트에서 나와 목청을 높이고 있는 것입니다. 아무도 이 충동적 연사가 다음에 무슨 말을 할지 알 수 없습니다. 그는 갑자기 아일랜드 교회를 자극하여 일부 형제들이 진상을 파악하기도 전에 국교회를 폐지시켰습니다.

그는 잉글랜드 국교회에 대해서도 갑자기 그러한 방식을 시도할 것입니다. 어쨌든 그는 우리에게 하나의 경고를 던지고 있으며 우리가 이에 대비하여 갑판을 치우고 무거운 것들을 배 밖으로 던지지 않는다면 우리는 어리석은 자이거나 미친 자이며 사법부의 무지에 넘어가게 될 것입니다. 현재 대적의 배는 지평선 너머에 있어 아직은 돛이 보이지 않지만 점차 속력을 높여 생각보다 빨리 우리를 따라잡을 것입니다.

국교회폐지 및 몰수가 가져올 엄청난 피해에 관해서는 특별히 언급할 말이 없습니다. 얼마 전에 내가 교구 내 모든 성직자에게 보낸 주제에 관한 글을 읽었다면 여러분은 아마도 내가 어떤 생각을 하고 있는지 잘 알고 있을 것입니다. 나의 생각은 그 글 속에 고스란히 들어 있으며 내용에 대해서는 조금도 감할 생각이 없습니다. 국교회폐지가 잉글랜드 국교회뿐만 아니라 전 세계 기독교에 가져올 막대한 피해, 그리고 이 나라의 도덕성과 박애주의뿐만 아니라 영국의 모든 그리스도인 간의 연합과 평화에 미칠 영향에 대해 아는 사람은 아무도 없을 것입니다. 시골 교회의 2/3는 문을 닫거나 성직자의 2/3가 지금의 자리를 떠날 것입니다. 그들은 십일조를 받지 못하면 생활을 영위할 수 없습니다. 이들 지역의 교구민은 성직자의 심방이나 은혜의 방편을 받지 못한 상태에 있습니다.

국교회폐지는 모든 선교 단체의 활동을 마비시키고 가난한 지역 유지들이 세운 학교의 대부분이 문을 닫을 것이며 고립된 시골 빈민에 대한 문명화와 인간화 및 많은 위로를 주었던 여러 가지 혜택의 원천을 없앨 것입니다. 지금까지 치명적인 실패로 끝난 시스템이 있다면 그것은 시골 지역에 자발적 시스템을 운영한 것일 것입니다.

이처럼 막대한 피해를 막을 수 있는 방법은 전무합니다. 교회가 폐지되어도 비국교도가 지금까지 할 수 없었던 일은 앞으로도 여전히 하지 못할 것입니다. 그들은 교회 건축, 설교, 전도에 있어서 지금도 원하는 만큼의 충분한 자유를 누리고 있습니다. 교회 재산을 몰수하고 성직자를 굶긴다고 해서 국교도와 비국교도 사이의 연합과 형제애가 더욱 돈독해지는 것은 아닙니다. 그렇게 열망하는 성공회신자와 비성공회신자 사이의 평등은 지금처럼 성공회신자가 상위 계층을 대다수 차지하고 있는 한 쉽지 않을 것입니다. 통치자가 국민에게 모든 성공회신자를 배척하라고 시키고 기도서를 사용하는 것을 불법으로 처벌하지 않는 한 그렇게 되기는 어려울 것입니다.

그러나 이러한 것들보다 훨씬 중요한 것이 있습니다. 국가가 기독교를 무시하고 군주가 종교적 의식 없이 왕관을 쓰며 국회가 기도 없이 열린다면 영국은 나라의 흥망성쇠가 달려 있는 전능하신 하나님을 등지는 위험을 감수해야 할 것입니다. 지각 있는 사람은 우리의 불행한 형제국인 아일랜드가 개신교의 폐지로 어떤 유익을 얻었는지 잘 판단해야 할 것입니다. 나는 많은 사람들이 소위 우파스나무(Upas tree)6를 잘라낸 후 자신의 상황이 사회적으로나 정치적으로 더 악화되었다고 말하는 것을 들었습니다.

이제 국교회폐지운동을 끝까지 대적해야 할 이 막중한 임무와 관련하여 나는 우리 모두가 한 마음이 되어야 한다고 생각합니다. 나는 열심 있는 국교도 가운데 교회가 국가의 관리로부터 벗어나는 것이 잉글랜드 국교회에 유익이라고 생각하는 사람들이 있다는 것을 압니다. 그들은 온전한 주교의 인도함을 받아 국가라는 족쇄에 매이지 않고 버릇없는 국회나 사악한 법정의 간섭을 받지 않으며 완전한 연합을 누리고 그동안 하지 못했던 많은 일을 할 수 있는 자유롭고 풍성하며 강력한 교회에 대한 즐거운 환상에 빠져 있습니다. 이처럼 순진한 사람들은 자유교회(Free Church)가 말하기는 좋으나 실제로는 말처럼 자유롭지 못하다는 사실을 알게 될 것입니다. 국회와 세속적인 법정 및 수장령(Royal Supremacy) 외에도 다른 족쇄와 압력이 있습니다. 이솝 우화에 나오는 개구리들은 로그 왕(King Log)보다 스토크 왕(King Stork)이 훨씬 나쁘다는 사실을 알았습니다. 나는 한 국교도가 국교회폐지를 희망한다는 말을 들었을 때 "나는 건강했다. 나는 좋아질 것이다. 나는 약을 먹고 이곳에 누워 있다"라는 유명한 비명이 생각났습니다.

---

6 예전에 Gladstone은 아일랜드의 해악을 "독이 있다고 알려진" 열대 우파스 나무 가지에 비유한 적이 있다.

물론 대부분의 국교도는 이러한 환상에서 벗어나 잉글랜드 국교회가 폐지되는 것을 극구 반대할 것이라고 생각합니다. 그러나 나는 동료 국교도에게 남자답게 허리를 동이고 치열한 싸움을 준비할 것을 촉구합니다. 노를 걸어놓은 채 무기력하게 누워 "우리는 결코 정치에 개입하지 않을 것"이라고 선언하는 것은 아무런 도움이 되지 않습니다. 나는 그런 식으로 말하는 성직자에게 자신이 정치에 무심하면 정치가 자신에게 개입하여 집에서 쫓아내고 소득을 빼앗아 갈 것이라고 말합니다. 그는 잉글랜드 국교회의 정확한 정보를 알리고 국교회폐지론자들의 국교회에 대한 허위진술에 대해 정확히 대답하는 것이 가장 우선적인 의무라는 사실을 기억해야 할 것입니다. 이러한 허위진술이 얼마나 많이 떠돌아다니는지 모릅니다. 허위진술이 무지한 사람들에게 얼마나 나쁜 영향을 끼치는지 모른다면 어리석은 것입니다. 거짓말을 배포하고 그것을 믿게 하는 것만큼 수치스럽고 불명예스러운 것도 없을 것입니다. 교회는 재정이 얼마나 되고 어떻게 형성되는지 감사하는 것에 대해 전혀 두려워할 것이 없습니다. 교회가 원하는 것은 교회와 국가가 결탁했다는 세간의 오해에 대한 진실을 바로 알고 그것에 대한 말이나 글이나 소문을 무조건 믿지 말라는 것입니다.

고 타이트(Tait) 대주교는 1881년에 "우리는 사람들의 판단을 왜곡하고 존경심을 이간시키려는 조직적인 시도에 대해 더 이상 묵과해서는 안 된다"고 했습니다. 옳은 말입니다. 현 캔터베리 대주교 역시 수 주 전에 "모든 성직자는 책, 강의, 신문, 내화를 통해 진실을 알릴 의무가 있으며 교회 내 지각 있는 사람들과 학생들 및 도움을 줄 수 있을 만한 사람들에게 도움을 요청해야 한다"는 매우 지혜롭고 실제적인 언급을 한 바 있습니다. 교회를 지키고 싶다면 이러한 말을 믿고 그 말대로 즉시 시행해야 할 것입니다. 교회를 지키기 위해 필요한 가장 강력한 무기는 정보입니다.

그러나 나는 이러한 식의 교회 보호만큼 중요하다고 생각하는 또 하나의 요소에 대해 말하고자 합니다. 국교회폐지 운동을 막고 싶다면 집안부터 정돈해야 합니다. 즉 교회 보호에는 교회 개혁이 동반되어야 한다는 것입니다. 우리는 허위 사실을 바로 잡고 성직록 매매를 중단 하며 교회치리 제도를 부활시키고 기도서를 간소화 하며 직무에 따라 수입을 배분하고 늙고 병약한 성직자에게 연금을 제공하며 비대한 교구나 소외된 교구를 위해 적극적인 복음화체제를 갖추고 크고 작은 모임에 평신도의 정당한 입지를 보장해 주어야 할 것입니다. 무엇보다 우리가 서로 하나가 되어 어떤 약점도 드러내지 않아야 할 것입니다.

이처럼 명백한 의무를 등한시 한다면 교회보호에 관한 논의는 아무런 유익이 없을 것입니다. 만일 웰링톤 공작(Duke of Wellington)이 어느 한 곳이라도 열어놓고 방어하지 않았더라면 저 유명한 토레스 베드라스(Torres Vedras) 전선은 프랑스를 포르투갈로부터 지키지 못하였을 것입니다. 만일 수단 전투에서 우리 군대가 간격을 좁혀 틈을 허락하지 않았다면 아랍군의 침투를 허락하지 않았을 것입니다. 아무리 강력하고 튼튼한 사슬도 어느 한 곳의 연결에 결함이 있다면 더 이상 힘을 쓰지 못합니다. 잉글랜드 국교회는 어떤 약점도 없습니까? 우리의 '진지'에는 틈이 없습니까?

2. 나는 우리에게 몇 가지 심각한 약점이 있으며 그것을 깨닫지 못하면 전쟁의 날에 패배는 면한다고 해도 큰 타격을 입을 것이라고 생각합니다.

나는 교회를 지키는 자들이 더욱 겸손해야 하며 우리의 오래된 교회가 불완전하며 결점이 있다는 사실을 보다 솔직히 인정해야 한다고 생각합니다. 이 말의 의미를 간략히 설명하겠습니다.

1) 잉글랜드 국교회의 가장 큰 취약점은 **불행한 분열**에 있습니다.

우리가 집을 바로 세우려면 여기서부터 시작해야 합니다. 나는 여러분의 행동이나 태도, 복장 및 음악에 관한 논쟁에 대해 걱정하고 있는 것이 아닙니다. 단지 모든 사람이 알고 있는 한 가지 사실을 여러분에게 있는 대로 제시함으로써 모든 현명한 사람들로 하여금 스스로 우리가 얼마나 심각하게 분열되어 있는지 판단하게 할 것입니다. 금년 6월 런던에서 열린 연례 종교 단체 모임에서 회장은 긴 연설 말미에 다음과 같이 말했습니다.

> 우리는 연합을 위해, 특히 16세기의 죄로 말미암아 결별한 라틴교회 (great Latin Church)와의 연합을 위해 투쟁해야 합니다.

이 인용구는 일부 내용이 수정된 것으로 보이는 「처치 타임즈」 (*Church Times*) 기사에서 발췌한 것입니다. 다른 신문의 기사는 내용이 약간 다릅니다.

> 동서양을 막론한 해외 교회, 무엇보다 참 신앙을 지키기 위해 노력했던 거룩한 로마 교회, 특히 서방 교황청(Apostolic See of the West)과의 연합이 회복이야말로 우리가 가장 소중히 여겨야할 목표가 되어야 할 것입니다.

어느 기사를 취하든 실로 불길하고 고통스러운 진술이 아닐 수 없습니다. 이 말을 한 핼리팩스 경(Lord Halifax)은 이백 년 전 일곱 명의 주교가 웨스트민스터 홀에서 사면될 때 갈채를 이끌어 내었던 그 핼리팩스 경은 아니지만 신실하고 존경받을 만한 사람이라는 데에는 의심의 여지가 없습니다. 그러나 우리는 그가 말하는 '라틴 교회'가 가톨릭을 의미하며 '16세기의 죄'란 개신교의 개혁을 의미한다는 사실을 잘 알고 있습니다. 그가 연설했던 단체인 잉글랜드 국교회연합(English Church union)은 2,600명 이상의 성직자와 20,000명 이상의 평신도를 비롯하여 영토의 한쪽 끝에서 다른 쪽 끝까지 많은 하부 조직을 가지고 있습니다. 더구나 이 말을 했던 연합회 수장은 2,600명의 성직자를 대표하는 대변자로서, 자신의 진술에 대해 어떤 반대도 받지 않았으며 나는 지금까지 그의 생각에 대해 반박한 사람이 있다는 말을 들어본 적이 없습니다.

이러한 사실에도 불구하고 나는 상식적인 사람들에게 과연 우리교회가 가장 고통스러운 분열을 겪었다는 사실을 부인할 수 있는지 묻고 싶습니다. 우리의 눈을 닫고 "분열을 본 적이 없다"고 말하는 것만큼 어리석은 것은 없으며 그것은 마치 눈뜬장님이나 같습니다. 소심한 국교도는 쉬쉬하겠지만 분열은 엄연한 사실입니다.

나는 마음이 좁고 관대하지 못하다는 세속적 혐의에 대해서는 인정할 수 없습니다. 오히려 나는 우리교회가 포용적이어야 하며 고교회와 저교회 및 광교회가 공존할 수 있는 여지를 찾아야 한다는 주장을 계속해 왔고 그러한 주장 때문에 많은 비난도 받았습니다. 그러나 나는 이러한 포용성에는 한계가 있어야 한다고 생각하며 잉글랜드 국교회 연합을 대표하는 수장의 말은 이러한 한계를 고통스럽고 위험스럽게 넘어선 것으로 보입니다. 한 마디로 이 단체가 그러한 사실을 부인하거나 변명하지 않는 한 우리가 분열되지 않았다는 것은 터무니없는 주장일 뿐입니다.

흔히 영국에는 가톨릭과의 재결합을 싫어하고 개신교 개혁주의를 자랑스러워하며 개신교의 원리들을 포기하기보다 국교회폐지를 받아들이겠다는 성직자와 평신도가 많이 있다고 말합니다. 관용, 타협 또는 포용성이라는 영리한 정책 없이 그처럼 상반된 두 사상적 분파가 함께 하는 것이 가능하겠습니까? 두 분파 사이에는 엄청난 괴리가 있으며 우리가 자주 부르는 "우리는 분열되지 않았다. 우리 모두는 하나이다"라는 노래는 사실이 아닐 뿐만 아니라 가장 고통스러운 거짓입니다. 한 마디로 우리는 외부의 대적과 함께 내부의 분열로 인한 불화라는 대적과의 싸움을 앞두고 있습니다.

만일 우리가 좌초하지 않는다면 그것은 오직 자비로운 하나님의 기적적 개입 때문일 것입니다. "성경 말씀은 한 점의 오차도 없습니다." 우리 주님의 말씀은 1,800년 전이나 지금이나 동일하게 진리입니다. "스스로 분쟁하는 동네나 집마다 서지 못하리라." 나는 이 문제를 여러분 각자의 생각과 개인 기도에 맡기겠습니다. 우리의 상황에서 이것이 취약점이 아니라면 무엇이 취약점이겠습니까? 그것은 감출 수 없는 진실입니다. 우리의 대적은 이러한 약점을 잘 알고 있으며 그것을 이용할 것이 분명합니다.

하나 됨을 위해 바다와 육지를 두루 다니며 애쓰고 노력해야 합니다. 그것을 얻기 위해서라면 소위 평화의 단을 위해 하나님의 진리를 희생시키지 않는 선에서 모든 개인적 취향을 희생하고 더 많이 양보해야 할 것입니다. 그러나 우리가 분열을 치유하지 않으면 향후 몇 회기 동안은 하원에서 패배를 면할 수 있을지 모르지만 얼마 지나지 않아 패배를 맛보게 될 것입니다.

2) 국교회의 두 번째 취약점은 매우 심각합니다.

그것은 우리 가운데 광범위하게 확산되고 있는 무법과 권위에 대한 불복입니다. 예나 지금이나 여러분은 내가 여러분을 교회 소송이라는 가시밭길로 끌어들이려 한다고 생각하지 않아도 됩니다. 나는 이 소송에서 누가 바르고 누가 그른지에 대한 언급조차 하지 않을 것입니다. 나는 여러분이 다음과 같은 부인할 수 없는 사실에 관심을 가져줄 것을 촉구할 뿐입니다. 성만찬의 특정 행위가 여왕의 법정에서 철저한 논의와 조사 끝에 불법으로 판결났다는 것은 사실입니다.

이러한 법정 선고는 국회법에 의해 파기되거나 무효화되지 않는 이상 이 땅의 실제적인 법입니다. 법학원(Temple 또는 Lincoln's Inn)에서 만나는 모든 법조인은 여러분에게 이러한 법원의 결정은 좋든 싫든 모든 성직자를 구속하며 반드시 지켜야 하는 법이라고 말할 것입니다. 유명한 마일즈 플래팅 사건에서 판사는 이 결정이 법이라는 판결을 내렸으며 이러한 판결에 이의를 제기하는 사람은 없었습니다. 그러나 잉글랜드 전역의 상황은 어떻습니까? 앞서 언급한 사실들에도 불구하고 이 땅에서는 불법으로 선고받은 행위들이 수많은 성직자들에 의해 습관적으로 자행되고 있으며 그러한 행위를 받아들이지 않는 수많은 사람들도 그것을 호의적으로 대합니다. 그것이 전부가 아닙니다. 이러한 불법은 아무런 제재나 간섭 없이 허용되고 있으며 그것을 지적하거나 간섭하는 자에게는 비난이 쏟아집니다. 이것이 불법이 아니라면 무엇이 불법이라는 말입니까? 이러한 상황은 다른 직장이나 군대, 의료계 또는 술집에서도 인정되지 않습니다.

한 마디로 무법과 혼란으로 가득하며 기강은 사라졌습니다. 지금은 사사시대와 다름없으며 모든 성직자가 "자신의 소견에 옳은 대로 행하는" 시대가 되었습니다. 직무상 자신의 교구가 수장령을 지키고 여왕의 법을 존중하는 것을 감독해야 하는 불행한 주교들이야말로 가련한 존재입니다. 그들은 팔짱만 끼고 가만히 앉아 아무것도 하지 않으면 비난을 받습니다. 그러나 불법을 감시하기 위해 조치를 취하면 또 다른 비난을 받습니다. 사실 비난이라는 표현은 완곡어법입니다. 이 단어는 양쪽의 극단적 저자들이 헌신적인 주교의 수장에게 퍼붓는 맹렬하고 폭력적이며 모욕적인 언사를 담기에는 약한 표현입니다.

가장 나쁜 것은 특별한 대책이나 나아질 가망성이 없어 보인다는 것입니다. 법정은 나쁜 곳이며 법원의 판결은 무의미하다고 말하는 자는 판정 번복이나 법원 개혁을 위한 시도는 하지 않겠다는 자들입니다. 상원이나 하원에서 법원의 개선을 위한 법안이나 성직자 징계 및 공예배법(Public Worship Acts)에 대한 수정안을 발의하는 의원은 없습니다. 3년 전에 자신의 입장을 발표한 왕립위원회는 의식 문제에 관한 한 위원회로서의 역할을 전혀 하지 못하고 있습니다. 모든 주제는 교착상태에 빠져 있습니다. 교회는 해마다 하는 일은 없이 머뭇거리며 더듬거리며 꾸물대며 당파적 논진만 펴면서 '적절한 시기'만 기다리고 있습니다. "촌사람은 물이 전부 흘러가기만(상황이 좋아지기만) 기다린다"[7]는 말이 있습니다. 이제 남아 있는 한 가지 유일한 사실은 법정의 권위를 계속해서 경멸한다면 모든 판결은 무효화될 것이며 왕의 주권은 사실상 무시될 것이라는 점입니다.

나는 일부 선량한 사람들 가운데 이러한 상황을 특별한 위험이 없는 건전한 상태로 여기고 아무런 부담을 갖지 않는 사람들이 있다는 것을 압니다. 그들의 순진함에 대해서는 높이 평가하지만 내 생각은 전적으로 다릅니다. 현재의 혼란상태가 지속되는 한 하원이 국교회폐지 운동을 추진할 때 우리의 약점은 거대한 바다를 드러낼 것이 분명합니다. 과연 교회가 국왕의 권위(수장령)를 부시하거나 법원의 결정을 따르기를 거부할 자격이 있는가라는 의문이 제기될 것은 당연합니다. 법원이 정의롭든 정의롭지 않든, 법원의 판결이 옳든 그르든, 우리는 그러한 것들이 사실상 왕의 권위를 나타낸

---

7 *Rusticus expectat dum defluit amnis*(Horace, Epistles I, 2.41).

다는 것을 기억해야 합니다.

국교회폐지론자들은 당연히 "당신들은 왕의 권위를 거부하겠다는 말인가"라고 물을 것입니다. 현재 우리의 태도는 국회로 하여금 우리가 교회를 국가로부터 독립시키고 모든 권력을 하원으로부터 빼앗아 성직자의회로 넘기고 싶어 한다는 의심을 심어주기에 충분합니다. 그러나 잉글랜드 하원이 그것을 용납할 리 없습니다. 우리는 1640년에 있었던 성직자의회(Laud's Convocation) 사건을 잊을 수 없습니다. 법원의 개혁 및 잘못된 판결의 파기를 원했던 라우드 주교는 얼마 있지 않아 그렇게 하기 위해서는 최고 주권자를 찾아가야 하며 그가 허락하지 않는 한 무망하다는 사실을 깨닫게 됩니다. 나는 이러한 부분에 대해서는 여러분 각자의 생각에 맡기겠습니다. 다만 우리가 겪고 있는 현재의 부인할 수 없는 혼란 상태는 국교회폐지를 막기 위한 방어벽의 가장 큰 허점 가운데 하나가 될 것이라는 사실만 강조하고자 합니다. 여러분은 옛 시대 사람들이 카산드라(Cassandra)[8]를 믿지 않았듯이 나를 믿지 않을는지도 모릅니다. 그러나 영국의 대중이 성직자에 대해 자유주의자들을 용납하고 법을 경멸하는 부류로 생각하는 이상 여러분은 결코 국교회폐지를 막을 수 없다는 것이 나의 확신입니다.

3) 국교회의 세 번째 약점은 꺼내기 어려운 말이지만 말하지 않을 수 없습니다.

그것은 교회 문제에 관한 **국교회 평신도의 전반적인 무관심 및 냉담함**에 관한 것입니다. 도시나 시골을 막론하고, 교구회의나 모임

---

[8] 그녀는 남편 Agamemnon에게 트로이에서 그리스로 돌아가면 재앙이 기다릴 것이라고 거듭 경고하였으나 아내의 말에 귀를 기울이지 않았던 그는 결국 암살당하고 만다.

에서 앞장서서 교회문제에 관심을 보이는 평신도는 거의 없습니다. 이 점에서 잉글랜드 국교회와 다른 교회들을 비교해보면 가장 비관적입니다. 이 땅에 있는 미국 성공회, 아일랜드의 폐지된 교회, 캐나다 교회나 호주 교회, 스코틀랜드 장로교회, 감독교회, 독립교회, 침례교회 가운데 잉글랜드 국교회의 평신도만큼 자신의 복지에 관심을 갖지 않는 교회는 없을 것입니다.

상류층 국교도 가운데 매주 교회에 나와 회중 가운데 있지만 교구위원 모임이나 교구 회의에 참석하거나 각종 종교 단체나 교구 총회에 모습을 나타내는 일은 결코 없는 냉담한 평신도가 얼마나 많은지 모릅니다. 또한 그들 가운데 교회문제는-그것이 아무리 중요한 것이라고 해도-제쳐두고 그것을 이해하거나 그것 때문에 걱정하지 않겠다고 결심한 사람들이 많다는 것을 모르는 사람이 없을 것입니다. 그들은 자신의 지역 교구 성직자가 헌신적이고 도덕적이고 상냥하고 지식적이며 열심이기만 하면 (신앙이나 교리적으로도) 틀림없이 옳을 것이라고 생각합니다. 그러나 이 모든 것들은 로욜라의 이그나티우스(Ignatius Loyola) 및 예수회(Jesuits)에게나 해당되는 언급으로 모든 성직자에 대해 "과연 그는 하나님의 진리를 가르치고 있는가"라는 의문을 가지는 것은 당연하다는 사실을 그들은 잊고 있습니다.

우리 입장에서는 이러한 상황이 매우 위험한 징후일 수밖에 없습니다. 이것은 종교가 성직자의 고유 영역에 속하며 평신도는 눈을 닫고 귀와 입만 연 채 성직자기 말하는 것은 무엇이든 믿었던 옛 시대의 유산이라고 생각합니다. 그러나 지금은 이러한 잠에서 깰 때입니다. 앤 여왕(Queen Anne) 및 조지(Georges) I, II세 시대에는 아무런 문제가 없었습니다. 그러나 19세기는 결코 그렇지 못합니다.

국교회폐지가 현실화되면 이 '슬리피 할로우'(Sleepy Hollow)⁹는 산산조각이 날 것이며 평신도 가운데 잠에 취해 있던 립 반 윈클스(Rip Van Winkles)는 비로소 교회 일에는 모든 사람이 적극적으로 나서야 하며 그렇지 않을 경우 교회는 붕괴되고 만다는 사실을 깨닫게 될 것입니다. 우리의 함대에는 블레이크(Blake)와 같은 사람들이 더 있어야 하며 군대에는 해블록(Havelock) 및 고든(Gordon)과 같은 사람이 더 있어야 하며 상원에는 섀프트베리(shaftesbury)와 같은 의원이 더 있어야 하며 법정에는 해덜리(Hatherley)와 케언즈경(Lord Cairns) 같은 사람이 더 있어야 하며 하원에는 윌리엄 윌버포스(Wilberforce)와 같은 의원이 더 있어야 하며 우리의 식민지에는 헨리(Henry)와 존 로렌스(John Lawrence)와 같은 정치가가 더 있어야 하며 손튼(Thornton)이나 조지 무어(George Moore)와 같은 은행가 및 기업인이 더 많이 있어야 합니다.

나는 현 시점에서 평신도의 4/5가-그들이 잉글랜드 국교회가 완전히 소멸되기를 바라지 않는 한-국교회폐지 및 몰수가 어떤 의미를 가지며 그것이 결국 사회의 기초를 뿌리째 흔들고 엄청난 재정적 요구를 할 것이라는 사실을 조금도 깨닫지 못하고 있다는 것을 믿을 수 없습니다. 이러한 취약점에 대해서는 시간이 없어 이쯤에서 그만두겠습니다. 지금까지 언급한 것은 잉글랜드 국교회의 일반적 상황에 관한 내용임을 여러분은 알고 있을 것입니다. 이 부분에서는 그나마 우리 교구의 상황이 다른 교구보다 낫다고 생각합니다. 우리 교구에는 모든 선한 일에 발 벗고 나서려는 금같이 귀한 평신도가 많이 있으며 그들이 없었다면 우리 교구는 존재하지도 못했을 것입니다. 내가 바라는 것은 이러한 사람들의 수가 더욱 많아지는 것입니다. 그러나 나는 이 나라 전체의 평신도가 교회에 대해

---

9 Washington Irving의 *Sketch Book*에서 허드슨 강가에 있는 조용하고 고풍스러운 마을 이름이다.

지금까지보다 더 많은 관심을 가져야 하며 자신이 진정으로 교회를 생각하고 있다는 것을 보여주어야 한다고 생각합니다. 그렇지 않을 경우 국교회는 수년 내 무너지고 말 것입니다.

4) 국교회의 또 하나의 약점은 매우 중요하고 심각합니다.

그것은 광범위한 외적 고백에도 불구하고 이 나라 전체의 **평균 기독교 수준**이 크게 떨어졌다는 것입니다. 나는 하나님이 국가적 범죄로 말미암아 우리에게 진노하고 계시며 우리에게 보내시려는 쓰라린 심판 가운데 하나는 가장 오래된 제도 가운데 하나를 폐기하는 것일지도 모른다는 생각을 종종 합니다. 하나님이 우리를 징벌하시고 국교회폐지 및 몰수를 통해 정신을 차리게 하신다고 해도 결코 놀랄 일이 아닙니다.

이것은 불유쾌한 주제로, 별로 다루고 싶지 않은 내용입니다. 그러나 시간은 없고 배는 이미 침입자들의 손에 넘어 갔으며 문제는 솔직한 언급을 요구하고 있습니다. 지금은 서로 칭찬하고 모든 사람에게 감사하며 상호 의견이 다른 주제는 가능한 기피하는 시대이기 때문에 우리는 자신의 상황에 대해 긍정적인 방향으로만 생각하고 자신의 결점에 대해서는 눈을 닫아버리는 경향이 있습니다. 한 마디로 우리는 그림자처럼 다니며 썩은 것에 도금을 하고 광택을 내고 있습니다.

예를 들면 어떤 사람들은 지난 50년간 많은 대성당과 교회가 복원된 사실을 지적하면서 이것은 교회가 가장 만족할만한 상황에 있음을 보여준다고 생각하는 것 같습니다. 다른 사람들은 소위 "생동적이고 진심어린 예배"의 대폭 증가, 찬양 및 일반적 의식의 개선, 잦은 성만찬을 지적하면서 이러한 것들은 영적인 삶의 분명한 증거라고 말합니다. 나는 이러한 관점에 동의할 수 없습니다. 그들은 헤롯이 복원한 예루살렘 성전보다 웅장한 예배 처소는 없었으며 예수님 시대에 이 성전에서 드려진 것보다 완벽한 의식도 없었지만 당시의 성전과 의식은 멸망 직전에 있었다는 사실을 모르는 것 같습니다. 당시의 모든 시스템은 겉은 화려하나 속은 썩은 회칠한 무덤과 같았으며 따라서 몇 년 지나지 않아 로마인들이 와서 그곳과 나라를 제거해버렸던 것입니다. "높은 마음을 품지 말고 도리어 두려워하라"고 했습니다.

지난 50년간 잉글랜드 국교회가 보여준 외적인 발전과 변화에도 불구하고 그것에 상응하는 내적 신앙 및 참된 경건에 변화와 향상이 있었는지에 대해서는 의문을 제기할 수밖에 없습니다. 지난 50년간 교회 음악과 의식에 지출된 시간과 물질의 1/10만 사람들의 회개와 신앙과 거룩함과 자기 부인을 촉구하는 일에 투자했다면 우리 교회는 지금보다 훨씬 건강한 상태를 유지하고 있을 것입니다. 나는 "인류가 예술과 과학과 문명을 발전시키는 것은 분명하지만 개인은 향상시키지 못한다"라는 이탈리아의 유명한 정치가 카부르 백작(Count Cavour)의 말을 읽은 적이 있습니다.

나는 우리에게 악을 점검하고 선을 행하는 탁월한 단체들이 있다는 사실을 알고 있으며 그들의 노고에 감사한 마음을 가지고 있습니다. 그러나 그러한 단체들은 국가에 비해 얼마나 약하고 영향력이 적은지 모릅니다. 사려 깊은 사람이라면 십계명을 증거 삼아 그것으로 오늘날의 기독교를 검증함으로써 결과를 확인할 수 있을 것입니다. 열 가지 계명 가운데 어떤 계명이 제대로 지켜지고 존중됩니까? 수백만 명의 사람들은 안식일을 범하며 공예배를 무시하는 태도가 습관화 되어 있습니다. 최근에 드러난 수많은 부도덕과 7계명에 대한 위반 사례들을 보십시오. 온갖 노력에도 불구하고 끊이지 않는 술취함과 방탕함을 보십시오. 날마다 신문지면을 가득 채우고 있는 도박과 유흥 및 오락에 대한 우상화를 보십시오. 종교적 목적에 지출하는 창피하게 적은 금액에 비해 온갖 방종함에 지출하는 엄청난 금액을 보십시오.

대중에게 확산되고 있는 공산주의와 사회주의 및 상류층의 부정과 냉소적 불가지론을 보십시오. 마지막으로 끊임없는 정치적 신학적 논쟁이 초래하는 상처와 메마른 사랑을 보십시오. 위대한 역사학자 투키디데스(Thucydides)가 당시의 파벌의식에 대해 언급한 말은 안타깝게도 오늘날 우리에게 완벽히 적용됩니다.

> 양 쪽의 확신이나 약속은 결코 상대에게 신뢰를 줄 수 없다. 상대가 아무리 합리적인 제안을 해도 곧이곧대로 받아들이는 것이 아니라 의심하게 된다. 어떤 책략이나 농간도 이익이 된다면 부도덕한 것으로 생각하지 않는다. 온건한 제안은 무엇이든 비겁하다거나 불성실하다는 딱지가 붙는다. 맹목적인 폭력적 성향의 사람만이 해를 끼칠 염려가 없는 사람으로 인정받으며 중도적 성향의 사람은 양쪽 모두에 위해한 자로 인식된다.

한 이교도 작가의 이러한 설명은 모든 사람이 자신을 그리스도인이라 칭하며 사도바울이 말하는 고린도전서의 사랑을 믿는다고 고백하는 이 땅의 현실에 얼마나 잘 들어맞는지 모릅니다. 누구라도 이 엄청난 악의 존재를 부인할 수 있다면 그렇게 해보십시오. 그런 사람에게 악이-그것을 막을 힘도 없어 보이는-국교회 앞에 버젓이 존재하고 있다는 사실을 상기시킨 후 그럼에도 불구하고 과연 우리 진영에는 다가올 전쟁에서 국교회를 걱정하지 않을 수 없게 만들 불안한 요소나 약점이 없다고 말할 수 있는지 물어보십시오. 결국 앞서 언급한 상황에 대해 많은 사람들이 가지고 있는 무관심과 냉담함이야말로 최악의 징후 가운데 하나인 것입니다.

예를 들어 나는 하나님이 만국을 통치하신다고 믿는 전통적 사고를 가지고 있습니다. 나는 하나님이 이 땅의 사람들을 죄에 따라 다루시며 그들이 하나님을 어떻게 대하느냐에 따라 흥하게 하거나 망하게 하시며 높이거나 낮추신다고 믿습니다. 나는 니느웨와 바벨론과 애굽과 두로와 카르타고와 베니게와 스페인과 포르투갈과 멕시코와 페루를 보면서 우리의 미래에 대해 염려하지 않을 수 없습니다. 우리가 회개하고 돌아서지 않는다면 이 땅에서 오랜 제도가 무너지고 국교회가 붕괴되며 촛대가 옮겨지더라도 놀라운 일이 아닐 것입니다. 지혜롭고 사려 깊은 사람이라면 프랑스에 엄청난 재앙을 몰고 온 1789년의 혁명이 그들의 신앙 수준 및 도덕성의 저하 때문이라는 것을 모르지 않을 것입니다. 우리도 지금 하려는 일에 정신 차리지 않으면 그와 동일한 끔찍한 결과를 초래하게 될 것입니다.

이 문제에 대해서는 더 이상 말하지 않겠습니다. 여러분 가운데는 내가 너무 많이 말했다고 생각하는 사람도 있을 것입니다. 그러나 나는 지금이 어느 때보다 위기적 상황이며 1886년 회의 이전에 무슨 일이 일어날지도 모른다는 확신과 깊은 의무감에서 말했을 뿐입니다.

나는 미래에 대해 절망하지 않습니다. 하나님은 내가 그렇게 하기를 원하지 않으십니다. 나는 하나님의 전능하신 힘이 최악의 상황에서도 우리를 구원하실 것이라고 믿습니다. 하나님은-통치 초기부터 성직자의 절반이 마음으로는 개혁주의와 상관없는 가톨릭 신자였던-엘리자베스 시대에도 우리가 사랑하는 교회를 안전히 지키셨습니다. 하나님은 공화국 시대 이후 캔터베리 대주교가 참수당하고 주교들과 기도서가 멸절되는 굴욕적인 상황에서도 우리를 다시 한 번 살리셨습니다. 하나님은 우리를 제임스2세의 가톨릭화 정책에서 구하시고 일곱 명의 주교에게 가톨릭을 받아들이는 대신 감옥에 가는 은혜를 주셨습니다. 하나님은 지난 세기 중반 우리의 영적 지도자들이 무지해서 감리교신자들을 교회에서 쫓아내는 와중에서도 우리를 지키셨습니다. 하나님은 과거에 하셨던 일을 다시 하실 것입니다. 이 일을 위해 우리 모두 함께 기도합시다. 기도하는 성도는 교회를 지탱하는 힘입니다.

어쨌든 이제 우리는 베수비오(Vesuvius) 산의 화산 폭발로 폼페이가 멸망할 때 끝까지 자리를 지켰던 용감한 로마 파수꾼처럼 각자의 자리를 지키겠다는 결심을 합시다. 오늘날까지 그들의 유골은 그들이 도망하지 않고 자신의 자리를 지키다 죽었다는 사실을 말해줍니다. 천만 명의 성도를 가진 교회는 훌륭한 싸움을 해야 하며 수많은 사상자가 속출할 수밖에 없습니다.

우리는 아직 죽지 않았습니다. 영국의 오래된 교회는 수많은 망치질을 견디어낸 모루입니다. 유명한 공화국 장군 윌리엄 월러 경(Sir William Waller)의 딸이 국교도와 결혼했을 때 사람들은 그가 자신의 딸을 곧 쓰러질 교회에 속한 사람과 결혼시킨 것에 놀라워했습니다. 그러나 늙은 장군은 무뚝뚝하게 자신은 "이 붕괴 직전의 교회가 신기하게도 다시 살아나는"것을 보았다고 대답하였습니다. 우리도 마찬가지입니다. 나는 우리가 불이 붙었으나 사라지지 않는 떨기나무처럼 되기를 원합니다.

우리 앞에는 우리가 마음과 뜻과 정성과 힘을 다해 지켜야 할 두 가지 의무가 놓여 있습니다. 한편으로는 모든 합리적 방법을 동원하여 사실을 알리고 거짓에 대해서는 단호히 대처합시다. 다른 한편으로는 우리의 집안을 정돈하고, 빌을 족쇄 채우고 맷돌을 목에 건 채 전쟁터로 나아가는 일이 없도록 합시다. 우리의 표어와 슬로건은 "잉글랜드 국교회의 예배 규칙 및 개혁주의 원리에 기초한 연합"이 되어야 할 것입니다.

우리가 확신하는 몇 가지 사실이 있습니다. 그 중 한 가지는 잉글랜드 국교회가 가톨릭으로 회귀하는 것을 잉글랜드 국민이 용납하지 않을 것이라는 사실입니다. 또 한 가지는 잉글랜드 국교회가 법 위에 서는 것을 잉글랜드 국회가 결코 좌시하지 않을 것이라는 사실입니다. 마지막으로 가장 중요한 한 가지는 하나님이 형편없는 신앙적 수준에 만족하는 교회를 도우시는 일은 없을 것이라는 사실입니다.

5장
전망
(1886년, 여섯 번째 리버풀교구회의에서 행한 연설)

사랑하는 성직자 여러분!

여섯 번째 교구회의에 참석하신 것을 진심으로 환영합니다. 기대한 만큼 많은 사람이 모이지 않았으며 안타까운 말이지만 지난 5년 동안 절반의 인원밖에 참석하지 않은 경우는 이번이 처음입니다. 그러나 나는 이것이 오늘날 이 땅의 모든 교구가 동일하게 겪고 있는 상황이며 불평할 이유가 없다고 생각합니다. 이 회의가 어떤 구속력도 갖지 않는 순수하고 자발적인 모임인 한, 모든 국교도가 이 모임과 논쟁에 깊은 관심을 보이기를 기대한다는 것 자체가 잘 못일 것입니다.

여러분 앞에 제시히려는 주제들은 신중히 선택되었으며 유익한 논쟁의 장을 제공할 것이라고 생각합니다. 나는 여러분에게 회의 주제를 선택하는 일은 어떤 사람들의 생각처럼 쉽지 않았다는 사실을 상기시키고 싶습니다. 한편으로 우리는 어린 아이들에게 필요한 "정직은 좋은 것이다"라는 주제처럼 누구나 알고 있는 문제를 다루고 싶어 하지 않습니다. 그러나 다른 한편으로 우리는 대부분의 국교도가 어느 한쪽으로 마음을 굳히고 좀처럼 생각을 바꿀 것 같지 않을 것처럼 보이는 지극히 논쟁적인 주제도 원하지 않습니다. 우리가 논의하고 싶은 주제는 양쪽 모두에 유익이 되며 보다 큰 통찰력이 요구되는 참으로 실제적인 주제입니다. 성직 수여권, 국내 사역자의 상황, 교회 음악과 찬양 및 오늘날의 설교야 말로 이러한 주제에 해당한다고 생각합니다. 어쨌든 나는 이러한 주제와 관련하여 우리가 알아야 할 정보는 많이 있으며 그것에 대해 함께 나눌 수 있을 것이라고 생각합니다.

나는 다른 주교들의 사례를 따라 잉글랜드 국교회 전반, 특히 우리 교구의 전망에 관해 몇 가지를 언급하고자 합니다.

1. **리버풀교구에 관한 전망**은 언제나처럼 복잡합니다.

주교로서 전체적인 관점에서 볼 때 정말 보고 싶지 않은 고통스럽고 절망적인 여러 가지 일들을 볼 수 있습니다. 그러나 나는 불평하지 않을 것입니다. 내가 여러 가지 감사한 일들을 공개적으로 인정하지 않았다면 배은망덕한 자가 되었을 것입니다. 수차례 밝힌 대로 우리 교구에는 암운이 드리워 있는 것이 사실이지만 청명한 날도 많습니다.

1) **교구 내 기관들에 대한 극히 제한적인 지원**은 리버풀교구에 대한 전망을 어둡게 하는 매우 비관적인 요소이며 웨스트 더비 국교도에 대한 신뢰성에 문제가 있음을 보여줍니다.

내가 지난 해 교구 회의에서 1885년 우리 교구의 대표적인 여섯 개 기관이 지원받은 금액은 총 3,982파운드이고 교구민이 120만 명인 교구에서 후원에 동참한 자는 638명뿐이며 200명의 수록성직자 가운데 80명은 이 중요한 교구 기관에 지원한 적이 한 번도 없다고 말한 바 있으나 이처럼 불만족스러운 상황을 다시 한 번 상기시킬 필요가 있다고 생각합니다.

그러나 이러한 상황에는 양면성이 존재합니다. 교회의 관대함을 교구 기관에 지원한 돈의 액수에 따라 판단하는 것은 불합리하고 부당할 것입니다. 우리는 매년 상당한 액수의 금액이 재무 담당자(Treasurers of Finance Association)의 손을 거치지 않고 직접 교회를 위해 지원되고 있다는 사실을 잘 알고 있습니다. 이러한 상황은 다른 교구도 마찬가지입니다. 인간의 본성이 변하지 않는 한 사람은 자신과 가까운 교회나 학교나 선교원이나 부교역자에게 직접 돈을 전하고 싶어 할 것입니다. 우리 교구에서는 공식적인 루트(Office in Commerce Court)를 통하는 것보다 많은 금액의 돈이 이런 식으로 지원되고 있습니다. "그렇게 해서는 안 된다"고 말해보았자 아무런 소용이 없습니다. 우리는 이러한 상황을 받아들여야 하며 이것이 '불행한 분열'의 수많은 결과들 가운데 하나라는 사실만 기억하면 될 것입니다.

결국 새로운 리버풀교구를 깎아내리고 싶어 하는 외부의 비판가들은 최근 새로운 교구의 관할 구역 내에 거주하는 국교도가 개인적으로 교회를 위해 지출한 막대한 기부금을 상기해 보아야 할 것입니다. 우리 교구가 생긴 후 지난 6년간 우리가 존경하는 찰스 그로브스(Charles Groves)는 교회 건축을 위해 총 1만 파운드를 기부했습니다. 호스폴(Horsfall)은 성 아그네스(St. Agnes)를 세우는 작업에 2만 파운드를 지출했습니다. 놀즈(Knowles)와 피어슨은 인스(Ince)에 교회를 세우는데 1만 파운드를 기부했습니다. 지난 해 한 무명의 기부자는 나에게 교구를 위해 사용하라며 2천 파운드를 보내왔습니다. 끝으로 여기서 이름을 밝힐 수 없는 한 훌륭한 부인은 부교역자를 위한 크고 아름다운 수양관(House of Rest)을 건립한 후 세인트 아타나시우스 교구목사관(2천 파운드)과 세인트 폴 교구목사관(2천5백 파운드)을 지원하고 세 곳의 새로운 교회(St. Athanasius, St. Gabriel, St. Bede) 건축을 위해 각각 2천 파운드를 지원한 후 금년에 교구 내 늙고 병약한 성직자들을 위한 연금으로 2만 파운드를 보내왔습니다. 불과 6년 된 교구에서 이처럼 풍성한 헌신이 있었던 것입니다. 이제 리버풀교구는 교구가 생긴 후 기부하는 사례가 없었다는 말은 당분간 나오지 않을 것입니다.

2) 우리 교구의 **교회 건축**에 관한 전망과 관련하여 나는 아직도 미진한 부분이 많지만 지금까지 진척된 상당한 성과에 감사하지 않을 수 없습니다.

15개 교회가 새로 세워져 봉헌되었으며 지역 교구의 중심을 형성하고 있습니다. 아직 봉헌되지는 않았지만 네 개의 큰 교회가 건축을 필하고 인가를 받아 예배를 드리고 있으며 다섯 개 교회가 새로 건축 중에 있습니다. 그 외에도 세 개의 교회를 재건축하고 세 개의 교회를 각각 3천 파운드를 들여 재단장 하였으며 네 개의 교회에 성단소를 만들어 확장하였습니다. 이러한 일들은 교회 건축에 많은 성과가 있었음을 웅변적으로 보여줍니다. 그러나 세인트 에이단(St. Aidan, Kirkdale), 세인트 폴(St. Paul, North Shore), 세인트 존 스침례교(St. John the Baptist, Toxteth Park)와 같은 교회들, 세인트 헬렌과 워링톤의 교회들에 부속된 지구 또는 부틀(Bootle) 구역의 상황을 생각하면 우리의 건축에 더 많은 진척이 있기를 기대하는 것이 당연할 것입니다. 1만 명이나 1만 5천 명의 교구민에 성직자가 한 명뿐이고 봉헌된 교회가 한 곳 뿐인 상황에서 이러한 교회가 잉글랜드 국교회를 대표하여 영향력을 끼칠 수 있을 것이라고 생각하는 것은 착각입니다. 이러한 지역은 잉글랜드 국교회의 약점에 해당하며 국교회폐지론자들에게 공격의 빌미를 제공할 것입니다. 상식적으로 이러한 지역에 거주하는 수많은 교구민은 마치 목자 없는 양과 같습니다. 그들은 지역 교구 성직자에 대해 아는 것이 전혀 없으며 자신을 돌보지 않는 교회를 생각할 이유가 없습니다. 이러한 지역에는 소박한 선교 룸, 기본적인 복음적 예배, 전도사나 평신도 사역자의 확충 등과 같은 대책이 시급히 요구됩니다. 그러나 결국 이러한 대책은 일시적 미봉책에 불과합니다. 궁극적으로는 이러한 지역을 사역에 용이한 적절한 규모의 구역으로 분할하고 구역별로 교회를 세우고 전임 교역자를 파송하며 목사관을 구비해야 할 것입니다. 나는 하나님께서 부유한 자들을 감동하여 자신에게 부를 가져다 준 이 도시를 위해 더 많은 교회를 세우려는 마음을 주시기를 원하며 기도합니다. 그러나 현재로서는 지금까지 이룬 성과에 감사하면서 보다 빠른 진척을 간절히 바랄 뿐입니다.

그러나 나는 교회 건축이라는 주제와 관련하여 새로운 교회 건축을 생각하고 있는 모든 사람에게 경고를 곁들인 진심어린 충고를 하려 합니다. 하나는 화려한 디자인을 조심하고 자신의 재능을 과시하려는 건축가의 희생양이 되지 말라는 것입니다. 가능한 아름다운 교회를 세우되-특히 가난한 지역에서-외형적 치장에 쓸데없는 낭비를 하지 말아야 할 것입니다. 새로운 교회를 추진하려는 자들에게 또 한 가지 부탁하고 싶은 것은 결코 과도한 빚으로 시작하는 일이 없도록 조심하라는 것입니다. 빚 갚느라 고생하는 것만큼 새로운 교회 사역자를 무기력하게 만드는 것은 없다고 생각합니다. 그것은 자신의 목에 연자 맷돌을 매다는 것과 같으며 사역을 시작해야 하는 중요한 시기에 결정적인 타격을 입힐 것입니다. 끝으로 새로운 교회를 추진하려는 모든 자들이 명심해야 할 한 가지 중요한 사항은 교역자의 사례에 대해 일반적으로 알고 있는 것 이상으로 진지하게 고려해야 한다는 것입니다. 헌금이 적은 가난한 교회에서 교역자의 사례 문제는 언젠가 해결난망의 숙제가 될 것입니다. 화려한 고딕 교회 강단에 서 있는 굶주린 성직자의 모습은 참으로 안타깝고 서글픈 광경이 아닐 수 없습니다.

사랑하는 성직자 여러분!
나는 이 주제를 마치기 전에 보다 나은 변화가 있기를 염원하는 몇 가지 사안에 대해 언급하고자 합니다. 나는 이러한 '염원'이 시간 낭비라는 것을 알지만 변화와 수정을 바라는 몇 가지 사안에 대해 꼭 집어 말하고 싶으며 가능한 간략히 언급하고자 합니다.

(1) 나는 리버풀에서 성경 읽어주는 사람들의 모임과 전도 부인 모임 등 두 개의 소중한 기관을 위해 더 많은 관심과 지원이 있기를 바랍니다. 이들 앞에는 재정부족으로 손을 대지 못하고 있는 여러 가지 유익한 사역이 기다리고 있습니다.

(2) 나는 우리교구에서 교회지원협회(Church Aid Society)를 위해 더 많은 관심과 지원이 있어야 할 것이라고 생각합니다. 교구민이 과다한 지역에 큰 교회가 세워지기를 기다리는 것은 헛수고입니다. 나는 사역자와 선교 룸을 보강하는 방법 외에는 이러한 지역의 교구민들에게 다가갈 수 있는 방법이 없다고 생각합니다.

(3) 나는 이 거대한 항구의 선원들을 위해 더 많은 관심과 지원이 필요하다고 생각합니다. 특히 자선을 베풀려는 기관들이 재정부족으로 어려움을 겪지 않는다면 훨씬 큰 성과가 있을 것입니다.

(4) 나는 자발적인 평신도 조력자 모임(Voluntary Lay Helpers' Society)이 복음화를 위해 보다 활발하고 열정적인 모습을 보여주기를 원합니다. 모든 것이 잘 돌아가고 있는 교회의 평신도 조력자로 등록하여 심방이나 주일학교 교사로 사역하기는 쉽습니다. 그러나 나

는 자원자들이 자신의 특정 구역을 벗어나, 교구민은 넘쳐나지만 조력자는 전무한 지역의 성직자를 찾아가 심방과 전도로 도울 수 있었으면 좋겠습니다.

(5) 나는 일부 대형 교회에서 견진성사 후보자가 더 많이 나오기를 바랍니다. 어떤 지역은 후보자의 수가 매년 줄어들고 있습니다. 이것은 잉글랜드 국교회가 기대하는 것만큼 '리버풀의 청년층'에 영향력을 미치지 못하고 있음을 보여줍니다.

(6) 나는 리버풀 도시의 모든 교회마다 관할 구역을 지정하여 배정했으면 좋겠습니다.

현재 리버풀의 큰 교회들 가운데 법적으로 할당된 구역이 없는 교회가 있다는 사실을 알고 있는 사람은 별로 없을 것입니다. 이러한 교회 주변의 거리들은 종래의 관습대로 관리되고 있으며 성직자들은 교회 담장 밖 사역에 대해서는 어떤 의무도 지지 않습니다. 그들이 하는 교구 사역은 모두 자발적인 시스템에 따른 것으로 성직록에 관한 법(Pluralities Act)의 적용을 받지 않습니다. 이것은 큰 악이며 이러한 기득권은 언젠가 제거되어야 할 것입니다. 현재 법적인 관할 구역이 없는 교회는 세인트 앤드류(St. Andrew, Holy Innocents), 세인트 메리(St. Mary, Edge Hill), 세인트 마가렛(St. Margaret, Prince's Road), 홀리 트리니티(Holy Trinity, Walton Breck), 세인트 제임스(St. James West Derby), 세인트 존(St. John Knotty Ash) 및 세인트 마이클(St. Michaels, Hamlet)교회입니다.

여러분은 내가 이처럼 부족한 것들을 열거하는 뜻을 알아줄 것이라고 생각합니다. 나는 불평이나 원망을 하려는 것이 아니라 다만 "부족한 일들을 바로 잡는 것"을 보고 싶을 따름입니다. 나는 우리 교구에서 행한 여러 가지 선한 일에 대해 감사하게 생각하며 할 수만 있으면 나를 도우려고 애쓰는 성직자와 평신도 여러분에게 언제나 감사한 마음을 가질 것입니다. 새로운 교구의 어려움에 대해서는 모르는 사람이 없을 것입니다. 인구 120만 명에 성직자는 200명에 불과하며 인구의 절반은 가톨릭이나 비국교도입니다. 새로운 교회의 상당수, 특히 가난한 지역의 재정 상태는 매우 열악합니다. 상류층 사람들을 이 지역에 거주하게 할 만한 교회적 메리트는 전무하며 큰 행사가 있을 때 국교도가 집결할 참사회가 딸린 대성당도 없습니다. 치열한 생존 경쟁은 평신도로 하여금 선한 의지에도 불구하고 교회 일을 도울 시간을 허락하지 않습니다. 교구민은 대부분 가난한 직장인과 기능공이며 부유한 자는 거의 없습니다. 이 모든 환경은 신앙생활에 큰 부담으로 작용하며 영국이나 웨일즈 어느 곳에도 이런 교구는 찾아볼 수 없습니다. 그러나 나는 절망하지 않습니다. 나는 하나님이 리버풀의 잉글랜드 국교회와 함께 하실 것이라고 믿습니다. 우리 앞에는 여전히 밝은 미래가 있습니다(나의 생전에 볼 수 있을는지는 모르겠지만).

교구에 관한 전망에 대해서는 이쯤에서 마치겠습니다. 내가 다루지 않은 것이 하나 있는데 그것은 대성당 문제입니다. 대성당에 대해 언급하지 않은 것은 그것에 대해 할 말이 별로 없다는 단순한 이유 때문입니다. 여러분은 대성당 부지 예정지로 한 곳이 선정되었으며 명백한 반대에도 불구하고 현재로서는 가장 적합한 장소로 보인다는 것에 대해서는 모르는 사람이 없을 것입니다. 이 장소는 국회에서도 다루고 있으며 이 거대한 도시에 걸맞은 설계도를 요구하여 제출되었으며 우리는 병환으로 잠시 연기되고 있는 왕립건축위원회 회장인 크리스찬(Christian)의 보고를 기다리고 있는 중입니다. 최종 결과가 어떻게 될 것인지에 대해서는 언급하지 않겠습니다. 장소 선정과 마찬가지로 모든 사람을 만족시킬 만한 디자인을 기대한다면 실망할 수밖에 없을 것입니다.

어쨌든 한 가지 사실은 분명합니다. 막대한 비용의 지출이 없는 한 리버풀에 걸맞은 대성당 건축 및 기증은 불가하며 현재의 경기 침체가 회복되지 않는 한 많은 금액의 지원은 기대하기 어렵다는 것입니다. 물론 불가능한 것은 아닙니다. 때로는 기대치 않은 일이 일어나기도 합니다. 장차 건축과 기증 문제를 모두 해결할 수 있는 엄청난 기증이나 유증이 있을 수 있습니다.

2. 이제 교구에 대한 전망으로부터 주제를 바꾸어 잉글랜드 국교회 전반에 대한 전망에 대해 살펴보겠습니다.

나는 이 문제에 대해 매년 무엇인가 언급해야 할 의무감을 느낍니다. 3년 주기 또는 7년 주기이면 주교가 자신의 생각을 성직자들에게 전달할 수 있는 충분한 시간이라고 생각하던 시대는 영원히 지나갔습니다. 오늘날은 정치적으로나 교회적으로 큰 사건들이 꼬리를 물고 일어나고 교회 전체에 심각한 영향을 주는 문제들이 끊임없이 발생하기 때문에 잠시라도 경계를 늦추면 따라갈 수조차 없을 정도입니다. 교회 전체에 대한 영향-그것이 어떤 것이든-은 특히 각 교구에 영향을 미칩니다. 이곳 랭커셔에서도 우리는 보다 큰 단체에 속해 있으며 이 단체의 전반적 상황과 건강은 우리의 관심을 끌 수밖에 없습니다. 그러므로 나는 오늘날 교회의 전반적인 상황에 대해 몇 가지를 언급할 것이며 여러분의 주교로서 바라는 것은 내 밑에 특별한 주의를 기울여 달라는 것입니다.

오늘날 잉글랜드 국교회의 참 모습은 어떠합니까? 이 질문에 대한 답변은 결코 쉽지 않습니다. 겉으로는 매우 만족한 상태인 것처럼 보입니다. 50년 전에는 찾아볼 수 없었던 흥분과 분주함과 기민한 활동으로 가득합니다. 외적인 모습도 크게 변하였습니다. 의회가 복원되고 신학교가 설립되었으며 교회 모임과 교구 회의가 제정되었습니다. 국내에 여섯 개, 식민지에 70개의 교구가 새로 생겼습니다. 국내외 선교사역의 급속한 성장, 교회 건축 및 복원에 들어간 엄청난 비용 및 선조들이 보았다면 소름끼칠 수단과 방법을 언제든지 사용할 수 있는 마음 자세 등. 이 모든 것들은 지난 50년간 잉글랜드 국교회 역사에서 아무도 부인할 수 없을 만큼 광범위하게 확산되어 있는 사실입니다. 그러나 하나님 보시기에는 어떻습니까? 이처럼 화려하고 거창한 외적 성장과 함께 영적인 삶에는 어떤 변화가 있었습니까? 다시 한 번 말하지만 이 질문에 대한 답은 결코 쉽지 않습니다.

나는 우리 교회가 이룩한 물질적 성과나 수많은 교회 조직에 대해서는 감사하게 생각하지만 보이지 않는 모든 부분에까지 제대로 되었으면 좋겠습니다. 이처럼 미심쩍어하는 표현에 대해 나를 비관주의자라고 부르는 친구들이 있다는 사실을 알고 있습니다. 선량한 국교도, 특히 높은 지위에 있는 사람들 가운데 현 상황에 대해 아무런 문제점도 인식하지 못하는 사람들이 적지 않습니다. 그들은 남을 칭찬하는 낙천적 사고방식을 가지고 있으며 과실이 발견되면 언제나 외면합니다.

오늘날의 교회 상황에 대한 지나친 낙천주의는 결코 지혜롭지 못한 태도입니다. 어쨌든 나는 우리의 지평선 위로 불행을 예고하는 먹구름이 몰려오고 있는 것을 보며 이 일에 여러분의 관심을 촉구하는 것이 당연한 의무라고 생각합니다. 나는 이 먹구름을 불안한 마음으로 바라보고 있습니다. 이 구름이 흩어지지 않는 한 우리는 어느 날 갑자기 지진과 같은 엄청난 재앙의 소용돌이 속으로 빠져들게 될 것입니다. 소돔이 하늘에서 내려온 불로 불바다가 된 날에도 해는 언제나 다름없이 떠올랐습니다.

베수비오 화산은 아무런 예고 없이 폼페이를 묻어버렸습니다. 최근 자바와 뉴질랜드에서 일어난 지각변동 역시 아무런 사전 징후도 보이지 않았습니다. 금년 초에 발생한 찰스턴(Charleston) 지진[1]은 순간적으로 일어났습니다. 잉글랜드 국교회도 마찬가지일 것입니다. 높은 마음을 품지 말고 두려워합시다.

1) 우리 교회의 전망과 관련하여 내가 생각하는 가장 큰 먹구름은 **종교적 형식주의를 영혼을 구원하는 기독교의 대안으로 보려는 광범위한 경향**입니다.

형식주의라는 말의 의미에 대해서는 설명이 필요할 것이라고 생각합니다. 우리는 지난 40년간 종교의 외적 부분이 많은 관심의 대상이 되어왔음을 잘 알고 있습니다. 이 땅 전역에서 교회를 복구하고 낡은 칸막이 회중석(square pews)을 제거하며 찬양과 음악을 개선하고 가운을 입은 성가대를 갖추며 행사를 위해 교회 건물을 화려하게 치장하는, 한 마디로 기독교의 외관을 꾸미고 아름답게 하며 향상시키려는 시도가 유행처럼 번졌습니다. 내가 이러한 것들이 잘못되었다거나 악하다고 말하고 있습니까? 결코 그렇지 않습니다. 나는 예배 의식에 있어서 단정치 못한 모든 것을 싫어합니다. 나는 칸막이 회중석과 수준 낮은 음악이나 잘못된 찬양을 무엇보다 싫어합니다. 그러나 나는 예배자의 내적 경건이 이러한 외적 개선에 상응하는 변화를 전혀 보이지 않는 교회들에 대해 염려합니다. 우리 교구의 교회가 경건의 모양을 충분히 갖추었다는 데에는 의심의 여지가 없으나 성도가 가정과 교회에서 살아 있는 기독교, 성령의 임재, 바른 마음과 양심의 역사가 풍성한지는 심히 의심스럽습니다. 나는 많은 사람들이 아름다운 교회를 짓고 "생동적이고 기분 좋은 예배"를 드리는 것으로 만족하며 하나님이 보시는 것은 예배

---

[1] South Carolina, USA. 약 70명의 사망자와 막대한 재산상의 피해를 입었다.

자의 중심이며 진정으로 드리는 예배에 은혜가 임한다는 사실을 망각하고 있는 것은 아닌지 염려스럽습니다.

이것은 매우 미묘한 주제이며 내가 오해한 부분이 있다거나 혹 당사자에게 상처가 되었다면 널리 양해해 주기 바랍니다. 그러나 나는 지난 40년간 이 땅에서 이루어진 외적 개선이 그것에 상응하는 실제적 경건을 동반한 사례를 본적이 없다는 사실을 밝히지 않을 수 없습니다. 나는 부자들 가운데 도박이나 방종함이나 7계명을 위반한 사례가 줄었다거나 가난한 자들 가운데 폭음이나 부정직이나 부도덕함이 감소했다는 말을 들어본 적이 없습니다. 오히려 나는 많은 판사들로부터 인구수를 감안할 때 40년 전에 비해 회개와 믿음과 경건함과 안식일 준수와 성경 읽기와 가정 예배가 훨씬 줄었다는 말을 자주 듣습니다. 이러한 상황이 교회의 부패를 보여주는 최악의 징후가 아니면 무엇이겠습니까?

그리스도에 대한 지식과 그리스도에 대한 순종 및 성령의 열매는 하나님이 교회를 평가하는 유일한 잣대입니다. 이러한 것이 없는 아름다운 건물과 훌륭한 찬양과 화려한 의식은 하나님께 아무런 의미도 없고 관심을 끌 수도 없습니다. 이러한 것들은 잎에 불과하며 하나님은 잎을 원하시는 것이 아니라 열매를 원하십니다. 잉글랜드 국교회라는 나무의 잎은 지금보다 무성한 적이 없었을 것입니다.

나는 그것에 상당한 양의 열매가 있기를 원합니다. 우리는 예수님이 십자가에 달리신 시기에 예루살렘 성전의 예배는 찬양, 질서, 의복 또는 전체적 장엄함이나 화려함 면에서 의식적으로 가장 완벽했다는 사실을 잊지 말아야 할 것입니다. 그러나 당시 교회는 안으로 썩어 있었으며 40년 후에는 사라지고 말았던 것입니다. 하나님 보시기에 주께서 승천하시던 날 사도들이 모였던 작은 다락방이 안나스와 가야바가 대제사장으로 있던 성전보다 훨씬 아름다웠다는 사실을 누가 부인하겠으며 주님 자신은 어느 쪽을 "강도의 굴혈"로 보시겠습니까? 오늘날 잉글랜드 국교회는 이러한 사실을 명심해야 할 것입니다. 형식이라는 우상을 만들고 외적인 신앙을 위해 내적인 신앙을 희생하려는 경향은 오늘날 교회의 가장 불길한 암운 가운데 하나라고 생각합니다.

2) 오늘날 잉글랜드 국교회의 전망을 어둡게 하는 두 번째 요소는 **모든 명확한 교리를 무시하려는 경향**이 확산되고 있다는 것입니다.

오늘날 많은 사람들은 기독교 신앙의 일반적 원리에 대해 무엇을 믿고 가르치든 중요하지 않다고 생각하는 것 같습니다. 다른 영역에서와 마찬가지로 종교에서도 교만한 자유주의의 물결이 온 영국을 휩쓸고 있습니다. 삼위일체, 그리스도의 신성, 속죄, 성령의 인격과 사역, 회심, 칭의, 성경의 영감, 내세에 관해서는 자신이 믿고 싶은 만큼 믿으며, 그것에 대해 비난할 사람은 아무도 없습니다. 그들이 원하는 질문은 사람이 얼마나 "진지하고 성실하며 열정적인가"이며 그런 사람에게는 더 이상 어떤 것도 요구하지 않습니다. 종교적 견해에 대해 틀렸다고 말하거나 신앙이 잘못되었다고 말하는 사람은 속이 좁고 관대하지 못한 사람으로 낙인찍힙니다. 기독교에 대한 어떤 분명하고 확실한 진술도 무자비한 것으로 여깁니다. 예전의 교리는 모두 정리되지 않은 채 남아 있으며 한 번도 분명하고 정확하며 명확한 상태로 제시되지 못하고 언제나 현상하다만 사진판처럼 안개낀 상대로 제시됩니다. 오늘날 강단이나 연단에서 종교에 관해 언급하는 내용을 자세히 들여다본 사람이라면 내 말이 틀리지 않다는 것을 알 것입니다.

이러한 것들은 모두 고상하고 관대하며 개방적인 것처럼 보입니다. 그러나 이것은 모든 사람은 자신이 원하는 것을 할 수 있으며 자살이나 강도나 살인만 아니면 무엇이든 할 수 있다는 원리를 좇는 이 시대의 정치적 경향과 정확히 일치합니다. 더구나 이러한 사고방식은 진리를 찾기 위해 탐구하고 사색하는 수고를 덜어줍니다. 이 문제는 아직도 대답해야 할 것이 많습니다. 교리에 대한 이러한 무관심은 엄격한 반대심문의 시련을 견딜 수 있습니까? 교회의 포용성에는 한계가 없다는 말은 사실입니까? 우리가 무엇을 믿든 문제가 되지 않는다면 성경이나 신조나 신앙고백은 왜 필요합니까? 그런 것들은 쓸모없는 고물처럼 내다 버려도 될 것입니다. 뿐만 아니라 지금까지의 역사에서 분명하고 확실한 교리 외에 어떤 선한 일이 인간의 본성을 향상시킨 도구로 사용되었습니까? 사도들이 가는 곳마다 "무엇을 믿든 진지하고 신실하며 도덕적이고 관대하라"고 전함으로 세상을 완전히 바꾸었습니까? 초기 교부들이나 대륙과 영국의 개혁자들이 이러한 노선에 따라 사역했습니까? 국내외 이교도에게 복음을 전하는 선교사가 분명한 교리적 진술 없이 성공을 거두었습니까? 우리 자신의 문제로 돌아와 우리 가운데 죽음을 앞둔 마지막 침상에서 "무엇을 믿든 상관없습니다. 진지하기만 하면 천국에 갈 것입니다"라는 말을 듣고 만족할 사람이 누가 있겠습니까? 이러한 질문들에 대해 매우 진지하게 생각해보아야 할 것입니다.

나는 여러분 모두가 이 모든 문제에 주의를 기울여 줄 것을 부탁합니다. 나는 이러한 것들이 오늘날 우리의 교회가 안고 있는 매우 어두운 단면이며 교회는 이러한 점에서 큰 위기에 처해 있다고 생각합니다. 나는 잉글랜드 국교회는 누구보다 포용적이며 세 개의 주요 사상적 분파인 고교회, 저교회 및 광교회가 저마다의 영역을 가져야 한다고 기회 있을 때마다 주장해 왔습니다. 그러나 확실히 우리는 멈추어야 할 지점이 있습니다. 관대함과 '포용적 사상'이 도를 지나칠 경우가 있다는 것입니다. 배교를 향한 첫 걸음은 모든 믿음은 거짓되며 근거가 없다는 이론으로부터 시작한다는 사실을 모르는 사람은 없을 것입니다. 그러나 모든 믿음은 동일하며 참되다는 현대적 개념이야말로 우리 영혼에 많은 해를 끼칠 수 있는 위험한 요소라고 생각합니다.

3) 잉글랜드 국교회에 드리운 세 번째 암운은 **교회 치리에 관한 법의 전적인 연기**입니다.

    치리는 유형 교회의 표지 가운데 말씀 선포와 성례의 시행 다음으로 중요한 요소로 여겨왔습니다. 이러한 사실은 우리 교회의 28번째 설교(Homily)에서 분명하게 확인되었습니다. 이성과 상식은 특정 목적을 위해 결합된 모든 인간 공동체에는 질서가 있으며 이러한 질서는 공동체의 구성원이 순종해야 하는 법과 규칙에 의해 유지된다는 사실을 알려줍니다. 군대에서 연대장을 따르는 자가 없으면 연대를 통솔할 수 없습니다. 해군에서 선장이 절대적 지휘권을 가지지 못하면 어떤 함정도 안전할 수 없습니다. 무역회사에서 모든 직원이 자신의 소견에 옳은 대로 행하고 계약 조항을 무시한다면 어떤 거래나 사업도 할 수 없을 것입니다. 틀이 잡힌 교회도 마찬가지입니다. 교리나 의식에 대한 무관심 및 분쟁이 일어나면 그 문제를 맡을 개인이나 단체가 생겨나게 될 것이고 그러한 개인이나 단체의 결정은 최종적 결정이 되며 모든 사람의 순종을 요구하게 되는 것입니다. 이것은 자명한 사실이지만 분명히 해 두는 것이 좋을 것입니다.

    현재 교회의 치리에 관한 문제에 있어서 잉글랜드 국교회의 정확한 상황은 어떤 것입니까? 나는 지난 40년간 소송의 대상이 되었으며 지금까지 논쟁이 되고 있는 문제와 관련하여 누가 옳고 누가 그른지에 대해서는 언급하지 않겠습니다. 다만 이러한 문제들은 일부에서 생각하듯이 장식과 치장에 관한 사소한 문제가 아니라 훨씬 심각하고 진지한 문제라는 사실만 언급하고자 합니다. 그러나 나는 여기서 그러한 것들에 대해 다루지는 않겠습니다. 내가 여러분의 관심을 촉구하고 싶은 것은 우리의 교회가 기독교 앞에서 취하고 있는 극히 안타깝고 이례적인 태도입니다.

현재 우리에게는 성직자 치리 및 공예배에 관한 논쟁들을 다루고 재판하기 위한 교회 법원이 있습니다. 이 법원은 추밀원 사법위원회에 상소를 합니다. 또한 우리에게는 주교 개인의 자애로운 충고가 있으며 이에 대해 모든 성직자는 "적법하고 정직한 모든 것"에 대해 순종하겠다고 서약한 바 있습니다.

이러한 것들은 법이 교회를 위해 제공하고 있는 기구입니다. 이러한 법적 장치는 결점이 많고 서투르며 더디고 많은 비용이 들어갑니다. 이것은 마땅히 개선되고 수정되어야 한다는 것이 내 생각입니다. 예를 들어 법정모독으로 성직자를 구속하는 것은 제거되어야 할 야만적 제도입니다. 그러나 이것은 현재 교회가 가지고 있는 유일한 기구입니다. 왕립 위원회의 보고에서 교회 법원에 대한 결점이 수없이 지적되었지만 그것은 여전히 건재하며 없어지지 않았습니다. 이 보고서는 아무런 결론에도 이르지 못하였습니다. 그것은 사실상 사장되었으나 성직자치리법 및 공예배법은 취소되거나 폐기되거나 무효화되지 않았습니다. 두 가지 법은 여전히 살아있습니다. 이들 법에 의해 설립된 법원의 결정은 국왕의 권위를 가지며 여왕의 신하들에게 여전히 구속력이 있습니다. 37조(Thirty-seventh Article)에 의하면 국왕은 민사문제뿐만 아니라 교회문제도 관할하도록 되어 있습니다.

이제 우리 자신에 대해 잠시 생각해봅시다. 작지만 강력하고 잘 조직된 소수파 국교도는 현존하는 교회 법원의 권위를 인정하지 않습니다. 그들은 법에 호소하기를 거부하고 법원의 결정을 거부할 뿐만 아니라 이러한 결정은 무효하며 교회를 구속할 수 없다고 외칩니다. 한 마디로 그들은 현존하는 법을 무시합니다. 그것은 악법이며 법원 설립에도 문제가 있다는 것입니다. 물론 자유국가에서 그들은 어떤 생각이든 할 수 있는 권리가 있습니다. 그러나 아일랜드는 물론 영국에서도 비록 결함이 있는 법이라도 폐기되기 전까지는 지켜야 하며 법이 없는 것보다 나쁜 상황은 없다는 사실을 알아야 합니다.

서품이나 인허나 임명을 받을 때, 모든 성직자가 순종하겠다고 서약한 주교의 충고는 법이 규정하는 것이지만 사실상 아무런 필요가 없습니다. 주교가 비본질적인 문제에 대해 충고할 때조차 성직자는 "그런 충고는 적법하거나 정직하지 않다"고 말만 하면 됩니다. 불쌍한 주교는 절망에 빠져 더 이상 아무 것도 할 수 없게 되는 것입니다.

그러나 이것이 전부가 아닙니다. 공예배의 행위에 문제가 있다고 생각하는-그것이 사실이든 아니든-국교도가 질서 유지를 위해 교회 법원에 법적 조치를 취해줄 것을 요구하면, 국민에게 공의를 행하여야 한다는 대헌장(*Magna Charta*)의 원리에 따라 재량권을 행사해야 하는 교구의 주교는 그에게 그러한 법적 절차를 밟는 것을 허락해야 하며 아무런 짐작도 하지 못했던 사람들은 즉시 주교 및 앞서 언급한 국교도에 대해 불만과 비난을 퍼붓게 되는 것입니다. 마일즈 플래팅 사건의 당사자이며 지금은 고인이 된 맨체스터의 주교가 바로 이러한 사례에 해당하며 나 역시 이러한 경험에서 전혀 자유롭다고는 할 수 없을 것입니다.

이제 나는 어느 쪽에도 치우치지 않는 건전한 상식을 가진 국교도에게 과연 이것이 정상적인 상황인지 묻고 싶습니다. 정말로 정상적이라고 생각합니까? 참으로 터무니없는 생각이 아닐 수 없습니다. 지금의 상황은 혼란과 혼동과 무질서 자체입니다. 여왕의 법원이 경시되고 있습니다. 법원의 결정은 구속력이 없습니다. 비본질적인 문제에 대한 주교의 충고는 아무런 효력 없습니다. 이 모든 것이 교회의 치리에 관한 문제에 걸림돌이 되고 있는 것이 아니라면 무엇이란 말입니까? 가장 엄숙한 교회 법령 가운데 하나에서도 모순적인 의식이 발견되지만 누가 옳고 누가 그른지에 대한 구속력 있는 결정에 이른다는 것은 불가능해 보입니다. 모든 성직자는 자신의 소견에 옳은 대로 행하며 평신도는 "성만찬에 관한 진리가 무엇입니까?"라는 질문을 헛되이 던집니다.

끝으로 보다 나쁜 것은 교회법원을 개혁하려는 시도나 새로운 법정을 만들려는 어떤 징후도 찾아볼 수 없다는 것입니다. 교회 치리에 관한 현행법이 잘못되었다면 어떤 식으로든 바꾸어야 합니다. 그러나 나는 현재의 법원을 반대하는 국교도 소수파가 새로운 법정을 만들기 위해 캔터베리 대주교에게 도움을 구했다는 말을 들어본 적이 없습니다.

나는 헬리팍스(Halifax)나 베레스포드 호프(Bersford Hope)와 같은 능력 있는 사람들이 펜잔스 경의 법원(Lord Penzance's Court)[2]을 폐기하고 새로운 법정을 세우기 위해 국회에 법안을 제출했다는 말을 들어본 적이 없습니다. 한 마디로 아무런 조치나 시도가 이루어지지 않고 있으며 법안의 유예는 매년 확고해지고 우리의 불행한 무관심은 더욱 굳어지고 있습니다. 그 결과 우리는 세상에 대해 치리가 없는 교회로 만족하며 그에 따른 어떤 고통스러운 결과도 감수하겠다는 입장을 보이고 있습니다. 현재와 같은 상황이 지속될 경우 끔찍한 결과를 초래할 것은 자명합니다. 끔찍한 결과란 교회의 분열과 국교회폐지 및 몰수입니다. 우리가 아무런 조치를 취하지 않는다면 우리가 원하든 원하지 않든 이러한 결과가 발생하게 될 것입니다. 질서는 하늘이 내린 첫 번째 법이며 질서가 없는 교회

---

[2] 성직자 치리 및 공예배법에 관한 문제를 재판하기 위한 법정으로 Penzance경이 주관하고 있다.

는 살아남을 수 없습니다.

이 주제는 이쯤에서 마치겠습니다. 나는 여러분에게 생각할 거리를 주었습니다. 국교도가 오늘날 교회 치리에 관한 문제를 통해 우리가 얼마나 위험한 상태에 있으며 그것이 우리의 시온에 얼마나 큰 손해를 끼치게 될 것인지 깨닫지 못하는 것만큼 고통스러운 일은 없습니다. 물론 많은 사람들은 내가 현 상황에 대해 지적하는 이유를 국교도가 대책을 위해 국회를 찾아가는 것을 싫어하기 때문이라고 생각할 것입니다. 그러나 그 점에 대해 언급하는 것은 시간낭비일 뿐입니다. 분명한 것은 주교와 성직자들로 구성된 영적 법원이 독단적으로 사태를 해결하는 것을 잉글랜드 국교회의 평신도가 아무런 목소리도 내지 못한 채 보고만 있지는 않을 것이라는 사실입니다. 우리는 튜더와 스튜어트 왕조 시대가 아니라 19세기 후반에 살고 있으며 우리에게는 가르칠 선생이 없습니다. 또한 교회법정이 아무런 허락도 받지 않고 설립되는 것을 하원이 결코 좌시하지 않을 것이라는 것 역시 분명한 사실입니다. 교회 법원의 개혁을 위해서는 최고 주권자를 찾아가야 하며 그의 허락 없이 개혁은 불가합니다.

4) 마지막으로 잉글랜드 국교회에 대한 전망에서 한 가지 중요한 암운은 **교회가 교회 개혁이라는 중요한 문제를 다루는 일에 늦장을 부리고 있다**는 것입니다.

교회 개혁에 대한 나의 생각에 대해 오해가 없기를 바랍니다. 나는 신앙고백을 버리거나 기도서를 무시하거나 39개 조항을 무효화하려는 자들을 동정할 생각이 조금도 없습니다. 나는 에드워드 6세 시대의 첫 번째 기도서로 돌아가려는 사람들을 두둔할 생각이 전혀 없습니다. 나는 현재의 기도서에 대해 미국(*American Annexed Book*)

이나 아일랜드의 기도서(Irish Prayer Book) 내용을 일부 반영했더라면 더 좋았을 것이라는 생각도 있지만 대체로 만족하는 편이며 어설프게 땜질하다가 망치고 싶지 않습니다. 나는 쓸데없는 짓을 하지 않는 것이 좋을 것이라고 생각합니다. 내가 생각하는 개혁은 실제적인 것이며 이제 이 문제에 대해 언급하고자 합니다.

성직자의회는 개혁을 필요로 합니다. 교회법에서 말하는 대로 성직자의회는 오늘날 "잉글랜드 국교회를 대표하는 유일한 기관"이라고 말하는 것은 지나친 표현입니다. 평신도는 교회에 관한 모든 일에 보다 정확하고 권위 있으며 효율적인 입장을 알고 싶어 합니다. 물론 평신도의회는 바른 방향으로 가고 있지만 교회의 유익을 위해서는 현재보다 큰 힘이 필요합니다. 성직수여권에 관한 문제는 철저히 개선되어야 하며 성직 추천권을 매매하는 행위는 반드시 근절되어야 합니다. 모든 교구의 교구민은 성직자 선정시 일정한 목소리를 낼 수 있어야 합니다. 우리는 예배당을 활용하고 은사를 가진 평신도를 강단에 세우는 일에 보다 큰 융통성을 가질 필요가 있습니다.

오늘날 주교는 너무 많은 책임을 지고 있습니다. 주교가 다루어야 하는 어려운 문제들을 생각할 때 그들은 성직자와 평신도 가운데 선정한 소위원회의 도움을 받아야 합니다. 이러한 위원회가 없기 때문에 그들은 일이 지나치게 많거나 작으며 언제나 잘못된 판단을 범할 위험에 놓여 있습니다. 큰 교회 수록성직자들의 독재는 금지되어야 합니다. 그들이 1만 명이나 1만 5천 명되는 교회를 제대로 돌보지 못할 경우 주교와 위원회가 개입하여 사역자(전도자)를 파송할 수 있는 권한이 주어져야 합니다. 모든 교회의 평신도 세례교인은 단계마다 교역자(수록성직자)와 상담할 기회를 더 많이 가져야 할 것입니다. 성직자가 평신도와의 상의 없이 그들에게 익숙하지 않은 행동이나 의식을 거행하는 것만큼 해로운 것은 없습니다. 나는 알버트 그레이의 위원회(Mr. Albert Grey's Parish Couneils)를 원하지 않습니다. 내가 원하는 것은 평신도가 교회 일을 돌보는 합법적인 사람들(sidesmen)을 더 많이 만나고 그들을 더 자주 활용하는 것입니다.

개혁할 내용에 대해서는 언급할 것이 많지만 시간이 없어 이쯤에서 줄이겠습니다. 많은 사람들은 이러한 제안이 필요치 않으며 비현실적이라고 생각할 것입니다. 그러나 나는 상식적인 사람들에게 엘리자베스 여왕 시대가 끝나고 세계가 모든 지식 분야에서 장족의 발전을 이룰 3백 년 후에도 우리의 오래된 교회가 개선을 허락할 것이라고 생각하는지 묻고 싶습니다. 3백 년 전에 입었던 옷이 지금도 맞고 당시의 기계가 19세기에도 변하지 않고 잘 돌아갈 것이라고 생각한다면 오산입니다. 백년 전쟁이 있었던 크래시(Crésh)에는 긴 활이 힘을 발휘했고 워털루전쟁에서는 수발총(flin-locks)이 필요했으며 트라팔가(Trafalgar)해전에서는 목조로 된 3층 갑판선이 있어야 했습니다. 그러나 지금 이러한 것들은 아무 필요가 없습니다.

한 가지 분명한 사실은 적절한 시점의 개혁은 앞으로 있을 잉글랜드 국교회와 국가의 연합, 십일조 및 기부제도에 대한 거듭된 공격을 막는 가장 효과적인 수단이라는 것입니다. 우리가 모든 남용을 제거하고 뚫린 허점을 보완하며 우리의 약점을 보완하기 위해서는 전쟁을 두려워해서는 안 됩니다. 그러나 잉글랜드 국교회에는 약점이 없다고 말하는 것은 터무니없는 주장이며 그러한 망상에서 빨리 벗어나면 날수록 더욱 확실한 안전지대로 들어설 수 있습니다.

우리는 매우 위험한 시기를 살고 있지만 나는 국교도가 맡은 일에 최선을 다하고 단결하며 "부족한 일들을 바로 잡는"일을 한다는 전제 하에 잉글랜드 국교회의 힘과 생명력에 대한 강한 믿음을 가지고 있습니다. 지금 우리는 『유비』(analogy)의 저자인 저 유명한 버틀러 주교가 "타락하는 교회를 막기에는 너무 늦은 시간"이라며 캔터베리 대주교의 자리를 거부했던 1747년보다 훨씬 강합니다. 누구나 그렇게 생각하겠지만 지금 우리는 백 년 전보다 열 배는 강하며 불행만 분열만 없었더라면 더욱 강했을 것입니다. 우리는 우리에게 한 마음을 주실 수 있는 유일한 분이신 성령의 임재를 필요로 합니다. 우리 모두 성령의 임재를 위해 밤낮 기도합시다. 모든 교구가 "주여 우리를 해가 더할수록 부흥시키시고 더욱 풍성한 성령의 은혜를 주옵소서"라고 부르짖읍시다.

6장
우리의 상황 및 전망
(1887년 10월 27일, 리버풀교구에 보내는 세 번째 3년 주기 교지)

사랑하는 성직자 여러분!

우리는 하나님의 은혜로 리버풀교구의 세 번째 3년 주기 방문에 함께 하게 되었습니다. 7년 전 여러분에게 처음 왔을 때 나는 세 번이나 교지를 전하게 될 것이라고는 생각지 못하였습니다.

200명에 불과하던 지난번 방문에 비해 3년간 우리의 대열에서는 많은 변화와 빈자리가 생겼습니다. 리버풀 세인트 브라이드(St. Bride, Liverpool)의 브룩(Brooke)과 로비(Roby)의 배너(Mr. Banner)는 은퇴하였으며 두 사람 모두 아직 생존해 계십니다. 네 사람(Mr. Newenham of Knotty Ash; Mr. Wheeler of St. Ann's, Liverpool; Mr. Carson of St. Augustine, Liverpool; Mr. Schonberg of Warrington)은 은퇴한 후 지금은 고인이 되셨습니다. 열 사람이 다른 교구로 임지를 옮겼습니다(Mr. Scott of Christ Church, Bootle; Mr. Cochrane of St. Saviour's, Everton; Mr. Pearson of Grassendale; Mr. Bower of Woolton; Mr. Lory of St. Mark's, Liverpool; Mr. Macnaghten of Prescot; Mr. Neale of St. Catherine's, Edge Hill; Mr. Dunkerley of St. Thomas's, Toxteth; Archdeacon

Bardsley of St. Saviour's[Bishop of Sodor and Man]). 열두 명은 임기 중에 부르심을 받았습니다(Mr. Read of St. Paul's, Liverpool; Mr. Power of St. Alban's, Bevington; Canon Hume of All Souls, Liverpool; Mr. Boulton of Aughton; Mr. Bryan of Haigh; Mr. Walmsley of Aspull; Mr. Crockett of Eccleston; Mr. Gardner of Stanley; Canon Carr of St. Helens; Mr. Hassall of St. John the Baptist, Toxteth Park; Mr. Quirk of Golborne; Mr. Turnbull of St. Mary's, Edge Hill).

요약하면 27명의 사람들이 수록성직자 명단에서 사라졌으며 3년 전까지 우리와 함께 하던 16명의 사람들이 죽었습니다. 이것은 놀라운 사실이며 우리에게 많은 것을 생각하게 합니다. 200명 가운데 16명이 죽었습니다. 다음은 누구의 차례가 될 것입니까? 우리 가운데 다음 번 3년 주기 방문에 이 자리에 살아 있을 사람은 누구입니까? 우리는 우리의 날 수를 계수하며 지혜롭게 살아야 할 것입니다. 우리 모두는 부르심을 받을 때 선한 청지기처럼 허리띠를 매고 등불을 켜고 주님을 만날 준비를 해야 할 것입니다.

이러한 사실들을 기억하면서 이제 주교의 교지에서 중요한 두 가지 사항에 대해 살펴보고자 합니다.

첫째로, 나는 먼저 우리 교구에 대해 살펴볼 것입니다.

둘째로, 잉글랜드 국교회 전반에 대해 몇 가지를 언급할 것입니다. 모든 교구는 주교가 이 두 가지 주제에 대해 솔직하게 마음을 열고 털어놓기를 기대할 것입니다.

1. **리버풀교구와 관련하여 나는 여러 가지 감사와 격려의 이유를 발견합니다.**

나는 우리가 떨어져 있던 7년 마지막에 의도적으로 이 말을 합니다. 멀리 떨어져 사는 사람이 새로운 주교에 대해 실패했다고 비난하기는 쉽습니다. 그러나 수많은 비우호적 비평가들 가운데 리버풀교구가 겪고 있는 특별한 어려움을 이해하거나 깨닫는 사람은 아무도 없는 것 같습니다. 우리가 겪고 있는 어려움에 대해 간략히 언급할 필요가 있다고 생각합니다.

1) 많은 사람들은 이 지역 잉글랜드 국교회의 전반적인 구조와 관련하여 모르는 사실이 하나 있는데 그것은 이 도시의 교회가 비교적 최근에 형성되었다는 사실입니다.

2백 년 전에는 오늘날 우리 교구를 형성하고 있는 웨스트 더비에 교회가 25곳도 되지 않았습니다. 빅토리아 여왕이 등극하던 50년 전까지만 해도 랭커셔 지역에는 교회가 78개뿐이었습니다. 현재 200개 교회 가운데 120개 이상의 교회가 지난 반세기 동안 세워져서 소교구를 형성하고 있습니다. 이러한 지역에 대해 오백년 이상 되는 오랜 교회와 목사관을 가진 콘웰(Cornwall), 낫츠(Notts), 요크셔(Yorkshire), 노섬벌랜드(Northumberland)만큼 깊고 강력한 국교회의 뿌리를 내리기를 기대한다는 것은 부당하며 합리적이지도 않습니다. 새로운 일은 언제나 시간이 지나야만 제대로 자리 잡을 수 있는 것입니다. 현재 우리 교구는 이 땅의 다른 교구와 달리 식민지교구나 독립 교회들을 모아놓은 것이나 다름없습니다.

2) 우리교구의 많은 인구가 잉글랜드 국교회 소속이 아니며 따라서 국교회의 발전이나 번영에 아무런 관심이 없다는 사실을 아는 사람이 별로 없는 것 같습니다.

랭커셔는 종교개혁 시대부터 로마 가톨릭을 고수한 지역입니다.

여러분은 우리 교구에 종교개혁 이전 선조들의 신앙을 지금까지 고수하는 가문들이 있다는 사실을 잘 알 것입니다. 그 외에도 이웃 나라로부터 많은 사람들이 높은 임금과 일터를 찾아 이 나라로 들어왔으며 리버풀 북쪽 항구 가까운 지역은 대부분 아일랜드 로마 가톨릭이 차지하고 있으며 기독교 신자의 비율은 모두 합해 1:3에 불과합니다. 여기에 교구 내 곳곳에 있는 각 교단 개신교 비국교도의 수도 무시할 수 없으며 특히 스코틀랜드와 웨일즈에서 온 사람들도 상당수 있습니다. 눈이 있다면 지역마다 국교회를 반대하는 다양한 교회들이 있다는 사실을 알 것입니다. 결과적으로 우리 구역 내 120만 명의 인구 가운데 1/3 이상을 국교도로 분류하기 어렵다는 사실을 알 수 있습니다. 어쨌든 한 가지 사실은 분명합니다. 새 교구의 형성이 많은 주민의 환영을 받을 것이라고 생각하는 사람들은 모르는 사람들입니다. 자신이 속하지 않은 교회를 지원하고 모여들 것이라는 기대는 잘못 된 것입니다.

3) 잉글랜드 사람들은 리버풀의 부가 국교도의 손에 있지 않다는 사실을 모르는 것 같습니다.

　제국의 두 번째 도시이자 세계 최고의 항구 도시가 부유한 지역으로 인식되는 것은 당연합니다. 그러나 랭커셔에 살고 있는 우리는 많은 상인들과 부자들이 잉글랜드 국교회 밖의 사람들이며 따라서 우리 교회나 교회가 하는 일을 돕지 않을 것이라는 사실을 잘 알고 있습니다. 이 큰 도시가 교회 부의 보고일 것이라는 많은 사람들의 생각은 사실과 다릅니다. 1만 명을 넘어서는 인구는 종교 문제를 다루기에는 지나치게 크고 다양한 집단이며 물질은 뉴욕과 마찬가지로 어느 한 곳에 집중되지 않습니다. 새로운 교구가 처음 생겼을 때에도 국회법이 요구하는 금액은 제한된 사람들 가운데 소수의 기부자에 의해 마련되었습니다. 리버풀이 모든 사람이 동참하는 일에 특별한 관대함을 보인다는 사실은 대학이나 왕립병원의 기부 명세를 보면 잘 나타납니다. 그러나 먼 곳에 사는 거주자가 리버풀에는 교회를 위한 목적으로 재정을 확보하기 쉬울 것이라고 생각한다면 오산입니다.

4) 멀리 있는 사람들은 우리 교구가 성직자 수급 문제에 있어서 얼마나 열악한 상황에 처해 있는지 모르는 것 같습니다.

우리 교구의 인구는 1881년에는 1,085,000명이었으나 지금은 120만 명에 조금 못 미치는 것으로 알고 있습니다. 이 거대한 무리에 대해 잉글랜드 국교회가 무슨 영적 혜택을 베풀 수 있겠습니까? 우리의 수록성직자는 200명밖에 없습니다. 평균적으로 한 사람이 6천 명의 영혼을 책임지고 있습니다. 이것이 전부가 아닙니다. 우리 교구에는 교구민이 21,000명, 20,000명, 18,000명, 15,000명, 12,000명, 10,000명인 곳이 많습니다. 이러한 지역에서 잉글랜드 국교회가 제대로 기능하기는 어렵습니다. 이러한 지역에서 실제적인 목회 사역은 불가능하며 수많은 사람들은 이교도의 땅에 사는 것처럼 목자 없는 양같이 살다가 죽어가고 있습니다. 무엇보다 나쁜 것은 이러한 교회들이 돌보아야 할 교구민은 주로 생계가 어렵고 성직자에게 도움을 줄 수 없는 노동자계층의 사람들로 이루어져 있다는 것입니다. 내가 예전에 있던 노르위치 교구에는 70만 명의 교구민에 수록성직자는 1,050명이 있었습니다. 이에 비교하면 120만 명의 교구민에 200명의 성직자는 형편없는 수준입니다. 둘 다 잉글랜드 국교회에 속한 교구이지만 두 교구의 상황은 큰 차이가 있습니다.

5) 사람들은 우리교구가 큰 교회들의 기부가 매우 적다는 극도로 불리한 상황에 있다는 사실에 대해 깨닫지 못하는 것 같습니다.

200명의 성직자 가운데 거의 절반에 해당하는 98명은 연 300파운드 이상을 받지 못하며 많은 사람들이 그보다 적은 금액을 받고 있습니다. 그러나 이들 가운데 많은 교회는 전체 교구 가운데 가장 가난하고 교구민이 많은 지역에 있습니다. 연간 300파운드로 생활하면서 1만 명이 넘는 영혼을 책임져야 하는 성직자들의 고충은 쉽게 상상할 수 있습니다. 이것은 참으로 마음 아프고 고통스러우며 낙심되는 상황입니다. 나는 종종 이러한 직무를 수행할 수 있는 사람들이 있을까라는 의구심을 가집니다. 익명의 신문사 기자들이 무엇이라고 말하든, 성직자의 사례가 이 정도 수준이라면 옥스퍼드와 캠브리지를 졸업한 엘리트들이 우리 교구에 올 것이라는 기대는 하지 말아야 할 것입니다. 리버풀 북쪽, 위건, 워링톤, 위드네스, 세인트 헬렌의 상황에 관한 제목은 아무리 미화해도 큰 매력을 끌지 못합니다. 그러나 여기에 성직자를 빤히 쳐다보고 있는 성직록에 관한 조건을 개선할 수 있는 희박한 기회라도 덧붙인다면 캠브리지의 우등생들이 리버풀교구로 주저 없이 오는 일이 일어나더라도 놀랄 필요가 없을 것입니다.

이러한 사람들은 사업을 하거나 법을 공부한 대학 동기들을 쉽게 만날 수 있는 동부 런던으로 당연히 오고 싶을 것이며 혹은 주교에게 성직수여권이 있는 교구-리버풀교구는 해당되지 않지만-에 가고 싶어 할 것입니다. 성직자의 사례 및 기부에 관한 주제는 더 많이 살펴볼 필요가 있습니다. 우리는 새로운 교회에 대한 봉헌이 그것을 세우는 만큼 중요하다는 사실을 너무 많이 잊어버렸습니다. 성직자는 다른 사람들과 마찬가지로 아무 것도 먹지 않고 살 수 없습니다. 금전적 문제로 고심하는 것만큼 성직자를 비참하게 만드는 것은 없습니다. 우리 교구의 평신도가 인재들을 교회로 모시고 싶다면 그들이 올 수 있도록 더 많은 유인책을 제시해야 할 것입니다.

6) 우리 교구는 대성당과 그곳에서 일할 사역자들이 없어 어려움을 겪고 있습니다.

이 점에서 우리 교구는 영국의 어떤 교구보다 못하다고 하겠습니다. 오늘날 맨체스터, 리폰 및 서덜교구는 대성당을 세웠습니다. 뉴캐슬과 웨이크필드의 교회들은 쉽게 대성당을 세울 수 있을 만큼 규모가 크고 웅장합니다. 트루로에는 어떤 교회도 따를 수 없는 열정적인 주교가 새로운 대성당 건축에 전념한 결과 곧 문을 열게 될 것입니다. 그러나 리버풀의 경우 도시 전체에 대성당으로 부를만한 적절한 교회가 없습니다. 솔직히 말해서 나는 다른 사람들처럼 대성당을 우상화 하고 싶은 마음이 없습니다. 나는 우리 같은 교구는 더 많은 교회와 성직자가 우선이지 대성당이 중요한 것은 아니라고 생각합니다. 그러나 내가 큰 대성당은 대성당이 없는 교구가 할 수 없는 많은 일을 감당하고 있다는 사실을 모른다면 소경일 것입니다.

교구 행사를 위한 전체 모임, 예배 및 회의를 위한 모임, 성가대나 평신도자원 단체나 주일학교 교사 및 청년부 모임 특히 세인트폴 성당 및 웨스트민스터사원에서 열리는 본당(nave) 예배와 같은 모임 등 나는 리버풀에도 이러한 목적을 위해 2-3천 명을 수용할 수 있는 대성당이 필요하다고 생각합니다. 현재 우리에게는 이러한 장소가 없으며 이러한 장소를 가질 수 있을 것이라는 보장도 없습니다. 분명한 것은 에머슨(Emerson)과 보들레이(Bodley) 및 브룩스(Brooks)가 설계한 것과 같은 웅장한 사원을 세워 기부하는 것이 비용을 절반가량 줄일 수 있는 방법이라는 것입니다. 현재로서는 이 엄청난 금액을 어떻게 모을 수 있을지 모르겠습니다. 그러나 대성당이 없으면 여러 면에서 우리 교구에 손해가 된다는 것은 물론입니다.

나는 우리의 어려움에 대한 언급은 이쯤에서 마치고자 하며 이처럼 간략히 언급한 것에 대해서는 어떤 변명도 하지 않겠습니다. 이러한 어려움은 리버풀에 대해 잘 모르는 국교도는 알 수도 없고 이해할 수도 없습니다. 또한 이러한 어려움은 생긴지 7년 되는 교구의 현황 및 발전에 관한 정당한 평가를 하고 싶다면 반드시 살펴보고 다루어야 할 문제들입니다.

7) 이제 나는 이러한 상황에 대해 몇 가지 간단한 사실과 함께 우리 교구의 성직자와 조직 및 기구에 대해 간략히 요약하여 제시하고자 합니다.

(1) 1880년에 리버풀교구가 형성되었을 때 주교를 도와 이 지역을 관할하는 참모진은 부주교 한 명에 여섯 명의 지구장이 있었습니다. 지금은 두 명의 부주교에 아홉 명의 지구장이 있으며 노스 메올스(North Meols) 지구의 분리를 인가 받아 관보에 게재할 예정이므로 곧 열 명의 지구장을 두게 될 것입니다.

(2) 우리 교구에는 사례를 받지 않는 24명의 대성당 명예 참사가 있습니다. 매주 오후 대성당 강단은 이들에게 맡길 것입니다.

(3) 우리는 매일 다섯 시에 대성당 정기 예배를 드립니다. 남부러울 것 없는 성가대와 오후 예배 및 매주일 마다 세 번씩 설교가 진행됩니다. 현재로서는 이 이상 할 수가 없습니다. 세인트 피터 대성당이 리버풀교구의 지역 교회이며 결혼식이나 세례식을 위한 교회의 요구를 들어주어야 하기 때문입니다. 현재 대성당 예배를 위해서는 한 푼의 기부도 받지 않고 있습니다. 이 예배는 전적으로 자발적으로 운영되고 있습니다.

(4) 우리에게는 200명의 수록성직자가 있습니다. 이것은 많은 교

구민 수에 비해 매우 적은 숫자입니다. 그러나 1880년의 182명보다는 많은 숫자입니다. 유급 보좌신부의 수는 197명으로 1880년의 120명보다 74명이 늘어났습니다.

(5) 리버풀교구에는 조직화된 성경 읽어주는 사람들의 모임이 있습니다. 현재 이 단체에는 45명이 일하고 있으며 모두 탁월한 사역을 수행하고 있습니다.

(6) 리버풀교구에는 31명의 전도 부인으로 구성된 전도팀이 어머니 모임을 주관하고 있으며 남자가 하기 어려운 사역을 감당하고 있습니다.

(7) 세계 제일의 항구를 가진 우리 교구에는 선원들의 영적 생활을 향상하기 위한 두 개의 단체(Mersey Mission to Seamen 및 St. Andrew's Waterside Mission)가 있습니다.

(8) 우리 교구에는 네 개의 기관이 있습니다. 하나는 교회건축을 위한 기관이고 하나는 큰 교회에 전도 담당 보좌신부를 파송함으로써 교회를 돕는 조력기관이며 하나는 적은 성직록을 돕고 확대하기 위한 기관이며 마지막은 신앙교육을 담당하는 유급 감독관을 포함한 교육 기관입니다.

(9) 우리 교구에는 정식으로 등록된 재정 협회(Diocesan Finance Association)가 있습니다. 이 협회는 교구 기관 및 다른 종교 단체에 들어오는 모든 재정을 수납하고 관리하는 일을 합니다.

(10) 우리에게는 강력한 힘을 가진 잉글랜드 국교회 절제 협회가 있습니다. 교구 곳곳에 지부를 두고 있는 이 협회의 사역은 매우 훌륭합니다.

(11) 지난 7년간 우리는 20개의 새로운 교회를 봉헌하였으며 두 곳의 교회가 승인을 받아 문을 열었으며 기부를 기다리고 있습니다. 세 곳의 교회는 건축 중이며 곧 완성될 것입니다. 모두 25개 교회입니다. 할살(Halsall), 업홀랜드(Upholland), 옴스커크, 하이

(Haigh), 세인트 폴(St. Paul's) 및 프린스 파크(Prince's Park)교회는 복원을 하거나 새로 성단소를 설치하였으며 모두 많은 비용이 들었습니다.[1] 지난 14년간 이 교구를 형성하고 있는 구석진 랭커셔 지역에서 40개 이상의 새로운 교회가 세워져 봉헌되었다는 사실은 주목할 만합니다.

(12) 우리 교구에는 50개의 인가 받은 선교 룸이 있습니다. 월톤에 두 곳, 부틀에 한 곳은 주기적으로 선교 담당 보좌 신부가 선정되어 교회가 정식으로 설 때까지 임시 건물에서 예배를 드리고 있습니다.

(13) 나는 7년간 리버풀 주교로 있으면서 217명의 부제에게 서품을 주었습니다. 교구가 생기기 전 이 지역에서 7년간 서품을 받은 성직자의 수는 133명이었습니다.

(14) 내가 주교 사역을 시작한 첫 해 견진성사를 받은 청년의 수는 4,700명이었습니다. 지금은 불과 200개 교회에서 매년 6-7천 명이 이 성사를 받고 있습니다. 지난 6년간 나는 291번의 집전을 통해 35,458명의 청년들에게 견진성사를 베풀었습니다.

(15) 우리는 1881년 이후 매년 교구 회의로 모이고 있습니다. 나는 이 회의가 한 가지 면에서 다른 모임과 다르다고 생각합니다. 교구 회의는 교구 내 모든 성직자에게 열려 있으며 교회마다 두 명의 평신도 대표자를 선정하여 참관케 하고 있습니다.

(16) 우리는 지구마다 성직자로만 구성된 참사회를 두고 있으며 성직자와 평신도가 함께 참예하는 지구장 회의를 매년 두 차례씩 열고 있습니다.

(17) 우리에게는 매년 부흥하고 있는 강력한 주일학교 기관이 있으며 현재 69,776명의 교사가 주일학교를 위해 봉사하고 있습니다.

---

1 부록 6장, p. 525 참조.

(18) 우리에게는 자발적인 평신도 조력자 모임이 있으며 현재 500명이 등록되어 있습니다. 이들 중 44명은 원래 성경 읽어주는 사람들의 모임에서 봉사하였으나 본 주교의 인정을 받은 자들입니다.

(19) 우리에게는 늙고 병든 성직자를 위한 연금이 있습니다. 이 일을 위해 우리가 알고 있는 리버풀의 한 부인이 2만 파운드를 지원했습니다. 현재 이 기금에서 나오는 수입은 매년 700파운드를 넘으며 모든 교구의 필요를 채울 수 있을 것 같습니다.

(20) 우리 교구에는 여성 친목 단체(Girls' Friendly Society)가 있습니다. 이 단체는 라솜 부인(Lady Lathom)을 비롯한 열정적 여성들의 감독 하에 젊은 여성들에게 훌륭한 봉사를 하고 있습니다.

(21) 우리는 리버풀 지역 세 곳-한 곳은 아델피(Adelphi) 뒤에 있는 세인트 데이빗 교회(St. David's Church), 두 곳은 리버풀 북단에 위치한 커크데일 교회와 리버풀 남단에 위치한 세인트 나다니엘(St. Nathaniel)교회-에서 웨일스어(Welsh language)로 예배를 드리고 있습니다. 이것은 과거에는 간과되어 왔던 사역입니다. 우리 도시에는 웨일스인이 많이 살고 있으며 우리가 예배처소를 제공하지 않으면 그들이 비국교도 예배소로 가더라도 할 말이 없을 것입니다.

(22) 끝으로 나는 우리 교구 내 200개 교회의 질서나 상황은 전반적으로 매우 훌륭하다고 자부합니다. 나는 이 점에 대해 자신 있게 말할 수 있습니다. 나는 지난 7년 동안 성직자를 대상으로 650회의 설교를 하였습니다. 나는 200개 교회 가운데 적어도 180개 이상의 교회에서 설교를 하거나 회의를 주재했습니다. 나는 이 지역의 봉헌된 건물들 가운데 깨끗하지 않거나 유지나 수선이 되지 않은 건물은 찾아보기 어려울 것이라고 장담합니다. 우리는 잉글랜드 동부 지방(East Anglia)에서 볼 수 있는 웅장한 예배당에 대해 말하고 있는 것이 아닙니다. 다만 환경적인 면에서 우리 교구의 교회들이 가장 낫다는 것입니다. 나는 이러한 결과에 대해 교구 위원 및

교회를 돌보는 사람들(sidesmen)에게 감사드립니다.

교구를 위해 수고하는 사람들이나 조직 및 기관에 대한 언급은 이쯤에서 마치겠습니다. 나는 이들 가운데 많은 모임이 내가 리버풀 주교로 오기 전부터 활동하고 있었다는 사실을 잘 알고 있습니다. 나는 그들을 신임하며 우리 조직의 일부로 기꺼이 받아들였습니다. 시간관계상 모든 명단을 제시할 수는 없지만 우리 교구에서는 잉글랜드 국교회의 국내외 선교를 위해 매년 거금을 지원하고있습니다. 물론 이 긴 진술의 대부분은 리버풀 지역에 해당되는 내용이지만 우리 교구민의 절반 이상이 이 거대한 도시에 거주하고 있기 때문에 이렇게 말하는 것이 당연합니다. 구체적으로 밝힐 수는 없지만 위건과 워링톤, 세인트 헬렌 및 사우스포트에도 이처럼 훌륭한 교회 사역이 지속되고 있다는 사실을 알고 있습니다. 아마도 이것은 교구적 차원의 사역이라기보다 지교회적 차원의 사역일 것입니다.

또한 나는 리버풀에서 국교도와 비국교도가 연합하여 여러 가지 신앙적, 박애적 사역을 지속하고 있다는 사실도 알고 있으며 여기에 대해서도 감사한 마음을 가지고 있습니다. 그러나 이 방문 교지에서는 자연히 잉글랜드 국교회의 사역에 한정할 수밖에 없다는 것을 이해해 주시기 바랍니다. 나는 우리가 우리 교구를 부끄러워 할 필요가 전혀 없다고 생각합니다.

요약하면, 우리의 어려움을 감안할 때 우리에게는 감사할 거리가 많다는 것입니다. 우리의 대적이 무엇이라고 말하든, 우리는 흔들림 없이 견고히 설 것입니다. 우리는 잠들지 않고 깨어있을 것이며, 죽지 않고 살아 있을 것입니다. 물론 우리는 아직 부족한 것이 많습니다.

8) 주교의 망루에 서서 교구 내 모든 지역을 바라보면 아직도 보완해야 할 여러 가지 부족한 것들이 보입니다.

(1) 교구민이 과다한 일부 구역은 지역을 나눈 후 새로운 교회를 세우고 행정적인 절차를 필함과 함께 필요한 성직자와 부교역자를 두어야 할 것입니다. 이러한 교회들(St. Paul, North Shore; St. Mary, Bootle)과 워링톤에 있는 목사관의 위치는 전적으로 불만족스럽습니다. 이처럼 거대한 교구민이 과다한 지역에서 잉글랜드 국교회의 사역이나 목회 사역이 제대로 이루어지기를 바라는 것은 어리석은 일입니다. 그들 가운데 우리와 함께 하지 않는 자들이 많이 있다는 것이나 교회에 대해 알거나 느끼거나 존중하지 않는 주민이 많다는 사실에 놀랄 필요가 없습니다.

(2) 교구민이 많은 구역에 교회를 세울 수 없으면 선교 룸이라도 많이 있어야 합니다. 4-5백 명을 수용할 수 있는 이 훌륭하고 확실하며 간단한 건물은 예배당에 비해 비용이 훨씬 적게 들고 활동적인 성직자에게는 활용도가 높은 곳으로서 이곳에서의 예배를 통해 앞으로 세워질 교회를 준비하게 되는 것입니다. 나는 사우스포트(Blowick), 힌들레이(All Saints') 및 리버풀(Nathaniel's)에는 이러한 목적에 부합되는 선교 룸을 보았습니다. 나는 여러분이 이처럼 유용한 선교 룸에 관심을 가져줄 것을 부탁합니다. 안타까운 말이지만 그동안 4천 명 이상의 교구민이 있는 지역에 교회가 들어설 때마다 교회 위원회가 연 200파운드를 지원해 오던 시절은 농촌 경기 침체의 여파로 다시 오지 않을 것 같습니다. 더 이상 이러한 도움에 의지할 수는 없으며 미래의 교회는 자립을 모색하는 수밖에 없습니다. 그러나 절망할 필요는 없습니다. 교회를 세울 수 없다면 선교 룸을 만들면 됩니다.

(3) 교구 기관에 대한 관대한 지원이 필요합니다. 현재 교구 내

기관들의 수입은 매우 적으며 그만큼 사역의 효율성도 떨어지고 있습니다. 지난 7년간 상황은 크게 악화되었으며 사역의 효율성에 대한 기대치도 많이 떨어졌습니다. 잉글랜드 전역에 있는 수많은 국교도가 그리스도의 이름으로 정기적으로 구제하는 일을 등한히 하는 데에는 이유가 있습니다. 그들은 주일날 교회 가는 것을 신앙생활의 전부로 생각합니다. 고인이 된 참사회원 흄(Canon Hume)은 생전에 나에게 리버풀의 후원자 명부에 오른 사람은 모두 합쳐 3천 명이 되지 않는다는 말을 종종 했습니다. 나는 이것이 잉글랜드 국교회의 가장 큰 약점이라고 단언합니다. 그들은 선한 일을 위해 물질을 베풀어야 하는 의무 및 특권을 이해하지 못하는 것 같습니다. 이러한 면에서는 우리가 영국의 비국교도나 스코틀랜드 장로교보다 훨씬 뒤쳐져 있습니다. 나는 우리교구 내 교회 가운데 1/3이 교구 기관을 위해 물질적 지원을 전혀 하지 않는다는 사실을 알고 참으로 안타까운 마음이 들었습니다. 이것은 랭커셔 남서부 지역이 수많은 교구민을 가진 잉글랜드 국교회의 공동체 활동에 대한 인식이 매우 결여되어 있다는 사실을 보여주는 증거들 가운데 하나일 뿐입니다. 회중은 이웃에 대해서는 잊어버리고 자신만 생각하는 경향이 너무 강합니다.

나는 다른 지역에서도 교구 기관들이 인기가 없고 많은 지원을 받지 못한다는 사실을 잘 압니다. 그러나 어떤 교구도 이러한 기관 없이 일하는 경우는 보지 못하였습니다. 교구마다 모든 성직자가 교회사역에 사용하기를 바라는 일정한 금액이 비치되어 있으며 부유한 교회는 그 금액으로 가난한 교회를 도울 수 있습니다. 물론 이 기금의 관리는 어느 한 분파가 전담하는 것이 아니며 위원회에는 모든 이해당사자가 참예합니다. 나는 수년간 교구 기관에 터무니없이 적은 금액이 지원되는 것을 직접 확인하였으나 기금은 공정하게 관리되고 있으며 따라서 더 많은 기금이 조성되기를 바랄 수밖에 없다는 결론을 내렸습니다.

성직자 여러분, 이것은 매우 심각한 문제이며 무심코 지나갈 일이 결코 아니라는 사실을 잊지 말기 바랍니다. 우리 교구 내 기관들이 더 많은 지원을 받지 못한다면 아무리 포기하지 않고 긴장을 늦추지 않는다고 해도 문제의 심각성은 점차 깊어질 것입니다. 나는 교구의 명예를 위해 이와 같은 사태는 피해야 한다고 생각합니다. 우리는 매년 더욱 풍성한 헌금과 기부를 해야 합니다. 여러분이 교회를 위해 설교를 부탁할 때 내가 "우리 교구에 속한 네 개의 기관 가운데 하나를 위해 매년 헌금을 하지 않는다면 설교할 수 없습니다"라는 말을 하지 않도록 해 주시기를 부탁드립니다.

(4) 끝으로 우리는 보다 많은 평신도가 교회 문제에 자원해서 동참하기를 원합니다. 각종 위원회나 종교 단체 모임 및 교구 회의에 참관하러 오는 사람들이 거의 없다는 것은 안타까운 사실이 아닐 수 없습니다. 그들은 모든 정신을 사업에 쏟고 있는 것처럼 보입니다. 그러나 교회사에서 지금만큼 평신도에게 강한 의식과 균형 잡힌 사고가 요구된 적은 없을 것입니다. 신약성경 시대 평신도는 성직자 이상으로 교회 문제에 관심을 가지고 동참하였습니다. 잉글랜드 국교회도 마찬가지입니다. 지금과 같은 상황은 결코 건강한 징후로 볼 수 없습니다. 나는 이 말을 하는 동안 최근에 우리 곁을 떠난 사람들에 대한 안타까운 마음을 숨길 수 없습니다. 부셀(Bushell) 과 그로브스(Groves) 및 베일리(Bailey)와 같은 사람들이 떠나면서 생긴 공백은 쉽게 채울 수 없는 공간이 되었습니다. 나는 매일 하나님께 리버풀에 있는 젊은 평신도 국교도를 세워 그들이 했던 것 이상으로 우리를 돕게 해 달라고 기도합니다.

그러나 결국 나는 처음에 했던 말을 반복할 수밖에 없습니다. 지난 7년을 돌아보며 지금의 상황과 그동안의 발전을 회고하는 가운데 나의 마음을 사로잡는 가장 큰 확신은 감사하다는 것입니다. 수

많은 어려움과 힘든 전쟁에도 불구하고 우리 교구는 많은 일을 해내었으며 지금도 하고 있습니다. 나는 우리 교구의 교구민 수는 영국의 어떤 교구보다 많지만-사역하기 힘들만큼-성직자는 누구보다 부지런하다고 생각합니다. 우리 교구는 신문을 통해 과장된 홍보를 하거나 나팔을 부는 일 없이 바깥세상이 알지 못하는 조용하고 확실한 사역을 진행하고 있습니다. 주교가 왔다고 해서 기적이 일어나거나 자신의 소명을 사도나 선지자로 착각하고 있는 무능한 성직자가 회개하는 것은 아닙니다. 그러나 인간의 본성 및 그것으로부터 당연히 기대할 수 있는 것들, 그리고 우리가 싸워나가야 할 장애물을 감안할 때 나는 리버풀의 새로운 교구가 하나님께 감사하고 용기를 가져야 할 이유가 충분하다고 생각합니다.

2. 이제 우리 교구에 관한 문제에서 보다 광범위하고 어려운 주제로 넘어가고자 합니다.

이 주제는 우리 교구가 속해 있고 우리의 안위가 걸려 있는 잉글랜드 국교회의 전반적인 상황에 관한 것입니다. 나는 이것이 얼마나 어렵고 중요한 문제인지를 깊이 인식하고 있습니다. 우리는 지금과 같은 시대는 없었을 것이라고 생각하는 경향이 있으며 그것은 당연한 것입니다. 우리는 자신이 살고 있는 시대에 대해 가장 잘 알고 있기 때문입니다. 그러나 오늘날만큼 우리의 주의를 요하는 중요하고 논쟁적인 문제들이 많은 시대는 없을 것입니다. 우리의 교회적 지평은 몇 가지 점에서 매우 어두우며 많은 것은 향후 5년간 국교도의 지혜와 절제 및 그들의 활동에 달려 있습니다.

여러분은 어떻게 생각할는지 모르지만 나는 먼저 여러 면에서 볼 때 오늘날 잉글랜드 국교회의 상황은 놀랄 만큼 활기차고 고무적이며 만족스럽다는 말로 시작하려고 합니다. 오늘날 국교도 가운데 생기와 에너지와 활기와 열정과 흥분과 요즘 말로 '활력'(go)이 있다는 사실은 부인할 수 없습니다. 50년 전에는 생각도 할 수 없는 분위기입니다. 이러한 변화가 일부에서 말하듯이 소위 고교회의 부흥에 기인한다는 주장은 인정할 수 없습니다. 금년도 교회 선교 협회의 수입 규모 및 성장세는 복음적 단체의 열정이나 영향력이 결코 쇠퇴하지 않았음을 분명히 보여줍니다.

사실 이러한 변화는 국교도에 속한 분파들에게서 감지됩니다. 오늘날 잉글랜드 전역의 상황은 반세기 전과는 전혀 다릅니다. 잉글랜드 국교회는 더 이상 졸지 않으며 깨어 있습니다. 때로는 열정의 방향이 잘못되어 해를 끼치기도 하지만 대적은 교회가 움직이고 있다는 사실을 인정할 것입니다. 이제 이러한 언급이 틀리지 않음을 보여주는 몇 가지 사실을 제시하고자 합니다.

1) 먼저 나는 국교도가 새로운 교회를 건축하고 낡은 교회를 수리하기 위해, 특히 대성당을 위해 지출한 금액의 규모에 대해 언급하고자 합니다.

지난 50년간 그들이 지출한 돈은 3천만 파운드나 됩니다. 신앙은 물질적인 것이 아니라고 말하기는 쉽습니다. 그것은 당연한 말입니다. 그러나 우리의 선조들은 인구가 늘어나는 것에 무관심했고 새로운 교회를 세우지도 않았습니다. 반면에 비국교도는 많은 예배당을 지었습니다. 나는 포르테우스(Porteus)[2] 주교가 자신의 재임 기간 동안 런던 교구에 새로운 교회가 서는 것을 한 번밖에 보지 못했다는 글을 읽은 적이 있습니다. 세상에서도 장사하는 사람들이 점포를 확장하기 시작하면 사업이 망했다고 생각하지 않습니다.

---

[2] Beilby Porteus, London의 주교, 1787-1808.

2) 나는 성직자의 성품과 행위가 크게 변했다는 사실을 지적하고자 합니다.

어느 모임이나 부패한 구성원이 있듯이 성직자 가운데도 당연히 거짓 선지자나 양의 옷을 입은 늑대나 양 틈에 끼어 있는 염소가 있을 것이며 인간의 본성이 지금과 같은 한 세상 끝날까지 그러할 것입니다. 그러나 나는 성직자의 전반적 수준은 확실히 금세기 초보다 나아졌다고 생각합니다. 부패한 삶, 태만한 목회, 형식적이고 건성적인 예배, 주중에는 문이 닫혀 있는 교회, 지저분하고 불결한 회중석, 분기에 단 한 번 거행되는 성만찬, 주중에는 전무한 예배, 주일학교에 가지 않는 자녀, 아무런 가책 없이 감리교나 비국교도로 돌아서는 풍조 등은 금세기 초 잉글랜드 국교회에서 흔히 볼 수 있는 광경입니다. 그러나 장담하건데 지금은 이러한 모습을 찾아보기 어렵습니다. 누가 이것을 장족의 발전이 아니라고 부인하겠습니까?

3) 나는 오늘날 성직자의 설교는 우리의 선조들이 들었던 설교에 비해 많이 달라졌다는 사실을 지적하고 싶습니다.

예전 설교는 도덕적 소론에 불과했으며 처음부터 끝까지 기독교의 분명한 교리들이 빠져 있었다는 것은 아무도 부인할 수 없는 사실입니다. 속죄, 성령의 사역, 칭의, 회심, 회개, 믿음에 관한 내용은 마지못해 언급하거나 얼버무렸습니다. 그러나 지금은 그렇지 않습니다. 때때로 모호하게 진술되기도 하지만 중요한 진리들은 결코 무시되지 않습니다. 이러한 진리들은 교회 내 어느 한 분파의 독점물도 아닙니다. 여러분은 때때로 강단마다 동일한 내용을 다른 관점에서 제시하는 것을 볼 수 있을 것입니다. 우리는 설교가 크게 향상되었다는 사실을 인정해야 할 것입니다.

4) 예전에 비해 성직자가 정기적으로 수행하는 교회 사역이 크게 증가하였습니다.

주중 예배, 성경 공부, 주일학교 교사 모임, 청년부 모임, 절제 모임 및 그 외 여러 가지 선한 모임이 생겨났으며 잉글랜드 전역에서 계속되고 있습니다. 나는 리버풀 교회들이 회중에게 알려주는 주중 사역에 관한 계획을 들으면서 놀랄 때가 많습니다. 어떻게 그 많은 사역을 열정적으로 감당할 수 있는지 모르겠습니다. 한 가지 분명한 것은 1887년은 1800년보다 훨씬 많은 일을 하고 있다는 것이며 이 점에 대해서는 감사치 않을 수 없습니다.

5) 함께 모여 대화하고 의논하며 상담하고 기도하기를 원하는 성직자가 크게 늘었습니다.

예를 들어 의회나 각종 회의, 지구장 모임 및 피정과 같은 것들은 비교적 최근에 등장하였으며 성직자 간의 조용한 대화밖에 몰랐던 할아버지 세대에는 생각도 못했던 것들입니다. 이러한 모임들이 항상 유익한 것은 아니며 때로는 따분한 모임이 되기도 합니다. 그러나 이것은 확실히 많은 성직자가 일 년 내 회중과의 교류 없이 동료 성직자와만 먹고 마시고 카드놀이를 하던 "지나간 호시절"과는 많이 다른 분위기임이 분명합니다.

6) 나는 유서 깊은 대성당의 유익에 대해 언급하고자 합니다.

나는 대성당을 탁월한 건축물의 표본 이상으로 여기지 않던 시절을 기억합니다. 사람들은 대영박물관의 엘긴 마블스(Elgin Marbles)를 관람하며 대리석 조각과 유리에 감탄하듯 대성당을 구경하러 갔습니다. 그러나 대성당이 그리스도와 진정한 신앙을 위해 한 일이 무엇입니까? 거의 없습니다. 평일에 성가대석 한쪽에 쭈그리고 앉아 있는 소수의 길 잃은 양, 그리고 주일 오후에 모인 2-3백 명의 사람들에게 웅장한 찬양을 들려주는 일이 옛 대성당이 신앙을 위해 한 일의 전부입니다. 나는 하나님께 이 모든 것들이 끝난 것에 대해 감사드립니다. 엄선된 설교자, 대중적 찬양과 함께 드려지는 살아 있는 본당 예배는 옛 사원 및 대성당 예배를 새로운 생명력으로 복원하였습니다. 주일 오후 세인트 폴 교회나 웨스트민스터 사원으로 오는 사람은 더 이상 대성당에 대해 "저울에 달아보니 부족함이 보였다"고 말하지 않을 것입니다.

7) 나는 지난 50년간 식민지 성공회의 놀라운 증가에 대해 지적하고 싶습니다.

잉글랜드 국교회는 이교도에 대한 선교 및 국내 전도를 촉진하기 위해 다방면으로 노력하는 가운데 식민지 제국 곳곳에 새로운 교구를 세우고 잉글랜드 국기가 꽂혀 있는 곳마다 성공회 예배 방식 및 기도서를 이식할 수 있는 시간과 물질을 준비하였습니다. 1840년에는 식민지 주교가 10명밖에 없었으나 1887년 현재 73명의 주교가 있습니다. 사병 없는 장교가 군대를 형성할 수 없듯이 주교 혼자 교회를 형성할 수 없습니다. 그러나 주교가 식민지로 파송을 받아 교구를 형성하면 거의 언제나 성직자와 은혜의 방편 및 회중이 증가하는 결과를 볼 수 있습니다. 큰 나무가 죽을 때 처음 나타나는 징후 가운데 하나는 맨 끝에 있는 가지가 말라 죽는다는 것입니다. 잉글랜드 국교회는 이런 현상을 전혀 찾아볼 수 없습니다. 세계 도처에 뻗어 있는 식민지는 잉글랜드 국교회가 죽지 않고 살아 있음을 보여줍니다.

8) 나는 오늘날 이 땅 전역에서 볼 수 있는 적극적인 복음 활동의 놀라운 성장을 지적하고 싶습니다.

　내가 첫 번째 선교대회에 처음 참가한 것을 자랑스러워할 때가 불과 30년 전입니다. 지금껏 열리고 있는 이 대회는 당시 버밍햄의 세인트 마틴(St. Martin)교회에서 6일 밤 동안 계속되었는데 나는 맥네일 박사(Dr. M'Neile)[3] 및 밀러 박사(Dr. Miller)[4]와 함께 이 대회 강사로 참여했습니다. 사람들은 한 주간의 노력에 대해 매우 의심스러운 눈으로 바라보았으며 많은 사람들은 실패할 것으로 예측했습니다. 그러나 30년이 지난 지금 특수 선교는 잉글랜드 국교회의 조직화 된 기관으로 자리 잡았습니다. 그들은 모든 분파로부터 인정을 받고 있으며 후원과 지원을 받고 있습니다. 일부 교구에는 교구가 공인한 선교사도 있습니다. 지금까지 큰 도시 가운데 선교대회가 열리지 않은 도시는 없습니다. 한 마디로 모든 족속에게 복음을 전하고 우리에게 오지 않는 자들을 찾아가려는 결심은 이 시대의 분명한 징조입니다. 만일 모든 잉글랜드 국교회가 오늘날 특수 선교처럼 적극적인 복음 사역을 하고 있다는 사실을 웨슬리나 휫필드나 베리지나 그림쇼(Grimshaw)가 들었다면 과연 믿어줄지 모르겠습니다. 그러나 우리는 이러한 장면을 현실로 목도하고 있습니다.

　나는 지금까지 언급한 내용에 대해 특별한 주의를 기울여줄 것을 부탁합니다. 내가 한 말이 옳다는 것은 누구도 부인하기 어려울 것입니다. 이러한 요소들은 잉글랜드 국교회의 현 상황이 활기차고 소망적이며 고무적이라는 확신의 근거를 형성합니다. 어떤 사람들이 믿고 있는 것처럼 국교회가 폐지되고 국교회 재산이 몰수될지라도 우리는 죽음의 잠을 자지 않을 것입니다. 우리는 죽을 각오를 하

---
3 Hugh M'Neile, 체스터의 참사회원, 1845-1868.
4 John Cole Miller; 그는 1846년 St. Martin's Birgminham의 수록성직자가 되었다.

고 이 자리를 지킬 것입니다.[5] 폼페이의 용감한 파수꾼처럼 우리는 졸지 않을 것이며 이 자리를 지키다 죽을 것입니다.

덧붙여 말하자면 잉글랜드 국교회가 건강하다는 징후 가운데 하나는 잘못된 것을 개혁하고 "부족한 일들을 바로 세우려는" 마음입니다. 이러한 맥락에서 상원과 하원에서 교회를 개혁하고 강화하기 위한 몇 가지 방안이 제시되었는데 대부분은 신실한 국교도가 지지해야 할 가치가 있는 것들입니다.

9) 이제 이 내용에 대해 몇 가지 사항을 언급하는 것이 나의 의무라고 생각합니다.

(1) 토지 점유자로부터 토지 소유인으로 납입주체를 바꾼 십일조에 관한 법안은 매우 중요하고 귀한 생각으로 보이며 감사히 받아야 할 것입니다. 나는 십일조 대체법(Tithe Commutation Act)이 처음 통과될 때부터 이런 방식이어야 한다고 주장해 왔습니다. 일부 농민에게 십일조가 소작료를 낮추어 줄 것이며 그것이 토지 임차 조건의 일부라는 사실을 이해시키기는 어려울 것입니다. 그들 스스로 돈을 지불하는 한 자신이 손해를 보았다며 억울해 할 것입니다. 나는 이 방법이 곧 법제화 될 것이라고 믿습니다.

(2) 교회 성직 수여에 관한 법안은 대부분의 생각 있는 국교도가 오랫동안 안타깝게 기다려오던 탁월한 법안입니다. 성직 추천권을 매매하는 행위는 죄입니다. 이러한 추천권은 특별한 사정이 있을 때에만 허락하되 철저한 안전장치가 마련되어야 할 것입니다. 주교에게는 추천을 받은 성직자가 나이나 건강 또는 정신적인 문제로 직무를 감당하기 어려운 경우 그에 대한 임명을 거부할 수 있는

---

[5] *Oportet imperatorem stantem mori.*

권한이 주어져야 할 것입니다. 할 수만 있다면 교구민에게 추천 받은 성직자를 임명하지 않은 이유를 알려주는 것이 좋습니다. 그러나 반대의 이유가 사소하거나 개인적인 이유라면 응분의 반발을 각오해야 할 것입니다. 내가 생각하는 이 법안의 가장 큰 취약점은 모든 교구에 있는 교구 성직수여 위원회(Diocesan Patronage Board)입니다. 나는 이 까다로운 위원회가 제대로 운영되지 않고 있다고 생각합니다. 어떤 교구에서는 한 세력 있는 인사에게 모든 권한이 넘어갔다고 들었습니다. 다른 교구에서는 아무런 생산성이 없고 특색도 없는 무색무취한 임명만 남았다고 들었습니다. 또 다른 교구에서는 끝없는 논쟁과 타협만 한다고 들었습니다. 다시는 이런 이야기가 나오지 않았으면 좋겠습니다. 현 체제의 가장 두드러진 남용만 제거할 수 있다면, 성직수여권은 분산되면 될수록 더 좋을 것입니다. 나는 성직수여권이 어느 한 사람의 손에 집중되는 것만큼 교회에 불행한 일은 없다고 생각합니다. 나는 이 문제를 국왕, 대법관, 주교, 성직수여권 소유자 및 신임을 받는 단체에게 넘기겠습니다. 그것이 잉글랜드 국교회의 포용적 특성을 유지할 수 있는 유일한 방법입니다.

(3) 성직령 경작지(glebe-land)의 매매를 허락하는 법안에 대해서는 솔직히 의문을 가지지 않을 수 없습니다. 이 법이 잘 운영되기를 바라지만 나로서는 의욕적으로 접근하기 어려울 것 같습니다. 나는 십일조 대신 토지를 성직록으로 받은 성직자가 농촌 경기 침체가 장기화되면서 많은 어려움을 겪고 있다는 사실을 잘 알고 있습니다. 그들은 소작인이 경작에 실패한 토지를 물려받기 쉽습니다. 그러나 자본과 기술이 없는 그들은 그런 토지를 경작하는 것이 거의 불가능할 때가 많습니다. 이 경우 성직자는 토지를 팔고 대신에 재화를 구매하거나 안전한 자산에 투자할 수 있는 현금을 가지고 싶어 하는 것이 당연할 것입니다. 물론 매매를 통해 이익이 될 수도

있고 부유한 토지소유자 가운데는 후한 값을 치루고 땅을 구입할 사람도 있겠지만 많은 교회는 시세의 절반도 안 되는 값에 손해 보며 팔 각오를 해야 할 것입니다. 나중에 땅 값이 다시 회복되겠지만 그때는 후회해도 늦을 것입니다. 그러나 매매를 허락하는 법이 편리할 수도 있습니다. 다만 토지 매매는 언제나 조심해서 접근해야 하며 교구에 거주하는 유능한 위원들로 하여금 토지 매매가 바람직한 제도임을 충분히 홍보하게 해야 할 것입니다. 개인적인 생각을 덧붙이자면 교회 위원들은 오랜 시간 동안 교회 재산에 대해 잘 알고, 거래 전반에 관한 사항을 일임할 수 있는 사람이 맡아야 할 것입니다.

3. 이제 국회 내부에 관한 이야기로부터 바깥 동향, 특히 지난 3년 간 교회의 이목을 집중시킨 사건들에 대해 살펴보겠습니다.

나는 여러분이 주교의 의견을 듣고 싶어 할 것이라고 생각하는 네 가지 사항에 대해 언급하고자 합니다.

1) 가장 먼저 살펴볼 것은 캔터베리 지방에 처음 조직된 평신도의회 (House of Laymen)에 관한 것입니다.

나는 이 조직을 매우 호의적으로 생각하며 모든 설립 절차에 대해 꼼꼼히 챙겨보았습니다. 이러한 시도는 가치 있는 실험으로서 바른 방향으로 가고 있는 것입니다. 그러나 나는 일부에서 기대하는 것처럼 큰 기대는 하지 않습니다. 이 기구가 법적인 자격을 갖추지 않는 한, 여왕과 상하원의 인정을 받지 못하는 한, 사안에 대해 논의하고 결의를 통과시키는 것 외에는 아무 것도 할 수 있는 권한

이 없고 단지 자문기구로서의 역할밖에 하지 못하는 한, 현재와 같은 선출방식이 계속되는 한, 평신도를 대표하는 인물을 합류시켜 캔터베리 지방을 이끌어 나갈 것이라는 믿음을 주지 못하는 한, 의회 활동에 대한 관심을 유발시키지 못하는 한, 그럴 것입니다. 그러나 나는 이러한 시도가 본질적으로 바른 방향이라는 점을 다시 한번 강조합니다. 이것은 지금까지 오랫동안 무시되어 왔던 원리, 즉 한 교회의 평신도는 교회 일에 동참하고 의견을 개진할 수 있어야 한다는 위대한 원리[6]를 인정한 것입니다. 이미 실마리를 풀기 위한 현명한 논의가 시작되고 있습니다. 아직까지는 북부 지방에도 평신도의회가 설 것인가의 여부를 알 수 없습니다.

2) 다음으로 살펴볼 중요한 내용은 열띤 논쟁이 되고 있는 북부 성직자의회와 남부 성직자의회의 연합에 관한 것입니다.

나는 현재와 같은 상황에서의 연합은 반대하며 내 생전에는 이러한 연합이 불가능하다고 생각합니다. 잉글랜드 국교회가 아일랜드 교회처럼 폐지되고 완전히 새로운 법이 제정된다면 생각해볼 수 있을 것입니다. 다시 한 번 말하지만 캔터베리 성직자의회가 완전히 개혁되어 두 명의 부주교가 두 파의 성직자를 대표하는 요크 성직자의회의 모델을 따른다면 생각해볼 여지가 있을 것입니다. 그러나 그렇게 될 가능성은 희박해 보입니다. 현재 두 개의 성직자의회는 하나가 되지 못하고 있으며 이러한 상황이 지속되는 한 통합이나 합병은 불가능하다고 생각합니다. 결국 이러한 연합 운동은 순

---

[6] 성직자만이 교회법을 만들 수 있다는 그리스도의 법이 확실하게 보장되지 않는 한, 기독교 공동체에서 성직자와 함께 평신도의 동의가 없는 교회법은 만들 수 없다는 것이 평등과 이성에 가장 일치하는 원리이다. Hooker. *Eccles. Polity*, Book viii. chap. vi.

조롭게 진행되기 어려울 것입니다. 북부의 인구는 유권자 수에 있어서 남부보다 훨씬 적기 때문에 북부의 많은 사람들은 만족하지 않을 것입니다. 더구나 런던에서 의회가 열린다면 북부에서 참석하는 사람들은 매우 적을 것입니다. 이 대도시는 잉글랜드 남부의 중심지이며 따라서 의회원들은 여러 가지 이유로 런던의 영향을 받지 않을 수 없을 것입니다. 그러나 북부 지방은 그렇지 않습니다. 랭커셔와 요크셔 주민의 중심지는 맨체스터, 리버풀, 리즈(Leeds) 및 쉐필드(Sheffield)이며 굳이 런던으로 가야 할 필요성을 느끼지 못합니다. 만일 의회가 런던에 있는 일부 국교도의 손에 넘어간다면 북부 지방은 사실상 냉대를 받게 될 것입니다. 요약하면 나는 두 의회가 당분간 대표자를 통해 협력하는 것으로 만족해야 하며 합병을 위한 어떤 시도도 부작용을 초래할 것이라고 생각합니다.

3) 다음으로 다룰 공적인 주제는 런던에 있는 '교회 회관'(Church House)입니다.

나는 이 문제를 다룰 의무가 있다고 생각합니다. 이 조직에 대한 나의 입장에 다른 오해가 없기를 바랍니다. 교회 회관은 탁월한 발상이며 그대로 시행되었다면 빅토리아 여왕 통치 희년에 대한 훌륭한 기념이 되었을 것입니다. 이 건물은 현재 특별한 장소가 없는 캔터베리 의회에 매우 유익합니다. 우리 교구의 국교도가 교회 회관을 도우고 싶다면 그렇게 해도 좋습니다. 4백만 명의 인구를 가진 런던이 랭커셔의 도움 없이도 쉽게 완성할 수 있을 것이라고 생각하지만 결코 지원을 막지는 않겠습니다. 그러나 솔직히 말해 두 의회가 분리되어 있는 상태에서 요크의 북부 지방이 런던의 교회 회관으로부터 어떤 유익을 기대할 수 있다는 말인지 모르겠습니다. 우리는 앤 여왕 기금이사회(Queen Anne's Bounty Board) 및 교무위원회(Ecclesiastical Commissioners) 사무실을 업무용으로 사용하고 있습니다. 종교 단체들은 각자 자신의 사무실을 가지고 있으며 그것을 내어놓을 것 같지는 않습니다. 주교들의 모임 장소로는 람베스 궁전(Lambeth Palace)이면 충분합니다. 현재로서는 북부 국교도가 어떤 다른 목적으로 런던의 교회 회관이 필요한지 모르겠습니다. 뿐만 아니라 리버풀에 대성당을 짓기 위해서는 큰 돈이 필요하며 교구 내에 한 다스 이상의 교회를 지을 돈도 있어야 합니다. 이 일을 추진하는 사람들은 자금이 부족해서 얼마나 힘들어 하는지 모릅니다. 무엇보다 중요한 마지막 이유는 리버풀 자체에도 교회 회관이 필요하지만 대성당만큼 절실하지는 않다는 것입니다. 이 거대 도시의 중심지에는 등기소, 종교 법정, 주교 사무실, 교구 재정 위원회 사무실 및 기타 종교 단체에 적합한 건물이 필요하며 위원회 모임, 교회 클럽 및 독서실, 기독교 지식진흥협회(Christian Knowledge Society)를 위한 적절한 공간도 확보되어야 합니다. 현재 교구의 모든 사무는 비싼 임대료를 내고 얻은 협소하고 갑갑한 곳에서 불편하게 수행되고 있습니다. 이러한 사실을 생각할 때 런던의 교회 회관을 지원하라고 말하기도 쉽지 않습니다.

4) 마지막 주제는 대수롭지 않은 문제로 생각할 수도 있지만 악의 온상이 될 수도 있기 때문에 결코 간과할 수 없는 내용입니다.

그것은 최근 캔터베리 성직자의회에서 심각한 논쟁이 되었던 문제로 교리문답을 보충하려는 시도에 관한 것입니다. 나는 우리가 가진 요리문답이 완전하다고 생각지 않으며 누구라도 그것을 개선할 수 있다고 생각합니다. 그러나 내가 강력히 반대하는 것은 기도서의 내용을 가감하거나 변경하려는 시도입니다. 최근에 추가된 내용만큼 많은 갈등과 토론과 논쟁과 분열이 있었던 적이 있었습니까? 언제까지 끌고 갈 생각입니까? 다음에는 무엇을 할 것이며 그 다음에는 무엇을 할 것입니까? 다행히 기도서는 법적으로 정부 당국의 허가가 없이는 어떤 내용도 변경하거나 덧붙이지 못하게 되어 있으며 이러한 허가가 쉽게 있을 것 같지도 않습니다. 한편으로 우리 교구의 성직자들은 교리문답에 덧붙일 내용에 대해 아무런 도움도 주지 않았으면 좋겠습니다. 각자 교구민에 대해 자신이 알고 있는 대로 신실하고 솔직하게 설명하도록 합시다. 평화를 가져올 수 없다면 옛 문서에 아무 것도 덧붙이지 말고 그대로 둡시다.

이제 우리의 지평에 드리운 두 가지 먹구름에 대한 주의를 환기시키는 것으로 이 교지를 마치고자 합니다. 나는 교회의 현황 및 발전상에 대해 조사하면서 교구 안팎으로 철저하고 광범위하게 살펴보았습니다. 나는 우리가 깊이 감사해야 할 이유들을 제시하였으며 나를 비관론자라고 부를 수 있는 사람은 아무도 없을 것입니다. 그러나 위험을 무시할 수는 없으며 특히 잉글랜드 국교회와 같이 거대한 조직에서 이러한 위험을 모른 채 할 수는 없을 것입니다. 내가 보기에 우리 앞에는 모든 신실한 국교도의 주의와 기도를 요하는 두 가지 가공할만한 위험이 있습니다. 평강이 없는데도 항상 "평강하다, 평강하다"라고 부르짖고 사람들이 싫어하는 주제는 다루기 싫어하는 것은 정직한 것도 관대한 것도 아닙니다. 그러한 행동은 친구의 태도가 아니라 아첨꾼의 태도입니다. 이 두 가지 위험이 무엇인지 살펴봅시다.

(1) 첫 번째 위험은 **잉글랜드 국교회에 치리가 사라졌다는 것**입니다.

우리 모두는 잉글랜드 국교회가 성만찬에 관한 논쟁으로 20년 이상 힘들어했다는 사실을 알고 있으며 안타깝게 생각합니다. 잉글랜드 국교회 안에는 항상 견해차가 존재해 왔으며 상식적인 사람이라면 국교도 내에 생각과 행위의 엄격한 일치를 기대하지 않을 것입니다. 우리가 관대함과 포용력을 잃는다면, 우리가 "생각하고 생각하게 하지"(think and let think) 않는다면, 우리는 잉글랜드 국교회에서 설 자리를 잃게 될 것입니다. 우리의 경내에는 고교회, 저교회, 광교회가 있다는 사실을 잊어서는 안 됩니다. 그러나 관대함과 포용력에는 일정한 한계가 있어야 합니다. 성만찬에 관한 교리는 순교한 개혁주의자들이 이 거룩한 성례에 관한 가톨릭 교리를 받아들이지 않았기 때문에 화형당했다는 사실을 기억할 때 국교회가 결코 양보할 수 없는 교리입니다. 또한 우리는 성만찬에 관한 새로운 제의적 행위들이 영국의 교회 법정에서 여러 번 고소를 당해 수차례 정죄를 받고 불법으로 선고되었다는 사실을 알고 있습니다. 끝으로 우리는 많은 성직자가 이러한 법정의 판결을 존중하지 않고 전혀 주의를 기울이지 않으며 이미 정죄 받은 행위를 계속하면서 교회 법정의 권위를 무시할 뿐만 아니라 주교가 법정의 편을 들면 순종 서약에도 불구하고 주교의 충고를 따르지 않는다는 사실을 알고 있습니다.[7]

정확히 말하면 이것은 가장 큰 위험에 해당하는 상태이며 나는 여러분의 주의를 촉구해야 할 의무가 있습니다. 나는 이 불행한 논쟁에서 누가 옳고 누가 그른지에 대한 문제는 다루지 않겠습니다. 나는 판결의 옳고 그름에 대해서는 언급하지 않겠습니다. 그러나 내가 할 수 있는 말은 성직자가 여왕과 상하원의 정당한 인정을 받고 왕의 권위를 대표하는 기관인 교회 법정에 순종하기를 거부하는 교회는 가장 불행한 상태에 있다는 것입니다. 이러한 교회는 질서와 치리가 없는 교회입니다. 이처럼 혼란스럽고 무법한 상태에 있

---

[7] 우리는 교회가 임명한 목회자가 교회의 교리 표준 및 제의를 따르는 한 국교회가 다른 견해를 가진 성직자들을 포용해야 하는 것이 가장 바람직하다고 생각한다. 그러나 이러한 관대함에는 목회자가 교회를 사역할 때 일부만 동의하고 나머지 사람들에게는 상처를 주는 새로운 행위를 도입하지 않아야 한다는 전제가 깔려 있는 것으로 보아야 한다. A. C. Ewald: *Life of Sir Joseph Napier*, p. 334.

는 교회는 특단의 치유책이 없는 한 좌초되고 말 것입니다. 한 마디로 치리 문제에 있어서 우리의 현 상황은 키가 없이 표류하고 있는 배와 같습니다. 앞으로 어떻게 할 것인지 주의해서 정신을 차리지 않으면 무법한 관대함은 국가는 물론 교회에도 위해가 된다는 사실을 고통스러운 경험을 통해 깨닫게 될 것입니다.

 이러한 상황에서 발생할 수 있는 악은 무수합니다. 그들의 이름은 '군대'(귀신)입니다. 모든 교구에는 당파심이 점차 크게 번지고 있습니다. 교구 기관들은 굶주림과 무시를 당하고 있습니다. 그들은 고교회에 가깝다거나 저교회에 가깝다는 이유로 도움을 받지 못하고 있습니다. 갈등과 논쟁 및 사소한 문제에 대한 신학적 언쟁이 시간과 관심을 소진하고 있습니다. 분열은 공동체를 약화시키고 대적에 대해 하나 된 모습을 보여주지 못하게 합니다. 회의론자들과 배교자들은 이러한 견해차를 이용하여 신자가 하나가 되어야 할 것이 아니냐고 비난합니다. 국교회폐지를 주장하는 자들은 우리가 서로 물고 뜯는 것을 보면서 쾌재를 부릅니다. 성직자와 성직자간의 괴리는 매년 확대되고 같은 교회 사역자들이 마치 같은 공동체에 속한 자들이 아닌 것처럼 서로 떨어져 소원하게 지냅니다. 이런 상태가 지속되면 주교가 서품 후보자에게 성만찬에 관해 물어볼 수도 없을 것입니다. 이러한 상황이 위기가 아니라면 무엇이 위기란 말입니까?

 그러나 불행히도 이것이 전부가 아닙니다. 잉글랜드 전체에서 성직자가 법정에 불복종하거나 주교의 말을 따르지 않을 때마다 지역신문은 즉시 익명의 기자가 쏟아내는 원색적이고 거친 주장으로 넘쳐납니다. 신뢰성을 확인할 수도 없는 사람의 글이 많은 독자에게 엄청난 해를 끼치는 것입니다. 혹자는 열심이 있고 열정적인 성직자는 간섭하지 말고 내버려 두어야 하며 자신이 원하는 것을 설교하고 행할 수 있게 해야 한다고 주장합니다.

어떤 사람은 교회가 독립된 단체가 아니라 지체들 간에 어느 정도의 하나 됨이 요구되는 공동체라는 사실을 망각한 채 모든 회중은 자신이 원하는 의식을 행할 수 있어야 한다는 놀라운 주장을 펴기도 합니다. 어떤 사람은 유명한 '예배 규정'(Ornaments Rubric)이 의식적 문제에 관한 법원의 결정과 완전히 배치된다고 주장합니다. 그러나 그는 이 시대의 유명한 법조인 및 교회 법령이 규정하고 지난 3백 년간 받아들여 온 원리를 외면하고 있습니다. 후커와 교회 법령 24조에 의하면 '예배 규정'은 엘리자베스 시대의 통념에 의해 해석되어야 하며 이러한 통념의 권위는 당시의 대주교가 인정한다고 했습니다. 어떤 사람은 망토 외의 제의적 복장에 대한 법원의 정죄를 반대합니다. 그러나 그는 망토가 제의와 같은 교리적 의미가 없다는 사실과 망토가 3백 년간 만장일치로 사용되어 왔다는 사실 및 망토의 착용을 권한 법이 스타킹은 금지하고 있다는 사실을 대중에게 말해주지 않습니다. 어떤 사람은 주교의 거부권은 주교의 자유재량에 맡기려는 의도가 아니며 성직자가 아무리 불법을 범했더라도 성직자에 대한 기소를 막는 것은 주교의 의무라고 말합니다. 이처럼 원색적이고 거친 진술들은 점차 사실로 굳어질 것이기 때문에 오늘날처럼 치리가 없는 상태가 지속되는 한 큰 해를 끼칠 것입니다. 그들이 법과 질서에 의해 와해되는 시간이 빠를수록 잉글랜드 국교회는 보다 나은 상태가 될 것입니다.

여러분이 주교인 나에게 이처럼 개탄스러운 상황을 치유하기 위한 방안이 무엇이냐고 묻는다면 나는 주저 없이 법률을 제정하는 방법 외에는 다른 대안이 없다고 대답할 것입니다. 이러한 교착상태를 타개하기 위해서는 최고 주권자에게 가는 수밖에 없습니다. 성직자가 교회 법정에 순종하지도 않고 주교의 충고도 듣지 않는다면 국회가 나설 수밖에 없을 것입니다.

나는 어떤 사람들이 구별하는 국왕의 주권과 국회의 주권 사이에 어떤 차이가 있는지 모르겠습니다. 국왕은 잉글랜드 헌법에 따라 국회를 통해 주권을 행사해야 하며 독립적으로 행사할 수 없습니다. 성직자 치리법 및 공예배법은 수정되거나 개선되어야 하며 그렇지 않을 경우 국회에 의해 전혀 새로운 법원이 세워져야 할 것입니다. 국교도가 심각한 박해를 각오하지 않고는 호소할 수 없는 법원, 폭력을 행사하지 않고는 법원의 결정을 시행할 수 없는 법원은 확실히 아무런 쓸모가 없습니다. 지금과 같은 상태가 수 년 더 지속되어서는 안 될 것입니다. 아무 것도 하지 않고 기다리기만 하며 표류하는 정책은 포기되어야 합니다. 그것은 결코 평화의 정책이 아닙니다. 이러한 정책은 결국 국교회 탈퇴 및 분리로 이어질 것입니다.

나는 국회가 교회 문제에 관한 법을 제정한다는 것이 얼마나 어려운 일인지 잘 알고 있습니다. 많은 사람들은 그런 생각만으로도 벌벌 떨며 두려워서 손도 못 대고 있습니다. 수술이 너무 지체되어 환자가 살아날 수 있을지 의문이 들 정도입니다. 그러나 이 일은 반드시 시작해야 합니다. 용기가 가장 큰 지혜일 때도 있습니다. "위기는 (그것을 맞받아치는) 위기로만 극복할 수 있다"[8]는 말이 있습니다. 법률을 제정하는 것이 위험하다는 것은 사실입니다. 그러나 나는 아무 것도 안하는 것만큼 큰 위험은 없다고 생각합니다.

나는 현재의 위기와 관련하여 일부에서 반기는 주목할 만한 타개책에 대해서는 아무 말도 하지 않겠습니다. 그것은 주교의 자애로운 충고로 모든 분쟁을 해결하자는 방안입니다. 이 방법은 시간만 낭비할 뿐이기 때문에 아무 말도 하지 않겠습니다. 잉글랜드 전역에서 새로운 의식(ceremonial novelties)을 주장하는 사람들은 주교의 충고-그것이 아무리 사소하고 비본질적인 행위에 대한 것이라

---

8 *Periculum sine periculo rarò vincitur.*

할지라도-를 들으려 하지 않습니다. 한 유능한 주교는 "주교의 부성적 충고는 그것을 듣는 성직자가 아들과 같은 마음을 갖지 않을 때 편파적인 충고가 될 수밖에 없다"고 토로했습니다.

나는 법제화 과정에서 새로운 교회법원을 설립하는 문제에 대해서는 알지 못합니다. 우리에게는 왕립위원회가 제시한 유익한 지침이 있었습니다. 그러나 이 방안은 국회의 검증을 거쳐야 하며 검증 과정을 통해 내용이 바뀌지 않을 것이라는 보장도 없습니다. 그러나 적어도 두 가지 사실만은 확실히 알 수 있습니다. 하나는 국회가 지난 25년 동안 법정싸움을 벌여온 제의적 문제를 성직자 판사에게만 맡겨 평신도의 도움 없이 독단적으로 결정하게 할 리가 없다는 것입니다. 평신도 판사는 신앙이나 교리에 관한 문제를 다룰 권리가 없다는 일반적 반대는 현실성이 없는 비실제적 주장에 불과합니다.[9] 현재 종심법원의 평신도 판사는 신앙적 진리나 성경의 교리에 관해서는 개입하지 않겠다는 뜻을 거듭 밝힌 바 있습니다. 그들이 하는 일은 특정 조문이나 문구의 의미를 확인하고 단어에 담긴 작성자의 의도가 무엇인지를 보여주는 것입니다.

나는 법적인 훈련을 받은 사람들이 성직자만큼 유능하거나 그 이상일 것이라는 소신을 가지고 있으며 현재로서는 국회가 평신도 판사에게 주도권이 없는 교회 법정을 비준하는 일은 없을 것이라고 생각합니다. 또 한 가지 확실한 것은 새로운 교회 법원을 법제화하는 과정에서 국회는 주교의 거부권을 인정하지 않을 것이라는 사실입니다. 여러분 모두가 잘 알고 있듯이 나는 이처럼 불행한 조문에 대해서는 언제나 단호한 생각을 가지고 있습니다. 보다 유해한 방

---

[9] 법률가이자 그리스도인으로 유명한 고 Joseph Napier경은 노르위치 의회에서 추밀원 위원회는 "교리를 선언하거나 법제화 할 법적 권한이 없다. 추밀원의 직무는 법을 해석하는 것이지 법을 만드는 것이 아니다(*jus dicere, non jus dare*)"라고 선언한 바 있다.

향으로의 조정, 불법에 대한 불평이 있을 때마다 주교로 하여금 교구 내 한쪽 당사자와 불화하게 만드는 교묘한 수법, 어떤 주교는 허락하고 어떤 주교는 금하게 함으로써 주교들 간에 분열을 조장하는 행위 등은 있을 수 없습니다. 나는 거부권이 하원을 궁지에서 건져줄 것이라고 생각하지 않습니다.

새로운 교회 법정을 만든 결과가 어떻게 될 것인지에 대해서는 추측하고 싶지 않습니다. 물론 새로운 소송과 새로운 논쟁 및 새로운 판결이 있을 것입니다. 교회법이 성만찬에 관한 새로운 의식들에 의해 붕괴되었다고 생각하는 사람들은 현역에서 물러나 팔짱을 끼고 앉아만 있지는 않을 것입니다. 그런 일은 결코 일어나지 않을 것입니다. 그들은 '공의'를 위해 새로운 법정에 나타날 것입니다. 재판은 어떻게 되겠습니까? 이 질문에 대답할 수 있는 사람은 나보다 대담한 사람일 것입니다. 예전에 내려졌던 모든 판결이 다시 주장되고 새로운 의식은 정죄를 받을 수도 있습니다. 아니면 예전의 판결이 모두 번복되고 논쟁이 되었던 의식은 공식적인 인정과 함께 잉글랜드 국교회의 구속이었다는 선언이 나올 수도 있습니다. 또는 모든 미래적 판결에 일반적 타협과 관용의 원리가 지배하고 모든 성직자가 자신의 소견대로 행하며 모든 사람이 옳고 틀린 사람은 아무도 없는 시대가 올 수도 있습니다. 모든 가능성이 열려 있습니다. 그러나 어떤 것도 모든 사람을 만족시킬 수는 없을 것입니다. 어떤 것도 잉글랜드 국교회의 생명을 위협하지는 못할 것입니다. 그러나 우리는 확실히 위기적 상황에 이르렀습니다. 치리와 법과 질서가 사라진 현 상황은 잉글랜드 국교회의 가장 큰 위기 가운데 하나임이 분명하며 이러한 상황을 타개하기 위한 과감한 시도가 조속히 이루어져야 할 것입니다.

(2) 오늘날 교회의 또 하나의 위험은 종류는 다르지만 심각성에 있어서는 결코 앞서 언급한 위기에 뒤지지 않습니다.

부주의한 사람들은 대수롭지 않게 생각하겠지만 이러한 위험은 확실히 실제적입니다.

내가 말하려는 위험은 오늘날 설교자가 **강단에서 성경 진리에 대한 빈약하고 불완전하며 결점이 많은 진술**로 만족하려는 경향이 확산되고 있다는 것입니다. 나는 이 교지의 서두에 말한 것을 결코 철회하려는 것이 아닙니다. 예전의 설교에 비해 오늘날의 설교가 훨씬 향상되었다는 것은 사실입니다. 그러나 그럼에도 불구하고 오늘날 많은 설교는 매우 불만족스럽습니다. 오늘날 설교가 노골적으로 잘못된 교리를 전한다는 말은 아닙니다. 그러나 오늘날 설교에는 확실히 무게가 없고 기준에 미달하며 무엇인가 부족한 것이 있습니다. 불같은 설교는커녕 영혼의 상처를 치료하기에는 너무나 밋밋하고 핵심이 없으며 무딘 설교일 때가 많습니다.

나는 신약성경 서신서를 통해 진리가 강력히 전파되는 모습을 보았습니다. 나는 이러한 진리가 독자에게 제시하는 정확함과 명확함, 결의, 예리함, 깊이, 완전함, 담대함에 놀라지 않을 수 없었습니다. 그런 후에 나는 언론이나 기독교 신문을 통해 쏟아져 나오는 오늘날의 설교들을 살펴보았습니다. 나는 설교를 읽으면서 성경의 영감, 원죄, 삼위일체, 그리스도의 신성, 속죄, 성령의 인격과 사역, 칭의, 회심, 성화, 마귀의 존재, 최후 심판, 부활에 관한 상태 및 영적인 죽음과 영적인 삶의 차이와 같은 강력한 주제들에 대한 오늘날 설교자들의 소심하고 머뭇거리며 오류투성이의 설교에 안타까운 생각이 들었습니다. 오늘날의 설교자는 이러한 주제에 대해 너무 소심하고 조심스러우며 떨리는 태도와 변증적이고 불확실한 어조로 접근하는 것 같습니다. 그들은 마치 여러분에게 상처를 주는 것이 두려워 마음을 확정하지 못하고 강력하게 전하지 못하는 것 같습니다. 나는 처음에 내 생각을 분명히 해야 할 것인지에 대해 고심했습니다. 그러나 영국의 강단을 자세히 살펴본 나는 내 생각이 옳다는 확신을 가지게 되었으며 이 문제에 대한 여러분의 관심을 촉구하게 되었습니다. 예외도 있겠지만 나는 성직자의 설교가 성경의 교리적 수준에 미치지 못하며 지적으로 시대에 뒤떨어진다고 생각합니다.

오늘날 설교에 있어서 결함의 원인은 많고 다양합니다. 어떤 사람들은 큰 교회와 확장된 조직 및 여러 가지 작은 모임을 돌보느라 강단을 위한 준비가 부족하며 따라서 그들의 설교는 언제나 초보적이고 내용에 깊이가 없습니다. 다른 사람들은 음악과 찬양(성공회에서는 보기 드문 경우입니다) 및 성만찬(성공회에 흔한 경우입니다)이 예배와 신앙의 중요한 부분이라는 확신에 사로잡혀 강단 사역에 시간을 낼 수 없습니다. 청중 또는 소위 철학자나 과학자의 지성을 두려워하는 사람들도 있습니다. 그들은 자신이 적극적이고 교리적일 경우 비판과 비난을 받게 될 것을 두려워하며 사람에 대한 두려움을 떨치지 못합니다. 아마도 가장 많은 사람들은 목회자의 주목적은 사람들을 기쁘게 하는 것이며 따라서 성도들에게 상처를 주는 강력한 언사나 교리적인 언급이나 책망이나 호소는 금해야 하며 가능한 그들을 편안하고 기쁘게 해 주어야 한다는 불행한 생각에 사로잡혀 있는 것 같습니다. 그러나 사도 바울은 "내가 지금까지 사람들의 기쁨을 구하였다면 그리스도의 종이 아니니라"(갈 1:10)고 했습니다.

사랑하는 성직자 여러분!

나는 여러분이 이 문제를 중요하게 생각해 주기를 바라며 특별히 강단 사역에 대해 많은 관심을 기울여야 할 필요가 있다는 사실을 깨닫기 바랍니다. 이것이 교회의 가장 취약한 부분 가운데 하나라는 사실을 아는 사람은 많지 않습니다. 그러나 개선의 여지는 충분합니다. 참으로 개혁이 필요합니다. 지난 1,800년간 하나님은 시대마다 기록된 말씀을 존중하는 목회자들을 귀하게 여겼습니다.

교지를 마무리하면서 나는 여러분을 긴 시간 붙들고 있었다는 사실을 잘 알고 있습니다. 그러나 나는 어느 하나도 그냥 지나칠 수 없는 주제들이라고 생각합니다. 나는 넓은 지역을 돌아보았습니다. 우리 시대의 특징은 특별합니다. 잉글랜드 국교회의 상황은 걱정스럽습니다. 새로운 교구의 첫 번째 7년은 나에게 흥미로운 시간인 동시에 특별한 관심과 관찰을 요하는 시간이었습니다. 지나간 시간은 나에게 여러분에게 하고 싶은 말은 남김없이 말해야 한다는 사실을 깨우쳐 주었습니다. 60년을 보내고 새로운 10년을 살고 있는 주교가 3년 주기 방문시마다 가지는 생각은 이번이 마지막이라는 것입니다.

주교직을 맡은 지난 7년을 되돌아볼 때 나는 풍성한 감사거리를 발견합니다. 처음 이곳에 올 때 나는 이 자리가 특별한 어려움이 있는 자리라고 생각했습니다. 그러나 나는 이러한 어려움이 예상한 것보다 더 클 줄은 몰랐습니다. 나는 오늘날 영국의 모든 주교는 혹독한 비난을 받을 결심을 해야 하며 주교가 하는 모든 행동과 말과 약속은 누군가에게 상처를 줄 수 있다는 사실을 알게 되었습니다. 그러나 이 도시에서 대중 앞에서의 공적인 삶을 통해 나는 불평할 이유가 없다는 생각을 하게 되었습니다. 인간의 본성이 현재와 같은 한, 사람들은 말을 하고 글을 쓰며 오해하기도 하고 잘못 전하기도 할 것입니다. 가장 현명한 방법은 그것을 인내로 받아들이며 좌로나 우로나 치우치지 않고 자신의 길을 가는 것입니다. "그들이 말했다. 무엇이라고 말했는가? 그렇게 말하도록 내버려 두라"라는 스코틀랜드의 옛 속담에는 깊은 지혜가 담겨 있습니다.

내가 리버풀에 온 후 지금까지 평탄한 길을 걷고 있는 것은 전적으로 평신도와 성직자 여러분이 베풀어준 친절과 호의 때문입니다. 나는 매우 확고한 신학적 사고를 가지고 여러분에게 왔으며 아마도 여러분 가운데 많은 사람은 다른 사상을 가진 주교를 더 원했을 것입니다. 그러나 여러분은 나를 친절하게 대해주었으며 지금까지 여러분과 함께 일하면서 아무런 불편도 느끼지 못하였습니다. 내가 한 말과 행동 가운데는 차라리 안 하는 것이 나았겠다고 후회되는 부분도 있으며 더 좋은 말과 행동을 할 수도 있었을 것이라는 생각도 해 봅니다. 그러나 나는 최선을 다했으며, 만일 내가 보다 젊고 유능하며 적극적인 주교를 위한 길을 터주었다면 그것으로 만족할 것입니다.

사랑하는 성직자 여러분!
여러분의 주교가 이 교지의 결론으로 드리는 말씀을 받아주기 바랍니다.

견실하며 흔들리지 말고 항상 주의 일에 더욱 힘쓰는 자들이 되라 이는 너희 수고가 주 안에서 헛되지 않은 줄 앎이라(고전 15:58).

이 말씀은 성직자가 결코 잊지 말아야 할 위대한 본문입니다. 내 생전에는 볼 수 없을지 모르겠지만 우리 교구는 틀림없이 좋은 날을 보게 될 것입니다. 비록 어려움은 있겠지만 여러분 앞에는 활짝 열린 문과 더 넓게 펼쳐진 밭이 있습니다. 마음을 함께 하여 최선을 다해 수고합시다. 견해차에 초점을 맞추기보다 공감대를 형성하려고 노력합시다. 언젠가는 신실하고 정직하며 진실한 국교도가 파벌과 관계없이 여러 면에서 지금보다 더 많이 협력하며 더 많은 공감대를 형성하게 될 것이라고 확신합니다.

나는 국교도가 39개 조항과 기도서의 원리에 충실하고 그러한 원리에 따라 진심으로 협력한다면 잉글랜드 국교회 앞에 위대한 미래가 있을 것이라고 생각합니다. 모든 성직자가 후커, 앤드류스, 홀, 허버트(Herbert), 어셔, 켄(Ken), 베버리지(Beveridge), 피어슨 및 버틀러가 따랐던 의식으로 만족한다면, 그리고 성만찬의 본질적 가치와 무관한 새로운 의식(ritual)을 주창하는 사람들이 그러한 의식이 유능한 법정에서 공식적으로 법제화 될 때까지 사람들을 화나게 하고 의심을 가지게 하는 행위를 금한다면, 나는 오랜 전통을 가진 잉글랜드 국교회가 "세상을 바꿀 것이며" 이 땅의 많은 그리스도인을 품을 수 있을 것이라고 믿습니다.

그러나 우리는 교회의 참된 원리에 따라 협력하여야 한다는 것과 평화를 위해 진리를 희생해서는 안 된다는 사실을 분명히 인식해야 합니다. 나는 리버풀교구의 성직자 가운데 가톨릭과의 재결합을 진심으로 원하는 사람은 극히 소수일 것이라고 믿으며 랭커셔의 명예를 위해서라도 그래야만 할 것입니다. 그런 사람은 분파와 관계없이 협력하기 어려우며, 나는 여러분에게 마음과 뜻과 정성과 힘을 다해 그런 자들과 함께 하지 말고 돕지도 말 것을 당부합니다. 물론 연합과 재결합은 좋은 것입니다. 하지만 금을 너무 비싼 값에 살 필요는 없습니다. 그리스도의 진리를 희생해가면서까지 획득한 하나 됨은 아무런 가치가 없습니다. 가톨릭과의 재결합은 39개 조항을 포기하고 공동체의 예배를 무효화 하며 미사와 고해성사를 받아들이고 개신교 개혁주의의 수많은 복을 포기하는 것입니다. 나는 하나님이 이러한 포기와 가톨릭과 재결합 시도로부터 우리를 지켜주시기를 기도합니다.

사랑하는 형제들이여!
잉글랜드 국교회는 가톨릭이 우리의 39개 조항에 포함된 성경의 원리로 돌아오기 전에는 그들과 재결합할 수 없습니다. 잉글랜드 국교회가 가톨릭과 재결합하기보다는 차라리 국교회를 폐지하고 모든 재산을 환수하며 뿔뿔이 헤어지는 것이 나을 것입니다. 그때까지 우리는 언제나 "*Nolumus leges Ecclesiae Anglicanae mutari*" (우리는 잉글랜드 국교회의 법을 바꾸는 것을 원하지 않습니다)라고 선언해야 될 것입니다.

7장
네가 이 큰 건물들을 보느냐
(1889년 리버풀 세인트 던스턴교회에서 행한 설교)

예수께서 이르시되 네가 이 큰 건물들을 보느냐 돌 하나도 돌 위에 남지 않고 다 무너뜨려지리라 하시니라 (막 13:2).

사랑하는 성직자 여러분!

이 말씀은 본문의 정당성에 대해 의심을 하게 할 만큼 놀라움을 안겨주는 말씀입니다. 그러나 나는 이 본문이 이 자리에 모인 우리에게도 해당되는 정당한 말씀임을 보여주고자 합니다.

우리가 매우 엄숙하고 중요한 목적 때문에 이 자리에 모였다는 사실을 모르는 사람은 거의 없을 것입니다. 우리는 새로운 교회를 하나님께 봉헌하고 공적으로 사용하기 위한 특별한 예배를 위해 모였습니다. 나는 이 예배를 비난하는 자들을 안타깝게 생각하며 그들에게서 어떤 정당성도 찾지 못하겠습니다. 이 거대한 건물은 여러분과 내가 죽은 후에도 오랜 세월 동안 이 자리에 서 있을 것입니다. 얼마나 많은 영혼들이 매년 이 건물로 몰려올 것인지 생각해 보십시오. 이 강단에서 선포될 수많은 설교와 이곳에서 거행될 수

많은 성례를 생각해보십시오. 이 자리에서 올려드릴 수많은 기도와 찬양, 그리고 이곳에서 베푸는 은혜의 방편을 통해 구원을 받고 이곳의 도움을 받아 하늘나라로 올라가게 될 수많은 사람을 생각해보십시오. 나는 이러한 일들을 생각하면서 여러분에게 봉헌 예배에 적합한 몇 말씀을 드리고자 합니다.

본문은 주 예수 그리스도께서 십자가에 달려 돌아가시기 전에 하신 예언의 말씀입니다. 예수께서 마지막으로 성전을 나오실 때 한 제자가 성전 건물의 웅장함에 대해 어떻게 생각하느냐고 물었습니다. 그러자 예수님은 "네가 이 큰 건물들을 보느냐 돌 하나도 돌 위에 남지 않고 다 무너뜨려지리라"는 매우 두렵고 예기치 못한 대답을 하셨습니다. 나는 이 말씀이 우리에게 많은 것을 시사한다고 생각합니다.

1. 먼저 **예수님의 예언의 주제를 형성하고 있는 유명한 건물과 그것의 역사**에 대해 생각해봅시다.

주님께서 예언하신 예루살렘에 있는 하나님의 성전은 여러 면에서 지상에서 가장 놀라운 건물입니다. 그리스도께서 오시기 천 년 전에 솔로몬에 의해 모리아 산에 처음 세워진 이 건물은 바벨론 포로기 이후 스룹바벨, 에스라 및 느헤미야에 의해 다시 세워졌으며 예수께서 사역을 시작하시기 전 헤롯에 의해 새롭게 재단장 되었습니다. 예수께서 이 무서운 예언을 할 당시 이 땅에 이처럼 놀라운 건물은 없었습니다. 규모에 있어서는 길이, 넓이, 높이 등 모든 면에서 수많은 이교도 신전 및 오늘날의 대성당보다 못하지만 건축에 들어간 자재의 가치, 특히 내부 장식에 사용된 금의 양은 어떤 건물과 비교해도 뒤지지 않습니다. 특히 신적 권위의 설계 및 성전 비품의 상징적 가치에 있어서는 사람이 세운 건물과는 비교도 할 수 없는 영광이 비춰고 있는 건물입니다.

예루살렘 성전은 이 땅의 건물 가운데 하나님 자신이 건축가가 되신 유일한 예배 처소입니다. 우리는 이 건물을 건축하기 전에 다음과 같은 말씀이 주어진 것을 볼 수 있습니다.

> 다윗이 성전의 복도와 그 집들과 그 곳간과 다락과 골방과 속죄소의 설계도를 그의 아들 솔로몬에게 주고 또 그가 영감으로 받은 모든 것 곧 여호와의 성전의 뜰과 사면의 모든 방과 하나님의 성전 곳간과 성물 곳간의 설계도를 주고…다윗이 이르되 여호와의 손이 내게 임하여 이 모든 일의 설계를 그려 나에게 알려 주셨느니라(대상 28:11-12, 19).

우리는 대사원이나 대성당에 대해 감탄할 수 있고 각자의 취향에 따라 고딕이나 이탈리아 또는 중세 양식의 건물을 선호할 수도 있습니다. 그러나 기껏해야 사람의 설계에 지나지 않습니다. 모두 인간이 세운 건물일 뿐입니다. 윌리엄(William of Wykeham), 브라만테(Bramante), 마이클 안젤로(Michael Angelo), 렌(Wren), 스콧(Scott), 스트리트(Street) 가운데 누구도 자신의 위대한 작품에 대해 "나는 이 건물의 설계를 하나님으로부터 받았다"고 말할 수는 없을 것입니다.

다시 한 번 말하지만 예루살렘 성전은 우리의 거룩한 신앙의 심오한 진리에 대한 유형적 상징들로 가득합니다. 속죄소, 촛대, 향단, 물두멍, 번제단 등은 모두 장차 올 좋은 것들의 살아 있는 상징들로서 하나님 자신에 의해 주어졌으며 그리스도의 영광스러운 복음을 비유적으로 가르칩니다. 이 땅에서 가장 뛰어나다는 이교도 신전은 남녀의 형상과 짐승의 형상 또는 말하기도 부끄러운 온갖 악한 상징들로 가득합니다. 그러나 이 성전은 모든 면에서 그리스도를 제시합니다.

예루살렘 성전의 모든 것은 유대 역사에서 가장 거룩한 것들과 밀접한 관련을 가지고 있습니다. 이곳은 솔로몬이 그것을 봉헌하던 날에 하나님이 그의 특별하신 임재로 거룩하게 하신 곳입니다.

> 그 때에 여호와의 전에 구름이 가득한지라 제사장들이 그 구름으로 말미암아 능히 서서 섬기지 못하였으니 이는 여호와의 영광이 하나님의 전에 가득함이었더라(대하 5:13-14).

이곳은 그 후 주님께서 "내 눈과 내 마음이 항상 여기에 있으리라"(대하 7:16)고 말씀하신 곳입니다. 이곳은 여호사밧과 히스기야, 요시야, 이사야, 예레미야, 아모스와 같은 왕들과 선지자들이 영광으로 생각하던 곳입니다. 다니엘은 바벨론에서 요나는 물고기 배 속에서 이곳을 향해 기도했습니다. 이곳은 예수께서 탄생하신 후 얼마 있지 않아 오신 곳이며 시므온의 팔에 안겼던 곳입니다. 이곳은 예수께서 열두 살 때 "선생들 중에 앉으사 그들에게 듣기도 하시며 묻기도 하시던" 곳입니다. 끝으로 이곳은 예수께서 지상에서 사역을 마칠 때까지 가르치시고 말씀을 전하시던 곳입니다.

그러나 예수님은 이 훌륭하고 거룩하고 아름다운 집에 대해 "돌 위에 돌 하나도 남지 않을 것"이라는 무서운 예언을 선포했습니다. 우리는 예수께서 이 준엄한 말씀을 온갖 미신과 가증스러운 것들로 가득한 애굽의 카르낙(Karnak)이나 룩소(Luxor), 에베소의 다이애나(Diana)신전 또는 파포스의 비너스상(Venus at Paphos)이나 바벨론의 벨루스(Belus)에 대해 했더라면 놀라지 않았을 것입니다. 그러나 예루살렘 성전처럼 거룩한 장소에 대해 이러한 예언을 했다는 것은 놀라움을 안겨 주며 얼른 이해하기도 어렵습니다. 이 성전의 완전한 멸망만큼 믿기 어렵고 불가능해 보이는 사건은 없을 것입니다.

그러나 우리는 이 예언이 매우 정확하게 성취되었다는 사실을 압니다. 예수께서 이 놀라운 말씀을 하시고 불과 40년 후, 예루살렘은 티투스가 이끄는 로마군에 의해 함락되었으며 아름다운 성전은 성전을 구하기 위한 필사적인 노력에도 불구하고 완전히 멸망되었습니다. 건물의 기초는 로마의 장교 테렌티우스 루푸스(Terentius Rufus)에 의해 뿌리째 뽑히고 그 위에 소금이 뿌려졌습니다. 주님은 "천지는 없어지겠으나 내 말은 없어지지 아니하리라"(막 13:31)고 하셨는데 그대로 되었던 것입니다.

이 주제와 관련하여 한 가지 실제적인 언급을 덧붙이고자 합니다. 그것은 성경의 예언은 반드시 성취된다는 사실을 기억하라는 것입니다. 성령께서 가르치신 모든 예언의 말씀은 이루어질 것입니다. 이방인의 충만한 수가 차고 그리스도가 다시 오시면 죽은 자가 살아나고 산 자와 죽은 자에 대한 심판이 있을 것입니다. 인간의 눈에는 불가능하고 어리석은 것 같으며 그러한 것들을 생각하는 것은 시간 낭비로 보일 것입니다. 그러한 것들은 소위 '현실 정치'(practical politics)에 해당하지 않습니다. 사람들은 목화와 옥수수, 석탄, 철강 및 배로 영원히 돈을 벌 것이라고 생각합니다. 내일도 오늘과 같을 것이며 더욱 풍성할 것이라고 생각합니다. 그러나 결코 그렇지 않습니다. 사람들은 전적으로 잘못 생각하고 있는 것입니다.

인자의 오심과 세상의 종말은 이미 예언된 사건이며 이 예언은 반드시 성취될 것입니다. 이 일은 노아 홍수 때처럼 아무도 생각하지 못할 때에 갑자기 임할 것입니다. 세상의 멸망에 대한 주님의 놀라운 말씀은 문자적으로 성취되었으며 재림에 관한 말씀도 반드시 성취될 것입니다.

2. 우리 주님이 이 놀라운 예언을 하신 이유에 대해 살펴봅시다.

어떤 사람들은 다음과 같은 의문을 가질 것입니다. 왜 자비하고 은혜로우신 우리 주님이 모리아 산의 거룩하고 아름다운 집에 대해 이처럼 엄중하고 가혹한 말씀을 하셨는가? 왜 카르낙, 룩소, 에베소, 파포스처럼 미신과 우상과 부정으로 가득한 곳은 그대로 둔 채 예루살렘 성전에 대해서는 이처럼 무서운 책망을 하셨는가? 이러한 질문에 대한 답은 어렵지 않으며 교훈적인 내용을 담고 있습니다.

주님이 성전의 멸망을 예언하신 것은 전적으로 유대교회-제사장과 백성 모두-의 죄 때문입니다. 이것이 어떤 죄이며 얼마나 큰 죄인지 살펴보겠습니다.

만일 우리가 주님이 계실 당시 예루살렘 거리를 걷거나 감람산에서 모리아산 위에 세워진 영광스러운 건물을 바라보았다면 유대교회의 실상에 대해 잘못된 인상을 받았을는지도 모릅니다. 우리는 모세 율법의 모든 규례와 의식이 철저히 지켜지고 있다는 사실을 보았을 것입니다. 우리는 흰 옷 입은 제사장 무리가 모든 행동거지에 극도의 신중함으로 자신의 직무를 행하는 모습을 보았을 것입니다. 아침저녁으로 제단을 통해 희생의 연기가 올라가고 훌륭한 성가대가 아름다운 찬양을 불렀을 것이며 정기적으로 유월절, 오순절, 초막절을 지켰을 것입니다. 안식일은 가장 엄격히 준수했을 것입니다. 한 마디로 우리는 겉으로 드러난 종교의 모습을 보았을 것이며 세상이 전에도 후에도 보지 못했던 광경이었을 것입니다. 이러한 광경에 대해 자세히 알고 싶다면 고 에더세임(Edersheim)의 소책자 『예수 그리스도 시대의 성전 사역 및 예배』를 읽어보기 바랍니다.

그러나 이 모든 것 뒤에는 무엇이 있었습니까? 형식과 위선이 가득하고, 공허한 말과 립서비스가 난무하며 형식적 예배만 남았던 것입니다. 우리 주님은 마태복음 23장에서 이러한 상황에 대해 엄중히 꾸짖었습니다. 그들은 성경을 존중한다고 했지만 전통을 앞세웠습니다. 그들은 바다와 육지를 돌아다니며 교인을 찾아서 사람의 계명을 가르쳤습니다. 그들은 장시간 기도하고 금식하며 경문을 넓히지만 어디까지나 자신을 과시하고 사람들에게 옳게 보이려고 그렇게 하는 것일 뿐입니다. 그들은 잔과 대접의 겉은 깨끗케 하지만 안으로는 온갖 불법과 탐욕과 방탕으로 가득하게 했습니다. 그들은 박하와 회향과 근채의 십일조는 드리되 율법의 더 중한 바 정의와 긍휼과 믿음은 버렸습니다.

제사장은 맹인 된 인도자이며 아무에게도 구원의 길을 제시하지 않았습니다. 그들은 사람들에게 천국을 닫아버리고 자신도 들어가지 않고 들어가고자 애쓰는 사람도 못 들어가게 합니다. 그들은 선지자의 무덤을 만드느라 야단법석을 떨지만 자신이 죽은 사람의 뼈와 모든 더러운 것이 가득한 회칠한 무덤과 같다는 사실은 모릅니다. 그들은 겉으로는 사람에게 옳게 보이지만 안에는 위선과 불법으로 가득합니다. 겉으로는 연합이라는 가면을 쓰고 있지만 당파심만큼 심각한 문제도 없을 것입니다. 바리새인은 사두개인을 싫어했고 사두개인은 바리새인을 싫어했으며 둘 다 사마리아인과는 상종치 않았습니다. 그러나 가장 나쁜 것은 구약성경을 손에 들고 눈앞에 명백한 증거를 보고 있음에도 불구하고 예수님이 약속된 메시아임을 믿지 않으려한다는 것입니다. 그들은 예수님을 증오와 비난과 함께 거부했으며 그를 죽임으로 죄를 쌓았습니다.

우리 주님이 유대교회 지도자들에 대해 종종 사용하셨던 엄중한 말씀은 예수께서 그들의 죄와 악을 어떻게 보았는지에 대해 말해줍니다. 주님의 말씀의 일반적인 특징은 긍휼과 자비와 불쌍히 여김과 연민입니다. 그러나 우리는 한 장에서 예수님이 여덟 번이나 "화 있을진저 외식하는 서기관들과 바리새인들이여"라고 하신 후 "뱀들아 독사의 새끼들아 너희가 어떻게 지옥의 판결을 피하겠느냐"라는 두려운 표현으로 말씀을 맺는 것을 볼 수 있습니다(마 23장). 날마다 제사를 드리고 지성소와 언약궤와 속죄소를 가진 아름다운 성전임에도 불구하고 주님은 "너희는 강도의 굴혈을 만들었도다"라고 했습니다.

주 예수 그리스도의 눈에 위선적 신앙만큼 악하고 무례한 것은 없으며 특권을 남용하는 것, 지식을 나쁜 목적으로 이용하는 것, 능력은 없고 모양만 있는 경건, 성령의 열매가 없는 신앙고백, 진실한 믿음과 거룩함이 없는 삶만큼 가증스러운 것은 없습니다. "돌 하나도 돌 위에 남지 않고 다 무너뜨려지리라"는 엄청난 위협은 이러한 상태에 있는 성전에 대한 말씀입니다. 이것은 선지자 아모스의 예언에 대한 성취입니다.

> 내가 땅의 모든 족속 가운데 너희만을 알았나니 그러므로 내가 너희 모든 죄악을 너희에게 보응하리라 하셨나니(암 3:2).

그러나 우리는 유대교회의 멸망이 그들에게만 해당되는 것이 아니라는 사실을 기억해야 합니다. 기독교 교회사로 눈을 돌려보면 하나님께 형식과 위선만큼 악한 것은 없다는 사실을 잘 알 수 있습니다. 사도의 서신을 받았던 교회들(고린도, 갈라디아, 에베소, 빌립보, 골로새, 및 데살로니가 교회)은 지금 어디에 있습니까? 그러한 교회들에 대해 들은 사람이 있습니까? 계시록의 메시지를 받은 일곱교회는 어디에 갔습니까? 이그나티우스, 폴리갑, 크리소스톰, 시릴, 아타나시우스, 제롬, 바질, 그레고리, 키프리안, 어거스틴이 한 때 거주하며 사역했던 고대교회들은 어디에 있습니까? 그들 중 일부는 사라센에서 완전히 사라졌으며 아무 것도 남아 있지 않습니다. 기껏해야 말라버린 우물이나 폐허가 된 등대, 예전 영광의 그림자만

남았을 뿐입니다. 무엇이 그렇게 만들었습니까? 그것은 예루살렘 성전을 망하게 했던 것과 동일한 죄-무감각과 형식주의 및 직무태만-입니다. 유대교회처럼 그들도 사역자들과 성례와 제의와 신앙의 외적 모양이 있었습니다. 그들에게는 주교와 감독과 성직자와 수도자와 거룩한 부녀와 제의와 예배와 절기가 있었습니다.

그러나 그들은 유대교회와 마찬가지로 가르치는 자들에게는 참된 교리가 없었고 배우는 자들에게는 거룩한 삶이 없었기 때문에 촛대를 옮긴 것입니다. 요약하면 적어도 26세기 동안 하나님이 교회들을 다루심에 있어서 특권에 상응하는 행위가 있어야 한다는 위대한 원리가 있었던 것으로 보입니다. 인간의 죄는 그들이 즐기는 빛의 양과 동일합니다. 이사야는 이스라엘의 지도자들에 대해 "너희의 무수한 제물이 내게 무엇이 유익하뇨…내 마음이 너희의 월삭과 정한 절기를 싫어하나니"(사 1:14)라고 했습니다. 이러한 원리는 영원히 계속될 것입니다. 마음이 없는 형식적 신앙은 하나님 보시기에 가증스러운 것입니다.

하나님은 마음을 신앙에서 가장 중요하게 여기신다는 사실을 깨닫지 못하는 자는 영적 맹인입니다. 예배자의 마음과 삶이 잘못되었다면 사역자들의 사도적 승계가 무슨 의미가 있으며 아름다운 제의적 예배나 화려한 교회 건물, 금이나 은이나 대리석이나 스테인드글라스가 세상을 창조하신 그에게 무슨 필요가 있겠습니까? 옥수수보다 양귀비를 더 좋아하는 아이처럼 "사람은 외모를 보거니와 나 여호와는 중심을 보느니라"(삼상 16:7)고 했습니다. 복음이 들리지 않고 성령의 사역이 없는 웅장한 대성당보다 그리스도가 전파되고 성경이 존중되며 소수의 사람들이 모인 초라한 오두막이 더욱 하나님을 기쁘시게 하는 것입니다.

3. **교회의 안정 및 성장을 위한 실제적인 방법**에 대해 살펴보겠습니다.

이것은 이 엄숙한 날에 빠질 수 없는 주제입니다. 우리는 오늘 이 땅의 영광인 교회, 잉글랜드 개혁주의 교회 목록에 또 하나의 귀한 건물을 추가하고 있습니다. 이 건물이 얼마나 오래 유지되겠습니까? 사방에서 공격을 당하고 있는 잉글랜드 국교회 자체는 지금의 자리를 얼마나 지킬 수 있을 것 같습니까? 내가 생각하는 대답은 다음과 같습니다.

유형교회의 안정 및 성장을 위해서는 강단 사역을 수행하는 사역자들을 충분히 공급해야 합니다. 오직 성경의 참된 진리만 가르치고 설교하는 사역자, 하나님의 모든 뜻을 선포하고 어떤 유익한 것도 감추지 않는 사역자, 그리스도를 전하고 모든 사람에게 모든 지혜로 경계하고 권면하는 사역자, 사람을 기쁘게 하는 것이 아니라 사람들에게 하나님에 대한 회개와 주 예수 그리스도에 대한 믿음을 보여주는 사역자, 바른 진리를 제시하고 진리의 우선순위를 바꾸지 않으며 복음 메시지의 모든 영역을 규모 있게 전하고 성부 성자 성령에 관한 진리를 안배하며 그리스도인의 마땅한 삶에 대해 전하는 사역자가 충분히 있어야 한다는 것입니다.

유형교회의 안정 및 성장을 위해서는 설교자의 직무와 함께 목회자로서의 직무를 수행할 수 있는 사역자가 충분히 공급되어야 합니다. 집집마다 찾아가 회중과 마찬가지로 집에 있는 청중에게 말씀을 전하는 사역자, 성도의 친구이자 돕는 자가 되는 것을 자신의 본분으로 아는 사역자, 교회 안에서의 사역만으로 한 주간을 보내는 것이 아니라 다양한 상황에 처해 있는 다양한 계층의 성도들을 찾아가 무법한 자를 경고하고 연약한 자를 위로하며 약한 자를 강하게 하고 지혜로운 마음과 거짓 없는 사랑으로 성도들을 굳게 하는 사역자가 필요합니다.

유형교회의 안정 및 성장을 위해서는 자신의 직무를 알고 사역자처럼 행할 수 있는 평신도가 충분히 공급되어야 합니다. 따라서 교회 안에는 성직자에게 모든 것을 맡기고 교회의 중요한 문제에 대해 방관만 하는 평신도, 일은 하지 않고 유익만 구하며 자신의 몫을 받으면서 동참하지는 않는 평신도, 가만히 앉아 눈을 감고 다른 사람들이 모든 것을 해주기만 기다리는 평신도가 없어야 합니다. 교회 안에는 깨어 자신의 자리를 지키는 평신도, 일반 사병이 장교만큼 중요하다는 사실을 아는 평신도, 사역자를 도와 가르치고 심방하며 주변 사람들에게 전도하며 모든 면에서 그의 사역에 힘이 되는 평신도가 있어야 합니다. 이러한 평신도는 유형교회의 중추를 형성합니다.

어떤 사람들은 잉글랜드 국교회가 낮은 계층의 사람들과의 접촉이 끊어졌으며 국교회의 예배가 그들과 맞지 않고 교회는 더 이상 그들을 보살피거나 메시지를 전할 수 없으며 성도들의 부족으로 위기에 처해 있다고 말합니다. 나는 교회가 자신의 본분에만 충실하면 그런 일은 일어나지 않을 것이라고 생각합니다. 잉글랜드 국교회가 법과 신조에 신실하고 앞서 언급한 사역자와 평신도가 있는 한, 교회는 결코 쇠하지 않을 것입니다.

잉글랜드 국교회에 주 예수 그리스도와 그의 구령 사역에 모든 설교의 초점을 맞추는 사역자들이 많아져야 합니다. 우리가 정통적 교리에 대한 진술을 만들 수는 있으나 청중에게 그리스도를 신약성경에서 제시하는 것과 같은 방식과 비중으로 제시하지는 못한다는 사실을 모르는 사람들이 많습니다. 나는 노동자 계층 또는 모든 계층의 사람들을 사로잡는데 성공한 대부분의 설교자-휫필드나 무디와 같은 사람들-가 모든 설교의 초점을 우리를 불러 공동체를 이루게 하신 예수 그리스도의 대속적 죽음, 영원한 중보, 무한한 자비 및 전능하신 구원의 능력에 맞추고 있다는 부인할 수 없는 사실에 놀랐습니다. 내 말이 사실이라는 것은 그들의 설교를 읽어보면 알 수 있을 것입니다. 내가 확실히 믿는 것은 우리가 회중을 붙들기 위해서는 잉글랜드 국교회에서 지금까지 했던 것과 달리 "십자가에 못 박히시고 부활하신 그리스도"를 설교의 핵심으로 삼아야 한다는 것입니다. 18세기 전에 세상을 흔들었던 그 힘은 오늘날의 우리도 흔들 것입니다. 그것은 사도시대 이후 지금까지 사람들을 끌어들인 유일한 자석입니다. 나는 이 자석이 사람을 끌어들이는 자력을 지금까지 조금도 잃지 않았다고 믿습니다.

나는 여기서 한 평신도의 말을 인용하고자 합니다. 평소 종교 문제에 많은 관심을 가지고 있던 그의 말은 주목할 만한 가치가 있습니다. 한때 영국의 수상을 지낸 그는 윌리엄 글래드스톤(William Ewart Gladstone)입니다. 그는 1877년 3월 22일에 다음과 같이 말했습니다.

> 모든 설교의 비밀, 본질, 중심 및 핵심은 예수 그리스도 - 그에 관한 사실이나 개념뿐만 아니라 그의 인격과 사역과 성품 및 단순하면서도 심오한 말씀 - 입니다(1877년 3월 23일자 *Times*).

이 증거는 사실입니다. 이 위대한 웅변가는 가장 참된 말을 한 것입니다. 그리스도로 가득한 설교는 성령께서 모든 계층의 영혼에게 가장 보편적으로 복을 주시는 설교입니다.

잉글랜드 국교회에 긍휼과 공감(sympathy)으로 가득한 성직자, 성도들에게 모든 사람에 대해 이기적이고 차갑게 대하지 말고 사랑과 공감하는 마음을 가질 것을 끊임없이 강조하는 성직자가 많아져야 합니다. 이성과 영민함과 지성과 예술과 음악과 노래와 탁월한 화술에 대한 우상이 줄어들면 들수록 교회와 세상은 그리스도의 긍휼로 더욱 더 풍성해질 것입니다. 이것은 모든 시대, 모든 사회 영역에 요구되는 치료법입니다. 나는 스태퍼드 순회재판(Stafford Assizes)에서 고 탈푸드 판사(Judge Talfourd)[1]가 대배심 앞에서 행한 마지막 설명은 정곡을 찌르는 말이라고 생각합니다.

> 배심원 여러분! 이 시대에 가장 부족한 것은 다른 계층의 사람들에 대한 사랑과 긍휼입니다.

나는 그의 말에 전적으로 동의합니다. 나는 고교회와 저교회, 부자와 가난한 자, 고용주와 피고용자, 목사와 성도 사이에 형제애와 공감하는 마음이야말로 이 시대가 요구하는 치유책 가운데 하나라고 생각합니다. 온전한 공감은 그리스도의 복음이 이교도 세계와 처음 만날 때 그것을 받아들이게 하는 하나의 간접적인 요인이 됩니다. 맥컬레이의 말은 적절합니다.

> 인간의 형상을 입고 그들 가운데 거하여 인간의 연약을 체휼하고 그들의 가슴에 기대며 그들의 슬픔을 알고 구유에서 자며 십자가에서 피를 흘리신 절대자 앞에 회당의 편견과 학계의 의심, 릭토르의 권표(fasces of the lictor)와 30개 군단의 검은 무용지물이었습니다.

나는 이러한 체휼과 공감이 19세기에도 1세기와 같은 힘을 발휘할 수 있다고 믿습니다. 오늘날 계층 간의 단절을 녹이고 사회를 부분적 접촉이 아니라 온전한 하나가 되게 할 수 있는 것이 있다면 그것은 그리스도를 본받은 공감의 확대일 것입니다.

두표권을 가지고 있으며 사실상 나라의 주인인 소위 '노동자 계

---

[1] Sir Thomas Noon Talfourd (1854년 작고).

층'은 대부분 이러한 공감에 열려 있으며 성직자들은 그것을 보여줄 수 있는 기회를 가지고 있다는 것이 나의 생각입니다. 가난한 삶을 살며 광산이나 방적공장, 제철소, 부두, 화학공장 또는 철도에서 하루 종일 힘들게 일하는 노동자들은 초라하게 보일 수 있습니다. 그러나 그들도 우리와 동일한 육체입니다. 그들의 거친 겉모습 뒤에는 감정과 양심과 예민한 정의감과 영국인으로서의 권리를 부러워하는 마음이 있습니다. 그는 짓밟히고 조롱을 당하고 무시당하는 것을 싫어하듯 자신에게 생색을 내거나 아첨하는 것도 싫어합니다. 그가 원하는 것은 형제로서 친절하고 공감하는 마음으로 대해달라는 것입니다. 그는 강요당하는 것을 싫어하며 아무리 똑똑한 사람이라도 정이 없고 쌀쌀맞은 사람에게는 마음을 열지 않을 것입니다.

그러나 그에게 사람을 움직이는 것은 코트가 아니라 마음이며 기니(영국의 화폐-역주)의 가치는 그것에 찍힌 소인에 있는 것이 아니라 금(gold)에 있다는 사실을 아는 성직자를 보내보십시오. 그에게 강단에서 그리스도를 전할 뿐만 아니라 주중에 그의 집을 찾아가 그리스도처럼 손을 잡고 교제할 수 있는 성직자를 보내보십시오. 그에게 그리스도의 거룩한 경건에는 사람을 높이는 것이 없고 부자와 가난한 자는 "동일한 피를 가진" 사람으로 동일한 속죄를 필요로 하며 고용주와 피고용자에게는 오직 한 구주, 죄를 씻는 하나의 샘, 한 하늘만 있다는 사실을 아는 성직자를 보내보십시오. 그에게 우는 자와 함께 울고 웃는 자와 함께 기뻐하며 가장 가난하고 약한 자의 어려움이나 출생, 결혼 및 죽음에 마음을 함께 할 수 있는 성직자를 보내보십시오. 그에게 이러한 성직자들을 보내면 교회로 나올 것입니다. 이러한 성직자들이 빈 회중석을 향해 설교하는 일은 없을 것입니다.

나는 성직자들이 이 문제에 관심을 가져줄 것을 촉구합니다. 우리는 여러 가지 공적 사역이 해마다 성직자의 시간을 잠식하는 시대에 살고 있습니다. 각종 위원회, 성경공부반, 반세속적 강의, 회의, 잦은 예배와 교제는 성직자가 예전처럼 가정과 직장을 심방하여 영혼을 굳게 할 시간을 내지 못할 만큼 크고 급속하게 확산되고 있습니다. 나는 그들에게 주의를 촉구합니다. 가정을 방문하여 개인적으로 살피고 돌아보지 않는 것은 교회를 비게 하는 원인이 될 것입니다. 이러한 사역이 없이 끊임없는 예배만으로는 텅 빈 교회를 채울 수 없습니다.

집으로 찾아가는 심방은 교회를 찾아 나오게 만드는 한 가지 비법입니다. 모든 공적 사역은 아무리 훌륭해도 여러분과 성도들 간의 상실된 공감적 관계를 보충할 수 없습니다. 그들을 찾아가 함께 앉아 얼굴을 맞대고 다정한 대화를 나눌 수 있는 시간을 만든다면 나중에는 그 시간만큼 효과적인 시간이 없었다는 사실을 알게 될 것입니다.

사랑하는 형제들이여!

교회의 안정 및 성장을 위한 비법은 어디 있는지도 모르는 에스겔의 성전처럼 신비로운 것이 아닙니다. 앞서 언급한 사역자와 회중이 있는 그리스도의 교회를 보여주십시오. 그러면 결코 망하지 않는 교회를 보여주겠습니다. 이교도와 이단 및 선의의 눈먼 대적들이 교회를 공격할지라도 헛될 것입니다. 하나님이 교회 중에 계시며 그가 교회를 멸하는 것을 좌시하지 않을 것입니다. 예배 처소에서 "돌 하나도 돌 위에 남지 않고 다 무너뜨려지리라"는 말씀은 더 이상 들리지 않을 것입니다. 대신에 "음부의 권세가 교회를 이기지 못하리라"는 말씀이 들릴 것입니다.

이제 몇 가지 실제적인 적용의 말씀을 통해 설교를 맺겠습니다.

1) 우리가 오늘 살펴본 본문은 모든 국교도에게 **보다 큰 겸손과 자기성찰**을 요구한다는 것입니다.

지난 50년간 국교회의 외적 발전은 놀랄 정도이며 그것에 대해서는 깊이 감사하는 마음을 가지고 있습니다. 오래된 대성당과 교회를 복원하고 수백 개의 새로운 교회를 건축하였으며 이 일에 3천만 파운드 이상의 금액이 지출된 것은 이 시대의 놀라운 업적입니다. 큰 지역을 나누고 주교와 성직자를 확충하며 사역자의 삶의 표준을 높이고 평신도 사역자의 수를 늘인 일은 모두 놀라운 사건입니다. 그러나 우리가 무슨 권리로 자랑하겠습니까? 우리는 헤롯의 예루살렘 성전 복원 및 외적인 형식과 제의가 모든 경건의 몰락과 함께 사라졌다는 사실을 잊고 있는 것은 아닙니까?

결국 우리는 마지막 심판 날에 모든 것을 아시는 하나님 앞에 서게 될 것입니다. 이 땅에 그리스도와 같은 사랑이 어디 있습니까? 인자가 오실 때 영국에서 믿음을 찾아볼 수 있겠습니까? 도시와 시골에서 그를 돕는 사역자들은 극히 소수가 아닙니까? 영국에서 소위 "진심어린(즐거운) 예배"와 형식적이고 눈에 보이는 신앙고백의 증가에 발맞추어 참된 신앙도 확장되었습니까? 음주, 부정, 탐심, 도박, 스포츠와 유흥에 대한 우상숭배 및 방종이 가득하며 안식일을 준수하지 않고 공예배를 무시하는 행위가 여전히 나라의 품격을 떨어뜨리고 있는 것에 대해서는 무엇이라고 말할 것입니까? 반이교적 사상 및 도시교회들이 자주 빠지는 신앙적 무감각에 대해서는 무엇이라고 할 것입니까? 광범위하게 확산되고 있는 신학적 회의, 편협성 및 쉽볼렛을 발음하지 못하여 십볼렛이라고 발음하는 자들에 대한 사랑의 부족에 대해서는 무엇이라고 말할 것입니까?

우리 가운데 바리새인과 사두개인은 없습니까? 고교회, 저교회, 광교회, 무교회 성도 가운데 형식적이고 무익한 성도나 당파심으로 가득한 성도 및 그리스도를 위해서는 아무 것도 하지 않으면서 땅만 버리고 있는 성도는 없습니까? 우리의 행렬 가운데 시계를 개혁주의 시대 이전으로 돌리고 싶어 하는 반 가톨릭사상을 가진 자는 없습니까? 성경의 영감과 속죄를 비웃고 성경의 절반 이상을 버리고 싶은 것을 참고 있는 회의론자는 없습니까? 주일날 교회 나오는 사람 가운데 주중에는 신앙의 문을 닫아버리고 자신의 문 앞에 있는 가난한 형제들의 영혼과 육신은 안중에도 없는 사람들은 없습니까?

아! 이 안타까운 질문에 대한 답은 한 가지 밖에 없을 것입니다. 확실히 우리는 예루살렘 성전을 기억해야 하며 더 많은 겸손을 배워야 합니다. 높은 마음을 갖지 말고 두려워합시다.

2) 오늘 이 자리에 모인 우리는 **깊은 감사의 마음**을 가집시다.

탐욕과 영적 무감각이 가득한 시대에 랭커셔에 오늘 봉헌하는 이 교회처럼 귀한 교회의 건축과 기부를 위해 기꺼이 물질을 바치는 가정이 아직도 있다는 사실로 인해 하나님께 감사합시다. 그들은 자신에게 부를 가져다 준 이 도시의 영적 필요성을 잊고 다른 곳으로 이사를 가거나 재산을 옮기지 않은 가정입니다. 나는 이와 같은 교회의 헌금은 하나님이 기뻐하실 것이라고 확신합니다. 리버풀처럼 성장하고 있는 도시에 실제적이고 지속적인 선을 행하고 싶어 하는 자가 교회를 세우고 기부하는 것보다 더 바람직한 일은 없을 것입니다. 새로운 교회 안에서 드리는 주중 예배는 교회가 이 지역에 베풀 수 있는 유익의 일부에 불과합니다. 친절하고 인정이 많은 성직자가 맡고 있는 교회는 영원한 축복의 샘이 될 것입니다. 주일학교, 지역 방문, 절제협회, 국내외 선교, 성경공부, 전반적인 도덕성 함양, 교회의 발목을 잡는 죄에 대한 점검 및 모든 계층 간의 고양된 사랑 등, 시간이 없어 다 열거하지 못하는 이 모든 것들은 조만간 새로운 교회의 열매로 나타날 것입니다. 확실히 우리는 오늘 행복하게 완성될 이 선한 사역에 대해 감사해야 할 것입니다.

3) 이 교회를 건축한 사람들이 보여준 훌륭한 모범이 **다른 사람들을 자극하는 귀감이 되게** 해달라고 기도합시다.

우리 교구의 교구민 수는 수록성직자 한 사람 당 9천 명이나 1만 명 또는 1만 2천 명입니다. 이것은 여전히 부담스러운 숫자입니다. 지난 40년간의 노력에도 불구하고 리버풀교구의 교구민 대비 교회 수의 불균형은 여전히 심각합니다. 우리 교구는 5천 명의 교구민이 있는 교회가 아직도 한 곳밖에 없습니다. "아직도 정복할 땅이 많이 남아 있습니다." 하나님이 부유한 자들의 마음을 움직여 세인트 던스턴(St. Dunstan)교회를 세운 자들처럼 자진해서 앞으로 나와 "내가 교회를 세워 기부하겠습니다. 내가 여기 있나이다. 나를 사용하소서. 내가 죽기 전에 실제적이고 확실한 선을 행할 수 있는 특권을 주소서"라고 말하게 해달라고 밤낮 부르짖어 기도합시다.

8장
우리 교구, 우리 교회, 우리 시대
(1889년, 여덟 번째 리버풀교구회의에서 행한 연설)

사랑하는 성직자 여러분!

나는 오늘 여덟 번째 교구회의를 시작하게 된 것을 감사하며 먼저 이 자리에 참석한 여러분을 진심으로 환영합니다. 나는 이번 회의가 이전 모임보다 더 유익하고 흥미로운 회의가 될 것으로 믿습니다. 어떤 회의도 교구 내 제한된 수의 국교도 이상의 관심을 끌 수는 없다는 것은 부인할 수 없는 사실이며 또한 당연히 그럴 수밖에 없을 것입니다. 회의가 법적 효력이나 구속력을 갖지 못하는 자발적인 모임인 한 대부분의 국교도는 토론 및 논의된 내용에 관심을 갖지 않을 것입니다. 이곳 리버풀의 상황 역시 다른 교구 못지않습니다. 사실 지난 7년을 곰곰이 되돌아보면 참석자의 수나 관심 주제 선택에 있어서 우리 회의는 다른 교구에 뒤지지 않으며 주제를 다루는 방식에 있어서도 조금도 부끄러워할 필요가 없다는 결론을 내리지 않을 수 없습니다.

여러분 모두가 알다시피 우리가 지난 해 만난 후 나의 가정에는 큰 시련이 닥쳤습니다.[1] 그 전에 나는 3년간 걱정이 떠나지 않았으며 당시 여러분의 주교로서 직무에 대해, 그리고 여러분에게 솔직하게 말할 것인가에 대해 심각한 고민을 하였습니다. 내가 더 이상 모든 것이 예전과 같지 않은 "기력이 쇠할" 나이가 되었다는 사실을 굳이 상기시킬 필요는 없을 것입니다. 이 나이에 하나님의 섭리 안에서 지난 해 4월에 겪은 상처와 같은 아픔이 찾아오면 아무리 힘 있는 자라도 어떤 암시를 받게 되는데 나에게 그러한 암시가 왔다고 생각합니다.

한 마디로 나는 교구 사역을 그만두거나 부주교의 도움을 받지 않으면 안 될 시기가 멀지 않았다는 것을 느낍니다. 나태하거나 편한 것을 바라서 그런 것은 아닙니다. 일을 지체하기보다 일하다 순직하기를 원하며 녹슬어 없어지기보다 닳아 없어지고 싶은 것이 솔직한 심정입니다. 그러나 120만 랭커셔 교구민과 리버풀 같은 거대 도시를 감독하는 자리는 이 바쁜 19세기 말에 결코 한직이 아닙니다. 나는 때때로 나보다 젊고 활기찬 손이 필요하다는 생각을 하지 않을 수 없습니다.

그러나 여러분은 내가 결심을 하지 못했으며 아무런 결정도 하지 않았다는 사실을 알아주기 바랍니다. 내가 이루어야 할 하나님의 뜻이 더 있는지 모릅니다. 시간이 가면 할 일을 열어줄 것입니다. 여러분에게 부탁하고 싶은 것은 내가 나의 자리에 대해 잘 알고 있으며 나와 여러분과 잉글랜드 국교회를 위해 어떻게 하는 것이 최선인지 고민하고 있다는 사실을 알아달라는 것입니다.

나는 이 주제를 마치면서 지난 4월의 아프고 고통스러운 때에 모든 교구, 모든 계층, 모든 분파, 모든 상황의 사람들이 보여준 무한한 사랑에 깊은 감사를 드립니다. 여러분의 사랑은 나에게 큰 위

---

[1] 여기서 라일은 세 번째 부인 헨리에타 아멜리아 라일(Henrietta Amelia Ryle)의 죽음(1889년 4월)에 대해 언급하고 있다. 부록 p. 608를 참조하라.

로와 힘이 되었으며 인간의 본성에 대한 생각을 다시 하게 해 주었습니다. 나는 여러분의 사랑을 반드시 보상이 따르는 위대한 "냉수 한 그릇"으로 받았습니다. 나는 지금도 그 일을 감사하게 생각하고 있으며 죽는 날까지 잊지 않을 것입니다.

우리 교구의 상황과 관련된 몇 가지 관심사에 대해 간략히 살펴보기 전에 나는 지난 해 회의 끝날 무렵 약간의 마찰을 빚었던 우리 교구의 회의 방식에 대해 언급하는 것이 좋을 것이라고 생각합니다.

일부에서는 교구회의를 누구나 아무 때나 사전 예고 없이 일어나 자신이 원하는 주제를 제시하는 모임으로 알고 있는 듯합니다. 그러나 조금만 생각해보면 이러한 방식의 회의는 비효과적이라는 사실을 알 수 있을 것입니다. 그것은 안 그래도 짧은 일정을 자칫 사소하고 무익한 논의나 지나치게 논쟁적인 주제로 소진해버릴 위험이 있습니다. 나는 우리가 채택한 방법보다 나은 것은 없다고 생각합니다.

즉 제안하고 싶은 내용을 사전에 상임위원회로 보내어 안건으로 다룰 필요성에 대해 검토해보자는 것입니다. 나는 이 위원회가 일을 공정하게 처리할 것이며 합리적인 주제를 묵살하는 일은 없을 것이라고 믿습니다. 제한된 일정을 가장 효과적으로 사용하려는 위원들에게 회의 방식에 대한 일정한 재량권을 부여해야 할 것입니다. 이틀이 아니라 6-7개월을 앉아 있는 하원도 사전 절차 없이 제의를 하거나 질문하는 것을 허락하지 않습니다. 나는 리버풀교구회의도 이러한 사례를 따라야 한다고 생각합니다.

1. **우리 교구의 상황**과 관련하여 나는 몇 가지 중요한 사실에 대해 가능한 간략히 제시하겠습니다.

1) 대성당 건축 계획은 아무런 진전이 없습니다.

현재 이 계획은 보류된 채 잠자고 있습니다. 잠자고 있다는 표현은 의도적인 것입니다. 죽은 것은 아니라는 말입니다. 솔직히 이 계획은 준비된 자금 없이 많은 시간 토론과 논쟁을 반복한 끝에 지금은 조용한 상태입니다. 나는 리버풀에서 멀리 떨어져 이곳 상황을 잘 모르는 국교도가 우리를 조롱한다고 해도 이해할 수 있습니다. 그러나 현실을 부정할 수는 없습니다. 땅 값이 비싼 중심 지역에 모든 사람이 만족할만한 적절한 부지를 구입하여 정리하는 일, 이 나라에서 두 번째로 큰 도시에 걸맞는 대성당을 건축하는 일, 일상적 비용 외에 참사회장과 참사회 의원 및 참모진을 위한 물질 기부 등, 이 모든 것을 위해서는 적어도 5십만 파운드가 있어야 할 것입니다.

고교회든, 저교회든, 광교회든, 리버풀의 주교라면 그 정도 금액은 모을 수 있을 것이라고 말할 사람이 있습니까? 물론 불가능합니다. 랭커셔의 밴드빌트나 아스토(Astor)나 제이 굴드(Jay Gould)라면 자진해서 5십만 파운드를 즉석에서 내어놓을 수 있을 것입니다. 이것은 어디까지나 가능성에 대한 언급일 뿐입니다. 비교적 규모가 작은 트루로의 대성당이나 런던의 교회 회관을 사례로 들거나 새로운 교구는 원래 기부가 쉽지 않다는 등의 말은 큰 도움이 되지 못합니다. 더구나 우리 교구에는 아직 새로운 교회가 많이 필요합니다. 작고한 우리의 이웃 찰스 그로버스(Charles Groves)처럼 많은 사람들은 교회는 필요하지만 대성당은 사치일 뿐이라고 말합니다. 일부 부유한 자들 및 대부분의 마음 넓은 주민들은 국교도가 아니기 때문에 대성당 건축을 위한 도움을 기대할 수 없습니다. 이러한 것들은 뒤

집을 수 없는 사실입니다. 우리의 현실은 이와 같지만 나는 대성당에 대한 외부 비평가들의 경솔한 언급에 대해 전혀 동요하지 않을 것입니다. 나는 대성당 계획이 잠든 것에 대해 놀라지 않습니다.

2) 지금 우리 교구에 가장 필요한 건물은 리버풀 중심가의 교회 회관입니다.

    내가 말하는 것은 웅장하고 화려한 건물이 아니라 전시효과보다 실용성을 고려하여 설계된 검소하고 편리한 건물입니다. 이 회관은 체스터(Chester) 지역의 행정적 독립을 위한 교구 등기소 및 등기소장을 위한 사무실, 주교의 인터뷰와 각종 인허가 및 필요시 성직서임을 위한 접견실로 사용할 수 있는 주교의 사무실과 비서를 위한 공간, 교구재정 위원회와 성경 읽어주는 사람들의 모임과 잉글랜드 국교회 절제 협회 및 주일학교 모임을 위한 공간, 각종 위원회 및 종교 법원을 위한 통풍이 잘 되는 큰 방 또는 두 개의 방, 중요한 신학 서적 및 (지금 말하면 아무 소용이 없겠지만) 집필을 위한 모든 자료를 비치할 수 있을 만한 규모의 독서실 등을 갖추어야 할 것입니다.
    이런 교회 회관은 장소만 잘 물색하면 총 비용이 2만 파운드를 넘지 않을 것이며 어떤 대성당보다 큰 유익을 줄 것이라고 생각합니다. 현재 상사법원(Commerce Court) 및 여러 곳에 세들어 있는 사무실은 연간 임대료로 생각보다 훨씬 많은 금액을 지출하고 있습니다. 나는 종종 하나님이 부유한 국교도로 하여금 우리를 돕게 하실 수도 있을 것이라고 생각하며 그렇지 않으면 기업조합(Syndicate)이 이것을 좋은 투자 기회로 생각하여 우리가 감채기금으로 건물을 구입할 때까지 일정한 집세를 내게 할 수도 있겠다는 생각을 해 봅니다.

3) 감사하게도 교회 건축은 만족할만한 성과를 거두고 있습니다.

리버풀 남단의 세인트 던스턴 교회와 북단의 세인트 레오나르드(St. Leonard)교회는 아직도 리버풀에 마음 넓은 평신도 국교도가 남아 있다는 흐뭇한 증거가 아닐 수 없습니다. 스탠리의 해리슨 교회(Mr. Harrison's church at Stanley)와 에버튼의 세인트 크리스소톰에 있는 터너교회(Mrs. Turner's at St. Chrysostom's, Everton)는 앞서 언급한 두 교회를 빠른 속도로 따라가고 있습니다. 그 외 여러 곳에서 새로운 교회가 시작되었으며(Formby; St. Peter's, Warrington; Haydock; North Meols; St. James's, Birkdale), 커크데일의 세인트 로렌스(St. Lawrence, Kirkdale)교회와 세인트 필립(St. Philip, Sheil Road)교회는 봉헌을 준비하고 있습니다. 그러나 우리는 아직도 기부 및 수선 기금을 기다리고 있습니다.

많은 새로운 지역(St. Matthew, Bootle; St. Luke; St. Simon and St. Jude, Walton)에는 여전히 임시 예배처소밖에 없으며 교구민의 필요를 채우기에는 많이 부족합니다. 이들 세 지역에는 멀지 않아 교회가 세워질 것으로 기대합니다. 캔싱턴 필즈(Kensington Fields)에는 또 하나의 새로운 교회가 시급히 필요한 것으로 보이며 나는 누군가 이 일에 나서주기를 간절히 바랍니다. 그러나 나는 우리 교구의 교회 건축은 아직 만족스럽지 못하다는 것을 수차례 밝힌 바 있습니다. 우리 교구는 맨체스터에 비해 작지만 교구가 분리된 후 10년이 지나기 전에 30개의 새로운 교회가 추가될 것입니다.

4) 매년 늘어나고 있는 선교 룸 및 교회 공간(Church Room)은 우리 교구의 또 하나의 괄목할만한 성과입니다.

이러한 공간들은 이미 여러 곳(St. Nathaniel, St. Michael-in-the-

Hamlet, St. Cleopas, Litherland, Hindley, Grassendale, Roby, Skelmersdale, Christ Church, Everton)에 확보되었으며 공사 중에 있는 곳도 있습니다(St. James's Toxteth, St. Cyprian, Edge Hill). 이 지역의 성직자들은 큰 힘을 얻었을 것입니다. 반복되는 언급이지만 이러한 공간의 가치는 아무리 높이 평가해도 지나치지 않을 것입니다. 이러한 공간은 성직자로 하여금 사도들이 했던 것과 같은 기본적인 비제의적 예배를 가능하게 합니다. 또한 성직자가 이러한 예배를 인도하기 어려울 때는 은사와 능력이 있는 평신도의 도움을 얻을 수도 있습니다. 두 가지 일 모두 봉헌된 교회에서는 통일령에 의해 불가능합니다.

이런 공간은 교회 건물 대신 세울 수도 있는 반면 현재 교회 위원회의 재정은 누군가 독지가가 나서지 않는 한 어떤 가난한 지역에도 교회를 세우기 어려운 상태입니다. 무엇보다도 이러한 공간은 대규모 집단인 노동자계층의 필요를 채울 수 있습니다. 그들은 현재 어떤 예배 처소도 가지고 있지 않으며 이해할 수도 없는 긴 제의적 예배를 통해 신앙생활을 시작하기도 어려운 상태입니다. 이러한 선교 룸 예배가 사람들을 교회로 이끌지 못하고 오히려 배교자만 양산할 것이라는 반론도 종종 제기되지만 결코 그렇지 않습니다. 만일 그렇다고 해도 나는 사람들이 아무데도 가지 않는 것보다 선교 룸으로 가는 것이 낫다고 생각합니다. 탄력성이 부족한 주철(cast-iron)이 잉글랜드 국교회의 오랜 독이 되어 왔다는 것은 사실입니다. 우리처럼 교구민이 많은 교회는 온갖 다양한 상황에 처한 인간의 필요를 채우고 공동체의 모든 계층에 대해 진정한 성경적 은혜의 방편을 제공하는 것을 부끄러워해서는 안 됩니다.

나는 이 주제를 한 가지 특별한 힌트와 함께 선교 룸을 추진하는 사람들에게 넘기고자 합니다. 내가 말하고자 하는 힌트는 그들이 가진 신탁증서의 조건을 잘 살펴보고 이것이 미래적 안목을 가지고 작성되었다는 사실을 알아야 하며 혹시나 있을 수 있는 우발성에 대비하는 지혜가 필요하다는 것입니다. 이러한 사실을 간과할 경우 앞으로 많은 문제가 발생할 수 있습니다.

5) 지난 회의 때 우리의 벗인 노르위치의 현 참사회장이 제기한 안건과 관련하여 약속했던 심사위원회(Commission of Inquiry)는 많은 유익이 될 것 같습니다.

    이 심사위원회의 보고서는 우리에게 우리 교구의 "부족한 일들"에 대한 정보를 제공하고 있습니다. 정확한 통계는 개혁을 위한 첫 걸음이며 심사위원회는 이러한 통계를 제공할 것입니다. 이 보고서에는 많은 사람들이 모르고 있지만 교구민 절반 이상이 변화를 부르짖고 있다는 사실을 비롯하여 리버풀교구에 관한 여러 가지 사실들이 제시되어 있습니다.

    보고서에서 밝힌 대로 리버풀교구에는 일정한 관할 구역이 없는 대형교회들이 많다는 것은 사실입니다. 이러한 교회 수록성직자들은 어떤 목회 사역에도 법적인 책임을 지지 않습니다. 그들은 관습에 의해 자발적으로 사역합니다. 세인트 루크(St. Luke), 세인트 앤드류(St. Andrew), 세인트 메리(St. Mary, Edge Hill), 세인트 마이클(St. Michael-in-the-Hamlet), 세인트 메리(St. Mary, Bootle) 및 월톤 브렉(Walton Breck)교회가 이러한 사례에 해당합니다.

    모교회로부터 멀리 떨어져 사실상 어느 곳에도 속하지 않은 지역이 명목상으로만 월톤, 웨스트 더비 및 리버풀에 속해 있는 경우도 있습니다. 가령 월톤의 경우 부틀에 있는 세인트 메리교회와 세인트 마이클 인 더 햄릿교회를 포함하고 있습니다.

    사실 도매상의 소규모 상점 흡수, 새로운 거리의 조성 및 인구 감소로 더 이상 교회가 필요 없게 되고 다른 곳에 세워져야 할 상황에 있는 교회도 여러 곳 있습니다.

리버풀, 특히 북단에는 교구민의 수가 8천 명이나 1만 2천 명되는 교회들이 있으며 처음에는 새로운 교회들이 많이 필요해 보입니다. 그러나 조사 결과 주민의 3/4 또는 4/5는 로마 가톨릭이며 현재로서는 더 이상의 교회가 필요치 않다는 것을 보여줍니다.

반면에 리버풀과 위건, 워링톤, 세인트 헬렌, 위드네스 및 펨버톤에는 국교도신자의 수가 수록성직자 한 명이 감당하기에 벅찬 지역도 많습니다. 이러한 지역은 잉글랜드 국교회가 참으로 "백성의 교회"로서의 지위를 유지하려면 보다 많은 은혜의 방편 및 목회자의 감독이 필요할 것입니다.

이러한 사실들에 대해 나는 우리의 위원회가 통찰력을 제공할 것이며 유익한 결과를 도출할 것이라고 믿습니다. 현재로서는 우리 교구에 거주하는 많은 사람들이 성직자나 비국교도 사역자의 영적인 방문을 받지 못하고 살다가 영혼에 대한 아무런 말도 듣지 못한 채 죽어 묻힐까봐 걱정스럽습니다. 물론 이 문제는 그리스도인의 관대한 마음과 복음화를 통해 해결될 수 있습니다. 앞서 언급한 폐단들은 전적으로 국회의 특별법을 통해서만 해결될 수 있습니다. 솔직히 말해 우리는 주교와 성직수여권자와 수록성직자의 동의하에 기득권층을 존중하는 가운데 있습니다.

(1) 리버풀, 월톤, 웨스트 더비의 모든 교회에 법적 지역을 할당하고,

(2) 현재 방치되어 있는 지역을 가장 근거리에 위치한 교회에 부속시키며,

(3) 더 이상 필요 없는 교회들을 폐지하고

(4) 현재 교회 소재지로부터 멀리 떨어진 지역을 명목상 관할 구역으로 묶는 것을 불허할 수 있는 권한 및 관할구역에 관한 전권을

교회위원회에 부여하는 '리버풀 도시 특별법'을 원합니다.

　이들 중 어떤 것도 국회법이 없이는 불가합니다. 참사회장 레프로이(Lefroy)가 이끄는 위원회는 아무런 권한이 없으며 보고와 권면만 할 뿐입니다. 그러나 위원회의 보고서가 이러한 필요성을 제기하고 리버풀 국교도로 하여금 생각하게 한다면 언젠가 앞서 언급한 것과 같은 권한을 허용하는 국회법이 제정될 것입니다. 우리 위원회는 맡은 임무를 훌륭히 수행하였으며 나는 모든 위원에게 공적인 감사를 전합니다.
　여기서 보고서 내용을 전부 다룰 수는 없습니다. 이 보고서는 분량이 많고 철저하게 작성된 문건이기 때문에 자세히 살펴보아야 합니다. 따라서 교구 내 모든 성직자와 평신도 대표자들에게 복사본을 보내겠습니다. 그러나 이 자리에서 살펴보아야할 몇 가지 중요한 사항이 있습니다.

　(1) 보고서는 우리 교구의 인구가 1,203,000명이며 이 가운데 가톨릭이 261,000명이고 비국교도가 257,000명이며 663,000명이 국교도라고 했습니다.
　(2) 보고서는 663,000명의 국교도를 위해 잉글랜드 국교회는 현재 196,000석(162,000석은 교회, 34,000석은 선교 룸)의 예배처소가 준비되어 있다고 했습니다.
　(3) 보고서는 196,000석 가운데 52,000석은 자리가 찼고 144,000석은 비어 있다고 했습니다.
　(4) 보고서는 교구가 형성되고 9년 동안 26개의 새로운 교회가 건축과 봉헌을 마쳤으며 3개의 교회가 건축을 마치고 봉헌을 기다리고 있는 중이며 현재 건축 중인 새로운 교회는 7곳이라고 했습니다.
　(5) 끝으로 보고서는 우리 교구에 가장 필요한 것은 성직록이 부

족하거나 전혀 없는 가난한 교회의 성직자 지원기금(Sustentation Fund)이라고 했습니다. 이 지원기금은 성직록 확장 협회(Benefices Augmentation Institution)와 쉽게 접목할 수 있을 것입니다.

보고서를 받으면 이상 여섯 가지 사항에 대해 여러분의 특별한 관심을 부탁합니다.

이 보고서의 수치들은 전반적으로 정확하다고 할 수 있을 것입니다. 물론 일부 지역의 결과는 불완전하고 결함이 있을 수 있다는 사실을 압니다. 그러나 나는 모든 수고가 대체로 정확하게 이루어졌다고 믿습니다.

6) 우리 교구의 상황 가운데 마지막으로 다루고 싶은 내용은 교구 기관과 관련된 해묵은 주제입니다.

나는 많은 말은 하지 않겠습니다. 다행히 이러한 기관들은 맡은 사역을 잘 감당하고 있습니다. 그러나 그들은 필요한 만큼 충분한 재정적 지원을 받지 못하고 있으며 따라서 더 많은 사역을 감당하지는 못하고 있습니다. 나는 대부분의 교구가 우리와 비슷한 상황이라고 들었습니다. 사람들은 공적인 중앙 기금에 기부하기보다 자신과 가까운 곳에 기부하고 싶어 합니다. 비우호적인 비평가들이 주장하듯이 교구 기관에 들어오는 돈이 교구 내 모든 교회가 매년 기부하는 금액의 전부라고 생각하는 것은 정말 터무니없습니다. 나는 우리 교구 내에서 매년 수만 파운드의 금액이 그리스도의 이름으로 기부되고 있다는 사실을 알고 있습니다. 이 돈은 공적인 기부금이 아니며 상사법원에 있는 교구 사무실을 거치지도 않습니다. 나는 좋은 시절이 오기를 바랄 뿐입니다. 나는 교구 기관의 수입이 지금보다 다섯 배는 되어야 한다고 생각합니다. 현재의 재정 상태는 리버풀의 국교도에 대한 신뢰를 무너뜨리고 있습니다.

2. 이제 **오늘날 잉글랜드 국교회의 전반적 상황**에 대해 살펴보겠습니다.

여러분은 매년 나타나서 우리의 주목을 끄는 사건들에 대해 여러분의 주교가 어떤 생각을 가지고 있는지를 알고 싶어 할 권리가 있으며 나는 그것에 대해 솔직하게 말하는 것이 주어진 본분이라고 생각합니다.

우리의 교회적 지평에는 우리의 조상들이 백 년 전에는 생각도 하지 못한 '밝은 면'이 있다는 것은 물론입니다. 그리고 분파를 초월해서 많은 선한 일들이 진행되고 있다는 사실을 부인한다면 거짓이 될 것입니다. 우리의 대적도 잉글랜드 국교회가 더 이상 졸지 않고 깨어 있으며 잉글랜드 전역의 모든 계층에서 살아 꿈틀대는 움직임이 있다는 사실을 인정할 것입니다. 주교와 사제, 부제, 참사회장, 참사회원 및 지구장들은 모두 지난 세기보다 열 배의 일을 하고 있습니다. 잉글랜드 벌집의 나태함은 점차 사라지고 있으며 언젠가는 멸종하여 씨가 마르게 될 것입니다.

지난 50년간 국내에 7개의 새로운 교구가 생겼으며 식민지에 70개의 교구가 생겼습니다. 교회를 건축하고 복원하는데 약 3천만 파운드가 지출되었으며 국내외 선교 단체에 대한 기부금은 크게 증가하였습니다. 오랫동안 방치된 대성당에서 대중 예배가 살아나고 성직자과 교사 지망생들을 훈련시키는 대학이 설립되고 교구마다 많은 학교가 세워지고 국회가 생기고 성직자의회가 복원되고 특수 선교를 통해 조직화된 공격적 복음화가 이루어지고 군인, 선원, 이민자 및 젊은 청년들의 영적 부족을 위한 노력이 이루어지고 성만찬의 시행이 배가되고 견진성사에 대한 관심이 높아졌습니다. 이러한 것들은 누구나 아는 19세기 잉글랜드 국교회사의 분명한 족적입니다. 확실히 잉글랜드 전역에는 움직임-유익한 것이든 그렇지 않은 것이든-이 있습니다.

그러나 새로운 모든 것이 선한 것은 아닙니다. 오늘날 성장에 열정적인 사람들의 주장 가운데 어떤 것은 의심스러운 편의주의인 것처럼 보입니다. 물론 개혁이나 개선을 위한 열정은 좋은 것입니다. 그러나 "지식을 좇지 않은 열심"도 있으며 최근 국교도가 선한 의도로 제시하여 논의 중인 개선안 가운데는 이러한 열심에서 나온 것처럼 보이는 것도 있습니다. 나는 이들 가운데 몇 가지에 대해 내 생각을 밝히고자 합니다.

1) 나는 주교의 숫자를 두세 배 늘려야 한다고 말하는 사람들이 주장하는 교구확장 방안에 대해 과연 지혜로운 방안인지 의구심이 듭니다.

이런 식으로 나가면 수록성직자는 지나친 간섭과 참견으로 인해 독립적인 사역을 수행할 수 없으며 이러한 시스템 하에서는 교구목사나 부교역자도 편하지 않을 것입니다. 새로운 교구의 수에는 한계가 있습니다. 현재의 교구 수는 많을 수도 있고 적을 수도 있습니다. 여러분은 너무 많은 주교와 상관의 감독을 받을 수 있습니다. 예를 들어 한 유능한 개혁자는 우리 교구를 둘로 분리해서 주교 한 명은 리버풀도시를 맡고 다른 한명은 외곽 지역을 맡는 냉정한 방안을 제안했습니다. 이것은 결코 좋은 아이디어가 아닙니다. 철도, 전신, 인쇄기 및 1페니 우편제도가 있는 19세기의 주교는 초기 교회의 주교보다 백 배나 많은 일을 할 수 있습니다.

2) 나는 부제의 직을 확장하고 거룩한 서품의 수여 기준을 낮은 위계로 내리려는 주장이 과연 지혜로운 것인지에 대해 의구심을 가집니다.

이러한 방안이 채택된다면 사역자의 자질에 대한 기준은 크게 낮아질 것입니다. 그러므로 나는 이러한 방안에 대해 전적으로 반대합니다. 지난 9년 동안의 서품을 통해 나는 이 기준이 이미 많이 낮아져 있다고 생각합니다. 두 부류의 부제를 운영하는 방안은 대안이 될 수 없습니다. 우리에게 요구되는 가장 좋은 방안은 평신도를 활용하는 것입니다. 잉글랜드 국교회는 지금까지 평신도를 등한시해 왔으나 이 영역에는 풍성한 자원이 있습니다.

3) 나는 교회에 대한 분명한 가르침을 위해 요리문답에 무엇인가를 덧붙이려는 시도에 대해 의구심을 가집니다.

그러한 시도는 우리의 불행한 분쟁과 갈등 및 불화의 씨만 증폭시킬 뿐입니다. 캔터베리와 요크 의회가 아이들을 위해 교회에 대한 일련의 질문을 작성한 것을 모든 국교도가 받아들이고 인정할 것이라고 생각하는 사람은 영국인의 심성에 대해 잘못된 관점을 가지고 있음이 틀림없습니다.

4) 나는 안건으로 상정된 "부가적 예배 규정에 관한 기도서 초안"(Draft Prayer Book Bill about Additional Services and Rubrics)에 대해 의구심이 있습니다.

40일 동안 테이블 위에 올려놓은 다음 특별한 반대가 없으면 통과되는 이 법안의 목적은 국회를 통해 특정 교회법을 아무런 논의 없이 법제화하겠다는 것입니다. 이것은 많은 위험을 내포하고 있는 "매우 중요한 제도"라고 생각됩니다. 개혁적 하원이 국교회에 영향을 미치는 법안을 아무런 논의 없이 허가한 적이 있었습니까? 나는 예배 규정의 내용을 바꾸거나 추가하는 법안에 관한 논의가 과연 신중하게 이루어질 것인가에 대해 의문을 갖지 않을 수 없습니다.

최근 칼라일회의(Carlisle Conference)에서 크로스 경(Lord Cross)이 이 법안에 관해 한 말은 주목할 만합니다. 그는 이 법안을 지지하는 자들이 "교리와 의식을 방해하겠다는 의도를 가지고 있다면 교회를 완전히 끌어내려야 할 것"이라고 주장했습니다.

5) 최근에 제시된 또 하나의 주장에 대해서는 의구심뿐만 아니라 강력한 반대 의사를 가지고 있습니다.

그것은 어떤 형태로든 수도원제도를 부활시켜 교회에 청빈과 순결과 순종의 서원으로 맺어진 형제집단을 도입하겠다는 것입니다. 물론 수록성직자가 제공한 성직자 회관에서 두세 명의 부교역자가 함께 주거하는 것에 대해서는 그들만 좋다면 반대할 이유가 전혀 없습니다. 그러한 형태는 오히려 편리하고, 우리 교구에도 그런 사례가 있습니다. 그러나 내가 말하는 제도는 전혀 다른 형태이며 강력한 반발에 부딪칠 것입니다.

나는 세례 외에 다른 서원제도를 도입하려는 시도에 대해 전적으로 반대합니다. 만일 청빈서원이 새로운 잉글랜드 수도승은 무보수로 일해야 한다는 의미라면 누가 성직자가 되겠습니까? 무보수로 사역할 유능한 젊은이들을 어디서 찾을 수 있다는 말입니까? 순결서원이 평생 또는 일시적 독신을 의미한다면 개신교 국교도는 새로운 질서를 찾아 나설 것입니다. 순종서원은 현재로서는 무슨 의미인지 알 수 없습니다. 수도승이 교구 성직자에게 순종해야 한다는 의미라면 지금의 부교역자도 모두 그렇게 하고 있습니다. 만일 주교에게만 순종하고 수록성직자로부터는 독립적이어야 한다는 의미라면 끊임없는 마찰과 갈등의 소지를 남길 것이며 교구 시스템은 완전히 붕괴되고 말 것입니다. 끝으로 수도원제도는 좋은 의도로 시작하였으나 여러 가지 결점이 발견되어 개혁주의 교회에 의해 명백히 거부당한 제도입니다.

시간이 있으면 다른 주장에 대해서도 언급하고 싶지만 넘어가겠습니다. 대신에 잉글랜드 국교회를 위협하기 위해 다가오고 있는 두 가지 먹구름에 대해 언급하고자 합니다.

1) 하나는 국교도가 하나가 되지 못하고 오히려 '불행한 분열'이 증가하고 있다는 것입니다.

나는 이러한 상황을 안타까운 마음으로 바라보고 있지만 놀라지는 않습니다. 예배규정에 관한 논쟁이 현재와 같이 지속되는 한, 사람들이 교회 법원을 인정하지도 복종하지도 않으면서 더 나은 법정을 위한 어떤 노력도 하지 않는 한, 법정모독으로 인한 성직자의 투옥이 잉글랜드 법의 품격을 떨어뜨리는 한, 엄청난 변칙과 주교의 거부권이 계속해서 허용되는 한, 나는 우리 안에 단합이나 질서 또는 치리는 기대하지 않을 것입니다. 주변의 모든 상황은 점차 악화되고 있으며 완전한 분열을 향해 나아가고 있는 것처럼 보입니다. 벽에 쓰인 글씨는 다니엘이 해석할 필요도 없이 분명하며, 나는 모든 신실한 국교도가 깨어 그것을 볼 수 있기를 진심으로 원합니다. 스스로 분열된 가정은 일어설 수 없습니다.

여러분 중에는 내가 앞서 제시한 '불행한 분열'의 중요한 원인으로 네 가지 사항을 특별히 강조한 이유를 모르는 사람도 있을 것입니다. 그 이유에 대해 살펴보겠습니다.

(1) 나는 현재의 **예배규정**이 국교도의 인정을 받는 해석을 제시하지 못하기 때문에 평화의 걸림돌이 된다고 생각합니다.

이 규정에 대한 해석은 사람에 따라 다릅니다. 따라서 이처럼 명확하지 못하고 모호한 규정은 제거되어야 하며, 대신에 영국의 제의적 의식을 어디까지 허용할 것인가에 대해 명확히 제시하고 모든 성직자에 대해 합리적인 재량권을 부여하되 자의적인 해석을 불가능하게 만든 명확한 규정으로 대체해야 할 것입니다.

(2) 나는 **법정모독을 이유로 성직자를 수감**하는 것은 교회법의 명예를 실추시키는 행위이며 중세시대나 가능한 처벌이라고 생각합니다.

성직자가 아무리 실수를 했더라도 투옥은 그를 순교자로 만들고 대중의 동정심을 유발시킬 것입니다. 교회 법원의 판결에 따르지 않는 자에 대한 유일한 처벌수단은 자격 정지나 성직권박탈이 되어야 할 것입니다.

(3) 나는 **주교의 거부권**이 계속될 경우 큰 불행을 초래하게 될 것이라고 생각합니다.

왕립위원회의 1/3은 법원이 그러한 권한을 포기해야 한다고 생각하며 나는 그들의 의견에 동의합니다. 언제든지 실수할 수 있는 한 사람에게 너무 큰 권한을 부여한 것입니다. 거부권은 교구 내 어느 한쪽 당사자에게 상처를 주지 않고는 행사할 수 없는 공평하지 못한 권한입니다. 끝으로 그것은 통치자가 "공의를 거부해서는 안 된다"고 선언한 대헌장의 첫 번째 원리 가운데 하나와 정면으로 배치됩니다. 이러한 거부권은 평신도에게 심각한 불만을 야기하고 있음이 분명합니다.

(4) 나는 **교회법원의 개혁**이 없이는 평화가 어렵다고 생각합니다.

현재 많은 성직자는(그들의 판단이 옳든 그르든) 교회법원을 무능하다고 생각하며 법원의 판결에 복종하지 않습니다. 5년 전 왕립위원회는 법원에 문제가 있으며 더 나은 법정을 세워야 한다고 주장한 바 있습니다. 그러나 그때부터 지금까지 진척된 사항은 아무 것도 없습니다. 옛 법원은 신용을 잃고 많은 피해를 받았으며 새로운 법원에 대해서는 아무 것도 결정된 것이 없습니다. 그 결과 교회는 교리와 의식에 관한 분쟁으로 무법천지가 되어가고 있습니다. 이것은 잘못입니다. 현재의 법원을 싫어하는 자가 개혁을 위한 노력을 하지 않는 이유에 대해서는 언급하지 않겠습니다. 다만 그들이 언젠가는 평신도에게 아무런 발언권도 없는 순수한 영적 법원이 생길 것이라고 기대하고 있다면 실망하게 될 것이라는 말밖에 할 수 없습니다.

영국의 주교는 로마주교와 마찬가지로 무오한 사람이 아닙니다. 나는 국교회폐지 및 몰수가 이루어지기 전까지는 하원이 이러한 법원을 허용하지 않을 것이라고 생각합니다. 나는 국교회가 폐지되더라도 평신도가 성직자들만 교리와 의식에 관한 문제를 결정하게 버려두지는 않을 것입니다(미국이나 호주나 아일랜드의 평신도도 마찬가지입니다). 그렇게 되면 너무 늦은 것입니다. 영국의 평신도는 다시는 성직자의 지배하에 들어가지 않으려 할 것입니다. 그들은 자신의 목소리를 낼 것입니다.

물론 나는 앞서 언급한 네 가지 사항이 논쟁이나 반론의 여지가 있으며 양쪽의 주장이 허용되어야 한다고 생각합니다. 나는 여러분 모두가 나와 같은 생각이리라고는 생각하지 않습니다. 다만 우리의 교회적 지평에 분열이라는 먹구름이 몰려오고 있다는 나의 주장이 아무런 근거 없이 하는 말이 아니라는 사실만 알아주기 바랍니다.

이 주제를 마치기 전에 나는 여러분이 지난 해 국교도의 분노를 자아내게 했던 두 가지 주제에 대해 내가 무엇인가 언급하기를 바란다고 생각합니다. 그것은 물론 세인트 폴교회의 장식벽(St. Paul's Reredos) 사건 및 링컨 기소(Lincoln Prosecution)로 알려진 두 가지

교회소송에 관한 것입니다. 그러나 나는 여러분에게 실망을 안겨드릴 수밖에 없습니다. 두 사건은 여전히 심리중이며 결정된 것이 없기 때문에 아무 말도 하지 않는 것이 옳다고 생각합니다.

2) 우리의 하늘을 뒤덮고 있는 또 하나의 먹구름 또는 안개는 그리스도인 가운데 교리와 실천에 대한 분명한 주장이 사라지고 있다는 것입니다.

이것은 이 시대의 가장 고통스러운 특징에 해당합니다. 교리와 관련하여 잉글랜드 전역의 많은 사람들은 진실과 거짓을 구별하지 못하며 사역자가 똑똑하고 진지하기만 하면 성경의 영감이나 그리스도의 사역, 속죄, 성령의 인격성 및 장차 올 세계에 대해 가르치는지의 여부는 개의치 않습니다. 모든 사람이 옳고 틀린 사람은 없으며, 모든 것이 옳고 거짓은 없다는 것입니다. 최근 카디프회의(Cardiff Congress)에서 한 대표 연사는 39개 조항 및 피어슨의 신조에 관한 글(On the Creed)에 대해 "표준이라고 하면 웃음거리가 될 수밖에 없는 '낡은 책'에 불과하다"고 했습니다. 나는 보고서를 통해 이러한 진술에 대해 반대한 사람이 아무도 없었다는 사실을 알고 있습니다.

오늘날 유명한 설교는 양심을 건드리거나 불편하게 하는 설교는 싫어하고 일시적 흥분을 원하는 오늘날의 청중이 좋아하는 지적 기교일 뿐입니다. 그러나 이러한 설교는 분명한 교리가 없고, 청중의 마음을 움직이거나 삶에 영향을 미치는 능력도 없습니다. 요약하면 곳곳에서 "몰락해가는" 신학이 확산되고 인기를 얻고 있으며 진지함과 영리함은 이 시대의 우상이 되고 있습니다. 실천적 신앙도 마찬가지입니다. 사람들은 6계명과 8계명 외에는 십계명을 잊어버린 것 같습니다. 오늘날 부정과 간통에 대해 아무도 대수롭게 생각하지 않는 태도나 빈부를 막론하고 모든 계층의 수많은 사람들이 안식일을 철저히 외면하고 있는 현실은 내 말이 사실임을 보여주는 우울한 증거입니다. 참으로 안타까운 일이 아닐 수 없습니다. 하늘의 하나님은 이 모든 것을 지켜보고 계십니다. 언젠가 심판의 날이 이르고 새로운 세계가 임할 것입니다. 어떤 마지막이 되겠습니까?

사랑하는 사역자 형제들이여!

여러분 주교와 선임자로서 간절히 부탁하는 것은 때를 알고 하나님의 진리를 위한 담대하고 신실한 증인이 되라는 것입니다. 증인들이여! 여러분은 사람을 회심하게 할 수 없으며 보거나 듣거나 느끼게 할 수 없습니다. 성령만이 그 일을 하실 수 있습니다. 그러나 증인은 될 수 있습니다. 여러분 혼자뿐이라고 해도 공적으로나 사적으로 굳게 섭시다. 그러나 여러분은 혼자가 아닙니다. 하나님께 감사합시다. 여러분 곁에는 수많은 경건한 성도들이 끝까지 함께 할 것입니다.

창세기부터 요한계시록까지 모든 성경은 하나님의 영감으로 기록된 말씀이며 성경에 기록된 역사적 사실들은 모두 사실이라는 옛 믿음에 굳게 섭시다. 모든 것을 초자연적이라고 조롱하며 "자연법칙, 과학적 발견, 현대 비평의 결과"를 말하는 자들의 허황된 거짓말에 흔들리지 맙시다.

(1) **창세기에 언급된 사실들**에 관해서는 그리스도와 사도들 곁에 서면 만족할 것입니다. 그리스도와 사도들은 신약성경을 통해 이러한 기록이 실제적이고 진리이며 진정성 있고 참된 역사임을 거듭 밝히고 있습니다. 그들이 거짓말 할 것 같습니까? 그들이 모르겠습니까? 그렇게 생각한다면 신성을 모독하는 것입니다. 나는 우리가 노아, 아브라함, 이삭, 야곱이 실제적 인물이며 창세기에 언급된 사

건들이 신화나 흥미위주의 소설이 아니라 실제로 일어난 사건이라는 예전의 관점을 그대로 이어받아야 한다고 생각합니다.

(2) 현대 철학자들이 성경의 초자연적 사실들과 일치하지 않는다고 말하는 '자연법칙'에 대해서는 우리가 모든 '자연법칙'을 다 아는 것은 아니며 보다 고상하고 심오한 법칙이 발견될 수 있다는 사실을 기억해야 할 것입니다. 어쨌든 현존하는 법칙 가운데 일부는 2백 년 전 뉴턴의 『프린키피아』(Principia)가 밝혀내기 전까지는 알려지지 않았다는 사실을 잊지 말아야 합니다. 그렇다면 우리는 당연히 아직도 찾지 못한 많은 법칙이 있으며 현재 풀지 못하는 많은 문제가 나중에는 풀릴 것이라고 생각할 수 있을 것입니다. 칼라일(Carlyle)의 『의상철학』(Sartor Resartus)에는 이 주제에 관한 몇 가지 놀라운 언급이 담겨 있으며 시간이 나면 한 번 꼭 읽어볼 것을 권합니다.

(3) '과학적 발견'에 대해서는 "우리는 부분적으로 안다"고 말할 수 있을 것입니다. 빛과 열과 힘, 증기와 가스와 전기, 화학과 광학과 역학, 의학과 해부학과 외과 의학, 지질학과 광물학과 천문학, 이 모든 학문에 대해 우리는 물론 선조들보다는 많이 알고 있습니다. 그러나 여러분은 아직도 배워야 할 것이 많다고 믿어도 될 것입니다. 현재로서는 과학적 발견이 실제로 성경과 배치된다고 생각할 어떤 증거도 없습니다. 성경과 배치되는 것처럼 보이는 것이 과학의 발전으로 해결되고 명확해지기도 합니다. 그러므로 우리가 해결할 수 없는 난제를 만나면 위대한 패러데이의 원리를 기억하면서 '현명한 기다림'(judicious suspense)을 배양하는 것이 지혜로울 것입니다. 왕립학회(Royal Society) 회장인 가브리엘 스토크스(George Gabriel Stokes)와 같은 사람들이 공적인 자리에서 성경의 신적 권위를 옹호할진대 이 오래된 책을 사랑하는 사람들이 과학을 두려워할 이유가 없을 것입니다. 이 말에 다른 오해가 없기를 바랍니다. 나는

과학과 종교는 결코 조화될 수 없으며 언제나 상호 의심하며 싸운다고 생각하는 연약한 무릎을 가진 그리스도인을 두둔하고 싶은 마음은 없습니다. 오히려 나는 해마다 드러나는 자연 과학의 발견을 진심으로 환영합니다. 나는 실험과 관찰을 통한 과학의 지속적 발전 및 해마다 축적되는 과학적 사실들로 인해 깊은 감사를 드립니다. 다만 일에 대한 열심 때문에 그들이 특정 전제로부터 결론을 일반화 하고 기초가 없는 이론의 집을 세우는 것이 가장 비논리적이라는 사실을 잊지나 않을지 걱정스러울 뿐입니다. 나는 하나님의 입에서 나오는 말씀과 그의 손으로 행하는 일이 결코 상호 모순되지 않는다고 확실히 믿습니다. 모순되는 것처럼 보일 때에 나는 기꺼이 기다립니다. 시간이 해결해 줄 것입니다.

(4) **현대 비평**(독일이든 영국이든)의 결과에 대해서는 모두가 한 마음이 되었을 때 고려해볼 수 있을 것입니다. 현재로서는 의견이 일치하지 않기 때문에 기다리는 것이 좋을 것입니다. 우리는 사람들이 모세와 다윗과 솔로몬은 성경을 기록하지 않았다고 주장하거나 성경을 개선하겠다며 하나씩 잘라내어 해골처럼 만들어도 놀랄 필요가 없습니다. 우리는 얼마든지 기다릴 수 있습니다. 전문가는 아니지만 엘리콧(Ellicott) 주교는 주장합니다.

> 성경 비평 가운데 현대적 사상이 억지로 둘러대어 고치려고 하는 기본적인 진리 외에는 '입증된 결과'가 없다. 그들이 입증되었다고 주장하는 것들 중에는 확인되지 않은 것들이 많으며 올바른 성경 비평은 그러한 주장을 알지 못한다. 그러한 것들은 그들이 절대적으로 의존하는 과학에 의해 이미 한물 간 주장이 되고 말았다(Gloucester Dicese Conference, 1888).

지난 3백 년간 잉글랜드 국교회의 영광이었던 위대한 옛 교리적 진리, 성경에서 도출되고 신조와 39개 조항과 기도서를 통해 정리된 이 진리에 굳게 섭시다. 오늘날의 취향에 맞추기 위해 수위를 낮추지 않도록 조심합시다. 세속적인 사람들은 이러한 진리가 효력을 잃고 낡았으며 19세기에 맞지 않는다고 말할 것입니다. 그들에게 인간에게 실제적인 유익을 주는 다른 종교가 있으면 보여 달라고 해야 할 것입니다. 반은 회의론자이고 반은 그리스도인인 사람은 계시종교의 수많은 어려움을 극복하기 어렵다고 말할 것입니다. 이런 자들에게는 불신앙적 어려움은 신앙적 어려움보다 훨씬 크다고 대답해야 할 것입니다. 그들에게 병상에서나 죽음을 앞둔 사별의 순간에 전통적인 기독교 교리 외에 영혼을 도울 수 있는 것이 있으면 보여 달라고 도전해야 할 것입니다.

실제적인 신앙의 높은 표준 위에 굳게 서서 십계명을 그리스도인의 가장 훌륭한 삶의 법칙이자 참 믿음의 시금석으로 여기는 것을 부끄러워하지 맙시다. 옛 영국의 주일을 대륙의 주일로 바꾸고 주일날 미술관이나 박물관을 들락거림으로 노동자계층에 상처를 주는 모든 시도에 반대합시다. 4계명이 성직자가 가장 엄숙한 예배 석상에서 매주 읽는 십계명의 한 부분인 한, 사람들이 하나님께 6계명이나 8계명은 물론 "이 계명도 지킬 수 있는 마음을 달라고" 기도하고 싶은 마음을 가지는 한, 옛 영국의 주일을 사수하려는 자들은 매우 든든한 발판 위에 서 있는 것입니다.

이제 말을 맺겠습니다. 나는 오늘 많은 말을 하였습니다. 그러나 나의 삶은 해가 지고 있으며 전체적으로 말을 할 수 있는 기회도 많이 남지 않았을 것입니다. 사도 바울은 "때가 이르리니 사람이 바른 교훈을 받지 아니하며…"(딤후 4:3)라고 했습니다. 이러한 때가 가까이 다가온 것 같습니다. 그러나 나는 랭커셔의 국교도가 복음의 진리를 굳게 잡은 손을 놓고 "성도에게 단번에 주신 믿음의 도를 위하여 힘써 싸우라"(유 3절)는 명령을 저버리는 날은 오지 않을 것이라고 믿습니다. 지금 유언을 해야 한다면 죽음을 앞둔 헨리 로렌스 경이 루크나우(Lucknow) 막사에서 했던 "결코, 결코 포기하지 마십시오"라는 말을 남기고 싶습니다.

9장

굳게 서라

(1890년 11월 4일, 리버풀교구에 대한 네 번째 3년 주기 교지)

사랑하는 성직자 여러분!

주교의 3년 주기 방문은 어느 면에서 매우 엄숙한 행사입니다. 교지에 앞선 출석 확인은 우리 모두가 죽음을 향해 가고 있으며 언젠가는 우리의 이름도 리버풀교구 성직자 명부에서 사라질 날이 온다는 엄숙한 사실을 보여줍니다. 지난 3년간 우리 지체들 가운데 일어난 변화는 결코 작거나 사소한 것이 아닙니다. 부주교 존스(Jones), 참사회원 호프우드(Canon Hopwood), 존 스튜어트(Jone Stewart)처럼 잘 알려진 사람들이 쉽게 채울 수 없는 빈자리를 남긴 채 우리의 대열에서 떠났습니다. 그러나 나는 고 라이트풋(Lightfoot) 주교[1]가 생애 마지막에 했던 말을 잊을 수 없습니다.

> 사람은 오기도 하고 가기도 하며 인생은 지푸라기처럼 바다 위를 떠다니다가 바다 속 깊은 곳으로 영원히 사라지지만 광범위하고 강력

---

[1] J. B. Lightfoot, 더램의 주교, 1879-89(d. 1889).

하며 도도히 흐르는 교회는 모든 것을 깨끗케 하고 정화시키며 비옥하게 하는 하나님의 강이 되어 영원히 흐를 것입니다.

내가 간절히 바라며 기도하는 것은 다음 방문 때까지 우리 가운데 누가 떠나든 우리 교구의 강은 매년 확장되고 깊어지며 더욱 강력해지는 것입니다.

이제 전하고자 하는 교지에서 나는 가능한 우리 교구에 관한 언급은 피하려 합니다. 이 주제는 지난 달 교구회의 서두에 장시간 다루었기 때문에 더 할 말이 없으며 오늘은 교회 전반에 영향을 미치는 사안에 대해서만 다루겠습니다. 나는 이 시대에 특히 중요한 몇 가지 문제에 대한 나의 생각을 솔직하게 전하고 여러분의 주교로서 "옳고 그른 것을 분별하고 선한 것을 붙들도록" 간절히 촉구합니다. 내가 이렇게 결심한 것은 이렇게 전체적으로 말할 기회가 얼마 남지 않았다고 생각할 나이가 되었기 때문이며 또 하나는 우리가 사는 시대의 악한 특성 때문입니다. 1890년, 한 잉글랜드 주교의 나팔은 바른 길을 제시하는 명확하고 분명한 소리가 되어야 할 것입니다.

우리는 시대에 대한 분별력이 있어야 합니다. 만일 우리가 라우드 대주교와 찰스1세(Charles the First)가 참수당한 장기의회 시대에 살았다면 세상의 종말이 다가왔다고 생각하기 쉬울 것입니다. 그러나 지금 우리 시대의 지평은 정치, 사회 및 교회적으로 전례 없는 국회 정당들의 횡포, 노동자와 자본가의 극심한 갈등 및 국교도 안의 치리의 부재라는 먹구름으로 가득합니다. 이 시대는 모든 지각 있는 애국자와 그리스도인이 심각한 주의를 기울여야할 만큼 어둡습니다. 풍성한 세속적 번성에도 불구하고 우리 민족은 마치 화산의 가장자리에 앉아 있어 언제든지 날아가 파선될 수 있는 상태인 것처럼 보입니다.

최악의 상황이라고 할 수 있는 것은 이 시대가 불가지론과 불신앙으로 가득한 것처럼 보인다는 것입니다. 도처에서 믿음이 약화되고 점차 사라지고 있습니다. 지위고하를 막론하고 너무나 많은 사람들이 "신앙에는 확실한 것이 없으며" 무엇을 믿느냐는 문제가 되지 않는다고 생각하는 것 같습니다. 세상에서도 기독교의 회의적인 요소는 부각시키고 중요하고 본질적인 것은 축소시키려는 경향이 매년 심화되고 있는 것 같습니다. 모든 믿음의 기초는 궤도를 벗어났습니다.

이러한 시대에 나는 이 교지를 통해 성직자 여러분이 영적으로 둔감하여 기독교의 진리를 놓치거나 어정쩡하고 아슬아슬하게 붙들지 않도록 조심해달라는 당부를 할 것입니다. 따라서 나는 여러분에게 오늘 내가 하는 말을 특별히 경청해주기를 부탁하는 동시에 "범사에 헤아려 좋을 것을 취하라"고 한 말씀에 따라 우리가 굳게 붙들어야 할 일련의 중요한 원리들을 제시하고자 합니다. 물론 나는 여러분 모두가 내 말에 동의할 것이라고 생각하지는 않습니다. 결코 그렇게 생각하지 않습니다. 현명한 주교라면 자신이 무오하다는 주장을 하지 않을 것입니다. 어쨌든 이제 여러분은 여러분의 주교의 생각이 무엇인지 알게 될 것입니다.

1. 기독교는 전적으로 진리이며 하나님이 인류에게 계시하신 유일한 종교라는 위대한 원리를 붙들어야 합니다.

여러분은 내가 이러한 기본적 전제로부터 시작하는 것을 이상하게 생각할는지도 모르겠습니다. 그러나 우리는 이신론과 회의론, 그리고 온갖 불신으로 가득한 시대를 살고 있습니다. 믿음을 완전히 버리지 않은 사람들 가운데도 나에게 불교나 이슬람교에도 많은 유익이 있다고 말하는 사람들이 있습니다. 셀수스(Celsus), 포르피리(Porphyry) 및 율리아누스(Julian) 시대 이후 계시진리가 이처럼 공개적이고 무자비한 공격을 받은 적은 없었으며 그처럼 광범위하고 그럴듯한 공격도 없었을 것입니다.

평론, 잡지, 신문, 강의, 에세이, 소설 및 때로는 설교에서조차 많은 사람들이 기독교의 기초를 공격하고 있습니다. 이성, 과학, 지질학, 인류학, 현대적 발견, 자유사상 등은 모두 자신의 주장을 굽히지 않고 있습니다. 우리는 오늘날 교육받은 사람은 초자연적 종교나 성경의 영감 또는 기적의 가능성을 믿지 않는다는 말을 끊임없이 듣고 있습니다. 현대적 사상에 젖어 있는 지도자적 신자들은 삼위일체, 그리스도의 신성, 성령의 인격, 속죄, 안식일 준수, 기도의 필요성 및 효력, 사탄의 존재 및 최후 신판의 실재와 같은 고대적 교리를 아무 짝에도 쓸모없는 고대 연감처럼 선반 위에 올려놓거나 쓰레기처럼 폐기처분하고 있습니다. 이러한 일들은 워낙 교묘하게 이루어지고 있는데다 외견상 정직하고 관대해 보이며 특히 인간 본성의 존엄성과 능력을 칭찬하기 때문에 불안한 그리스도인들은 이러한 홍수에 밀려 믿음의 파선까지는 아니더라도 상당한 동요를 보이고 있습니다.

우리는 이러한 불신앙의 전염병이 존재한다는 사실에 대해 결코 놀라서는 안 될 것입니다. 이것은 새로운 옷으로 갈아입은 옛 대적이며 새로운 형태의 옛 질병입니다. 아담과 하와가 타락한 이후 사탄은 하나님을 믿지 못하도록 인간을 유혹하는 일을 멈춘 일이 결코 없습니다. 사탄은 직간접적으로 끊임없이 "너희가 믿지 않아도 결코 죽지 않으리라"고 속삭입니다. 우리는 특히 "말세"에는 불신앙이 넘칠 것이라는 성경의 경고를 듣고 있습니다. "인자가 올 때에 세상에서 믿음을 보겠느냐", "악한 사람들과 속이는 자들은 더욱 악하여져서", "말세에 조롱하는 자들이 와서"(눅 18:8; 딤후 3:13;

벧후 3:3). 영국에서 회의론은 많은 현명한 사람들이 반가톨릭(semi-popery) 및 미신적 사고에 대한 반동으로 자연발생적으로 나올 수밖에 없는 사상이라고 오래전부터 예견해 왔습니다. 그것은 인간성을 연구하는 선견지명 있는 학생들이 찾아낸 진자의 운동(swing of the pendulum)으로 시계추가 돌아올 시간이 된 것입니다.

그러나 앞서 이 시대의 광범위한 회의론에 대해 놀랄 것 없다고 언급한 것처럼 그런 것 때문에 조금이라도 마음의 동요를 일으키거나 신앙적 확고함이 흔들려서는 안 될 것입니다. 우리가 놀라야 할 이유는 없습니다. 황소가 흔들고 있는 것처럼 보이지만 하나님의 궤는 위기에 처한 것이 아닙니다.

기독교는 흄(Hume), 홉스(Hobbes), 틴데일(Tindale), 콜린스(Collins), 울스톤(Woolston), 볼링브로크(Bolingbroke), 처브(Chubb), 볼테르(Voltaire), 페인(Paine) 및 홀리오크(Holyoake)의 공격에도 살아남았습니다. 이런 사람들은 당시에 큰 소란을 일으켰고 많은 약한 사람들을 놀라게 하였습니다. 그러나 이들은 게으른 여행자들이 거대한 이집트 피라미드에 자신의 이름을 긁는 정도의 영향밖에 주지 못했습니다. 마찬가지로 오늘날 기독교도 이 시대의 영민한 작가들의 공격에도 살아남을 것입니다. 오늘날 계시를 반대하는 수많은 주장의 새로운 내용들은 겉으로 보기에는 실제보다 훨씬 중요한 것처럼 보입니다. 그러나 우리가 풀지 못한다고 해서 어려운 매듭이 풀리지 않는 것은 아니며 우리가 설명하지 못하거나 우리의 눈이 보지 못한다고 해서 어려운 문제가 설명되지 않는 것은 아닙니다. 여러분이 회의론자에게 대답할 수 없을 때에는 보다 확실한 통찰력을 얻기 위해 기꺼이 기다릴 수 있어야 합니다. 유명한 화학자 패러데이는 수많은 과학적 의문과 마찬가지로 신앙적 문제에 있어서도 "가장 고상한 이론은 판단을 보류하고 기다리는 현명함"이라고 했습니다.

우리는 회의론자와 이교도가 아무리 설명해도 그들이 설명할 수 없는 세 가지의 위대한 사실이 있다는 것을 기억해야 합니다. 그들은 설명할 수도 없고 설명하려 하지도 않을 것입니다. 이 세 가지는 매우 간단한 사실이며 누구라도 이해할 수 있습니다.

1) 첫 번째 사실은 **예수 그리스도**입니다.

기독교가 인간이 고안해낸 종교이고 성경이 하나님의 말씀이 아니라면 예수 그리스도는 어떻게 설명할 수 있겠습니까? 예수님이 역사적인 인물이라는 것은 그들도 인정할 것입니다.

그는 어떻게 힘이나 뇌물을 사용하지 않고 군사력이나 재력도 없이, 그리고 인간의 교만한 이성에 아첨하거나 인간의 정욕과 욕심에 빠지지 않으면서 온 세상에 그처럼 깊은 흔적을 남길 수 있었습니까? 그들은 결코 설명할 수 없습니다. 예수 그리스도는 하나님이시며 그의 복음은 모두 진리라는 위대한 계시 종교의 원리가 아니면 설명될 수 없습니다.

2) 두 번째 사실은 **성경**입니다.

기독교가 인간이 고안해낸 종교이고 성경이 다른 책처럼 아무런 권위가 없는 책이라면 어떻게 지금과 같은 위상을 누릴 수 있겠습니까? 지구 한 쪽 구석에 사는 몇 명의 유대인이 쓴 책, 오랜 세월 동안 저자들 간의 회합이나 협력 없이 쓰인 책, 그리스-로마와 같은 문학적 활동이 거의 없는 나라의 사람들이 쓴 책, 이러한 책이 어떻게 하나님에 대한 고매한 관점, 인간에 대한 참된 관점, 엄숙하고 진지한 사상, 위대한 교리 및 순수한 도덕성을 보여주는 독보적 자료가 될 수 있었겠습니까? 이교도가 어떻게 자신의 원리로 이처럼 심오하고 정직하며 지혜롭고 무오한 책에 대해 설명할 수 있겠습니까? 그들은 이 책의 존재와 본질에 대해 결코 설명할 수 없습니다. 성경은 초자연적인 책이며 하나님의 책이라고 믿는 우리만이 그 일을 할 수 있습니다.

3) 세 번째 사실은 **기독교가 세상에 끼친 영향**입니다.

기독교가 초자연적인 하나님의 계시가 아니라 단순히 인간이 고안해낸 종교라면 어떻게 인간의 상태를 이처럼 완전히 변화시킬 수 있겠습니까? 박식한 사람이라면 기독교가 들어오기 전 세상과 기독교가 뿌리를 내린 이후 세상의 도덕적 상태는 밤과 낮, 사탄의 나라와 천국의 차이처럼 완전히 다르다는 사실을 알 것입니다. 세계지도를 펼쳐놓고 기독교 국가와 비기독교 국가를 비교해보십시오. 빛과 어두움, 흑과 백의 차이처럼 다르지 않습니까? 어떻게 이교도가 자신의 원리로 이러한 사실을 설명할 수 있겠습니까? 그는 결코 설명할 수 없습니다. 기독교가 하나님으로부터 왔으며 세상에 존재하는 유일한 하나님의 종교라는 사실을 믿는 우리만이 그렇게 할 수 있습니다.

불신 세계의 새로운 주장이 여러분을 놀라게 하려고 유혹할 때 이 세 가지 사실을 마음에 새기고 불안을 떨쳐버리기 바랍니다. 이 세 가지 사실을 성벽으로 삼아 여러분의 자리를 지킬 때 오늘날의 회의론은 결코 침범할 수 없을 것입니다. 그들은 여러분이 대답힐 수 없는 질문을 백 가지나 던지고 지질학이나 인간의 기원 및 세계의 역사에 대해 여러분이 풀지 못할 교묘한 문제를 제시할 수도 있습니다. 그들은 여러분이 느끼지만 오류를 증명하기 어려운 얼토당토않은 추측과 이론으로 여러분을 짜증스럽게 할지도 모릅니다. 그러나 불안해하지 말고 침착하시기 바랍니다. 세 가지 위대한 사실을 기억하고 그들에게 그것에 대해 설명해보라고 도전하십시오. 기독교의 문제들이 쉽지 않다는 것은 사실이지만 그러한 문제들은 불신앙이 가지고 있는 문제에 비하면 아무 것도 아닙니다.

2. 성경의 권위와 주권 및 신적 영감을 굳게 붙들어야 합니다.

이 복된 책의 권위에 대해서는 많은 말을 할 필요가 없을 것입니다. 여러분은 성직자(*ad clerum*)이기 때문입니다. 여러분은 서품예식(Ordination Services)에서 엄숙한 질문에 대답하고 39개 조항을 받아들인 사람들입니다. 그렇게 함으로써 여러분은 이미 성경이 신앙과 행위의 유일한 법칙이라는 믿음을 고백했습니다. 성경과 위배되는 것을 설교하고 가르치는 성직자는 자신의 서원과 동의를 망각하고 자신이 사역하는 교회에 큰 해악을 끼치고 있는 것입니다.

성경의 영감에 대해서는 보다 상세한 언급이 필요할 것이라고 생각합니다. 유감스럽게도 이문제는 오늘날 논쟁이 되고 있는 가장 중요한 주제 가운데 하나이며 교구는 마땅히 이에 대한 주교의 생각을 듣고 싶어 할 것입니다.

영감에 관한 주제는 언제나 중요합니다. 그것은 기독교의 용골(keel)이자 토대입니다. 그리스도인이 그들의 교리와 행위를 보장해 줄 하나님의 책을 가지고 있지 않다면 평화나 소망을 제시할 근거가 없고 인간의 관심을 주장할 권리도 없을 것입니다. 기독교는 모래 위에 세운 집이 될 것이며 그들의 믿음도 헛될 것입니다. 성경이 영감으로 주어진 것이 아니고 오류와 결점을 가진 책이라면 어떤 법적 조정이나 명령도 효력을 상실할 것이며 하늘나라로 인도하는 안전한 길잡이도 되지 못할 것입니다. 우리는 담대히 "우리가 지금의 자리에 있는 것과 지금처럼 행동하고 지금처럼 가르치는 것은 우리가 전적으로 하나님의 말씀이라고 믿는 책을 가지고 있기 때문입니다"라고 말할 수 있어야 할 것입니다.

영감에 관한 문제는 확실히 어려운 주제입니다. 그것은 미지의 신비로운 영역으로 발을 들여놓지 않고는 좇아갈 수 없는 주제입니다. 그것은 기적적이고 초자연적이며 이성을 초월하고 완전히 설명할 수 없는 것들에 대한 논쟁을 포함합니다. 그러나 이러한 어려움 때문에 우리가 어떤 종교적 주제로부터 돌아서는 일은 없어야 할 것입니다. 세상에는 아무도 대답할 수 없기 때문에 물어보지 못하는 학문은 없습니다. 우리가 모든 것을 전부 이해하지 못하기 때문에 아무 것도 믿지 않는다고 말하는 것은 잘못된 철학입니다. 우리는 영감에 관한 주제를 "이해하기 어려운" 것들이 포함되어 있다는 이유로 포기해서는 안 될 것입니다.

이 주제가 어려운 이유 가운데 하나는 교회가 영감의 의미에 대해 한 번도 정확히 규명한 적이 없으며 그 결과 많은 훌륭한 그리스도인들이 전적으로 한 마음이 될 수 없었다는 사실에 있습니다. 나는 성경의 저자들이 어떤 인간도 받지 못했던 하나님의 초자연적이고 신적인 능력을 부여받았다고 믿는 사람 가운데 하나입니다. 그들이 한 작업, 결과적으로 그들이 만든 성경은 다른 책과 전혀 다른 방식으로 존재하게 되었으며 전적으로 독립적인 책입니다. 한 마디로 영감은 기적입니다. 우리는 이것을 위대한 시인이나 작가가 가지고 있는 지적 능력과 혼동하지 않아야 합니다.

셰익스피어(Shakespeare)나 밀턴(Milton)이나 바이런(Byron)을 모세나 바울처럼 영감을 받았다고 말하는 것은 신성을 모독하는 것입니다. 또한 우리는 이것을 초기 교회 그리스도인들이 받은 은사나 은혜와도 혼동해서는 안 됩니다. 사도는 말씀을 전하고 기적을 행할 수 있었으나 모든 사도가 성경을 기록하는 영감을 받은 것은 아닙니다. 우리는 이것을 성경을 기록하는 특별한 사역을 위해 인류

가운데 선택된 삼십 여명의 사람들에게만 주신 특별한 초자연적 은사로 보아야 하며, 다른 기적과 마찬가지로 영감도 우리가 믿기는 하지만 모두 설명할 수는 없다는 사실을 인정해야 할 것입니다. 설명할 수 있는 기적은 기적이 아닙니다. 기적이 가능하다는 사실을 증명하려 하지는 않겠습니다. 나는 기적을 부인하는 자가 그리스도가 죽은 자 가운데서 다시 사셨다는 위대한 사실을 이해할 때까지 이런 주제로 자신을 괴롭히고 싶지 않습니다. 나는 기적이 가능하며 실제로 일어났다고 확실히 믿으며 인간이 성경을 기록하기 위해 하나님의 영감을 받은 것도 이러한 기적에 해당한다고 믿습니다. 그러므로 영감은 기적이며, 현재로서는 완전히 설명할 수 없는 어려움이 있다는 사실을 인정합니다.

예를 들어 이러한 영감이 저자가 성경을 기록할 때 정확히 어떤 방식으로 역사하는지에 대해서는 아는 척 하지 않겠습니다. 나는 그들 역시 정확히 설명하지 못할 것이라고 생각합니다. 현재로서는 그들이 인쇄소의 식자기처럼 단지 펜을 들고 있는 기계에 불과하기 때문에 자신이 하는 일을 전혀 이해하지 못했다고는 생각하지 않습니다. 나는 기계적 영감 이론을 반대합니다.

나는 모세나 바울과 같은 사람이 성령이 연주하는 파이프오르간이나 뜻도 모르면서 받아 적기만 하는 무식한 필사가나 대필가에 불과했다는 생각을 싫어합니다. 나는 그런 주장을 인정할 수 없습니다. 그러나 나는 성령께서 놀라운 방식으로 성경 기록자 개인의 이성과 기억력과 지성과 사고방식과 특별한 기질을 사용하셨을 것이라고 믿습니다. 나는 예수 그리스도의 인격 안에서 하나님과 인간이라는 두 본성이 어떻게 결합되었는지 설명할 수 없는 것처럼 이 일이 어떤 방식으로 이루어졌는지에 대해서도 설명할 수 없습니다. 다만 내가 아는 것은 성경에는 신적 요소와 인간적 요소가 있으며 그것을 기록한 사람은 실제 인물이었다는 것과 그들이 기록한 성경은 하나님의 말씀이라는 것입니다. 결과는 알지만 과정에 대해서는 모른다는 것입니다. 결과는 성경은 기록된 하나님의 말씀이라는 것이며, 과정은 가나의 물이 어떻게 포도주가 되고, 보리떡 다섯 개로 오천 명이 먹었으며, 베드로가 물 위를 걸었으며, 주님의 말씀이 나사로를 다시 살게 하였는지 모르는 것처럼 설명할 수 없다는 것입니다. 나는 기적을 설명하는 척하지 않을 것이며 영감의 기적적인 능력에 대해서도 아는 척 하지 않겠습니다.

나의 입장은 성경저자가 일부에서 조소하듯 말하는 '기계'가 아니며 하나님이 가르쳐주시는 것을 기록하기만 했다는 것입니다. 성령께서는 그들의 마음속에 생각과 개념을 넣어주시고 그것을 기록하도록 그들의 펜을 인도하셨다는 것입니다. 그들이 예전 기록이나 연대, 족보, 명부를 사용할 때도 성령의 지도하에 그것을 소화하고 활용하며 편집하였습니다. 우리는 성경을 읽을 때 우리처럼 실수가 많은 저자가 아무런 도움 없이 혼자 작성한 글을 읽고 있는 것이 아니라 영원하신 하나님의 인도하심을 받은 생각과 글을 읽고 있는 것입니다. 성경을 기록하도록 부름을 받은 사람은 스스로 말한 것이 아니라 "오직 성령의 감동하심을 받아" 말한 것입니다(벧후 1:21). 성경을 들고 있는 사람은 자신이 들고 있는 것이 사람의 말이 아니라 하나님의 말씀임을 기억해야 합니다.

내 말에 오해가 없기를 바랍니다. 내가 말하는 영감은 성경을 기록한 원래의 언어에 대한 것입니다. 나는 번역자나 필사가에게는 오류가 있을 수 있으며 이러한 오류가-비록 극소수의 지극히 제한적인 것이라 할지라도-거룩한 본문 속으로 들어왔을 수 있다는 사실을 인정합니다. 따라서 일부 비평가가 여기저기서 단어나 구절을 반대할 때 우리는 그러한 차이를 인정하고 기다리는 지혜가 필요한 것입니다. 성경 여러 곳에 나타나는 의미상의 문제, 분명한 차이, 모호한 문장은 있을 수 있으나 성경 전체는 온전히 진리입니다.

그러나 불행히도 영감에 관한 논쟁은 여기서 끝나지 않습니다. 우리 가운데 어떤 사람들은 대담하게도 구약성경 많은 부분의 영감을 부인합니다. 예를 들어 창세기는 신적 권위가 없으며 재미있는 이야기를 모은 것에 불과하다는 것입니다. 이러한 이론은 전적으로 잘못된 것입니다. 나는 구약성경이 신약성경과 동일한 권위를 가지며 생사를 함께 한다고 믿습니다. 여러분이 옷의 날실과 씨실을 분리할 수 없는 것처럼 신구약 성경은 분리될 수 없습니다. 신약성경의 저자들은 구약성경을 신약성경과 동일한 권위의 말씀으로 지속적으로 인용하며 인용한 말씀을 하나님의 말씀으로 보지 않는다는 어떤 암시도 나타나지 않습니다. 예수님이 사탄의 시험을 받을 때 신명기의 말씀을 인용하시면서 세 번이나 "기록되었으되"(마 4:5-10)라고 하신 것은 깊은 의미와 교훈을 줍니다.

그러나 내가 오늘날의 이론에 대해 반대하는 것은 이것이 전부가 아닙니다. 나는 창세기에 대한 공격이 가장 위험스러운 결과를 내포하고 있다고 생각합니다. 그들은 우리 주 예수 그리스도와 그의 사도들을 무시하는 경향이 있습니다. 복음서와 사도행전을 믿는 독자라면 창세기에 언급된 사건들과 인물들이 픽션이 아니라 실제적이고 역사적인 사실이라고 믿을 것입니다. 어떤 사람들의 주장처럼 창세기가 단순히 이야기를 모아놓은 책이라면 이러한 사실을 어떻게 설명하겠습니까? 아마도 여러분은 주님과 그의 사도들이 무지해서 오늘날 비평가보다 몰랐거나 청중에게 상처를 주지 않기 위해 일부러 모르는 척했다는 가정을 하지 않는 한 달리 설명할 방법이 없을 것입니다. 한 마디로 그들은 오류가 있거나 거짓되며, 또는 속았거나 속이고 있다는 것입니다. 그러나 하나님은 우리가 어느 쪽 결론을 따르는 것도 금하십니다.

솔직히 나는 오늘날 창세기에 대한 이러한 가르침에 심한 반감을 느낍니다. 나는 주 예수 그리스도가 "아버지와 하나"라거나 그

안에 "모든 지혜와 지식의 보화가 감추어 있다"거나 그가 "세상의 빛"이라는 말씀을 읽으면 아무리 성육신의 자기비움(*kenosis*)을 인정한다고 해도 어떻게 오늘날 창세기 이론이 그가 모르고 있었을 가능성을 주장할 수 있는지 이해할 수 없습니다. 내 영혼을 맡겨야 하는 복되신 구주는 나를 구원하기 위해 죽으신 그 주간에 노아 시대와 홍수가 사실임을 언급했습니다. 만일 그가 갈보리를 눈 앞에 둔 것을 모르는 상태에서 그것을 말했다면 나를 구원한 그의 능력에 대한 확신은 흔들릴 것이며 나의 평안은 무너지고 말 것입니다. 나는 이처럼 무지한 구주에 대한 개념을 반대합니다.

여러분은 성경의 어느 한 부분에 대한 모든 불신으로부터 벗어나야 합니다. 나는 영감을 믿지 않는 성직자가 어떻게 교회에서 창세기의 교훈을 읽을 수 있는지 이해할 수 없습니다. 자신이 택한 본문이 영감된 사실을 믿지도 않으면서 강단에 올라가 본문에 따라 설교를 하고 교훈을 제시한다고 생각하면 놀라지 않을 수 없으며 하나님의 궤로 말미암아 떨리지 않을 수 없습니다. 과연 이 시대는 "신학을 무시하는 시대"라고 불려 마땅할 것입니다. 성경의 부분적 영감만 인정하는 사람은 머리는 안개 속에 두고 발은 모래를 딛고 선 사람에 비유할 수 있을 것입니다. 하나님이 여러분을 이러한 이론으로부터 보호해주시기를 기도합니다.

나는 개정역(Revised Version)이 디모데후서 3:16을 정확히 번역했다고 생각하지 않습니다. 나는 크리소스톰 및 벵겔(Bengel)과 함께 이 본문에 대한 흠정역의 번역을 지지히며 개정역의 번역은 헬라어를 억지로 해석한 부자연스러운 번역이라고 생각합니다. "모든 성경"이라는 번역은 누가복음 3:6의 "모든 육체"에 의해 충분히 정당화 되었습니다.

3. **인간의 죄 및 타락한 본성**에 대한 옛 교리를 굳게 붙들어야 합니다.

나는 이 주제의 중요성에 대한 인식을 어떻게 표현해야 할지 모르겠습니다. 나는 죄에 대한 바른 지식은 모든 구원적 신앙의 기초라고 확신합니다. 하나님이 인간을 그리스도 안에서 새로운 피조물로 창조하실 때 가장 먼저 하시는 일은 마음에 빛을 비추어 자신이 죄인임을 깨닫게 하시는 것입니다. 창세기의 물질 창조는 '빛'으로 시작하며 영적 창조도 마찬가지입니다. 나는 죄에 대한 불완전하고 잘못된 관점은 오늘날 대부분의 오류와 이단 및 거짓 교리의 원인이라고 확신합니다. 사람이 영혼의 질병의 광범위하고 위험한 본성에 대해 깨닫지 못하면 잘못되고 불완전한 해결책으로 만족할 수밖에 없을 것입니다. 나는 고금을 막론하고 19세기의 교회에 가장 필요한 것 가운데 하나는 죄에 대한 명확하고 완전한 가르침이라고 믿습니다.

성경을 읽는 사람에게 상기시킬 필요도 없는 말이지만 죄는 하나님의 마음과 법에 완전히 일치하지 않는 모든 행위와 말과 생각과 상상입니다. 성경이 말하듯이 "죄는 율법을 범하는 것"입니다(요일 3:3["죄는 불법이라"]). 하나님의 계시된 뜻 및 성품과 정확히 일치하지 않는 모든 것이 죄이며 우리를 즉시 하나님 앞에 죄인으로 세웁니다. 교회법 9조는 다음과 같이 선언합니다. "죄는 모든 아담의 후손이 생득적으로 타고나는 본성의 결함과 부패이다. 이로 말미암아 인간은 원래의 의로움과는 멀리 떨어져 있고(*quam longissime*) 본성상 악으로 기우는 경향이 있으며 따라서 육은 언제나 영과 맞선다. 그러므로 이 세상에 태어난 모든 사람은 하느님의 진노와 저주 아래 있게 된다." 한 마디로 죄는 모든 인류와 계층과 부류와 민족과 나라와 백성과 방언에 영향을 미치는 광범위한 도덕적 질병이며, 통치자와 지도자를 악한 자로 만들고 교회를 분열시키고 가정의 행복을 파괴하고 세상을 불행하게 만드는 주범입니다.

나는 오늘날의 신앙교육에서 죄의 영향력과 추악함 및 기만성만큼 제대로 전달되지 못하고 있는 주제는 없을 것이라고 확신합니다. 이러한 주제가 완전히 무시되고 있다는 것은 아닙니다. 내가 말하는 것은 이러한 내용이 성경의 주장이나 기도서의 두 가지 중요한 고백에 비해 훨씬 덜 강조되고 있다는 것입니다. 그 결과는 매우 심각합니다.

한 가지 대표적인 예는, 예전에도 수차례 그랬지만 지난 40년간 영국을 홍수처럼 휩쓸고 있는 감각적이고 의식적이며 형식적인 기독교가 크게 확장되었다는 것입니다. 나는 양심이 온전히 교화되지 못한 사람에게는 이러한 종교 시스템이 많은 매력과 만족을 줄 것이라는 사실을 잘 알고 있습니다. 그러나 우리의 양심이 온전히 살아 있는 한 이처럼 감각적이고 의식적인 기독교가 진정한 만족을 주지는 못할 것입니다. 배가 고프지 않은 아이는 장난감과 인형만 있으면 쉽게 조용해지며 만족을 느낍니다.

그러나 내적인 본능이 꿈틀대기 시작하면 먹을 것이 아니고는 아무 것도 소용이 없다는 것을 우리는 압니다. 영혼의 문제도 이와 마찬가지입니다. 인간이 만든 반가톨릭적(semi-Romish) 특징의 의식들과 훌륭한 예복과 참회실과 아름다운 꽃과 음악과 찬양은 일정한 상황 하에서는 충분한 만족을 줍니다. 그러나 죽음에서 살아난 영혼은 이러한 것들로 만족하지 못합니다. 그는 심각한 병으로 고통하게 되며 위대한 의사 외에는 아무 것도 그에게 만족을 가져다주지 못합니다. 그는 심한 배고픔과 갈증을 느끼며 오직 생명의 양식을 필요로 합니다. 나는 확실하고 담대히 말합니다. 만일 영국민이 지난 40년간 죄의 악하고 더러운 본질에 대해 좀 더 자세하고 분명한 가르침을 받았더라면 지금의 반가톨릭주의 절반은 생겨나지 않았을 것입니다.

이러한 결점을 치유하기 위한 가장 확실한 방법은 죄의 잣대로서 십계명을 자주 언급하고 보다 분명하고 확실하게 제시하는 것이라고 생각합니다. 오늘날 십계명은 뒷전으로 밀려났으며 6계명과 8계명에 대해서만 유독 관심이 집중되고 있는 것처럼 보입니다. 오늘날 주일 오전에 드리는 대예배는 성만찬 순서가 앞으로 당겨짐에 따라 예배가 거의 생략되고 있으며 성도들은 십계명에 대해 거의 듣지 못합니다. 병원과 학교와 신학교와 대학교에서 이 옛 가르침을 다시 살립시다. "율법은 사람이 그것을 적법하게만 쓰면 선한 것"이며 "율법으로는 죄를 깨달음"(딤전 1:8; 롬 3:20; 7:7)이라는 사실을 잊지 맙시다. 십계명을 전면에 내세우고 다시 한 번 강조합시다. 십계명의 내용을 자세히 설명하고 그것이 요구하는 길이와 넓이와 깊이를 보여줍시다.

우리 주님의 산상수훈은 그런 방식입니다. 앤드류스, 라이튼(Leighton), 홉킨스(Hopkins), 패트릭 주교와 같은 위대한 신학자들도 그렇게 했습니다. 그들의 십계명 사역은 오늘날의 귀감이 되어야 할 것입니다. 우리는 그들의 길을 따르는 것이 마땅합니다. 사람은 자신의 죄를 깨닫고 구주의 필요성을 느끼지 않는 한 결코 그리스도께로 나아와 그와 함께 하며 그를 위해 살지 않을 것입니다. 성령께서 그리스도께로 인도한 자들은 성령께서 죄를 깨닫게 한 자들입니다. 죄에 대한 깨달음이 없는 자들은 그리스도께 나아와 잠시 그를 따르는 것 같지만 얼마 있지 않아 믿음을 저버리고 세상으로 돌아갈 것입니다.

나는 이 문제를 여러분 각자의 판단에 맡기겠습니다. 나는 오늘날 성도의 귀를 즐겁게 하려는 노력과 가능한 그들에게 상처를 주지 않으려는 태도가 확산되고 있는 것은 전적으로 율법을 등한시한 결과라고 생각합니다. 그러나 성경의 증거는 명백합니다. "율법으로는 죄를 깨달음이니라"(롬 3:20; 7:7). "죄에 대한 자각은 천국으로 향하는 진정한 길이다"라고 했던 고 라이트풋 주교의 말은 참으로 사실입니다.

4. 죄사함은 십자가에 못 박히신 예수님의 대속적 죽음을 통해서만 가능하다는 성경과 교회의 위대한 원리를 굳게 붙들어야 합니다.

이것은 심오하고 엄숙한 주제이지만 항간에는 도저히 간과할 수 없는 이상한 교리가 떠돌아다닌다고 합니다. 이러한 교리들은 복음의 뿌리에 근접해 있기 때문에 언급의 필요성을 느낍니다.

내가 알고 있는 한(확실한 것은 아니지만) 많은 사람들의 이론은 우리 영혼의 가장 큰 소망의 근거는 희생이 아니라 성육신-즉 그리스도의 죽음보다 그가 취하신 인성-이라는 것입니다. 그들은 "모든 죄에서 깨끗케 하신" 피는 그리스도께서 죽으실 때 흘리신 생명의 피가 아니라 그가 세상에 오실 때 입으신 인성의 피이며 그것이 아담의 후손을 건지고 타락한 인류를 구원했다고 생각합니다. 사람들은 갈보리에서 흘리신 피가 우리의 영혼을 위해 지불한 속전이자 죄에 대한 형벌로부터의 구속의 대가라는 옛 교리를 오늘날에 어울리지 않는 구시대적 교리로 생각하여 포기한 것 같습니다. 심지어 이러한 교리를 "피의 신학"이라고 조롱하며 그리스도의 죽음은 속죄의 죽음이 아니라 위대한 순교자의 죽음이며 하나님의 뜻에 대한 완전한 순종의 위대한 사례라고 말하는 자들도 있습니다.

여러분은 이러한 이론에 대해 어떤 생각을 가지고 있는지 모르겠습니다. 그러나 나는 이 이론이 잘못되었다고 생각하며 지금부터 차분히 검증해보려 합니다. 나는 적어도 이 주제에 관한 한 대가라고 부를 만한 사람은 없다고 생각합니다.

1) 나는 죄사함, 구원, 칭의, 화목, 다가올 진노로부터의 구원 및 하나님과의 평화는 그리스도의 생명보다 그의 고난 및 죽음과 밀접하게 연결된 것처럼 보인다는 수많은 신약성경 본문에 의지하여 이 이론을 받아들일 수 없습니다.

"우리가… 그의 살아나심으로 말미암아 구원을 받을 것이니라"(롬 5:10)는 로마서 말씀은 이러한 나의 생각에 대한 반론으로 종종 인용되는 본문입니다. 그러나 본문은 그리스도의 중보적 생명에 대한 언급일 뿐이며 "그러므로… 온전히 구원하실 수 있으니 이는 그가 항상 살아 계셔서 그들을 위하여 간구하심이라"(히 7:25)는 말씀과 동일한 맥락에서 볼 수 있습니다. 모세와 엘리야가 변화산에 나타났을 때 사람들이 들은 한 가지 주제는 예수님의 생명에 관한 것이 아니라 '별세'에 관한 것이었습니다(눅 9:31). 또한 요한계시록의 성도들이 보좌 앞에서 세세토록 찬양하는 장면에서 찬양의 주제는 "일찍이 죽임을 당하사…사람들을 피로 사서 하나님께 드리시고"(계 5:9)였습니다.

2) 나는 그리스도의 죽음에 관한 **권위 있는 예배규칙**의 일치된 주장에 의지하여 이 이론을 받아들일 수 없습니다.

우리의 찬양(De Deum[테 데움]), 기도(Litany[연도]), 환자 심방 및 성만찬은 갈보리에서 우리 대신 당하신 고난을 가리키는 고귀한 보혈과 죽음에 대해 언급하며 그리스도인이 구원을 위해 예수님을 바라볼 때 묵상해야 할 대상으로 제시하고 있습니다. 이와 같이 그리스도의 죽음을 통한 구원은 어디서나 찾아볼 수 있습니다. 다른 설교도 마찬가지이지만 특히 잘 알려진 구원에 관한 설교는 이러한 관점을 가장 분명하게 확인해 줍니다.

3) 나는 하나님께 나아가는 방법에 대한 **구약성경의 섭리**가 보여주는 일치된 가르침에 근거하여 이 이론을 받아들일 수 없습니다.

모세의 의식 전체에 흐르는 위대한 원리는 제사의 절대적 필요성입니다. 유대인들은 날마다, 해마다, 특히 유월절이면 상징과 비유를 통해 "피 흘림이 없이는" 영혼의 안전이 없으며 "죄 사함도 없다"는 사실을 배웠습니다. 이스라엘이 이러한 모세의 시스템을 마음에 새겨야 했다면 갈보리에서 제물이 되신 하나님의 어린 양의 희생과 그의 피로 말미암은 구속은 더욱 그러해야 할 것입니다. 그러나 만일 그리스도의 대속적 죽음이 그가 세상에 오신 주목적이 아니라면 1,400년 동안 유대 제단에서 살육된 무죄한 짐승들은 모든 피조물을 사랑하시는 하나님의 자비와 맞지 않고 설명도 되지 않는 시간 낭비에 지나지 않았을 것입니다.

4) 나는 성만찬에 관한 **기도서의 변치 않는 내용**에 근거하여 이 이론을 받아들일 수 없습니다.

사도 바울은 거룩한 성례에 대해 우리에게 "주의 죽으심을 그가 오실 때까지 전하는 것"(고전 11:26)이라고 했습니다. 그의 (생명이 아니라) 죽음을 전한다고 했습니다. 요리문답은 모든 아이들에게 이 복된 성례가 "그리스도의 죽음의 회생을 계속해서 기념하기 위한 것"이라고 가르칩니다. 성만찬 직무(Communion Office)에 관해서는 첫째, 그리스도의 "보배로운 십자가와 수난"만이 우리의 죄를 용서할 수 있다고 말합니다.

둘째, "우리의 구주 그리스도의 죽음과 수난을 통한 세상의 구원에 대해 감사"할 것을 가르칩니다.

셋째, 하나님은 "우리를 구원하시기 위해 독생자 예수 그리스도를 보내셨으며 그는 십자가에 못 박혀 죽으심으로 온 세상의 죄를 위한 완전하고 충분한 제물이 되셨다"고 가르칩니다. 이러한 기도서의 언급이 믿음의 목적 및 영혼의 소망의 근거를 그리스도의 생명보다 그의 죽음에, 그의 성육신보다 그의 십자가에, 초점을 맞추고 있는 것이 아니라면 무엇이란 말입니까?

이 엄숙한 주제에 대해서는 이쯤에서 정리해야 할 것 같습니다. 시간이 되면 여러분에게 그리스도의 보혈과 "십자가에 관한 이야기"가 어떻게 지구상의 모든 선교 현장에서 가장 효과적인 무기로 사용되었는지를 상기시키고 싶습니다. 그러나 지금은 그럴 시간이 없습니다. 피와 대속에 의한 구속이라는 '옛 길'을 버리고 그리스도의 성육신으로 말미암아 어떻게 해서든지 구원을 받을 것이라는 헛된 소망에 머무는 자들에 대해서 나는 심판자가 될 수 없습니다. 나의 신앙을 위해서는 거룩한 순교자와 경건한 개혁자들이 굳게 서 있는 그리스도의 수난과 보혈이 필요합니다. 나는 오직 이 원리만 붙들고 미지의 세계로 출발할 것입니다. 다음의 인용문은 켄트의 묘비(Kentish tombstone)에 적힌 글입니다.

> 그리스도의 죽음은 나의 생명이요
> 나의 죽음은 생명으로 가는 문이니
> 나는 이 두 가지 죽음을 통해
> 하나의 영원한 생명에 이르리라.

5. 성령의 사역에 대한 올바른 성격적 관점을 굳게 붙들어야 합니다.

성령에 대한 믿음은 그리스도에 대한 믿음만큼 진정한, 기독교의 한 부분이라는 사실을 기억해야 합니다. 아이들은 요리문답을 통해 "나는 하나님의 모든 택한 백성과 나를 거룩하게 하시는 성령 하나님을 믿습니다"라는 구절을 반복합니다. 또한 성령의 사역은 비록 신비적이지만 그를 모신 자들의 성품과 행위의 열매를 통해 드러납니다. 그것은 볼 수 있는 빛과 같고 느낄 수 있는 불과 같으며 결과를 확인할 수 있는 바람과 같습니다. 성령이 계신 곳에는 반드시 성령의 열매가 따릅니다. 성령의 열매는 언제나 동일하며 죄에 대한 인식, 진정한 회개, 그리스도를 믿음, 거룩한 마음과 삶으로 나타납니다.

나는 성령의 사역에 대한 이러한 진리가 오늘날 회중에게 반드시 강조되어야 한다고 생각합니다. 이 땅에는 사도신경의 성령을 믿는다는 고백 외에는 성령에 관해 아무 것도 모르는 신자들이 얼마나 많은지 모릅니다. 그들은 세례를 받은 공동체의 지체로서 이 지체의 모든 특권을 소유하고 있다고 생각하는 것 같습니다. 그러나 개인의 마음과 회심과 회개와 믿음에 대한 성령의 사역에 대해서는 아무 것도 모릅니다. 그들은 영적인 잠에 빠져 있으며 깨지 않으면 큰 위험에 처할 것입니다. 이러한 사람들에게 자신이 이처럼 불행한 상태에 있다는 사실을 깨닫게 하고 성령이 계신 것을 깨우치려면 내적 경험을 통해 성령을 알아야 하며 그러기 전까지는 잠시도 쉬지 않아야 할 것입니다. 이 일은 모든 성직자가 항상 염두에 두고 매진해야 하는 사역이며 이 자리에서도 다시 한 번 촉구합니다. 그리스도만 전할 뿐 아니라 성령에 대해서도 전해야 하는 합니다.

그러나 나는 여기서 멈출 수 없습니다. 그리스도인 가운데는 앞서 언급한 사람들 외에도 성령의 사역에 대한 바른 가르침을 필요로 하는 또 한 부류의 사람들이 있습니다. 설명하자면 이렇습니다. 지각 있는 국교도라면 오늘날 소위 대중적 신앙(public religion, 다른 마땅한 표현이 생각나지 않습니다)이 크게 늘어났다는 사실을 모르지 않을 것입니다. 이상하리만큼 많은 온갖 종류의 예배와 모임이 생겨났습니다. 50년 전에 비해 기도와 설교와 성만찬을 위한 예배가 적어도 열 배는 늘어났습니다. 대성당의 본당 예배를 비롯하여 농촌 회관(Agricultural Hall), 밀드메이 수련원(Mildmay Conference Building)과 같은 공공장소에서 열리는 모임, 매일 밤낮으로 진행되는 선교대회, 성결을 위한 모임(Holiness meetings) 및 성숙한 삶을 위한 대회(Higher-life conventions) 등이 일상화 되었습니다. 오늘날 이러한 모임은 제도화되었으며 참석자들은 자신에 대한 평판을 확인시켜주는 증거로 삼고 있습니다. 한 마디로 우리는 19세기 마지막 4반세기가 거대한 대중적 신앙의 시대라는 부인할 수 없는 사실을 온 몸으로 경험하고 있습니다.

나는 이러한 모임 자체에 대해 비난할 생각은 없습니다. 아무도 그런 생각을 해서는 안 될 것입니다. 오히려 나는 옛 사도들의 "적극적" 신앙 및 "아무쪼록 몇 사람이라도 구원하고자 함"(고전 9:22)이 다시 살아난 것에 대해 하나님께 감사드립니다. 나는 무디와 생키(Sankey) 및 에이트킨(Mr. Aitken)[2]이 했던 것처럼 짧은 예배와 전도 및 복음적 운동이 확산되고 있는 것에 대해 하나님께 감사드립니다. 나는 이 땅에서의 성결의 수준을 향상시키기 위한 조직화된 모임에 대해 하나님께 감사드립니다. 거룩한 삶의 수준이 이처럼 바닥으로 떨어진 것은 오래 전부터 입니다.

무기력과 냉담함 및 움직이지 않는 것보다 나쁜 것은 없습니다. "전파되는 것은 그리스도니 이로써 나는 기뻐하고 또한 기뻐하리라"(빌 1:18)고 했습니다. 영국의 선지자들과 의인들은 이것을 보고 싶어 했으나 결국 보지 못하였습니다. 횟필드, 웨슬리, 롤랜드(Rowland), 그림쇼(Girmshaw) 및 베리지가 장차 영국의 대주교와 주교들

---

[2] Rev. W. Hay M. H. Aitken은 1876년에 Church Patrochial Mission Society를 세우고 선교 사역을 하였으며 1891년 리버풀의 수록성직자로 임명되었다.

이 선교예배를 인정할 뿐만 아니라 적극적으로 동참하는 시대가 올 것이라는 말을 들었다면 믿기 어려웠을 것입니다. 어쩌면 그들은 사마리아의 장관처럼 "여호와께서 하늘에 창을 내신들 어찌 이런 일이 있으리요"(왕하 7:2)라고 했을지도 모릅니다.

그러나 대중적 신앙의 확장에 대해 감사하는 동안 우리는 개인적 신앙을 수반하지 않는 대중적 신앙은 아무런 가치가 없으며 가장 불행스러운 결과를 초래할 수도 있다는 사실을 망각해서는 안 될 것입니다. 감각적인 설교자와 밤늦게까지 진행되는 열띤 대중집회 및 새로운 흥분과 고상한 메시지를 끊임없이 갈구하며 쫓아다니는 것은 매우 비정상적인 기독교를 양산할 수 있으며 영혼의 파산으로 끝나는 경우가 허다합니다. 불행히도 대중적 신앙에 매달리는 사람은 일시적 감정에 휩쓸리어 온갖 신앙적 미사여구를 쏟아내며 실제보다 훨씬 과장된 신앙고백을 하는 것을 볼 수 있습니다.

이어서 그들은 지속적인 종교적 흥분을 통해, 자신이 도달했다고 생각하는 일정한 영적 상태를 유지해 나갑니다. 그러나 아편중독자나 알콜중독자처럼 그들은 조금씩 흥분의 효력이 떨어지고 고갈을 느끼며 점차 불안에 사로잡히게 되는 것입니다. 결국 완전히 무너져 내려 신앙을 버리고 세상으로 돌아가는 경우가 얼마나 허다한지 모릅니다. 이러한 결과는 전적으로 대중적 신앙을 가졌기 때문입니다. 이런 사람들은 엘리야에게 나타난 하나님의 임재는 바람이나 불이나 지진이 아니라 "세미한 소리"(왕상 19:12)라는 사실을 알아야 할 것입니다.

나는 이 주제와 관련하여 한 가지 경고를 하고 싶습니다. 나는 대중적 신앙이 줄어들기를 바라지 않습니다. 내가 원하는 것은 각 개인과 하나님 사이의 개인적 신앙이 더욱 확장되는 것과 혼자 있을 때 가장 아름답게 빛나는 신앙입니다. 나는 성령의 사역의 가장 참된 증거인 수동적 은혜(passive graces)에 보다 많은 관심을 가져야 한다고 생각합니다. 신앙적인 분위기 안에서 신앙적이 되고 영적인 분위기에서 영적이 되기는 쉽습니다. 그러나 회심하지 않은 집안이나 마음이 맞지 않는 친척들 틈에 끼여 복음을 존중하고 그리스도를 닮는 것은 결코 쉽지 않으며 항상 인내하고 온유하며 사랑하고 자비로우며 이타적이고 선한 마음을 가지는 것은 가장 큰 성령의 열매입니다.

우리에게는 이런 신앙이 필요합니다. 식물이나 나무의 뿌리는 땅 밖으로 드러나지 않습니다. 그러나 땅을 파보면 초라하고 지저분하며 거친 모습에 잎이나 꽃처럼 아름답지도 않은 뿌리가 나타납니다. 그러나 이처럼 별 볼일 없어 보이는 뿌리가 눈에 보이는 생명과 건강과 활력과 비옥함의 진정한 원천이며 그것이 없는 식물이나 나무는 얼마 지나지 않아 곧 죽어버립니다. 그러므로 개인적 신앙은 모든 살아 있는 기독교의 뿌리입니다. 그것이 없이도 모임에 참석하거나 강단에 서서 큰 소리로 노래하고 눈물을 뿌릴 수 있으며 살았다는 이름을 가지고 사람의 칭송을 받을 수 있습니다. 그러나 하나님 앞에서는 뿌리가 없는 신앙은 죽은 것입니다.

우리의 선조들은 우리보다 수단이나 기회가 훨씬 적었습니다. 휫필드나 웨슬리나 롤랜드가 복음을 전하던 시절에는 큰 공간이나 들판을 제외한 곳에서 많은 무리가 모여 집회를 한다는 것은 생각할 수도 없었습니다. 그들의 방식은 현대적이지도 대중적이지 않았으며 그들에게는 칭찬보다 박해와 비난이 훨씬 많았습니다. 그러나 그들은 작은 무기를 효과적으로 사용했습니다.

나는 그들이 우리보다 훨씬 큰 성령의 임재를 경험했다고 생각합니다. 신앙고백의 양에 있어서는 우리가 많지만 질에 있어서는 우리가 크게 뒤집니다. 나는 우리보다 덜 시끄럽고 인간의 갈채가 적었던 그들 세대가 수많은 모임과 회의와 선교 룸과 회관과 종교적 기구를 가진 우리보다 더 심오한 하나님의 흔적을 가지고 있다고 생각합니다. 나는 낡은 구식 옷과 같은 당시의 회심자들이 오늘날의 많은 중생자들보다 훌륭하고 영구적이며 해지지 않고 색깔도 변치 않는 옷을 입고 있으며 훨씬 안전하고 기초가 든든하다고 생각합니다. 이유가 무엇입니까? 나는 그들이 우리에 비해 개인적 신앙에 더 많은 관심을 기울였기 때문이라고 생각합니다. 그들에게는 보다 깊고 확실하며 조용한 성령의 사역이 있었습니다. 그들은 하나님과 함께 행하고 개인적으로 은밀히 섬겼으며 하나님은 그들을 공적으로 높였습니다. 그들이 그리스도를 따랐듯이 우리도 그들을 본받읍시다. 성도들에게 이와 같이 가서 행하라고 가르칩시다. 지금보다 더 성령을 높이고 존중합시다.

6. 두 가지 성례에 관한 옛 교회의 가르침을 굳게 붙들어야 합니다.

여러분은 내가 세례나 성만찬과 관련된 곤란한 문제에 대해 언급할 것이라고 생각할는지도 모릅니다. 그러나 그렇지 않습니다. 내가 여러분에게 강조하고자 하는 한 가지 사항은 성례를 올바로 받아들여야 할 필요성에 대해 항상 가르쳐야 한다는 것입니다. 우리는 성례를 받아들일 뿐만 아니라 제대로 받아들여야 하는 것입니다.

여러분은 세례와 성만찬의 효력에 대한 터무니없는 생각이 모든 교회사에서 불행한 미신의 가장 중요한 원인이었다는 사실을 알아야 합니다. 사람은 본성적으로 형식주의적 신앙에 치우지기 때문에 많은 사람들은 언제나 이 두 가지 성례가 믿음과 관계없이 성례를 받는 자들에게 반드시 은혜를 줄 것이며 마치 몸에 약효가 퍼지듯이 물리적인 방식으로 영혼에 역사할 것이라는 사고에 매달렸습니다. 성례에 대한 교부들의 과장된 수사학적 표현은 당시에 많은 해를 끼쳤습니다. 가톨릭교회는 트랜트공의회의 법령에 따라 이러한 전철을 그대로 밟아가고 있습니다.

> 은혜는 새로운 법에 의한 성례 자체의 능력을 통해 주어지는 사효적 효력(*ex opere operato*, 그리스도의 약속을 통해 성사거행 그 자체로 효력을 가짐)이 아니며 은혜를 얻기 위해 필요한 것은 오직 신적 약속에 대한 믿음뿐이라고 주장하는 사람들은 저주를 받을 것이다.[3]

수많은 잉글랜드 국교도는 의식적이든 무의식적이든 사실상 가톨릭의 주장을 받아들이고 있는 것처럼 보이며 성례에 참예하는 자의 감정과 생각과 마음과 영이 어떤 상태이든, 세례와 성만찬이라는 두 가지 성례의 외적인 시행에 영원한 영향력과 힘이 있다고 생각하는 것 같습니다.

잉글랜드 국교회는 성례의 효력에 대한 이처럼 과장된 관점에 대해 결코 용납해서는 안 될 것입니다. 39개 조항 25조는 두 가지 성례에 대해 "합당하게 받는 자에게는 온전한 효력이 나타나지만 합당하지 않게 받는 자들은 저주를 받을 것"이라고 분명히 선언합니다. 28조는 "바르고 합당하며 믿음으로 받는 자에게는 우리가 떼는 떡이 그리스도의 몸에 참예함이 되고 우리가 마시는 축복의 잔은 그리스도의 피에 참예함이 될 것"이라고 선언합니다. 29조는 "살아 있는 믿음이 없는 악인은 그리스도의 몸과 피를 상징하는 것들을 입에 물고 있을지라도 그리스도의 몸과 피에 참예하는 것이 아니며 그처럼 위대한 성례가 저주가 될 것"이라고 선언합니다.

나는 성직자 여러분이 이러한 권면에 굳게 서기를 바랍니다. 오늘날 이러한 교회의 진리와 성경을 포기하고 물러나려는 경향이 있습니다. 이러한 경향은 부분적으로는 성례를 존중하지 않는 마음으

---

3 J. M. Cramp, *A Text-Book of Popery*, London 1851, p. 155.

로부터 나오며 부분적으로는 세례와 성만찬에 성경(특히 목회서신)에서 전혀 언급하지 않은 지위를 부여하려는 오늘날의 잘못된 가르침 때문입니다. 39개 조항에 명시된 지혜롭고 합당한 원리에 우리의 발을 굳게 딛고 서서 한 발자국도 움직이지 맙시다. 성례를 그리스도께서 명하신 거룩한 명령이자 거룩한 은혜의 방편으로 존중합시다. 안타깝게도 오늘날 많은 교인들은 성만찬에 참여하지 않음으로 성례를 무시하고 있습니다. 그러나 우리는 그리스도의 성례가 외적인 행위를 통해 사효적 효력의 은혜를 가져오며 성례의 시행은 누가 어떤 상태에서 참예하든 반드시 유익이 된다는 주장을 거부해야 할 것입니다.

성례가 믿음과 설교와 기도와 말씀을 초월한, 그리스도와 영혼 사이의 중요한 '매개물'(media)이라는 주장을 거부합시다. 현명한 후커를 따라 "하나님의 은혜의 성례에 참예하는 모든 사람이 하나님의 은혜를 받는 것은 아니다"라고 주장합시다. 무엇보다 기도서에 명시된 대로 "죄를 회개하고 그리스도를 믿으며 모든 사람을 사랑하는" 자격을 갖추지 않는 한 성만찬을 통해 어떤 유익도 받을 수 없다는 사실을 알립시다. 사도 바울은 성만찬에서 "합당하지 않게 먹고 마시는" 일이 있다고 했습니다. 회개하지도 않고 믿지도 않는 사람을 세례교인이 되게 하는 것은 친절한 것이 아니며 유익보다 해만 끼칠 뿐입니다.

7. 안식일을 거룩히 지키는 것에 대한 잉글랜드 국교회의 옛 교리를 굳게 붙들어야 할 것입니다.

이것을 강조하는 것은 오랜 전통의 잉글리시 선데이(English Sunday)가 큰 위기에 빠졌기 때문입니다. 우리는 위기의 시대를 살고 있습니다. 이러한 위기를 몰고 온 원인은 많습니다. 예전에 주의 날을 대적했던 이교도의 확산, 자유에 대한 병적인 사랑 및 모든 사람이 소견에 옳은 대로 행함, 이 시대의 특징인 쾌락에 대한 과도한 집착, 예전에는 없었으며 선조들도 전혀 필요성을 느끼지 못했던 안식일 여행(Sabbath travelling)을 위한 철도시설 등 오늘날 사탄은 이런 저런 이유로 개혁주의 시대에 비해 주일을 공격하는 일이 훨씬 쉬워졌습니다. 이 말이 무슨 의미인지는 "노동자 계층에 여가를 제공한다"는 그럴듯한 명분 하에 주일날 오락실, 아쿠아리움, 도서관, 영화관, 박물관 및 미술관을 개방하려는 시도가 끊이지 않고 있다는 사실에서 잘 드러납니다.

우리는 이 모든 시도에 대해 끝까지 맞서 싸워야 합니다. 이러한 시도는 대륙의 주일(Continental Sunday)로 가기 위한 첫 단계이며 런던에서 주일날 우편 업무를 하고 주일날 가게 문을 열며 안식일을 세속화시킬 것입니다. 이러한 시도를 용납해서는 안 될 것입니다. 우리는 "물러서지 말자"라고 부르짖어야 합니다. 잉글리시 선데이의 오랜 전통을 위해 끝까지 싸웁시다. 외보(outworks) 작업을 중단하면 성벽이 무너지는 법입니다.

지식인, 고위층, 철학자, 과학자 및 높은 지위에 있는 국교도가 주일성수의 기준을 낮추기 위한 시도를 돕는다는 것은 참으로 안타까운 일이 아닐 수 없습니다. 나는 그들이 무지해서 그렇게 한다고 생각합니다. 나는 그들이 정치, 경제, 광물, 동식물, 지질학, 천문학, 화학 및 지구와 대기와 바다의 비밀을 연구하는 것의 절반만이라도 사람의 마음과 양심과 임종을 앞둔 심리에 대해 연구해도 그런 행동을 하지는 못할 것이라고 생각합니다. 나는 그들을 불쌍히 생각하며 그들을 위해 기도합니다. "그들은 자기들이 하는 것을 알지 못함이니이다."

그러나 어떻게 매주 강단에서 회중에게 4계명을 봉독하는 잉글랜드 국교회 성직자가 안식일을 거룩히 지키는 것을 방해하는 행위가 분명한 운동을 도울 수 있는지 이해할 수 없으며 그러한 성직자가 성공한다면 19세기의 신비 가운데 하나가 될 것입니다. 그것은 참으로 놀랍고 고통스러우며 당황스러운 일이 아닐 수 없습니다. 훌륭한 성직자가 타락한 세상에서 최선을 다해도 큰 유익을 끼치기 어렵습니다. 그러나 자신의 교회에 대륙의 주일을 도입함으로서 유익을 끼칠 수 있다고 기대하는 성직자는 아무리 좋은 의도라고 해도 인간 본성에 대해 너무나 모른다는 생각을 하지 않을 수 없습니다. 그는 자신의 오른 팔을 잘라내고 자신의 유용성을 망치고 있는 것입니다. 큰 교회에서 노동자계층의 나쁜 습관이 어떤 것이든 4계명을 범하는 방식으로는 결코 그들을 회복시킬 수 없습니다. 우리는 주거침입죄를 막기 위해 절도죄를 허용하는 정치가를 무식한 입법자라고 부릅니다. 이처럼 술 취함과 그로 인한 범죄를 막기 위해 안식일을 버리는 성직자는 참으로 지혜롭지 못한 사람이 아닐 수 없습니다. 어떤 계명을 범하는 것을 막기 위해 다른 계명을 희생한다는 것은 확실히 기독교가 아니며 상식적 행위도 아닙니다. 그것은 "선을 위해 악을 행하는 것"일 뿐입니다.

오늘날 안식일에 대한 공격을 막기 위한 가장 실제적인 방법은 노동자들에게 이 주제에 관한 명백한 교훈을 제시하고 그들의 관심을 기울이게 하는 것입니다. 나는 여러분이 사역할 때 이 방법을 지속적으로 사용할 것을 촉구합니다.

노동자들에 대해서는 주일을 공개적으로 범하면서 자칭 "그들의 친구"라고 부르는 자들의 거짓말과 현혹에 속아 넘어가지 않도록 잘 타일러야 합니다. 아무리 좋은 의도와 그럴듯한 말로 접근한다고 해도 그런 자들은 결코 진정한 친구가 아닙니다. 그들은 사실상 가장 악한 대적입니다. 그러한 자들은 그들에게 더욱 무거운 짐을 부과하는 가장 확실한 길을 걷고 있습니다. 그들은 결코 그럴 의도가 없다고 말하겠지만 사실상 끔찍한 위해를 가하고 있는 것입니다.

　노동자 계층에 대해 만일 잉글리시 선데이가 오락과 유흥의 날로 변질되면 곧 고통과 수고의 날이 이를 것이라는 사실을 알려줍시다. 그러한 상황을 피할 수 있을 것이라고 생각한다면 큰 오산입니다. 다른 나라에서는 그런 일이 없었으며 우리나라에도 없을 것입니다. 도서관, 미술관, 아쿠아리움, 박물관 및 수정궁이 주일날 문을 열면 여러분은 모든 것에 대해 문을 여는 시발점이 될 것입니다. 대적이 담을 넘어 들어올 것이며 안식일의 거룩함은 사라질 것입니다. 얼마 있지 않아 상점이 문을 열게 될 것입니다. 농부들은 주일날 밭을 경작하거나 건초나 옥수수를 거두어 들여야 한다고 고집할 것입니다. 공장은 일을 쉬려 하지 않을 것이며 도급업체는 공장의 가동을 주장할 것입니다.

　노동자들에 대해 만일 그들이 잉글리시 선데이를 잃는다면 가장 친한 친구를 잃게 될 것이라고 가르칩시다. 휴식할 시간을 조금만 더 보장해 달라고 요구하는 사람들에 대해서는 주일의 시간을 빼앗아서는 안 된다는 것을 가르칩시다. 그들에게 그러한 시간이 꼭 필요하다면 6일 간의 평일 가운데 한 날에서 시간을 내고 하나님의 날은 손대서는 안 된다는 것을 가르칩시다. 그들에게 세상적인 일을 할 시간은 6일이지만 하나님을 위해서는 오직 한 날을 남기셨으며 세상이 하나님의 시간을 훔치기 전에 자신의 시간을 포기하는 것이 당연하다는 사실을 알려줍시다.

　어쨌든 장차 올 세상이 있으며 우리가 죽은 후에는 영원한 천국과 지옥이 기다릴 것입니다. 우리 모두는 언젠가 죽을 것이며 다시 깨어날 때는 그리스도의 심판대 앞에 서게 될 것입니다. 사람들이 듣든 듣지 않든, 이 위대한 실재를 선포하는 일을 결코 중단하지 맙시다. 주의 날이 얼마나 중요한지를 잊지 말고 우리가 그 날을 어떻게 보내느냐는 우리의 죽음이 합당하며 천국의 준비가 되었는지를 시험하는 유용한 잣대 가운데 하나가 된다는 사실을 잊지 맙시다.⁴

8. 사후 세계에 대한 성경과 기도서의 가르침을 굳게 붙들어야 합니다.

이것은 매우 엄숙하고 고통스러운 주제이며 육신은 이러한 주제를 직면하기 꺼려하는 것이 당연합니다. 그러나 오늘날 시중에는 이 주제에 관한 온갖 이상한 교리들이 떠다니고 있기 때문에 다루지 않을 수 없습니다. 최후심판 및 회개치 않은 자들에 대한 심판에 관한 성경과 전례의 언급은 달리 설명할 방법이 없을 정도로 분명해 보입니다. 최후 심판에 관한 교리를 반대하는 자들은 사랑과 자비를 외치며 이러한 심판은 자비롭고 긍휼이 많은 하나님의 성품과 일치하지 않는다고 말합니다. 그러나 성경은 무엇이라고 말합니까? 주 예수 그리스도만큼 사랑과 자비를 말씀한 분이 있습니까? 그러나 불신과 죄에 대해 세 번이나 "지옥 곧 꺼지지 않는 불"에 들어갈 것이라고 말씀하신 분이 누구입니까? 악인은 "영벌에" 들어가고 의인은 "영생에" 들어갈 것이라고 말씀하신 분도 예수님 자신이 아닙니까(막 9:43-48; 마 25:46)?⁵ 사도 바울의 사랑에 관한 언급

---

4 1889년 9월 "잃어버린 안식일"을 간절히 되찾고 싶어 했던 프랑스 정부는 International Congress에 프랑스의 안식일을 보장하기 위해 필요한 소지를 취해 줄 것을 요구했다. 영국, 독일, 미국, 스위스, 벨기에, 이탈리아, 노르웨이, 호주, 브라질 및 많은 국가에서 대표단을 보냈으며 통상장관인 M. Leon Say의 주관 하에 안식일 준수에 도움이 되는 48개 결의문을 통과시켰다.

5 하나님의 의도가 악인에 대한 심판은 끝이 없다는 것을 말씀하시고자 한 것이라면 성경에 사용된 언어 가운데 끝이 없는 기간에 대해 언급한 본문만큼 완전하고 확실하게 표현된 곳은 없을 것이다. 마찬가지로 악인이 처벌을 받는 기간을 의인이 복을 받는 기간에 대해 언급할 때 사용한 것과 동일한 단어로 표현한 것은 하나님의 단호함을 보여준다. Archbishop Tillotson on Hell Torments. *Matthew Horbery:*

을 모르는 사람이 누가 있겠습니까? 그러나 악인이 "영원한 멸망의 형벌"을 받을 것이라는 언급 역시 그의 입을 통해서 나왔습니다(살후 1:9). 사도 요한의 복음 및 서신서가 사랑의 정신으로 가득하다는 것을 모르는 사람이 있습니까? 그러나 미래적 재앙의 영원한 실재가 가장 강력하게 나타나는 요한계시록의 저자 역시 그가 아닙니까? 이러한 사실들에 대해 무엇이라고 말하겠습니까? 우리가 기록된 말씀보다 지혜로울 수 있습니까? 우리가 성경 말씀이 다른 의미를 가지고 있다는 위험한 원리를 받아들일 수 있습니까? 그렇다면 우리는 어디서 멈추어야 합니까? 손으로 입을 가리고 "그러하다 주 하나님 곧 전능하신 이시여 심판하시는 것이 참되시고 의로우시도다"(계 16:7)라고 하는 것이 더 낫지 않겠습니까?

이 엄숙한 주제에 대한 기도서의 언급은 매우 놀랍습니다. 우리의 탄원(Litany)은 거의 첫 부분에서 "선하신 주여 우리를 영원한 저주로부터 구원하소서"라고 언급합니다. 요리문답은 모든 아이들에게 주기도문을 외울 때마다 하늘의 아버지께 "우리를 악한 대적과 영원한 죽음으로부터 지켜줄 것"을 구해야 한다고 가르칩니다. 우리는 장례 예배를 드릴 때에도 무덤 곁에서 "우리를 사망의 고통에 빠지지 않도록 구원하소서"라고 기도합니다. 나는 다시 한 번 "이러한 것들에 대해 무엇이라고 말할 것입니까"라고 묻습니다. 회중에게 죄 가운데 살다 죽은 사람들에 대해서도 미래의 행복을 기대할 수 있다고 가르치겠습니까? 만일 그렇게 한다면 예배자들 가운데 상식 있는 사람들은 기도서가 아무런 의미도 없다고 생각할 것이 분명합니다.

나는 성경에 대한 특별한 지식을 주장하는 것이 아닙니다. 나는 가톨릭 주교와 마찬가지로 오류가 많은 사람이라고 항상 생각하고

Scriptur Doctrine of Eternal Punishment, 1744, vol. ii, p. 42.

있습니다. 그러나 나는 하나님께서 내게 주신 빛을 따라 이 주제에 대한 경고의 음성을 전하고 성직자들에게 지킬 것을 촉구하는 것이 나의 의무라고 생각합니다. 6천 년 전 "너희가 결코 죽지 아니하리라"는 사탄의 거짓말로 인해 죄가 세상에 들어왔습니다. 6천 년이 지난 지금 인류의 대적은 여전히 옛 무기를 사용하여 비록 죄 가운데 살다 죽을지라도 얼마 있지 않아 구원받게 될 것이라고 설득 중입니다. 우리는 이러한 그의 수법을 알아야 합니다. 꾸준히 옛 길을 걸읍시다. 옛 진리를 굳게 붙듭시다. 그리고 구원 받은 자의 행복이 영원한 것처럼 불신자의 불행도 그러할 것이라는 사실을 믿읍시다.[6]

1) **계시 종교의 온전한 시스템을 위해** 이러한 사실을 붙듭시다.

사람이 하나님의 아들을 믿지 않고도 구원을 받을 수 있다면 그의 성육신과 겟세마네의 고통 및 십자가의 죽음을 통한 속죄가 무슨 소용이 있겠습니까? 그리스도의 피에 대한 구원적 믿음이 사후에 시작될 수도 있다는 증거가 어디에 있습니까? 죄인이 회심과 마음의 새롭게 됨 없이 천국에 들어간다면 성령은 무슨 필요가 있습니까?

우리가 죽은 후에 거듭나고 새로운 마음을 가질 수 있다는 말이 성경 어디에 나온다는 것입니까? 사람이 그리스도에 대한 믿음이나 성령의 거룩하게 하심 없이 영원한 형벌을 피할 수 있다면 죄는 더 이상 무한한 악이 아니며 그리스도께서 갈보리에서 죽으실 필요도 없을 것입니다.

---

[6] 사탄이 가장 바라는 것은 우리가 사탄은 존재하지 않으며 지옥과 같은 장소나 영원한 고통 같은 것은 없다고 믿는 것입니다. 그는 우리의 귀에 이러한 것들을 속삭이며, 신자(특히 성직자)가 이러한 것들을 부인하면 기뻐합니다. 그 순간에 자신의 먹이로 삼을 수 있기 때문입니다. Bishop Christopher Wordsworth, *Sermon on Future Rewards and Punishments*, p. 36.

2) **거룩함과 도덕성을 위해** 이 진리를 굳게 붙듭시다.

나는 우리가 죄 가운데 살아도 영원한 멸망을 피할 수 있으며 우리가 이 땅에서 "정욕과 쾌락을 추구해도" 죽어서 천국에 갈 수 있다는 달콤한 이론만큼 육신을 기쁘게 하는 것은 없다고 생각합니다. "방탕한 삶으로 물질을 낭비하는" 청년들에게 죄 가운데 살다 죽어도 천국에 갈 수 있다고 말한다면 결코 죄에서 돌아서지 않을 것입니다. 결국 아무런 문제없이 천국에 갈 수 있는데 무엇 때문에 회개하고 십자가를 지겠습니까?

3) **하나님의 모든 성도들의 공통적인 소망을 위해** 이 진리를 굳게 붙듭시다.

영원한 형벌의 충격은 영원한 보상의 충격만큼 크다는 사실을 분명히 이해합시다. 두 가지를 분리하는 것은 불가능합니다. 어떤 명쾌한 신학적 정의도 별개의 것으로 양분할 수 없습니다. 성경은 두 가지 상태에 대해 언급할 때 동일한 언어를 사용하고 동일한 비유를 적용합니다. 지옥의 기간에 대한 결정은 천국의 기간에 대한 결정과 같습니다.[7] "우리의 소망은 죄인의 두려움과 함께 출발한다"는 말은 심오한 진리입니다.

이제 고통스러운 마음으로 이 문제를 살펴보겠습니다. 로버트 맥체인(Robert M'Cheyne)처럼 나도 "이 문제는 사랑으로 다루기 어려운 주제"라는 말을 통감합니다. 그러나 나는 우리가 성경을 믿

---

[7] 악인의 형벌이 일시적이라면 의인의 행복도 그러하겠지만, 이것은 모든 성경의 가르침과 배치됩니다. 그러나 의인의 행복이 영원하다면(천사와 같을 것이며 몸은 그리스도의 몸과 같을 것입니다) 악인의 형벌도 그러할 것입니다. Bishop Christopher Wordsworth, *Sermon on Future Rewards and Punishments*, p. 36.

는다면 그것이 가르치는 어떤 것도 버려서는 안 된다는 동일한 확신을 가지고 이 문제를 다루겠습니다. 선하신 하나님이여 이 완악하고 완고하며 무자비한 신학으로부터 우리를 구원하소서! 사람이 구원을 받지 못하는 것은 하나님이 그들을 사랑하지 않거나 구원할 마음이 없기 때문이 아니라 그들이 "그리스도께로 나아오지 않으려 하기 때문"(요 5:40)입니다. 그러나 우리는 기록된 말씀 밖으로 넘어가서는 안 됩니다. 소위 병적인 관대함으로 인해 장차 올 세상에 대한 하나님의 계시를 부인하는 일이 없어야 할 것입니다.

사람들은 하나님의 자비와 사랑과 긍휼하심에 대해 마치 그에게 다른 성품은 없는 것처럼 배타적으로 말하며 그의 거룩함과 순전함, 공의, 불변하심 및 죄를 미워하심에 대한 전체적인 관점을 잃어버리는 경우가 종종 있습니다. 이러한 착각에 빠지지 않도록 조심해야 합니다. 이것은 오늘날 흔히 볼 수 있는 악입니다. 말할 수 없이 악하고 더러운 죄의 참모습에 대한 잘못된 관점은 인간의 사후 상태에 대해 잘못 생각하게 하는 원인이 됩니다.

우리가 믿는 하나님은 모세에게 자신의 성품에 대해 "자비롭고 은혜롭고 노하기를 더디하고 인자와 진실이 많은 하나님이라 인자를 천대까지 베풀며 악과 과실과 죄를 용서하리라"고 선언하신 전능자이십니다. 그러나 이 문장을 끝맺고 있는 엄숙한 구절을 잊지 맙시다.

> 그러나 벌을 면제하지는 아니하고 아버지의 악행을 자손 삼사 대까지 보응하리라(출 34:6-7).

회개치 않은 죄는 언제까지든 죄이며 영원한 악입니다. 우리가 믿는 하나님은 영원하신 하나님이십니다.

9. **우리는 350년 전에 잉글랜드 국교회를 개혁하고 가톨릭과의 재결합 시도를 강력히 거부하게 한 위대한 개혁주의 원리를** 굳게 붙듭시다.

주교가 성직자에게 이런 충고를 할 필요가 없던 시대가 있었습니다. 그러나 시대가 변했습니다. 지난 60년간 가톨릭에 대한 잉글랜드 대중의 정서는 크게 변하였습니다. 한때 보편적으로 가지고 있던 가톨릭에 대한 반감과 혐오감은 더 이상 찾아볼 수 없습니다. 개신교에 대한 예전의 호의적 정서는 예리함을 잃었습니다. 어떤 사람들은 종교적 논쟁에 지쳤으며 화평을 위해 하나님의 진리를 희생할 준비가 되어 있다고 말합니다. 어떤 사람들은 가톨릭을 영국의 여러 종교 가운데 하나이며 다른 종교보다 못하지도 낫지도 않다고 생각합니다. 어떤 사람들은 가톨릭이 변했으며 예전처럼 나쁘지 않다고 설득하려 합니다. 어떤 사람들은 개신교의 오류를 지적하며 가톨릭과 다를 바 없다고 부르짖습니다. 우리가 납세의무를 지키고 자신의 신조에 열심인 사람을 나쁘게 생각할 권리가 없다고 생각하는 사람들도 있습니다. 그러나 우리는 두 가지 위대한 역사적 사실을 직시해야 합니다.

첫째, 가톨릭이 다스리던 4백 년 전 영국은 무지와 부도덕과 미신으로 가득했습니다.

둘째, 개혁주의는 하나님께서 이 땅에 허락하신 가장 위대한 복이었다는 것입니다.

50년 전만 해도 이 두 가지 사실에 대한 반론은 가톨릭 진영에서만 들렸습니다. 그러나 오늘날 이러한 기억은 구시대적인 생각이 되고 말았습니다. 요약하면, 시간이 지날수록 왕위계승법(Act of Settlement)은 19세기에 맞지 않는 편협한 법이기 때문에 폐지하고 영국의 왕관을 가톨릭교도에게도 허락하자는 주장이 강력히 제기될 것입니다.[8] 이러한 정서적 변화의 원인을 찾는 것은 어렵지 않습니다.

1) 이러한 변화는 부분적으로 가톨릭교회 자체의 지칠 줄 모르는 열심으로부터 나옵니다.

그들은 잉글랜드 국교회가 무엇을 하든 결코 졸거나 자지 않습니다. 그들은 한 사람의 신자를 얻기 위해 바다와 육지를 건너는 열심을 마다하지 않습니다. 그들은 궁전이나 작업장에서 지칠 줄 모르는 꾸준함을 가지고 온갖 수단을 동원하여 자신의 목적을 달성하려 합니다.

2) 잉글랜드 국교회는 선한 의도와 열정을 가지고 많은 가시적 성과를 이루었으나 안타깝게도 뉴먼(Newman)이나 매닝(Manning)과 같은 회심자를 가톨릭으로 보내었습니다.

오늘날 새로운 의식과 가르침은 실제적 임재, 미사, 고해성사, 성직자의 죄사함, 수도원제도 및 역사적 감각적 과시적 스타일의 공예배 등 분명한 가톨릭 교리와 행위를 대중화시켰습니다. 결과적으로 수많은 순진한 사람들은 순수한 가톨릭은 큰 해가 없다는 생각을 가지게 되었습니다.

3) 우리가 사는 시대의 거짓 관대함은 가톨릭에 대한 호의적 관점을 가지게 합니다.

오늘날에는 모든 분파가 동일하며, 국가는 종교에 개입해서는

---

[8] 부록 9장, p. 523 참조하라.

안 되며, 모든 신조는 동일한 호의와 존경을 받아야 하며, 불교든 이슬람교든 기독교든 모든 종교의 바탕에는 공통된 진리적 토대가 있다는 생각이 보편화 되었습니다. 그 결과 수많은 무지한 사람들은 가톨릭이 감리교나 독립교단이나 장로교나 침례교와 마찬가지로 특별한 위험이 없으며 가톨릭을 내버려 두어야 하며 그들의 비성경적이고 그리스도를 존중하지 않는 속성을 드러내어서는 안 된다고 생각하기 시작하였습니다.

신실한 국교도가 깨어 이러한 위험을 직시하지 않는 한 이러한 정서적 변화는 가장 심각하고 불행한 결과를 초래하게 될 것입니다. 일단 가톨릭이 영국의 목을 누르게 되면 모든 국가적 위대함은 끝나고 말 것입니다. 하나님은 우리를 버리실 것이며 우리는 포르투갈이나 스페인과 같은 처지로 전락하게 될 것입니다. 성경을 가까이 할 수 없고 개인적 판단이 금지되며 그리스도께로 가는 길은 좁아지거나 막힐 것이며 사제술(priestcraft)이 부활되고 교회마다 고해성사가 제도화될 것이며 수도원과 수녀원이 잉글랜드 전역에 가득할 것이며 여자들은 성직자 앞에 노예나 종처럼 무릎을 꿇고 남자는 믿음을 던져 버리고 회의론자가 될 것이며 학교와 대학들은 예수회 신학교를 만들 것이며, 자유로운 사상은 비난과 파문을 당할 것입니다. 그로 말미암아 남자답고 독립적인 영국인의 성품은 점차 마르고 쇠약하여 사라질 것이며 영국은 멸망하게 될 것입니다. 나는 개혁주의의 가치에 대한 예전 정서를 회복하지 못하면 이 모든 일들이 실제로 일어나게 될 것이라고 믿습니다.

나는 이 교지를 듣는 모든 사람에게 경고합니다. 이 시대는 여러분에게 깨어 주의할 것을 요구합니다. 여러분이 서품을 받을 때 서원한 대로 "하나님의 말씀에 배치되는 모든 잘못되고 생소한 교리를 몰아낼" 준비를 하십시오. 여러분이 앤드류스와 후커와 켄과 테일러(Tailor)와 버로우(Barrow)와 스틸링플릿과 불과 베버리지를 선호한다면 그들이 걸어갔던 고교회의 옛 원리를 붙드십시오. 이처럼 위대한 신학자들을 따라 가톨릭을 반대합시다. 그리고 (의식적이든 무의식적이든) 가톨릭으로 가기 위한 준비를 하는 모든 종교적 가르침을 조심합시다.

나는 여러분에게 이 시대의 개신교가 점차 사라지고 있다는 안타까운 사실을 잊지 말라는 것과, 그리스도인이자 한 명의 애국자로서 영국의 종교개혁의 복을 잊어버리려는 사조에 결연히 맞설 것을 당부합니다.

그리스도를 위해, 잉글랜드 국교회를 위해, 나라를 위해, 그리고 우리의 후손을 위해, 닻을 잃고 표류하다가 선조들이 350년 전에 지혜롭게 떠나왔던 곳으로 되돌아가는 일이 없기를 바랍니다. 쥬엘 주교가 『변증』이라는 유명한 책-비록 나는 조금밖에 읽지 않았으나-에서 밝힌 대로 그들은 신앙과 여러 가지 이유로 가톨릭을 떠났습니다. 이러한 이유들은 오늘날까지 어떤 반박도 당하지 않은 채 흔들림 없이 남아 있습니다.

여러분의 39개 조항은 가톨릭의 주요 교리에 대해 9차례에 걸쳐 명백히 정죄하였으며 이 법은 지금도 잉글랜드 국교회의 모든 사역자에 대한 법적 구속력이 있습니다. 따라서 가톨릭이 자신의 잘못을 깨닫고 그리스도와 평화할 때까지 그들과 평화하기는 어렵습니다. 가톨릭이 그렇게 할 때까지 일부에서 원하는 서구교회들과의 재결합은 잉글랜드 국교회에 대한 모독이 될 것입니다.

10. 나는 이제 이 긴 교지를 끝맺어야 할 것 같습니다.

나는 사람들이 이것을 19세기와 부합되지 않는 무미건조한 구시대의 신학적 진술로 생각하지는 않을지 염려스럽습니다. 그럴지라도 나는 기다릴 것입니다. 수 년 후, 고통스러운 눈물의 시기, 병실, 임종의 시간, 특히 최후 심판의 날은 1890년에 그토록 비난했던 구시대적 신학이 과연 경멸을 받아야 할 내용인지 알려줄 것입니다.

1) **현재**와 관련하여, 우리가 결코 부인할 수 없는 한 가지 분명한 사실은 우리의 '불행한 분열' 및 그것을 치유하려는 시도의 현저한 부족 때문에 우리의 사랑하는 교회가 심각한 위기에 처했다는 것입니다.

매년 우리 진영 내 다른 생각을 가진 분파들 사이의 괴리는 점차 넓고 깊게 벌어지고 있으며 결국 심각한 파국이 불가피할 것으로 보입니다. 두 가지 전혀 상반된 방식의 해석이 가능한 당황스러운 예배규정이 기도서에 남아 있는 한, 많은 양심적인 성직자들이 현재의 교회 법원에 대해 자격이 없고 무능하다고 생각하며 특별한 간섭이 없는 한 법원의 판결을 무시하고 지키지 않는 한, 법원이 무능하다고 생각하는 사람들이 더 나은 법원을 만들기 위한 어떤 조치도 취하지 않는 한, 우리 교구에서조차 성직자는 무엇을 가르치고 행하든지 책임을 물어서는 안 됩니다.

모든 사람은 자신의 소견에 옳은 대로 행하여야 한다고 생각하는 사람들이 많이 있는 한, 교리에 관한 소송에서 양심적인 성직자가 법정모독죄로 수감될 수도 있는 야만스런 법이 보완되지 않은 채 계속해서 유지되는 한, 말하자면 이처럼 불행한 상태가 지속되는 한 현재의 교회는 외견상 희망이 없어 보인다는 것입니다. 스스로 분열된 가정은 일어설 수 없으며 얼마 있지 않아 국교회는 폐지되고 재산은 몰수당한 채 무너질 것입니다. 그러나 나는 '외견상' 희망이 없어 보인다고 했습니다. 나는 하나님이 메리여왕 시대와 장기 국회(Long Parliament) 시절 및 끔찍했던 지난 세기에서도 우리 교회를 놀랍게 지켜주셨다는 것을 알기에 낙심하지 않습니다. 불가능은 없습니다. 우리가 할 일은 소망 가운데 기도하고 사역하며 기다리는 것입니다. 문둥이를 고치시고 죽은 자를 살리신 그 분이 잉글랜드 국교회를 치유하고 회생시켜주실 것입니다.

2) **미래**와 관련하여, 나는 예언의 은사를 주장하지 않으며 가설적인 특정 상황에 대해 어떻게 해야 한다는 조언을 하려는 것이 아닙니다.

"한 날의 괴로움은 그날로 족하니라"(마 6:34)고 했습니다. 위기가 닥치면 그때 마음을 정하면 됩니다. 미래의 일은 예기치 않게 발생하는 법입니다.

어쨌든 우리는 이 땅에 사는 동안 자신과 생각이 다른 분파에 속한 국교도에 대해 온유하고 예의바르며 존중하는 마음으로 대하여야 할 것입니다. 그들이 잘못되었다고 생각할지라도 그들도 우리만큼 진지하다는 사실을 인정하고 신뢰합시다. 우리와 견해가 다른 많은 국교도에 대해 몇 가지 오류에도 불구하고 그들도 참 그리스도인이라는 사실을 믿읍시다. 지식적으로는 잘못된 것처럼 보일 수 있으나 그들의 마음은 하나님 보시기에 옳을 수 있습니다. 그들의 관점이 아무리 잘못된 것처럼 보여도 우리는 그들을 사랑하는 마음으로 그들이 생명의 길에 들어서서 천국을 향해 가고 있으며 "우리처럼 하나님의 은혜로 구원받을 것"이라는 소망을 가져야 할 것입니다. 그들이 진리에 대한 불완전한 진술로 말미암아 자신의 유용성에 해를 입히고 있다는 생각이 들어도 그들이 경건치 않거나 은혜가 없다는 말을 성급히 함으로써 하나님이 받으신 자를 우리가 정죄하는 일은 없어야 할 것입니다.

솔직히 말해 그들을 회심하지 않은 이교도와 진노의 자식으로 분류하는 것은 아무런 유익이 없습니다. 그들은 성례의 효과나 제의적 의식 또는 영감의 정확한 본질에 대해 우리와 다른 생각을 가지고 있기 때문입니다. 우리는 이러한 주제들에 대한 우리의 관점을 확실하게 고수하는 동시에, 큰 오류의 먹구름 속에서도 우리의 머리되신 자를 붙들고 반석 위에 서는 것이 가능하다는 사실을 잊지 않아야 할 것입니다.

어쨌든, 우리의 모교회인 잉글랜드 국교회를 쉽게 버려서는 안 될 것입니다. 잉글랜드 국교회가 성경과 39개 조항(Articles, 39개 신앙신조에 대한 설명은 라일의 『오직 한 길』 121쪽에 자세히 설명하고 있다.-역주) 및 개신교 개혁주의의 원리를 고수하는 한, 현재의 교회를 고수할 것을 강력히 권면합니다. 그러나 39개 조항과 기도서가 바뀌거나 폐기되고 옛 깃발을 내린다면 난파선을 버리고 새로운 배를 진수해야 할 것입니다.

우리가 39개 조항과 신조와 기도서를 온전히 보존하는 한, 어떻게 탈퇴로 말미암아 우리의 형편이 더 나아질 수 있겠습니까? 물론 지금도 고교회(가톨릭교회의 권위와 예배의식을 존중하는 교회), 저교회(복음주의 신학의 교회), 광교회(자유주의 신학의 교회)를 막론하고 우리가 모든 것을 마음대로 할 수 있는 것은 아니지만 우리가 어디서 이 정도의 자유를 누리겠습니까? 우리가 누구에게 갈 수 있겠습니까? 어디서 더 나은 예배를 찾을 수 있겠습니까? 여러 가지 결점이 없는 것은 아니지만 우리가 어디서 이처럼 훌륭한 성만찬을 마음대로 거행할 수 있겠습니까? 교회가 안타까운 일이 많지만, 오늘날 지상에는 완전한 교회가 없습니다. 구름 한 점 없이 맑기만 한 공동체는 없습니다. "악이 묻어 있지 않은 선을 발견하기 어려울 정도입니다." 가라지가 없이 자라는 곡식은 없습니다. 희망적인 내용도 많습니다. 오늘날 국교회 강단은 예전보다 훌륭한 설교가 많아졌으며 국내외적으로 많은 선한 일이 이루어지고 있습니다. 나는 이러한 길을 걷는 국교도는 "시대를 분별하고" 자신의 직무를 다하는 자라고 믿습니다.

지금 내가 여러분을 주와 및 그 은혜의 말씀에 부탁하노니 그 말씀이 여러분을 능히 든든히 세우사 거룩하게 하심을 입은 모든 자 가운데 기업이 있게 하시리라…깨어 믿음에 굳게 서서 남자답게 강건하라 너희 모든 일을 사랑으로 행하라(행 20:32; 고전 16:13-14).

No Uncertain Sound

10장
형제단(Brotherhoods)
(1890년, 헐교회 회의에서 행한 연설)

사랑하는 성직자 여러분!

나는 한 가지 점에서 파라(Farrar) 부주교[1]와 견해를 같이 합니다. 나는 교구민이 많은 교회 여러 곳에서 저소득층의 대부분이 도덕적으로나 사회적으로나 매우 비참한 상황에 있다는 사실을 인정합니다. 이것은 부인할 수 없는 사실입니다. 나는 영국에서 두 번째로 큰 도시에서 살고 있으며 내가 하는 말에 대해 잘 알고 있습니다. 가까운 거리에 시청과 궁전이 있는 이 큰 도시 곳곳에서 부르짖는 하늘을 향한 탄식은 천사가 눈물지을 정도입니다.

내가 말하는 계층은 우리 클럽 및 구역 안의 최상류층 가운데 많이 볼 수 있는 이교노나 회의론자들이 아니라는 사실을 기억하십시오. 결코 그런 부류가 아닙니다. 이 계층에 속한 대다수 사람들의 마음 상태는 모든 형태의 신앙에 대한 전적인 무관심과 냉담함으로 가득합니다. 교회(국교회)나 예배당(비국교회)은 이들도 한 번도 찾

---

[1] Frederic William Farrar, 1883년 웨스트민스터의 부주교로 임명되었다.

아보지 않았습니다. 그들은 그리스도 없이, 하나님 없이, 따라서 당연히 도덕적 표준도 없이 표류하고 있습니다. 프랑스 사람들이 그들을 "위험한 부류"라고 부르는 것은 당연하며 결코 놀라운 일이 아닙니다. 그들은 교회와 나라와 사회 질서에 상존하는 위협입니다. 그들은 아귀다툼해도 잃을 것이 없는 자들이며, 노동자와 자본가를 맞서게 하고 불만을 가지도록 부추기며 동료를 무시하는 것을 낙으로 삼는 수다쟁이들의 먹이감이 되고 있습니다. 이처럼 위험한 부류가 파라 부주교의 마음을 움직였으며 나는 이 부분에서 그의 생각에 전적으로 공감합니다.

그러나 나는 우리가 올바른 방법을 사용하기만 하면 이 거대한 영국인 집단에게 다가가지 못할 이유가 없다고 믿습니다. 티베리우스, 네로, 칼리귤라시대 로마의 종교적 도덕적 상황만큼 고치기 힘든 불치병도 없을 것입니다. 호가스(Hogarth)의 그림을 통해 배울 수 있듯이 지난 세기 런던의 상황은 최악이었습니다. 그러나 제대로 사용하기만 하면 그리스도의 옛 복음으로 치유하지 못할 상황은 없습니다. 우리는 로버트 엘즈미어(Robert Elsmere)나 오락책(Book of Sports) 개정판이나 대륙의 주일이 필요한 것이 아닙니다. 우리는 공허하고 불안한 거짓 이타주의나 음악, 춤, 미술, 연극이나 영화를 통해 확실하고 지속적인 결과를 얻을 수 없습니다. 이러한 것들은 우리의 악한 말초신경만 건드릴 뿐이며 마음에 와 닿을 수 없습니다. 우리에게는 십자가와 보혈과 사랑과 주 예수그리스도의 능력 외에는 새로운 어떤 것도 필요치 않습니다.

우리가 도덕화, 문명화, 기독교화 하려는 사람들은 우리와 동일한 육체를 가지고 있습니다. 그들도 우리처럼 마음과 양심을 가지고 있습니다. 그리스도와 성령이 여러분과 나 같은 자에게도 선한 일을 하셨다면, 나는 우리가 어떤 "계층, 부류 또는 상태"의 사람들에 대해서도-우리 눈에는 아무리 타락한 것처럼 보일지라도-결코 절망하지 말아야 할 것이라고 생각합니다. 옛 복음은 닳아 없어지지 않았으며 예전에 했던 일을 다시 할 수 있습니다.

그러나 치료의 효과는 전적으로 어떤 처방을 하느냐에 달려 있다는 것은 두말할 필요도 없습니다. 교회는 예배에 참석하지 않는 자들에게 복음을 심어주기 위해 가장 탁월하고 효과적인 방법을 사용하고 있습니까? 파라 부주교는 그렇지 못하다고 말합니다. 그는 우리에게 형제단(Brotherhoods)이라는 새로운 형태의 동력을 사용해 볼 것을 주장합니다. 그러나 그의 열정과 탁월한 변론에 대한 존경심에도 불구하고 나는 바로 이 부분에서 파라와 그의 추종자들과 의견을 달리합니다. 나는 지금 있는 잉글랜드 국교회의 제도가 바르게 작동되기만 하면 더 이상 새로운 어떤 기구가 필요치 않다고 생각합니다. 우리는 대중에게 다가가기 위해 형제단이 필요한 것이 아닙니다. 요약하면, 나는 두 가지 면에서 이 기구에 반대합니다. 하나는 모든 것이 제대로 돌아가고 있는 교회에서는 이 새로운 선의의 제도가 필요치 않으며 또 하나는 지금까지 어떤 교회에서도 이러한 방식이 제대로 작동된 적이 없다는 것입니다.

지금 한 진술은 약간의 설명이 필요할 것입니다. 노동자 계층이 많은 교회들의 성직수여권자가 부적격자를 내세우는 지혜롭지 못한 선택을 한다면, 얌전하고 무겁지만 대중적 은사가 없는 조용하고 평범한 사람을 택한다면, 설교만 할 뿐 목회는 하지 않는 자나 오직 강단사역에만 치중하는 웅변가나 주일날은 이해하기 어려운 설교만 하다가 평일에는 보이지도 않는 자나 음악과 찬양과 선례에만 빠져 있는 자를 선택한다면, 나는 잉글랜드 국교회가 이러한 모습으로 접근하는 한 여러분은 결코 그들에게 다가갈 수 없을 것이라고 확신합니다. 나와 파라 부주교가 함께 개탄하고 있는 이 거대한 심연은 결코 메워질 수 없을 것입니다.

그러나 참으로 그리스도를 알고 성령이 있으며 설교자이자 목회자인 성직자를 보내보십시오. 신앙에는 확실한 것이 없으며 진지하기만 하면 무엇을 가르쳐도 관계없다고 말하는 불쌍한 성직자가 아니라 확실한 믿음의 소유자, 교회에서 기도서에 의해 드리는 예배와 함께 선교 룸에서의 모임을 통해 간단하지만 진솔한 영광의 예배를 드릴 수 있는 성직자, 강단에서뿐만 아니라 길거리에서 가운도 걸치지 않고 설교할 수 있는 사람, 자신의 구역 골목마다 돌아다니며 지저분한 지하실에서 반 거지 같은 사람들과-말쑥하게 차려 입은 수백 명의 성도에게 하듯-열정적으로 복음을 나눌 수 있는 사람, 지적으로나 학문적으로 위대하지는 않지만 열정과 사랑과 공감과 영민함과 인내와 거룩한 상식이 가득한 사람을 보내보십시오. 주변에 보좌 신부, 지역 심방자, 성경 읽어주는 사람, 전도 부인, 맡은 아이들을 방문하는 주일학교 교사와 같은 정규적 조력자뿐만 아니라 그리스도를 위해 도움을 자청하고 전도 사역을 자신의 특권이자 의무라고 생각하는 세례교인을 많이 보유하고 있는 성직자를 보내보십시오. 노동자 계층의 인구가 많은 지역에 이런 성직자들이 간다면 형제단은 필요치 않을 것입니다. 나는 새로운 기구의 필요성을 느끼지 못하며 그들이 그 일을 감당할 수 있을 것이라고 생각하지 않습니다. 그는 "새로운 것은 필요치 않습니다. 옛 제도면 충분합니다"라고 말해야 할 것입니다.

나는 우리가 앞서 언급한 성직자들에게 교구민이 1만 5천명이나 2만 명되는 교회를 눈치 없이 맡겨도 그들이 불가능한 것을 가능하게 할 것이라고 말하지 않습니다. 나는 그들이 모든 교구민을 회심시키거나 도덕적으로 교화시킬 것이라고 말하지 않습니다. 나는 주께서 오시기 전에 천년왕국이 임할 것이라는 기대를 하지 않습니다. 내가 말할 수 있는 것은 그가 온 세상에 증거 될 것이며 옛 제도와 방식을 통해 가장 낮은 계층의 사람들을 얻을 수 있음을 보여주실 것이라는 것과 형제단은 필요 없다는 것입니다.

그러나 이러한 형제단 계획에 대해서는 세 가지의 특별한 반론이 있다고 생각하며 여기서는 각각에 대해 가능한 간략히 살펴보고자 합니다.

1. 첫 번째 반론은 자격 있는 사람들의 **충분한 공급**이 거의 불가능해 보인다는 것입니다.

여러분은 화약이 없이 요새를 폭격할 수 없으며 밀가루 없이 빵을 만들 수 없습니다. 시대마다 전문소득에서 자유로운 사람은 거의 없습니다. 형제단 파송 사역자에게 사례가 지급되지 못하면 런던 외에는 지원자가 거의 없을 것입니다. 사례가 지급된다고 해도 그들이 부교역자나 평신도 사역자와 다를 바가 무엇이겠습니까? 그런 사람들은 찾을 수 있을 것입니다. 그러나 이 문제는 이쯤에서 접겠습니다.

2. 다음 반론은 형제단이 현재의 **교구 시스템**과 어떻게 조화를 이룰 것이며 마찰이나 상처 또는 수치스러운 다툼 없이 작동할 수 있을 것인가에 대한 회의적 시각을 들 수 있습니다.

형제단의 구성원이 성직자라면 주교의 허락을 받아 주교의 감독 하에 수록성직자와 별개로 사역할 것입니까 아니면 수록성직자의 허락을 받아 현재의 부교역자를 보완하는 역할을 할 것입니까? 만일 성직자가 아니고 평신도라면 누가 그들을 선정하고 그들의 자격을 판단하며 그들의 일상을 확인하고 감독할 것이며, 그들이 현재의 성경 읽어 주는 사람들이나 평신도 사역자보다 어떤 점에서 유익하다는 것입니까? 모두 쉽지 않은 문제들입니다. 양손을 묶어 놓으려 한다면 잉글랜드 국교회의 교구 시스템은 효율적으로 작동할 수 없을 것입니다. 여러분은 한 척의 배에 두 명의 선장이 있는 것과 같을 것입니다. 교구 목사나 부교역자는 천사가 아니며 육신을 가진 인간입니다. 그들도 다른 사람처럼 감정이 있으며 자신의 계획과 직무에 대한 간섭을 싫어합니다. 진실한 수록성직자에게 영적 사역자들을 많이 보냅시다. 그는 그들을 위해 최선을 다할 것입니다. 원한다면 그들을 형제단이라고 부르고 그들이 원할 경우 함께 모여 살게 합시다. 그러나 화평을 위해 수록성직자의 감독을 받게 합시다.

3. 서원에 관해서는 할 말이 많습니다.

그러나 이 논쟁적 주제에 대해 상세히 논의할 시간이 없습니다. 솔직히 나는 서원이 많아지는 현상에 대해 강한 반감을 가지고 있습니다. 나는 교회 공동체의 구성원에게 요구되는 세례와 견진성사의 서원으로 만족합니다. 15세기까지의 교회사를 돌아볼 때 수도원 제도를 부활시키려는 어떤 시도에 대해서도 의혹의 시선을 가지고 보게 합니다. 우리는 종종 청빈과 독신을 표방한 남녀 수도회가 대체로 수치스럽게 끝나는 모습을 보아왔습니다.

우리의 경험은 '자의적 숭배'와 스스로 정한 금욕주의에 호의적이지 않습니다. 이러한 것들은 '외형적 지혜'에 불과하며 무지하고 깊이가 없는 그리스도인을 잠시 붙들 뿐입니다. 그러나 이러한 것들은 '육신적 만족'을 줄 뿐입니다. 회심을 고백한 신자와 십자가에 못 박히신 그리스도를 진실로 믿는 자가 엄숙하고 공개적인 서원이 없이는 '순결하고 자신을 부인하며 순종하는 삶'을 살지 못한다면 나는 솔직히 그들이 선한 일을 많이 할 것 같지 않다고 생각합니다. 나는 현재 나는 많은 보좌 신부와 성경 읽어주는 사람들이 특별한 서원 없이도 맡은 사역을 탁월하게 수행하는 것을 봅니다. 형제단에 속한 자가 서원을 하지 않고는 사역할 수 없다면 자신의 열등한 신분을 공개적으로 고백하는 것이 될 것입니다.

그러나 어쨌거나 나는 의회에 대해 우리가 돌아보지 못했던 계층에 대한 '오늘날의 불행'의 뿌리는 생각보다 훨씬 깊다는 말을 하지 않을 수 없습니다. 그들은 형제단이나 다른 새로운 기구로 다가갈 수 없습니다. 이 문제의 진정한 해결책은 전국의 평신도 세례교인에게 책임감과 의무감을 깨우쳐주는 것입니다. 이것은 진정한 대안이 될 수 있습니다. 우리는 예배드리지 않는 계층의 사람들만큼 세례교인들에게서도 영적 회복이 있기를 바라는 것입니다. 우리는 이 문제에 대해 너무 오랜 시간 눈을 감고 있었으며 잠에 취해 있었습니다. 무슨 말인지 설명해보겠습니다.

나는 오늘날 국교회의 평신도는 이 땅의 기독교 및 그리스도를 위한 직접적인 사역의 현장에서 제외되어 왔다고 생각합니다. 1세기 교회와 19세기 잉글랜드 국교회 사이에는 안타까운 괴리가 있습니다. 모든 교회 일을 교구목사에게 맡겨버리는 잘못된 습관이 잉글랜드 전역에 퍼졌으며 많은 평신도 국교도는 자신은 은혜의 방편을 받아들이는 것 외에는 교회와 무관하다고 생각하며 교회의 효율성을 위해 어떤 개인적인 노력도 하지 않습니다. 대부분의 성도들은 주일날 교회 가서 성만찬에 참석하는 것으로 자신의 의무를 다했다고 생각하는 것 같습니다.

그들은 다른 사람을 권면하고 가르치고 책망하고 교훈하는 일이나 자선 사업 및 전도사역을 돕고 죄를 점검하며 그리스도를 위해 이 땅에서 최선을 다해야 하는 의무를 지지 않으려 합니다. 그들의 유일한 생각은 영원히 받기만 하는 것이며 어떤 일도 하지 않으려

합니다. 그들은 열차를 제대로 타서 자신의 자리를 찾아 성직자의 엔진이 하늘로 인도할 때까지 (아마도 반쯤 졸면서) 그저 조용히 앉아 있을 뿐입니다. 만일 빌립보나 데살로니가 성도들이 살아나 오늘날 국교도가 잉글랜드 국교회를 위해 무엇을 하고 있는지를 본다면 자신의 눈을 믿지 못할 것입니다. 평신도의 초기 형태와 영국의 평신도의 차이는 빛과 어두움의 차이이자 흑과 백의 차이입니다. 한 쪽은 깨어 살아 있으며 언제나 주인의 일에 관여하고 있습니다. 다른 한 쪽은 매우 둔감하고 수시로 졸며 모든 교회 일을 목회자에게 떠맡깁니다.

나는 신약성경의 서신서가 수신자로 언급하고 있는 교회들이 오늘날 우리 교회들보다 영적으로 훨씬 살아 있다는 사실을 부인할 사람은 없다고 생각합니다. 그들은 인쇄된 책도 없었고 기부금이나 대성당도 없었습니다. 그러나 그들은 세상을 변화시키고 이교도 신전을 비웠으며 헬라와 로마 철학자들을 당황케 하고 매년 믿는 자의 수와 영향력을 확대하였습니다. 그 이유가 무엇입니까? 나는 초대 공동체의 평신도가 수행했던 탁월한 역할이 그들의 힘과 성장과 번영과 성공의 가장 큰 비결이라고 생각합니다. 당시에는 잠든 자들이 없었습니다. 교회의 모든 지체는 일을 했습니다. 모든 사람은 무엇인가 해야 한다는 의무감을 느꼈습니다.

그들은 형제단이 필요치 않았으며 모든 성도가 형제였습니다. 로마서 16장에 의하면 세례 받은 자는 남자든 여자든 모두 교회의 평안과 부흥에 관심을 가지고 능동적으로 동참하였습니다. 그들은 독재적인 목자의 손짓에 따라 이리저리 움직이는 온순하고 무지한 양이 아니었습니다. 군대에서 가장 유능한 부대는 장교와 사병이 부대 전체의 효율성에 동일한 관심을 가지는 부대입니다. 줄루 전투(Zulu war)[2]에서 로크 드리프트(Rorke's Drift)의 파란만장한 밤에 그랬듯이 장교는 사병을 신뢰하고 사병은 장교를 신뢰하는 부대입니다. 모든 사병이 영민하며 마치 부대의 승리가 자신에게 달린 것처럼 행동하는 부대입니다. 모든 사병이 자신의 임무를 알고 군인으로서의 자부심을 가지며 모든 장교가 쓰러지는 한이 있더라도 마지막까지 국가를 위해 싸우고자 하는 부대입니다. 사도 시대의 초대교회는 이런 부대였습니다. 그곳에는 장교와 감독과 집사가 있었습니다. 그곳에는 명령과 적절한 복종과 치리가 있었습니다. 그러나 힘의 원천과 뼈대는 평신도의 열정과 지성과 활동에 있었습니다. 빌립보서는 "감독들과 집사들"과 함께 성도에게 보낸 편지입니다. 잉글랜드 국교회의 조직에도 이런 부류의 사람들이 있으면 얼마나 좋겠습니까? 그렇다면 우리에게 형제단은 필요치 않을 것입니다.

잉글랜드 국교회에 대한 깊은 애정 속에 내린 결론은 평신도 문제에 관한 한 오늘날 잉글랜드 국교회의 시스템은 결점이 많고 비성경적이라는 것이며 형제단도 마찬가지입니다. 나는 1890년도 잉글랜드 성공회의 평신도의 위상과 1800년 전 사도적 교회의 형제들의 위상을 조화시킬 수 없습니다. 나는 두 영역을 일치시킬 수 없습니다. 내가 보기에 잉글랜드 국교회의 일상적 사역은 거의 성직자의 손에 넘어갔으며 평신도에게 남은 일은 없는 것 같습니다. 성직자가 모든 일을 해결해야 합니다. 성직자가 모든 것을 관리해야 합니다. 성직자가 모든 결정을 조정해야 합니다. 평신도는 자신의 임무도 의견도 주장도 힘도 없으며 성직자가 그들을 위해 무엇을 결정하든 받아들여야 합니다. 이 모든 과정에서 평신도에 대한 의도적인 무시는 없었습니다. 평신도의 신뢰성과 능력이 폄하되었

---

[2] 1879년 1월. 103명의 영국군은 Zulus 군대에 맞서 진지를 성공적으로 지켜내었다.

기 때문도 아닙니다. 그러나 한두 가지 이유로 그들은 거대한 교회 공동체의 적극적 동참자가 아니라 냉담하고 수동적인 수납자들(recipients)로 남게 되었습니다. 일하지 않는 사역자와 잠에 취한 파트너가 거추장스럽고 다루기 힘든 일을 맡은 것입니다. 한 마디로 평신도는 잉글랜드 국교회의 정상적인 활동에서 제외되어 있었던 것입니다. 그들은 필요 없는 군인들처럼 대열에서 이탈해 배후로 물러났으며 시야에서 사라지고 만 것입니다. 그 결과 오늘날 영국의 평신도는 그들이 마땅히 차지해야 할 자리를 차지하지 못하고 영국의 성직자들은 훨씬 높은 지위에 앉게 된 것입니다. 결론적으로 둘 다 잘못된 자리에 앉아 있는 것입니다. 성직자는 할 일이 너무 많고 평신도는 할 일이 너무 없습니다. 그 결과 교회가 해야 할 일이 산적하게 되었습니다.

이러한 상황이 즉시 치유될 수 있는 것인지는 모르겠습니다. 그러나 나는 전쟁을 이기기에는 너무 늦었다는 생각은 하지 않으며 형제단이 해결할 것이라는 생각도 하지 않습니다. 모든 교구의 성직자들은 성도들에게 자신이 잉글랜드 국교회의 중요한 한 지체임을 인식시키고 교회를 위한 일—주어진 은사와 시간과 기회에 따라 심방, 교육, 경계, 권면, 교훈, 구제, 충고, 위로, 도움, 전도에 힘쓰고, 자는 자들을 깨우고 성도를 바로 세우며, 회개와 믿음과 거룩함을 촉구하는 일—에 최선을 다해야 한다는 사실을 가르쳐야 할 것입니다. 그는 성도들에게 모든 것을 성직자에게 맡기는 오늘날의 잘못된 관행을 따르지 말고 잠자는 파트너가 아니라 적극적인 사역자가 되어야 한다고 가르쳐야 합니다.

이 문제와 관련하여 나는 지난 세기 이 나라에 부족한 것이 무엇인지를 가장 먼저 인식한 사람은 존 웨슬리였다고 생각합니다. 옛 감리교도는 국교도를 꼼짝 못하게 하였습니다. 그들에게 새로운 지체는 새로운 국내선교사가 한 사람 생긴 것이며 새신자가 등록할 때 첫 번째 받는 질문은 "무슨 일을 하겠습니까"라는 것이었습니다. 웨슬리를 맹목적인 어리석음으로 대했던 것은 우리 교회로서는 재앙이 아닐 수 없습니다. 우리는 그를 본받아야 할 것입니다. 잉글랜드 국교회는 모든 성도가 그리스도와 교회를 위해 자신이 해야 할 일을 깨달아 명심하지 않는 한 순탄한 길을 걸을 수 없을 것입니다.

사랑하는 성직자 및 평신도 여러분!

우리는 위기의 시대를 살고 있습니다. 사병이 장교와 담을 쌓고 사병을 막사 안에 뒹굴게 하는 것은 잉글랜드 국교회에 아무런 도움이 되지 않을 것입니다. 성직자와 평신도는 함께 일하는 법을 배워야 합니다. 우리 교회가 오랫동안 살아남기 위해서는 사역자에 대한 사도적 계승뿐만 아니라 평신도에 대한 사도적 계승이 있어야 합니다. 이러한 교회에 형제단은 결코 필요치 않을 것입니다.

No Uncertain Sound

11장
현재의 위기
(1892년, 리버풀교구회의 연설)

사랑하는 성직자 여러분!

나는 연례 교구회의를 통해 여러분을 다시 한 번 만날 기회를 얻었습니다. 그러나 이번 만남은 예전에 비해 흥미롭지도 유익하지도 않을 것입니다. 지난 11년의 세월을 돌아볼 때 우리가 생각한 것들이 크게 개선되었다는 생각이 들지 않습니다. 나는 다른 교구회의 자료들을 세심히 살펴본 결과 우리 회의의 내용이 결코 다른 교구에 뒤지지 않는다고 생각합니다. 일 년에 겨우 이틀 모이는 만남을 헛된 곳에 낭비할 시간이 없습니다. 나는 우리의 시간을 여러 가지 사소한 논의에 매달려 허비하기보다 엄선된 4가지 주제를 위해 사용하는 것이 현명할 것이라고 생각합니다.

나는 예전처럼 우리 교구 및 국교회 전체의 상황과 관련하여 여러분이 주교의 입장을 듣고 싶어 할 것이라고 생각하는 몇 가지 사안에 대해 언급할 것입니다. 그러나 이러한 문제들에 대해서는 가능한 간략히 제시할 것입니다. 그것은 어느 한 교구나 유형교회의 어느 한 교파의 문제보다 훨씬 중요한 한 가지 주제에 모든 초점을 맞추고 싶기 때문입니다. 이 주제는 소위 "구약성경에 대한 고등비평"입니다.

1. **우리 교구의 상황**과 관련하여, 언제나처럼 복잡한 문제가 산적해 있습니다.

우리의 지평에는 많은 구름이 있지만 맑은 하늘도 적지 않습니다. 먼저 긍정적인 부분에서 우리 교구 내 형편이 어려운 목회자를 매년 지원하기 위한 '성직자 지원기금' 설립을 가장 감사한 일로 꼽겠습니다. 이처럼 잠정적인 시안에 선한 평신도들이 많이 동참해 준 것에 대해 매우 감사하게 생각하며 우리 위원회는 생활고에 시달리고 있는 수많은 성직자들에게 기쁨을 줄 수 있었습니다. 나는 이 계획이 바른 방향으로 가고 있는 것에 만족하며 더욱 풍성한 열매를 맺게 될 것이라고 믿습니다. 나는 이 일에 협력해준 모든 사람에게 공적인 자리를 빌려 진심으로 감사하다는 말을 드립니다. 나는 이러한 계획이 알려지면 더 많은 평신도가 이 계획에 동참할 것이라고 믿으며 조금만 더 힘쓰면 모든 성직급의 수입은 년 250파운드나 300파운로 올라갈 수 있을 것이라고 생각합니다. 국교회폐지를 불쑥 들고 나오는 마당에 기금에서 나오는 이자로 빈약한 성직록을 충당할 만큼의 큰 금액은 유토피아에 불과하겠지만 나는 랭커셔에서 성직자 지원 계획이 스코틀랜드가 한 것만큼 성공하지 못할 이유는 없다고 생각합니다.

우리 교구의 다른 긍정적인 부분에 대해서도 시간만 허락하면 할 말이 많습니다. 교회선교협회(Church Missionary Society)와 성경 읽어주는 사람들의 모임 및 선원예배에 대한 교구의 지속적 지원 및 지원 규모 확대, 교회가 200개 밖에 되지 않는 교구에서 많은 사람들이 견진성사를 지원했다는 사실, 월톤과 켄싱턴 필즈 지역처럼 미진한 곳도 있지만 지속적으로 늘어나고 있는 교회 및 선교 룸 건축, 나의 오랜 친구이자 금주운동을 주창했던 클라크 아스피날(Clarke Aspinall)의 타계로 인한 영향에도 불구하고 열정적으로 지속되고 있는 금주운동 등, 나는 이 모든 것에 깊이 감사하며 먼저 보고하는 것이 옳다고 생각합니다. 외부인은 리버풀교구와 같은 신생 교구가 처한 어려움을 알지 못합니다. 이곳에 온 이후 여러분이 베푼 사랑에 대해 하나님께 감사하는 동시에 성직자 및 평신도 여러분에게도 감사하는 것이 당연할 것입니다.

 교구의 부정적 상황에 대해서는 매년 언급하기에는 고통스러운 문제들도 있지만 모른 체할 수도 없습니다. 나는 어떤 주교가 '부족한 일들'을 감추고 모든 것을 장밋빛으로 보지 않는 비관론자라는 비난을 받고 있다는 사실을 알고 있습니다. 나는 양심적으로 그렇게 하고 싶지 않으며 그것이 좋은 생각이 아니라는 것도 압니다. 그러나 장사할 때 '장부를 속이는 것'은 결코 바른 대안이 될 수 없습니다. 교회 문제에서 자신의 결점을 아는 것은 그것을 치유하기 위한 첫 걸음이 될 수 있습니다.

 교구민의 많은 수가 한 번도 예배에 참석한 적이 없으며, 교인들의 반 이상이 예배에 참석하지 않으며, 가난한 지역의 일부 주일학교는 소멸 위기에 놓여 있어 시급한 대책과 지원이 필요하며, 교구 내 기관들은 지원을 거의 받지 못하고 있는데다 물질에 인색하다는 비난을 받고 있으며, 교구민 수에 비해 견진성사 지원자가 턱없이 적은 교회가 있다는 것은 부인할 수 없는 사실입니다. 이러한 일들은 고통스러운 현실이며 눈을 감는다고 될 일이 아닙니다. 오히려 가능한 눈을 크게 뜨고 세심히 살펴서 상황을 개선하기 위한 모든 조치를 강구하는 지혜를 가져야 할 것입니다. 어쨌든 나는 우리가 창피하게 생각할 이유는 없다고 생각합니다. 우리는 교구의 취약한 부분을 잘 알고 있으며 이처럼 취약한 곳이 우리를 난처하게 만들고 있습니다. 그러나 우리가 다른 교구의 속사정을 들여다본다면 그들도 우리보다 크게 나을 것이 없다는 것을 알게 될 것입니다. 또한 우리 교구는 열심히 사역하는 성직자가 어느 교구보다 많다고 생각합니다.

나는 교구 내 2백 명의 성직자와 그들을 보좌하는 부교역자의 수고에 대해 진심으로 감사드립니다. 나는 여러분의 어려움이 얼마나 큰지 알고 있으며-전체 교구민이 120만 명에 수록성직자 한 사람당 6천 명은 잉글랜드 어느 교구에서도 찾아볼 수 없는 수치입니다-깊은 동정심을 가집니다. 그러나 "강하고 담대하라"는 여호수아 1장의 말씀을 기억합시다. 중단 없이 인내하며 결코 "선을 행하다 낙심하거나" 지치지 맙시다.

사도 바울은 에베소와 고린도에서 여러분보다 좋지 못한 상황에 있었으며 인간의 도움을 거의 받을 수 없었습니다. 그러나 그는 약한 가운데서도 강한 추진력으로 밀어붙였습니다. 복음화를 위해 모든 적극적인 방법을 동원합시다. 규칙적이고 반복적으로 집집마다 찾아다니며 복음을 전합시다. 젊은이들을 모아 그들에게 친절하고 다정하게 대합시다. 모든 교회 문제에 경건하고 한결 같은 평신도의 도움을 구하고 여러분이 그들을 여러분과 동일한 교회의 한 부분으로 생각한다는 사실을 알려 줍시다. 거룩한 직무를 수행할 때 여러분의 강단에서 순수한 색슨인(Saxon)처럼 가능한 진실하고 솔직하게 주 예수 그리스도를 높입시다. 날마다의 삶에서 여러분을 끊임없이 따라다니는 죄를 지속적으로 추적하여 발본색원합시다. 안식일을 범하는 것과 무절제, 오락과 도박을 경계하고 이러한 것들이 발붙이지 못하도록 합시다. 성도들에게 날마다 보다 높은 기준의 거룩한 삶을 살도록 끊임없이 촉구합시다. 그와 같은 기독교의 증거는 없습니다. 무엇보다 우리의 사역에 성령의 복을 간구하는 기도를 더합시다. 여러분이 은혜의 보좌로 나아가는 길을 가라지가 덮지 않게 합시다. 사랑하는 성직 여러분, 이 일을 위해 여러분 자신을 온전히 바칩시다. 나는 여러분의 수고가 주 안에서 헛되지 않을 것을 확신합니다.

2. **잉글랜드 국교회의 전체와 관련된**-그러나 우리와도 무관치 않은-문제들에 대해서는 간단히 말하겠습니다.

그러나 우리가 특별한 주의를 기울여야 할 두 가지 문제가 있습니다. 하나는 새로운 성직자치리법(Clergy Discipline Act)이며 또 하나는 소위 '링컨 사건'(The Lincoln Case)[1]으로 불리는 추밀원의 판결(Privy Council Judgment)입니다. 여러분은 이러한 사건들에 대해 주교의 생각을 듣고 싶을 것이며 나는 내 생각을 솔직하게 말하겠습니다.

1) 성직자치리법은 작동만 제대로 하고 현명한 진상처리위원회가 임명되기만 하면 큰 문제가 되지 않을 것이라고 판단하기 때문에 솔직히 새로운 법이 크게 와 닿지 않습니다.

이것은 여러분의 주교가 되기 오래 전 다른 지역에서의 경험을 통해 하는 말입니다. 그러나 새로운 법이 성식사의 도딕적 범죄에 대한 기소절차를 보다 간소하고 신속하며 비용을 적게 하기 위한

---

1 1885년 링컨의 주교 Dr. Edward King은 불법적 의식을 시행했다는 혐의로 (개신교)교회협회의 고소를 당해 1889년 캔터베리 대주교가 주재하고 6명의 주교가 관할하는 법원에서 재판을 받았다. 이 사건은 나중에 추밀원까지 올라갔다. 결과적으로 이 사건은 "전례주의자들의 실제적 승리"로 끝났다.

것이라면 그처럼 감사한 일도 없을 것입니다. 다행히 이런 사건들은 자주 일어나지 않습니다. 그러나 그런 일이 실제로 발생한다면 잉글랜드 국교회와 개인의 신앙에 미칠 악영향은 엄청날 것입니다. 향후 이런 사건들이 보다 신속하게 처리되고 대중이 보는 앞에서 오래 끌지 않는다면, 그리고 가능한 빨리 잊힐 수만 있다면 그러한 자비가 없을 것입니다. 법안에 대한 논의가 계속되고 있는 가운데 주교에게 성직박탈권을 부여하는 것에 대한 많은 사람들의 우려에 대해서는 공감할 수 없으며 법안을 개선하는 것도 아니라고 생각합니다. 내가 보기에 가장 큰 결점은 주교의 거부권으로 이러한 권리는 주교로 하여금 교구 내 어느 한쪽에게 상처를 줄 수밖에 없게 만드는 가장 교묘한 방법입니다. 그러나 나는 이 문제에 있어서 매우 고립되어 있다는 것을 압니다.

2) 최근 링컨 사건에 대한 추밀원의 판결은 성직자치리법보다 중요한 주제이며 나는 여러분의 특별한 관심을 촉구합니다.

나는 이 판결의 내용에 대해 조사하고 조목조목 따지자는 것이 아닙니다. 그것은 효과적이지도 않고 바람직한 방법도 아닙니다. 다른 많은 사건들도 마찬가지이지만 나는 이 판결의 추론 과정 및 해석의 타당성과 결론의 정당성에 대해 인정할 수 없습니다. 나는 이 논쟁의 전례적 요소들이 교리적 의미를 갖지 않는다는 주장을 믿을 수 없습니다. 나는 그들을 지지하는 자들조차 이러한 사실을 인정하지 않는다는 사실을 알고 있습니다.[2] 그러나 이 판결은 최상급 법원의 결정이며 미래의 사법위원회는 가능할는지 모르겠지만

---

[2] 추밀원의 판결에 대한 *Times*의 주요 기사 내용은 다음과 같다. "교회의 한쪽 입장에서 볼 때 모든 사람이 명백한 교리적 상징 또는 적어도 기술적 상징이라고 생각하는 행위를 중립적 행위나 무색무취한 행위로 다루려는 시도는 비현실적이다."

현재로서는 이 결정을 번복할 수 없습니다. 국왕의 주권을 믿고 법을 지키는 영국인으로서 나는 이 결정에 찬사를 보내거나 동의하지는 않지만 복종할 것입니다. 따라서 다른 논쟁으로 여러분을 괴롭히지 않겠습니다. 우리가 실제적으로 살펴볼 내용은 이 판결의 결과가 현재와 미래에 미칠 영향에 관한 것입니다.

(1) 이 판결의 **시급한 현재적 결과**에 대해서는 의심의 여지가 없습니다.

이 판결이 교회의 기소를 종식시켰다고는 하나 일부에서 생각하는 것과 같은 화평과 연합을 가져오지는 못할 것입니다. 39개 조항을 한 번도 읽지 않고 신학적 논쟁에 대해 알지 못하며 모든 교회는 사소한 부분에서만 차이가 난다고 생각하는 지각없는 평신도는 이 말을 이해하지 못할 것입니다. 그러나 나는 앞으로는 아무런 갈등이 없고 행복한 공동체가 될 것이며 모든 사람이 옳고 틀린 사람은 아무도 없다고 생각하는 많은 선량한 사람들의 순진한 어리석음에 놀라지 않을 수 없습니다. 그들은 자신들이 포도나무와 무화과나무 아래 앉아 "평화, 평화"라고 외치는 동안 교회 안에는 잠시도 조용히 앉아 있지 못하고 어느 날 갑자기 소란을 일으키는 사람들이 있다는 사실을 잊고 있습니다.

나는 우리의 '불행한 분열'이 더욱 확대되고 깊어지고 고착화되고 증가할 것이며 우리 진영 내 분파 간의 조화로운 협력도 지금보다 더 어려워 질 것이라고 생각합니다. 평화는 좋은 것이지만 명예로운 평화가 되어야 하며 희생을 지루고 얻는 평화여서는 안 될 것입니다. 자유와 관용은 분명 훌륭하고 탁월한 것이지만 여기에는 반드시 제한(limit)이 있어야 합니다. 제임스2세(King James II)가 자유와 관용이라는 그럴듯한 명분을 내세워 공포한 저 유명한 신앙자유령(Declaration of Indulgence)은 가톨릭을 끌어안기는커녕 국교도와 비국교도 모두의 신뢰를 잃고 자신의 왕관마저 빼앗겼습니다.

나는 이 자유로운 나라에서 잉글랜드 국교도는 가능한 참고 이해해야 하며 성직자에게 많은 자유를 허용해야 한다고 강력히 주장합니다. 그러나 최근 판결에 나타난 지나치게 광범위한 관용은 국교도 사이의 평화를 가져올 것처럼 보이지만 심히 의심스럽지 않을 수 없습니다. 최근 추밀원이 성만찬과 관련하여 불법적인 것은 아니지만 허용할 수 있다고 판결한 내용이 어떤 역사적 변천을 보였는지 곰곰이 생각해보십시오.

기도서의 성만찬 직무에는 그러한 내용이 언급조차 되지 않습니다. 그것은 결코 사소한 내용이 아닙니다. 이 내용의 대부분은 영국의 개혁주의가 완성되기 전에 작성된 에드워드(Edward VI)의 기도서(1549년)에 나오는 것들로 에드워드(Edward II)의 기도서(1552)에는 가톨릭적이라는 이유로 의도적으로 제외시킨 것입니다. 그것은 엘리자베스 여왕시대에 작성된 기도서에도 빠졌으며 찰스(Charles II) 시대에 최종적으로 개정할 때도 들어가지 못했습니다. 이러한 사실을 생각하면 최근의 판결이 현재의 기도서에 만족하고 있는 많은 국교도에게 상처와 고통을 줄 것이라는 것은 당연하다고 생각합니다. 그들은 이것이 종교개혁 이전으로의 회귀이며 오래 전에 거부한 성만찬 직무로 돌아가는 것이라고 생각할 것입니다. 분명한 사실은 가톨릭 논쟁의 핵심인 성만찬이나 사제주의처럼 중요한 주제에 대한 두 개의 상반된 견해가 불법이 아니라고 공식적으로 선언한 교회는 성직자가 진심으로 편안한 마음으로 함께 일할 수 없으며 생각 있는 평신도는 점차 두 진영으로 나뉠 수밖에 없다는 것입니다. 물론 우리는 다음과 같은 노래를 목청껏 부를 수 있습니다.

우리는 분열되지 않았다
우리는 모두 한 몸이다

그러나 이 가사는 실현될 수 없을 것입니다. 한 배에 두 명의 선장, 한 마차에 두 명의 마부, 한 집안에 두 명의 집사는 결코 양립할 수 없습니다. 나는 완전한 평화에 대해 어떤 전망이나 기대도 할 수 없습니다. 오히려 나는 우리가 옛 제도가 작동되지 않으면 모든 면에서 극도의 관용과 인내가 요구될 수밖에 없는 심각한 위기에 봉착했다고 생각합니다. 다른 분파와의 대화에 있어서 사랑과 온유와 이해와 친절이 지금보다 더 절실한 때는 없을 것입니다. 리버풀교구에서는 모두 이러한 마음을 가지고 있어야 할 것입니다. 사람들이 우리와 의견을 달리하겠다면 기꺼이 그렇게 하도록 하고 가능한 상처가 되는 '심한 말'은 피합시다. 그렇게 함으로써 평화가 연장될 수 있을 것입니다. 비록 교회에 극도의 긴장감을 불어넣겠지만 어쨌든 살아갈 수는 있을 것입니다.

(2) 최근의 판결의 **미래적 결과**에 대해서는 두 가지 이유로 조심스럽게 언급하지 않을 수 없습니다.

한 가지는 개혁주의의 시계를 뒤로 돌려 잉글랜드 국교회를 비개혁화 하겠다고 수년 동안 다짐해온 적극적이고 끈질긴 국교도 단체가 채택하려는 행동 노선이 어떤 것이냐에 따라 많은 것이 달라지기 때문입니다. 그들은 지금 자신들이 원했던 일부 구상에 대해 실제로 법적인 허가를 얻어 무엇인가 내어놓을 준비를 하고 있습니다. 그들이 제의, 분향, 빵과 포도주에 대한 숭배, 죽은 자를 위한 기도, 고해성사 및 미사와 유사한 행위 등을 위해 더 많은 자유와 관용 및 양보를 공식적으로 받아낼 때까지 밀어붙이겠다는 결심이 서면, 나는 즉시 여러분에게 어떤 결과가 야기될 것인가에 대해 언급하겠습니다. 나는 선지자가 아니지만 고통스러운 때가 이를 것이라는 사실을 확실히 압니다.

또 한 가지 이유는 최근의 판결을 양심적으로 거부하고 있는 신실한 국교도와 모든 복음적 단체들이 어떤 대우를 받을 것인가에 많은 것이 달려 있기 때문입니다. 이러한 사람들이 자신의 교리나 의식을 바꾸거나 옛 길을 버리는 일은 결코 없을 것입니다. 뿐만 아니라 이들은 교리와 기도서 및 교회법에 신실한 자들이자 정직한 국교도로서 당연히 공평정대한 대우를 받을 권리가 있습니다. 그러나 만일 이 판결 후에 어느 곳에서 이들을 패소한 자나 침묵하는 소수로 여겨 짓밟으려는 어리석은 시도가 있다면, 그들의 자유를 방해하고 그들이 생각하는 공동체를 포기하도록 간접적인 압력을 가함으로 그들을 괴롭히고 분노하게 한다면, 그들이 저녁 성만찬에 대한 거부나 동쪽을 향해 앉는 관습 때문에 눈살을 찌푸리게 된다면, 성례의 효력에 관한 25조 및 29개 조항의 교리를 굳게 붙드는 그들이 성례의 은혜를 부인한다는 이유로 비난을 받는다면, 그들이 라우드 대주교보다 쥬엘과 후커를 더 좋아한다는 이유로 청교도라는 비난을 받는다면, 마땅히 사라져야 할 이러한 일들이 사라지지 않고 지속된다면 나는 여러분에게 그 결과가 어떻게 될 것인지에 대해 즉시 알려주겠습니다. 틀림없이 고통스러운 때가 이를 것입니다.

나는 이 판결이 특정 상황 하에서 초래할 수 있는 먼 미래의 결과에 대해 언급하고 있을 뿐이라는 사실을 기억해주기 바랍니다. 물론 나는 이러한 우발성이 현실화 될 것인지에 대해서는 확신할 수 없습니다. 진보적이고 과격한 그룹의 국교도가 현재로서는 손을 놓고 더 이상의 양보를 요구하지 않는 것이 현명하다고 생각할 가능성도 높습니다. 아니면 우리 경내의 절대 다수가 소수파를 달래는 것이 지혜로운 태도라고 생각할 가능성도 배제할 수 없습니다. 그러나 이러한 가능성은 불확실하며 향후 수년 내에 어떤 일이 벌어질지는 아무도 모릅니다. 그러나 나는 이 판결이 나온 이상 앞으로 이러한 결정에 반대하는 사람들이 나타날 것이고 우리의 위험은 많은 사람들이 생각하는 것보다 훨씬 심각할 뿐만 아니라 고스란히 국교회폐지로 가는 수순을 밟을 것이라고 확신합니다. 여러분은 내가 공연한 걱정을 한다고 생각할지도 모르겠습니다. 그러나 이 위대한 나라의 수상이 잉글랜드 국교회의 핵심 지역에 대한 '국교회폐지 및 몰수' 가능성에 대해 심각하게 언급하고 우리가 정치적 힘을 실어준 많은 대중이 그의 말을 곧이곧대로 믿는다면 지금이야말로 교회가 집안을 정돈하고 전력을 점검하며 치열한 전투를 준비해야 할 때일 것입니다.

이제 묻겠습니다. 우리는 이 다가올 전투를 내다보고 있습니까? 우리는 이 전투에 대비하고 있습니까? 우리는 일치단결해 있습니까? 카트르브라(Quatre Bras)³ 전투에서 42연대가 그랬듯이 우리는 어깨를 나란히 하여 설 준비가 되어 있습니까? 나는 이러한 질문에 만족한 대답을 할 수 있었으면 좋겠습니다. 그러나 현재로서는 그렇게 할 수 없습니다. 진보한 쪽이 아무런 제지 없이 공격할 수 있는 상황이 되어 우리의 예배가 바벨탑과 같은 혼동을 초래할 때까지 우리의 성만찬 직무에 새로운 가톨릭적 의식을 심는다면, 싸움이 시작될 때 우리가 하나가 되어 대적과 맞설 것이라는 기대는 생각도 할 수 없을 것입니다. 개혁주의 원리를 굳게 사수하고 현재의 기도서에 만족하고 있는 확고한 소수파 국교도는 전쟁의 날에 한쪽 극단에 초연히 서서 우리의 대열에 교회가 감당할 수 없는 큰 틈을 만들 것입니다. 개신교 국교도에 대해서는 끝까지 싸울 것이라고 믿습니다.

그러나 반가톨릭(semi popish) 국교도에 대해서는 과연 싸움에 가세할지 의문입니다. 그들은 성직자들 가운데 소수파에 해당하며 스튜어트 시대부터 그래왔습니다. 그러나 평신도 가운데서는 그들이 소수파에 속하는지 모르겠습니다. 어쨌든 얼스터(Ulster)처럼 중요

---

3 워털루 전쟁 전 날 나폴레옹 군대와 웰링턴 군대가 싸웠던 장소(1815).

한 신앙적 원리들을 위해 싸우는 소수파에 대해서는 결코 가볍게 평가할 수 없습니다. 나는 모든 상황이 지금처럼 흘러간다면 조만간 소수파는 잉글랜드 국교회를 보호해야 할 필요성을 거의 느끼지 못할 것입니다. 그렇게 되면 민주적 하원에 의해 모든 것이 끝날 수 있습니다. 일부 성급한 사람들의 분리와 내적인 갈등으로 약해진 교회는 국교회폐지 및 몰수를 피할 수 없을 것입니다. 이어서 붕괴가 오고 오랜 전통의 거대한 배는 승무원과 선원의 '불행한 분열'로 말미암아 난파되고 말 것입니다. 나는 여러분이 "깨어진 갑판 위에 남아 있는 몇 사람"이라도 안전하게 육지로 인도하기만 바랄 뿐입니다.

나는 이 무거운 주제에 대해 더 이상 언급하지 않겠습니다. 그러나 곧 무대에서 물러나 더 나은 교회로 떠날 늙은이로서, 지난 50년간 교회의 사건들이 어떻게 발전해 왔는지 주의 깊게 살펴본 사람으로서 나는 여러분과 여러분의 후손들에게 닥칠 몇 가지 가능성에 대해 경고를 해야 할 의무가 있다고 생각합니다. 교회의 운명은 국교도의 손에 달렸습니다.

나는 그들이 중요한 원리들을 지키기만 하면 교회가 넘어지지 않을 것이라고 확신합니다. 우리는 앞으로 어떤 날이 올지 모릅니다. 그러나 하늘에는 그로스테스트(Grosseteste)[4]와 위클리프(Wycliffe), 튜더 여왕(Queen Mary Tudor) 시대, 라우드와 찰스 1세 시대 및 2천 명의 유능한 목회자를 쫓아내고 영국의 비국교도를 탄생시켰던 1662년의 암흑기에 우리 교회를 지키신 하나님이 계십니다. 그는 살아 계시고 이 땅의 모든 것을 주관하시며 어두운 가운데 빛을 비추시는 분이십니다. 당분간 인내하며 하나님을 기다립시다. 그 분에게 통치자에게 지혜를 주고 성직자에게 거룩한 상식을 주며 이 나라를 죄에 따라 다스리지 마시도록 기도합시다.

---

[4] Lincoln의 주교(1253년 작고).

3. 이제 특별한 주의가 요구될 뿐만 아니라 오늘날 많은 신자들의 믿음을 흔들고 있는 매우 중요한 신학적 주제에 대해 살펴보겠습니다.

그것은 소위 '구약성경에 대한 고등비평'(The Higher Criticism of the Old Testament Scriptures)이라는 것입니다. 이것은 서적과 팸플릿, 강의와 설교, 신문과 주간지, 회의나 의회를 통해 끊임없이 우리의 시선을 끌어당기고 있습니다. 이제 좋든 싫든 이 문제를 모른 체할 수 없는 상황이 되었습니다. 이것은 마치 애굽에 재앙이 임할 때 곳곳에서 개구리가 올라온 것처럼 오늘날 모든 영역에 침투하고 있으며 이 학설의 참신성은 특히 젊은이들과 제대로 교육받지 못한 사람들에게 어필하고 있습니다.

나는 이 중요한 주제에 대해 몇 가지 분명한 언급을 하고자 합니다. 이것은 우리의 지평을 먹구름으로 채우고 있으며 오랜 파수꾼으로서 나는 결코 잠자코 있을 수 없게 되었습니다. 나의 언급은 거의 일방적인 주장이 될 것입니다. 나는 여러 가지 논쟁의 흐름에 대해서는 일체 언급하지 않을 것입니다. 그런 논쟁에 대해서는 랭커셔 주교보다 시간이 많은 사람들에게 맡기겠습니다. 나는 이 문제와 관련하여 중요성이 간과되고 있는 한 가지 요점에 집중하겠습니다. 그것은 '고등비평'의 모든 계획과 이론의 거대한 비개연성(improbability)에 관한 것입니다.

여기서 강조하는 것은 비개연성이라는 단어입니다. 모든 상식적인 사람들은 많은 주제에 있어서 유일한 지침이 되는 것은 개연성(probability)이라는 사실을 압니다. 논리적인 주교 버틀러는 "우리에게 삶의 지침이 되는 것은 개연성이다"[5]라고 했습니다. 나는 구약성

---

5 *The Analogy of Religion* (1756), 서론을 참조하라.

경에 대한 비판이야 말로 이러한 개연성에 관한 문제라고 생각합니다. 모든 주제는 어둡고 신비로우며 우리의 결론은 절대적 확신에 의한 도출이 될 수 없습니다. 거기에는 우리가 건널 수 없는, 그리고 부족한 자료로 채울 수밖에 없는 거대한 심연이 있습니다. 구약성경 필사본은 자취를 감춘 지 오래며 우리에게는 정보를 제공해줄 수 있을 만한 동시대의 자료도 없습니다. 구약성경에 대한 헬라어 번역이나 70인역은 말라기가 완성된 후 백 년, 모세가 죽은 후 1,200년이 지나기까지 부분적인 형태로도 모습을 드러내지 않았습니다. 지금 구약성경으로 불리는 책은 2천 년-별과 지구의 거리만큼 실감하기 어려운 긴 시간입니다-에 기록된 책입니다. 그것은 인쇄기가 발명되기 수백 년 전, 유럽에 있는 대부분의 도시들이 생겨나기 훨씬 전의 일입니다. 이러한 연구 분야에 대해 나는 개연성에 대해 살펴보는 것으로 만족할 것입니다. 나는 오늘날 흔히 볼 수 있는 교리적 확실성에 관한 문제에 대해서는 다른 사람들에게 맡기고자 합니다. 나는 올리버 크롬웰(Oliver Cromwell)이 스코틀랜드 장로교회의 모든 회중에게 보낸 서신(1650년 8월 3일)의 내용을 기억합니다.

> 형제들이여 나는 여러분에게 그리스도의 심장으로 호소합니다. 여러분이 잘못되었을 수도 있다는 생각을 하시기 바랍니다.

먼저 말하고 싶은 것은 나는 창세기부터 말라기까지 모든 구약성경의 완전한 영감을 절대적으로 믿는 전통적 그리스도인 가운데 하나라는 것입니다. 나는 역사서 기자들이 하나님의 지시로 기존의 자료를 사용하였으며 당시의 문헌에 나오는 명부와 족보를 포함시키도록 허락을 받았다고 믿습니다. 물론 신명기 끝 부분에 나오는 모세의 죽음과 장례에 관한 내용은 모세가 직접 기록한 것이 아니며 영감을 받은 다른 사람(아마도 여호수아나 사무엘)에 의해 기록되었다는 사실을 의심하지 않습니다. 나는 히브리 성경을 필사하는 과정에서 군데군데 실수가 있었을 수 있다는 사실을 인정합니다. 그러나 요세푸스와 같은 사람들이 제공하는 저자, 작성 연대 및 역사적 내용에 언급된 사건과 인물의 실재성 등 구약성경에 대한 전통적 견해가 모두 분명한 사실이라고 확신합니다. 나는 이러한 관점이 여러 가지 난제에 봉착했다는 것을 압니다. 그러나 우리 머리 위 하늘과 발아래 땅에는 이러한 난제들이 없습니까? 하나님의 영감으로 주어진 책의 기원과 내용에 대해서는 이해하기 어려운 문제들이 많이 있을 수밖에 없습니다. 우리는 버틀러 주교가 『유비』(*Anology*)에서 인용한 오리겐의 말을 기억해야 합니다.

> 성경이 자연을 창조하신 조물주로부터 나왔다고 믿는 자는 성경에서 '자연 세계에서 발견할 수 있는 것과 같은 난제들'을 발견하는 것이 당연하다.

나는 영감된 책이 수세기 동안 안전하게 보존되고 전수된 것은 하나님의 기적적인 개입이 아니고는 달리 설명할 수 없다고 생각합니다. 그러나 나는 기적을 믿는 자이며 성경은 기적의 책이라고 생각합니다. 그러므로 구약성경에 대한 전통적 관점이 아무리 문제가 많다고 할지라도 나는 그것이 가장 개연성이 크고 안전한 관점이라고 확신하며 여러분도 결코 가볍게 생각하지 말 것을 촉구합니다. 나는 더 나은 관점이 있다면 모를까 그때까지는 설고 옛 교회의 신앙을 버리지 않고 굳게 지킬 것입니다.

한편으로, 나는 구약성경의 저자, 기록 연대 및 성경의 인물과 사건의 역사적 실재에 대한 '고등비평' 주창자들의 주요 원리를 거부합니다. 나는 구약성경의 역사가 "약간의 진리를 포함하고 있는 거대한 전설적 이야기"라는 주장이 지극히 상식적인 발상이긴 하지만 전혀 근거 없는 잘못된 주장이라고 생각하며 전적으로 거부합니다. 나는 성경의 처음 다섯 권이 서너 사람이 아닌 한 사람에 의해 기록 및 편찬되었으며 그 사람은 모세라고 믿습니다. 나는 이들 책에 기록된 놀라운 사건들-인간의 타락, 홍수, 바벨탑 사건 후 인구의 분산, 소돔과 고모라의 멸망, 애굽에 내린 재앙, 홍해를 가른 기적 및 출애굽기에 기록된 이어지는 사건 및 기적들-이 모두 실제로 일어난 사건들이라고 믿습니다.

나는 아담과 하와, 가인과 아벨, 아브라함과 롯, 이삭과 야곱, 및 열두 족장들이 모두 이 땅에서 살았던 실제적 인물이며 그들에 대한 창세기의 모든 기록은 전적으로 사실이라고 믿습니다. 나는 현재 형태의 모세오경이 에스라-느헤미야 시대까지 존재하지 않았으며 기록된 내용 중 많은 부분-특히 1-11장-은 신화나 전설 또는 상상이나 창작에 불과하며 확실한 신적 근거가 결여되어 있다는 오늘날의 이론을 전적으로 거부합니다. 그리고 왜 그렇게 생각하느냐고 묻는다면 나는 이러한 이론들이 내가 주장하는 옛 전통적 관점보다 훨씬 많은 문제점을 가지고 있기 때문이라고 대답할 것입니다. 나는 이러한 문제점에 대해 구약성경의 첫 번째 다섯 권에 대한 현대 이론을 중심으로 제시하고자 합니다.

1) 내가 생각하는 첫 번째 의문은 오경의 저자, 연대 및 내용에 대한 '고등비평'의 관점이 **전적인 현대적 기원**을 가진다는 것입니다.

이러한 주장은 1684년에서 1766년까지 살았던 스위스의 의사 아스트룩(Astruc) 이전에는 없던 주장입니다. 나는 요세푸스시대부터 1,700년 가까운 세월이 흐르는 동안 창세기, 출애굽기, 레위기, 민수기, 신명기가 모세에 의해 기록된 책이라는 사실을 부인하거나 이들 책에 기록된 내용들이 역사적 사실이 아니라고 주장한 사례를 찾아본 적이 없습니다. 초대 교회, 헬라와 라틴 교부들, 중세시대의 학자들, 가톨릭, 헬라 교회들, 개혁주의자, 청교도 및 옛 잉글랜드 국교회는 모두 이 주제에 관한 한 어떤 이견도 없었습니다. 다른 문제에서는 아무리 광범위하고 깊은 의견차가 있었을지라도 모세가 오경의 저자라는 사실에 대해서는 동일한 목소리를 내었습니다.

지난 150년간 고등비평은 전혀 새로운 이론을 들고 나왔습니다. 그들은 성경을 믿는 자들이 1,700년 동안 무지 속에 살다 죽었다는 것을 믿으라고 요구합니다. 그 긴 세월 동안 수많은 경건한 신자와 학자들은 끊임없이 기도하는 가운데 구약성경을 묵상하고 연구해 왔습니다. 책이 거의 없는 시대에 사는 사람들은 오늘날 대부분의 그리스도인보다 더 많은 시간을 성경에 투자했을 것입니다. 그렇다고 지난 1,700년 동안 모든 성경 독자들이 우유부단하고 배우지 못했으며 이해력이 떨어진다고 할 수도 없습니다. 그렇게 생각한다면 비웃음만 사게 될 것입니다.

제롬, 오리겐, 크리소스톰, 어거스틴과 같은 교부들, 토마스 아퀴나스(Thomas Aquinas), 피터 롬바르드(Peter Lombard) 알베르투스 마그누스(Albertus Magnus), 보나벤츄라(Bonaventura)와 같은 학자들, 루터, 칼빈, 멜랑크톤(Melanchthon), 브렌티우스(Brentius), 쯔빙글리, 순교자 피터(Peter Martyr), 부처(Bucer), 불링거, 구알터(Gualter), 베쟈, 마스클루스(Masculus), 켐니티우스(Chemnitius), 게르하드, 파레우스와 같은 대륙의 개혁자들, 크랜머, 틴데일(Tyndale), 리들리, 쥬엘, 휘트기프트(Whitgift)와 같은 영국의 개혁자늘, 후커, 앤드큐스, 휘태커(Whittaker), 피어슨, 홀, 대버난트, 윌렛(Willet), 레이놀즈(Rainolds), 어셔, 스틸링플릿, 하몬드(Hammond), 불, 워터랜드, 버로우, 홀디(Holdy)와 같은 영국의 신학자들, 오웬(Owen), 굿윈(Goodwin), 백스터(Baxter), 맨톤(Manton), 차녹(Charnock), 풀(Poole)과 같은 청교도 가운데 모자라는 사람이나 지적이지 않은 사람이 있으면 말해보십시오. 신학 전기를 읽어 본 사람이라면 이들이야말로 지금까지 생존했던 어떤 신학자들보다 빈틈없고 탁월하며 깊은 사상과 건전한 판단력의 소유자들임을 알 것입니다. 그들은 많은 점에서 견해를 달리했으나 한 가지 점에서는 정확히 일치했습니다. 이들 가운데 오경이 모세에 의해 기록되지 않았다고 주장한 사람은 아무도 없습니다. 이것은 150년 전에 처음 나온 주장입니다. 한 마디로 한 세기 반 전의 학자들이 지난 1,700년 동안 이 위대한 지적 거성들에게 감추어져 있던 것을 발견했다고 믿으라는 것입니다. 이것이 내가 도저히 이해할 수 없는 첫 번째 문제점입니다.

2) 두 번째 문제점은 구약성경에 대한 비평을 주장하는 오늘날의 학자들이 예전의 학자들보다 **히브리어에 대한 탁월한 지식**을 가지고 있다는 증거를 찾지 못하겠다는 것입니다.

이러한 지식이 모든 논쟁의 결정적 전환점이 될 수 있다는 것은 두말할 필요도 없습니다. 우리는 이 새로운 학파를 이끌어가는 사람들로부터 오경의 단어, 문체 및 언어를 어느 정도만 파악해도 이것이 동일한 사람에 의한 동일한 생애 동안의 기록이 아니며 창세기와 출애굽기의 상당 부분은 저자가 불확실한 신화와 전설에 불과하다는 반박할 수 없는 내적 증거를 발견할 수 있다는 말을 수도 없이 들었습니다. 우리가 이 놀라운 주장의 진실성을 의심하면 그들은 히브리어에 대한 무지 때문이라고 말하며 히브리어에 대한 지식만 있으며 구약성경에 대한 현대적 비평의 지혜를 알 수 있다고 주장합니다. 그들에 의하면 여러분은 아무 것도 모르는 아이에 지나지 않습니다. 여러분은 아직 판단력이 없기 때문에 가만히 앉아 입을 닫고 있어야 한다는 것입니다.

그러나 내가 답을 찾을 수 없는 심각한 문제가 남아 있습니다.

증명할 수도 없겠지만, 일단 고등비평을 주장하는 사람들 외에는 히브리어의 대가들이 없으며 다른 히브리어학자들은 아무 것도 아니라고 가정해 봅시다. 그러나 현대 비평이 무슨 권리로 150년 이전에 사어(dead language)가 되어버린 거룩한 히브리어를 예전 사람들보다 더 많이 안다고 주장할 수 있다는 것입니까? 로이힐린(Reuchlin)과 제임스1세 시대의 구약성경 번역가들을 비롯한 많은 학자들(Ainsworth, Hugh Broughton, Fagius, Pellican, John Lightfoot, Gataker, Tremellious, Buxtorf, Mercer, Arias Montanus, Pagnini, Vatablus, Houbigant, Walton)은 모두 평생 히브리어 단어, 철자, 점, 부호를 연구하던 히브리어의 대가들이었습니다.

그러나 이들 가운데 누구도 오경이 에스라 시대까지 편찬되지 않았다고 주장한 사람은 없습니다. 그들은 모두 모세가 하나님의 영감으로 성경의 첫 번째 다섯 권을 기록했으며 오경에 기록된 내용은 전적으로 '하나님의 말씀'이라는 믿음을 가지고 살다가 죽었습니다. 이 사람들이 모두 틀렸다는 말입니까? 그들이 무엇이라고 말하겠습니까? 그들은 오래 전에 죽었으며 지금은 자신을 변호할 수도 없습니다. 1892년에 그들을 깎아내리기는 쉽습니다. 그러나 그들은 한 평생 권위 있는 히브리어 학자로 살며 위대한 족적을 남겼습니다. 나는 국내외 현대 비평가들의 열정과 근면성에 대해 존경합니다. 그러나 그들의 근본적 이론은 나에게 거대한 비개연성을 믿어줄 것을 요구합니다. 나는 그들이 에인스워스(Ainsworth)나 브로톤(Broughton)과 같은 사람들이 히브리어에 무지했으며 오늘날 독일, 옥스퍼드 및 캠브리지 신자들보다 거룩한 언어를 몰랐다는 증거를 대지 않는 한 그들의 '고등 비평'을 받아들일 수 없습니다.

3) 세 번째 문제점은 오늘날 구약성경 비평이 복음서에서 **예수 그리스도께서 구약성경을 수시로 인용하신 사실** 및 오경(특히 창세기)의 사건과 인물에 대한 언급과 조화되지 않는다는 것입니다.

나는 이것이 결국 모든 논쟁의 핵심이라고 생각합니다. 하나님의 영원하신 아들이 "육신을 입고" 있을 때 구약성경에 대해 어떻게 말하고 어떻게 생각하였습니까? 그는 구약성경을 어떻게 보았습니까? 그는 구약성경에 어떤 권위를 부여했습니까?

나는 이러한 질문에 대해 주저 없이 대답할 수 있습니다. 복음서 전체서 예수님은 구약성경을 모든 면에서 어떤 오류도 없는 정확 무오하고 완전한 '하나님의 말씀'이며 하나님의 교회의 신앙의 잣대이자 유일한 진리의 기준으로 보았습니다. 예수님의 가르침에는 "(성경에) 기록되었으되", "율법에 기록한 바", "어떻게 읽느뇨"라는 언급이 계속해서 들립니다(증명할 수는 없지만 나는 그렇게 믿습니다). 미국의 한 신학자는 이렇게 말했습니다.

> 주 예수 그리스도께서 구약성경만 읽었다는 증거는 없지만 그의 가르침은 구약성경에 관한 내용으로 가득하다. 그는 그 말씀 안에 살아계신다. 우리는 복음서 전체를 통해 예수께서 유대인의 모든 정경, 율법서와 선지서 및 시가서(시편)를 받아들인 사실을 분명히 볼 수 있다.

예수님은 율법에 대해 "천지가 없어지기 전에는 율법의 일점 일획도 결코 없어지지 아니하고 다 이루리라"(마 5:18)고 했습니다. 선지서와 관련하여 예수님은 나사렛에서 이사야 61장의 한 부분을 읽는 것으로 자신의 사역을 시작하셨으며, "이 글이 오늘 너희 귀에 응하였느니라"고 하셨습니다. 다니엘의 권위에 대해서는 많은 논쟁이 되고 있으나 예수님은 "선지자 다니엘"이라는 표현으로 그의 권위를 분명히 하셨습니다(마 24:15). 시편에 대해서는 예수님이 수시로 인용하는 것을 볼 수 있습니다. 예수님은 운명하실 때 시편의 한 구절을 인용하셨습니다(시 31:5; 눅 23:46). 오늘날 비평가들이 마카비 시대의 기록이라고 주장하는 시편 110편에 대해 예수님은 다윗이 "성령에 감동되어"(막 12:36) 기록한 말씀이라고 분명히 말씀합니다. 끝으로 오늘날 일부 학자들이 바벨론 포로기 이후의 작품이라고 주장하는 신명기에 대해 예수님은 사탄의 시험을 받으실 때 세 번이나 인용하심으로 특별한 가치와 권위를 가진 책으로 인정하셨습니다.

나는 주께서 오경이 모세에 의해 기록되었다고 생각하지 않았다는 어떤 암시도 찾을 수 없습니다. 그는 오경에 대해 자주 인용하셨으며 모세를 출애굽기, 레위기, 민수기 및 신명기의 저자로 언급하셨습니다(눅 20:37; 마 8:4; 막 10:3). 그는 출애굽기를 "모세의 책"으로 불렀습니다(막 12:26). 예수님은 분명히 "그[모세]가 내게 대하여 기록하였음이라 그러나 그의 글도 믿지 아니하거든 어찌 내 말을 믿겠느냐"(요 5:46-47)고 하셨습니다.

그는 끊임없이 창세기에 기록된 사건과 인물에 대해 역사적 사건과 역사적 인물로 언급하셨습니다. 주일학교에서 잘 배운 학생들은 예수께서 안식일, 혼인, 할례, 노아 홍수, 법궤, 소돔의 멸망, '처음부터 거짓말한' 사탄, 아벨, 노아, 아브라함, 이삭, 야곱, 롯 및 롯의 아내에 대해 말씀하신 것을 알 것입니다. 예수님이 이러한 내용들을 권위 있는 말씀으로 인용하신 것은 분명합니다. 그는 오경이 처음부터 끝까지 한 사람에 의해 기록하였으며 그것을 기록한 자는 모세라고 생각하고 계심이 분명해 보입니다. 오늘날 구약성경 비평가들의 이론이 사실이라면 마태, 마가, 누가 요한복음의 상당부분은 그들의 말을 뒷받침할 수 없을 것입니다.

물론 나는 많은 고등비평가들이 예수님이 실제로는 모세가 오경을 기록했거나 창세기의 사건들이 실제로 일어난 것으로 생각하지 않았다고 주장한다는 사실을 알고 있습니다. 그들은 예수님이 백성들에게 상처를 주지 않기 위해서 그들의 전통적 견해를 인정하고 그들의 무지한 전설에 맞추어주었을 뿐이라고 주장합니다. 그러나 그처럼 어리석은 변명도 없습니다. 우리 주님은 청중의 편견을 받아주거나 비위를 맞추어 주지 않는 선생이십니다. 그는 "너희가 성경도, 하나님의 능력도 알지 못하는 고로 오해하였도다"(마 22:29)라고 말씀하십니다.

예수님은 성경 한 장(마 23장)에서 서기관들과 바리새인들을 향해 여덟 번이나 "화있을진저 외식하는 서기관들과 바리새인들이여"라고 말씀하셨습니다. 한번은 "너희는 너희 아비 마귀에게서 났으니 너희 아비의 욕심대로 너희도 행하고자 하느니라"(요 8:44). 이러한 선생이 어떻게 청중의 비위를 맞추어 주기 위해 실제로 일어나지 않은 사건과 실제로 존재하지 않은 인물을 사실처럼 말한다는 것입니까? 그런 말을 누가 믿겠습니까? 예수님의 말씀을 그런 식으로 해석한다는 것은 가장 개연성이 없는 주장을 믿으라는 것과 마찬가지입니다.

나는 다른 구약성경 고등비평가들이 이 문제를 예수 그리스도의 제한적 지혜로 설명하려 한다는 것을 압니다. 즉 예수님은 다른 사람처럼 몇 가지 주제에 대해서는 몰랐으며 오경의 저자나 창세기의 사건 및 인물들에 대해 잘못 알고 있었다는 것입니다. 이것은 극도로 위험한 발상이며 전혀 받아들일 수 없는 이론입니다. 물론 주님이 다른 사람처럼 "지혜와 키가 자라"가신 온전한 사람이라는 것은 인정합니다(눅 2:52). 그러나 예수님이 다른 타락한 아담의 후손처럼 성인이 될 때까지 지혜가 완전치 못하고 제한적이었다는 주장은 결단코 잘못된 것입니다. 우리는 그가 언제나 사람이자 하나님이시며 그의 놀랍고 신비로운 인격 안에서 "신성과 인성이 분리됨이 없이 결합되어 있다"(39개 조항 2조)는 사실을 기억해야 합니다.

만일 예수께서 3년간의 공생애 기간 중 언제라도 과거에 대해 잘못 말하거나 사실이 아닌 것을 가르칠 수 있다고 주장한다면 심각한 착각이며 소시니안주의(Socinianism)로 향하는 단계에 접어든 것으로 볼 수밖에 없습니다. 오류가 있는 구세주, 구속자, 제사장, 재판장 개념은 크게 잘못된 것입니다. 이런 개념은 주님은 위대한 선지자에 지나지 않을 것이며 결코 "육신을 입으신 하나님"이 될 수 없을 것입니다. 예수님의 가르침에 오류가 있을 수 있다는 양보를 하기 시작하면 그 끝이 어디로 갈지는 분명합니다. 그가 언제 알고 말하고 언제 모르고 말했는지 아무도 모를 것이며 그의 모든 말씀은 불확실해 질 것입니다. 영원한 삼위일체의 신비로운 경륜 안에서 성자께서 지상 사역에서 교회에 계시되지 않아야 하기 때문에 모르셔야 할 것으로 약속된 것이 있다면 세상 끝날 및 재림의 정확한 날짜일 것입니다.

나는 이것을 믿으며 참으로 지혜로운 약속이라고 생각합니다(막 13:32). 그는 "나를 보내신 아버지께서 내가 말할 것과 이를 것을 친히 명령하여 주셨으니"(요 12:49)라고 말씀하셨습니다. 그러나 그가 잘못 말씀하신다는 것은 있을 수 없는 생각입니다. 만일 그렇다면 그는 교회의 진정한 선생이나 "세상의 빛"이 될 수 없을 것입니다. 히브리성경의 본문 및 언어에 대해서도 그리스도께서 독일이나 영국의 교수들보다 모를 것이리는 생각은 잘못된 것입니다. 어쨌든 나는 부활하신 예수님의 지식에 대해서는 아무도 반박하지 않을 것이라고 생각합니다.

우리는 부활하신 예수께서 "모세와 모든 선지자의 글로 시작하여 모든 성경에 쓴 바 자기에 관한 것을 자세히 설명"(눅 24:27)하신 것을 압니다. 여기서 '모세'가 오경을 의미하는 것이 아니라면 무엇이겠습니까? 동정녀 마리아에게서 나신 그 분이 삼위 하나님 가운데 두 번째 위격에 해당하시며 소돔이 멸망하기 전날 언약의 사자로 아브라함에게 나타나신 분이시라면 그 후 "육신을 입고 이 땅에 계실 동안" 아브라함 시대의 사건들에 대해 모르신다는 것이 말이 되겠습니까? 나에게 예수님이 1,900년 전에 보았던 사건들에 대해 몰랐다는 것을 믿으라는 것은 있을 수 없는 일(엄청난 비개연성)을 믿으라는 것입니다.

4) 네 번째 문제점은 구약성경에 대한 현대 비평가들의 이론을 성경의 절대성 및 완전성과 조화시킬 수 없다는 것입니다.

이러한 이론이 사실이라면 기독교의 중요한 원리들은 폐기되고 말 것입니다. 지금까지 성경은 대부분의 정통 그리스도인에 의해 진리와 거짓의 시금석이자 참 종교의 원천으로 믿어왔습니다. 나를 비롯한 많은 사람들에게 성경은 어둡고 타락한 세계에 대한 하나님의 말씀이자 신앙에 있어서 어떤 오류도 없는 최종 법정입니다. 어떤 것을 영적 진리로 받아들일 것인가의 여부에 대한 유일한 질문은 하나뿐입니다. 그것은 그 말이 성경에 있느냐라는 것입니다. 성경에 있는 말이라면 믿을 수 있고 마땅히 받아들여야 합니다. 그러나 성경에 없는 말이라면 어떤 동의도 기대하지 말아야 합니다. 설교자나 성경공부를 가르치는 자 및 주일학교 교사가 자신의 말을 믿고 받아들이라고 말하는 이유는 그 말이 여러분에게 '하나님'의 말씀이라고 말하는 책 속에 기록되어 있기 때문입니다. 성경의 명확한 본문이 모든 것을 해결합니다. 우리가 가진 39개 조항은 이러한 성경관에 대해 19번 이상 언급합니다.

그러나 고등비평의 이론이 옳다면 어떻게 되겠습니까? 성경의 일부가 영감 받지 아니한 사람들이 기록한 불확실한 내용이라면, 가령 창세기가 서너 명의 사람들이 기록한 조각들을 붙여놓은 책이라면,

역사의 일부가 신적 권위가 없는 단순한 이야기나 전설이나 신화에 불과하다면, 설교자나 선생이나 주일학교 교사들은 모두 중요한 무기를 빼앗기는 것입니다. 그들은 "우리가 말하는 것은 사실일수도 있지만 확실히는 알 수 없습니다"라고 말해야 할 것입니다. 이 정도만 되어도 나에게 성경의 효용성은 사라진 것이나 마찬가지입니다. 옛 책은 하나님의 순전한 말씀이라는 고상한 지위에서 타락한 인간의 영감 되지 아니한 말과 섞인 책으로 전락하고 말 것입니다.

우리가 일단 이러한 불확실성을 인정하기 시작하면 구약성경의 어느 부분이 무오한 '하나님의 신탁'이며 어느 부분이 타락한 아담의 후손의 오류 있는 글인지 누가 구별할 수 있겠습니까? 창세기의 역사 가운데 어느 부분이 실제 역사이며 어느 부분이 아무런 권위가 없는 신화와 전설이라는 말입니까? 누가 이러한 질문에 대답할 수 있겠습니까? 나는 고등비평을 주장하는 성직자들이 강단에서 인간의 타락, 홍수, 바벨탑 등에 관한 본문을 설교하는지 모르겠습니다. 설교한다면, 회중에게 자신이 영감된 '하나님의 말씀'으로부터 나온 교훈을 전하고 있다는 말을 합니까? 이런 본문을 설교하지 않는다면, 그들은 어디까지 가겠다는 말입니까? 무슨 권위로 청중에게 아브라함, 이삭, 야곱에 관한 이야기를 믿으라고 말할 것입니까? 창세기의 한 부분을 거부하면 다른 어떤 부분에 대해서도 확신을 가지기 어렵습니다.

결국 나는 처음 자리로 왔습니다. 나는 결점이나 오류, 불완전, 부정확, 거짓이 있는 책은 교회의 신잉직 규범이 될 수 없다고 수장합니다. 그러한 책은 아무리 많은 사실과 흥미로운 사건을 포함하고 있더라도 무오한 '하나님의 말씀'이라고 부를 수는 없습니다. 나는 오류가 있을 수 있는 성경 개념을 실패할 수 있는 구세주 개념만큼 싫어합니다. 성경이라는 것이 존재한다면 그것은 하나님의 나라의 성문법으로 그 나라의 백성이 지켜야 할 법전이자 규례이며 이 세상에서 평안을 누리고 내세에서 영광을 얻을 조건들을 기록한 공적인 증서가 되어야 할 것입니다. 그렇다면 어떻게 이러한 책이 세상의 법전들처럼 느슨하고 불완전하게 제시될 것이라고 생각합니까? 법률가들은 법적 증서나 법령에 있어서는 단어 하나가 매우 중요하며 때로는 재산이나 생명 또는 죽음이 한 단어 때문에 바뀌기도 한다고 말합니다.

만일 유언장, 합의서, 양도증서, 제휴협약서, 임대계약서, 협정서, 국회법 등이 세밀하게 작성되지 않거나 해석이 명확하지 않거나 단어의 의미가 불분명하다면 얼마나 심각한 혼란이 일어나겠습니까? 특정 단어가 아무런 역할도 하지 못하고 누구나 자신이 원하는 단어를 삽입하거나 빼거나 바꾸거나 의미를 부인하거나 지울 수 있다면 이런 문서가 무슨 소용이 있겠습니까? 이쯤 되면 법적 증서로서의 효력을 상실한 것입니다. 하나님의 성문법이 영감되지 않았고 모든 부분과 점과 획이 신적 권위가 없다면 하나님의 백성들은 얼마나 불쌍하겠습니까? 고등비평은 전통적 신앙의 규범이자 진리와 거짓의 잣대를 제거하고 추측과 의혹과 온갖 불확실성으로 가득한 책으로 대치해버렸습니다.

콜체스터(Colchester) 주교는 1892년 6월호 잡지(*The Contemporary Review*)에 다음과 같은 지혜로운 언급을 하였습니다.

> 극단적인 이신론적 관점의 가장 중요한 결과는 구약성경에 관한 한 우리에게는 성경 자체가 없다는 것입니다. 가짜와 거짓으로 가득한 믿을 수 없는 글들을 모은 책은 더 이상 성경으로서의 권위를 가질 수 없게 되었다는 것입니다.

5) 다섯 번째 문제점은 이것입니다.

즉 소위 고등비평이 말하는 그처럼 많은 결점과 오류 및 불완전한 것들로 가득한 책, 여러 곳에서 의심스러운 저자가 기록한 책이 어떻게 세상에 그처럼 놀라운 사역을 할 수 있었는지 이해할 수 없다는 것입니다. 이 한 권의 책은 지구상의 모든 언어로 번역되어 수천만 명의 사람들이 오랜 세월 동안 철저한 진리로 받아들였으며 영혼을 구원하는 신앙의 선생이자 영생에 이르는 확실하고 믿을 수 있는 안내자의 역할을 해왔습니다. 이것은 마다가스카르(Madagascar)에서 외국 선교사와 교사들이 강제로 추방당한 후 그곳에 남아 있던 수천 명의 회심한 이교도의 신앙을 교회와 성직자, 성례, 학자들의 도움 없이 이십 년간이나[6] 살아 있게 만든 책입니다. 이것은 지난 3백 년간 단 하나의 교리와 본문만으로 수많은 사람들의 영적 양식과 위로가 되었던 책입니다. 그들은 이 책의 교리에 따라 거룩한 삶을 살다가 이 책의 모든 말씀을 전적으로 믿고 의지하는 가운데 평안히 세상을 떠났습니다. 나는 이러한 사실을 부인할 자가 아무도 없을 것이라고 믿습니다.

그러나 우리가 고등비평의 주장을 받아들인다면 어떻게 되겠습니까? 우리는 성경의 대부분은 '하나님의 말씀'이라고 부를 수도 없는 불확실한 저자에 의해 기록되었다고 믿어야 할 것입니다. 우리는 오경의 대부분을 모세가 기록하지 않았으며 다윗은 한 편의 시만 기록한 것으로-그것도 110편은 아니라고-믿어야 할 것입니다. 우리는 창세기가 여러 명의 저자에 의해 기록되었으며 창세기의 역사적 진술 대부분은 불확실한 기원의 전승들이거나 확실한 근거가 없는 신화나 전설로 믿어야 할 것입니다. 또한 다니엘서와 요

---

[6] 1837년부터이며 당시의 박해자는 Ranavalona 여왕이었다.

나서에 대해서는 교묘히 꾸며낸 우화적 이야기로 믿어야 할 것입니다. 우리가 아무런 설득력이나 근거도 없는 증거에 의해 이 모든 것을 믿는 동안 이러한 것들을 믿으라고 촉구한 그들은 수시로 내부적인 의견 다툼을 하고 있는 것입니다.

이제 나는 이 회의에 참석한 여러분 모두의 상식에 호소합니다. 아무리 번역상의 오류가 있을 수 있다고 해도 지구상 곳곳의 수많은 사람들의 가슴과 머리와 삶에 그처럼 큰 영향을 미쳤고 지금도 미치고 있는 책이 불완전한 내용과 의심스러운 진술 및 사실이 아닌 내용이 포함되어 있다는 것이 개연성 있는 주장이 될 수 있습니까? 하나님이 이러한 책을 사용하시겠습니까? 드문 일이긴 하지만 혹 번역이 제대로 안 될 수 있다는 사실은 인정합니다. 하나님이 사용하시는 타락한 인간 대리인이 불완전한 것은 당연합니다. 그러나 하나님이 그들의 손에 무기로 쥐어준 책이 고등비평이 주장하는 것처럼 불완전하다는 것은 너무나 설득력이 약하지 않습니까? 내가 보기에 그런 일은 도저히 일어날 것 같지 않습니다.

물론 나는 매우 큰 주제의 한 부분을 다루려고 하고 있을 뿐입니다. 나는 솔직히 고등비평을 주장하는 사람들이 옛 전통적 관점을 지지하는 자들과 공감대를 형성하는 구약성경에 대해 내가 대답할 수 없는 수백 가지가 넘는 의문을 가지고 있을 것이라고 생각합니다. 그러나 나는 그들의 제도적 문제점이 우리의 문제점보다 크며 개연성 면에서 우리 쪽이 훨씬 유리하다고 생각합니다. 나는 모든 학자들의 글이 내게는 억측과 근거 없는 가정, 비논리적 주장 및 모순적 진술로 보인다는 말을 하지 않을 수 없습니다. 이 주제에 대해 보다 세밀히 살펴보고 싶은 사람들에게는 크리스토퍼 워즈워스(Christopher Wordsworth)주교의 『성경주석』(*Commentary on the Whole Bible*) 첫 부분에 나오는 '창세기 서론'(Introduction to Genesis)을 읽어볼 것을 강력히 권합니다.

영감에 관한 모든 주제는 언제나 신비로울 수밖에 없다는 사실을 부인하기는 어렵습니다. 나는 이 문제에 관한 독단을 피한 잉글랜드 국교회의 지혜를 존중합니다. 나는 세상이 존재하는 한 우리 가운데 이러한 이견이 있을 수밖에 없다고 생각합니다. 다음과 같은 딘 버간(Dean Burgon)의 말은 사실입니다.

여러분은 영감을 본질과 형식으로 나눌 수 없습니다. 표현된 말씀으로부터 영감된 사상을 분리하려는 시도는 악보 없는 곡을 다루거나 숫자가 없는 계산을 하겠다는 것과 같습니다. 이러한 망상은 잠시도 빛에 머무를 수 없습니다. 그런 영감 이론은 이해하기도 쉽습니다. 그런 이론은 무가치 하고 비논리적입니다.

성령이 어떻게, 정확히 어떤 방식으로 성경 기자의 마음에 역사하는지에 대해서는 설명하지 않겠습니다. 마음은 몸처럼 해부할 수 없으며 물체처럼 망원경으로 들여다볼 수 없습니다. 나는 영감을 받은 기자가 기록원처럼 자신의 눈으로 본 것이나 자신의 귀로 들은 것이나 다른 사람으로부터 전해들은 것만 기록한다고는 생각하지 않습니다. 나는 성령께서 영감 받은 자가 기록할 내용과 그 내용을 표현할 단어와 언어를 신비로운 방식으로 제시하신다고 생각합니다. 그러나 이 모든 과정에서 기자의 정신에 어떤 작용이 이루어지는지는 나사로가 어떻게 살아났는지 설명할 수 없는 것처럼 설명하기 어려운 신비에 해당합니다. 내가 아는 것은 결과적으로 내 영혼 속에 한 가지 분명한 확신이 찾아왔다는 것입니다. 그것은 모든 성경은 세상의 책과 다른 무엇인가를 가지고 있으며 '하나님의 말씀'으로 불리는 것이 마땅하다는 것입니다.

겸손히 말하자면 나는 성경을 읽을 때마다 "무엇인가 이해할 수 없는 것"을 만나기를 기대합니다. 나는 종종 누가 어떤 성경을 기록했고, 성경이 언제 기록되었으며, 왜 그런 일들이 기록되었으며, 기록된 내용이 무슨 뜻인지를 모르고 읽을 때가 있습니다. 그러나 나는 그때마다 이것은 영감으로 주어진 기적의 책의 일부라는 생각으로 돌아갑니다. 이것은 하나님의 말씀이며 지금 내가 모르는 것은 장차 알게 될 것입니다. 후커의 말을 빌리면 "우리는 우리가 희미하게 아는 것에 대해 감탄하며 우리의 신앙적 무지로 모르는 것에 대해 겸손하고 온유한 마음으로 감탄합니다"(Eccles. Polity, Bk. I. ch. 2. 5). 나는 어거스틴의 말에 전적으로 동의합니다. "만일 내가 정경에서 모순되는 것처럼 보이는 내용을 만나면 의심하는 대신 내가 가지고 있는 책이 잘못되었거나 내가 사용하는 역본이 정확한 의미를 놓쳤거나 나 자신이 저자의 참뜻을 이해하지 못했다고 생각할 것이다"(Augustine, *Epistle to Jerome*, 82.) 예전에 토마스 풀러(Thomas Fuller)는 자신의 『룻기 주석』(*Commentary on the Book of Ruth*)에서 다음과 같은 현명한 말을 했습니다.

> 자신이 가진 금화의 정확한 중량을 알고 금화에 찍힌 왕의 초상을 보면서도 주조한 사람의 이름은 신경 쓰지 않듯이 절대자의 소인을 가지고 성령의 인이 찍힌 책을 보면서 그것을 기록한 사람에 대해 궁금해 하지 않을 수 있는 것입니다.

6) 끝으로 스위스 신학자 가우센(Gaussen)의 놀라운 언급을 소개하고자 합니다.

> 인자가 자연을 명하시고 폭풍을 잔잔케 하시며 무덤을 여시고 이 책에 기록된 대로 약속한 날에 다시 돌아와 산 자와 죽은 자를 심판하시겠다고 엄숙히 선언하시는 주님을 본 후 나는 전율을 느꼈습니다. 그리고 교수실에 앉아 있는 한 연약한 인간이 하나님의 말씀을 테렌

스(Terence)나 투키디데스(Thucydides)의 글을 다루듯이 삭제하고 덧붙이고 칭찬하고 비난하며 여러 장을 오류가 있거나 결정적이지 않다고 잘라내는 것을 보면서 나는 또 한 번의 전율을 느꼈습니다. 얼마 있지 않아 교수와 학생들은 무덤에 있게 되겠지만 하나님의 책은 일점일획도 변함없이 남아 있을 것이며 인자가 하늘에서 임하실 때 그들 모두 이 책에 의해 심판을 받게 될 것입니다.

이제 말을 맺겠습니다. 좀 더 요약해서 전했으면 좋았을 것이라고 생각합니다. 그러나 우리는 특별한 시대를 살고 있으며 앞서 다룬 논쟁들은 몇 마디 말로 끝날 수 있는 성질의 것은 아닙니다. 나는 여러분 모두가 내 말에 수긍할 것이라고는 생각하지 않습니다. 그러나 나는 여러분에게 내가 생각하고 있는 것을 솔직하고 정직하게 말했다는 것을 알아주기 바랍니다. 우리 모두는 "부분적으로 알 뿐"이며 나는 결코 무오한 사람이 아닙니다.

No Uncertain Sound

12장
굳게 서라
(1893년 11월 10일, 다섯 번째 3년 주기 교지)

사랑하는 성직자 여러분!

우리는 오늘 다섯 번째 3년 주기 방문을 통해 만났습니다. 오늘의 만남은 엄숙하면서도 자기를 돌아보는 시간이 될 것입니다. 3년이라는 시간은 우리의 대열에 빈자리를 남겼으며 1890년 이 대성당에서 불렀던 사랑하는 형제들의 이름들 가운데 많은 이름이 사라졌습니다. 우리 역시 모든 일을 마친 후 그들의 뒤를 따를 것입니다. 하나님의 일은 우리가 없어도 계속될 것입니다. 우리는 웨스트민스터사원의 존 웨슬리의 위패에 있는 "하나님은 자신의 일꾼들을 데려가시지만 그의 사역은 계속된다"는 문구를 잊지 말아야 합니다.

그러나 많은 빈자리가 생겨난 지난 3년은 많은 역사적 사건들이 꼬리를 물고 일어난 급박한 시기였습니다. 이 기간 동안 모든 국교도의 시급한 관심을 요하는 여러 가지 논쟁적 주제들이 부상하였습니다. 이러한 주제들은 리버풀교구뿐만 아니라 잉글랜드 국교회 전체에 영향을 미치는 중요한 사안들입니다. 나는 오늘 여러분에게 이러한 주제들에 대해 제시할 것입니다. 여러분은 내 생각을 알아야 할 권리가 있습니다. 주교는 명목상 모든 분파에 속해 있는 허수아비가 아닙니다. 그는 확고한 주관을 가지고 있어야 하며 적절한 때에 자신의 생각을 밝혀야 합니다. 여러분은 몇 가지 점에서 나와 의견을 달리할 수도 있겠지만 어쨌든 내 생각에 대해 알게 될 것입니다.

1. 먼저 우리의 '불행한 분열'에 대해 언급하고자 합니다.

이러한 분열이 존재한다는 사실은 결코 부인할 수 없습니다. 우리가 인정하든 인정하지 않든, 우리 진영 밖의 많은 사람들이 그것을 보고 알고 주시하고 있습니다. 이교도와 가톨릭과 스코틀랜드 장로교 및 영국의 비국교도는 모두 우리를 주시하고 있으며 우리 교회의 예배서에 대해 이해하지 못하는 한 실제로 분열된 단체로 생각할 것입니다.

신자들 가운데 어느 정도의 분열은 결코 놀라운 일이 아닙니다. 인간의 본성이 현재와 같은 한 모든 사람이 모든 것을 동일한 관점에서 볼 것이라고 기대하는 자체가 잘못된 것입니다. 이러한 상황은 사도시대 이후 모든 시대 모든 교회에 적용됩니다. 우리 개혁주의 교회의 3백 년 역사도 예외가 될 수 없습니다.

에드워드6세 시대의 후퍼(Hooper)와 리들리, 엘리자베스 여왕시대의 휘트기프트와 카트라이트(Cartwright), 트래버스(Travers)와 후크(Hooke), 찰스1세 시대의 라우드와 청교도들, 찰스2세 시대 사보이종교회의(Savoy Conference Bishops)에 참석했던 주교들과 비국교도, 초기 조지아 시대의 호아들리(Hoadly)와 윌리엄 로(Law), 지난 세기 감리교인에 대한 배척은 모두 이러한 맥락에서 접근할 수 있습니다.

신앙적 논쟁에는 새로운 것이 없으며 우리의 교회 역시 수 년간 그러한 것들로 분열했습니다. 이러한 분열은 항상 있었으며 세상이 존재하는 한 지속될 것입니다. 교회의 거룩한 머리되시는 분이 다시 오시기 전까지 완전한 교회는 존재할 수 없습니다. 그럼에도 불구하고 나는 오늘날의 분열은 종교개혁 이후 잉글랜드 국교회 역사상 가장 심각한 상태이며 몇 가지 중대한 위험을 초래할 수 있다는 말을 하지 않을 수 없습니다. 한 때 해결 가능한 상황에 있던 분열의 원인들은 지금은 확고한 결심으로 굳어졌습니다. 분파 간의 사상적 괴리는 더욱 확대되고 심화되었습니다. 걱정과 불안한 생각을 억누르기는 어렵습니다. 어떤 식으로 결말이 나겠습니까? 많은 사람들은 이 문제에 대해 생각하지 않을 수 없을 것입니다.

물론 나는 많은 생각 없는 사람들이 현재의 국교회 분열을 의식에 관한 사소한 갈등으로 생각하고 있다는 것을 알고 있습니다. 찬양을 많이 할 것인가 적게 할 것인가? 꽃은 어느 정도 치장할 것인가? 의복과 제스처와 자세는 어떻게 할 것인가와 같은 것들입니다. 그들이 생각하는 것은 성직자들 간에 볼 수 있는 이러한 차이가 전부입니다. 왜 분열하는가? 양쪽 모두 진지한 사람들이라면 왜 함께 조화를 이룰 수 없는가? 이러한 피상적 판단은 우리 시대의 불행입니다. 많은 평신도는 우리의 '불행한 분열'이 성만찬에 대한 이견에서 기인한다는 사실을 모르며 알려고 하지도 않습니다. 그러나 이 복된 성례의 중요성은 아무리 강조해도 지나치지 않을 것입니다. 역사는 우리에게 순교한 개혁자들이 목숨을 걸고 사수하고자 한 것이 바로 이 성례 때문이라고 말합니다. 이 세대의 성직자들이 성만찬에 관해 완전히 분열되었다면 평신도는 이해할 수 없을 것입니다. 그러나 그들은 우리가 매우 어려운 곤궁에 처해 있다는 사실을 알아야 할 것입니다.

배가 실제로 위기에 처했고 침입자들이 눈앞에 서 있는 상황에서 명백한 사실을 부인하는 것은 쓸데없는 일입니다. 우리는 정말 분열되었습니까? 우리의 차이는 정말 심각한 것입니까? 한 번 살펴보겠습니다. 나는 우리의 이목을 집중시키는 몇 가지 부정적인 부분에 대해 언급한 후 우리의 분열이 실제적이라는 안타까운 증거를 제시하고자 합니다.

1) 성직자의 한 부류-아마도 다수파-는 성만찬이 제사라고 주장합니다. 또 한 부류-아마도 소수파-는 성만찬이 제사가 아니라 성례라고 주장합니다.

2) 한 쪽은 성만찬 식탁이 제단이라고 생각하며 언제나 제단으로 대해야 한다고 주장합니다. 다른 쪽은 거룩한 탁자일 뿐이라고 주장합니다.

3) 한 쪽은 성만찬을 거행하는 사역자가 제사장이라고 주장합니다. 다른 쪽은 제사장으로 불리기는 하지만 장로의 직무를 한다고 주장하며 신약성경이나 기도서에는 사제주의가 없다고 주장합니다.

4) 한 쪽은 직무중인 사역자가 얼굴은 동으로 향하고 등은 회중을 향한 채 떡과 포도주를 기념하고 신성하게 해야 한다고 주장합니다. 다른 쪽은 북쪽 끝에 서서 얼굴은 남으로 향해야 한다고 주장합니다.

5) 한 쪽은 성만찬을 저녁에 거행해서는 안 된다고 주장합니다. 다른 쪽은 회중의 상황에 따라 성만찬을 저녁에 거행하지 못

할 이유가 없다고 말합니다.

6) 한 쪽은 성만찬이 성례에 동참하는 모두에게 어느 정도 유익을 주며 원칙적으로 모든 신자가 수찬자가 되어야 한다고 말합니다. 다른 쪽은 성만찬은 그것에 합당한 신자에게만 유익하며 믿음이 없는 자에게는 아무런 유익이 없고 해만 끼칠 뿐이라고 주장합니다.

7) 한 쪽은 성만찬을 성직자에게 죄를 고백한 후 단식과 함께 거행해야 한다고 주장합니다. 다른 쪽은 성만찬에 다른 것을 추가하는 것은 잘못된 것이며 성경이나 기도서의 뒷받침이 없다고 주장합니다.

8) 한 쪽은 신성하게 된 떡과 포도주에는 그리스도의 살과 피가 실제로 임재 한다고 주장합니다. 다른 쪽은 실제적 임재는 없으며 오직 믿는 수찬자들의 마음에만 임재 할 뿐이라고 말합니다.

이제 나는 이러한 논점에 대한 논쟁이나 이 일에 누가 옳고 누가 그른지에 대한 개인적 생각에 대해서는 언급하지 않겠습니다. 나는 어떤 것이 합법적이고 어떤 것이 불법적인지에 대해서는 아는 체하지 않겠습니다. 우리는 교리와 의식에 관한 교회법이 사실싱 사장된 것으로 보이는 시대, 모든 성직자가 사사시대의 이스라엘처럼 "자신의 소견에 옳은 대로" 행하고 가르치는 시대를 살고 있습니다. 나는 여러분에게 아무도 부인할 수 없는 한 가지 분명한 사실을 제시하고 이러한 분열이 잉글랜드 국교회를 약하게 만들고 있으며 국교회의 가장 큰 취약점이 될 수밖에 없는 이유를 보여줄 것입니다.

어느 지역의 성직자가 성만찬을 자기 방식대로 거행하고 수백 야드 떨어진 곳의 성직자는 다른 방식으로 성만찬을 거행한다면 연합에 큰 문제가 생길 것입니다. 이처럼 사역자들이 상호 분열된 교회에 대해 "높은 마음을 품지 말고 두려워하라"는 말씀을 할 수 있을 것입니다. 이런 문제점을 안고도 교회가 생존한다는 것은 기적입니다.

나는 우리만 입을 다물고 있으면 아무런 문제가 없을 것이라고 말하는 사람들이 있다는 것을 압니다. 하나 됨의 봉우리는 성장이며 곧 온전한 꽃으로 피어나야 할 것입니다. 그러나 나는 그런 징후를 본 적이 없으며 링컨 판결[1] 이후 모든 상황은 이전보다 더 악화되었다고 생각합니다. 어떤 사람들은 잉글랜드 국교회는 유난히 포용적이기 때문에 우리는 더 많은 분열과 차이를 예상해야 한다고 말합니다. 물론 옳은 말입니다. 그러나 우리의 포용력에는 한계가 있어야 합니다. 어떤 사람들은 소수파 성직자는 항상 다수파에 따라야 하며 겸손히 그들의 성만찬 관점을 채택해야 한다고 생각합니다.

나는 현재의 개신교 소수파는 결코 그렇게 하지 않을 것이라고 생각합니다. 그들은 많은 평신도의 지지를 받는 옛 길에 굳게 설 것이며 저녁 성만찬을 금하거나 강제로 동쪽을 향해 앉게 하거나 오류가 많은 에드워드 6세 때의 첫 번째 기도서를 복원하여 법제화하거나 고해성사를 인정하려는 전반적 시도는 국교회의 분열을 초래할 것입니다.

나는 우리처럼 큰 교회에는 다양한 의견이 존재할 수밖에 없다는 사실을 인정합니다. 우리의 국교회는 각자 자신의 독특한 중요성을 굳게 확신하는 여러 부대로 형성된 국민군과 같습니다. 평화로운 시대에는 수비대가 전투부대에게 농담을 하고 전투부대가 수

---

[1] 1891년 캔터베리 대주교 E. W. Benson이 가톨릭 의식을 도입한 링컨의 주교 Dr. Adward King 사건에서 내린 판결이다.

비대에게 장난을 하기도 합니다. 기병대가 포병을 놀리고 포병이 기병대를 놀리기도 합니다. 스커트를 입은 스코틀랜드 고지대인이 소총 연대나 웨일스의 보병을 무시하고 아일랜드 연대는 자신들이 가장 훌륭하다고 생각합니다. 그러나 일단 전쟁이라는 엄연한 실재가 현실화되고 영국군이 해외로 파병되었다고 생각해봅시다. 막상 전쟁이 발발하여 전장에서 실제로 적을 만났다고 생각해봅시다. 알마(Alma)를 건너라거나, 발라클라바(Balaclava)에 있는 죽음의 계곡을 공격하라거나, 레단(Redan)을 습격하라거나 카이버 고개(Khyber Pass)를 점령하라는 명령이 떨어졌다고 생각해봅시다.

이처럼 실제적인 연합과 동지애 및 함께 어깨를 나란히 하여 전투에 임하는 장면을 여왕의 군대 외에 어디서 찾을 수 있겠습니까? 우리의 국교회도 이러해야 한다는 것입니다. 우리 가운데는 쓸모없고 무가치하며 고집만 피우는 배신자와 회의론자 및 가톨릭이 있을 수 있습니다. 그러나 그럼에도 불구하고 우리 진영 안에는 상당한 양의 실제적인 공감대가 형성되어 있습니다. 분파 간의 대립과 명백한 차이에도 불구하고 국교도는 강력한 화합력을 갖추고 있으며 어떻게든 이 나라의 많은 백성들을 납득시켜 하나로 묶으려 합니다.

그러나 교회의 '삶의 방식'(*modus vivendi*)은 군대와 마찬가지로 공정성의 원리를 엄격히 지킬 때만이 작동될 수 있습니다. 부대를 편애하는 장군의 군대는 전쟁을 훌륭히 수행할 수 없습니다. 어떤 분파는 배척하고 싫어하며 다른 분파는 선호하는 교회의 수장들은 교회를 하나 되게 할 수 없습니다. 이것은 큰 문제이며 나는 이 문제를 어떻게 해결해야 할지 모르겠습니다. 나는 여러분에게 주 예수 그리스도의 말씀을 깊이 생각할 것을 촉구할 뿐입니다.

> 스스로 분쟁하는 나라마다 황폐하여질 것이요 스스로 분쟁하는 동네나 집마다 서지 못하리라(마 12:5).

천지는 없어질지언정 내 말은 없어지지 아니하리라(마 24:35).

나는 '불행한 분열'에 관한 모든 주제를 이쯤에서 마치려 합니다. 나는 불가능한 일을 가능하게 하거나 같은 말을 영구적으로 되풀이 하거나 여러분에게 제시한 거대한 매듭을 풀려는 시도를 할 수 없습니다. 우리의 교회는 지속적으로 떠밀려 표류하고 있으며 곧 난파될 위기에 처했습니다. 나는 여러분에게 교회의 평안을 위해 이러한 부성적 권면을 받아줄 것을 촉구합니다. 여러분이 반드시 분열을 해야겠다면 상호간에 예의와 온유함을 갖출 것을 간청합니다. 우리가 달라야 한다면 기꺼이 그렇게 하도록 둡시다. 가능하다면 함께 일하는 것을 거부하지 맙시다. 교육, 위생, 자선, 일반적 도덕성은 광범위한 공감대를 형성하게 해줄 것입니다. 한 쪽 분파에 속한 사람들에게는 다음과 같은 충고를 하겠습니다.

39개 조항과 기도서의 내용이 바뀌지 않고 온전히 보전되어 있는 한 여러분의 마음대로 되지 않는다고 해서 성급히 국교회를 떠나려 하지 마십시오. 불법적인 것으로 보지 않고 허용해 주는 일들의 목록이 많아지고 있다는 것은 안타까운 일입니다. 그러나 새로운 것이 여러분에게 아무런 요구나 강요를 하지 않는 한 굳게 서서 옛 방식을 지켜나갑시다. 인내가 탈퇴보다 바람직한 방법입니다. 나는 침례교신자 노엘(Noel)과 카펠 몰리뉴(Capel Molynewx)의 탈퇴가 머리에 떠오를 만큼의 나이가 되었습니다. 나는 두 사람 모두 그때의 탈퇴가 실수였다는 사실을 깨닫게 될 시대를 볼 수 있을 것이라고 생각합니다.

나는 반대편 분파에 대해서는 다음과 같이 충고합니다.

여러분이 최근에 누린 혜택에 만족하십시오. 더 많은 자유, 더 많은 양보, 더 많은 새로운 의식을 위해 과격한 행동을 보이지 마십시오. 그러한 행동은 새로운 갈등과 분열만 야기할 뿐입니다. 아마도 여러분은 나의 충고를 거부할 것입니다. 그러나 한 가지 사실은 분명합니다. 만일 우리가 '우리의 불행한 분열'에 대한 교훈을 얻지 못할 경우 남은 결론은 하나밖에 없다는 것입니다. 그것은 잉글랜드 국교회의 완전한 붕괴와 몰락입니다. 우리의 촛대는 옮겨질 것이며 우리는 어두움 가운데 남을 것입니다.

2. 이제 언급하려는 두 번째 주제는 첫 번째 주제만큼 중요합니다. 그것은 '고등비평'입니다.

구약성경 많은 부분의 저자, 연대, 구성 및 역사적 정확성과 관련하여 지난 몇 년간 대중들에게 제시된 놀라운 현대적 관점에 대해서는 언급하지 않아도 잘 알 것입니다.

나는 이 주제를 지난 해 교구회의를 시작하면서 장시간 다루었습니다. 당시 나는 고등비평의 말도 안 되는 비개연성으로 인해 그들의 원리를 도저히 받아들일 수 없다고 선언한 바 있습니다. 그 후 나는 내 주장을 바꿀만한 어떤 이유도 발견하지 못하였습니다. 이 새로운 사상을 주장하는 자들의 학식과 영민함, 열정 및 공경하는 어조에 대해서는 충분히 인정합니다. 또한 나는 그들이 자신들은 히나님을 위해 일하고 있나고 생각한다는 것을 압니다. 그러나 나는 고등비평 시스템의 명백한 경향에 대해 결코 모른 체할 수 없습니다. 그것은 수많은 사람들의 믿음을 흔들고 기독교의 두 가지 위대한 기본적 진리를 허물어뜨리려는 시도라는 것이 나의 판단입니다. 이 두 가지 기본적 진리는 성경의 절대성 및 완전성과 주 예수 그리스도의 완전한 신성입니다.

먼저 성경과 관련하여 "기록된 하나님의 말씀"이 기독교에서 차지하는 위상에 대해 살펴봅시다. 성경은 신앙과 행위의 참된 잣대이자 믿음의 삶의 확실한 지침이며 죽을 때 확실한 소망의 안내자라는 신앙의 중요한 원리에 대해서는 상기시키지 않아도 잘 알 것입니다. 정통 그리스도인이 성경이라고 불리는 책을 오랜 세월 동안 진리와 거짓을 구별하는 권위 있는 잣대이자 모든 참된 신앙의 원천으로 여겨온 것은 물론입니다. 나를 비롯한 많은 사람들에게 성경은 어둡고 타락한 세계에 대한 하나님의 말씀이자 신앙에 있어서 어떤 오류도 없는 최종 법정입니다.

우리는 어릴 때부터 어떤 것을 영적 진리로 받아들일 때 "그 말이 성경에 있느냐"라는 한 마디로 모든 것을 판단합니다. 성경에 있는 말이라면 믿을 수 있고 마땅히 받아들여야 합니다. 그러나 성경에 없는 말이라면 어떤 동의도 기대하지 말아야 합니다. 설교자나 성경공부를 가르치는 자 및 주일학교 교사가 자신의 말을 믿고 받아들이라고 말하는 이유는 그 말이 여러분에게 '하나님'의 말씀이라고 말하는 책 속에 기록되어 있기 때문입니다. 성경의 명확한 본문이 모든 것을 해결합니다. 우리가 가진 39개 조항은 이러한 성경관에 대해 19번 이상 언급합니다. 물론 이 책은 이해하기 어려운 내용이 많고 설명할 수 없는 심오한 내용이 담겨 있지만 오류나 거짓은 없습니다. 이것은 세상에 있는 다른 책들과는 전적으로 다릅니다. 성경은 성령의 영감을 통해 주어진 책입니다.

그러나 고등비평의 이론이 옳다면 어떻게 되겠습니까? 성경의 일부가 영감 받지 아니한 사람들이 기록한 불확실한 내용이라면, 가령 창세기가 서너 명의 사람들이 기록한 조각들을 붙여놓은 책이라면, 역사의 일부가 신적 권위가 없는 단순한 이야기나 전설이나 신화에 불과하다면, 설교자나 선생이나 주일학교 교사들은 모두 중요한 무기를 빼앗기는 것입니다. 그들은 "우리가 말하는 것은 사실일수도 있지만 확실히는 알 수 없습니다"라고 말해야 할 것입니다. 이 정도만 되어도 나에게 성경의 효용성은 사라진 것이나 마찬가지입니다. 옛 책은 지금까지 누렸던 하나님의 순전한 말씀이라는 고상한 지위에서 타락한 인간의 영감 되지 아니한 말과 섞인 책으로 전락하고 말 것입니다. 우리가 일단 이러한 불확실성을 인정하기 시작하면 구약성경의 어느 부분이 무오한 '하나님의 신탁'이며 어느 부분이 타락한 아담의 후손의 오류 있는 글인지 누가 구별할 수 있겠습니까? 창세기의 역사 가운데 어느 부분이 실제 역사이며 어느 부분이 아무런 권위가 없는 신화와 전설이라는 말입니까? 나는 이러한 질문에 아무도 대답할 수 없을 것이라고 믿습니다. 나는 결점이나 오류, 불완전, 부정확, 거짓이 있는 책은 교회의 신앙적 규범이 될 수 없다고 주장합니다. 그러한 책은 아무리 많은 사실과 흥미로운 사건을 포함하고 있더라도 무오한 '하나님의 말씀'이라고 부를 수는 없습니다.

이제 주 예수 그리스도에 관한 내용으로 넘어와 고등비평 이론이 그의 인격과 무오성에 대한 우리의 판단에 얼마나 큰 영향을 미쳤는지 살펴보겠습니다. 이 이론은 불가피하게 나를 가장 고통스럽고 어려운 입장에 빠뜨렸습니다. 우리 가운데 대부분은 완전한 지혜를 소유하고 거짓말을 하지 않으며 어떤 오류도 없는 신적 구세주(Divine Saviour) 개념에 대해 배웠습니다. 우리는 그가 완전한 구속주일 뿐만 아니라 완전한 선지자이자 선생으로 생각해왔습니다. 그러나 지금 우리는 그가 때로는 존재하지 않은 사람과 역사적으로 일어나지 않은 사건을 실제인 것처럼 말하는 사람으로 믿으라는 요구를 받고 있습니다. 한 마디로 이 땅에 계실 때의 예수 그리스도는 제한된 지식의 인격이었다고 믿으라는 것입니다. 이것은 전혀 받아들일 수 없는 주장이자 극도의 위험성을 내포하고 있는 이론입니다. 물론 주님이 다른 사람처럼 "지혜와 키가 자라"가신 온전한 사람이라는 것은 인정합니다(눅 2:52). 그러나 예수님이 다른 타락한 아담의 후손처럼 성인이 될 때까지 지혜가 완전치 못하고 제한적이었다는 주장은 결단코 잘못된 것입니다. 우리는 그가 언제나 사람이자 하나님이시며 그의 놀랍고 신비로운 인격 안에서 "신성과 인성이 분리됨이 없이 결합되어 있다"(39개 조항 2조)는 사실을 기억해야 합니다.

고등비평을 주장하는 사람들이 원하는 개념은 아니라고 생각하지만, 만일 예수께서 3년간의 공생애 기간 중 언제라도 과거에 대해 잘못 말하거나 사실이 아닌 것을 가르칠 수 있다고 주장한다면 심각한 착각이며 소시니안주의(Socinianism)로 향하는 단계에 접어든 것으로 볼 수밖에 없습니다. 오류가 있는 구세주, 구속자, 제사장, 재판장 개념은 크게 잘못된 것입니다. 이런 개념은 주님은 위대한 선지자에 지나지 않을 것이며 결코 "육신을 입으신 하나님"이 될 수 없을 것입니다.

예수님의 가르침에 오류가 있을 수 있다는 양보를 하기 시작하면 그 끝이 어디로 갈지는 분명합니다. 그가 언제 알고 말하고 언제 모르고 말했는지 아무도 모를 것이며 그의 모든 말씀은 불확실해 질 것입니다. 영원한 삼위일체의 신비로운 경륜 안에서 성자께서 지상 사역에서 교회에 계시되어서는 안 되기 때문에 단 한 번(막 13:32) 모르셔야 할 것으로 약속된 것이 있었다면 세상 끝날 및 재림의 정확한 날짜일 것입니다.

나는 이것을 믿으며 참으로 지혜로운 약속이라고 생각합니다. 그는 "나를 보내신 아버지께서 내가 말할 것과 이를 것을 친히 명령하여 주셨으니"(요 12:49)라고 말씀하셨습니다. 그러나 그가 잘못 말씀하실 수도 있다는 생각은 결코 있을 수 없습니다. 만일 그렇다면 그는 교회의 진정한 선생이나 '세상의 빛'이 될 수 없을 것입니다. 선하신 주여, 이처럼 오류가 있는 성경과 잘못을 저지를 수도 있는 구주 개념으로부터 우리를 구원하소서!

나는 이 고통스러운 주제에 대해 더 이상 언급하지 않겠습니다. 아마도 시간이 지나면 보다 분명한 통찰력을 가지게 될 것이며 그리스도인은 한 마음이 될 것입니다. 현재로서는 고등비평의 결론을 받아들이는 것은 계시 종교의 두 가지 기초인 성경과 그리스도에 대한 관점을 무너뜨릴 것이라는 생각에 추호도 변함이 없습니다.

고등비평에 대해 알고 싶어 하는 성직자들에게 해 줄 수 있는 말은 판단에 신중을 기해달라는 것입니다. 특별히 영감 교리에 대한 느슨하고 혼동된 관점을 받아들이지 않도록 조심해야 합니다. "모든 성경은 하나님의 감동으로 된 것으로"(딤후 3:16)라는 위대한 말씀에 굳게 서시기 바랍니다. 이 구절에 대한 개정판 성경의 헬라어 번역은 어색하고 부자연스럽습니다. 옛 번역이 더 낫습니다. 여러분이 처음 사용했던 새롭고 지혜로운 책에서-특히 여러분이 예전에 이 분야에 대해 연구해보지 않았다면-떠나지 마십시오. 증거에 대한 주장과 확실한 논증에 대한 제안 및 가설적 추측을 논리적 결론으로 착각하지 마십시오. 모든 문제는 양면성이 있으며 둘 다 보아야 합니다. 사소하고 일시적인 반론 때문에 위대한 원리를 놓치지 마십시오. 이러한 주장들은 언뜻 대답할 수 없는 것처럼 보이지만 곧 눈처럼 녹아버릴 것입니다. 무엇보다 "모든 논쟁에서 판단을 보류하고 기다리는 현명한 태도를 취하라"는 위대한 철학자 패러데이의 지혜로운 말을 잊지 마십시다.

3. **다음 주제는 잉글리시 선데이(English Suday)에 대한 부정적 시각에 관한 것입니다.**

이것은 오늘날 모든 영국민이 심각히 고민해보아야 할 주제입니다. 나는 이 문제의 중요성에 대해 어떻게 표현해야 할지 모르겠습니다. 잉글랜드 기독교의 절반은 '전통적 잉글리시 선데이'를 고수하고 있다는 말을 듣습니다. 우리가 이러한 전통을 지켜나갈 수 있을지는 두고 봐야 할 문제입니다. 대적은 홍수처럼 밀려오고 있으며 우리가 "요새를 파수"하기 위해서는 허리를 동여매고 싸워야 할 것입니다. 오늘날 영혼의 대적이 계시 종교에 대해 특별한 적대감을 가지고 공격하고 있는 것으로 보이는 목표물은 두 가지입니다. 하나는 교리적이고 또 하나는 실천적입니다. 하나는 그리스도의 제사장직이며 다른 하나는 네 번째 계명에 대한 준수입니다. 우리는 이 두 가지를 끝까지 사수해야 할 것입니다. "검 없는 자는 겉옷을 팔아 살지어다"(눅 22:36).[2]

나는 이 분별없는 세대에 생각 없는 많은 사람들이 안식일을 무기력한 유대제도로 비웃는다는 사실을 알고 있습니다. 그들은 그렇게 함으로써 자신이 성경과 인간의 본성에 대해 무지하다는 사실을 드러내고 있습니다. 그들은 안식일이 창조만큼 오래된 것이며 십계명 이전에 "인간을 위해 만들어진" 것이라는 사실을 모릅니다. 안식일은 인간과 하나님의 교제를 위해 제정되었으며 모든 피조세계에 유익이 됩니다.

1) 안식일은 인간의 **신체**에 유익을 줍니다.

우리 모두는 휴식이 필요합니다. 이 점에 대해 모든 의사들은 일치된 견해를 보입니다. 인간의 신체는 신기하고 놀랍게 구성되어 있지만 규칙적인 휴식 없이 계속해서 일만 할 수 없도록 되어 있습니다. 캘리포니아에서 금광을 캐는 자들은 이러한 사실을 알았습니

---

[2] 이 부분에서 라일 주교는 네 번째 3년 주기 교지에 관한 경고를 축어적으로 되풀이한다(제9장 7항 참조).

다. 그들 가운데 많은 사람들은 돈을 벌겠다는 일념에 사로잡힌 무분별하고 신앙이 없는 사람들이겠지만 그럼에도 불구하고 그들은 일곱 번째 날이 생명을 유지하는데 절대적으로 필요하다는 사실을 알았던 것입니다. 쉬는 날이 없었을 때 그들은 금을 캔 것이 아니라 무덤을 파고 있었던 것입니다. 나는 힘들게 일하는 성직자가 쉽게 실패하는 이유 가운데 하나는 안식할 날을 찾지 못했기 때문이라고 생각합니다. 나는 만일 몸이 말을 할 수 있다면 "안식일을 기억하라"고 외칠 것이라고 생각합니다.

2) 안식일은 인간의 **정신**에 유익합니다.

정신은 신체만큼 휴식이 필요합니다. 정신은 연속적인 긴장이 쌓이는 것을 참지 못합니다. 그것은 힘을 비축하고 회복할 수 있는 일정한 간격의 안락함을 필요로 합니다. 그것이 없으면 정신은 조기에 닳아 없어지거나 부러진 화살처럼 갑자기 실패하게 됩니다. 유명한 정치가이자 인류학자인 윌버포스(Wilberforce)가 나이 들어 이 문제에 대해 증언했던 내용은 충격적입니다. 그는 자신의 힘은 전적으로 안식일을 철저히 지키는데서 나온다고 했습니다. 그는 국회에서 일하는 동년배 가운데 가장 탁월한 지성을 소유한 자들이 갑자기 쇠퇴해서 모든 것을 잃는 것을 보았다고 말하며 이러한 정신적 파산의 경우 모든 원인은 네 번째 계명을 등한시 한 때문이라고 주장합니다.

3) 안식일은 **나라**에 유익합니다.

그것은 국민의 성품과 복지에 많은 영향을 미칩니다. 나는 일 년 내 일만 하는 것보다 매주 정기적으로 한 날을 쉬는 것이 훨씬 많은 일을 능률적으로 할 수 있다고 믿습니다. 그들의 손은 더 강해지고 정신은 더 맑아질 것이며 그들의 주의력과 적용력 및 인내력은 훨씬 강해질 것입니다. 오늘날 지상에서 대영제국과 미국처럼 번성한 나라가 있습니까? 두 나라처럼 힘 있고 강력하며 성공과 확신과 도덕성과 훌륭한 정부를 가진 나라가 어디 있습니까? 사람들은 여러 가지 이유를 제시할 수 있을 것입니다.

그러나 나는 주저 없이 안식일을 준수한 것이 가장 큰 비결이라고 말할 것입니다. 대영제국과 미국은 여러 가지 죄악이 있음에도 불구하고 지상에서 가장 안식일을 잘 지키는 두 나라입니다. 그들은 지난 50년간 주의 날을 지키기 위해 7년이란 노동 시간을 포기했습니다. 그러나 그들이 잃은 것이 있습니까? 결코 없습니다. 이 점에 대해서는 맥컬레이 경만큼 분명하게 언급한 사람도 없을 것입니다. 안식일을 지키는 두 나라는 지상에서 가장 번영한 나라들입니다. 외견상 안식일 준수는 모든 시간의 1/7을 빼앗기는 것처럼 보이며 그만큼 소득이 줄어들 것처럼 생각됩니다. 그러나 그것은 우리가 내는 가장 훌륭한 세금임이 분명합니다.

4) 끝으로 안식일은 인간의 **영혼**에 유익합니다.

영혼은 몸이나 정신만큼 안식일을 필요로 합니다. 영혼은 분주하고 바쁜 세상 가운데 있기 때문에 영혼의 관심사는 끊임없이 시야 밖으로 벗어나기 쉽습니다. 이러한 관심사에 주의를 기울이기 위해서는 영혼을 위해 특별히 구별된 날이 필요합니다. 자신의 영혼의 상태를 조용히 성찰하는 규칙적이고 반복적인 시간이 있어야 한다는 것입니다. 우리가 영원한 하늘을 위해 순항하고 있는지 자신을 점검하고 입증하는 한 날이 있어야 한다는 것입니다. 사람에게서 안식일을 빼앗아 가면 신앙은 아무 것도 남지 않게 될 것입니다. "안식일이 없는 상태"로부터 "하나님이 없는" 상태로 가는 수순을 밟는 것이 일반적 원리입니다.

4. 마지막 주제는 **웨일스교회의 국교회폐지 및 몰수에 관한 것입니다.**

소위 웨일스교회는 잉글랜드 국교회의 중요한 일부입니다. 여러분은 어느 한 쪽만 공격할 수 없습니다. 내가 강조하고 싶은 것은 우리는 서서히 다가오고 있는 전쟁을 위해 최선을 다해 준비해야 할 의무가 있다는 것입니다. 국교회폐지는 '현실 정치'와 무관한 문제라고 말하는 것은 아무 소용이 없습니다. 한때는 그랬지만 지금은 실제적인 문제가 되었으며 아일랜드교회를 폐지한 정치가들이 존속되는 한 이 문제는 더욱 현실화 될 것입니다.

이처럼 크고 중요한 주제를 다룸에 있어서 나는 법적인 부분에 대해서는 어떤 언급도 하지 않을 것입니다. 오늘날 모든 실권은 국회에 있습니다. 국회가 잉글랜드 국교회를 폐지하기로 결심했다면 아무리 분통이 터지더라도 복종할 수밖에 없습니다.

국교회폐지가 현실화되고 대영제국의 모든 교회와 분파가 특별한 권리를 갖지 못하는 동일한 입장에 놓이게 된다면 정부는 더 이상 어느 한 쪽에 특권을 주거나 우호적으로 대하지 않을 것입니다. 정부는 종교와 무관하게 될 것이며 모든 지원은 자유무역 원리 및 자발적 시스템에 맡길 것입니다. 한 마디로 잉글랜드 성부는 모든 백성이 하나님을 섬기든 바알을 섬기든 상관치 않을 것이며 천국이든 다른 장소든 원하는 대로 가도록 방치해 둘 것입니다. 국가는 영적 문제를 인식하지 못할 것이며 무관심한 태도와 방관자적인 자세로 바라볼 것입니다. 국가는 계속해서 백성을 보살폈겠지만 영적인 삶에 대해서는 전적으로 무시했을 것입니다.

이제 이러한 혁명적 법제화가 가져올 명백하고 실제적인 결과에 대해 언급하고자 합니다. 나는 이 방면에서 주제에 접근하는 것이 중요하다고 생각합니다. 생각 없는 많은 사람들은 국교회폐지와 몰수가 이 땅에 가져올 광범위한 악영향에 대해 아무런 신경도 쓰지 않습니다. 그들은 식민지와 미국을 가리키며 교회와 국가의 연합 없이도 얼마나 잘 해나가는지 보라고 말합니다. 나는 뉴욕과 같은 도시나 서방 국가들이 많은 사람들이 생각하는 것처럼 국교회가 없이도 모든 일이 잘 되어간다고는 생각하지 않습니다. 어쨌든 나는 국교회폐지와 몰수가 가져올 것이라고 생각하는 결과들에 대해 제시할 의무가 있다고 생각합니다.

1) **교회**가 받게 될 상처는 매우 클 것입니다.

현재의 재산을 몰수당하면 농촌 성직자의 수는 절반 이상이 줄어야 하고 성직록의 반은 통합되어야 하며 사역은 반 토막 날것입니다. 농촌 지역의 자발적 시스템은 전적으로 실패하게 될 것입니다. 아무도 비국교도 국가의 사역자보다 낫다고 생각하지 못할 것입니다. 국교회폐지는 국교회가 도시 밖에서 이루어지는 주교의 사역을 지원할 힘을 빼앗을 것입니다. 또한 그것은 잉글랜드 국교회가 다른 나라의 이교도에 대한 선교 및 국내 전도를 확장할 힘을 무력화시킬 것입니다. 교회의 관심은 성직자 지원기금에 집중될 것입니다. 우리는 자신의 자리를 보전하기 어려울 것이며 사역의 영역을 확대하기는 더욱 어려울 것입니다. 끝으로 국교회폐지는 성공회 내에서의 분열과 분쟁 및 붕괴로 이어질 것입니다. 우리는 더욱 편협한 마음을 가지게 될 것이며 관대함이나 포용력은 점차 줄어들 것입니다. 물론, 분열과 분쟁은 좋은 것이며 이 땅에 분파가 많아진다는 것은 천국에 근접했다는 의미라고 생각하는 사람들에게는 국교회폐지가 아무런 상관도 없을 것입니다. 나는 주 예수 그리스도의 말씀을 반복하는 것으로 만족하겠습니다. "스스로 분쟁하는 동네나 집마다 서지 못하리라." 그리스도인은 분열하면 할수록 약해지며 기독교의 영향력은 줄어들게 됩니다. 영국의 그리스도인 간에 분열을 조장하는 것은 가톨릭과 불가지론자 및 이교도를 도와주는 가장 확실한 방법입니다.

국교회가 폐지되면 영국의 성직자는 지금보다 더 사역과 설교를 잘 할 것이며 우리는 야생코끼리를 다루듯 모두 조련사가 되어 성직자를 굶기는 방법으로 유순하게 만들 수 있을 것이라고 말하는 사람들에 대해서는 언급할 가치조차 느끼지 못합니다. 누구라도 자신의 주장을 말할 수 있지만 사실과 명백히 다른 주장은 아무런 가치가 없는 것입니다. 나는 국가와 무관한, 바다 건너 미국의 성공회가 잉글랜드 국교회의 성직자보다 훌륭한 설교자나 사역자라는 생각은 조금도 하지 않습니다. 무엇보다 나는 영국의 비국교도 사역자들이 설교나 사역에 있어서 국교도 성직자보다 탁월하다고 생각하지 않습니다.

요약하면, 국교회폐지가 잉글랜드 국교회에 해를 끼치지 않고 유익이 될 것이라고 말하는 국교회폐지론자들의 주장은 전혀 근거가 없다는 것입니다. 국교회폐지는 큰 해를 끼칠 것입니다. 1온스의 사실이 1파운드의 이론보다 낫습니다. 자유로운 교회는 말하기는 쉽고 멀리서 보면 좋을 것 같지만 안으로는 많은 문제를 안고 있습니다.

2) 그러나 국교회폐지가 잉글랜드 국교회에 큰 영향과 상처를 준다고 해서 **비국교도**에게 유익이 되지는 않을 것입니다.

나는 국교회폐지가 비국교도의 수를 늘이거나 그들의 영향력을 확장시켜주거나 도시나 시골에서 힘을 실어주는 일은 없을 것이라고 생각합니다.

국교회폐지가 잉글랜드 국교회를 붕괴시키고 비국교도의 대적들을 완전히 제거할 수 있다고 생각합니까? 국교회폐지가 비국교도에게 힘을 실어주고 사람들을 비국교회에 보내줄 것 같습니까? 그런 일은 절대 일어나지 않을 것입니다. 하원이 전례의 사용을 금하고 성공회 교인이 되는 자를 처벌하며 프랑스 공산주의의 원리에 따라 국교도의 재산을 몰수하고 다른 사람보다 열심히 일하는 사역자를 투옥하거나 총살시키기로 결정하지 않는 한 국교회폐지로 잉글랜드 국교회가 사라지는 일은 없을 것입니다. 비국교도는 국교회폐지가 결정되어도 옛 교회는 죽지 않고 더욱 왕성하게 살아 있는 모습을 보게 될 것입니다.

국교회폐지는 재정적인 면에서도 교회를 무너뜨릴 수 없을 것입니다. 교회 좌석료와 헌금은 여전히 남아 있을 것입니다. 국회가 그것까지 없앨 수는 없습니다. 지난 두 세기 동안 기부 받은 재산도 남아 있을 것입니다. 국회는 아일랜드 법(Irish Act)[3]의 논리적 원리에 따라 그 재산에 손을 댈 수 없습니다. 주교와 성직자의 종신 부동산권(life interests) 역시 동일한 원리에 따라 보호될 것입니다. 재정 문제에 정통한 평신도 국교도가 개발 중인 새로운 금융상품이나 생명보험은 이러한 부동산권을 거대한 투자자금으로 바꾸어 안전한 상품에 투자하게 할 것입니다. 한 마디로 잉글랜드 국교회는 쇠약하고 가난하게 되겠지만 완전히 무너지지는 일은 없다는 것입니다. 우리 가운데 많은 사람들은 지출을 크게 줄여야 하겠지만 살아갈 수는 있을 것이며 또 반드시 그렇게 할 것입니다. 국교회폐지론자들은 우리에게 타격을 가하고 가난에 빠뜨린 후에도 우리가 여전히 붕괴되지 않은 것을 보게 될 것입니다. 우리는 물질적 가난에도

---

[3] 1869년.

불구하고 결코 쓰러지지 않고 우리의 자리를 지켜야 합니다.

국교회폐지가 대도시교회에는 큰 영향을 주지 못할 것입니다. 물론 농촌에서 십일조를 받는 성직자들은 생명보험으로 인해 수입이 절반은 줄어들 것이며 생업에 지장을 받을 것입니다. 그러나 교회 좌석료와 부활절 헌물 및 헌금에 의존하는 런던, 리버풀, 맨체스터, 버밍햄, 리즈 및 쉐필드와 같은 대도시 성직자들의 경우 대부분 국교회폐지 이전과 크게 달라지지 않을 것입니다. 우리는 "대도시가 농촌을 지배한다"는 말을 수없이 들었습니다. 대부분의 대도시교회는 여전히 강력할 것입니다.

국교회폐지로 많은 국교도가 잉글랜드 국교회를 버리고 침례교, 독립교단, 장로교 및 감리교 신자가 되는 일은 없을 것입니다. 국교회폐지가 교회를 비우고 비국교도 예배당을 채우는 일은 없을 것입니다. 또한 귀족들이나 상류층 및 중산층 또는 대부분의 노동자 계층이 기도서를 불태우고 성공회 사역자들을 몰아내며 임시 기도서에 빠지는 일은 없을 것입니다. 결코 그런 일은 일어나지 않을 것입니다. 국교도의 대부분은 여전히 주교와 교구목사, 보좌 신부 및 부교역자들에 의존할 것이며 제의적 예배와 잉글랜드 국교회의 옛 길을 고수할 것입니다. 그들은 예전의 번성하던 교회보다 역경에 처한 지금의 가난한 교회에 더 큰 애착을 가질 것입니다. 그들은 검소한 복장을 보면서 예전보다 더 교회를 사랑하고 더욱 풍성한 헌금을 할 것입니다. 신자의 수에 있어서도 나는 국교회폐지가 비국교회에 치명적 손실이 될 것이며 결코 유익이 되지 못할 것이라고 믿습니다.

끝으로 국교회폐지는 비국교도에게 더 많은 자유를 보장하거나 예전에 못하던 것을 하게 하지는 않을 것입니다. 나는 지상의 그리스도인 가운데 영국의 비국교도만큼 원하는 대로 자유를 누리며 무력함으로부터 벗어난 사람은 없다고 생각합니다. 그들은 국교도보다 더 큰 자유를 누리고 있습니다. 그들은 아무런 방해도 받지 않고 원하는 곳에 건물을 세우고 원하는 설교를 하며 원하는 방식으로 하나님을 섬깁니다.

그러나 국교도는 곳곳마다 점검을 받아야 하며 법의 제약이 따릅니다. 내일 당장 교회가 폐지되더라도 비국교도가 무슨 일을 더 할 수 있다는 것입니까? 그들이 모든 성직자를 사형시키거나 지상에서 사라지게 하거나 대성당을 몰수하고 국교회에 다니는 신자에게 벌금이나 사형을 통해 강제로 비국교도 예배당으로 쫓아낼 수 있는 권한을 요구할 것이라고는 생각하지 않습니다. 그러나 나는 이러한 일 외에 그들이 지금 무슨 일을 할 수 없다는 것인지 모르겠습니다. 그들은 원하면 모든 영국인을 비국교도로 만들 자유가 있습니다. 무엇을 더 바란다는 것입니까? 교회와 국가의 연합의 붕괴는 비국교도에게 어떤 유익도 주지 못할 것입니다.

3) 그러나 나는 국교회폐지가 교회에 주는 상처보다 **국가에 주는 상처가 더 클 것**이라고 생각합니다.

우리의 이성은 나라의 번영의 비결은 국민의 도덕적 기준이라는 사실을 말해줍니다. 금광이나 제조업, 과학적 발견, 부두, 도로, 수사학, 상업적 활동 및 민주적 제도가 나라를 부강하게 만들거나 유지시키는 것이 아닙니다. 두로와 시돈, 카르타고, 아테네, 로마, 베니스, 스페인과 포르투갈은 이러한 것들이 풍부했으나 몰락하고 말았습니다. 국력의 바탕이 되는 요소는 진실과 정직, 절제, 순수, 절약, 근면성, 형제애, 국민 상호 간의 사랑 및 그로 인한 신뢰감 등입니다.

누가 감히 이러한 사실을 부정하겠습니까? 순수한 성경적 기독교를 장려, 강화, 확산하고 가르치는 방법보다 이러한 요소들을 확실하게 배양하는 방법이 있습니까? 이교도가 아니고서야 어떻게 그런 방법이 있다고 주장하겠습니까? 국가가 국민들이 검소하고 진실하며 부지런하며 절제하며 정직하며 도덕적이며 관대하기를 바라겠습니까 그렇지 않겠습니까?

이것이 사실이라면 신앙을 격려해야 하며 그렇지 않다면 신앙을 무시해야 할 것입니다. 악을 처벌하면서 덕을 사랑하지 않는 것이나, 공금으로 경찰을 먹이고 교도소를 지으면서 더 많은 사역자를 세우는 일이나 교회를 짓는 일을 등한히 하는 것은 어리석고 모순된 행동입니다. 진실한 신앙인이 많아질수록 국민의 수준은 더 나아집니다. 훌륭한 국민이 많아질수록 나라는 더 번영합니다. 신앙을 무시하고 국민이 그리스도인이든지 아니든지 신경 쓰지 않겠다고 말하는 정부는 치명적으로 어리석은 행동을 하고 있는 것입니다. 세상적 관점에서 보더라도 불신앙은 국가의 가장 큰 대적입니다.

어쨌든 나는 하나님을 믿는 전통적 신자 가운데 한 사람입니다. 나는 그를 창조주 하나님으로서 뿐만 아니라 세상을 다스리고 섭리하시는 하나님, 기도를 듣고 응답하시는 하나님으로 믿습니다. 그렇기 때문에 나는 국가가 기독교를 인정하든 말든 나라가 국교회를 가지든 말든 아무런 상관이 없다는 생각을 인정할 수 없습니다. 나는 "나를 존중히 여기는 자를 내가 존중히 여기고 나를 멸시하는 자를 내가 경멸하리라"(삼상 2:30)는 하나님의 말씀의 위대한 원리 위에 굳게 설 것입니다. 나는 국가에도 이러한 원리가 적용될 수 있다고 생각합니다. 나는 잉글랜드 국교회를 폐지하려는 국회법이 교회에도 큰 영향을 주겠지만 국가에는 더 많은 손해를 끼칠 것이라고 확신합니다. 우리도 많은 것을 잃겠지만 국가는 더 많은 것을 잃을 것입니다. 한 사람의 애국자이자 영국인으로서 나는 나라를 위해 교회와 국가의 연합을 굳게 지지합니다.

앞으로의 일에 대해 아는 사람은 아무도 없을 것입니다. 그러나 모든 것이 불안하고 소위 거짓으로 관대하며 인기에 갈급한 시대,

쉽게 놀라고 감상적이 되며 군중이 우상인 시대, 단지 오래 되었다는 이유만으로 옛 것을 싫어하고 새롭다는 이유만으로 새 것에 열광하는 시대, 변화를 위한 변화를 추구하고 옛 것을 옹호하는 자들은 대해서는 무감각하고 새것을 주장하는 자들에 대해 열광하는 시대, 이러한 시대에 나는 국교회폐지가 현실이 되어도 놀라지 않을 것입니다. 그렇게 될 경우 국가는 사람들이 생각할 수도 없는 상처와 고통을 받게 될 것입니다. 나는 국가가 하나님을 인정하지 않는 것을 보기보다 차라리 성공회가 폐지되고 감리교, 장로교, 침례교, 독립교단이 국교회가 되는 것을 보고 싶습니다.

영국정부가 종교와의 모든 관계를 단절할 경우 하나님이 어떤 방식으로 영국을 벌하실 것인가에 대해서는 알 수 없습니다. 하나님은 우리가 전쟁에서 패하거나 다른 나라의 공격으로 영토를 점령당하는 것과 같은 갑작스러운 타격을 가하거나, 상업적 번영의 뿌리를 마르게 함으로써 점차 시들게 하거나, 어리석은 자들이 지도자가 되어 우리를 다스리고 국회를 장악하며 미디안족속처럼 서로 싸우게 함으로써 분열시키거나, 상류층에 현명한 정치가들이 보이지 않고 공산주의와 사회주의 및 폭도들이 날뛰게 함으로써 우리를 벌하실 수 있지만 나는 어떤 일이 일어날 것인지 볼 수 있는 선지자의 눈이 없으며 아는 체 하지도 않겠습니다. 옛 사람들은 하나님의 심판은 맷돌과 같아서 매우 천천히 갈지만 철저하게 간다고 했습니다.

내가 이 나라를 위해 가장 두려워하는 것은 무의식중에 점차 부패해서 몰락하는 것입니다. 그러나 한 가지 사실은 분명합니다. 하나님을 무시하는 씨앗을 뿌리는 국가는 조만간 자연 재앙과 국가적 멸망이라는 열매를 거두게 될 것입니다. 국교회폐지가 현실화 되어도 신자들의 몸인 그리스도의 참된 교회는 상처를 입지 않을 것입니다. 그리스도의 교회는 인간의 힘을 뛰어넘습니다. 국교회폐지는 가시적 교회인 영국의 성공회에 작은 상처를 줄 것입니다. 교회는 여기저기에 상처가 나고 가난에 시달리겠지만 여전히 살아 있을 것입니다. 그러나 국가는 상당한 타격을 받을 것이며 결국 우리 위대함에 큰 손상을 입힐 것입니다. 사랑하는 이 나라를 위해 굳게 서서 국교회폐지를 반대합시다.[4]

이제 교지의 결론에 이르렀습니다. 나는 지금까지 네 가지 중요한 주제-불행한 분열, 고등비평, 안식일 준수, 다가올 국교회폐지-에 대해 언급하였습니다. 나는 네 가지 주제 모두 심각한 상황에 이르렀다고 했습니다. 네 가지 모두 즐거운 주제는 아니지만 우리의 마음을 열어달라고 긴급히 문을 두드리고 있으며 나는 문을 열어줄 것을 소망합니다. 어쨌든 네 가지 주제는 생각할 거리를 제공하고 있습니다.

이 외에도 살펴보고 싶은 몇 가지 중요한 주제가 있습니다. 도박, 음주, 주일학교에 대한 비판적 입장, 신학교에서 분명한 교리의 부재, 파업 및 고용자의 공장폐쇄(Lock-outs)로 인한 사회적 문제, 노동과 자본의 충돌 등이 그것입니다. 그러나 오늘은 이처럼 광범위한 분야에 대해 다룰 시간이 없으며 내키지는 않지만 다음으로 넘겨야 할 것 같습니다.

이것은 내가 전할 수 있는 마지막 3년 주기 교지가 될 가능성이 높습니다. 77세의 주교는 더 살려는 기대를 하기 어렵습니다. 나는 주교로 재직한 지난 13년간 여러분이 보여준 친절에 대해 진심으로 감사드립니다. 나는 더 열심히 사역했더라면 좋았을 것이라는 생각을 합니다. 그러니 나는 "맡은 일에 최선을 다했다"고 말할 수 있다고 생각합니다.

나는 이 마지막 교지가 보다 긍정적인 관점에서 전달되기를 바랍니다. 그러나 우리의 지평이 모든 면에서-교회적으로, 정치적으

---

4 Welsh Church Disestablishment Act는 1914년에 통과되었으나 이 법의 시행은 세계전쟁이 끝나고 6개월이 지날 때까지 보류되었다.

로, 경제적으로, 사회적으로-어둡다는 사실을 감출 수는 없습니다. 끝이 어떻게 되겠습니까? 시대의 조류가 바뀌겠습니까? 태양이 떠오르지 않을 수 있습니까? 많은 사람들은 다음과 같은 본문을 읽어 보았을 것입니다.

사람들이 세상에 임할 일을 생각하고 무서워하므로 기절하리니 (눅 21:26).

이제 찰스2세 시대 노르위치의 주교 에드워드 레이놀즈(Edward Reynolds)가 행한 설교의 한 구절을 끝으로 교지를 마치려 합니다. 이 설교는 우리 시대에 정확히 적용이 되기 때문에 인용하지 않을 수 없습니다.

우리는 무너져가고 있는 시대에 살고 있습니다. 우리는 서민층으로부터 허영심을, 상류층 사람들에게서 거짓을 발견합니다. 우리는 국회를 믿었으나 그들은 파산했으며 군주를 믿었으나 그들은 단념 했습니다. 우리의 배는 파선했으며 우리의 무역과 우리의 재산과 우리의 정부와 우리의 희망과 우리의 교회는 깨어졌으며 오직 우리의 마음과 죄만 깨어지지 않고 그대로 있습니다. 우리는 죄와 어리석음으로 말미암아 아무런 위안도 없는 상태에서 믿을 수 없는 사람을 믿었습니다. 우리의 마지막 지혜와 믿음은 살아 계신 하나님에 대한 신앙이 되게 하고 회개와 겸손으로 우리의 죄를 제거합시다. 어떤 불가능한 일도 우리를 향한 자비를 막을 수 없을 것입니다.[5]

이 설교는 참으로 놀랍습니다. 우리는 레이놀즈 주교가 세상을

---

5 Edward Reynolds, *Works*, vol. 5, p. 180.

떠난 후에도 태양이 다시 떠오르고 조수가 흐른다는 사실에 감사해야 할 것입니다. 세상은 그런 식으로 우리와 함께 있을 것입니다. 절망 가운데 앉아 있지 말고 각자 자신의 자리에 굳게 서서 사역하고 싸우며 경계하고 소망하며 기도합시다.

No Uncertain Sound

13장
무엇을 원하느냐?
(1895년 11월 5일, 14번째 리버풀교구회의 연설)

사랑하는 성직자 여러분!

나는 14번째 교구회의에 오신 여러분을 진심으로 환영하며 이번 모임도 언제나처럼 흥미롭고 유익한 모임이 될 것을 믿어마지 않습니다. 오늘의 주제는 모든 지구장들이 자유롭게 선출한 상임위원회(Standing Committee)에서 엄선한 것들입니다. 여러분은 지금부터 내가 제시하는 내용을 귀담아 듣고 각자 마음에 굳은 결심을 해주기를 바랍니다. 오늘처럼 모든 교구가 함께 모일 수 있는 날은 1년에 겨우 이틀밖에 없는데 사소한 문제로 시간을 허비하기에는 아까운 시간입니다.

1. 우리 교구의 상황입니다.

우리 교구에 관한 이야기는 시간이 없는 관계로 간략히 제시하고 넘어 가겠습니다. 우리가 작년에 이곳에서 만난 이후 일어난 일들은 교회적으로나 국가적으로 매우 중요한 일이었습니다. 그것은 아무도 예상치 못했던 일이자 우리 후손의 역사에 길이 남을 만한 일이며 깨어 자신의 본분을 알고 있는 모든 국교도의 진지한 관심을 요구하는 일이었습니다. 여러분은 본 주교가 이러한 일들에 관해 언급해 주기를 바랄 것입니다. 동시에 나는 올해의 교구 상황에 관해서도 간략히 제시하고자 합니다.

우리는 지난 번 회의 이후 두 사람의 성직자-레인힐의 바톤(Barton of Rainhill)과 리디에이트의 놀스(Dr. Knowles of Lydiate)-를 잃었습니다. 또한 세 명의 성직자-참사회원 퍼지(Canon Fergie of Ince), 에브라드(Everard of St. Andrew, Southport), 리빙스턴(Canon Livingston of Aigburth)-가 사임함으로써 현재 수록성직자 수는 205명이고 부교역자 수는 213명입니다. 이것은 리버풀교구가 처음 형성된 1880년에 비하면 수록성직자가 25명, 부교역자가 90명 늘어난 수치로 부교역자의 비율이 높은 편이며 구역(지역교구)마다 수록성직자가 맡고 있는 교구민은 평균 6천 명입니다. 이 수치는 120만 명의 교구민을 가진 새로운 교구의 영적 수요를 채우기에는 턱없이 부족하다는 것은 두말할 필요도 없습니다. 우리의 훌륭한 배는 승무원이 너무 부족하며 마땅히 수행해야 할 목회 및 강단 사역에 많은 차질을 빚고 있습니다.

우리는 최선을 다해 사역을 감당하고 있습니다. 그러나 모르는 사람들은-심지어 우리의 형편을 잘 아는 사람들까지-"대성당을 언제 지으려고 하느냐"라는 질문을 끊임없이 반복합니다. 다른 교구에서 볼 수 있는 것처럼 웅장한 대성당은 리버풀교구의 훌륭한 장식과 아름다운 사치품이 될 수 있을 것입니다. 어쩌면 랭커셔 사람 가운데 누군가 50만 파운드를 들고 찾아와 대성당을 지어 기부하는 날이 올 수도 있을 것입니다. 그러나 그동안은 교구민이 넘쳐나는 구역마다 모든 가족이 모일 수 있는 가까운 곳에 더 많은 성직자와 교회를 세우는 것이 급선무이며 그때까지 대성당에 대한 논의는 시간 낭비일 뿐입니다.

나는 지난 해 우리가 잃은 사람 및 사임한 사람들의 명단에 그냥 지나칠 수 없는 한 사람을 더 추가하고자 합니다. 그는 존경 받는 평신도 에드워드 펨버턴 패리(Edward Pemberton Parry)입니다. 많은 사람들은 성경 읽어주는 사람들 모임 및 잉글랜드 국교회 절제 협회라는 두 개의 중요한 기관의 장을 맡았던 그에 대해 잘 알고 있을 것입니다. 나는 리버풀의 주교가 된 후 깊은 신앙적 성품이나 일관된 삶, 상담의 지혜, 국교회 개신교에 대한 견고한 지원, 모든 선한 목적을 위한 기부 등에 있어서 그와 같은 사람은 거의 만나본 적이 없습니다. 조용하고 겸손했던 그는 우리에게 많은 아쉬움을 남기고 떠났으며 그의 빈자리로 인해 리버풀교구는 많은 힘을 잃게 되었습니다.

지난 해 우리 교구의 교회 건축은 큰 진전을 보지 못했습니다. 세인트 가브리엘교회(St. Gabriel, Huyton)가 내가 봉헌 요청을 받은 유일한 교회입니다. 판워스(Farnworth)의 오래된 구역교회는 4,500 파운드의 거금을 들여 깨끗이 단장 한 후 다시 문을 열었습니다. 옴스커크 다음으로 훌륭하게 복원된 이 교회는 성직자와 건축가는 물론 성직자와 교구민 모두에게 신뢰를 주고 있습니다. 세인트 시몬(St. Simon) 및 세인트 쥬드(St. Jude in Walton)는 곧 완공될 것으로 보이며 금년 말쯤 봉헌될 예정입니다. 트리니티(Trinity, Formby)와 새로운 워털루지구의 크라이스트 처치(Christ Church, Waterloo)는 거의 완공단계에 있으나 봉헌을 위해서는 약간의 사금이 부족한 상태입니다. 노스 머올스(North Meols)의 새로운 구역교회를 위한 계획은 이미 착수되어 기초를 놓은 상태이며 포기하는 일은 없을 것으로 보입니다. 인구가 늘어나고 있는 일부 지역에는 여전히 많은 교회가 필요하다는 사실을 잘 알고 있습니다. 블런델 샌즈(Blundell Sands), 세인트 루크(St. Luke, Walton), 세인트 존스(St. John's, Bootle)

및 켄싱턴 필즈가 이러한 교회들입니다. 영국국회가 이러한 지역들에 은혜의 방편을 제공하지 아니할 경우, 그들이 비국교도의 대열에 합류한다고 해도 놀라운 일이 아닙니다. 내 수중에는 사람들이 생각하는 것처럼 우리의 수요를 충당할 수 있는 거금의 교회건축 기금이 없습니다. 나는 단지 걱정스러운 눈으로 상황을 주시하며 리버풀의 대상인들(merchant-princes)이 예전에 어떤 이들이 그랬던 것처럼 자진해서 나아와 교회를 건축할 날이 다시 돌아오기만 기다리고 있을 뿐입니다. 그동안은 나에게 현재 일부 교회는 빈자리가 반이나 되기 때문에 더 이상 교회가 필요치 않다는 눈치 없는 말을 하지 않았으면 좋겠습니다. 지각 있는 국교도라면 왜 이런 상태가 되었는지 잘 알 것입니다. 일반적으로 이러한 빈자리는 강단에서 의로운 자, 부지런하고 지혜로우며 심방을 즐겨하는 성직자만이 채울 수 있습니다.

　나는 지난 해 학교 건축 및 개선을 위한 노력에 큰 진전이 있었음을 알리게 되어 기쁘게 생각합니다. 교육부(Education Department)의 강력한 요구에 부응하고 교육위원회(School Boards)의 확장을 막기 위해 우리 교구는 값진 노력을 통해 거금을 확보하는 성과를 올렸습니다. 나는 교구 내 일부 성직자와 평신도가 이 일에 보여준 용기 있는 태도와 주일학생들의 교육을 교회에 맡기려는 결심에 큰 감사를 드리지 않을 수 없습니다. 여러 교회들-위건, 세인트 헬렌, 워링톤, 사우스포트 및 월톤-에서 볼 수 있는 것처럼 주일학교를 위한 이러한 노력이 없이는 우리의 기반을 지킬 수 없습니다. 나는 아무리 큰 어려움이 있을지라도 이러한 기반이 유지될 것이라고 믿습니다. 우리는 헨리 로렌스 경이 루크나우 전투에서 입은 부상으로 죽기 전에 후손에게 남긴 "결코 포기하지 말라"는 유언을 상기할 필요가 있습니다. 그러나 나는 교육위원회를 적대시해서는 안 된다고 생각합니다. 런던에서와 마찬가지로 리버풀에서도 공립초등학교는 분명히 필요합니다. 그들이 없이는 많은 지역에서 아이들이 이단이나 이교도로 성장할 것입니다. 어쨌든 나는 이 점에서는 그들이 많은 신앙적 교육을 제공했다는 사실을 인정하며 감사하게 생각합니다. 그러나 나는 학생들에게 성육신과 그리스도의 신성, 성령의 인격 및 속죄와 같은 교리들을 규칙적이고 분명하게 가르치는 학교를 선호할 것입니다. 나는 모든 구역에 이러한 학교들이 서기를 바라며 리버풀교구는 이러한 학교들에 대한 지원을 아끼지 않을 것입니다.

올해는 시간이 부족하기 때문에 교구 사역을 수행하는 기관들에 대한 언급은 대폭 생략하겠습니다. 우리 교구의 기관들에 대한 재정적 지원은 매우 적으며 따라서 이러한 기관들이 도움이 필요한 자들에게 해 줄 수 있는 일도 많지 않습니다. 이것은 비단 우리 교구에만 해당되는 상황은 아닙니다. 잉글랜드 전역에서 국교도는 공적인 기금으로 지원하는 것을 꺼리는 경향이 있습니다. 그들은 가까운 곳에 있는 단체들에 기부하고 싶어 합니다. 많은 사람들은 모르고 있지만 나는 우리 교구의 성직자들은 이러한 사실에 대해 알았으면 좋겠습니다.

그들은 우리 기관들이 많은 돈을 가지고 있을 것이라는 잘못된 생각을 하고 있으며 기관이 도움을 요청하여 약간의 지원이라도 받으면 그들은 불쾌하게 생각하며 형평성에 어긋난다고 생각합니다. 단 한 번만이라도 우리 위원회는 자신이 받은 것만 줄 수 있다는 생각을 해봅시다. 만일 교구가 지원하지 않으면 그들 역시 필요한 곳에 도와줄 수 없다는 사실을 명심합시다. 리버풀의 성경 읽어주는 사람들 모임 및 절제 모임과 같은 훌륭한 단체들은 많은 유익한 사역을 지속적으로 수행하고 있습니다. 선원들을 위한 자선 단체, 여성 친목 모임 및 전도 부인 모임은 각자의 분야에서 순수하고 깨끗한 신앙 형성을 위해 큰 도움을 주고 있습니다. 새롭게 형성된 어머니 모임(Mothers' Union)은 아직 잘 알려져 있지 않지만 적극적으로 지원할 필요가 있는 단체라고 믿습니다. 성직자 지원기금은 국가적 차원보다 교구적 차원의 지원이 효과적일 것으로 보입니다. 시간만 있다면 이러한 기관들에 대해서는 더 많은 언급을 하고 싶습니다.

교구 상황에 관한 보고를 마치기 전에 지난 한 해 동안 일어났던 세 가지 감사할 일에 대해 언급하고자 합니다. 이 세 가지는 지난 해 겨울 리버풀에서 있었던 선교대회의 성공과 교육위원회 선거에 대한 국교도의 동참 및 크로스 경과 보스카웬(Boscawen) 및 알더만 필립스(Alderman Phillips)가 우리를 방문했을 때 필하모닉 홀(Philharmonic Hall)에서 있었던 웨일스교회를 보호하기 위한 시위입니다. 각각의 경우에서 나는 우리가 더 잘 할 수 있었다고 생각합니다. 그러나 솔직히 말해 결과는 세 가지 모두 우리의 예상을 넘어서는 것이었습니다.

잉글랜드 국교회는 자신의 힘을 보여주었으며 마음만 먹으면 비국교도나 가톨릭이 항상 하는 것 이상으로 할 수 있습니다. 국교도는 올해, 특히 교육위원회 선거에서 지금까지 볼 수 없었던 모습, 즉 자신의 정당한 주장을 적극적으로 제시하고 조직적으로 협력하는 능력을 보여주었습니다. 그들은 리버풀에서 자신의 힘을 찾고 그것을 사용하기 시작했다는 것을 보여주었습니다. 모든 국교도가 나태하게 집에 앉아서 "내 일이 아니다"라고 말하는 대신 깨어 동참하고 투표에 동참하기만 하면 잉글랜드 전역의 교육, 행정, 정치적 선거에서 더 많은 영향력을 행사할 수 있을 것입니다. 나는 1895년에 일어난 공적인 사건들에 대한 관심을 다시 불러일으키게 된 것에 대해 깊은 감사를 드립니다. 나는 우리가 더 이상 잠들지 말고 계속 깨어 있기만 바랄 뿐입니다.

2. 사회적 문제입니다.

이제 우리 교구에 관한 간략한 언급을 마치고 보다 공식적이고 중요한 문제에 대해 살펴보겠습니다. 그것은 최근의 국회의원 선거를 통해 드러난 국교회에 대한 새롭고 비판적인 시각에 관한 것입니다. 나는 여러분의 주교로서 이 시점에 국교도인 우리에게 주어진 의무에 대해 언급해야 할 필요성을 느낍니다.

오늘날 모든 권력은 1832년의 선거법 개혁[1] 이후 어떤 정부보다 많은 하원 의원을 장악하고 있는 현 정부에 집중되어 있다는 사실을 잘 알 것입니다. 또한 이들 하원 의원 가운데 다수는 국교회를 지지하는 사람들인 것으로 보이며 따라서 특별한 사유가 없는 한 국교회폐지 및 몰수를 허락하지 않을 것이라는 사실 역시 상기시키지 않아도 될 것입니다. 그렇다면 이 새로운 정부가 무슨 일을 하려는 것처럼 보입니까? 이것이 내가 여러분의 관심을 집중시키고자 하는 초점입니다.

오늘날 우리는 지도력과 영향력이 있는 사람들로부터 새로운 정부의 관심은 잉글랜드 헌법에 대한 혁명적 개정이 아니라 고통스러운 사회적 문제들에 초점을 맞출 것이며 이러한 문제 해결에 적극적인 노력을 기울일 것이라는 말을 듣고 있습니다. 나는 이러한 소식이 놀랍지 않습니다. 우리는 오늘날 사회적 주제에 관한 비판적 위치에 있으며 나는 이러한 문제들이 통치자들의 특별한 주의를 요구한다고 확신합니다. 이 말이 무슨 의미인지를 상세히 설명해보겠습니다.

주의 깊은 사람이라면 지난 60년간 영국의 상류층은 막대한 부를 축적한 반면 노동자층의 경제적 사정은 크게 나아진 것이 없으

---

[1] 1895년 6월 Lord Salisbury는 자신의 세 번째 (보수당) 정부를 구성했다.

며 결과적으로 양자 간에는 반목과 불화 및 조화를 이루지 못하는 경향이 있다는 것을 잘 알 것입니다. 이러한 사실은 지금 많은 일들이 추진되고 있는 변화된 환경으로도 어느 정도 설명이 됩니다. 예전에는 모든 사람의 얼굴을 기억할 수 있을 정도로 적은 노동자와 소자본으로 사업을 했으나 오늘날 사업은 누군지 모를 정도의 대규모 노동자를 고용한 거대 기업에 의해 추진되고 있습니다. 그 결과 사업자와 노동자 간의 괴리는 선조 때보다 심화되었으며 양자의 관계는 친밀감이 사라지고 더욱 소원해지게 되었습니다.

이러한 상황에서 오늘날 노동조합(Trade Unions)의 결성에 대한 부당성을 찾기는 어려울 것입니다. 내가 아는 한 이 단체는 적법하게 운영되기만 하면, 그리고 자신을 반대하는 자들의 자유를 침해하지만 않는다면, 평화를 추구할 것이며 많은 사람에게 유익이 될 것입니다. 모든 사업이 오늘날처럼 대규모로 이루어지는 한 노동자가 상호 협력하고 결합하며 자신의 이익을 위해 노력하고 자신의 권리를 적법하게 주장하는 것에 대해 비난할 수는 없을 것입니다. 그러나 고용자와 노동자 사이에 지속적인 마찰의 위험이 상존하고 양편의 공정성을 유지하기 위해 지혜로운 정부의 철저한 관심이 요구되는 새롭고 미묘한 상황이 조성되었다는 사실을 외면하기는 어려울 것입니다. 이러한 마찰을 어떻게 줄일 것인가는 우리 시대의 커다란 사회 문제 가운데 하나로 대두되었으며, 모든 영국인의 사려 깊은 주의를 요하고 있습니다.

어쨌든 랭커셔의 우리는 고용자와 피고용자 사이의 괴리를 메우고 양자 간의 우호적 관계를 조성하려는 노력을 전향적으로 도와야 합니다. 우리는 화해위원회(Boards of Conciliation) 및 중재 재판(Arbitration)을 통해 분쟁을 해결하도록 노력해야 합니다. 우리는 무역 분쟁과 파업 및 로크아웃이 가져온 말할 수 없는 재앙 및 그로 인해 성직자의 목회 사역이 받은 타격에 대해 씁쓸한 경험을 통해 알고 있습니다. 나는 금주, 순결 및 절약을 추구하고 위생적인 주거 환경, 좋은 식수, 독서실, 유원지를 많이 확보하기 위한 어떤 조치도 교회의 평안을 바라는 모든 성직자의 적극적 지지를 얻어야 한다고 생각합니다. 물론 이러한 일은 복음과 무관하며 영혼을 구하지도 못합니다. 그러나 복음에 도움을 주는 유익한 일이기 때문에 경시해서는 안 될 것입니다.

그러나 우리가 잊지 말아야 할 것이 한 가지 있습니다. 아무리 영민하고 좋은 의도로 만들어진 법도 모든 사람을 부유하게 만들고 가난한 사람은 없게 만들지는 못한다는 것입니다. 세상이 존재하는 한, 그리고 인간의 본성이 변하지 않는 한, 광범위한 불공평은 있게 마련입니다. 성경은 "땅에는 언제든지 가난한 자가 그치지 아니하겠으므로"(신 15:11)라고 말합니다. 어떤 사람은 지혜롭고 어떤 사람은 어리석으며, 어떤 사람은 열심히 일하고 어떤 사람은 게으르며, 어떤 사람은 무절제하고 어떤 사람은 절제하며, 어떤 사람은 강하고 어떤 사람은 약합니다. 이것은 법이나 정부가 막을 수 있는 문제가 아니며 이처럼 명백한 진리에 대한 태만함은 오늘날 사회적 문제를 야기하는 한 가지 중요한 요인이 되고 있습니다.

잉글랜드 국교회가 강력해지기를 바란다면 오늘날 전국으로 확대되고 있는 불건전한 사회주의의 물결에 맞서 모든 계층과 대중을 하나 되게 함으로써 건전한 사회주의의 성장을 촉진하는 것을 모든 국교도의 목표로 삼아야 할 것입니다. 나는 랭커셔의 모든 현명한 목회자가 이러한 사실을 잊지 말기를 간절히 바랍니다. 노동자는 노동이 없는 자본이 존재할 수 없듯이 자본이 없는 노동도 존재할 수 없다는 사실을 상기할 필요가 있습니다. 또한 자신은 농작물과 날씨와 시장을 마음대로 할 수 없고, 시장의 일시적 침체 및 경쟁 과열을 막을 수 없으며, 임금 및 노동력 공급을 일정한 수준으로 동결하는 것은 불가능하며, 자본을 쫓아내어 외국으로 흘러들어가게 할 가능성은 항상 존재한다는 사실을 알아야 합니다. 반면에 부유한 고용자는 자신이 고용한 자들에 대해 더욱 많은 관심을 기울이고, 수시로 찾아가 얼굴을 맞대는 시간을 가지며, 일을 하고 포켓을 채우는 손과 함께 생각과 감정과 영혼을 가진 인격체로 그들을 대해야 할 의무가 있다는 사실을 끊임없이 상기해야 할 것입니다. 이러한 일이 많아지고 고용주들 사이에 노동자를 생각하는 실제적인 공감이 많아지면 피고용자들 사이의 파업은 훨씬 줄어들 것입니다. 나는 영국의 노동자들을 다룸에 있어서 공감(sympathy)과 사랑의 힘이 얼마나 큰 힘을 가지고 있는지 압니다. 만일 하원이 현명한 사회법을 통해 자신의 의무를 다하고 성직자가 집집마다 심방함으로써 그들을 뒷받침한다면 나는 대영제국의 '달콤한 빛'(sweetness and light)이 크게 증가할 것이라고 믿습니다.

그러나 나는 이 부분을 마치기 전에 일견 이상하게 보일 수도 있는 한 가지 언급을 해야 하겠습니다. 그것은 오늘날 이처럼 많은 사회적 문제들이 야기된 근본적 이유는 온 나라에 고상한 수준의 기독교 윤리가 사라지고 모든 사람이 이웃에 대해 지켜야 할 의무에 대한 그리스도의 명백한 가르침이 없어졌기 때문이라는 것입니다. 우리는 한때 선교를 통해 명백한 교리적 가르침을 회복한 바 있습니다.

우리는 한때 보편적 교회의 가르침을 크게 회복한 바 있습니다. 나는 자비와 사랑, 친절 및 높은 자로부터 낮은 자에 이르기까지 모든 계층에 대한 공감에 대한 철저하고 면밀한 가르침이 크게 늘어야 한다고 생각합니다. 물론 이러한 가르침만으로 영혼을 구원하는 것은 아닙니다. 그것은 우리가 잘 알고 있는 3개의 R(ruin[멸망], redemption[구속], regeneration[중생])이 아닙니다. 그러나 우리는 이 신칭의나 십계명을 무시할 수 없는 것처럼 이러한 가르침도 무시할 권리가 없습니다. 우리의 강단에서 형제에 대한 사랑, 상대를 고려하는 마음, 선한 생각, 선한 기질, 이타심 및 이웃을 도와주고 친구가 되려는 마음과 같이 단순한 주제가 자주 들릴수록 우리의 봉사기관들은 지금보다 훨씬 효과적으로 사역할 수 있을 것입니다. 한마디로 모든 교회가 산상수훈과 고린도전서 13장에 대한 설교를 많이 하면 할수록 영국은 더욱 행복한 나라가 될 것입니다.

나는 나의 주장을 다시 한 번 반복하는 것으로 고통스러운 사회 문제에 대한 결론을 대신하고자 합니다. 제조업 및 탄광 지역에 관심을 가진 자들이 수시로 그들을 찾아가 그들의 손을 붙잡고 얼굴을 맞대고 이야기하는 시간들이 많아진다면 훨씬 많은 선한 일이 이루어질 것입니다. 탄갱이나 방직공장 부근에서 가끔 발견되는 황량하고 길게 늘어선 오두막집들을 방문하여 그곳에 사는 자들과 악수를 나누고 함께 앉아 그 가정의 출생, 사망, 결혼 및 경조사에 친절한 관심을 보이는 일은 큰 비용 들이지 않고 얼마든지 할 수 있는 일입니다. 이런 행동은 국회법 50개보다 더 효과적인 노사화합을 가져올 것입니다. 우리는 부자든 가난한 자든, 모두 동일한 피를 가지고 있습니다. 우리 모두는 동일한 본향을 향하는 자들이며 결국 동일한 속죄의 보혈을 필요로 하는 자들입니다. 우리는 이러한 사실을 결코 잊어서는 안 될 것입니다. "내가 내 아우를 지키는 자니이까"는 최초의 살인자 가인의 이기적인 변명입니다.

3. 교회 개혁입니다.

사회적인 문제에 이어 나는 우리의 새 정부가 개혁교회의 중요한 주제들을 거부하지 않기를 희망합니다. 나는 이것이 광범위하고 모호한 주제이며 많은 사람들은 이러한 문제에 대해 불필요하고 비실제적이라는 이유로 회피한다는 것을 압니다. 그러나 이 문제는 아무리 강조해도 지나치지 않습니다. 오늘날 모든 상황은 마치 아일랜드국교회가 폐지되던 1869년처럼 급박하게 돌아가고 있습니다. 나는 이 주제를 때맞추어 다루는 것이 지혜롭다고 생각하며 여러분의 관심을 촉구합니다.

어떤 사람들은 교회 개혁을 원하는 사람은 아무도 없다고 말할 것입니다. 그런 사람들은 오늘날 잉글랜드 국교회의 웨일스교구를 지키기 위한 최근의 캠페인 기간 동안 이 나라의 곳곳에서 어떤 말이 나왔는지 모르는 자들입니다. 나는 그들이 한 말에 대해 자세히 살펴보면서 반복된 선언에 큰 충격을 받았습니다. 그것은 "우리는 교회를 보호하는 동시에 개혁해야 한다"는 것입니다. 기도서에 나오는 글 가운데 "교회는 보호되어야 하는 동시에 깨끗해야 한다"는 것을 상기시킨 사람은 다름 아닌 캔터베리 대주교입니다.

어떤 사람들은 교회 개혁이 필요하다고 말합니다. 그런 사람들은 자신의 말에 대해 깊이 생각해보지 않았다고 생각합니다. 우리의 전통적 교회는 230년 동안 거의 변한 것이 없습니다. 그 긴 세월 동안 대부분의 제도는 마치 새 나라처럼 많이 바뀌고 변하고 개선되었습니다. 이성과 상식은 우리의 교회 조직도 고치고 바꾸고 시대에 부응해야 한다고 말합니다. 우리는 완벽하기 때문에 손댈 필요가 없다고 말하는 사람은 교회 기관은 인간의 제도에 대한 경험과 상반된다고 말하는 것과 같습니다. 교회 조직은 230년 동안 충분히 손상되었으며 이제 개선될 시기가 되었습니다.

교회 개혁이 필요한 분야는 여기서 전부 다룰 엄두가 나지 않을 만큼 광범위하고 다양합니다. 나는 전례의 개정에 관한 주제는 다루지 않겠습니다. 우리의 훌륭한 옛 기도서는 영감 받지 않은 사람들에 의해 작성되었기 때문에 완전하지 않습니다. 그러나 나는 우리의 분파들 가운데 그것을 고칠 수 있는 지성을 소유한 자는 없다고 생각합니다. 더구나 한 무리의 개정자들은 우리의 신조와 39개

조항을 쓰레기처럼 버리려 하며 다른 사람들은 많은 결점을 안고 있는 에드워드6세 시대의 첫 번째 전례를 다시 가져오려 하고 있습니다.

나는 비국교도 형제들과의 재결합에 관한 주제도 다루지 않겠습니다. 나는 그것이 공중누각에 불과하며 영국인의 본성이 바뀌기 전에는 실행불가능한 일이라고 생각합니다. 분열의 장벽을 최대한 낮추고 가능한 그들과 자주 악수하십시오. 그러나 여러분이 그 담을 무너뜨릴 수 있을 것이라는 꿈은 버리십시오. 이미 너무 늦었습니다. 1662년의 불행한 통일령(Act of Uniformity) 이후 희망은 사라졌습니다.

끝으로 나는 타락한 가톨릭과의 재결합에 관한 주제도 다루지 않겠습니다. 이것은 한 마디로 소름끼치는 제안입니다. 그것은 종교개혁의 원리에 대한 포기이자 열린 성경과 순수한 복음이라는 고귀한 특권을 위해 자신의 목숨을 걸었던 사람들에 대한 모욕입니다. 이런 류의 개혁은 솔즈베리 대성당 지하에 묻혀 있는 쥬엘 주교의 뼈를 파헤치자는 것입니다. 그것은 애굽으로 돌아가려는 노력이자 잉글랜드 국교회를 붕괴하려는 비열한 시도입니다.

나는 진지한 고찰이 필요한 네 가지 실제적 사항을 언급하는 것으로 만족할 것입니다. 그 가운데 세 가지는 간략히 다루겠지만 마지막 네 번째는 장시간 살펴볼 필요가 있습니다.

1) 우리는 캔터베리 및 요크 지빙의 성직사를 대표하는 **하원의 개혁을** 필요로 합니다.

지난 230년간 전국(특히 북부)의 인구는 크게 늘어났습니다. 교구 성직자의 수는 찰스2세 시대에 비해 아마도 열 배는 증가하였을 것입니다. 그러나 이 기간 내내 성직자의 법률대리인[2]은-새로운 교구의 형성에 따라 되돌아온 사람들을 제외하면-큰 변화가 없었습니다. 이것은 잘못된 것이며 교구 성직자의 불평은 정당합니다. 스튜어트 시대에는 이런 비율이 적절했겠지만 빅토리아 여왕 시대에는 잘못된 것이 틀림없습니다.

2) 우리는 **교회 법원의 개혁**이 필요하며 교리 및 의식 문제에 있어서 신성한 치리권 및 질서의 회복이 필요합니다.

오늘날 이러한 질서는 거의 소멸되었습니다. 법정모독을 이유로 성직자를 투옥하는 야만적 형벌을 어리석게 지속하는 것은 질서 문란 행위에 대한 법적 제재를 무용지물로 만들 것입니다. 성직자에 대한 투옥은 그를 유명한 순교자로 만들 뿐입니다. 그 결과 모든 성직자는 자신의 소견에 옳은 대로 행하며, 교리와 의식에 대한 자유로 말미암아 국교회 전체가 붕괴 위험에 처하게 되었습니다. 해마다 영국의 현인들이 교회 법원의 개혁을 궁리하지 못하는 모습을 보인다는 것은 영국인의 수치입니다.

3) 우리는 교회법에 대한 개혁 및 재해석이 필요합니다.

현재의 법은 사실상 무용지물이며 많은 국교도는 법의 내용은 물론 이런 법이 있는지조차 모릅니다. 그러나 다른 교회들은 교리 및 신앙에 대한 위대한 고백 외에도 세밀한 부분에까지 규정과 법규를 두고 있습니다. 국교회는 왜 이런 것들이 없는지 모르겠습니다. 현재로서는 대부분의 교회법이 구시대적이며 일부는 세상 법으

---

[2] 법률대리인은 교회법을 다루는 법원에서 소송(여기서는 교회 사건)을 담당하는 사람을 말한다.

로 대치되거나 폐기되었습니다. 사실상 모든 교회법은 박물관의 박제 동물처럼 유서 깊은 호기심의 대상일 뿐이며 교회에 실제적인 유익은 주지 못하고 있습니다. 바꿀 시기가 이르렀다는 것은 분명합니다. 북부의 성직자의회는 이 문제 주변을 배회하고 있으며 나는 그들이 언젠가 이 일에 착수할 것이라고 믿습니다.

4) **교회의 개혁이 필요한 마지막 네 번째 분야는 장시간 살펴보아야 할 정도로 중요한 주제 가운데 하나입니다.**

이 주제는 강력한 설득력에도 불구하고 많은 사람들이 동의하지 않을 수도 있는 의외의 내용이 될 것입니다. 그것은 오늘날 **평신도의 불만족스러운 지위** 및 그들에게 교회 문제에 관여할 수 있는 권리가 있다는 사실에 대한 분명한 인식입니다.

먼저 **평신도란 말의 정의**에 대해 살펴보겠습니다. 우리는 교회에서 평신도라는 단어를 어떤 의미로 사용합니까? 물론 우리는 사역자로 서품을 받지 않은 교회 내 모든 신자라는 뜻으로 사용할 것입니다. 평신도는 성직자와 대비되는 교회의 일반 성도, 특히 수찬자(세례교인)를 의미합니다. 그들이 얼마나 중요한 단체인지는 두말할 필요도 없습니다. 더 이상의 설명은 시간 낭비일 뿐이며 그들이 없이는 교회가 존재할 수 없습니다. "세 사람이 모이면 교회가 된다"[3]는 옛 말은 사실입니다. 그러나 부하가 없는 장군, 연대가 없는 연대장, 선원이 없는 선장은 아무런 쓸모가 없듯이 성직자로만 구성된 교회도 무용지물이 될 수밖에 없습니다. 어쨌든 잉글랜드 국교회는 현재 평신도가 넘쳐납니다. 평신도의 비율은 아마도 성직자 한 사람 당 5백 명은 될 것입니다. 다른 요소는 고려치 않고 숫자로

---

3 *Ubi tres, ibi ecclesia.*

만 볼 때 평신도는 잉글랜드 국교회의 가장 중요한 부분입니다.

다음 질문은 신약성경에서 평신도는 어떤 위치에 있었느냐는 것입니다. 이것은 특별한 주의를 요하는 질문으로 특별히 관심을 기울일 필요가 있습니다. 이 부분에 대한 철저한 관찰은 우리에게 많은 놀라움을 안겨줄 것입니다. 나는 하나님의 말씀에서 성직자만 '교회'로 불리거나 사역자가 평신도와의 협력 없이 혼자 교회를 위해 행동한 사례를 찾아본 적이 없습니다.

집사들을 세웠습니까? 열두 사도가 제안은 했지만 집사들을 세운 것은 "온 무리"였습니다(행 6:5). 이교도 회심자의 할례 여부를 논의하기 위해 열린 공회는 어떻습니까? 결정된 내용은 "사도와 장로된 형제들"(행 15:23)의 이름으로 전달되었습니다. 사도 바울이 영감을 받아 기록한 특정 교회에 대한 서신서는 어떻습니까? 여덟 번은 "교회-성도-신실한 형제들"을 수신자로 하며 딱 한 번(빌립보서) "감독들과 집사들"에 대한 언급이 나오지만 맨 나중에(성도 뒤에) 언급됩니다. 신약성경에는 교회가 사역자에 앞선다는 순서가 정해져 있다는 것이 나의 생각입니다. 그러나 모든 도시나 지역에서 '교회'는 평신도-특히 세례교인-를 의미하며 사역자들은 '교회의 종'으로 여긴 것이 분명합니다(고후 4:5).

신약성경 서신서나 사도행전에서 평신도에게는 아무런 권리가 없고 성직자 혼자 행동하고 모든 일을 처리하며 모든 것을 결정하며 모든 것을 판단하며 모든 것을 관리하는 교회는 흔적도 찾아볼 수 없습니다. 나는 잉글랜드 국교회의 법조문 6조를 기억하는 국교도라면 이러한 사실을 모르지 않을 것이라고 생각합니다.

이제 오늘날 잉글랜드 국교회의 평신도의 위상에 대해 살펴보겠습니다. 잉글랜드 국교회의 평신도는 신약성경의 평신도 기준에 훨씬 못 미치는 위치에 있습니다. 그들은 교회의 실제적인 사역의 현장, 모든 계획과 기획 및 정상적인 조직에서 제외되어 있습니다. 람베스 궁전에 모여 엄격한 비밀회의를 통해 우리의 시온의 상황에 대해 논의하는 것은 주교들입니다. 그곳에 평신도를 위한 자리는 없습니다. 의회가 매년 모이지만 그곳에 평신도 대표는 없습니다. 비어 있는 성직자의 자리를 채우는 것은 누구입니까? 성직자에 대한 임명은 교구민들의 생각은 전혀 고려치 않고 이루어집니다. 명백한 사실들입니다. 누가 이러한 사실을 부인하겠습니까?

우리의 교회와 교회의 기관들을 가장 잘 활용하려는 모든 노력에 대해 내가 말할 수 있는 결론은 평신도 문제에 관한 한 오늘날 잉글랜드 국교회의 시스템은 결점이 많고 비성경적이라는 것입니다. 나는 1895년도 잉글랜드 성공회의 평신도의 위치와 1,800년 전 사도적 교회의 형제들의 위치를 조화시킬 수 없습니다. 나는 두 영역을 일치시킬 수 없습니다. 내가 보기에 잉글랜드 국교회의 일상적 사역은 거의 성직자의 손에 넘어갔으며 평신도에게 남은 일은 없는 것 같습니다. 성직자가 모든 일을 해결해야 합니다.

이 모든 과정에서 평신도에 대한 의도적인 무시는 없었습니다. 평신도의 신뢰성과 능력이 폄하되었기 때문도 아닙니다. 그러나 불과 한두 가지 이유로 그들은 거대한 교회 공동체의 적극적 동참자가 아니라 냉담하고 수동적인 수납자들(recipients)로 남게 되었습니다. 일하지 않는 사역자와 잠에 취한 파트너가 거추장스럽고 다루기 힘든 일을 맡은 것입니다. 한 마디로 평신도는 잉글랜드 국교회의 정상적인 활동에서 제외되어 있었던 것입니다. 그들은 필요 없는 군인들처럼 대열에서 이탈해 배후로 물러났으니 시야에서 사라지고 만 것입니다.

이처럼 이상한 상황의 근본적인 원인은 무엇입니까? 원인은 쉽게 감지할 수 있습니다. 잉글랜드 평신도의 위상은 가톨릭의 잔재에 지나지 않습니다. 그것은 가톨릭이 교회에 남긴 '채무 유산(An inheritance entailing loss)[4]의 일부로 완전히 떨쳐내지 못하였습니다. 개혁자들 자신은 완전한 사람이 아니며 엘리자베스 여왕을 시기한 전형적인 튜더왕조는 개혁자들이 영국의 개혁주의를 완성시키지 못하도록 방해하였습니다. 그들이 우리의 교회에 남긴 다른 오점들 가운데 평신도에 대한 관심을 소홀히 하는 태도는 결코 사소한 것이 아니라는 사실을 인정하지 않을 수 없습니다. 가톨릭 체재의 핵심적 요소는 성직자를 그리스도와 인간 사이의 중재자로 만들고 그들을 평신도보다 훨씬 높은 지위에 앉히며 그들에게 모든 권력을 주고 사제주의 권위로 옷 입히며 그들을 모든 교회 문제에 관한 무오한 인도자로 생각하는 것입니다. 우리의 개혁자들은 존 낙스(John Knox)가 스코틀랜드에서 그랬던 것처럼 평신도에게 힘을 실어줌으로써 이처럼 불행한 요소를 바로잡았어야 했습니다. 그러나 그들은 원래 가톨릭 체재에 젖어 있었기 때문에, 또는 시간의 부족이나 국왕의 허락을 얻지 못해 그렇게 하지 못하였습니다. 그로 말미암아 교회문제에 관한 중요한 권위는 점차 성직자의 수준으로 넘어가고 평신도는 합당한 권리나 힘을 가지지 못하는 불행한 결과를 초래하였던 것입니다.

　이처럼 불행한 상황의 결과는 무엇입니까? 그들은 우리가 예상하는 그대로의 결과, 즉 악에 빠지게 되었던 것입니다. 아무리 사소한 일이라도 일단 하나님의 마음에서 떠나면 쓴 열매를 맛볼 수밖에 없는 것입니다. 자신에게 합당한 자리에서 벗어난 영국의 성직자들은 언제나 사제주의에 빠져 자신의 특권과 힘에 대한 과장된 평가를 해 왔습니다. 영국의 평신도는 특별히 탁월한 몇몇 경우 외에는 자신에게 합당한 자리보다 낮은 곳에서 교회 문제에는 관심도 갖지 않고 모든 문제를 성직자에게 맡겨 왔습니다. 그러는 동안 잉

---

[4] *damnosa haereditas*.

글랜드 국교회는 지난 3백 년 동안 더 이상 치유할 수 없는 손상을 입었던 것입니다.

영국의 평신도 국교도는 힘에 대해 생각하지도 상의하지도 신뢰하지도 않고 권력에 관심을 갖지도 않으며 교회 문제에 대해서는 무지하거나 무관심하거나 냉담합니다. 우리 교구 평신도 가운데 교회 사역에 대해 아는 사람은 거의 없습니다. 의회에 관심을 가지고 있는 사람도 거의 없습니다. 자신의 삶이 달려 있는데도 자신의 교구 법률대리인이 누구인지 아는 사람도 거의 없습니다. 자신의 교회를 공중분해시킬 수도 있는 중요한 교리적 논쟁의 의미를 아는 사람도 거의 없습니다. 가톨릭의 구경꾼들이 콜로세움 경기장에서 싸우고 있는 한 쌍의 검투사에 대해 보여주는 만큼의 관심을 보이는 사람도 거의 없습니다. "교구목사들 사이에 사소한 언쟁이 있으며 아는 체 할 필요가 없다"는 말 이상의 관심을 보이는 사람도 거의 없습니다. 이것은 참으로 슬픈 그림입니다. 그러나 나는 이러한 진단이 정확하다고 믿습니다. 그러나 누가 놀라겠습니까? 영국의 평신도는 잉글랜드 국교회에서 자신의 정당한 지위를 찾은 적이 없습니다.

여러분은 어떤 사람을 사업에 관심을 가지게 하는 가장 좋은 방법은 그를 '이해 당사자'로 만드는 것이라는 일반적 원리를 인정할 것입니다. 이러한 원리는 사업뿐만 아니라 교회적 협력에도 적용됩니다. 스코틀랜드 장로교인, 영국의 비국교도, 아일랜드 및 미국의 성공회교인, 식민지 성공회교인은 모두 이러한 원리의 중요성을 깨닫고 실행에 옮기고 있습니다. 잉글랜드 국교회만이 이러한 원리를 깨닫지 못하고 있습니다. 국교회 평신도는 마땅히 받아야 할 대우를 받지 못하고 있으며 그들을 제대로 활용하거나 신뢰하거나 생각하거나 불러내거나 상의하거나 그들에게 자리를 내주거나 권한을 부여한 적이 없습니다. 그 결과 그들은 교회 일에 대해 마땅히 가져야 할 관심을 갖지 못하고 마음이 동하거나 알거나 이해하거나 생각하거나 고민하거나 골치아파하는 일이 없습니다. 오늘날과 같은 상황은 이처럼 잘못된 시스템을 배경으로 발전한 것입니다. 이처럼 잘못된 시스템은 근본적으로 바뀌어야 하며 그 시점이 빠르면 빠를수록 현재의 상황은 더욱 빨리 호전될 것입니다. 오늘날 교회를 무력화시키고 있는 근본적 원인을 제거하기 위해서는 평신도의 자리를 완전히 바꾸어야 합니다. 평신도의 지위에 관한 부분은 다른 어떤 문제보다 교회 개혁이 필요한 영역입니다.

그러나 어떻게 개혁해야 합니까? 우리는 결국 평신도 국교도의 자리가 잘못되었다는 사실을 알았습니다. 그러나 이러한 오류를 어떻게 바로잡을 것입니까? 무엇을 해야 합니까?

내가 생각하는 평신도의 위상을 되찾기 위한 방법은 이렇습니다. 즉 크든 작든 모든 교회 일에 평신도를 배제해서는 안 된다는 것입니다. 평신도는 서품이나 성직자의 고유 직무 외에는 교회가 말하고 행하는 모든 일에 동참하여 자신의 목소리를 내고 관여하며 결정해야 합니다. 잉글랜드 국교회의 주장은 주교와 사제들만의 주장이 아니라 평신도의 주장도 되어야 하며 교회가 평신도와 공유하지 않은 행동을 하거나 평신도와 공유하지 않은 의견을 발표하는 일은 없어야 합니다. 식민지교회에는 평신도가 발언권을 가지고 있습니다. 아일랜드와 미국의 성공회교회에도 그들에게 발언권이 있습니다.

5) 나는 왜 잉글랜드 국교회만 평신도가 아무 일에도 관여하지 못하는지 모르겠습니다.

이러한 개혁은 신약성경으로 돌아가는 것입니다. 이러한 개혁은 잉글랜드 국교회를 백배나 강하게 만들 것입니다.

(1) 나는 **평신도가 동일한 비중으로 참석하지 않는 성직자만의 의회는 열려서는 안 된다**고 생각합니다.

현재 캔터베리의회나 요크의회는 자기 개혁의 방법에 대해 논의 중입니다. 그들은 평신도에게 문호를 개방하고 그들의 조언을 인정하지 않는 한 인큐베이션의 고통(trouble incubation)을 겪을지 모릅니다. 아무리 참사회장과 참사회원, 부주교, 교구성직자가 풍성해도 성직자의회만으로는 나라의 신뢰를 얻기 어려우며 흥미나 관심을 불러일으킬 수도 없습니다. 평신도가 의회 활동에 관심을 가지기 위해서는 의회에 자리를 주고 자신의 목소리를 내게 해야 합니다. 평신도가 일단 의회로 들어와 성직자와 동일한 조건에서 마주하게 되면 의회의 토론은 훨씬 진지해지고 결과는 전혀 달라질 것입니다. 제대로 선출된 합리적인 평신도 국교도는 '보류된 성례'에 대해 지루한 연설을 늘어놓지도 않을 것이며 개신교 비국교도를 무시한 채 부패한 교회들과의 결탁에 대해 논의하는 것을 허용하지도 않을 것입니다.

(2) 나는 **어떤 성직자도 평신도와 상의 없이 자신의 회중이나 구역을 운영하려 해서는 안 된다**고 생각합니다.

만일 '교회협의회'(parochial council)와 같은 딱딱하고 공식적인 기구가 싫다면 교구위원이나 세례교인 대표자들과 자신의 사역에 관해 의논해야 할 것입니다. 특히 성직자는 평신도와 먼저 상의하지 않고 예배시간이나 방법을 변경하거나 새로운 의식이나 새로운 장식 또는 새로운 자세나 포즈를 취해서는 안 될 것입니다. 교회는 자신의 것이 아니라 그들의 것입니다. 성직자는 종이며 그들은 자신의 것이 아닙니다. 평신도는 마땅히 조언할 권리가 있습니다. 성직자가 이런 식으로만 하면 얼마나 많은 상처가 줄어들겠습니까? 나는 그들을 합리적인 방식으로만 대하고 접근한다면 국교도 평신도만큼 합리적인 사람도 없을 것이라고 믿습니다. 무엇보다 성직자는 모든 교인에게 그들이 잉글랜드 국교회의 중요한 일원이며 교회를 위해 최선을 다해야 한다는 사실을 일깨워주어야 합니다. 이 부분에서 감리교도와 비국교도는 국교도를 꼼짝 못하게 한다는 사실을 인정하지 않을 수 없습니다. 그들에게 새로운 지체는 새로운 국내선교사가 한 사람 생긴 것이나 같습니다. 잉글랜드 국교회는 모든 성도가 자신이 교회의 중요한 한 일원이며 교회를 위해 자신이 해야 할 일이 있다는 사실을 깨달아 명심하기 전까지 순탄한 길을 걸을 수 없을 것입니다.

(3) 나는 **영혼의 치유나 성직에 대한 임명은 반드시 평신도의 의견을 존중해야 한다**고 생각합니다.

나는 이 중요하고 설득력 있는 의견을 매우 조심스럽게 제시합니다. 우리의 현재 시스템은 전적으로 잘못되었으며 크게 남용되고 있습니다. 그 자리에 적합하지 않은 성직자가 자신을 원하지 않는 교회와 싫어하는 회중에게로 던져지는 경우가 종종 있습니다. 교구민은 끊임없이 교회로부터 마음이 떠나고 국교회는 회복하기 어려운 상처와 고통을 받고 있습니다. 지금이야말로 이러한 시스템을 버려야 할 때입니다. 나는 교구성직수여협의회(Diocesan Patronage Boards)를 믿지 않습니다. 나는 그들이 제대로 만족한 사역을 하고 있는지 심히 의심스럽습니다. 그들은 스스로 분열되어 있거나 아니면 교회를 약하고 시원찮은 성직자로 채우려는 것 같습니다. 현재의 성직 수여 제도를 유지하려면 분열된 상태라도 어느 한 쪽에 권력이 집중되지 않아야 할 것입니다. 그러나 임명권자는 비어 있는 임지에 파송할 성직자의 명단을 주교에게 보내기 한 달 전에 먼저 교구위원들에게 보내어야 할 것입니다. 추천된 성직자 명단은 교회 앞에 4주간 붙여놓고 누구든 반대할 수 있게 해야 할 것입니다. 반대자는 교리적이든 실천적이든 자신이 반대하는 합당한 이유를 주교에게 납득시켜야 하며 주교가 납득하면 임명을 거부하고 임명권자에게 소명의 기회를 주어야 할 것입니다. 물론 이러한 안전장치가 비효과적일 때가 있습니다. 교구민은 지방 대지주의 아들이 누구인지 관심이 없는 것처럼 누가 서품을 받고 붉은 외투를 검은 외투로 갈아입든, 새로운 성직자의 임명에 대한 '이의 신청'[5]에 전혀 관심을 갖지 않을 수 있습니다. 주교 자신이 마음에 들지 않고 문제가 많은 자리에 앉아 실수할 때도 있습니다. 그러나 어쨌든 하나의 원칙은 세워질 것입니다. 적어도 평신도는 아무런 목소리도 내지 못한 채 교구목사에게 모든 것을 넘겼다는 불평은 더 이상 하지 못할 것입니다. 나는 평신도가 이미 가지고 있는 권리를 더 자주 사용할 것을 진심으로 원합니다. 그들은 성직 임명에 대한 '이의 신청'을 읽고 반대함으로써 직무에 적합하지 않은 젊은 사람이 서품을 받는 것을 효과적으로 저지할 수 있습니다. 평신도가 이 문제에 항상 자신의 본분을 다한다면 잉글랜드 국교회에 많은 유익이 될 것입니다.

이상이 평신도 국교도의 지위에 관해 내가 구상하고 있는 개혁안입니다. 물론 이러한 방안은 매우 광범위하며 많은 어려움에 부딪칠 것입니다. 그러나 나는 이것이 이론상 가장 좋은 방안이거나 시대가 시급하게 요구하는 방안이 아니라는 것을 알고 있습니다. 나에게는 많은 반대가 쏟아질 것이며 나는 이러한 반대에 대처할 준비가 되어 있습니다.

어떤 사람들은 "참람한 개혁"이라고 외칠 것입니다. 그들은 평신도가 영적인 문제에 관여하는 자체가 잘못된 일이라고 생각할 것입니다. 그들은 평신도가 성직자를 위해 장작을 패고 물을 긷는 기

---

[5] *si quis*(if anyone, 반대자가 있으면 누구든지 신청하라).

브온족속이 되기를 원합니다.

좋습니다! 나는 아일랜드교회를 보고 지혜를 배우라고 대답할 것입니다. 국교회폐지가 이루어지면 여러분은 원하든 원하지 않든 온 몸을 던져 평신도를 섬겨야 할 것입니다. 국교회가 폐지되지 않아도 여러분이 평신도를 정당한 자리로 돌려놓지 않는 한 강해질 수 없을 것입니다. 신성모독에 관한 공허한 논쟁은 부질없는 짓입니다. 이 개념은 이두리엘의 성경의 검[6]을 가지고 다루면 사라질 것입니다.

그러나 어떤 사람들은 "이것은 위험한 개혁"이라고 외칠 것입니다. "평신도가 권력을 잡을 것이며 그것으로 성직자의 양심을 휘두를 것입니다." 그러나 이러한 걱정은 기우에 불과합니다. 평신도를 배제하고 교회 문제에서 손을 떼게 할 경우 더 큰 실제적 위험이 따릅니다. 나는 이처럼 공연한 걱정을 하는 사람들보다 더 좋은 방안이 있습니다. 새로운 교회 기구는 연결나사가 뻣뻣하고 베어링이 뜨거운 새로운 증기 기관이 제대로 작동되지 않는 것처럼 처음에는 잘 돌아가지 않을 것입니다. 평신도는 처음에는 반항적이고 거칠어질 수 있으며 자신이 할 일에 대해 이해하지 못할 수 있습니다. 그러나 그들에게 시간을 주고 기다려주십시다. 그들에게 여러분이 신뢰한다는 사실을 알려주고 무엇이 부족한지를 깨닫게 해 주면 점차 자신의 자리를 찾고 사역의 의지를 불태울 것입니다.

교회 개혁에 관해서는 이쯤에서 마치고자 합니다. 나는 살아생전에는 그것을 목도할 수 없을 것입니다. 원래 교회사역은 진척이 느리며 개혁 사역은 그 중에서도 가장 느립니다. 나는 단지 여러분의 진지한 관심을 촉구할 뿐입니다. 이러한 문제들은 조만간 모두

---

[6] Milton의 실낙원(Paradise Lost)에서 Ithuriel은 가브리엘이 낙원에 들어온 사탄을 찾기 위해 보낸 두 명의 천사 가운데 하나이다. 그는 스치기만 해도 거짓이 드러나는 검으로 무장하였다.

전면에 부상할 것이며, 나는 국교회에 대한 다음 번 공격이 있기 전에 모든 국교도가 자신의 집을 돌아보고 부족한 일들을 과감히 바로 잡았으면 좋겠습니다. 우리의 교회 방어 전선에는 어떤 약점도 없다는 아첨은 아무런 소용이 없습니다.

4. 우리의 분열입니다.

마지막으로 다룰 내용은 계속되고 있는 불행한 분열이라는 슬픈 주제입니다. 현재는 이 문제가 호전되고 있다는 어떤 징후도 발견할 수 없습니다. 내가 보기에는 오히려 심화되고 있으며 더욱 구체화 되고 있습니다. 미사와 고해성사와 마리아숭배가 허용되고 인정되며 방치되는 한, 많은 성직자와 (더 많은) 평신도가 혼란과 불안에 빠져 "잉글랜드 국교회가 무슨 소용이 있는가?"라고 불평하기 시작하는 한, 이런 상황이 더 이상 지속될 수는 없을 것입니다. 스스로 분쟁하는 집은 결코 설 수 없는 것입니다.

현재로는 어떤 해결책이나 특효약도 없어 보입니다. 우리의 교회적 지평에는 어두운 먹구름이 가득합니다. 하나 됨이 좋다는 것은 분명하지만 많은 사람들은 그것을 얻기 위해 너무 귀한 진리를 희생시킬 준비가 된 것처럼 보입니다. 그러나 국교도 간의 연합은 멀어만 보입니다. 이 문제는 실제적인 방안이 제시되지 않는 한 모임을 열고 그것에 대해 훌륭한 연설을 하며 우리의 분열에 대헤 한탄하는 방식으로는 결코 해결할 수 없습니다. 말로만 하는 논쟁은 아기 혼자 어둠 속에서 울고 있는 것과 같습니다. 이 문제는 모든 설교자가 논쟁이 되는 부분을 설교하지 않는다고 해결되는 것이 아니며 공허하고 단조롭고 초점이 없고 이빨 빠진 것과 같은 부정적 신학으로 만족한다고 해결되는 것도 아닙니다. 나는 이런 식의 연합을 꿈꾸며 타락한 세상에서 필요한 것은 오직 하나님의 은혜의 복음에 대한 온전하고 완전한 진술이라는 사실을 잊고 있는 순진한 사람들의 단순함에 놀라지 않을 수 없습니다.

그러나 여러분이 우리의 문제의 근원에 대한 내 생각을 알고 싶다면 말하겠습니다. 나는 우리의 분열의 근원은 오늘날 국교도의 두 가지 중요한 결점에서 비롯된다고 생각합니다. 이제 두 가지 결점에 대해 간략히 제시하면서 여러분의 특별한 관심을 촉구합니다.

1) **한 가지는 오늘날 도처에서 개인적으로 성경을 읽는 훌륭한 옛 습관이 사라지고 있다는 것입니다.**

소위 '고등비평'의 악한 영향과 간행물이 넘쳐나는 가운데 나는 우리가 2백년 전에 비해 성경을 자세히 읽지 않는다는 강력한 인상을 받았습니다. 사람들은 "성경을 모르기 때문에 잘못을 범합니다."

오늘날 대영제국에는 역사상 가장 많은 성경책이 있습니다. 영국이라는 나라가 생긴 이후 성경 판매와 구입, 출판 및 보급이 지금처럼 왕성한 적은 없었습니다. 주일학교에서는 어린이에게 성경을 보급하려는 훌륭한 결정을 한 것으로 알고 있습니다. 그러나 이러한 시대임에도 불구하고 우리는 성경을 가지는 것과 그것을 개인적으로 읽는 것은 전혀 별개라는 사실을 잊고 사는 것 같습니다.

대영제국의 많은 사람들이 가지고 있는 성경책은 **한 번도 읽은 적이 없는** 것처럼 보입니다. 어떤 집에는 성경책이 책방에서 사올 때와 마찬가지로 빳빳하고 광택이 나는 새 책처럼 한쪽 구석에 놓여 있습니다. 어떤 집에는 주인의 이름이 적힌 성경책이 테이블 위에서 날마다 그를 쳐다보고만 있습니다. 어떤 집에는 성경이 높은 선반 위에서 마치 매년 절기 때나 볼 수 있는 이교도의 우상처럼 생일과 같이 특별한 행사가 있는 날이 아니면 아무도 거들떠보지 않는 가운데 먼지만 쌓여갑니다. 어떤 집에는 상자나 서랍 안에 다른 잡동사니와 함께 깊숙이 박혀서 질병이나 의사나 죽음이 찾아오기 전에는 나오지 않습니다. 이러한 모습들은 안타깝지만 사실입니다.

대영제국의 많은 사람들은 성경을 **제대로 읽지 않는** 것처럼 보입니다. 어떤 사람은 주일 저녁에 한 장을 대충 훑어봅니다. 그러나 그것이 전부입니다. 어떤 사람은 매일 기도시간에 하인들에게 성경을 한 장씩 읽어줍니다. 그러나 그것으로 끝입니다. 어떤 사람은 한 걸음 더 나아가 매일 출근하기 전에 한두 절 급히 읽습니다. 어떤 사람은 좀 더 나아가 매일 한두 장씩 급히 읽지만 조그만 구실이 생겨도 생략합니다. 그러나 이들은 모두 형식적으로 허둥지둥 읽습니다. 그들은 의무감에서 읽습니다. 그들은 영의 양식과 평안을 위해 읽지 않습니다. 그들은 성경을 읽고 나면 안도감을 느낍니다. 그들은 책을 덮는 순간 읽은 내용을 잊어버립니다. 이것은 슬픈 모습입니다. 그러나 실생활에서 이러한 일들이 얼마나 많은지 모릅니다. 내가 왜 이런 생각을 합니까? 무엇이 나로 하여금 이런 확신을 가지게 합니까? 내 말을 조금 더 들어주면 몇 가지 증거를 제시하겠습니다. 성경을 소홀히 하는 것은 신체의 질병과 같습니다. 그것은 그 사람의 행동에서 드러납니다. 그것은 스스로 말하며 결코 감출 수 없습니다.

나는 많은 사람들이 **도처에서 참된 신앙을 무시하기 때문**에 성경을 소홀히 한다고 생각합니다. 이 나라에는 사실상 복음에 대해 아무 것도 모르는 신자들이 많이 있습니다. 그들은 복음의 정확한 교리에 대해 아무 것도 설명하지 못합니다. 그들은 회심, 은혜, 믿음, 칭의, 성화의 개념에 대해 마치 아랍어 단어나 이름을 보는 것처럼 모릅니다. 이런 사람들이 성경을 읽는다고 생각할 수 있겠습니까? 나는 그렇게 생각할 수 없습니다. 그들은 성경을 읽지 않는 것이 분명합니다.

나는 많은 사람들이 **거짓 교리를 냉담하게 대하기 때문**에 성경을 소홀히 한다고 생각합니다. 그들은 다른 사람들이 가톨릭 신자가 되든, 소시니안주의나 몰몬교도나 이신론자나 불가지론자가 되든 상관하지 않으며 결국은 같다는 듯한 태도로 냉담하게 말합니다. 이런 사람들이 성경을 찾는다는 생각을 할 수 있겠습니까? 나는 그렇게 생각하지 않습니다. 나는 그것을 믿지 않습니다.

나는 많은 사람들이 성경을 소홀히 하는 것은 그들이 **쉽게 거짓 가르침을 받아들이기 때문**이라고 생각합니다. 그들은 좋은 음성과 훌륭한 매너 및 탁월한 연설의 재능을 가진 "양의 옷을 입고 오는" 첫 번째 선지자의 가르침에 속아 넘어갑니다. 그들은 가톨릭신자가 교황에게 하듯이 그가 하는 모든 말을 아무런 의심 없이 받아들입니다. 이런 사람들이 성경을 찾을 것이라고 생각할 수 있겠습니까? 나는 그렇게 생각할 수 없습니다. 나는 그것을 믿지 않습니다.

나는 성경에 대한 이러한 무시는 오늘날 광범위하게 확산되어 있는 무지하고 형식적인 기독교의 한 원인이자 우리의 불행한 분열의 한 원인이라고 확신합니다.

2) 그러나 개인적인 성경 읽기에 대한 태만이 오늘날 국교도의 유일한 결점은 아닙니다.

성직자 사이에는 39개 조항과 그것이 가르치는 여러 가지 중요한 내용에 대해 무시하는 경향이 확산되고 있습니다. 여러분은 이 조항이 교회의 실제적인 신앙고백이라는 사실을 상기시키지 않아도 알 것입니다. 기도서의 서문은 이러한 사실을 확인하고 있으며 39개 조항을 폐기하거나 무효화하는 것은 국교회에 큰 흠을 내는 것입니다. 더구나 모든 성직자는 서품을 받을 때 회중 앞에서 39개 조항을 공개적으로 낭독하고 그 내용에 동의한다는 것을 엄숙히 선언합니다. 그렇다면 우리는 성직자가 이처럼 진지한 공적 행위 후에 39개 조항-특히 성만찬에 관한 조항-과 배치되는 교리를 계속해서 가르치는 것에 대해 어떻게 생각해야 하겠습니까? 우리는 무엇이라고 말해야 합니까? 나는 대답할 말이 없습니다. 그것은 교회 안의 가장 건전하지 못하고 위험스러운 상황을 보여주며 나는 하나님의 궤로 말미암아 떨지 않을 수 없습니다. 우리의 선조들은 이러한 동의와 선언에 의미를 부여했으며 그러한 동의와 선언을 무시하거나 책망 받을 일을 가르치는 것을 수치스러운 일로 생각했습니다. 그러나 이러한 옛 질서는 변한 것 같습니다. 나는 이것에 대해 설명할 생각이 없으며 다만 슬픔과 놀라움으로 바라볼 뿐입니다.

그러나 오늘날 많은 총명한 국교도는 39개 조항이 사문화된 법률이라고 생각하거나 공예배시 행하는 새로운 의식들이 파커(Parker), 쥬엘, 그린달(Grindal), 휘트기프트 및 엘리자베스시대의 개혁자들이 의도한 교회 예배라고 생각하지 않을 것입니다. 그들이 사제주의(sacerdotalism)와 성례주의(sacramentalism)를 잉글랜드 국교회의 참된 교리로 믿을 이유가 없습니다. 그들로 하여금 39개 조항과 기도서가 미사, 고해성사, 사자를 위한 기도, 성인에 대한 기도(invocation of saints) 및 성례에 동참한 모든 자에게 은혜가 임하는 것처럼 주장하는 사효적 효력(*ex opere operato*, 그리스도의 약속을 통해 성사거행 그 자체로 효력을 가짐)의 관점[7]을 인정한다고 믿게 할 수 있는 것은 아무 것도 없습니다. 39개 조항은 분명히 "성례를 정당하게 받는 자에게만 온전한 효력이 나타난다"고 말합니다. 그들은 현 상황이 어디로 발전할지 주시하고 있으며 궁금증을 가지고 기다리고 있습니다. 지위가 높은 많은 성직자들과 최상위층(Upper Ten Thousand)은 마치 애드벌룬을 탄 사람들처럼 이 땅의 평신도들에게

---

7 성례의 외형적 행위만으로 효력을 발휘한다는 관점을 말한다.

무슨 일이 일어나고 있는지 이해하지 못하는 것처럼 보입니다. 나는 영국의 평신도들이 인내심 많은 사람들이기 때문에 많이 참을 수 있을 것이라고 생각합니다. 그러나 참는 데에도 한계가 있습니다. 나는 저녁 성찬을 금하거나 모든 성직자에게 강제로 동쪽을 향해 앉게 하려는 시도는 수많은 교구에서 심각한 소동을 야기하고 잉글랜드 국교회의 존재 자체를 위협할 것이며 사람들로 하여금 탈퇴나 붕괴를 생각하게 할 것이라고 믿습니다.

나는 교회가 위험에 빠졌다는 생각을 비웃는 사람들이 있다는 사실을 압니다. 그들은 최근의 선거와 기표소에서의 승리를 가리키며 교회가 지금처럼 강한 적은 없었다고 말합니다. 나는 그들의 말에 동의할 수 없습니다. 내 생각에 교회의 대열에 이처럼 심각한 분열이 존재하는 때에 교회의 힘에 대해 이야기하는 것은 어리석은 일로 보입니다. 나는 우리의 중산층 평신도와 총명한 기능공들 사이에 지난 50년 동안 새로운 가톨릭적 의식들을 예배에 도입하려는 성직자들의 병적인 집착 및 가톨릭화 경향에 대한 강력한 거부감이 조용히 자리 잡기 시작했다고 생각합니다. 그들은 상처를 받고 화가 나 분노하고 있으며 큰 손상을 입었습니다. 그들에게는 국회의원 선거 투표권이 있으며 상황이 호전되지 않을 경우 선거 당일에 그들의 위력을 보여줄 것입니다.

나는 평신도 국교도가 다른 공격이 있을 경우 개혁주의가 완전하고 정직하게 유지될 것이라는 확신이 없는데도 계속해서 국교회를 옹호할 수 있을지 심히 의심스럽습니다. 현재 그들의 신뢰는 크게 흔들리고 있습니다. 그들은 반가톨릭 국교회가 아니라 개혁주의 국교회를 지지합니다. 그들은 개혁주의 교회를 유지하기 위해 끝까지 싸우겠지만 가톨릭을 모방한 교회를 위해서는 손가락 하나 까딱하지 않을 것입니다. 나는 교회 밖의 위험보다 교회 안의 위험이 더 크다고 확신합니다.

사랑하는 성직자 및 평신도 여러분!

우리는 지속적으로 떠밀려 표류하고 있으며 끝이 어떻게 될지 아무도 모릅니다. 그동안 우리는 할 수 있는 한 최선을 다해 온유, 친절, 선한 기질, 사랑, 인내, 협동심을 배양해야 합니다. 하나님께는 불가능한 것이 없습니다. 우리의 위대한 옛 교회는 수많은 폭풍과 시련의 시기를 이겨내었습니다. 혹시 '좋은 시절'이 올지 누가 알겠습니까? 누가 다음 세기에 교회가 보다 건전하고 연합한 상태로 시작할 수 없을 것이라고 장담할 수 있겠습니까? 그러므로 함께 기도합시다. 영국의 개혁주의 교회가 날마다 "성령의 다스림과 인도하심을 받고 모든 신자가 진리의 길로 인도함을 받으며 성령이 하나 되게 하신 것과 평화의 언약 및 의로운 삶에 대한 믿음을 굳게 붙들 수 있도록" 기도합시다.

No Uncertain Sound

14장

1896년의 교회 상황

(1896년 11월 3일, 세인트 조지 홀에서 열린 15차 리버풀교구회의에서 행한 연설)

사랑하는 성직자 여러분!

나는 우리가 열다섯 번째 교구회의로 다시 한 번 모이게 된 것을 감사하며 이 자리에 참석하신 여러분을 진심으로 환영합니다. 우리는 잉글랜드 국교회 역사상 매우 중요한 시기에 이 자리에 모였습니다. 우리에게 심각한 영향을 미칠 수 있는 여러 가지 중요하고 미묘한 문제들이 끊임없이 부상하면서 우리의 특별한 관심을 요구하고 있습니다. 여러분의 상임위원회는 이번 주 논의를 위해 그 가운데 두 가지 주제를 엄선하였습니다. 나는 교회 개혁과 영국의 서품에 대해 언급할 것입니다.

불행하게도 이 두 가지 문제는 별개의 주제로 다룰 수 없는 내용입니다. 그 외에도 오늘날 국회와 언론을 통해 우리의 주목을 끄는 몇 가지 중요한 문제들이 있으며 여기서 간략히 살펴볼 것입니다. 모든 교구는 주교가 이러한 것들에 대한 생각을 밝혀주기를 원할 것입니다. 이제 본론으로 들어가 먼저 교회의 현안에 대해 살펴본 후 오늘날 교회의 위상에 대해 다룰 것입니다.

1. 여러분의 관심을 끄는 첫 번째 주제는 국교회폐지에 관한 것입니다.

여러분은 작년에도 이 주제에 대해 귀가 따갑도록 들었을 것입니다. 최근 웨일스 교회를 폐지 및 몰수하고 교회와 국가의 연합을 와해하며 웨일스 성직자들에 대한 소득을 박탈하려는 잉글랜드 정부의 대담한 시도[1]는 잉글랜드 전역에 예기치 않은 충격을 불러왔으며 잠자고 있는 수많은 국교도를 깨웠습니다.

여러분이 잘 아는 대로 이 시도는 왜 시작했는지 모를 만큼 완전히 실패하였습니다. 교회의 대적은 자신의 힘에 대해 완전한 판단 착오를 일으켰으며 교회를 지키려는 자들은 동서남북 각지에서 보여준 엄청난 지지에 놀랐습니다. 그 중에서도 랭커셔는 가장 열렬한 지지를 보내었습니다.

그러나 국교회폐지가 사라졌습니까? 이 주제가 영원히 보류되거나 폐지되었습니까? 오래된 화석처럼 다시 살아날 가능성이 완전히 사라진 것입니까? 나는 여러분이 이런 생각에 넘어가지 않기를 경고합니다. 야누스 신전의 출입구는 아직 닫히지 않았습니다. 지금은 발 뻗고 잘 때가 아니며 깨어 파수할 때입니다. 지난 4년간 하원은 국교회폐지를 한 차례 통과시킨 바 있습니다. 다음 국회의원 선거가 어떻게 될지 누가 알겠습니까?

오늘날 정치적 권력은 노동자계층에 있으며 상류층의 힘은 크게 약화되었습니다. 진자의 추는 교회의 반대 방향으로 힘찬 움직임을 시작하였습니다. 일단 투표자가 모든 성직자는 편협하고 사제주의자이며 잉글랜드 국교회의 가톨릭화를 원한다고 생각하면 국교회폐지는 현실화될 것입니다. 우리가 지난 선거에 대해 어떻게 생각하든 전쟁은 아직 끝나지 않았습니다. 노동자계층은 반가톨릭 국교

---

[1] 1895년 3월, Rosebery 정부의 내무장관 H. H. Asquith는 하원에 Welsh Church Disestablishment Bill (웨일스 국교회폐지 법안)을 제출하였다.

회를 유지하기 위해 표를 던지지는 않을 것이며 교회가 신뢰를 잃는다면 파멸할 수밖에 없습니다.

국교회폐지 및 몰수가 가져올 악영향의 넓이와 깊이는 짐작하기 어렵습니다. 국교회폐지와 몰수는 함께 일어날 것입니다. 교회가 국가와의 제휴를 끊고 모든 수입을 가져올 것이라는 생각은 어리석은 생각입니다. 농촌 지역의 수많은 교회들은 문을 닫아야 할 것입니다. 농부와 노동자들만 가지고는 사역자를 제대로 지원할 수 없습니다. 예배는 사라지고 사람들은 목자 없는 양같이 흩어질 것입니다. 도시에서도 많은 국교회가 큰 타격을 받을 것이며 국내외 선교는 무기력해지고 모든 자선기관들에 대한 지원은 대폭 축소될 것입니다. 물론 오랜 전통의 잉글랜드 국교회는 그래도 죽지 않고 살아남겠지만 영향력은 크게 줄어들 것이며 국교회폐지 및 몰수는 붕괴를 가져올 것입니다. 물론 일부 생각 없는 국교도는 교회와 국가의 분리가 유익과 복이 될 것이라고 생각할 것입니다. 그러나 그렇지 않습니다. 잉글랜드 국교회의 약점도 많지만 자발적 교회들의 약점도 적지 않습니다.

국교회폐지 논쟁이 다시 재개된다면 오늘날 국교도가 해야 할 일은 명확합니다. 우리는 철저히 대비해야 하며 필요하면 끝까지 싸워야 할 것입니다. 우리는 우리의 번영을 시기하고 근본적인 변화에 목말라 있는 자들의 조롱과 오해에 끊임없이 설명하고 답해야 합니다.

예를 들어 성직자들은 모두 사제주의자들이며 잉글랜드 국교회의 가톨릭화를 원한다는 일부의 주장은 사실이 아닙니다. 오늘날 성직자들 가운데는 어떤 형태의 사제주의나 가톨릭도 혐오하며 국교회폐지론자만큼 건전한 개신교도가 얼마나 많은지 모릅니다.

잉글랜드 국교회의 주교와 성직자는 돈방석에 앉았고 수입의 절반은 남는다는 주장도 잘못된 것입니다. 성직자는 엄청난 사례를 받는다는 주장 역시 말도 안 되는 소리입니다. 농촌교회의 성직자들은 경기침체로 거의 파산상태에 있습니다. 도시에서도 대표적인 비국교도 성직자들은 대부분 우리 교구 성직자들보다 많은 재정적 지원을 받고 있습니다. 주교의 경우 지출할 곳이 많아 어려움을 겪고 있는 사람들이 많습니다. 롱리 대주교는 자신이 해로우학교(Harrow School) 교장으로 있을 때는 부유했으나 리폰의 주교가 되면서부터 점차 가난해지기 시작하여 요크의 대주교가 되어서는 더욱 가난했으며 캔터베리 대주교가 된 후에는 가장 가난해졌다는 말을 하곤 했습니다.[2]

기도서는 가톨릭이 만든 책이라는 주장도 거짓입니다. 기도서의 내용은 대부분 서신서와 복음서 및 시편에서 나왔기 때문입니다. 기도서의 모든 내용은 비성공회 예배당에서 사용하는 대부분의 일시적인 탄원 및 중보 기도문보다 훌륭합니다.

지난 2-3년 동안 수없이 제시된 이처럼 무지한 주장들은 공적인 자리에서 반박하고 고쳐야 할 필요가 있습니다. 이러한 주장들은 국교회의 대적들 사이에 회자되고 있으며 사람들이 그 말을 여과 없이 받아들이고 철저히 믿어버린다는 것은 불행한 사실이 아닐 수 없습니다. 중국 속담에 "중상과 비방은 긴 날개를 가지고 있으나 발이 없는 곤충이다. 그것은 서지 못하지만 날 수는 있다"는 말이 있습니다.

우리는 강단과 연단 및 언론을 통해 국교회폐지 운동을 부지런히 반대해야 합니다. 큰돈이 들어가지 않는 간단한 소책자를 널리 배포하고, 특히 지난 350년간 잉글랜드 국교회의 역사에 대해 분명하고 솔직하게 설명한 책자를 보급해야 합니다. 우리가 개혁주의에 얼마나 많은 빚을 졌으며 개혁주의가 어떤 오류와 미신으로부터 우

---

[2] 1829-1868년 당시의 일이다(Longley는 4년간 Durham의 주교로도 있었다).

리를 구원해주었는지 제대로 아는 국교도는 별로 없습니다. 많은 사람들은 라우드 대주교 전에는 교회가 암흑 상태에 있었다는 어리석은 생각을 받아들이며 파커, 그린델, 휘트기프트, 쥬엘 및 후커의 훌륭한 사역에 대해서는 아무 것도 모르고 있습니다. 대적의 공격을 물리치기 위해 국교도가 해야 할 일은 사람들에게 사실을 알리고 보지 못하는 자들의 눈을 열어주는 것입니다.

국교회폐지에 관한 주제를 마치면서 한 가지 안타까운 내용을 전하지 않을 수 없습니다. 나는 이 운동의 가장 유능한 조력자들이 우리 진영 안에 있다는 확신을 가지고 있습니다. 영국의 개신교 교회를 가톨릭화 하려는 결심을 굳힌 것으로 보이는 이 크고 영향력 있는 성직자 단체와 상류층 평신도는 많은 국교도의 확신을 흔들고 국교회의 무덤을 파고 있으며 다음 국회의원 선거를 위해 준비 중입니다. 나는 현재 중산층과 노동자 계층은 엄청난 정치적 힘을 가지고 있으며 그것을 사용할 준비가 되어 있다는 사실에 대해 한 번 더 경고합니다. 나는 그들이 사제주의와 미사와 고해성사를 호의적으로 생각하는 하원의원을 선출하지 않을 것이라고 확신합니다. 그들은 교회 후보자에 대한 확신이 없으면 기표소에서 교회를 지지하지 않을 것이며 국교회폐지는 현실화 될 것입니다. 내 나이에 국교회폐지를 목도하기는 어려울 것입니다. 그러나 내 말을 명심하십시오. 그 일은 곧 다가올 것입니다.

2. **오늘날 여러분의 관심이 필요하다고 생각하는 두 번째 주제는 교회의 초등교육에 관한 것입니다.**

이것은 매우 어렵고 까다로운 문제이며 유능한 정치가가 풀 수 없는 난제를 포함하고 있습니다. 이러한 어려움의 근원은 우리가 오늘날 겪고 있는 두 개의 커다란 정치적 오류에서 찾을 수 있습니다. 그 중 하나는 공립초등학교 시스템이 도입된 1870년에 이루어졌습니다. 그 때 정부가 성경과 신조와 주기도문과 십계명은 부모가 신앙적으로 반대하지 않는 한 국가가 지원하는 모든 학교의 정규 교과 과정에 포함되어야 한다고 강력히 주장했다면 반대자가 전국에서 5%를 넘지 않았을 것입니다. 나는 당시 정부가 모든 공립초등학교에 성경을 선택과목으로 넣고 신조를 제외시킨 결정은 매우 잘못되었다고 생각합니다. 또 하나의 오류는 불과 수년 전에 있었던 일로, 교육 자율화에 대한 필요성과 인기를 얻을 수 있을 것이라는 헛된 생각으로 자율교육법(Free Education Act)[3]을 통과시킨 일입니다. 나는 이보다 더 큰 실수는 없을 것이라고 생각합니다. 아무도 '자유 교육'을 원하지 않았으며 그것을 요구한 적도 없습니다. 아무도 그것 때문에 "고맙다"고 말한 적이 없습니다. 이 법이 통과되자 학교로부터의 수입은 없어지고 약 3백만 파운드의 돈이 허무하게 날아갔으며 서퍼크(Suffolk)에서 매주 10실링을 받고 일하는 노동자들은 자녀의 옷이나 음식을 위해 지출하듯 자녀 학비로 지출해야 했습니다. 그러나 이 두 가지 실수는 이미 엎질러진 물로, 백지화 되거나 다시 담을 수 없습니다. 정치적 시계는 거꾸로 돌릴 수 없습니다. 그 결과 공립초등학교의 신앙에 대한 불평과 교회학교의 재정에 대한 걱정이 끊이지 않습니다.

오늘날 교육 문제는 매우 걱정스럽고 비판적인 입장에서 다루어지고 있습니다. 정부는 지난 회기 하원에 이 문제를 총체적으로 다룬 장문의 법안을 제출하였습니다. 그러나 이 법안의 내용은 오늘날 영국의 하원이 집어 수용하기에는 너무 부담이 되는 짐이었습니다. 이처럼 길고 복잡하며 광범위한 법안은 장시간의 난상토론 끝

---

[3] 1891년. 이 법은 대부분의 초등학교로 하여금 나머지 과목에 대해 자유롭게 축소해버리는 결과를 가져왔다.

에 철회되고 결국 폐기되고 말았습니다. 다음 회기에 또 하나의 법안이 예고되었지만 결과가 어떻게 될지 아는 사람은 아무도 없습니다. 내용이 긴지 짧은지, 간단한지 복잡한지, 거부된 옛 법안 조항들이 얼마나 포함되어 있으며 일부 내용을 선별하여 재조정했는지 완전히 새로운 방안을 내놓는 것인지는 내가 대답할 수 없는 문제들이며 패러데이의 말처럼 우리에게 필요한 것은 현명한 기다림일 것입니다.

그러나 국교도가 자신의 자리에 굳게 서서 정부에게 새로운 법안에 대해 분명하게 요구해야 할 세 가지 사항이 있습니다. 세 가지 요구 사항은 이렇습니다. 하나는 반박의 소지가 많은 17실링 6페니[4]의 제한에 대한 철폐입니다. 또 하나는 모든 학교 및 학교 시설에 대한 전적인 면세입니다. 마지막은 정부가 전국의 초등학생 절반을 거의 무상으로 가르치고 있는 교회학교에 대해 매년 합리적인 지원을 해야 한다는 것입니다. 모든 국교도는 하나가 되어 이 세 가지 요구 사항의 관철에 최선을 다해야 하며 필요하면 끝까지 싸워야 할 것입니다.

그러나 이러한 교육 캠페인에는 논쟁이 되고 있는 세 가지 사항이 있으며 나는 양쪽의 입장을 충분히 알고 있습니다. 나는 이 세 가지 사항에 대해 가능한 열린 마음을 유지하고 싶습니다. 그러나 현재로서는 세 가지 사항 모두에 대해 분명한 입장이 정리되었으며 이제 간략히 언급하겠습니다.

1) 나는 국고보조금보다 지방보조금(rate aid)을 선호합니다.

1인당 지원금이 정해져 있는 국고보조금은 만족하는 학교도 있

---

4 17실링 6페니는 국가가 한 학생당 제공할 수 있는 연간 지원금(국고보조금)의 상한선이다.

지만 만족하지 못하는 학교도 많습니다. 지방보조금은 시의회 및 지방 자치단체가 각 학교의 필요에 따라 지원 금액을 조정함으로써 훨씬 효율적으로 운영할 수 있을 것입니다. 나는 일부의 우려와 달리 교회학교가 지방보조금의 마수에 빠져드는 일은 없을 것이라고 생각합니다. 나는 잉글랜드 평신도의 공평성과 상식을 믿으며 그들이 종교적 가르침이나 교사들을 불필요하게 간섭함으로써 교회학교운영진의 판단을 무시하지는 않을 것이라고 믿습니다. 내가 국가의 보조를 반대하는 가장 큰 이유는 합리적이지 못하고 불충분하기 때문입니다.

나는 최근에 상정된 법안이 국고보조금으로 1인당 4실링을 책정한 것이 전부라는 사실을 알고 있습니다.[5] 이것은 남부에서는 어떨지 몰라도 북부의 교회학교에는 매우 적은 금액입니다. 뿐만 아니라 여러분이 잘 아는 대로 이 안건은 침체된 농업을 위해 약간의 국고보조금을 지원하자는 합리적 제안이 하원에서 많은 논란과 다툼 끝에 어렵사리 시행된 회기에 제안되었습니다. 어쨌든 국고보조금은 지원절차가 결코 쉽지 않다는 사실을 기억해야 합니다. 사람들은 '국고보조금'이라는 말의 뜻을 교회학교의 유지를 위해 하원이 매년 승인하여 집행하는 돈으로 받아들입니다. 이러한 금액은 지나간 시절 메이누스 그랜트(Maynooth Grant)처럼 매년 격렬한 논쟁을 거쳐야 가져올 수 있다는 것을 잘 알 것입니다.[6]

나는 매년 이렇게 싸워야 한다는 것이 끔찍하며, 남부의 훌륭한 형제들이 무슨 말을 하든 국고보조금을 반대하지 않을 수 없습니다. 그들이 국고보조금을 원한다면 우리 북부만이라도 지방보조금을 받게 해 주었으면 좋겠습니다.

---

[5] 원래의 17실링 6페니에 4실링을 증액했다는 것이다.
[6] 1845년, Sir Robert Peel은 국회를 통해 Maynooth R. C. College(Dublin)에 매년 26,360파운드를 지원하게 했다.

2) 또 한 가지는 잉글랜드 국교회가 아닌 종교 단체들의 사역자들이 교회학교로 와서 아이들에게 신앙적 교육을 한다는 것은 지혜로운 방법이 아니며 효율적이지도 않다는 것입니다.

나는 이러한 생각이 이론적으로는 아무리 포용력 있고 좋은 의도라고 할지라도 실제적으로는 제대로 시행되기 어려울 것이라고 생각합니다. 이러한 목적을 위해 별도의 공간이 제공되지 않는 한 분리된 교육을 시행할 수 없는 학교가 많을 것입니다. 또한 다른 일로 바쁜 유능한 교사들이 정기적으로 출근하는 것도 불가능할 것입니다. 결과적으로 비국교도 학생들은 국교도 학생보다 신앙 교육을 제대로 받지 못할 가능성이 높습니다. 아울러 교회학교(국교도) 교사들은 일부 학생들이 자신을 좋은 선생으로 생각지 않고 점차 멀어지는 것을 볼 때에 마찰을 일으킬 소지도 있습니다. 내 말이 전부 옳다는 것은 아니며 내가 잘못 생각한 것일 수도 있습니다. 그러나 지금 추진중인 계획은 아무리 좋은 의도라고 할지라도 효과적인 운영이 어려워 보입니다.

3) 나는 학교연맹(federation of schools)에 대해 확신을 가질 수 없습니다.

우선 나는 학교연맹이 정확히 무엇을 말하는지를 모르겠습니다. 그것이 송금 창구의 일원화를 위한 특정 지역의 모든 교회학교들의 단순한 연합을 의미하는 것이라면 교육부의 생각과 일치하는 것으로 한 건축가가 모든 건물의 개조를 감독할 수 있는 매우 유용한 방법이 될 수 있다고 생각합니다. 그것은 지나친 은행 대출을 규제하고 부당한 건축비 지출을 감시할 수 있는 경제적인 방법이 될 것입니다. 그러나 연맹의 의미가 좋은 학교가 나쁜 학교의 자립을 위해 정치 헌금을 내는 것이라면 나는 찬성할 수 없으며 성공할 것이라고 생각하지도 않습니다.

　잘 아는 대로 많은 학교가 있지만 어떤 학교들은 운영이 잘되고 있는 반면 성직자의 방문이 거의 없이 방치된 상태에서 교사들을 격려하고 자극할 만한 요소가 없는 학교들도 있습니다. 나는 이러한 학교들의 경우 학교의 경영진이 성공을 위해 한 것이 아무 것도 없다는 이유로 쇠약해져 가고 있는 다른 학교를 지원하기 위해 돈을 내고 싶어 하지는 않을 것이라고 생각합니다. 학교 경영진이나 교사 및 성직자들 가운데는 여러 유형의 사람들이 있으며 연맹의 의미가 이런 것이라면 나는 반대합니다. 그러나 나는 내가 이해하지 못한 부분도 있을 것이라는 사실에 대해서는 인정합니다.

　나는 초등학생들을 가르치는 기관을 둔 성직자는 모든 교육을 최상의 수준으로 유지하기 위해 최선을 다하는 것이 너무나 중요하다는 사실을 반드시 기억해 주었으면 좋겠습니다. 나는 교육 위원회의 연례 모임에서 교회학교보다 공립초등학교들이 많은 상과 영예를 차지한다는 말을 듣고 마음이 아팠습니다. 물론 나는 교회학교가 그들과 경쟁하기에는 많은 약점을 가지고 있으며 제한된 방법으로는 그들을 따라잡기 어렵다는 사실을 알고 있습니다. 그러나 나는 그들이 선두가 되기를 원하며 교회학교를 운영하는 모든 성직자는 이 교육 경쟁에서 최선을 다해야 할 것입니다. 학교를 자주 찾아가서 비록 짧은 시간이라도 친절한 태도를 유지하며 학교 사역을 격려하는 것이 직접 가르치는 것보다 실제적이고 효과적이며 큰 영향을 줄 수 있습니다.

　나는 16년 전 리버풀에 처음 왔을 때 예정에 없이 한 학교를 찾아가서 교장에게 성직자들이 얼마나 자주 들르는지 물어본 적이 있습니다. 그 때 나는 "3년 동안 성직자가 학교 안에 들어온 경우는 한 번도 없다"는 고통스러운 대답을 들었습니다. 이처럼 방치된 학교는 발전하기 어렵다는 사실을 잘 알 것입니다. 나는 오랜 경험을 통해 지위 고하를 막론하고 모든 교사들과 그들이 하는 일에 대해 따뜻한 관심을 보이고 아이들을 친절하고 다정하게 대하는 태도가 필요하다는 사실을 알고 있습니다. 이러한 접근 방식은 적은 비용으로 큰 효과를 거둘 수 있습니다.

나는 여기서 교육에 관한 고통스러운 문제를 걱정스러운 마음으로 마치고자 합니다. 우리 앞에 놓인 전망은 어둡고 불확실합니다. 한편으로는 만일 정부가 국고보조금이든 지방보조금이든 교회학교를 도우려는 실제적이고 적절한 방법을 제공할 결심을 한다면 교회의 대적들이 아무리 강하게 반대한다고 해도 자신의 뜻을 관철할 수 있을 것이라고 생각합니다.

반면에 정부가 교회학교에 대한 충분한 지원을 거절한다면 가장 약하고 가난한 학교들은 궁지에 몰릴 수밖에 없으며 궁극적으로는 아사상태에 빠져 폐교되고 공립초등학교로 대치될 수밖에 없을 것입니다. 그 결과는 재앙적인 수준이 될 것입니다. 아사 상태에 빠져 문을 닫은 학교들을 구입하거나 대치하기 위해 많은 공금의 지출이 요구될 것입니다. 노동자계층은 자녀들이 그리스도는 하나님이라고 가르치지 않는 곳이 많은 공립초등학교로 쫓겨 가는 것을 볼 때에 불만족과 불평하는 마음을 가질 것입니다. 무엇보다 국교도 사이에 불공평에 대한 깊은 인식이 확산될 것입니다. 이러한 것들은 확실히 어려운 매듭이며 나는 그것을 풀려는 시도를 하지 않을 것입니다.

3. 내가 다음으로 여러분의 관심을 촉구하고 싶은 주제는 **교회 개혁에 관한 것으로, 이 문제는 지난 2년 동안 서서히 전면에 부상했습니다.**

우리는 최근 국교회를 지키기 위한 캠페인 과정에서 언론사와 연단을 통해 우리가 적을 물리치고 공격을 준비하기 위해서는 악습을 고치고 군살을 빼야한다는 말을 수없이 들었습니다. 한 마디로, 교회를 보호하기 위한 가장 좋은 방법이 교회개혁이라는 것은 일종의 속담처럼 되었습니다.

이제 나는 이 광범위한 주제를 두 가지 이유에서 간략히 다루겠습니다. 두 가지 이유 가운데 하나는 이번 회기 중에 이 주제 가운데 두 가지 중요한 지류가 두 명의 평신도를 통해 제시되고 논의될 것이기 때문입니다. 나는 평신도가 발표한다는 것을 매우 기쁘게 생각합니다. 성직자는 여러 가지 이유로 평신도가 그들과 그들의 자리에 대해 무슨 생각을 하고 있는지 알면 기뻐하는 것이 당연합니다. 또 한 가지 이유는 교회 개혁에 대해서는 지난 해 이 자리에서 충분하고 상세히 다루었기 때문입니다.

그러나 당시에 내가 했던 말을 제대로 이해한 사람은 거의 없는 것 같으며 지난 해 9월 8일자 「타임즈」(*Times*)에 큰 활자로 3단에 걸쳐 실린 기사는 내가 진술한 내용을 모두 무시했으며 성공회 성직자 가운데 개혁연맹(Reform League)을 인정하는 사람은 로체스터의 주교뿐이라고 공개적으로 밝혔습니다. 그러나 나는 이러한 사실에 놀라지 않습니다. 나는 북부의 국교도가 한 말이 남부에서는 거의 관심을 끌지 못한다는 사실을 오랫동안 보아왔습니다. 어쨌든 지난 해 이 자리에 있었던 사람들은 내가 당시 한 시간 반에 걸쳐 교회 개혁에 대해 이야기했다는 사실을 잘 알 것입니다. 이러한 이유로 이 주제에 대해 상세히 살펴보지는 않겠으며 더구나 이 문제는 곧 공개적인 논쟁이 될 것입니다.

그러나 나는 이 중요한 주제에 대해 두 가지 주의 사항을 당부하고자 합니다. 한편으로 나는 교회 개혁을 지지하고 주장하는 사람들에게 지난 회기 국회에서 법안으로 상정되었으나 법제화 되지는 않은 성직록 법안(Benefices Bill)에 대해 경계할 것을 촉구합니다. 물론 이 법안은 바른 방향으로 가고 있으며 많은 유익한 내용을 담고 있습니다. 오늘날 주교가 자주 신체적으로나 정신적으로 또는 교리적으로 부적합한 자를 성직자로 세워야 한다는 것은 잘못된 일입니다. 그러나 동시에 성직자로 추천된 자에 대한 거부권은 철저히 보장되어야 하고 성직수여권자의 정당한 권리도 보호되어야 하며 회중의 감정도 고려되어야 합니다. 무엇보다 주교의 결정이 논란이 되고 법적인 자문이 필요한 경우 주교는 유능한 법률 보좌관의 도움을 받아야 할 것입니다. 그러나 성직록 법안이 다시 상정될 것인지, 상정된다면 어떤 형식으로 어떻게 수정한 내용이 될 것인지는 두고 봐야겠습니다.

다른 한편으로 나는 개혁을 주장하는 사람들에게 자리가 비어 있는 교회의 사역자를 선정할 때 평신도의 의견을 고려함에 있어서 평신도가 교회에서 어떤 의미를 가지는 존재인지 신중히 고려할 것을 촉구합니다. 개혁이 아무리 좋고 훌륭한 원리라고 해도 개혁에는 심각한 어려움이 따르며 그것을 해소하기 위해서는 큰 지혜가 필요합니다. 상식을 가진 사람이라면 누구라도 성직자가 교인이나 지방세납세자 또는 세례 교인에 의한 인기투표로 선정되는 것을 원치 않을 것입니다. 이러한 선거들은 당연히 교회 안에 두 파벌을 조성하게 되고 선거에 진 쪽은 실망할 수밖에 없습니다. 뿐만 아니라 현재로서는 대지주는 물론 국왕과 성직자 단체 및 주교들이 성직권수여자의 권리를 포기하려 하지 않을 것입니다. 이러한 문제는 해결하기 쉽지 않으며 매우 섬세한 접근이 필요합니다. 현재로서는 우리가 논의를 통해 더 많은 지혜를 모아야 한다는 말씀밖에 드릴 것이 없습니다. 우리는 국교회가 폐지된 아일랜드 교회가 자리가 비어 있는 성직자를 어떻게 채웠으며 그러한 시스템이 어떤 결과를 가져왔는지에 대해 자세히 살펴볼 필요가 있습니다.

4. 우리가 관심을 가져야 할 마지막 네 번째 주제는 기독교의 재결합에 관한 것입니다.

이 주제에 관해서는 간략히 언급하고자 합니다.

그리스도인 간의 연합이 바람직하다는 것은 두말할 필요도 없습니다. 그것은 요한복음 17장에서 예수님이 십자가에 달려 돌아가시기 전 마지막 기도에서 제시하신 네 가지 주제 가운데 하나입니다. 이러한 하나 됨의 부족이야말로 교회의 취약점이자 이교도가 좋아하는 무기입니다. 의식 및 교리적인 문제에서 각자의 의견이 다르고 악과 선이 공존하는 지상의 유형교회에서 완전한 하나 됨을 기대한다는 것은 무리입니다. 이러한 하나 됨은 기도서에서 말하는 "그리스도의 신비한 몸, 모든 신실한 백성들의 복된 모임"에 해당하는 거룩한 공교회에서 찾아야 할 것입니다. 그것은 유명한 아이작 버로우(Isaac Barrow)의 말처럼 "그리스도께서 하나 되게 해 달라고 기도하신 자들의 연합"입니다. 그러나 그러한 자들의 모임 중에도 불완전함이 있으며 천국에 가기 전까지는 그럴 것입니다. 이 땅에서는 획일성이 결여된 연합이나 연합이 결여된 획일성은 가끔 존재합니다. 그러나 범 기독교의 재결합은 공중누각에 불과합니다.

잉글랜드 국교회와 삼위일체 개신교 기독교(Trinitarian Pretestant Christians)의 재결합이 가능하겠습니까? 나는 양자의 결합이 불가능하다고 생각합니다. 엘리자베스 여왕 시대에 독재적인 튜더 왕조가 파커와 쥬엘로 하여금 종교개혁 작업을 완성하라고 지시했더라면 가능하였을 것입니다. 그러나 불행히도 그녀는 그들을 철저히 봉쇄해버렸으며 비국교도의 씨앗이 광범위하게 뿌려졌습니다. 제임스1세와 찰스1세는 상황을 더욱 악화시켰으며 과잉칭찬을 받았던 불행한 라우드 대주교의 교회정책은 영국 비국교도의 기초를 깊이 놓았습니다. 라우드 시대 이후 오늘날까지 모든 사건들은 일방적으로 분열의 골을 더욱 깊고 넓게 확장하는 것들이었습니다. 공화정시대의 비극적인 갈등과 찰스2세의 치명적 교회 정책 및 윌리엄3세 시대의 어정쩡한 개혁 시도, 영국주교들이 백 년 전에 있었던 감리교운동을 이해하거나 타산지석으로 삼지 못한 무지와 무능, 그리고 오늘날 일부 교회가 보여주고 있는 가톨릭적 경향 등은 잉글랜드 국교회와 비국교도 간의 분열의 골을 결코 회복시킬 수 없는 단계로까지 벌려놓았습니다.

잉글랜드 국교회와 가톨릭의 재결합이 가능하겠습니까? 나의 대답은 확고합니다. 이것은 소름끼치는 발상이며 오늘날 그 일을 시도하려는 자들의 상식을 믿을 수 없게 합니다. 나는 영국의 성직에 대한 교황의 최근 선언[7]에 대해 신경 쓰지 않습니다. 나는 우리가 정당하다는 것을 믿어 의심치 않습니다. 그러나 기독교 사역자의 직무에 관한 개념은 우리 교회의 개념과 매우 다릅니다. 한편으로 가톨릭 성직자들은 제사장으로서 가장 큰 직무는 미사라는 제사를 드리는 것입니다. 다른 한편으로 잉글랜드 국교회의 성직자들은 제사장이 아니라(일부에서는 그렇게 부르기도 하지만) 장로이며 그들의 주요 직무는 유형적 제사를 드리는 것이 아니라 하나님의 말씀을 선포하고 성례를 집전하는 것입니다.

가톨릭과의 재결합을 반대하는 가장 큰 이유는 그들의 교리적 원리가 우리와 전적으로 다르다는 것입니다. 교황의 최근 선언이 우리의 성직의 정당성을 인정하고 성공회 성직자들을 가톨릭 제사장으로 인정한다는 것을 세상에 내해 공식적으로 공표히는 것이었다고 해도 달라질 것은 아무 것도 없었을 것입니다. 가톨릭과의 재결합을 철저히 반대하는 이유는 성직 때문이 아니라 교리 때문인 것입니다. 서품을 받는 영국의 모든 성직자에게 39개 조항에 대한

---

[7] 교황 Leo XIII의 교황령 "Apostolicae Curae"는 영국 성공회의 성직을 무효한 것으로 보고 거부했다.

동의를 요구하는 한, 이 조항 가운데 9개는 가톨릭과 타협할 수 없으며 가톨릭의 교리 및 관습-특히 미사-에 대해 명백히 정죄하는 한, 나에게 재결합에 대한 논의는 쓸데없는 시간 낭비일 뿐입니다. 더블린의 트리니티대학(Trinity Cllege)의 유능한 학장인 조지 새먼(George Salmon)은 자신의 저서에서 무오성과 관련하여 주장합니다.

> 현재 가톨릭교회는 이미 정리된 상태이며 절대적 굴복이 없이는 어떤 결합도 있을 수 없다. 더구나 이 복종은 충분히 틀릴 수 있는 것을 사실이라고 마음으로 믿어야 히는 것을 포함한다.[8]

나는 지난 회기 상원에 상정된 교회에 영향을 미칠 수 있는 고통스러운 주제에 대해서는 많은 말을 하지 않겠습니다. 그것은 고인이 된 아내의 자매와의 결혼을 합법화 하는 법안에 관한 것으로 불행히도 상원에서 다수결로 통과되었으나 다행히 하원에서 부결되었습니다. 이것은 여러 가지 호기심어린 의견이 있을 수 있는 불유쾌한 문제로, 나는 많은 부인들이 참석한 이 자리에서 가능한 말을 아끼려 합니다. 나는 교구와의 약속 때문에 국회에서의 분열에 대해 간섭할 수 없습니다. 그러나 나는 이 법안에 반대하는 소수와 뜻을 같이 한다는 사실을 전하는 것이 나와 교구에 대한 의무라고 생각합니다. 법이 바뀌게 되면 엄청난 사회적 파장과 불만을 야기할 것으로 보이며 나는 이 법안이 상원에서 통과되었다는 사실이 안타까울 뿐입니다.

이제 논의하기 불편한 주제로부터 다른 중요한 문제로 넘어가자 합니다. 우리는 세기 말에 접근하고 있습니다. 나는 어려울지 몰라도 여러분 가운데 많은 사람들은 주후 1,900년을 맞이할 것입니

---

[8] 부록 14장 각주 1, p.529 참조하라.

다. 여러분보다 조금 오래 산 사람으로서 잉글랜드 국교회의 현재 상황 및 전망에 대해 제시하고 약간의 실제적인 충고를 하고자 합니다.

5. 1896년의 잉글랜드 국교회 상황과 1796년의 상황을 비교해 볼 때 나는 **전능하신 하나님께 감사할 수밖에 없다는** 사실을 깨닫습니다.

백 년 전의 교회 상황은 지금과 전혀 달랐으며 1차 프랑스 혁명의 와중에 교회가 살아남았다는 것이 기적일 정도로 형편이 좋지 않았습니다. 더 나은 상황을 위한 개선, 개혁, 개조 및 변화를 위한 시도들은 제2의 종교개혁이라 불릴 만큼 많습니다. 여왕의 60년 통치 기간 중 오래된 많은 대성당이 철저히 수리 및 보존되고 수백 개 이상의 오래된 교회들이 복원되었으며 더 많은 교회들이 특히 제조업 생산 공장 지역에 세워졌습니다. 교회 건축과 복구 및 재단장을 위해 거의 4천만 파운드가 자발적으로 모금 및 지출되었습니다. 같은 기간 중 성직자가 비거주자의 신분으로 있거나 성직록을 중복 수령하는 등의 온갖 종류의 남용이 많이 줄어들었습니다. 동시에 이 땅에 수많은 성경 학교가 세워졌습니다. 또한 국내외 선교를 촉신하기 위한 종교 협회와 각종 교회 기관들이 세워지고 사역을 시작했습니다.

성직자와 설교 수준은 훨씬 향상되었습니다. 벌떼 속에 있는 게으름쟁이는 예전보다 많이 줄어들었습니다. 잉글랜드 전역에서 수많은 사랑의 사역자들이 사역을 시작하였습니다. 많은 오류와 분열에도 불구하고 잉글랜드 국교회는 잠들지 않고 깨어 있었습니다. 교회의 가장 큰 대적은 교회가 죽지 않고 살아 있다는 사실을 인정하지 않을 수 없을 것입니다. 이 모든 일에도 불구하고 우리는 깊은 감사를 드려야 할 것입니다.

동시에 우리의 교회 상황에는 심각한 불안을 야기할 수 있는 몇 가지 원인이 있는 것처럼 보입니다. 내가 염려하는 것은 외적인 신앙의 부인할 수 없는 확장과 함께 실제적인 기독교의 표준은 정상적인 성장을 하지 못하였으며 오히려 퇴보했다는 것입니다. 사람들은 안식일을 범하고 예배를 무시하며 도박과 경마 및 저속한 문학이 범람하고 음주와 쾌락을 사랑하며 매년 1억4천만 파운드가 술값으로 지불되고 있습니다. 이 모든 것들은 교회의 지평에 드리운 먹구름이 아닐 수 없으며 교회를 사랑하는 자들의 특별한 관심이 요구되고 있습니다. 우리는 실제적인 경건이 필요하며, 그것만이 교회의 건강과 번영의 유일한 시금석입니다.

6. 그러나 우리의 불행한 분열의 지속 및 확장은 우리의 지평에 드리운 먹구름입니다.

특히 성만찬의 복에 대한 우리의 분열은 안타까울 따름입니다. 나는 이러한 분열의 결과가 매우 심각할 것이라고 생각합니다. 다가오는 람베스회의(Lambeth Conference)가 1887년처럼 미약한 본 주교의 마지막 저항에도 불구하고 이 문제를 무시할는지도 모릅니다. 그러나 그들이 이 문제를 무시하고 방치한다면 우리의 교회는 큰 상처를 입을 것입니다. 스스로 분쟁하는 집안은 결코 설 수 없습니다.

고인이 된 캔터베리 대주교[9]에 대한 무한한 존경심에도 불구하

---

9 Edward White Benson (1883-96). Lincoln Decision에 관해서는 11장 각주 1, p.351을 참조하라.

고 나는 다른 사람이 무엇이라고 말하든, 그가 내린 저 유명한 링컨 판결이 우리의 분열을 줄이거나 치유하는데 도움을 주었다는 어떤 정황도 발견하지 못하였습니다. 내 눈에는 전과 달라진 것이 아무 것도 없으며 오히려 이 사건은 모든 사람이 옳고 틀린 사람은 아무도 없는 오늘날처럼 자유로운 시대에 의식과 교리에 관한 기소는 아무런 소용이 없다는 사실만 보여주었을 뿐입니다.

나는 다시 한 번-어쩌면 마지막으로-우리의 분열이라는 고통스러운 주제에 대한 몇 가지 명백한 진리에 대해 언급하고자 합니다. 여러분은 오늘날 수많은 성직자들이 예전의 쥬엘, 후커, 홀, 어셔, 대버난트, 베버리지 및 앞서 간 수많은 신학자들이 한시도 허용하지 않았던 성만찬에 관한 낯선 가톨릭적 관점을 설교하고 가르치며 시행하고 있다는 사실을 잘 알고 있습니다. 새로운 의식들이 안개처럼 올라와 전국에 확산되면서 매년 짙어지고 있습니다. 동시에 우리는 이 새로운 것들을 주장하거나 시행하는 많은 사람들이 온화하고 열정적이고 부지런하며 자신을 부인하는 헌신적인 성직자들이라는 사실을 부인할 수 없습니다.

그들의 원리가 어떤 것이든, 그들의 삶은 모범적이고 흠잡을 데가 없다는 것입니다. 그들은 잉글랜드 국교회를 누구보다 사랑한다고 고백하지만 성만찬 교리 및 의식에 대한 인식의 차이는 극과 극입니다. 그들은 편안한 마음으로 함께 사역할 수 없습니다. 그들은 좀처럼 함께 예배드리지 않습니다. 그들은 모든 주제에서 두 개의 다른 집단을 형성하며 양자는 자신의 것이 옳다고 생각합니다. 한 마디로 우리 교회 안에는 성만찬에 관한 상반된 두 개의 관점이 존재하며 양자를 조화시킬 수 있는 방법이 없다는 것입니다. 옛 교회 법원에 호소하는 것은 아무 소용이 없습니다. 아무도 그들의 결정을 따르지 않기 때문입니다. 어떤 시도도 할 수 없는 새로운 법원에 대한 기대 역시 마찬가지입니다. 연기된 희망은 마음을 아프게 합니다. 교회의 치리는 사라지고 독재와 무질서, 그리고 모든 성직자가 자신의 소견에 옳은 대로 행하는 혼란으로 대치되었습니다. 우리는 이러한 시대를 살고 있습니다. 이처럼 안타까운 분열은 잉글랜드 국교회의 최대 약점이자 치명적 손상이라는 것은 두말할 필요도 없습니다.

이제 나는 가톨릭의 성만찬과 관련하여 미사, 화체설, 실제적 임재 및 사제의 직무처럼 크게 잘못된 관점에 대해서는 긴 말 하지 않겠습니다. 그러나 오늘날 우리에게 특별한 해악을 끼치고 있는 몇 가지 사항에 대해 경고를 하는 것이 나의 의무라고 생각하여 간략히 제시하고자 합니다.

1) 나는 이 땅의 많은 성직자들이 성만찬 금식에 대해 유익하고 교훈적이며 바람직한 것으로 주장하며 가르친다는 사실에 대해 매우 안타깝게 생각합니다.

성만찬 금식에 대해 여러 가지 이상한 관점을 가진 사람들이 있다는 것을 압니다. 여러분은 내가 처음부터 사람들이 원할지라도 이러한 시행에 반대한 사실을 잘 알 것입니다. 그것은 큰 문제가 되지 않습니다. 내가 말하는 것은 전혀 다른 이유 때문입니다.

내가 주장하는 것은 이러한 성만찬 금식 행위가 성경에서 명하거나 권고하지 않았다는 것입니다. 성만찬이 처음 제정될 때 사도들은 유월절 음식을 먹은 직후였기 때문에 금식한 상태로 떡과 잔을 받지 않았다는 것은 명백한 사실입니다. 그러므로 금식을 중요하게 생각할 어떤 이유도 없으며 모든 신자는 자유롭게 참여하고 다른 사람을 정죄할 필요 없이 자신에게 교훈이 되는 쪽으로 하면 되는 것입니다. 그러나 성만찬 금식에 큰 가치를 두는 사람들은 자신이 받은 떡과 잔이 신비한 방식을 통해 더 이상 실제적인 떡과 잔이 아니기 때문에 몸 안에서 다른 음식물과 섞여서는 안 된다는 헛된 생각을 하는 것은 아닌지 모르겠습니다. 이러한 생각은 잘못된 것입니다. 더구나 성만찬의 금식은 모든 사람의 의무라고 가르치는 사람들은 비성경적일 뿐만 아니라 매우 엄격한 입장을 취합니다. 이른 아침 성만찬을 위해 금식하는 것은 허약한 사람들에게 치명적이 될 수 있습니다.

이 주제에 대한 사무엘 윌버포스(Samuel Wilberforce)의 중요한 언급에 주목하기 바랍니다. 여러분에게 말하고 싶은 것은 그는 항상 확고한 고교회파 사람이며 나는 여러 면에서 그와 의견을 달리했다는 것입니다. 그는 죽기 며칠 전에 다음과 같이 말했습니다.

> 내가 성만찬의 금식이라는 새로운 교리가 위험하다고 말한 것은 결코 가볍게 말한 것이 아닙니다. 이러한 관습이 생긴 것은 맑은 정신과 편안한 몸과 마음으로 나아와 기도하며 하나님과 교제하기 위해서가 아니라 떡과 잔이 위 속에서 다른 음식과 섞일 것이라는 끔찍하고 저속한 개념 때문입니다. 이것은 가증스러운 유물론이며 철학적으로 말하면 모순에 해당합니다. 왜냐하면 여러분은 성례가 끝나기 무섭게 급히 음식을 먹어댐으로써 여러분이 그처럼 끔찍하게 생각하는 과정이 다시 시작되기 때문입니다. 모든 개념은 단순한 속임수일 뿐입니다.[10]

2) 나는 많은 열정적 성직자들이 비수찬자들에게 성만찬에 침예할 것을 권한다는 사실에 대해 매우 안타깝게 생각합니다.

여러분 중에는 놀라는 사람들도 있을 것이고 "무엇이 나쁘다는

---

10 J. W. Burgon: *Lives of Twelve Good Men*, vol. 2 p. 56.

말인가"라고 생각하는 사람들도 있을 것입니다. 그러나 나는 이러한 행위는 점차 자라는 악이며 그 전에 확실하게 근절해야 한다고 생각합니다. 이러한 행위는 성만찬이 모든 사람들이 동참하는 기념 의식이 아니라 제사장이 드리는 제사라는 불행한 생각에서 나온 것입니다. 요약하면 이것은 39개 조항의 31조가 "저주스러운 거짓말이자 위험한 속임수"라고 규정한 미사라는 가톨릭의 제사로 가기 위한 첫 걸음이라는 것입니다. 성만찬이 제정될 때 모든 사람이 수찬자로 참예해야 하고 구경만 하는 사람은 없어야 한다는 내용은 없으며 사도행전이나 서신서에 비수찬자의 참예를 인정하거나 허용한 사례가 없다는 것은 명백한 사실이기 때문에 이 문제에 대해 더 이상의 언급은 하지 않을 것입니다. 성찬 설교(Homily of the Sacrament)가 "우리는 이 식탁에 참예하는 자가 되어야 하며 구경꾼이 되어서는 안 된다"고 한 것은 매우 지혜로운 언급입니다.

그러나 다시 한 번 사무엘 주교의 말에 주목합시다.

> 비수찬자가 성찬에 참예하는 것은 성찬을 남용하는 것이며 따라서 우리는 이미 가톨릭에 만연되어 있는 잘못된 관습을 우리의 성만찬에 허용한 것입니다.
>
> 이러한 관습이 우리의 교회로 들어오게 된 것은 우연이 아닙니다. 또한 우리의 예배를 친숙하게 만들려는 목적에서 들여온 것도 아닙니다. 그 이유는 전혀 다른 곳에서 찾을 수 있습니다. 즉 제사를 드릴 때 기도가 더 잘 열납되며 성만찬이 거행되는 현장에 있을 때 복을 받을 수 있다는 생각 때문입니다. 이것은 신실한 수찬자들의 영혼에 임하는 그리스도의 실제적 임재를 반 유물론적 임재로 대치한 것입니다. 비수찬자들이 성찬에 참예하는 것을 일반적 관례라고 가르치

는 것은 가증스러운 것입니다.[11]

이 말이 사실이라는 것은 더 유명한 쥬엘 주교의 말을 덧붙이는 것으로 충분할 것입니다. 그는 『변증』(*Apology*)에서 이렇게 말했습니다.

> 개인 미사가 도입되기 전에 어떤 사람이 구경만 하고 성만찬을 피하려 한다면 초기의 가톨릭 주교나 고대 교부들은 그런 자를 악한 자나 이교도로 여겨 출교시켰을 것입니다. 당시에는 사람들이 구경하는 가운데 혼자 성찬을 행하는 그리스도인도 없었습니다.[12]

3) 나는 많은 사람들이 성만찬을 밤에 거행하는 것에 대해 잘못되었고 부적절하며 바람직하지 않다고 주장하며 가르친다는 사실에 대해 안타깝게 생각합니다.

여러분은 이 문제에 관해 많은 의견이 제시되고 있다는 것을 잘 알고 있을 것입니다. 어떤 사람들은 자제력을 잃고 거친 언어를 사용하며 저녁 성만찬에 참여하는 자를 악하고 불경스러우며 세속적이라고 비난합니다. 그러나 성경은 무엇이라고 말합니까? 나는 성만찬과 관련하여 모든 논쟁과 증거가 이처럼 일방적으로 흐르는 논쟁은 본 적이 없다는 사실을 밝힙니다.

그리스도와 그의 사도들의 모범을 따르는 것이 죄가 될 수 없습니다. 신약성경 독자들은 누구나 성만찬 제도가 밤에 제정되었다는 사실을 알고 있습니다. 확실히 사도행전이나 서신서에는 특별히 권장하는 시간이 없습니다. 드로아에서의 성만찬 역시 밤에 거행되었

---

[11] Burgon, *ibid*, vol. 2, p. 57.
[12] John Jewel: *Apology*, chapter 2.

음이 분명합니다. 새들러(Mr. Sadler) 역시 사도행전에 관한 자신의 저서에서 이러한 사실을 인정하고 있습니다. 그렇기 때문에 우리의 기도서도 정확한 시간을 엄격히 규정하지 않고 이 판단을 모든 성직자의 분별력에 맡기고 회중의 편의에 따라 결정하게 한 것입니다. 저녁 성찬을 금하는 것은 대도시의 많은 사람들을 성만찬 식탁에서 쫓아내는 것과 같습니다. 노동자계층 가운데 많은 가정의 어머니들은 아침에 집을 떠날 수 없습니다. 교리문답이 "저녁"이라는 이름을 사용한 것은 아침이 아닌 저녁이라는 뜻에 초점을 맞춘 것으로 보입니다. 이러한 사실을 감안할 때 저녁 성찬을 부당하고 악하며 세속적이라고 비난하는 것은 정당하지도 않고 지혜롭지도 못합니다. 나는 저녁 성찬이 편리하다고 생각하는 형제에게 압력에 굴복하거나 포기하라고 권할 수 없습니다.

4) 나는 잉글랜드의 많은 성직자가 수찬자가 성만찬에 참여하기 전에 자신의 죄를 성직자에게 은밀히 고백함으로써 죄사함을 받아야 하며 그 후에도 그러한 고백행위를 지속하는 것이 필요하며 유익하다고 끊임없이 가르친다는 사실에 대해 안타까운 마음을 가집니다.

　나는 이러한 행위가 최근에 교회로 들어왔으며 점차 확산되고 있다고 믿을 수 있는 충분한 정황을 포착하였습니다. 나는 이러한 고해성사는 도저히 묵과할 수 없는 행위라고 생각합니다.
　신약성경에는 사도들이 개인적 고백을 권했다는 언급이나 초대교인들이 그러한 행위를 했다는 언급이 한 번도 나타나지 않습니다. 그러한 행위는 바람직하지도 않고 유익하지도 않습니다. 어떤 상황에서건 성직자에게 은밀히 또는 귓속말로 고백하는 행위는 부패한 가톨릭교회의 가장 불행하고 위험한 발상이며 큰 부도덕과 악의 원인이 되어왔습니다. 더구나 이러한 행위는 회개의 설교(Hom-

ily of Repentance)에서 분명히 정죄된 바 있습니다.

물론 나는 사람들이 성만찬예배에서 성직자가 "자신의 양심을 진정시키지 못해 더 많은 위로와 위안을 필요로 한다면 나에게나 다른 현명하고 지혜로운 말씀의 사역자들을 찾아와 자신의 슬픔을 털어놓음으로써 하나님의 거룩한 말씀의 사역자들을 통해 죄사함의 은총을 받으십시오"라고 권면하는 것을 근거로 이러한 습관적 고백이 허용된 것으로 생각한다는 사실을 알고 있습니다. 나는 이런 주장을 하는 모든 사람들에게 이 구절에서 고해성사와 성직자의 죄사함의 정당성을 추출하는 것은 불가능하다고 대답할 것입니다. 이 구절의 의미는 명백합니다. 즉 양심의 특별한 어려움으로 고통 받고 있는 사람들에게 사역자를 찾아가 자신의 문제를 개인적으로 털어 놓고 성경을 통해(즉 하나님의 말씀의 사역자를 통해) 해결을 받을 것을 권하는 내용입니다. 이것이 바로 오늘날 강단에서 복음을 전한 사역자들이 설교가 끝난 후의 '사후 모임'을 기다리는 사람들을 다시 만나는 이유입니다. 그러나 건강에 좋은 약이 아편과 다르고 물이 독과 다른 것처럼 이러한 고백은 성만찬 전의 계속적인 고백이나 습관적으로 고백하는 유해한 행위와는 전적으로 다릅니다. 기도서의 내용 가운데 성직자의 서품에 사용되는 잘 알려진 문구는 사도들처럼 어떤 사람의 죄는 사함을 받고 어떤 사람의 죄는 사함을 받지 못했다는 것을 공적으로 선언하라는 권위 있는 명령입니다. 이것은 정확히 사도 바울이 사도행전에서 했던 일입니다.

나는 이러한 주장이 옳다는 것을 보여주기 위해 다시 한 번 윌버포스 주교의 말을 인용하고자 합니다. 다음은 윌버포스 주교가 급사하기 수일 전에 했던 마지막 연설에서 발췌한 내용입니다.

이러한 고백 시스템은 가톨릭의 가장 나쁜 발전 가운데 하나입니다.
우선 회심자와 관련하여 이러한 고백은 죄악으로 가득한 상태에서 일종의 영적인 약에 의해 비정상적인 만족감을 주는 시스템에 불과합니다. 이것은 하나님이 모든 사람에게 부여한 양심에 대한 책임을 포기하는 것이며, 하나님에 대해 마음을 열어야 할 것을 사람에 대한 고백으로 대체하는 것이며, 다른 방법으로는 불가능한 극단적인 경우에만 사용해야 할 방식을 모든 경우에 사용하는 것이나 다름없습니다. 이러한 고백은 많은 가정을 말할 수 없는 불행으로 몰고 갑니다. 그것은 남편과 아내, 아버지와 자녀 사이의 친밀함에 대한 하나님의 약속을 대치하고, 가장 가깝고 친밀해야 하는 또 하나의 영향력을 대치하며, 완전한 자유와 솔직함이 있어야 하는 곳에 침묵과 반목을 조성합니다. 끝으로 고백의 대상인 사제와 관련하여 이러한 고백은 궤변으로 가득한 악한 시스템입니다. 그러나 그보다 나쁜 것은 죄-특히 부정-를 처리해야 하는 가정에 끔찍한 악을 초래케 한다는 것입니다.[13]

나는 여기에 대해 더 할 말이 없습니다. 나는 영국의 남편들과 부모들이 아내와 딸들이 사적인 고백을 하도록 허락한다는 사실이 놀라울 따름이며 단지 이러한 시도에 대해 전적으로 반대한다는 뜻을 공개적으로 선언할 뿐입니다.[14]

나는 여기서 더 나아가지 않겠습니다. 오늘날 다른 안타까운 일들도 많으며 위험해 보이는 새로운 의식들도 많이 있습니다. 예를 들어 대낮에 성만찬 식탁에 초를 켜는 행위, 향, 포도주에 물을 탄 성배, 기념 목욕, 아이들에게 잘못된 교리문답을 사용하거나 마리아숭배 사상을 가르치는 행위, 두 가지 성례가 아닌 7가지 성례와 같은 것들입니다. 이러한 것들에 대해서는 넘어가겠습니다. 교회의 치리에 있어서 절대적 자유만이 유일한 대세인 것처럼 보이는 오늘

---

[13] Bougon, *ibid*, vol. 2, p. 55.
[14] 부록 14장 각주 2, p.526 참조하라.

날의 상황에서 유감을 표현하는 것 이상은 시간낭비일 뿐이기 때문입니다. 나는 이러한 것들을 사소한 일로 생각하는 사람들이 있다는 것을 압니다. 내 생각은 그들의 생각과 전혀 다릅니다. 그들이 생각하는 사소한 일은 매우 불행한 것들입니다. 그것들은 오늘날 잉글랜드 국교회의 토대를 점차 파고들어 오고 있습니다. 어릴 때부터 귀하게 여기고 존중했던 기도서에 그러한 내용이 나오지 않는다는 사실을 알고 있는 중산층 및 서민층은 그로 말미암아 분노하고 있습니다. 그것들은 국교회를 무너뜨리려는 시도로 보입니다. 그러한 것들이 아무런 제지도 받지 않고 계속해서 증가한다면 결과적으로 국교회폐지와 몰수 및 붕괴로 이어질 것이 분명합니다. 그러므로 이러한 것들에 대해서는 신중히 생각해야 할 것입니다.

7. 잉글랜드 국교회의 진정한 포용성이 무엇인지에 대해 언급하고자 합니다.

지금까지 언급한 내용으로부터 내가 편협한 국교도이며 한 분파의 입장을 대변한다고 생각한다면 전적으로 틀렸습니다. 나는 성직서임을 받을 때부터 우리의 교회에는 뚜렷한 의견이 없이 아무 파에도 속하지 않는 성도들을 제외하면 고교회파, 저교회파 및 광교회파라는 세 가지 분파가 있다고 주장해왔으며 지금도 강력히 주장합니다. 이 세 분파는 3세기 동안 공존해 왔으며 이 세기 끝날 때까지 그럴 것입니다. 세 분파는 수시로 다투고 불평하며 으르렁거리지만 교회는 언제나 이들 분파의 정직하고 합리적인 사람들이 공존할 수 있는 공간을 찾았습니다. 아마도 교회를 조금 더 향상시키고 개선하겠다는 생각은 세 분파 모두 동일할 것입니다. 각 분파는 저마다 상대가 받아주기만 하면 교회를 발전시킬 수 있다고 생각하는 묘책과 방법을 가지고 있습니다. 그러나 모든 사역을 자기 방식으로 추진함으로써 지난 250년간 교회는 여기까지 도달하게 된 것입니다. 이것이 내가 생각하는 포용성의 의미입니다.

그러나 잉글랜드 국교회의 포용성에는 제한이 없습니까? 이것은 매우 미묘한 질문이지만 나는 상세히 살펴볼 준비가 되어 있습니다. 오늘날처럼 자유주의가 팽배한 시대에 이 문제는 너무 중요하기 때문에 한두 가지 중요한 원리를 제시하는 것이 바람직할 것입니다.

모든 교회는 질서를 위해 포용성에 일정한 한계를 두어야 합니다. 우리의 이성과 상식은 이러한 결론이 타당하다고 말합니다. 질서는 하늘의 첫 번째 법칙입니다. 인간이 타락하기 전에 에덴동산에는 질서가 있었습니다. 만물이 회복될 때 세상에는 완전한 질서가 존재할 것입니다. 전혀 질서가 없는 기독교 교회는 교회라고 불릴 자격도 없습니다.

지상의 다른 모든 공동체와 마찬가지로 교회는 구성원에 대한 정확한 규정이 필요합니다. 교회는 신조가 필요하며 정해진 교리 및 예배 원리가 있어야 합니다. 교회의 구성원은 사역자들이 무슨 내용을 가르치는지 알 권리가 있습니다. 해파리처럼 뼈도 없고 색깔도 없으며 피도 없는 교회, 아무런 신조도 없는 판테온(Pantheon) 같은 교회, 열심만 있으면 모든 사람이 옳고 틀린 사람은 아무도 없는 교회, 설교자가 진지하기만 하면 무엇을 설교하고 가르치든 아무런 문제가 되지 않는 교회, 이러한 교회는 비실제적인 부조리에 해당하며 모래 위에 세운 교회에 불과할 뿐입니다. 모든 '제한'을 철폐하고 사람이 무엇을 믿어야 할지 또는 다른 성도에게 무엇을 믿게 해야 할지 가르치지 않는 교회는 공상의 세계나 유토피아에나 적합할 뿐입니다. 그러나 눈물과 시련, 고통, 슬픔, 질병 및 죽음이 있는 세상에는 적합하지 않을 것입니다.

잉글랜드 국교회의 구성원은 트루로교구를 가든 링컨 교구를 가든, 캔터베리교구를 가든 칼라일교구를 가든, 동일한 유형의 예배 및 가르침을 기대할 정당할 권리가 있습니다. 그는 강단에서 흘러 나오는 다양한 유형의 진술에 대해서는 받아들일 수 있어야 할 것입니다. 그러나 한 교구의 교리나 성례가 다른 교구와 비교해서 빛과 어둠, 흑과 백, 산성과 알칼리, 기름과 물처럼 전혀 다를 경우 마땅히 불평할 수 있습니다. '성경 해설의 자유'나 사상의 자유 모두 이론적으로는 훌륭한 개념입니다. 그러나 이러한 것들에는 제한이 있어야 합니다. 국가에서 극단적인 자유는 방종과 독재를 가중시키듯이 교회에서도 이러한 자유는 무질서와 혼란을 초래할 뿐입니다. 이신론, 소시니안주의, 가톨릭 및 개신교의 차이를 인식하지 못하고 동일하게 보는 교회는 하나님의 도성이 아니라 "혼란의 도시" 바벨일 뿐입니다.

나는 잉글랜드 국교회가 교회의 포용성에 관한 적절하고 지혜로운 한계를 제시했다고 생각합니다. 나는 39개 조항과 신조 및 공동기도서에서 이러한 제한을 찾을 수 있으며 혁명적 방식이 아니고서는 이러한 한계를 벗어날 수 없다고 믿습니다. 나는 이처럼 잘 알려진 문서들이 전례와 감독제도를 전면적으로 부인하지 않는 합리적인 사람들에게 충분한 '한계'를 제공한다고 믿습니다.

물론 모든 사람이 이러한 문서들에 대해 동일한 해석을 할 수는 없습니다. 세상이 존재하는 한, 언어가 현재와 같은 한, 신학적 구절이나 단어에 대해 모든 사람에게 정확히 동일한 의미를 심어준다는 것은 불가능할 것입니다. 그러나 우리가 39개 조항이나 신조 및 기도서를 아무리 다양하게 해석한다고 해도 잉글랜드 국교회가 사역자의 활동 범위에 관해 요구하는 틀릴 수 없는 한계와 울타리 및 영역이 있으며 이러한 한계를 단호히 거부하거나 부인하거나 모순되게 행하거나 그것을 범하는 자는 잉글랜드 국교회에 있어서는 아니 될 사람이라고 생각합니다.

1) 예를 들어, 한편으로 국교도로 자처하는 자가 삼위일체, 그리스도의 신성, 성령의 인격 및 사역, 성경의 영감 및 신적 권위, 이신칭의, 구원적 믿음과 거룩의 연관성, 두 가지 성례에 대한 준수를 의도적으로 부인한다면 나는 그가 우리 대열에서 무엇을 하고 있는지 이해할 수 없을 것입니다.

물론 같은 영국인으로서 그가 우리의 예배 처소에 참석할 수는 있습니다. 그러나 상식적으로 그가 우리의 기도서를 사용하거나 우리의 강단이나 성경봉독대에 설 권리가 없다는 것은 당연한 것입니다.

2) 다른 한편으로 잉글랜드 국교회의 사역자가 39개 조항이 아홉 차례나 분명히 거명하여 규정하고 반박한 로마 가톨릭 교리를 주장하고 가르치거나, 지키기로 약속한 공개적인 선언을 무시하고 의도적으로 화체설, 미사라는 이름의 제사, 연옥, 고해성사(auricular confession)의 필요성 및 성인에 대한 기도(invocation of saints)를 가르치거나, 가톨릭 미사라는 것을 눈치 채기 어려운 방식과 의식을 사용하여 성만찬을 거행한다면 그는 잉글랜드 국교회가 허락한 자유를 위반한 것입니다.

그가 열정적이고 진지하며 헌식적인 사역자인지는 모르나 개신교의 성만찬에서는 벗어나 있으며 어떤 뒷받침이나 보증도 받을 수 없는 위치에 있는 것입니다.

물론 내가 언급한 것들이 어떤 사람들에게는 편협해 보이고 관대하지 못한 것처럼 생각될 수도 있을 것입니다. 오늘날 많은 사람들은 자유에 사로잡혀 모든 신학적 '제한'과 장벽을 벗어버리고 교회의 토대를 공터처럼 드러내려 합니다. 그들은 우리에게 교회를 파선 위기에서 구해줄 유일한 길은 모든 신조와 39개 조항을 쓰레기처럼 버리고 사역자들이 진지하고 성실하기만 하면 '포용성'에 따라 그들에게 어떤 제한도 부과하지 않는 방법밖에 없다고 말합니다. 이러한 주장은 전적으로 잘못된 것입니다. 연합과 평화와 자비를 위해 믿음과 소망과 진리를 희생하는 방법은 비참한 결과를 초래할 뿐입니다. 나는 한편으로는 이신론과 소시니안주의를 거부하고 다른 한편으로는 가톨릭과 미신을 거부하는 것이야말로 "포용성에 대한 정당하고 합리적이며 공평한 제한"이며 교회는 사역자들에게 이러한 한계 안에서 행할 것을 요구해야 한다고 생각합니다.

그러나 나는 여기서 한 걸음 더 나아가 '포용성의 한계'에 대한 바른 해석을 유지하는 것은 교회의 평안에 절대적으로 중요하며 이러한 한계가 없이는 하나님의 축복을 기대할 수 없다는 사실을 강조합니다. 나는 신조와 신앙고백을 포기한 결과 붕괴되어 불빛이 없는 등대가 되어버린 교회들의 이름을 열거할 수 있습니다. 그들은 헛된 자유를 좇다가 생명력을 잃었으며 분명한 교리들을 버림으로 자멸한 것입니다. 오늘날도 이런 교회들이 이 땅에 교회라는 간판을 달고 존재합니다. 그러나 식어버린 화산처럼 그러한 교회들은 열도 빛도 불도 없습니다. 그러나 이것이 전부가 아닙니다. 나는 교회사를 통해 교리적 '한계'를 엄격히 고수하고 분명한 진리들을 설교하고 가르친 사람들 외에 달리 영혼에 유익을 준 사례를 한 건도 찾지 못하였습니다. 종교개혁 이후 지금까지 세상을 흔들었던 영국의 성직자들이 무엇을 가르쳤는지 소사해 보십시오. 각 분파에서 양심을 깨우고 잠자는 자들의 영혼을 깨우며 죽은 영혼을 살린 성직자 가운데 분명하고 한계가 있는 신학을 선포하지 않은 사람이 있다면 말해보십시오. 라티머부터 오늘날 가장 유명한 복음설교자까지, 리돈(Liddon)부터 스펄전(Spurgeon)까지, 삼위일체, 속죄, 그리스도의 보혈, 성령, 이신칭의 및 중생이 빠진 무색무취한 복음만으로 세상을 구원하고 바꾼 '집회의 대가'가 있다면 말해보십시오. 결코 없습니다. 여러분은 결단코 한 사람도 찾을 수 없을 것입니다. 포도는 가시나무나 무화과나무나 엉겅퀴나무에서 자라지 않습니다. 사역자들에게 진지함과 성실함만 있고 분명한 기독교적 교리는 없는 공허한 복음을 가르치도록 허락하는 교회는 오늘날 세상에서 관대하다는 평을 들을 수는 있으나 영혼을 회심시키거나 만족시키지는 못할 것입니다. 교회가 선을 구한다면 반드시 '포용성'에 일정한 제한과 한계를 두어야 합니다.

끝으로 사랑하는 국교도 형제에게 진지한 호소를 하고자 합니다. 화목을 위해, 진리를 위해, 잉글랜드 국교회를 위해, 그리스도를 위해, 본 주제에서 언급한 '포용성의 원리'와 '한계'의 원리에 굳게 서도록 간절히 기도합시다.

1) 포용적 정신을 가지도록 노력합시다.

교회가 배제하지 않은 사람을 배제하지 않도록 해야 하며 쉽볼렛을 발음하지 못하거나 우리의 노선을 정확히 따르지 않는 자를 배척하거나 추방하거나 출교하지 않아야 합니다. 나는 철저한 복음주의적 국교도이며 그것에 대해 조금도 부끄러워하지 않습니다. 나는 나보다 유력하다는 국교도에게 한시도 복종치 않을 것이며 그들을 인정하지도 않을 것입니다. 그러나 나는 우리 경내에 엄격하고 강철같은 획일성을 주장하며 모든 국교도는 런던의 하이드파크 주변의 철로처럼 동일한 정신적 특색과 수준, 모양 및 깊이를 가져야 한다는 주장에는 공감할 수 없습니다.

누군가 나에게 오늘날 교회로부터 앤드류스와 샌더슨(Sanderson)과 조지 허버(George Herber)와 같은 유형이나 버넷(Burnet)과 틸러트슨(Tillotson)과 휘치코트(Whichcote)와 같은 유형이나 블롬필드나 덜월과 같은 유형 또는 윌버포스나 셀윈(Selwyn)과 같은 유형을 제거할 것을 요구한다면 그렇게 할 수 없다고 분명히 말할 것입니다.

나는 당연히 그런 사람들의 강단에서 편히 설교할 수 없을 것이며 그들 역시 내 강단에서 그럴 것입니다. 나는 내가 선호하는 종교 단체를 지지할 것이며 그들 역시 자신이 선호하는 단체를 지지하고 싶어 할 것입니다. 그러나 만일 어떤 복음적 국교도가 아볼로처럼 "하나님의 뜻을 온전히" 알지 못하는 이런 사람들을 영국국교도로부터 내쫓고 싶어 한다면 나는 결코 그를 돕지 않을 것입니다. 나는 내가 생각하는 '교회의 포용성'의 원리에 따라 그들을 너그럽게 보아줄 것입니다.

2) 다른 한편으로 우리는 **우리의 포용성에 한계를 둔 것**에 대해—이러한 한계가 우리의 모교회인 잉글랜드 국교회의 한계라고 할지라도—수치스럽게 생각하거나 걱정하지 맙시다.

자유주의의 한계를 신학적 부도덕을 허용하는 선까지 억지로 확장해서는 안 될 것입니다. 39개 조항과 신조가 허락하는 만큼만 나아갑시다. 그러나 거기서 한 걸음도 더 나아가지 맙시다. 만일 어떤 사람이 나에게 성직록을 받는 성직자가 이신론이나 소시니안주의나 가톨릭의 교리를 가르치는 것을 팔짱을 끼고 앉아 바라보고만 있으라고 설득한다면 나는 그에게 그렇게 할 수도 없고 그렇게 하지도 않을 것이라고 분명히 말할 것입니다.

아마도 그는 내가 "이스라엘을 괴롭게 하는 자"이며 논쟁가라고 말할 것입니다. 그러나 나는 그에게 진리가 위기에 처하면 결코 가만히 앉아 있을 수 없으며 앉아 있지도 않을 것이라고 대답할 것입니다. 만일 지금과 같은 상태라면 18세기 전의 사도들은 세상을 가만히 내버려 두어야 했을 것입니다. 그들은 소크라테스와 플라톤의 가르침으로 만족했을 것입니다. 그러나 그들은 우상숭배를 공격하는 바보들이었으며 십자가에 못 박히신 그리스도를 전파하며 살다가 죽었습니다. 지금과 같은 상태라면 영국의 종교개혁은 분열 운동이자 실수에 지나지 않을 것입니다. 리들리와 라티머는 가톨릭에 끝까지 항거하지도 못하였을 것입니다. 그러나 그들은 결코 그렇게 하지 않았습니다. 나는 우리 교회가 한편으로는 회의론에 다른 한편으로는 가톨릭에 대해 너무 관대하다고 생각합니다. 나는 "둘 다 물리치겠다"고 서약한 대로 나의 본분에 최선을 다할 뿐입니다.

그러나 결국 주교나 성직자가 무슨 생각을 하며 어떤 행동을 하느냐는 중요하지 않습니다. 이 문제는 급속히 성직자의 손을 떠나고 있습니다. 지금은 벽보의 글을 해석하기 위해 다니엘까지 나서지 않아도 될 상황입니다. 나는 평신도, 특히 이 땅의 중산층에 대해 알고 있습니다. 그들은 가톨릭으로 돌아가려거나 신학적 '한계'가 없거나 분명한 교리를 주장하지 않는 국교회를 더 이상 참아주지 않고 지지하지도 않을 것입니다. 그들은 잉글랜드 국교회가 편협하고 관대하지 못하며 당파적이고 배타적이 되는 것을 원하지 않을 것입니다. 그러나 수고와 눈물이 있는 힘든 세상에서 평신도는 부정적이거나 미신적인 신앙을 용납하지 못할 것입니다. 그들은 빵을 원하며 돌로는 만족할 수 없을 것입니다.

완전한 자유주의가 시행되고, 옛 지계표가 버림을 당하며, 사역자들이 이신론을 설교하든 성경 기독교를 설교하든 개신교신앙을 설교하든 가톨릭신앙을 설교하든 교회가 개의치 않고 모두 동등하게 대하는 모습을 평신도가 본다면, 일단 이러한 사실을 목도한 평신도는 국교회를 떠날 것이며 붕괴되도록 버려둘 것입니다. 평신도에게 성경의 옛 길을 찾아주고 39개 조항과 신조와 기도서가 허용하는 한계에 대해 제시해 준다면 그들은 끝까지 교회 편에 설 것입니다. 그러나 이러한 한계를 파괴하거나 또는 그것을 강화하거나 유지하기를 거부한다면 그들은 얼마 있지 않아 "이제 떠나자"고 외칠 것입니다. 우리의 촛대는 옮겨질 것이며 교회는 성도가 없어 무너질 것입니다. 이것은 사느냐 죽느냐의 문제입니다. 잉글랜드 국교회는 교리적 '한계'를 가져야 하며 그렇지 않을 경우 붕괴되고 말 것입니다.

No Uncertain Sound

15장 사려 깊은 사람들을 위한 권면

(1897년 11월 2일, 세인트 조지 홀에서 열린 열여섯 번째 교구회의에서 행한 연설)

사랑하는 성직자 여러분!

열여섯 번째 교구회의에 오신 것을 진심으로 환영하며 이처럼 많은 사람들이 참석해 준 것에 대해 기쁘게 생각합니다. 그러나 솔직히 말하면 나는 더 많은 인원이 참석하기를 기대했습니다. 현재 우리 교구의 성직자 가운데 절반은 이처럼 중요한 연례 회의에 참석하지 않으며 우리의 초청을 받고 관심을 보인 평신도의 수는 매우 적습니다. 이러한 현상은 결코 바람직한 것이 아니지만 다른 교구의 상황 역시 큰 차이가 없습니다. 이 점에서는 장로교인이나 감리교인이 우리보다 훨씬 낫다고 할 수 있을 것입니다. 잉글랜드 국교회는 마치 반쯤 깨어난 상태인 것 같습니다.

1. 우리 교구의 한 해 역사는 파란만장하지는 않았습니다.

우리의 군주인 빅토리아 여왕의 60주년 기념식은 1897년의 모든 사건들을 덮어버렸으며 모든 사람들의 이목을 집중시켰습니다. 그러나 지난 12개월 동안 우리의 시선을 끄는 두 가지 사건이 발생하였습니다.

그 중 하나는 리버풀 교회법(Liverpool City Churches' Act)이 국회를 통과하였다는 것입니다. 내가 이곳 주교로 처음 왔을 때 고 휫틀리(Mr. Whitley, M.P.) 국회의원은 나에게 이 법안의 중요성에 대해 강조했습니다. 16년이 지나 이 법안은 통과되었으며 리버풀의 오래된 교회 9곳이 해마다 기업의 지원에 의존하는 대신 교회위원회(Ecclesiastical Commissioners)로부터 고정된 수입을 보장받게 되었습니다. 이처럼 좋은 목적을 위해 지방자치 단체가 95,000파운드의 거금을 일시불로 내어놓았으며 9개의 성직록이 대치되고 성직 수여 권자의 기득권이 사라졌습니다. 9개 교회 가운데 두 곳(St. George 및 St. John)은 해체될 것이며 적어도 두 개의 교회를 세울 수 있는 자금이 확보되었습니다. 이 계획에 의한 모든 약정은 매우 신중히 고려되었으며 내가 보기에는 공정하게 이루어진 것으로 생각됩니다. 나는 이 중요한 거래에 대해 어느 쪽도 불평하기 어려울 것이라고 생각하며 모든 결과는 유익과 화평을 가져올 것이라고 확신합니다.

2. 지난 해 있었던 또 하나 특별한 사건은 리버풀교구의 교회 회관을 건립하려는 야심찬 계획이 시작되었다는 것입니다.

내가 이곳의 주교가 되면서 시작되었던 교구에 걸맞은 대성당을 건립하려는 불운한 계획과 이 계획을 위해 시청에서 수없이 모였던 추진위원회 모임은 이제 옛 말이 되고 말았으며 많은 사람들은 그 일을 까맣게 잊어버린 것 같습니다. 나는 이 기회를 빌려 내가 이 모임에 빠지지 않고 참석하였다는 것과 주교가 이 일에 관심이 없으며 대성당 건립을 원하지 않는다는 항간의 비방은 전혀 사실이 아니라는 것을 말하고자 합니다. 그러나 결국 대성당 추진위원회는 대성당 부지에 대한 리버풀주민의 합의가 어렵고 현 시점에서 이 거대한 도시에 적합한 대성당 건축 및 기부에 필요한 50만파운드의 기금을 조성한다는 것은 거의 불가능하다는 보고를 했습니다. 그때부터 나는 교회 회관을 건립하기로 결심했으며 시기가 좋지 않아 오랜 시간을 지체한 끝에 이제 용골을 놓는 것을 보게 되었습니다. 이 회관의 유용성에 대해서는 더 이상 말할 필요가 없으며 어떤 의심도 하지 않습니다. 교회 회관은 여기서 일일이 설명하기는 어렵지만 여러 면에서 잉글랜드 국교회에 큰 힘이 될 것이며 성직자가 함께 모여 교회의 연합을 추진하고 각종 교구 업무를 원활하게 할 것입니다. 나는 이 계획을 받아주고 많은 지원을 해준 것과 로드 스트리트(Lord Street)에 훌륭한 부지를 마련하게 된 것에 대해 감사합니다. 그러나 교회 회관을 건립하기 위해서는 더 많은 자금이 필요합니다. 나이를 생각하면 솔직히 내가 회관에 앉아볼 수 있을 것이라는 기대는 하지 않습니다. 다른 지역에 비하면 우리 교구는 교회를 위한 기금 마련이 쉽지 않습니다. 그러나 나는 낙심하지 않습니다.

3. 지난 해 발생한 국교회와 이해관계가 있는 사건들 가운데 우리가 주목해야 할 두 가지 중요한 사안이 있습니다.

그 중 하나는 교육법(Education Act, 1896년)으로 국회에서 지루한 논쟁 끝에 마침내 이 땅의 법이 되었습니다. 이 법의 내용에 대해서는 충분히 들었을 것이며 나는 간략히 언급하고자 합니다. 이 법은 우호적인 정부가 지역 유지에 의해 세워진 자발적 학교(Voluntary

Schools)를 도우려는 선의의 뜻에서 학생당 4실링의 지원금을 추가하는 내용을 담고 있습니다. 이러한 지원은 주로 가난한 학교가 받아야 하며 전국적 조직의 학교연맹이나 협회가 주관해야 할 것이며 농촌의 가난한 공립초등학교에도 혜택이 돌아가야 할 것입니다. 이 법이 제대로 시행될지는 두고 봐야겠지만 고위층에서 '잠정적 시안'이라는 말이 흘러나온다는 사실만으로도 상당한 어려움이 예상된다는 것은 분명합니다. 그러나 나는 의심치 않습니다. 나는 인간의 본성이 현재와 같은 한 사람들이 '연합'의 원리를 좋아해줄 것이라는 기대는 하지 않습니다. 단지 내가 바라는 것은 우리 교구가 가능한 견해차를 좁혀달라는 것입니다. 그리고 학교 경영진은 우리가 사는 세상은 모든 것을 자신의 뜻대로 할 수 없는 곳이며 일정한 양의 양보와 타협은 불가피하다는 사실을 기억해 주었으면 좋겠습니다. 유럽의 6개 열강의 위대한 정치가들은 그리스와 터키에 대해 공동보조를 취하는 것이 편리하다는 사실을 깨닫지 못했습니다. 우리도 처음에는 랭커셔에서 교육적 마찰이 빚어지더라도 놀라서는 안 될 것입니다. 그러나 나는 모든 위원회 모임과 새로운 법안에 대한 논의는 빛을 최대화하고 열을 최소화 하는 모임이 될 것으로 믿습니다.

4. 지난 해 잉글랜드 국교회에 큰 영향을 미친 또 하나의 큰 사건은 10년 마다 전 세계 성공회 주교들이 한 자리에 모이는 람베스 회의(Lambeth Conference 또는 Decennial Meeting)일 것입니다.

나는 감기와 의사의 권유로-81살이라는 나이는 이러한 권유를 무시하기 어렵게 만듭니다-이 모임에 참석하지 못했기 때문에 짧게 언급하고자 합니다. 모든 회의는 은밀하게 비공개로 진행되었기 때문에 회의의 진행이나 절차에 대해서는 알 수 없습니다. 그러나 이 자리에서 논의된 결과는 '기독교지식사회'(Christian Knowledge Society)를 통해 발표되었기 때문에 많은 사람이 알고 있을 것입니다. 나는 논의된 주제나 여러 위원회에서 제출한 결론 또는 최종 회칙(Encyclical)에 대해서는 반대할 말이 없습니다. 이러한 것들은 제대로 시행되기만 하면 모두 유익한 내용일 것입니다. 그러나 한 가지 생각은 밝히지 않을 수 없습니다. 나는 람베스회의가 오늘날 잉글랜드 국교회가 교리적인 면에서나 의식적인 면에서 보여주고 있는 '불행한 분열'에 대해 철저히 무시하고 지나쳤다는 사실에 대해서는 심히 유감스럽게 생각합니다. 이러한 분열은 종교개혁의 업적을 허물고 잉글랜드 국교회를 두 개의 진영으로 분리하며 가정과 교구와 회중의 평화를 파괴하고 있습니다.

물론 이러한 분열에 대한 신중하고 계산된 침묵은 여러 가지 곤란한 상황과 거북한 충돌을 피하고 회의의 진행을 순조롭게 했을 것입니다. 그러나 이 귀한 총회의 운영진에 대한 존경심에도 불구하고 한 명의 주교로서 나는 이러한 '침묵' 정책이 현명하지 못했다는 생각을 밝히지 않을 수 없습니다. 고해성사와 마리아숭배 및 가톨릭 미사에 대한 모방이 증가하는 것을 묵인함으로써 잉글랜드 국교회에 지속적으로 미치고 있는 엄청난 악영향을 생각할 때 이러한 침묵정책은 하나 됨을 방해하고 해악을 끼칠 것이라고 생각합니다. "1878년 람베스회의 공식 서한"에는 이러한 침묵을 발견할 수 없으며 그렇다고 지금의 형편이 더 나아진 것도 아닙니다.

나는 교회의 편에 선 사람들은 적어도 우리의 분열에 대한 최소한의 표현을 기대할 권리가 있다고 생각하며 이러한 국교회의 위기에 대해 아무런 표현도 하지 않은 것은 많은 고통과 실망을 안겨줄 것이라고 생각합니다. 연합에 대한 거듭된 외침은 우리 교회의 현 상황에서는 시간 낭비인 것으로 보이며 감리교나 장로교와의 연합도 불가능한 것으로 보입니다. 영국의 개신교 비국교도는 우리처럼 심각하게 분열된 교회와 합치지 않을 것이며 나는 그것이 당연하다고 생각합니다. 이러한 분열은 평화를 위해 다른 많은 부분을 삼켜버리겠지만 사제주의마저 삼키지는 못할 것입니다.

이제 나는 이 미묘하고 유쾌하지 못한 주제로부터 오늘날 여러분의 사려 깊은 주의를 요구하는 다른 문제로 화제를 바꾸려 합니다. 내가 특히 강조하고자 하는 것은 여러분의 "사려 깊은" 주의입니다. 우리와 같은 교구회의는 법적인 힘이 없으며 나는 그것이 잘 된 일이라고 생각합니다. 그러나 우리의 회의가 조금이라도 유익한 모임이 되기 위해서는 사람의 마음을 움직이고 그들로 하여금 생각하게 해야 할 것입니다. 생각은 행동의 원천입니다. 우리가 매년 국교도의 마음의 시계의 태엽을 감아 집으로 돌려보내며 교회와 교구에 영향을 미치는 사건들에 대해 생각하게 한다면 그들에게 많은 유익이 될 것이며 우리의 모임은 결코 헛된 모임이 되지 않을 것입니다.

5. 내가 이곳의 주교로 재직한 지난 16년을 되돌아볼 때 많은 감사의 제목을 발견하지만 한 가지 심각한 예외도 있습니다.

나는 감사할 일에 대해서는 여러 가지 사례를 들 수 있습니다. 리버풀 교구를 다른 교구의 수준으로 끌어올린 월톤 성직록법(Walton Vicarage Act), 한 그리스도인 여성의 아낌없는 지원으로 조성된 터너연금기금(Turner Pension Fund), 교구 성직자 지원기금의 성공적 발전, 리버풀교회법, 42개 교회의 건축 및 봉헌, 새롭게 인가를 받아 문을 연 48개의 선교 룸, 수록성직자와 부교역자 및 견진성사의 증가 및 희망차게 추진 중인 교회 회관 건립 등은 우리 교구의 역사를 돌아볼 때 긍정적인 부분에 해당합니다. 나는 처음에 170명의 수록성직자와 함께 일했으나 지금은 205명의 수록성직자가 함께 하고 있습니다. 처음에는 120명의 부교역자가 있었으나 지금은 220명이나 됩니다. 내가 이곳에 온 첫 해에는 4,500명의 젊은이가 견진성사를 받았으나 올해는 8,300명이 받았습니다. 나는 이처럼 큰 은혜를 주신 하나님께 감사치 않을 수 없습니다.

그러나 현재 우리 교구의 상황에는 한 가지 불만족스러운 사항이 있으며 나는 이 문제에 대해 여러분의 사려 깊은 주의를 촉구합니다. 내가 말하고자 하는 것은 교구 기관들의 재정 상황에 관한 것입니다. 기관들의 연간 총 수입은 교구가 생긴 1880년에는 1,900파운드였으나 그 후 매년 줄어들어 지금은 900파운드도 되지 않습니다. 한 마디로 우리 교구는 1880년에 했던 것에 비해 1897년에는 교회 건축, 교회 지원, 기부금 증액 및 교육을 위한 일에 절반의 금액밖에 지원하지 않고 있다는 것입니다. 이것은 있을 수 없는 상황입니다.

교구란 흩어진 독립적 교회들을 모아놓은 것이 아니라 잉글랜드 국교회를 다방면에서 지원하고 전체 공동체의 유익을 위해 교구기관들을 유지하기 위해 일정한 지역 내의 국교도가 하나로 결합한 단체입니다. 우리는 현재로서는 이러한 취지에 전혀 부응하지 못하고 있습니다. 교구의 기부금은 매년 줄어들고 있으며 기부금이 전혀 없는 교회들도 많이 있습니다. 나는 교구가 교회를 위해 지원하는 금액은 교구 기관에 대한 지원이 전부가 아니라는 것은 알지만 현재와 같은 결코 바람직하지 않다고 생각합니다. 나는 우리 교구의 성직자와 평신도가 이 일에 관심을 가져줄 것을 촉구합니다.

만일 교구가 기관을 두는 자체가 잘못된 것이라면, 그리고 모든 교회가 자신과 이웃에 대해 "내가 내 아우를 지키는 자니이까"라는 생각을 가지고 있다면 솔직히 그렇다고 말했으면 좋겠습니다. 그러나 모든 교구가 교회건축이나 교회 지원 또는 교육을 위해 공동의 기금을 마련하는 것이 현명한 일이라면, 그리고 어려운 성직자는 누구나 이러한 기금의 지원을 받을 수 있고 이런 제도를 통해 강한 자가 약한 자를 도울 수 있다는 것이 지혜롭고 사려 깊은 일이라면, 나는 우리 교구가 의무를 다하고 있지 않다고 생각합니다. 나는 이 회의가 이 모든 문제에 대해 심도 있게 논의해 주었으면 좋겠습니다. 우리에게는 변화가 필요합니다. 이 상태로 가다가는 머지않아 바닥을 드러낼 것이며 아마도 더 이상 교구 기금으로부터의 지원은 없으며 교구 내 도움이 필요한 모든 교회는 자력으로 해결하라는 공식적인 발표라도 해야 할 것입니다. 교구 기관이 없다고 해서 우리 교구의 명예가 올라가는 것도 아니고 우리의 지위가 달라지는 것도 아닙니다. 우리가 앞서 간 사람들을 대신하기 위해서는 더 많은 기부자를 필요로 한다는 것은 사실입니다. 나는 많은 사람들이 우리를 도울 것이라고 믿습니다.

6. 이제 교구 기관과 관련된 비교적 부드러운 주제로부터 화제를 돌려 보다 중요한 공적인 주제인 교회 개혁에 대해 언급하고자 합니다.

    교회 개혁은 매년 더욱 뚜렷이 대두되고 있으며 잉글랜드 국교회를 사랑하고 건강한 교회가 유지되기를 바라는 모든 사람들의 세심한 주의를 요구하고 있습니다. 개혁은 필요치 않으며 오랜 전통의 훌륭한 배는 수선을 요구하지 않는다는 말은 소용없으며 너무 늦었습니다. 고대의 인간이 만든 모든 기계와 도구들은 점차 닳아 없어지며 대체로 향상되는 경향이 있습니다. 영국국교도 역시 이런 보편적 법칙에서 예외가 될 수 없습니다.

    이 주제는 우리가 원하든 원치 않든, 매년 다양한 모습으로 제기되었습니다. 지난 회기에 상정된 성직록법안(The Benefices Bill)과 최근 캔터베리와 요크 지역에 설립된 평신도의회(House of Laymen) 및 성직자가 공석이 된 지역에 새로운 사역자를 선정하는 과정에 회중의 목소리가 점차 힘을 얻고 있다는 사실 등은 교회 개혁이 확산되고 있음을 보여줍니다. 나는 오늘 이 회의에 참석한 여러분에게 이 문제를 진지하게 응시하고 마음의 결단을 내리는 것이 무엇보다 시급한 일임을 강조하고자 합니다. 교육은 나라의 성격을 바꾸어 놓고 있으며 모든 계층과 부류의 평신도는 더 이상 아무 것도 모르는 모조품이 아니라 스스로 생각하는 존재가 되었습니다. 오늘날 국교도에게 아무 말도 하지 말고 눈을 감고 주교만 믿고 조상들이 즐겨 사용했던 기구와 설비로 만족하라고 말하는 것은 지브랄타(Gibraltar) 수비대에 보병을 보내어 그들을 수발총과 대궁으로 무장시키려는 것처럼 무의미한 일입니다.

형제들이여! '교회 개혁'은 반드시 다가올 것입니다. 이미 지평선에 돛대가 나타났으며 머지않아 우리를 따라잡을 것입니다. 우리의 훌륭한 옛 교회들이 폐지되는 것을 보고 싶지 않다면 최선을 다해 우리의 집을 정비해야 하며 부족한 부분이 무엇인지 신중히 생각해보아야 할 것입니다. 우리가 실행할 수 있는 것은 무엇이고 실행할 수 없는 것은 무엇입니까? 가능한 것은 무엇이며 불가능한 것은 무엇입니까? 무엇이 유익을 주고 무엇이 해를 끼치겠습니까? 우리는 얼굴을 똑바로 보고 이러한 질문을 던져야 히며 질문에 대해 답을 할 준비를 해야 할 것입니다.

교회 개혁은 매우 광범위한 주제이며 국가와 교회의 연합에 의해 복잡하게 얽혀 있다는 것은 두말할 필요도 없습니다. 그러나 우리의 손이 미치는 범위 안에 국교도가 깨어서 붙들기만 하면 되는 몇 가지 개혁의 지류가 있으며 국회가 인정하지 않을 수 없을 것입니다.

1) 우리는 성직록 매매에 관한 개혁이 필요합니다.

　이것은 영혼에 대한 영적 감독권을 마치 양 떼나 비둘기를 매매하듯 사고파는 매우 불미스러운 행위이며 이러한 제도를 불법으로 선언하는 일은 빠르면 빠를수록 교회의 유익이 될 것입니다.

2) 우리는 교회법원에 대한 개혁이 필요합니다.

　현재 법원의 기소 절차는 많은 비용이 들 뿐만 아니라 매우 성가시고 지루하며 많은 시간이 소요됩니다. 또한 법원의 형벌은 가장 만족스럽지 못합니다. 성직자의 교리가 잘못되었다고 해서 수감하는 것은 중세시대로의 회귀에 지나지 않습니다.

3) 우리는 공석이 된 곳에 성직자를 보내는 일에 있어서 주교의 권한에 대한 개혁이 필요합니다.

　현재는 주교가 자신에게 추천된 성직자를 거부할 아무런 권한이 없습니다. 그가 정신적으로나 신체적으로나 지적으로 그 자리에 적합하지 않다는 확신이 있어도 법적 요건만 갖추면 허락해야 합니다. 영국의 주교는 가톨릭 주교와 마찬가지로 무오한 사람이 아닙니다. 그러나 그들은 어느 정도 분별력이 있는 자들입니다.

4) 우리는 교회의 사역 방식 및 교역자를 선정하는 일과 관련하여 평신도의 지위에 대한 분명한 개혁이 필요합니다.

　솔직히 말해 나는 이것이 어려운 일이며 미묘한 문제라는 것을 알고 있으며 또한 평신도가 이 문제에 대해 바른 인식을 갖고 있다는 확신도 없습니다. 지방세 납세자와 교구민이 수록성직자를 정하는 일에 관여하기를 바라는 사람이 있겠습니까? 쉬운 일은 아닐 것입니다. 성직자를 선택하는 일이 교인들이나 세례교인들의 손에 넘어가겠습니까? 이러한 문제들은 풀기 어려운 매듭이며 나는 이 문제를 성직자가 공석될 때마다 언론사에 글쓰기를 좋아하는 사람들에게 맡겨 진지하게 고민하게 하고 싶습니다. 회중에게 자신의 목소리를 내도록 허락할 경우 그들의 의견은 지혜롭고 신중하게 선정된 위원회를 통해 표현되어야 할 것입니다.

5) 우리는 모든 성직 수여권자에 대한 개혁이 필요합니다.

솔직히 이러한 언급은 매우 조심스럽습니다. 현재의 다양한 시스템에 대해서는 많은 말이 있습니다. 국왕, 주교, 대법관, 성직자 단체, 상업조합, 대성당 참사회, 개인 성직 수여권자, 신임을 받는 단체들이 지속적으로 공석이 된 자리를 채우고 있지만 지속적으로 오류가 드러나고 있습니다. 그러나 나는 옛 제도가 개선될 수 있을 것이라는 확신이 없습니다. 제도를 개선하기보다 오류를 찾는 것이 쉬울 것입니다. 많은 사람들은 아일랜드교회처럼 모든 성직 수여권자의 권리를 박탈하고 교구 성직수여 위원회(Diocesan Boards of Patronage)로 대치하는 것이 정당한 문제 해결 방안이라고 생각하는 것 같습니다. 그러나 나는 이러한 방법이 효과를 발휘할 수 있을지 의문입니다. 이러한 위원회는 교회 내 모든 분파의 대표자들로 구성될 것입니다. 그들 간의 합의는 상호 간에 많은 양보와 후퇴가 있어야만 도출될 수 있을 것입니다. 그 결과 통찰력과 리더십에 유능한 인사는 상호 평화를 위해 제외되고 합의를 위해서는 아무런 결단력도 없는 우유부단하고 무색무취한 인사가 선호될 것입니다. 나는 이러한 교구 위원회가 현재의 시스템보다 나을지 모르겠습니다.

어쨌든 이 방안에 대해서는 확신을 가질 수 없습니다. 나는 지혜와 이빨과 발톱이 없고 뚜렷한 주관도 없으며 유익을 주지 못하는 그저 부드럽고 파벌의식이 약하며 특색이 없는 사람들이 점차 이 자리를 채울 것이라고 생각합니다. 그러나 교회와 국가의 연합이 지속되는 한, 현재의 시스템을 포기할 가능성은 없을 것이며 성직록 판매의 금지는 이러한 불행을 절반으로 줄일 것입니다.

6) 마지막으로 필요한 개혁은 성직자의회(convocation)에 관한 것입니다.

    물론 참사회나 지구장들에 비해 교구 성직자들의 대의제에 결함이 많다는 것은 큰 불만이라는 것을 알고 있습니다. 캔터베리 하원에서 두 명의 법률대리인이 런던 전체를 대표했다는 한 가지 사실만 보아도 이 단체가 얼마나 문제가 많은지 알 수 있습니다. 가장 필요한 개혁은 상하 양원이 평신도를 인정해야 한다는 것입니다. 나는 캔터베리와 요크의 '평신도의회'가 생긴 것을 잊을 수 없습니다. 나는 그것을 잊을 수 없지만 두 의회가 이 시대의 요구를 충족시켰다거나 많은 일을 수행했다고는 생각하지 않습니다. 우리는 성직자와 동일한 의회에 앉을 수 있는 유능하고 엄선된 평신도 대표자가 모든 논의에 참여하여 성직자와 동일한 조건 하에서 모든 문제를 함께 해결해 나가기를 원합니다. 나는 평신도가 자신의 위치를 찾고 모든 교회 일에 동참하여 목소리를 내기 전에는 성직자의회가 이 땅에서 온전한 신뢰를 얻기 어려우며 그들의 논의에 관심을 가지는 사람도 없을 것이라고 생각합니다. 물론 이처럼 개혁된 성직자의회가 법적인 힘을 가지는 것은 아닙니다. 영국은 두 개의 의회를 용납하지 않을 것입니다.

    그러나 성직자의회의 주장과 요구가 유능한 평신도와 성직자들로 구성된 단체로부터 국회로 넘어온다면 이러한 주장과 요구는 하원에서 지금보다 훨씬 많은 관심을 받을 수 있을 것이라고 생각합니다. 식민지와 미국의 성공회가 이러한 시도를 통해 성공을 거두었으며 우리도 못할 이유가 없다고 생각합니다. 아무튼 나는 결과에 대해 염려하지 않습니다. 나는 평신도가 포함된 의회에서 회중 가운데 가장 온건하고 보수적이며 신중한 그룹은 평신도라는 강력한 확신을 가지고 있습니다. 나는 권위 있는 소식통을 통해 호주가 이러한 제도를 잘 정착시켰다는 말을 들었습니다.

나는 교회 개혁에 대한 광범위한 주제에 대해서는 이쯤에서 정리하고자 합니다. 이 주제의 지류 가운데에는 전혀 비실제적인 것처럼 보이기 때문에 논의하고 싶지 않은 것들이 있습니다. 나는 성직자연맹(Curates' League)이 사람들에게 은혜나 은사보다 승진 자격을 우선하도록 설득할 것이라고는 생각지 않습니다. 나는 일부 열정적인 사람들이 강한 애착을 보이고 있는 전례의 개정에 관해서는 일절 언급하지 않겠습니다. 우리의 '불행한 분열'이 지속되는 한-특히 종교개혁의 시계를 거꾸로 돌려 에드워드6세의 첫 번째 기도서로 돌아가려는 사람이 존재하는 한-우리의 유서 깊은 기도서가 개혁의 용광로 속에 들어가는 일은 없어야 할 것입니다. 나는 이러한 주제에 대해 논의하기 위해 여러분의 귀한 시간을 빼앗지는 않을 것입니다. 나는 큰 성직록을 전부 빼앗아 그것을 모든 성직자에게 골고루 나누어 준다고 겨우 연 250파운드 정도의 수입으로 근근이 살아가는 그들의 삶이 회복될 것이라고는 생각하지 않습니다. 나는 모든 고위직에 선거제도를 도입하여 주교, 부주교, 지구장, 참사회장 및 참사회원을 투표로 뽑자는 주장이 해결책이 될 것이라고 생각하지 않습니다. 이러한 공중누각이 현실화되기 전까지는 나를 내버려두었으면 좋겠습니다.

이러한 방안들은 많은 문제점이 있으며 큰 정치적 변혁이 없는 한 여러분 생전에 '부족한 일들'을 바로 세우는 것을 볼 수 있을

지 의문입니다. 잘 아는 대로 교회 일이라는 것은 원래 느린 법입니다. 하원이 교회 문제에 휘말리는 것을 싫어하며 세속적인 문제에 매달려 있다는 것은 잘 알려진 사실입니다. 상원과 하원에서 청중의 귀를 가지고 교회 개혁을 기꺼이 시도할 준비가 되어 있는 사람은 찾아보기 어렵습니다. 존 브라이트(John Bright)나 리차드 코브던(Cobden)처럼 달변에 지혜와 힘과 인내심 및 청중의 귀를 가지고 교회를 생각하는 사람을 찾을 수만 있다면 희망을 가졌을 것입니다. 현재로서는 이러한 사람을 기대할 수 없습니다. 그러나 나는 최근 웨일스의 국교회폐지를 시도했던 무리가 여전히 건재하며 다음 선거에서 정치적 상황이 바뀌어 국교도를 아연실색케 할 수도 있다는 사실을 알고 있습니다. 동시에 나는 여러분이 생각하는 사람들이 되었으면 좋겠습니다. 조만간 교회 개혁의 바람이 불 것이며 그 방향이 교회 폐지 및 붕괴가 아니기만 바랄 뿐입니다.

    웨일스 국교회폐지 운동이 우리에게 주는 교훈은 명확합니다. 그것은 우리가 힘과 시간이 있을 때 우리의 교회를 개혁해야 한다는 것입니다. 키플링(Rudyard Kipling)이 그의 유명한 60주년 기념 찬양(Diamond Jubilee Hymn)에서 한 말처럼 "잊지 맙시다. 결코 잊지 맙시다."

7. 우리가 살고 있는 이 시대를 특징짓는 매우 불건전하고 고통스러운 한 가지 징후에 대해 언급하고자 합니다.

    그것은 잉글랜드 전역에서 모든 분명한 교리 및 신앙적 견해에 대한 무관심이 확산되고 있다는 것입니다. 내가 강조하는 것은 신앙적 무관심의 확산입니다.

    내 말에 오해가 없기를 바랍니다. 나는 런던과 리버풀에서 예배에 참석하지 않고 신앙이 없어 보이는 수많은 사람들에 대해 언급하고 있는 것이 아닙니다. 내가 말하는 것은 오늘날 교회에서 성찬에 참여하지 않고 살아 있는 신앙에 대해 어떤 관심도 보이지 않는 사람들에 관한 것입니다. 나는 인간은 원래 타락한 존재라는 사실을 알고 있습니다. 나는 신앙을 고백하고 그리스도인이라고 자처하는 사람들은 모두 천사와 같을 것이라는 기대는 하지 않습니다. 그러나 나는 무관심한 무리의 규모나 급속한 성장은 19세기 말의 가장 위험스러운 징후 가운데 하나라고 확신합니다. 이 무리에 속한 자들은 신앙의 대적에게 문을 열거나 그리스도를 위해 나서지도 않습니다. 그들은 가만히 앉아 안에서나 밖에서나 신앙적인 어떤 일도 하지 않습니다. 교회를 돌아보고 성도들을 심방하여 그들의 사정과 성품을 잘 아는 훌륭한 성직자에게 가장 힘든 일이 무엇이냐고 물어보십시오. 그는 틀림없이 가톨릭이나 극단적 의식주의(Ritualism)나 에라스투스주의(Erastianism)나 광교회나 체계적 회의론이나 다른 어떤 '주의'가 아니라 어떤 유형의 신앙에도 관심을 보이지 않고 반쯤 죽어 있는 냉담함이라고 대답할 것입니다.

1) 여러분은 지난 50년간 모습을 드러낸 가톨릭에 대한 대중의 인식이 광범위하게 바뀌었다는 사실에서 내가 말하는 위험을 감지할 수 있습니다.

한때 가톨릭에 대해 보편적으로 갖고 있던 혐오감이나 적대감은 더 이상 찾아볼 수 없습니다. 예전에 영국민이 개혁주의에 대해 품고 있던 감정의 예리함은 무디어지고 둔해졌습니다. 어떤 사람들은 종교적 논쟁에 지쳤다고 말합니다. 그들은 평화를 위해 하나님의 진리를 희생할 준비가 되어 있습니다. 어떤 사람들은 가톨릭을 영국의 여러 신앙 유형 가운데 하나로 생각하며 종교보다 낫지도 못하지도 않다고 말합니다. 어떤 사람들은 우리에게 가톨릭이 변했으며 예전처럼 나쁘지 않다고 설득하려 합니다. 어떤 사람들은 개신교의 오류를 지적하며 가톨릭과 다를 바 없다고 부르짖습니다. 그러나 우리는 두 가지 위대한 역사적 사실을 직시해야 합니다.

첫째, 가톨릭이 다스리던 4백 년 전 영국은 무지와 부도덕과 미신으로 가득했으며

둘째, 개혁주의는 하나님이 이 땅에 허락하신 가장 위대한 복이라는 것입니다.

50년만 해도 이 두 가지 사실에 대한 반론은 가톨릭 진영에서만 들렸습니다. 그러나 오늘날 이러한 기억은 구시대적인 생각이 되고 말았습니다.

이러한 대중의 감정적 변화는 잉글랜드 국교회의 한 극단적 분파의 기소로 인해 더욱 커졌으며 대중으로 하여금 가톨릭의 교리와 관습이 분명한 실제적 임재, 미사, 고해성사, 성직자의 죄사함, 사역자의 사제주의적 성향 및 역사적 감각적 과시적 스타일의 공예배 등에 익숙하게 만들었습니다. 그 결과 많은 순진한 사람들은 잉글랜드 국교회와 가톨릭은 큰 차이가 없다는 생각을 가지게 되었습니다. 우리가 사는 시대의 거짓 관대함은 가톨릭에 대한 호의적 관점을 가지도록 돕습니다. 오늘날 우리는 모든 분파가 동일하고 국가는 종교에 개입해서는 안 되며 모든 신조는 동일한 호의와 존경을 받아야 하고 불교든 이슬람교든 기독교든 모든 종교의 바탕에는 공통된 진리적 토대가 있다는 생각이 보편화 되어 있습니다. 그 결과 수많은 무지한 사람들은 가톨릭이 감리교나 독립교단이나 장로교나 침례교와 마찬가지로 특별한 위험이 없으며 가톨릭을 내버려두어야 하며 그들의 비성경적인 속성을 드러내어서는 안 되며 논쟁을 피해야 한다고 생각하기 시작하였습니다. 어쨌든 한 가지 사실은 분명하고 명확합니다. 어떤 이유에서이건 가톨릭에 대한 잉글랜

드 대중의 정서는 이상하리만큼 변했으며 그것은 이 시대의 고통스러운 특징이라는 것입니다.

2) 여러분은 영민함과 진지함을 정통 신앙의 유일한 시금석으로 삼으려는 경향에서 이러한 위험을 감지할 수 있을 것입니다.

오늘날 많은 신자들은 전혀 차이를 구별하지 못하는 것 같습니다. 설교자나 연사가 똑똑하고 달변이며 진지하기만 하면 그의 설교나 강연이 아무리 이상하고 이단적이라 할지라도 괜찮다고 생각합니다. 이런 사람들은 가톨릭이든 개신교든, 속죄가 있든 없든, 인격적 성령이든 그렇지 않든, 미래적 심판이든 심판이 없다고 하든, 고교회든 저교회든 광교회든, 삼위일체든 아리우스주의든 단일신론이든, 어떤 것이든 영민하기만 하면 상관치 않습니다. 그들은 이해하지는 못해도 모두 받아들입니다. 그들은 교리는 중요치 않으며 모든 사람이 구원을 받고 아무도 버림을 받지 않을 것이라고 생각합니다. 그들의 신앙은 소극적 요소로 가득하며 그들의 적극성이 유일하게 드러나는 곳은 분명한 것을 싫어하는 태도입니다. 그들은 궁극적이고 결정적이고 긍정적인 모든 관점을 부적절하고 잘못된 것으로 생각합니다. 그들은 모든 논쟁적 요소들을 쓰레기처럼 버리기를 좋아하며 만일 여러분이 그들의 우유부단함을 지적하면 "나는 논쟁에 대해 아는 체 하고 싶지 않다. 나는 논쟁적 요소에 대해 자세히 살펴보고 싶지 않다. 나는 결국 다 같은 의견이라고 생각한다"라고 대답할 것입니다. 이런 사람들이 도처에 깔려 있다는 사실을 모르는 사람이 누가 있습니까? 이런 상황에 대해 개탄하며 성직자는 교회의 39개 조항에 신실해야 한다고 주장하면 편협하고 당파적이고 관대하지 못하며 19세기에 적합하지 않는 사람으로 몰린다는 것을 모르는 사람이 있습니까?

3) 여러분은 잉글랜드 국교회 안에 관용과 인내의 정책을 부르짖는 많은 사람들의 요구에서 이러한 위험을 발견할 수 있습니다.

　우리는 이러한 정책만이 "현재의 위기 국면"을 타개할 수 있다는 진지한 주장을 듣고 있습니다. 모든 성직자는 자신이 원하는 것을 주장하고 가르칠 수 있어야 한다는 것입니다. 아무도 강단에서의 설교나 성만찬 식탁에서 행한 제의적 행동에 대해 해명할 필요가 없습니다. 아무리 극단적인 분파라도 용납해야 합니다. 링컨 사건 이후 영적이든 세속적이든, 법원에서는 어떤 기소도 허락되지 않습니다.[1] 한 마디로 잉글랜드 성공회는 "사람이 각기 자기의 소견에 옳은 대로 행하였더라"(삿 21:25)는 사사시대의 이스라엘을 모델로 삼아야 한다는 것입니다.

　많은 국교도가 이러한 해괴한 주장을 받아들인다는 것은 잉글랜드 국교회의 가장 큰 위기가운데 하나이며 그것이 야기할 결과는 한 가지밖에 없습니다. 그것은 분열과 붕괴 및 국교회폐지로 이어질 것입니다. 한 공동체 안에 색깔이 전혀 다른 두 세 개의 교회가 존재할 수 없습니다. 이러한 보편적 관용을 부르짖는 사람들이 교회가 그로 말미암아 붕괴할 것이라는 필연성에 대해 모른다는 사실이 놀라울 뿐입니다.

　물론 처음에는 이러한 보편적 관용이 특이하게 보일 것입니다. 그것은 시대적 성향과도 부합됩니다. 모든 종류의 동물, 모든 주장과 신조가 방해받지 않고 공존하며 타인을 내버려 두기만 하면 되는 노아의 방주와 같은 교회를 선언하는 것보다 더 평화를 보장하고 다툼을 그치게 할 수 있는 것이 있겠는가라는 것입니다. 그러나 나는 모든 법조문과 신조를 내팽개치고 서원을 헌신짝처럼 버리며

---

[1] 11장 2. 1) p. 351 참조하라.

한 마디로 잉글랜드 국교회의 모든 골격을 바꾸지 않고 어떻게 이러한 정책이 시행될 수 있는지 이해할 수 없습니다.

4) 끝으로 여러분은 이 땅에서 안식을 범하는 일이 크게 증가한 사실에서 이러한 냉담함의 위험을 찾을 수 있습니다.

도시와 농촌, 상류층 지역인 벨그라비아(Belgravia)와 서민층 지역인 베스날 그린(Bethnal Green) 모두 동일한 상황입니다. 주일날 성도가 가득 찬 교회는 예외적인 경우이며 반쯤 비어 있는 교회가 대부분입니다. 종교 인구에 대한 통계자료도 같은 결과를 말해줍니다. 마치 십계명의 네 번째 계명은 사장되어 빠져 있는 것 같습니다. 이러한 상황은 한편으로는 예전에 주의 날을 대적했던 이교도의 확산에 기인하며 한편으로는 관대함에 대한 병적인 집착 및 모든 사람이 자신의 뜻대로 행하는 세태에 기인하며 한편으로는 이 시대의 특징인 쾌락에 대한 과도한 집착에 기인하며 한편으로는 예전에는 없었으며 선조들도 전혀 필요성을 느끼지 못했던 안식일 여행을 위한 철도시설의 편의에 기인합니다. 오늘날 사탄은 이런 저런 이유로 개혁주의 시대에 비해 주일을 공격하는 일이 훨씬 쉬워졌습니다. 이 말이 무슨 의미인지는 "노동자 계층에 여가를 제공한다"는 그럴듯한 명분하에 주일날 오락실, 아쿠아리움, 도서관, 영화관, 박물관 및 미술관을 개방하려는 시도가 끊이지 않고 있다는 사실에서 잘 드러납니다.

나는 이처럼 안식일을 범하는 경향의 확산은 오늘날의 신앙적 무관심의 가장 나쁜 징조 가운데 하나라고 생각합니다. 주일성수와 참된 신앙의 성장은 불가분리의 관계에 있습니다. 주일을 없애지 않는 한 기독교를 멸할 수 없다는 볼테르(Voltaire)의 말은 사실입니다. 영국인이 알든 모르든 안식일은 그들이 가진 풍성한 자산의 한 부분이며 강대국의 지위를 획득하게 한 비법입니다. "그것은 비싼 돈 들이지 않고 나라를 지켜주는 울타리"[2]라는 말은 사실입니다. 영국을 지금의 반열에 올려놓은 것은 잉글리시 선데이입니다. 영적 신앙이 살아 있고 왕성한 교회는 주일을 잘 지키며 그렇지 못한 교회는 주일을 지키지 않습니다. 한 마디로 주일은 소위 기독교 국가의 바로미터입니다. 주일을 어떻게 지키는지를 보면 그 나라의 교회가 어떠한지를 알 수 있습니다.

이제 한 가지 안타까운 언급과 함께 말을 맺으려 합니다. 죄와 방탕함, 음주 및 세상을 사랑함이 수천 명의 국교도를 파멸시킨다면 신앙에 대한 전적인 무관심은 수만 명의 국교도를 파멸시킨다고 확신합니다.

이러한 상황을 타개할 수 있는 방법은 없습니까? 이 말세의 끔찍한 교회적 재앙을 치유할 방법이 없겠습니까? 분파 간의 끊임없는 갈등, 성례와 사역과 예배의식에 관한 지루하고 무익한 논쟁의 와중에 해마다 성장하는 유일한 것이 있다면 거대한 "신앙적 무관심"일 것입니다. 이러한 흐름을 막고 시온의 건강을 회복할 방법이 없겠습니까? 나는 성령의 능력이 아니고는 어떤 방법도 없다고 생각합니다. 많은 학교와 대학이 우리를 바로 세울 수 없습니다. 이러한 기관들은 머리만 다루지 마음은 다루지 못합니다. 영적인 질병에는 영적인 처방이 필요한 것입니다. 요약하면 우리는 더 많은 성령의 '실제적 임재'가 필요하다는 것입니다. 이를 위해 기도하고 날마다 은혜의 보좌 앞으로 나아갑시다.

나는 처음 4세기 동안 초기 그리스도인이 그들의 교리로 세상을 바꾸고 이교도 신전에서 예배자들을 몰아내었으며 헬라와 로마 철학자들을 당황케 하고 여자와 아이들에게 새로운 지위를 주었으며

---

[2] Edmund Burke, *Reflections on the French Revolution*.

유럽의 도덕적 수준을 끌어올렸다는 사실을 잘 알고 있습니다. 그들에게는 우리가 누리고 있는 많은 혜택을 누리지 못하였습니다. 그들에게는 인쇄된 책이나 대성당이나 대형 교회나 종교 단체나 어떤 서원 리스트도 없었습니다. 그러나 그들은 1897년의 우리에게 부족한 것을 가지고 있었습니다. 그들의 사역과 설교와 성품과 삶에는 성령의 실제적 임재가 있었습니다. 그것이 능력의 비결이었습니다. 19세기 말을 살아가는 우리에게 필요한 것은 더 많은 기도와 그리스도와의 교제, 더 많은 성령의 실제적 임재입니다!

이 땅의 모든 그리스도인 가정과 교회와 회중이 날마다 "생기야 사방에서부터 와서 이 죽음을 당한 잉글랜드 국교회에 불어서 살아나게 하라. 성령이여 임하셔서 위험을 깨닫게 하시고 무관심을 떨쳐버리게 하소서"라고 부르짖는다면 이 땅에 복이 임할 것입니다. 사랑하는 형제 여러분, 다시 한 번 말합니다. 우리에게 필요한 지정한 처방은 성령 하나님의 '실제적 임재'입니다. 이 회의장을 떠나기 전에 함께 기도하기로 다짐합시다. 쉬지 말고 기도합시다.

> 구세주의 음성을 듣기 원하는가
> 기도하라 형제들이여 기도하라!
> 주님의 마음을 기쁘게 하려는가
> 기도하라 형제들이여 기도하라!
> 죄는 끝없는 두려움을 요구하고
> 연약함은 강력한 자를 원하지만
> 이 땅에서 한 평생 싸우는 동안
> 기도하라 형제들이여 기도하라![3]

---

[3] "The Revival"(1859년)에서 인용한 Hark, 'tis the Watchamn's cry(호라티우스 보나르)라는 찬양이다.

No Uncertain Sound

16장

현재의 고통

(1898년 11월, 열일곱 번째 교구회의에서 행한 연설)

사랑하는 성직자 여러분!

이제 교구에 관한 내용으로부터 오늘날 국교도가 깊은 관심을 가지고 주목해야 할 보다 중요한 네 가지 주제로 옮기고자 합니다. 내가 네 가지 주제를 순서에 따라 살펴보는 동안 여러분은 관심을 가지고 나를 따라오기 바랍니다. 네 가지 주제는 교회 개혁, 교회 보호, 교회의 분열 및 교회의 관용입니다.

1. 먼저 교회 개혁에 관한 내용으로부터 시작하겠습니다.

이것은 오늘날 가장 중요한 문제로 대두되고 있는 광범위하고 오래된 주제입니다. 나는 17년 전 교구회의에서 진지한 태도로 이 문제를 들고 나온 사람들을 비소 띤 얼굴로 바라보던 사람들이 기억납니다. 그러나 오늘날 이 문제는 그들이 살아 있더라도 더 이상 미소로 맞이하기는 어려울 것입니다. 성직록 법안과 그것에 대한 열띤 논쟁은 하원을 깨우고 모든 시선을 빼앗았습니다. 이 땅의 모든 지역에서 교회 개혁에 대해 자각심을 갖게 되었습니다. 각종 위원회와 단체가 개혁을 표방하고 나섰으며 모든 계층에서 활동적인 사람들이 팔을 걷어붙이고 전면에 나서고 있습니다.

교회 개혁은 필요 없다고 말하는 것은 아무 소용이 없습니다. 우리의 옛 배는 두 세기 이상을 달려온 후 이제 약간의 수선과 개정을 요구하고 있습니다. 이성과 상식은 인간이 만든 모든 것들은 점차 많은 결점이 발견되며 닳아 없어지는 경향이 있습니다. 지식과 과학 및 교육의 발전은 개선이 필요한 취약한 곳을 드러내고 선조들이 생각지도 못한 향상을 가져옵니다. 교회 개혁은 교회가 살기 위해 반드시 필요한 요소가 되고 있습니다.

이 주제는 우리가 원하든 원치 않든, 여러 가지 형태로 끊임없이 대두되고 있습니다. 이러한 사실은 최근 많은 영향력 있는 지지자들을 거느린 개혁연맹(Reform League)이 출범한 것만 보아도 알 수 있습니다. 옥수수법(Corn Laws)의 폐지가 한 연맹으로부터 시작되었다는 사실을 기억해야 합니다.[1] 이 주제는 우리가 원하든 원치 않든, 매년 다양한 모습으로 제기되었습니다. 지난 회기에 상정된 성직록법안(The Benefices Bill)과 최근 캔터베리와 요크 지역에 설립된 평신도의회(House of Laymen) 및 성직자가 공석이 된 지역에 새로운 사역자를 선정하는 과정에 회중의 목소리가 점차 힘을 얻고 있다는 사실 등은 교회 개혁이 확산되고 있음을 보여줍니다. 나는 오늘 이 회의에 참석한 여러분에게 이 문제를 진지하게 응시하고 마음의 결단을 내리는 것이 무엇보다 시급한 일임을 강조하고자 합니다.

교회 개혁은 매우 광범위한 주제이며 국가와 교회의 연합에 의해 복잡하게 얽혀 있다는 것은 두말할 필요도 없습니다. 그러나 우

---

[1] Cobden과 Bright가 1839년에 조직한 The Anti-Corn Law League를 말하며 Corn Laws는 1846년에 폐지되었다.

리의 손이 미치는 범위 안에 몇 가지 개혁의 지류가 있으며 국교도가 단합하여 붙들기만 하면 성취할 수 있는 일들이 있습니다.

1) 우리는 거짓 교리와 부도덕한 사건에 있어서 교회법원의 개혁이 필요합니다.

현재의 조직은 결함이 많고 기소절차는 많은 비용이 들 뿐만 아니라 매우 성가시고 지루하며 많은 시간이 소요됩니다. 또한 법원의 형벌은 가장 만족스럽지 못합니다. 성직자의 교리가 잘못되었다고 해서 수감하는 것은 중세시대로의 회귀로밖에 볼 수 없습니다.

2) 우리는 잉글랜드 국교회의 모든 법적 절차를 규정하는 일련의 새로운 교회법이 필요합니다.

우리가 현재 가지고 있는 법 가운데 많은 부분은 사실상 무용지물이며 변경된 내용으로 말미암아 사실상 화석과 같은 호기심의 대상이 되고 말았습니다. 이 문제에 있어서 우리는 국교회가 폐지된 아일랜드 교회를 타산지석으로 삼을 수 있을 것입니다.

3) 우리는 교회의 예배 방식이나 성직자를 초빙하는 과정에서 어떤 식으로든 평신도의 의견을 수렴할 수 있는 개혁이 필요합니다.

4) 우리는 모든 성직 수여권자에 대한 개혁이 필요합니다.

나는 솔직히 이러한 언급이 매우 조심스럽습니다. 현재의 다양한 시스템에 대해서는 많은 말이 있습니다. 그러나 나는 옛 제도가 개선될 수 있을 것이라는 확신이 없습니다. 제도를 개선하기보다 오류를 찾는 것이 쉬울 것입니다. 그러나 교회와 국가의 연합이 지속되는 한, 현재의 시스템을 포기할 가능성은 없을 것이며 성직록 판매의 금지는 이러한 불행을 절반으로 줄일 것입니다.

5) 우리의 필요한 개혁은 성직자의회(convocation)에 관한 것입니다.

가장 필요한 개혁은 상하 양원이 평신도를 인정해야 한다는 것입니다. 나는 평신도가 자신의 위치를 찾고 모든 교회 일에 동참하여 목소리를 내기 전에는 성직자의회가 이 땅에서 온전한 신뢰를 얻기 어려우며 그들의 논의에 관심을 가지는 사람도 없을 것이라고 생각합니다. 물론 이처럼 개혁된 성직자의회가 법적인 힘을 가지는 것은 아닙니다. 영국은 두 개의 의회를 용납하지 않을 것입니다. 그러나 성직자의회의 주장과 요구가 유능한 평신도와 성직자들로 구성된 단체로부터 국회로 넘어온다면 이러한 주장과 요구는 하원에서 지금보다 훨씬 많은 관심을 받을 수 있을 것이라고 생각합니다.

2. 이제 교회 개혁에 관한 주제로부터 **교회 보호**에 관한 주제로 넘어가고자 합니다.

잉글랜드 국교도만큼 자신이 속한 공동체의 원리나 역사에 대해 무지한 단체는 없다고 생각합니다. 온 나라가 분명한 교리와 역사적 기독교에 대한 지식을 배가하기 위해 온 힘을 쏟아야 할 시기가 있다면 지금이야말로 그때라고 믿습니다. 나는 성직자가 신조와 39개 조항을 보다 명확히 설교하고 설명하며 국교도가 알고 믿어야 할 것이 무엇인지 보다 분명하게 이해시켜야 한다고 생각합니다. 나는 사람들이 지난 3세기 동안의 교회사에서 중요한 사건들에 대해 알고 우리에게 잘못된 주장을 하거나 무례한 진술을 하는 대적들에게 대답할 수 있었으면 좋겠습니다. 지금은 자다가 깰 때입니다. 국교회폐지 운동은 머지않아 다시 시작될 것입니다. 우리는 교회를 깨끗이 하는 동시에 자신을 보호할 준비를 해야 할 것입니다.

그러나 강단을 통한 체계적인 교육은 이 시대의 무지를 해결하기 위해 필요한 것들의 한 부분일 뿐입니다. 우리는 잉글랜드 국교회의 역사에 관한 정보를 조직적으로 제공해야 합니다. 우리는 모든 교구를 돌아다니며 사람들에게 잉글랜드 국교회의 바른 역사에 관한 모든 이야기를 전할 수 있는 자격 있는 강사진을 구성해야 할 것입니다. 그러나 우리가 잊지 말아야 할 한 가지 유의사항이 있습니다. 강사들은 철저히 공정해야 하며 한쪽으로 치우친 사람이 맡아서는 안 된다는 것입니다.

예를 들어 그들이 사람들에게 라우드 대주교가 복된 순교자라고 전하며 리들리와 라티머에 대해서는 언급하지 않는다면, 제임스2세를 칭송하고 청교도를 비방한다면, 이러한 강의는 유익보다 해만 끼치게 될 것입니다. 그러나 나는 이러한 의심과 염려가 근거 없는 기우에 지나지 않았으면 좋겠습니다. 나는 정직하고 능력 있는 강사진이 보다 많은 통찰력을 확산하고 현재의 광범위한 무지를 몰아낼 것이라고 믿습니다. 끝으로 나는 오늘날 잉글랜드 국교회를 보호할 수 있는 가장 좋은 방법은 성직자의 목회 사역에 보다 많은 관심을 기울이는 것이라고 생각합니다.

우리는 집집마다 찾아다니는 심방이 더 많이 필요하며 사람들의 영혼을 보다 직접적이고 인격적인 방식으로 대하고 보다 친절하고 상냥하며 복음적이고 적극적으로 보살펴야 합니다. 성직자의 사역 형태는 크게 달라졌습니다. 오늘날 성직자는 잦은 예배와 성만찬에 많은 시간과 관심을 쏟고 있습니다. 그러나 나는 우리 교회가 예전의 전통적인 목회 심방에 힘을 쏟았다면 더 강해졌을는지도 모른다는 생각을 합니다.

나는 노동자 계층에 대한 공감과 신뢰가 지금과 같은 위기적 상황에서 잉글랜드 국교회를 보호하는 중요한 보호막이 된다는 확신을 가지고 있습니다. 이러한 공감과 신뢰는 사역의 정도를 걷기 원하는 사역자라면 쉽게 발견할 수 있을 것이라고 생각합니다. 영국의 노동자는 특히 공감과 관심에 열려 있으며 성직자는 그것을 보여줄 특별한 기회를 가지고 있다는 것이 나의 생각입니다.

가난한 삶을 살며 광산이나 방적공장, 제철소, 부두, 화학공장 또는 철도에서 하루 종일 힘들게 일하는 노동자들은 초라하게 보일 수 있습니다. 그러나 그들도 우리와 동일한 육체를 가지고 있습니다. 그들의 거친 겉모습 뒤에는 감정과 양심과 예민한 정의감과 영국인으로서의 권리를 부러워하는 마음이 있습니다. 그는 짓밟히고 조롱을 당하고 무시당하는 것을 싫어하듯 자신에게 생색을 내거나 아첨하는 것도 싫어합니다. 그가 원하는 것은 형제로서 친절하고 공감하는 마음으로 대해 달라는 것입니다. 그는 낮예배 참석이나 이른 성만찬을 강요당하는 것을 싫어하며 사실 그럴 시간도 없습니다. 그는 아무리 의식 문제에 바른 생각을 가지고 있는 사람이라도 정이 없고 쌀쌀맞은 사람에게는 마음을 열지 않을 것입니다.

그러나 그에게 사람을 움직이는 것은 코트가 아니라 마음이며 기니(guinea)의 가치는 그것에 찍힌 소인에 있는 것이 아니라 금화 자체에 있다는 사실을 아는 성직자를 보내보십시오. 그에게 강단에서 그리스도를 전할 뿐만 아니라 주중에 그의 집을 찾아가 그리스도처럼 손을 잡고 교제할 수 있는 성직자를 보내보십시오. 그에게 그리스도의 거룩한 경건에는 사람을 높이는 것이 없고 부자와 가난한 자는 "동일한 피를 가진" 사람으로 동일한 속죄를 필요로 하며 고용주와 피고용자에게는 오직 한 구주, 죄를 씻는 하나의 샘, 한 하늘만 있다는 사실을 아는 성직자를 보내보십시오. 그에게 우는 자와 함께 울고 웃는 자와 함께 기뻐하며 가장 가난하고 약한 자의 어려움이나 출생, 결혼 및 죽음에 마음을 함께 할 수 있는 성직자를 보내보십시오. 그에게 이러한 성직자들을 보내면 교회로 나올 것입니다. 이러한 성직자들이 빈 회중석을 향해 설교하는 일은 없을 것입니다. 이런 성직자는 잉글랜드 국교회의 가장 훌륭하고 가장 유능한 보호막이 될 것이며 회중을 교회의 가장 든든한 버팀목이자 파수꾼으로 만들 것입니다.

3. 이제 교회 분열이라는 고통스러운 주제에 대해 다루겠습니다.

여러분은 대부분 저 불행한 사람 라우드 대주교 시대 이후 교회는 한 시도 분열로부터 자유로웠던 때가 없었다는 사실을 알고 있을 것입니다. 나는 오늘날 그를 존경하는 경향이 있다는 것을 잘 알고 있으며 많은 책들이 잉글랜드 국교회가 그에게 얼마나 많은 빚을 지고 있는지에 대해 기술한 것을 보았습니다. 나는 이러한 책 저자들의 생각에 동의할 수 없습니다. 나는 언제나 라우드를 영국의 비국교도의 창시자라고 생각해 왔습니다.

그러나 오늘날의 분열은 지금까지 교회에 끼친 어떤 고통보다 심각한 고통을 주고 있으며 우리의 세심한 관심을 요구하고 있습니다. 여론형성 기관인 「타임즈」가 고해성사와 같은 주제에 대한 긴 논쟁적 칼럼을 개설하고 강력한 힘을 바탕으로 종교적 논쟁에 대해 다룬 기사들을 제공하고 있는 지금이야말로 우리가 눈을 비비고 일어나 이 모든 일이 어떻게 돌아가고 있는 영문인지 자문해보아야 할 때입니다. 이 나라 도처에서 들리고 있는 신앙적 동요와 흥분과 불안에 대해 무엇이라고 해석해야 합니까? 내 대답은 분명합니다. 그것은 극단적 의식주의(extreme ritualism)입니다.

이 말에 오해가 없기를 바랍니다. 우리 주변에는 수많은 의식주의자들이 있습니다. 어떤 사람들은 많은 오류가 있음에도 불구하고 마음은 충성스럽고 신실한 사람들이 있습니다. 반면에 어떤 사람들은 왜 잉글랜드 국교회 안에 머무는지 이유를 모를 만큼 이상하고 이단적인 생각을 가지고 있는 사람들이 있습니다. 그들은 이스라엘을 괴롭게 하는 자입니다. 이들이 바로 내가 말하는 극단적 의식주의자입니다.

나는 오늘날 상황의 근본 원인은 많은 평신도 국교도가 성직자에 대해 가지고 있는 확신, 즉 많은 성직자가 은밀하게 개신교 개혁주의를 해체하고 가톨릭의 잘못된 교리와 예배를 영국에 도입하려 하고 있다는 생각입니다. 그것이 사실이든 아니든, 그들은 극단적 의식주의자들의 활동을 가톨릭으로 향하는 수순을 밟고 있는 것으로 의심하고 있다는 것입니다. 그들 가운데 일부는 영국의 역사를 읽고 제임스2세 시대에 대해 알고 있는 것이 분명합니다. 그들은 이 잘못된 왕조가 개신교를 억압하고 이 땅에 가톨릭을 들여왔다는 사실과 그로 인한 불행한 결과―그는 왕이 되었으나 그것 때문에 쫓겨났으며 1688년의 명예혁명을 야기하게 되었다는―를 잊지 않습니다. 그들은 이러한 일들을 기억하고 1898년 현재 다시 가톨릭으로 돌아가려는 조짐에 대해 분개하고 있는 것입니다.

이 땅의 평신도는 지난 40년간 극단적 의식주의자들이 교회 예배에 도입한 새로운 의식들에 대해 당연히 불평할 수 있습니다. 그들은 의복이나 제스처나 자세나 행동에 있어서 언제나 한 쪽 방향에 섰습니다. 그들은 가능한 반 개신교로 기울었습니다. 그들은 언제나 가톨릭을 모방하고 빌려왔습니다. 그들은 언제나 개혁자들로부터 벗어나서 합법적이든 불법적이든 가능한 가톨릭으로 향하려는 공통된 경향과 열망 및 적대감을 보여주었습니다. 그들은 공통된 체계적 결의를 통해 반 개신교화에 앞장서고 가능한 잉글랜드 국교회의 단순한 예배를 가톨릭의 현란하고 감각적인 예배로 동화시키려 했습니다. 이제 이러한 사실에 대해 다음 몇 가지 목록을 통해 구체적으로 살펴보겠습니다.

1) 우리의 개혁자들은 교회 안에서 미사라는 제사를 발견하고 그것을 "참람한 거짓말이자 위험한 속임수"라고 생각하여 쫓아내었으며 성만찬을 성례로 불렀습니다. 극단적 의식주의자들은 제사라는 말을 다시 도입하고 성만찬을 미사라고 부르기를 즐겨합니다.

2) 우리의 개혁자들은 교회에 제단이 있는 것을 발견하고 그것을 치우도록 명령하였으며 '제단'이라는 단어를 기도서에서 아예 삭제하였으며 주의 식탁으로만 언급했습니다.

개신교 종교개혁이 끝나고 백 년이 지나 우리의 전례가 개정되고 현재의 형태로 대치된 후 찰스2세 시대에도 개정자들은 '제단'이란 말을 성만찬에 다시 가져오지 않았습니다. 그러나 오늘날 극단적 의식주의자들은 주의 식탁을 '제단'으로 부르며 교회 안에 제단을 설치하고 있습니다.

3) 우리의 개혁자들은 성직자가 제사를 드리는 제사장의 역할을 하는 것을 발견하고 그들을 기노하고 싱경을 읽고 **말씀**을 전하는 사역자로 삼았습니다. 극단적 의식주의자들은 모든 성직자를 '제사장'으로 부릅니다.

4) 우리의 개혁자들은 교회 안에 신체적 임재에 관한 교리를 발견하고 목숨을 걸고 반대하였습니다.

그들은 우리의 기도서에 '실제적 임재'라는 표현조차 못하게 하였습니다. 그들은 가톨릭의 화체설이나 루터의 성체 공존설(consubstantiation) 모두 배격하였습니다. 그들은 39개 조항의 제 29조에서 믿음이 없는 성찬은 "결코(*nullo modo*) 그리스도에게 동참하는 것이 아니다"라고 선언했습니다. 극단적 의식주의자들은 이 교리를 다시 들여와 성만찬의 떡과 잔에 그리스도의 몸과 피가 실제로 있는 것처럼 말합니다.

5) 우리의 개혁자들은 교회 안에 성상, 칸막이, 십자가, 성소가 있는 것을 발견하고 부지런히 쫓아내었습니다. 극단적 의식주의자들은 그러한 것들을 다시 가져오기 위해 부단히 애쓰고 있습니다.

6) 우리의 개혁자들은 예배가 행렬(procession), 분향, 초, 제스처, 태도, 장식용 꽃, 제사 현란한 제사 의복으로 가득한 것을 발견하고 모두 제거할 것을 명령했습니다. 극단적 의식주의자들은 이러한 것들을 다시 도입하려고 애쓰고 있습니다.

이쯤에서 멈추고 더 나아가지 않겠습니다. 오늘날 다른 안타까운 일들도 많으며 위험해 보이는 새로운 의식들도 많이 있습니다. 예를 들어 대낮에 성만찬 식탁에 초를 켜는 행위, 향, 포도주에 물을 탄 성배, 기념 목욕, 아이들에게 잘못된 교리문답을 사용하거나 마리아숭배 사상을 가르치는 행위, 두 가지 성례가 아닌 7가지 성례와 같은 것들입니다. 이러한 것들에 대해서는 넘어가겠습니다. 교회의 치리에 있어서 절대적 자유만이 유일한 대세인 것처럼 보이는 오늘날의 상황에서 유감을 표현하는 것 이상은 시간낭비일 뿐이기 때문입니다. 나는 이러한 것들을 사소한 일로 생각하는 사람들이 있다는 것을 압니다. 내 생각은 그들의 생각과 전혀 다릅니다. 그들이 생각하는 사소한 일은 매우 불행한 것들입니다. 그것들은 오늘날 잉글랜드 국교회의 토대를 점차 파고들어 오고 있습니다. 어릴 때부터 귀하게 여기고 존중했던 기도서에 그러한 내용이 나오지 않는다는 사실을 알고 있는 중산층 및 서민층은 그로 말미암아 분노하고 있습니다. 그것들은 반 개신교 운동이자 국교회를 무너뜨리려는 시도로 보입니다. 그러한 것들이 아무런 제지도 받지 않고 계속해서 증가한다면 결과적으로 국교회폐지와 몰수 및 붕괴로 이어질 것이 분명합니다. 그러므로 이러한 것들에 대해서는 신중히 생각해야 할 것입니다.

극단적 의식주의자들이 여러 가지 새로운 의식들과 함께 점차 중산층과 서민층을 잉글랜드 국교회로부터 떠나가게 하고 있다는 것은 분명한 사실입니다. 지금 그들에게는 투표권이 있으며 그들은 다음 선거에서 그것을 사용할 것이며 귀족층을 소수파로 밀어낼 것입니다. 수많은 상인과 농부와 기능공은 본능적으로 가톨릭을 두려워하고 있습니다. 어떤 사람들처럼 그들을 배우지 못한 무식한 자로 여겨 조롱하는 것은 어리석은 짓입니다. 그들은 신학적 지식이 많지 않고 깊이 연구해보지도 않았을 수 있지만 가톨릭에 대해서는 더 이상 참지 않을 것입니다. 그들은 탁월하지 않은 사람들일 수 있지만 돌려 말하지도 않고 솔직하게 말할 것입니다. 그들은 존 브라이트와 같은 달변가나 맥컬레이와 같은 작가는 아닐지 몰라도 분별력이 있으며 생각하는 사람들입니다. 만일 그들이 가톨릭 의식이 교회 안에 다시 들어오려는 시도를 알게 된다면 의구심을 가질 것이며 비국교도 예배당으로 떠날 것입니다. 이러한 의심을 불러일으킨 자는 아무리 좋은 의도와 진지하고 순진하며 열정적인 마음을 가졌다고 해도 잉글랜드 국교회의 진정한 우군은 될 수 없을 것입니다.

솔직히 말하면 내가 극단적 의식주의자들에 대해 가장 우려하는 것은 그들이 중산층과 서민층의 마음에 끼칠 영향입니다. 그들은 극단적 의식주의자들을 싫어하며 그들을 가톨릭이라고 부를 것입니다.

극단적 의식주의자들의 힘은 주로 상류층에서 나옵니다. 음악과 찬양은 많고 설교와 기도는 적은 화려한 예배를 좋아하는 영국의 귀족사회, 복음적 가정에서 점차 물러나고 있는 덜 배운 사람들, 성경을 읽지 않고 지루한 예배를 싫어하며 감정적이고 소란한 예배를 선호하는 생각 없는 젊은이들, 이런 사람들이 자신은 전통적 개신교에 만족할 수 없다고 주장하며 이탈하고 있습니다. 그들은 옥수수보다 양귀비를 좋아하는 아이들이나 먹을 것보다 장난감에 관심이 많은 아기들과 같습니다. 그러나 극단적 의식주의자들은 굳은 손을 가진 근면하고 철저한 대중, 영국의 두뇌와 근육에 해당하는 거대한 중산층과 영민한 기능공들의 요구를 충족시킬 수 없습니다. 이러한 사람들은 영의 양식과 양심의 안식처를 원합니다. 그들은 견고하고 마음을 파고드는 생명을 원하기 때문에 장난감 예배로는 만족할 수 없습니다. 교회가 그들에게 순수한 복음의 양식을 제공하지 않으면 그들은 교회를 떠날 것이며 다른 곳에 둥지를 틀 것입니다.

불행한 분열 및 현재의 비참한 상황의 결과가 어떻게 될 것인지에 대해서는 알 수 없습니다. 나는 눈 먼 선지자가 되고 싶지 않습니다. 그러나 나는 잉글랜드 국교회의 끈질긴 생명력을 믿습니다. 우리 교회는 개신교를 무자비하게 탄압했던 '피의 메리'(Bloody Mary) 시대에도 살아남았습니다. 교회는 주교직을 폐지하고 전례를 금지했던 공화정 시대에도 살아남았습니다. 교회는 1662년 통일령에 의해 유능한 성직자-대부분 우수한 성적으로 대학을 졸업한-2천 명을 추방당하면서도 살아남았습니다. 교회는 윌리엄3세가 등극한 후 충성서약을 거부한 자들의 탈퇴가 이어질 때에도 살아남았습니다. 교회는 지난 세기 감리교가 빠져나간 후에도 살아남았습니다. 오늘날에도 교회는 매닝, 뉴만, 페이버, 오클리, 두 명의 윌버포스 및 많은 사람들이 자신의 자리를 떠났음에도 불구하고 살아남았습니다. 나는 우리가 개혁주의의 원리를 고수하는 한 우리 교회는 살아남을 것이라고 믿습니다. 그러나 현재로서는 극단적 의식주의로 불리는 운동에 의해 생긴 거대한 분열이 잉글랜드 국교회의 삶을 심각하게 위협하고 있다고 생각합니다.

4. 이 회의에서 다룰 마지막 주제는 '교회의 관용'입니다.

관용은 일정한 한도 안에서 건강한 개신교 교회의 한 특징이 되어야 할 것입니다. 인간의 본성이 현재와 같은 한 모든 그리스도인이 크고 작은 모든 것에 대해 정확히 동일한 관점을 가지기는 어려우며 중국식 획일성을 요구하는 것은 불가능합니다. 상식적으로 국교도는 성경과 기도서와 예배규정이 모두 침묵하는 사소한 문제나 비교리적인 문제와 관련된 이견에 대해서는 관용해야 합니다. 우리는 이러한 문제들이 많이 있다는 것을 알고 있습니다. 이처럼 사소한 문제 때문에 다른 사람을 이단이나 불건전한 사람으로 정죄하는 것은 편협하고 관용이 부족한 행동일 것입니다. 우리는 우리와 다른 생각을 가진 형제를 어리석다고 생각할 수 있지만 성경과 기도서에 나오지 않는 부분에 대해서는 그들도 우리처럼 얼마든지 자신의 의견을 가질 수 있습니다.

그러나 관용에는 한계가 있어야 합니다. 오늘날 내가 위험을 느끼는 것은 바로 이 부분입니다. 이러한 위험은 오늘날 많은 사람들이 잉글랜드 국교회 안에서 일어나는 모든 신앙적 주장과 의식적 행위에 대해 관용해야 한다고 부르짖는 외침 속에서 찾을 수 있습니다. 우리는 이러한 정책만이 "현재의 위기 국면"을 타개할 수 있다는 주장을 수없이 듣고 있습니다. 모든 성직자는 자신이 원하는 것을 주장하고 가르칠 수 있습니다. 아무도 강단에서의 설교나 성만찬 식탁에서 행한 제의적 행동에 대해 해명할 필요가 없습니다. 아무리 극단적인 분파라도 받아들여야 합니다. 링컨 사건 이후 영적이든 세속적이든, 법원에서는 어떤 기소도 허락되지 않습니다.[2] 한 마디로 영국 성공회는 "사람이 각기 자기의 소견에 옳은 대로 행하였더라"(삿 21:25)는 사사시대의 이스라엘을 모델로 삼아야 한다는 것입니다.

많은 국교도가 이러한 해괴한 주장을 받아들인다는 것은 잉글랜드 국교회의 가장 큰 위기가운데 하나이며 그것이 야기할 결과는 한 가지밖에 없습니다. 그것은 분열과 붕괴 및 국교회폐지로 이어질 것입니다. 한 공동체 안에 색깔이 전혀 다른 두세 개의 교회가 존재할 수 없습니다. 이러한 보편적 관용을 부르짖는 사람들이 교회가 그로 말미암아 붕괴할 것이라는 필연성에 대해 모른다는 사실이 놀라울 뿐입니다.

물론 처음에는 이러한 보편적 관용이 특이하게 보일 것입니다. 그것은 시대적 성향과도 부합됩니다. 모든 종류의 동물, 모든 주장과 신조가 방해받지 않고 공존하며 타인을 내버려 두기만 하면 되는 노아의 방주와 같은 교회를 선언하는 것보다 더 평화를 보장하고 다툼을 그치게 할 수 있는 것이 있겠는가라는 것입니다. 그러나 나는 모든 법조문과 신조를 내팽개치고 서원을 헌신짝처럼 버리며 한 마디로 잉글랜드 국교회의 모든 골격을 바꾸지 않고 어떻게 이러한 정책이 시행될 수 있는지 이해할 수 없습니다.

---

2 11장 2. 1) p. 351 참조하라.

사람들이 이러한 상황을 받아들이고 용납할 것인지에 대해서는 알 수 없습니다. 오늘날 세상은 못할 것이 없는 것 같습니다. 완전한 사상의 자유 및 절대적 의사표현의 자유를 부르짖는 광신자들을 받아들이는 행위처럼 어리석은 짓도 불가능한 일은 아닌 것 같습니다. 나로서는 새로운 시스템이 실제적으로 어떤 작용을 하게 될 것인지 신중히 살펴볼 것을 촉구할 뿐입니다.

평신도의 입장은 어떻게 되겠습니까? 영국의 평신도는 그가 어디서 살며 어디로 이사를 가든, 잉글랜드 안에서는 항상 일정한 틀의 예배와 설교를 기대하는 것이 당연합니다. 물론 교회마다 성직자 가운이나 외적 의식들이나 찬양의 양이 조금씩 다르기도 할 것입니다. 어떤 교회 성직자는 일련의 진리들을 다른 것보다 강조할 수도 있습니다. 그러나 이러한 다양성은 일정한 영역 안에서 유지되어야 할 것입니다. 보편적 관용이 본격적으로 시작되면 이 모든 것은 아무 소용이 없게 될 것입니다.

여러분은 강단에서 대부분의 구약성경은 오류가 많고 영감으로 기록되지 않았다거나 마귀와 같은 것들은 존재하지 않고 미래적 심판은 없다는 주장을 듣고 놀랄 것입니다. 또한 어떤 교회에서는 대낮에 향과 촛불을 켜놓고 제사장 의복을 한 성직자가 성만찬을 거행하는 것을 보고 놀랄 것입니다. 여러분은 이런 것들이 싫다고 해도 마음대로 불평하지도 못합니다. 아무리 고통스러워도 이것이 바로 '관용'이라는 새로운 브랜드의 정책이라는 설명밖에 들을 수 없을 것이며 그대로 따르는 수밖에 없을 것입니다. 평신도가 이런 상황을 받아들이고 만족하겠습니까? 나는 결코 그렇지 않을 것이라고 생각합니다. 아마도 수많은 중산층은 교회를 떠나 비국교도가 될 것입니다.

영국성직자의 입장은 어떻게 되겠습니까? 현재는 잦은 마찰과 다툼에도 불구하고 고교회파, 저교회파, 광교회파 세 분파가-폭력적이고 극단적인 일부 계층을 제외하면-대부분 상대를 존중하는 가운데 조화를 이루며 그럭저럭 잘 해나가고 있습니다(특히 교육, 절제 및 선교 분야에서). 그들에게는 잉글랜드 국교회에 대한 신실한 사랑 안에서의 결속력과 유대감이 있으며 후손에게 교회를 온전히 물려주려는 진심어린 소원이 있습니다. 그들에게는 우리의 신조와 예배서의 영역 안에 거하며 그것을 벗어나지 않겠다는 공통된 결심이 있습니다. 그들은 모두 옛 길을 벗어나려고 더하거나 빼거나 바꾸려고 애쓰는 광신자들을 싫어합니다. 그러나 보편적 관용이 시행되면 이 모든 것들은 끝이 나고 말 것입니다.

한편으로는 미사가 다른 한편으로는 회의론이 공식적으로 허용될 경우 양심적인 성직자들이 우리의 공동체에서 줄을 이어 빠져나갈 것은 불을 보듯 뻔합니다. 탈퇴하지 않은 사람들도 다른 것을 인정하지 않고 자신의 독특한 관점을 지키고 구체화하며 확고히 하기 위해 뭉칠 것입니다. 한 마디로 우리의 '불행한 분열'은 더욱 배가 될 것이며 잉글랜드 국교회의 존재를 위협하고 뿌리째 흔들어 버릴 것입니다.

무엇보다 잉글랜드 주교의 입장은 어떻게 되겠습니까? 현재는 자신의 헌신에 대해 "하나님의 말씀에 위배되는 모든 잘못되고 이상한 교리를 몰아내고 다른 사람들도 그렇게 하도록 사적으로나 공적으로 부단히 촉구하고 격려할 것"이라는 엄숙한 약속을 하고 있습니다. 그러나 보편적 관용이 합법화 되어 공식적으로 시행되면 이러한 약속이 아무런 소용이 없게 될 것입니다. 일부 주교의 성직자들은 성만찬에 대한 가톨릭적 관점을 주장하고 공식적으로 미사라고 부를 것입니다. 어떤 사람들은 기도서에 만족하고 분향, 제의, 실제적 임재, 제단 및 제사를 부지런히 반박할 것입니다. 일부 서품 후보자들은 39개 조항과 명백히 위배되는 자유로운 교리 사상을 가질 것이며 그러한 내용을 답안지에 쓸 것입니다. 다른 사람들은 영감과 속죄에 관한 회의론적 진술을 냉담하게 제시할 것입니다. 그럴 때 불행한 주교는 어떻게 해야 하겠습니까? 그는 아무 것도 할 수 없습니다. 그는 이름만 있는 "모든 분파의 명예직 주교"가 될 수밖에 없습니다. 그는 모든 사람에게 웃어주고 누구든 성직자로 인정하고 서품을 주어야 할 것이며 질문을 하거나 어떤 선서나 약속이나 서원이나 맹세도 할 수 없을 것입니다.

만일 잉글랜드 국교회가 이처럼 혼란한 상태를 장시간 견딘다면 실로 기적일 것입니다. 법이나 규칙이 없는 공동체는 질서가 있을 수 없습니다. 신조나 교리 표준이 없으면 교회가 존재할 수 없으며 바벨탑만 남을 것입니다. 소견에 옳은 대로 말하게 해 보십시오. 나침판이 없는 배, 불 없는 등대, 연료 없는 기관차도 신조나 39개 조항이나 예배 규정은 없고 보편적 관용의 깃발만 달고 항해하는 교회보다는 나을 것입니다.

이제 말을 맺으려 합니다. 국회가 개입하여 우리를 도울 것인지는 알 수 없습니다. 나는 다른 곳에서 구원의 손길을 기대할 수 없습니다. 우리의 벽보에 나타난 글씨는 다니엘이 아니어도 해석할 수 있습니다. 국교회폐지를 향한 거대한 조류가 형성되고 있으며 우리도 이미 그 흐름에 편성한 것은 아닌지 모르겠습니다. 아무 것도 느끼거나 인식하지 못하는 사람들도 있지만 우리는 날마다 떠내려가고 있으며 우리가 노력하지 않으면 수년 내 모든 것을 잃게 될 것입니다. 이러한 시대에 신실한 국교도는 자신의 본분에 충실하고 하나님의 도우심으로 순수한 개혁주의 신앙의 유산을 자자손손 이어나가게 하겠다는 결단을 해야 할 것입니다.

No Uncertain Sound

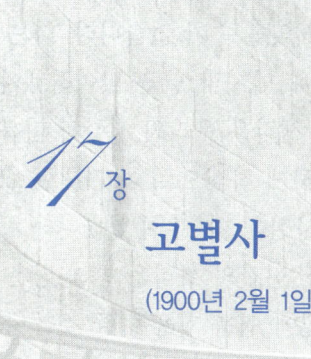

17장
고별사
(1900년 2월 1일)

사랑하는 성직자 여러분!

나는 지금 "나의 달려갈 길을 마치고 나의 떠날 시각이 가까웠도다"라는 위대한 이방인 사도의 마지막 유언을 기억합니다. 뜻하지 않게 주교의 직무를 맡아 20년 가까운 세월을 여러분과 함께 해왔으나 이제 이 자리를 물러날 때가 된 것 같습니다. 나의 쇠약한 육신과 83세라는 나이는 내가 교구나 잉글랜드 국교회를 위해 더 이상 효과적인 사역을 수행하기 어렵다고 말합니다.

나는 겸허한 마음으로 주교직을 사임합니다. 돌이켜보면 처음 리버풀의 주교로 올 때 계획했던 많은 일들을 이루지 못하였습니다. 또한 마땅히 해야 했던 많은 일 집회, 성직수임, 견진성사 및 봉헌을 제대로 수행하지 못한 것 같습니다. 이곳에 처음 올 당시 나는 64세로 젊은 나이가 아니었으며 직무 수행에 있어서도 많은 어려움이 있었습니다. 그러나 나는 우리 하나님은 자비로우신 하나님이심을 감사드립니다.

나는 솔직히 말하면 리버풀을 떠날 때가 다가오면서 무거운 중압감을 느낍니다. 나는 여러분을 결코 잊을 수가 없습니다. 나는 감히 이곳 머지강 유역에서 일하는 중에 마지막 날을 맞이하겠다는 생각을 품었습니다. 그러나 하나님의 생각은 우리의 생각과 다릅니다. 하나님은 나의 건강을 서서히 약하게 하심으로 이 거대한 교구가 젊고 강한 주교를 필요로 한다는 사실을 깨우쳐주셨습니다.

여러분을 떠나기 전에 나는 지난 58년간의 사역을 통해 많은 것을 보고 배웠던 노사역자의 마지막 말에 귀를 기울여 줄 것을 부탁합니다.

> 나이가 많은 자가 말할 것이요 연륜이 많은 자가 지혜를 가르칠 것이라(욥 32:7).

나를 떠나보내는 모든 성직자 여러분은 노사역자들의 말을 무시하지 말기를 바랍니다. 여러분이 맡은 지역과 교구민은 작을 수도 있고 클 수도 있습니다. 그러나 여러분이 맡고 있는 성도들은 철저히 깨어 있습니다. 그들은 따분하고 무기력한 설교에 만족하지 않습니다. 그들은 교구에서나 강단에서 생명과 빛과 불과 사랑을 원합니다. 그들에게 그러한 것들을 풍성히 전해야 합니다. 그리스도만 높이는 살아 있는 성직자에게는 언제나 성도가 따른다는 사실을 잊지 말기 바랍니다.

사랑하는 성직자 여러분!

마지막으로 모든 동역자들과 사이좋게 지내는 법을 배우고 배양하기 바랍니다. 분열을 조심하십시오. 세상 사람들은 교리는 이해하지 못해도 한 가지 아는 것이 있습니다. 그것은 논쟁과 다툼과 싸움입니다. 여러분은 사이좋게 지내야 합니다.

하나님의 은총이 언제나 여러분과 함께 하기를 바랍니다.

평신도 국교도에 대해서는 내가 좀 더 젊은 시절에 왔다면 그들에 대해 훨씬 많이 알았을 것이라는 안타까움이 있습니다. 나는 그들의 평안을 기원하며 아울러 이 교구가 영적으로나 육적으로 더 많은 하나님의 은총으로 가득하기를 기도할 뿐입니다. 사랑하는 형제들이여, 성경과 기도서와 39개 조항의 옛 국교회를 고수하십시오. 거짓 관용에 속지 마십시오. 수많은 가난한 자와 불쌍한 자들을 기억하십시오. 국내외 선교사역을 지원하십시오. 가난한 성직자를 도우십시오. 개혁주의 원리가 현재의 이 나라를 만들었다는 사실을 결코 잊지 말고 그것을 배척하려는 어떤 시도도 용납하지 마십시오.

잠시 후면 우리가 다시 만날 것입니다. 여러분 모두 왕의 우편에 서기를 바라며 좌편에 서는 자가 없기를 바랍니다. 그때까지 나는 여러분을 능히 세우시고 여러분에게 거룩한 성도의 기업을 주실 하나님과 그의 은혜의 말씀에 여러분을 맡깁니다. 나는 여러분의 사랑하는 주교와 영원한 벗으로 남을 것입니다.

리버풀 팰리스, 애버크럼비 광장에서 1900. 2. 1

존 C. 라일

No Uncertain Sound

부록 1

각주 설명

1장

1. "이단에 관한 사건과 관련하여 현재의 '상소법원'을 대치할 순수한 교회 법정의 형성은 매우 복잡하고 어려운 문제로서 현재의 방안들은 모든 당사자를 만족시킬 수 있는 해결책을 도출할 어떤 희망도 보이지 않습니다. 어떤 방안이 원리적이라고 생각되어 거부감을 가진 사람들이 적은 경우에도 불가사의한 성직자 특권층은 근거 없고 유해한 생각이라며 거부해버립니다"(Bishop Thirlwall's Remains, ii, p. 135).

"이러한 점에서 사법위원회의 위원들이 자신의 절대적 사법권을 포기하기로 동의하거나 인정하고 자신의 사법적 역할을 성직자 협의회의 결정을 수동적으로 받아 그대로 시행하기만 하는 순수한 대리인의 역할을 자처한다는 것은, 교회가 오늘날처럼 국가와 연합되어 있는 한 성직자의 양도할 수 없는 권리를 가장 열렬하게 지지하는 자라고 해도 가능한 일이라고 생각하지 않을 것입니다. 그러나 만일 사법위원회가 이처럼 비굴한 자세를 취하지 않는다면 교리 문제에 관한 특권을 어떤 특권보다 귀하게 여기는 사람들은 그러한 특권을 항상 상실한 상태에 있는 것입니다. 교회는 짜증스러운 족쇄와 치욕스런 속박을 당하고 있다며 계속해서 불평할 것입니다"(*Bishop Thirlwall's Remains*, ii, p. 137).

2. 다음은 유명한 국교도 베넷 목사(Rev. W. J. E. Bennett, Vicar of Frome)가 왕립위원회 앞에서 의식과 관련하여 증거한 내용입니다.

"당신이 사용하는 제의에 교리가 포함되어 있는가?" "나는 그렇다고 생각한다"(2606).

"그 교리가 무엇인가?" "그것은 제사에 관한 교리이다"(2607).

"당신은 자신이 제사장이라고 생각하는가?" "물론이다"(2608).

"당신은 화목제를 드린다고 생각하는가?" "그렇다. 나는 내가 화목제를 드린다고 생각한다"(2611).

3. "우리는 의식주의 운동의 대표자들이 자신의 계획을 인정하고 세부적인 시행 내용을 드러낸 용기와 솔직함을 높이 삽니다. 그들은 우리에게 '개신교를 반대하는 운동'을 하고 있으며 오직 '잉글랜드 국교회의 재 가톨릭화 및 이러한 궁극적 목적을 위한 국교회 폐지 운동'에 앞장서고 있다고 했습니다. 그런데도 우리가 깨어 있지 않는다면 우리의 잘못입니다. 그러나 동일한 사람들이 관용을 부르짖고 있습니다. 이러한 접근에 대해서는 저들 가운데 한 사람이 말한 '두 개의 진지'(two great camps)라는 표현만큼 그들의 진의를 잘 드러내는 것은 없다고 생각합니다. 이것은 마치 한 진지가 다른 진지에 대해 '우리는 너희의 진지를 손에 넣고 너희를 포로로 삼을 것이다. 그러나 우리가 원하는 것은 너희가 우리를 내버려 두는 것이며 우리의 길에 어떤 방해도 하지 않는 것이다'라는 메시지를 보내는 것과 같습니다"(*Bishop Thirlwall's Remains*, ii, p. 307).

3장

[표 1]

다음은 방문 통계로부터 나온 리버풀교구 지구별 총 지출금액을 요약한 것으로, 1884년 10월까지 3년간 교회건축, 증축, 복원 및 교회 공간이나 선교 룸 건축에 들어간 비용을 합산한 수치이다.

North Liverpool 지구	20,302	15	5
North Meols, and Ormskirt 지구	20,379	15	2
Walton 지구	7,500	18	3
Wigan 지구	21,047	10	0
Childwall 지구	16,371	16	2
South Liverpool 지구	5,341	19	3
Prescot 지구	14,225	9	3
Toxteth 지구	29,905	6	9
Winwick 지구	10,310	0	0
	145,385	10	3

다음은 방문 통계로부터 나온 리버풀교구 지구별 기부 및 지원 금액을 요약한 것으로, 1884년 10월까지 3년간 자선기관, 교구 기관, 국내 전도, 해외 선교에 지원된 금액을 합산한 수치이다.

North Liverpool 지구	16,164	16	2
North Meols, and Ormskirt 지구	14,118	0	0
Walton 지구	9,080	0	0
Wigan 지구	4,638	0	0
Childwall 지구	12,861	0	0
South Liverpool 지구	12,025	0	0
Prescot 지구	7,417	0	0
Toxteth 지구	20,770	0	0
Winwick 지구	1,698	0	0
	98,771	16	2

이 표의 합계 금액은 실제로 기부되거나 지원된 금액의 전부가 아니다. 그러나 불행히도 37차 38차 통계 자료 가운데 일부 지구는 정확하지 못하다.

4장

오늘날 일부 정치인들이 제기하는 구상은 놀라울 만큼 비합리적이고 비실제적이며 무익한 것들이기 때문에 순진한 사람들이 현혹당하지 않도록 몇 마디 언급해야겠습니다.

어떤 사람들은 노동자계층의 빈곤과 사회적 박탈감을 치유할 수 있는 방법은 그들에게 땅을 주는 것이라고 말합니다. 그들은 "모든 사람에게 영국의 토지를 3에이커씩 준다면 많은 소자작농 계층이 생길 것이며 불평도 빈곤도 사라지게 될 것"이라고 말합니다. 그러나 이러한 발상이 정당하게 농지를 구입한(그리고 그것을 나눌 생각이 없는) 현재의 지주들의 땅을 강제로 빼앗지 않고 시행에 옮길 수 있는지 모르겠습니다. 더 큰 문제는 영국에 모든 사람에게 3에이커씩 줄 수 있을 만한 경작 가능한 땅이 있느냐는 것입니다. 그러나 이러한 것들은 사소한 문제에 지나지 않습니다.

정작 상식 있는 모든 사람들이 주목해야 할 부분은 다른 데 있습니다. 즉 아무런 자본 없이 20명 가운데 19명이 3에이커씩의 땅을 받는 것은 소용이 없다는 것입니다. 그것은 흰 코끼리(인도의 왕이 하사품으로 내린 흰 코끼리는 돈만 들어갈 뿐이다-역주)를 받은 것처럼 해만 끼치게 될 것입니다. 오늘날 정치 연설가들의 말을 들어보면 마치 토지는 노동을 하지 않아도 저절로 농작물을 내고 노동자가 땅을 밟고 서 있기만 하면 빵과 고기와 감자가 솟아오를 것처럼 말합니다. 그러나 실제로 농사를 짓는 농부들의 말을 들어보면 이구

동성으로 말도 안 되는 소리라고 일축해버립니다. 토지를 경작하는 일만큼 성공을 위해 기술과 노력과 관심이 끊임없이 요구되는 직종도 없습니다. 오랜 경험을 통해 한 가지 발견한 것이 있다면 사람이 아무 것도 의지할 것이 없는 상태에서 3에이커의 땅만 가지고는 편안히 살 수도 어렵고 가족을 부양할 수도 없다는 것입니다. 3에이커는 다른 일에 신경 쓰기에는 너무 넓은 땅이며 직장생활을 하는 런던이나 버밍햄의 기능공처럼 유복한 삶을 누리기에는 너무 작은 땅입니다.

　나는 이 주제에 대해 매우 자신 있게 말할 수 있습니다. 나는 농촌 지역에서 40년간 사역을 했습니다. 나는 다른 사람들보다 크고 작은 농장의 상황이나 농업에 대해 돌아볼 기회가 많았습니다. 나는 일반적으로 3-4에이커의 땅을 소유한 사람들은 매우 빈궁한 생활을 하고 있다는 것을 잘 알고 있습니다. 그들은 자기 땅이 없이 오두막과 반 에이커의 땅을 정당한 세를 주고 빌려 살면서 매주 12-14실링을 받고 지주를 위해 일하는 주변 노동자들보다 형편이 나은 사람이 거의 없습니다. 3-4에이커의 땅을 소유한 사람이 몸이 건강하고 자신을 도울 수 있는 두세 명의 자녀를 데리고 도시 부근에 살며 토지에 대해 잘 알고 결코 게으르거나 술 취하지 않으며 좋은 기후에 좋은 가격을 받는다고 해도 수년 동안 잘 되는 경우는 드뭅니다. 반복되는 말이지만 대체로 이런 사람들은 결국 실패하고 마는 것을 봅니다. 그러므로 나는 농사에 대해 아무 것도 모르는 런던이나 버밍햄의 기능공에게 3에이커의 땅을 주고 아무런 자본도 없이 경작하라고 하는 것은 완전한 망상에 불과하며 더욱 큰 실망만 하게 만들 것이라고 확신합니다. 그는 첫 해에 돈을 빌려 시작해야 할 것입니다. 우리는 "돈을 빌리러 가는 것은 슬픔을 빌리러 가는 것이다"라는 속담을 알고 있습니다. 내 말에 동의하지 않는 사람들에 대해서는 최근 베르네이 부인(Lady Verney)이 쓴 『소작민의 소유』(*Peasant Properties*)라는 책을 읽기를 권합니다. 아마도 이 책은 노동자계층의 필요를 채울 수 있는 해결책으로 제시되는 3에이커 방안의 허상을 낱낱이 드러내줄 것입니다.

끝으로 서민층의 상황을 개선하기 위한 무모한 계획의 바탕에 놓여 있는 한 가지 큰 오류는 인간의 타락 및 그로 인한 인간성의 부패에 관한 성경의 교리에 대한 망각에서 찾을 수 있습니다. 인간의 본성이 현재와 같은 한 국회의 어떤 법이나 법률도 솔로몬의 황금시대처럼 완전한 평등을 이끌어 내거나 부자가 되는 것을 막거나 가난하게 되는 것을 막지 못할 것입니다. 인간의 본성이 변하지 않는 한 어떤 사람은 부지런하고 어떤 사람은 게으를 것이며, 어떤 사람은 어리석고 어떤 사람은 똑똑할 것이며, 어떤 사람은 참을성이 없고 어떤 사람은 차분할 것이며, 어떤 사람은 검소하고 절약하며 어떤 사람은 과소비하고 낭비할 것이며, 어떤 사람은 건강하고 어떤 사람은 약할 것입니다. 이러한 상황 하에서는 인간의 상황에 많은 차이가 생기는 것을 막는 것은 불가능합니다. 낮은 자리에서 높은 자리로 올라가기 위한 다리와 계단을 제공하고 가난한 자에게 싸고 훌륭한 교육을 제공하며 이민을 가려는 사람에게 토지와 식량은 싸고 임금은 높은 식민지에서 새로운 자리를 찾도록 격려하는 것은 매우 좋은 일임이 분명합니다. 그러나 이 타락한 세상에서 가난한 사람은 아무도 없고 모두가 잘 사는 사회를 공공연히 떠벌리고 다니는 많은 정치적 자선가들은 시간만 낭비하고 있으며 무지한 자들을 현혹하고 이루어질 수 없는 기대를 높이며 자신이 상식이 없는 자임을 스스로 드러내고 있습니다.

6장

다음은 내가 리버풀의 주교가 된 후 봉헌한 교회들입니다.

1. St. John the Evangelist, Walton 2. Maghull Parish Church 3. St. Ambrose, Farnworth 4 St. Andrew, Wigan 5. St. Luke, Southport 6. St. Cyprian, edge Hill, Liverpool 7. St. Stephen, Crown Street, Liverpool 8. All Saints, Toxteth Park, Liverpool 9. St. Gabriel, Texteth Park. 10. St. Agnes, Toxteth Park 11. St. Bede, Toxteth Park 12. St. Chad's Everton 13. St. Polycarp, Everton 14. St. Benedict, Everton 15. St. Athanasius, Kirkdale 16. aspull, Wigan 17. St. Paul. Widnes 18. St. Mary, Waterloo 19. St. Philip, Southport 20. Crossens, Southport.

St. Lawrence, Kirkdale, St. Philip, Shiel Road, Livepool은 시작은 했으나 기부금이 부족하여 봉헌하지는 못했습니다.

Earle Road, Liverpool과 Woolton 및 Wigan 부근의 Ince에 세 개의 큰 교회가 새로 건축 중에 있으며 곧 완성될 것입니다.

[표 1]

다음은 방문 통계로부터 나온 리버풀교구 지구별 총 지출금액을 요약한 것으로, 1884년 10월까지 3년간, 그리고 1987년 10월까지 3년간 교회건축, 증축, 복원 및 교회 공간이나 선교 룸 건축에 들어간 비용을 합산한 수치이다.

지구	1884년			1887년		
North Liverpool 지구	20,302	15	5	14,550	5	5
North Meols, and Ormskirt 지구	20,379	15	2	26,992	4	$7^{1/2}$
Walton 지구	7,500	18	3	35,417	6	10
Wigan 지구	21,047	10	0	19,803	0	0
Childwall 지구	16,371	16	2	29,209	10	8
South Liverpool 지구	5,341	19	3	6,846	3	1
Prescot 지구	14,225	9	3	22,444	18	11
Toxteth 지구	29,905	6	9	36,253	12	$3^{1/2}$
Winwick 지구	10,310	0	0	6,313	18	0
	145,385	10	3	197,821	19	10

다음은 방문 통계로부터 나온 리버풀교구 지구별 기부 및 지원 금액을 요약한 것으로, 1884년 10월까지 3년간, 그리고 1887년 10월까지 3년간 자선기관, 교구 기관, 국내 전도, 해외 선교에 지원된 금액을 합산한 수치이다.

지구	1884년			1887년		
North Liverpool 지구	16,164	16	2	17,741	1	7
North Meols, and Ormskirt 지구	14,118	0	0	16,649	16	$5^{1/2}$
Walton 지구	9,080	0	0	8,194	0	$11^{1/4}$
Wigan 지구	4,638	0	0	6,173	9	1
Childwall 지구	12,861	0	0	14,444	9	2
South Liverpool 지구	12,025	0	0	17,085	18	$1^{1/2}$
Prescot 지구	7,417	0	0	8,518	11	8
Toxteth 지구	20,770	0	0	27,102	5	11
Winwick 지구	1,698	0	0	1,598	8	$6^{1/2}$
	98,771	16	2	117,508	10	$5^{3/4}$

이 표의 합계 금액은 실제로 기부되거나 지원된 금액의 전부가 아니다. 불행히도 37차 38차 통계 자료 가운데 일부 지구는 정확하

지 못하다. 그러나 대체로 두 번째 3년간의 수치에는 만족할 만한 증가가 있었다.

9장

독자들 가운데는 이 통계가 과시하기 위한 것이라고 생각하는 사람들도 있을 것입니다. 그러나 나는 그들에게 최근 Salford, Manchester의 가톨릭 주교가 한 말을 읽어볼 것을 권합니다.

영국의 회심은 꿈이 아니다

사람들은 나에게 이렇게 속삭인다. 너는 꿈을 꾸고 있다 너는 헛소리를 하고 있다. 영국의 회심에 관한 언급은 어린 아이의 옹알거림에 불과하다. 네가 만일 영국민이 가톨릭으로 개종할 것이라고 기대한다면 영국인종을 오해한 것이며 그들의 강력한 개신교적 성향을 오판한 것이다.

가혹한 형벌의 시대

이러한 속삭임에 대한 나의 대답은 다음과 같다. 지난 3백 년간 영국이 가톨릭을 바라보는 시각과 오늘날 가톨릭을 대하는 태도를 비교해 보라. 가톨릭은 지난 3백 년간 사회적으로나 민법적으로 금지되어 있었다. 그들은 온갖 불이익 속에서 괴로워하며 살았다. 가톨릭 신앙을 고백하거나 미사를 듣거나 제사장을 두거나 황제의 구슬이나 훈장을 차거나 가톨릭과 교제하거나 가톨릭적 행위를 수행하는 것은 모두 범죄였다. 법적 형벌은 구금, 재산 몰수, 수감, 추방, 고문 및 사형이었으며 그들에게는 무자비한 철퇴가 내려졌다. 가톨릭교도는 군대에서나 사회적으로 신뢰할 만한 위치나 책임 있는 자리를 맡지 못하였다. 가톨릭 교육은 금지되고 가톨릭 자녀들은 무지 속에서 자라거나 교육을 받기 위해서는 바다를 건너야 했다. 지금도 나이 많은 사람들은 예전에 가톨릭교도가 자신의 재산을 유지하기 위한 유일한 방법은 법적으로 개신교가 되는 길 밖에 없었으며 길거리에서 5파운드 지폐 한 장에 말을 넘기지 않을 수 없었던 시대를 기억한다. 이 땅의 법은 가톨릭을 겨냥했을 뿐만 아니라 지난 3백 년간 이 땅의 모든 문학과 사회 및 대중의 삶은 가톨릭을 깎아 내리고 소멸시키기 위해 입법부와 결탁한 것처럼 보였다. 그러나 오늘날 잉글랜드 어디서 이러한 태도를 발견할 수 있는가?

오늘날 영국의 가톨릭

그들은 다른 동포와 동등한 대우를 받는다. 그들은 최고위직 외에는 명예롭고 신뢰할 만한 모든 자리에 앉을 수 있다. 그들은 식민지 총독, 주지사, 추밀원 고문관, 국회의원, 내각의 장관, 시의회 회장 및 치안 판사가 될 수 있다. 그들은 군대의 장군과 해군 제독 및 이 나라의 판사가 될 수 있다. 그들에게 금지된 공익사업이나 공무는 없으며 모든 곳에서 환영을 받고 있다. 전통적인 개신교는 40년 전에 그랬듯이 다시 한 번 두렵고 편협한 감정을 드러내었다. 동시대의 한 개신교 신자는 "자유주의와 보수주의가 터무니없는 말로 맹렬히 싸웠으며 모든 사람들이 그들과 함께 했다. 그러나 입법적 결과는 아무런 효력도 없는 불쌍한 형법이었으며 이 형법은 몇 년 전 많은 경멸 속에 폐지되었다"고 했다. 이제 이러한 변화의 원인이 무엇이든-대륙과의 내통, 가톨릭과의 교류, 계급적 특권의 폐지, 신앙적 문제에 대한 무관심, 모든 국민에 대한 교육의 확산, 편견의 소멸, 비판적 연구 등-이러한 원인은 영국의 역사를 새롭게 기록하게 하고 있으며 원인이 무엇이든 이러한 변화는 부인할 수 없는 사실이다.

잉글랜드 국교회의 변화

이것이 전부가 아니다. 국민들의 태도만 변한 것이 아니라 로마교황의 권위에 의기양양하게 맞섰던 국왕의 권위를 등에 업고 우리를 배척했던 잉글랜드 국교회의 성격과 태도도 변했다. 국교회의 주교와 사역자와 신자들은 옛 종교를 영원히 반대하기 위해 작성했던 39개 조항을 무시하거나 비난하고 있다. 성례의 능력, 사법권의 필요성, 실제적 임재, 날마다 드리는 제사, 고해성사, 고인을 위한 기도와 예배, 연옥의 존재, 마리아 및 성인을 위한 기도 및 수도원 제도 등 39개 조항이 참람한 거짓과 꾸며낸 이야기로 낙인찍은 것들이 수많은 국교도 강단에서 공개적으로 가르쳐지고 있으며 많은 회중이 그것을 받아들이고 있다. 웨스트민스터 사원 한 쪽 입구에는 마리아 동상이 버젓이 서 있으며 최근에는 성 바울교회 지붕 아래 거대한 제단 위에 자리 잡았다.

나는 이 글을 어떤 코멘트도 없이 그대로 실었습니다. 이것이 국교도의 눈을 뜨게 해서 오늘날 잉글랜드 개혁주의 교회가 처한 위기를 깨닫게만 해 준다면 더 바랄 것이 없을 것입니다. 그러나 불행히도 이것을 보지 않으려는 사람이 있다면 그보다 눈 먼 사람이 없을 것입니다.

14장

1. 제19조는 무엇이라고 말합니까? "가톨릭교회는 그들의 삶과 예배의식의 방법에 있어서뿐만 아니라 신앙적인 문제에 있어서도 잘못되었다"고 말합니다.

제22조는 무엇이라는 말합니까? "연옥, 죄사함, 성상과 유물에

대한 예배와 숭배 및 성인에 대한 기도에 관한 가톨릭의 교리는 거짓으로 꾸며낸 어리석은 것으로 성경적 근거가 없고 하나님의 말씀에 위배된다"고 말합니다.

제24조는 무엇이라고 말합니까? 라틴어로 공적인 기도를 드리거나 성례를 집전하는 것은 하나님의 말씀에 위배된다고 말합니다.

제25조는 무엇이라고 말합니까? 소위 다섯 가지 성사라고 말하는 견진성사, 고해성사, 신품성사, 혼배성사, 조병성사는 복음서의 성례와 다르다고 말합니다.

제28조는 무엇이라고 말합니까? "성만찬에서 화체설(또는 떡과 포도주의 실체적 변화)은 성경적 근거가 없고 성경의 여러 가지 진술과 명백히 위배되며 성례의 본질에서 벗어나 많은 미신의 여지를 주었다"고 말합니다. 또한 "예수께서 제정하신 성만찬의 떡과 포도주는 보존하거나 여기저기 들고 다니거나 들어 올리거나 경배의 대상이 아니다"라고 말합니다.

제30조는 무엇이라고 말합니까? "주님의 잔을 평신도에게 나누어주는 것을 거절해서는 안 된다"고 말합니다.

제31조는 무엇이라고 말합니까? "미사라는 제사를 통해 사제가 산 사람과 죽은 사람의 고통이나 죄를 덜기 위해 그리스도를 봉헌했다고 말하는 것은 참람한 거짓말이며 위험한 기만이다"고 말합니다.

제32조는 무엇이라고 말합니까? "하나님의 법은 주교와 사제와 부제가 독신으로 살아야 한다거나 결혼을 금하지 않았다"고 말합니다.

제37조는 무엇이라고 말합니까 "가톨릭주교는 잉글랜드 영토 안에서 어떤 사법권도 갖지 못한다"고 말합니다.

2. 다음은 캔터베리 지역 성직자의회의 상원 위원회에서 올린 보고서로 고해성사와 관련된 주제에 대한 잉글랜드 국교회의 가르침에 대한 내용을 담고 있다. 1873년 7월 23일 캔터베리 대주교의 책상에 놓여 있던 이 보고서는 지난 5월9일 전체 의회에 보고되었다.

"죄를 고백하는 문제와 관련하여 잉글랜드 국교회는 성경이 제시하고 초대 교회가 시행하였으며 영국의 종교 개혁을 통해 재확인된 원리를 따른다. 39개 조항 제25조에서 잉글랜드 국교회는 죄에 대한 고백을 복음서의 성례로 보지 않으며 예배서에 따르면 '성례적 고백'과 같은 용어는 없다. 잉글랜드 국교회는 성경에 근거하여 온전하고 완전한 죄사함은 예수 그리스도의 보혈을 통해서만 얻을 수 있으며 자신의 죄를 애통해하며 하나님께 직접 고백하고 진실한 믿음으로 그에게 완전히 돌아서는 자들에게 임한다고 선포한다. 교회가 바라는 것은 모든 성도가 이러한 방식을 통해 평안을 찾는 것이다. 이런 점에서 고백과 면죄는 공예배로부터 시작된다고 할 수 있다. 그러나 고통 받는 양심을 위해 잉글랜드 국교회는 두 가지 예외적 조항을 두고 있다.

1) 성만찬 전에 양심을 진정시키지 못하고 더 많은 위로와 위안을 필요로 할 경우 사역자는 "나에게 나아오거나 다른 하나님의 거룩한 말씀의 사역자들에게 나아와 자신의 아픔을 솔직히 내려놓고 영적인 권면 및 조언과 함께 죄사함의 은총을 받을 것"을 권할 수 있다. 그러나 이 경우 기도시에는 어떤 형태의 면죄에 대해서도 규정되어 있지 않다는 것을 기억해야 한다. 더구나 1549년에 제정된 첫 번째 기도서의 예배규정에 들어 있는 부분적 면죄의 형식도 현재의 기도서에는 모두 빠져 있다는 사실을 알아야 한다.
2) 또 하나의 예외는 병자를 심방하는 경우이다. 환자는 어떤 문제에 대한 양심의 고통을 느낄 경우 자신의 죄에 대한 특별한 고백

을 하고 싶을 때가 있다. 이 경우 면죄는 환자가 겸손하고 진실하게 고백할 때 주어진다. 그러나 이러한 예외 조항은 성직자가 특정 사안이나 구체적인 사안에 대해 신자의 고충을 털어놓도록 요구하거나, 성만찬을 받기 위한 조건으로 개인적 고백을 요구하거나, 사제에 대한 습관적 고백의 행위를 명령 또는 격려하거나, 이러한 습관적 고백 행위나 사제의 명령에 순종하는 것이 고상한 영적인 삶으로 향하는 조건이라고 가르치는 행위를 결코 정당화 하지 않는다.

부록 2

존 C. 라일의 생애와 사상

1. 생애

존 C. 라일(John C. Ryle, 1816-1900)은 청교도 주교이며 불 가운데 불타오르는 빛의 사람이었다. 라일은 하나님의 마음에 합한 그리스도인 목자였다. 라일이 죽은 지 110년이 지났지만, 우리는 여전히 그의 신앙과 신학의 영향을 받고 있다. 전 세계 그리스도인들이 라일의 책들을 지속적으로 읽고 있다.

청교도 목회자요, 교사요, 신학자요, 주교인 라일에 대하여 더 알아볼 만한 충분한 가치가 있다.

존 라일은 어떤 사람이었는가? 그는 매클스필드(Macclesfield)의 비단 제조자이자 1841년에 파산한 은행가의 아들로 1816년에 태어났다. 라일은 덩치가 매우 큰 사람이었다. 키는 6피트 3.5인치였으며, 뼈대가 굵었고, 몸무게는 220파운드였다. 그는 목소리도 매우 컸다. 어떤 사람들은 그의 목소리가 고음(stentorian)이라고도 했다. 그는 언제나 강한 정신과 열정을 가졌다. 그는 무뚝뚝했고, 지도자 같았으며, 허튼 소리 없이 말하고 행동했으며, 사람들 앞에서 강력한 영향력을 끼치며 활동했다. 그는 성적이 우수하여 이튼대학

(Eton College)과 옥스포드대학교에서 장학금을 받았으며, 헬라어와 라틴어를 공부했다. 특히 그는 두 대학에서 크리켓 팀의 주장을 맡았던 스포츠맨이기도 하였다.

라일은 지도, 관리, 조직, 감독할 수 있는 능력이 있었고, 사람의 재능을 발견하였으며, 모든 사람을 가장 적절한 위치에 배치시키고, 참아내고 절제하며, 온유한 마음으로 주위에 있는 사람들과의 관계를 유지하는 등, 그 안에 무한한 가치를 가져다주는 능력의 소유자였다. 라일의 놀라운 지성, 엄청난 기억력, 준비된 언변은 옥스포드에서의 학위 기간 동안 최상위 성적을 탁월하게 유지하게 해주었다. 그는 실제적이고 솔직하며 현장을 중요시하는 현실주의자였고, 책임회피와 게으름을 용서하지 못했고, 어리석음과 경망스러움을 참아내지 못했다.

한편, 그는 존경을 받았다. 하지만 우리가 예상할 수 있듯이, 많은 사람이 그가 만만치 않은 사람이라는 것을 발견했고, 특히 그의 목회 초년에는 일반적인 사회적 관계의 측면에서 볼 때, 냉담하고 거만한 사람이라는 느낌을 주었다. 의심할 바 없이, 라일의 감정적이고 관계적인 면에서의 절제는 그의 성품에서 자연스럽게 나타난 것이었다.

라일이 잉글랜드의 북서쪽에 위치한 리버풀에 가서 목회한 것은 고향에 대한 그리움의 결과였다. 라일은 리버풀에서 25마일 떨어진 체스셔의 매클스필드에서 태어났고 그는 전 생애를 통해 항상 잉글랜드의 이 지방에서 살기를 갈망했다. 그는 어린 시절 리버풀의 바로 북쪽에 있는 크로스비에서 여름을 보냈었다. 또한 젊은 시절, 라일은 체스셔 부대의 지휘관으로 리버풀에 가서 매년 열흘씩 훈련을 하였다. 그리고 1930년 후반기에는 그가 가장 즐겼던 크리켓 게임을 하기 위해 그곳으로 가곤 했다. 어린 시절 유복한 가정의 장남이었던 그가 머시의 남쪽 기슭에 위치한 이 지역을 떠나야 할 이유는 없었다. 하지만 1841년 6월에 모든 상황이 바뀌었다. 그의 아버지가 사업의 원천으로 삼았던 매클스필드와 맨체스터의 두 은행이 맨체스터의 직원의 경영 실책으로 함께 무너져 내렸다. 존 라일은 그날을 이렇게 회상했다.

> 어느 여름날 아침, 우리는 여느 때와 같이 세상의 모든 것을 가진 채 일어 났지만, 그날 밤 우리는 완전히 몰락한 채 잠들어야 했다.

그의 생가는 팔렸고, 그의 부유한 생활은 끝이 나버렸으며, 그는 생업을 위해 타지로 떠나야 했다. 이 모든 일을 통해 그는 하나님의 손이 그를 목회사역으로 이끄셨다는 것을 알게 되었지만, 그가 어린 시절을 보낸 곳으로부터 떠나야 했던 슬픔은 평생 사라지지 않았다. 그가 57세 되던 해, 자녀들을 위해 쓴 자서전에서 이렇게 기록하였다.

> 25년 된 나무를 접목하는 것은 너무 늦은 일이다. 나 역시 세상의 다른 곳에서 뿌리를 내리기에 너무 성장해 있었다. 나는 체스셔를 떠난 이후 마치 여관에 묵은 여행자와 같아서 새로운 고향을 만들 수 없었다. 내가 살아있는 동안 이 느낌을 떨쳐버릴 수 있다는 생각은 할 수가 없다.

이런 그에게 다시 북서쪽의 고향 근처로 돌아갈 기회는 그가 그곳을 떠나가야 했을 때만큼이나 뜻밖의 일이었고, 그곳 고향을 그의 목회사역의 마지막 장소로 흔쾌히 받아 들였다. 라일은 1880년 5월에 이렇게 말했다.

> 나는 그리스도를 위해 지난 35년을 서포크에서 비교적 은둔하며 지내왔다. 하나님의 은혜로 리버풀이라는 이 거대한 도시에서도 같은 일을 할 수 있기를 바란다.

1830년대 그가 기억했던 마을에 비하면 리버풀은 진정 거대한 도시였다. 영국의 다른 어떤 지역도 리버풀보다 많은 산업혁명의 혜택을 받은 곳은 없었다. 리버풀은 실질적으로 대영제국 상업의 중심지였다. 설탕과 면을 필두로 많은 재료가 이곳으로 들어왔고 랭커셔의 제품이 이곳을 통해 나아갔다. 라일은 1880년 11월, 64세의 나이에 영국 리버풀 시와 대교구의 첫 주교로 임명 받았고, 거기서 20년 후 은퇴하고 사망할 때까지, 지치지 않고 풍성한 열매를 맺으며 일했다. 리버풀에서의 라일의 목회사역은 세기말까지 계속되었다. 1899년 9월, 6피트 3.5인치의 단단한 암석과도 같았던 그도 청각과 기억력의 감퇴와 함께 점차 쇠약해졌고 어쩔 수 없이 자신이 사역을 내려 놓아야 한다는 결론을 내렸다.

> 나는 내 사역의 짐을 지고 머시의 근방에서 내 인생을 마감하고 싶은 소망이 있었다. 하지만 하나님의 생각이 우리들의 생각과 항상 같을 수는 없다.

1899년 크리스마스, 라일은 창립시기부터 대교구에서 일해 왔던 참사회원 리처드 홉슨(Canon Richard Hobson)이 사역지 세인트 나다나엘 교회에 참석했으며, 홉슨은 그때를 이렇게 회상했다.

> 라일은 자신의 쇠약해진 손을 뻗어 나를 불러서 이렇게 말했다. "이것이 마지막 시간이다. 하나님의 축복이 함께하길 바란다. 우리는 천국에서 만날 것이다." 그의 주름진 뺨에는 눈물이 흐르고 있었다.

1900년 3월 1일에 라일의 주교직 사임이 수리되었다. 그해 6월 10일 주일 로웨스토프트에서 라일은 84세를 일기로 두 손에 성경을 쥐고 타계한 뒤, 리버풀 차일드월의 올 세인츠 묘지에 묻혔다.

그의 무덤은 그에게 마지막 경의를 표하기 위해 온 수많은 가난한 사람으로 붐볐다. 그들은 라일을 진심으로 사모했던 사람들이었다. 홉슨은 라일의 장례식 사흘 후에 있었던 임시 주교좌 교회의 설교에서, 다음과 같이 회고했다.

> 존 라일, 한 위대한 사람이 지금 막 성시(聖市) 리버풀에서 떨어 졌으며, 사랑하는 주교께서 고인이 되었다. 그렇다. 그는 하나님의 풍성한 은혜를 통해서 위대해졌다. 그는 이룬 업적에서 위대했으며 정신력에서 위대했다. 영성에서 위대했으며, 하나님의 가장 거룩한 말씀의 설교자요 강해자로서 위대했다. 남을 대접하는 데에서도 위대했으며, 복음 소책자의 저자로서도 위대했다. 오래도록 살아있는 저서들의 저자로서 위대했으며, 영국 개혁파 복음주의 개신교를 고귀하게 변호한 주교로서 위대했으며, 리버풀의 첫 번째 주교로서 위대했다. 19세기의 영어권 인류 가운데서, 그 세계에서, 우리의 돌아가신 주교만큼이나 하나님과 진리와 정의를 위해 많은 일을 한 사람은 아마도 거의 없을 것이라고 감히 말한다.

2. 생각나는 주교

라일의 위대성에 대해 확증해 주겠지만, 사실 그에 대한 정당한 평가는 필요하다. 우리는 라일을 '생각나는 사람'(reminder), 청교도 주교라 부르고 싶다. 이는 단지 사실로서, 또 역사적으로 증명되기 때문만은 아니고 좀 더 정확하게는 이 사람을 바로 이해한다면 기본이 될 신앙과 신학에 대한 탁월한 요소를 지적할 수 있기 때문이다. 그는 한 세대 이상 가장 탁월한 복음주의 신앙의 대변인으로 명성을 떨치며 오랫동안 시골에서 사역한 성직자였다.

1) 청교도 계승자

라일을 생각나는 주교라고 부를 때, 그가 입장을 견지하고 있던 청교도 신앙과 신학을 언급해야 한다. 라일은 청교도 신앙과 신학의 전통을 계승하고 있다. 그는 16세기에 잉글랜드 국교회 내에서 등장하여 17세기에 리처드 백스터(Richard Baxter, 1615-1691), 존 오웬(John Owen, 1615-1683), 리처드 십스(Richard Sibbes, 1577-1635), 존 플라벨(John Flavel, 1628-1691), 토마스 브룩스(Thomas Brooks, 1608-1680), 토마스 맨톤(Thomas Manton, 1620-1677), 토마스 왓슨(Thomas Watson, 1620-1680), 로버트 트레일(Robert Traill, 1642-1716), 윌리엄 브리지(William Bridge, 1600-1670), 토마스 굿윈(Thomas Goodwin, 1600-1679), 스티븐 차녹(Stephen Charnock, 1628-1680), 제러마이어 버로우즈(Jeremiah Burroughs, 1600-1646), 존 번연(John Bunyan, 1628-1688), 윌리엄 거널(William Gurnall, 1616-1679) 및 다른 유사한 인물들 안에서 발전의 전성기를 맞은 청교도 복음주의 신앙인들의 한 유형을 계승하고 있다.

우리의 견해와 마찬가지로, 라일은 이들에 대하여 세계가 목격한 최고의 복음주의자들로, 더 분명하게 말하면, 그리스도인들 가운데 최고의 영적 거인으로 평가했다. 우리도 그의 견해에 동의한다. 역사적으로 볼 때, 이 복음주의적 이상은 적어도 1600년에서 1900년까지 3세기 동안 이어진 영국에서의 기준이었다. 또한 잉글랜드 국교회[1] 교인들 가운데서, 분명히 국교회 주교들 가운데서 존 라

---

[1] 잉글랜드 국교회 혹은 성공회(聖公會: The Anglican Domain)라고도 하며 1534년 생겨났다. 성공회라는 명칭은 '하나요, 거룩하고, 보편적이고, 사도적인 교회'라는 교회에 관한 신앙고백 가운데 성(聖)과 공(公) 두 자에서 유래한 것이다. 그밖에 잉글랜드 국교회, 영국 잉글랜드 국교회, 잉글랜드 교회, 앵글리컨 교회라고 하며, 성직에는 주교, 사제, 부제가 있다. 미국의 성공회는 주교 감독교회(Episcopal Church)라는 의미의 명칭을 사용한다.

일은 순전한 청교도 신앙의 마지막 탁월한 대표자요 계승자였다. 분명히 그는 자신의 사망 110년 후에 자신이 마지막 계승자로 언급되는 것을 비극이라고 생각했을 것이다. 왜냐하면 그는 청교도 이상을 유지하고 그 안에서 성직자를 양성하는 것이 국교회의 영적 건강을 위해 영구적으로 필요하다고 믿었기 때문이다. 도대체 누가 그의 의견에 반대한단 말인가? 그러나 그의 사후 청교도적 시각을 구현하는 능력을 보이거나 라일에 필적할 정도로 영향을 미친 사람은 영국에 없었다.

2) 청교도 주교

라일을 청교도 주교라고 부를 때, 많은 청교도 가운데 한 명의 청교도 주교였다는 식으로 그를 구별하고 있는 것이 아니다. 라일의 이름 앞에 생각나는 청교도라는 형용사를 붙일만한, 압도적으로 탁월하고 저명하며, 그 이전과 이후의 어떤 다른 주교도 그를 능가할 수 없었던 한 '청교도 주교'라고 주장하는 것이다. 사실상, 18세기에서 20세기까지 그에 필적할 만한 주교가 아무도 없었다.

17세기에는 홀, 대버난트, 어셔, 레이놀즈, 라이튼, 홉킨스 같은 청교도 주교들이 있었다. 후퍼와 그린달은 최소한 그 유형의 16세기의 대표자들이었다. 그러나 라일은 그들 모두를 능가하는 것으로 보인다. 우리는 라일의 위대함을 분명하게 인식하기 위해서 먼저 위와 같은 주장을 하고, 그 다음에 충분한 근거로 그에 대한 인식을 더 낫게 하는 노력의 필요를 느낀다. 따라서 우리는 홉슨이 그랬던 것처럼, 청교도 주교, 라일을 위대한 사람이라고 지칭한다. 그러면 우리가 이런 표현을 할 때 그것이 의미하는 것은 무엇일까? 그 사람을 위대하게 만드는 것은 무엇일까? 그를 그런 식으로 묘사하는 것을 정당화시키는 것은 무엇일까? 존 라일이 선하고, 고귀하고, 담대하고, 현명하고, 강하고, 믿을만하고, 절도 있고, 흔들리지 않고, 현실적이고, 똑똑하고, 넓은 마음을 가졌고, 균형이 잡혀있다고 말하는 이 모든 형용사는 라일에게 정확히 들어맞는다. 그 사람이 위대하다고 불릴 자격이 있는가? 그 차이를 만드는 것은 무엇일까? 위대한 사람을 구별하는 특징에는 무엇이 있을까?

3) 구별되는 세 가지 특징

(1) 성취(achievement)

위대한 사람들은 영역의 종류와 상관없이 자신의 영역에 흔적을 남긴다. 라일은 잉글랜드 국교회와 성경적 기독교 자체의 미래에 영향을 미치는 더욱 거시적인 영적 문제가 있다고 믿었다. 그는 영국과 전 세계의 그리스도인들이 시대의 흐름을 이해하길 원했다. 따라서 그는 가장 큰 두 가지 위협을 예견하여 자주 거론했다.

첫째, 종교개혁을 뒤집고자 하는 움직임, 즉 잉글랜드 국교회의 복음화를 되돌리는 것이다.

둘째, 신학의 문제에 대한 보편적인 관용론의 수용, 즉 교회를 노아의 방주와 같이 모든 종류의 의견과 신념이 방해받지 않고 공존하는 곳으로 인식하고, 단지 교회 안으로 들어오고자 하는 의지와 이에 속한 이웃의 사상을 방해하지 않는 것만을 전제로 하는 것이었다. 우리가 이 위험에 대한 그의 평가에 동의하거나 동의하지 않아도, 라일이 20세기 전반에 걸쳐 전기독교와 종교계에 가장 큰 영향을 주는 두 가지 문제를 명백히 인지했다는 것은 사실이다.

(2) 영향력(impact)

위대한 사람은 다른 사람에게 영감을 주고 그들의 힘을 북돋는 사람이다. 그들의 개인적인 이상과 방식에 아직 지침을 정하지 못했거나, 최소한 진지하게 고려하지 못하고 있는 다른 사람을 위한 행동의 지침이 되게 하는 사람이다. 라일은 수많은 사람에게 복음주의 신앙에 영향을 주었다.

(3) 보편성(universality)

위대한 사람은 자기 시대의 한계를 뛰어 넘으며, 뒤따르는 모든 이들을 위한 통찰과 지혜를 구현한다. 라일도 복음주의 신앙의 보편성을 널리 알렸다. 이 기준에 따르면, 라일은 분명히 기독교 역사에서 가장 위대한 인물이었다. 그는 자신의 시대에 뛰어난 두뇌를 지닌 지도자로서 족적을 남겼다. 그의 언변은 도전적이었고, 영적 실체에 대한 분명하고 강력한 통찰을 지녔다. 탁월한 목회 능력이 십여 권의 큰 책과 이백 종류가 넘는 다양한 크기의 소책자, 그리고 그보다 더 많은 수의 신문지상에 펼쳐졌다. 최소한 열두 개의 언어로 전체 2백만 부가 회람되었다. 그의 인상적인 조직 능력은 20년간의 리버풀 목회 기간 동안 가장 풍성하게 드러났다.

라일의 저술들이 이후의 시대 내내 그랬던 것처럼, 그의 목회는 그 시대를 살았던 많은 사람에게 삶을 바꾸는 영향력을 발휘했다. 또한 그가 빅토리아여왕 시대(1837-1901) 사람들 중의 빅토리아인이었음에도, 우리가 오늘날 그의 글을 읽을 때, 좀처럼 정교하고 호화로운 왕조풍의 빅토리아주의(victorianism)가 풍기지 않는다. 독자를 사로잡는 것은 그가 하나님과 인간의 마음, 우리 주 예수 그리스도, 우리를 거룩하게 하시는 성령, 우리의 신적 지식이 유일한 근원인 성경, 복음의 은혜가 우리에게 요구하는 거룩함의 훈련과 의무, 그리고 이 모든 것에 대한 잉글랜드 국교회의 조직적 헌신에 대한 진리를 설파할 때의 그 생명력과 엄격함, 총체적인 명확함이다.

라일은 굳건한 학문과 위대한 천부적 재능을 소유한 인기 있는 연사였다. 그의 『사복음서 강해 시리즈』와 국교회의 복음주의 영웅들에 대한 그의 저서 『영적 거인: 지난 세기의 기독교 지도자들』 (Christian Leaders of the Last Century)은 매력적인 연구로 전시대를 걸친 기독교 고전에 속한다. 그 저술의 수준은 시대가 흐를수록 더욱 명확히 빛을 발하게 될 것이다. 위대한 책은 대가의 생명의 핏줄과도 같은 것으로 묘사되었다. 이 묘사는 존 라일의 저술에도 정확하게 부합한다. 따라서 그의 성취와 영향력, 보편성으로 평가할 때, 라일은 걸출한 인물로서, 지금이야말로 그의 참된 가치가 제대로 평가받아야 할 때이다.

3. 위대한 빅토리아인

청교도 주교 라일은 철저한 빅토리아 시대의 인물이었다. 빅토리아 시대는 1837년부터 1901년까지 영국의 빅토리아 여왕이 다스리던 시대를 말한다. 영국 역사상 가장 번영을 구가하던 시대로, 강력한 경제력과 군사력으로 세계를 지배하였던 시대이다. 실제로 라일은 빅토리아가 영국의 여왕이 되었던 시대에 그리스도인이 되었고, 사물을 보는 관점이 기본적으로 1850년경에 정해졌으며, 그의 감독직 내내 비복음주의 동료들에게는 한 마리의 공룡처럼 취급당한 초기 빅토리아인이었다. 잉글랜드 국교회의 복음주의 지지자들 전체가 그런 취급을 받았다고 말할 수 있지만, 거기엔 또 하나의 이야기가 필요하다. 라일의 빅토리아주의는 때로 그의 능력을 온전하게 평가하는 것을 방해했다. 따라서 하나님의 사람으로서 그를 더 소개하기 이전에 먼저 용어를 정리해야 할 필요가 있음을 밝힌다.

빅토리아 여왕이 사망한 지 백 년이 지난 오늘날, 우리는 디킨스(Dickens), 글래드스톤, 뉴먼, 테니슨(Tennyson), 스펄전, 플로렌스 나이팅게일(Florence Nightingale) 등 라일을 비롯한 위대한 빅토리아인들의 전부를 이해하는 것이 쉽지는 않다. 왜냐하면 오늘의 영어권 문화는 그들 모두가 구현했던 가치 체계에 여전히 반동적으로 저항하고 있기 때문이다. 그들은 인생을 진지하게 취급한 이상주의자들이었고, 반면 오늘날의 우리가 미몽에서 깨어난 사람들이기 때문만은 아니다. 좀 더 정확하게는, 소외된 우리 시대의 사람들이 우습게 여기고 싫어하는 공동체 생활에 대한 일련의 구체적인 가정 전체를 그들이 공유하고 있었기 때문이다. 그 결과, 그 사람들은 우리에게서 멀리 떨어져 있고, 또 어느 정도는 이상해 보이기도 한다.

그래서 우리에게서 더 멀리 떨어져 있는 시대를 살았던 아타나시우스, 아우구스티누스, 안셀름, 버나드, 루터, 칼빈, 크랜머, 크롬웰, 휫필드, 에드워즈, 웨슬리, 윌버포스 같은 위대한 인물의 천재성을 평가하는 것보다도 라일 같은 지도자의 위대함을 평가하는 것이 더 어렵다. 모든 사람이 그렇게 말했듯이, 라일은 시대의 한계를 초월했지만, 초기 빅토리아 시대라는 주형에서 만들어졌기에, 우리가 이 사실을 적절히 고려하지 않고 그를 제대로 이해하는 것은 불가능하다.

그러므로 이제 빅토리아 시대로 조금만 뒤로 물러서서 생각해 보면 그 세계의 사회는 특권을 통해 계층화되었다. 꼭대기에는 귀족들이 있었다. 그들은 작위(爵位)와 긴 족보, 좋은 시골 영지, 상대적으로 오래된 재물을 가진 좋은 가문에 속한 사람들이었다. 다음으로는 식자(識者)층의 전문인들이 있었는데, 학자, 법률가, 의사, 성직자, 군대의 행정관들, 은행원, 기술자, 부농, 공장 주인들이 여기에 속했다. 이들은 상류(quality)사회에 속한 사람들이었다. 이 두 계층에서 남자들은 신사(gentlemen)라 불렸고, 여자들은 숙녀(ladies)라 불렸다. 다른 계층은 이렇게 불리지 않았다. 한 단계 아래에는 소작농, 신흥 부자, 무역에 종사하며, 물건을 만들고, 상품과 서비스를 제공하는 대중 사업에 종사하고, 그렇게 해서 이윤을 만들어냈던 상인 계층이 있었다. 맨 아래에는 가사를 돌보고 노동을 하고 공장에서 일을 했던 하인 계층이 있었다. 이들은 자신보다 나은(betters) 사람들을 존경하고, 자신들의 신분에 걸맞지 않은(above their station) 행동을 해서는 안 되었다. 이들은 가난했다. 그 시대의 한 찬송, "밝고 아름다운 만물"(All Things Bright and Beautiful)에는 다음과 같은 구절이 있었다.

> 성에 사는 부자, 문에 앉은 가난뱅이
> 하나님은 그들은 높고 낮게 만드셨네
> 그들의 형편을 정해 주셨네.

초기 빅토리아인들이 위와 같은 사고를 공유했다. 우리가 곧 보게 될 것처럼, 라일은 그 빅토리아인들 안에 속해 있었지만 그가 처한 상황이 그 시대에 존재해왔던 속물근성과 온정주의의 모든 유혹으로부터 그를 벗어나게 했다.

또한 빅토리아 시대는 전체적으로 낙관적인 자기만족의 분위기가 강했다. 영국은 세계를 상업적으로 주도하고 있었다. 태양이 지지 않는 나라였으며, 유럽의 많은 곳과는 달리, 영국은 평화가 지속되었다. 영국인이 된다는 것은 긍지를 가질만한 무언가가 있다는 것을 의미했다. 모든 사람의 의무는 이미 존재하고 있던 그 질서를 유지하고, 발전시키고 존중하는 것이었으며, 영국이라는 배를 흔들지 않는 것이었다. 엄숙함과 점잖음, 사회적 보수주의, 양식화된 박애주의, 의무를 행하고 좋은 사례를 남기는 것이 '가진 자들'(haves)의 주요 미덕이었던 반면, 정직, 신뢰성, 고된 노동, 자립이 '가지지 못한 자들'(have-nots)의 주요 미덕이었다. 대부분의 빅토리아인들은 잉글랜드 국교회로 세워진 개신교를 영국의 종교이자, 좋은 것으로 여겼다. 로마 가톨릭은 기본에 잘못된 것을 더하여 본질적으로 외부적인 것으로 여겨졌고, 미신 같은 성직자 정치를 전문으로 하며,

양심을 남용하고, 모든 형태의 개인 및 단체 활동을 억압하는 것으로 이해되었다. 안소니 트롤로프(Anthony Trollope)같은 저자들이 보여주고 있는 것처럼, 잉글랜드 국교회는 당시 의회와 마찬가지로 그 교회가 행하고 실패했던 일들과는 관계없이 그냥 거기에 존재하고 있으며, 악한 것을 피하려고 노력하고 있다는 사실만으로도 유익이 되는 것으로 인식되었다. 이것이 바로 라일이 속했던 시대의 정신세계였고, 그 안에서 자신의 기독교 사상을 발전시켰다.

그러나 잘 알려진 바와 같이, 라일의 초기 빅토리아주의는 그의 저작들에서 눈에 띌 정도로 조심스럽게 나타난다. 몇 가지 이유가 있다.

1) 세련된 문장

라일이 종이 위에 써 내려간, 그의 정제된 강함을 동반한 세련되고 활기차며 간결하고 박력 있는 문체, 비중 있는 대구(對句, parallel) 형태의 제목들 아래에 배열된 짧은 한 절로 구성된 연속된 문장들은 탁월했다. 정곡을 강하게 찌르는 수사법, 편안한 논리 전개, 전체적인 감성의 결핍, 사실을 사실 그대로 말하려는 확고부동함은 이전에 그가 사용했던 문체를 완전히 십자가에 못 박고 새로운 것을 만들어 낸 것으로, 길고 느릿느릿한 대부분의 빅토리아 시대의 문헌 모델들과는 완전히 단절했다.

2) 복음주의 유산

라일이 공공연하게 표현한 관심은 너무 깊어서, 실제로는 생명력을 주지 못했던 그 시대의 세부적인 논쟁에 자신을 휩싸이지 않게 하면서, 그의 시대 이전 3세기 동안의 영국 복음주의 유산을 되살리게 하였다. 그가 논쟁적인 교회 문제들에 관해 자신의 생각을 표현했을 때, 그의 마음을 지배하고 있던 목표는 언제나 명확했다. 즉 그리스도 안에 있는 하나님의 은혜가 영국 전역에 알려지는 것이었다. 전진하기 위해서는 전통적 신앙, 즉 옛 길(Old Paths)로 돌아가야 한다는 그의 유명한 논증은 그를 빅토리아식 사고와 분리시켰다.

3) 예언적 힘

라일이 직접적으로 반대한 것들, 즉 종교적 냉담함과 자기기만, 로마 가톨릭 체계, 잉글랜드 국교회의 자유주의 신학과 형식적인 예전식 예배의 독단과 회의주의, 모호함이 여전히 우리 시대에도 존재하고 있다. 그가 21세기를 살아가는 우리에게 직접 쓴 것처럼 느껴지는 라일의 복음주의 입장의 글을 읽는 것은 어렵게 느껴지지 않는다. 라일은 이 모든 것에 대하여 꾸밈없고 단순하게 기록하였다. 하지만 그의 글은 독자들이 오늘날 느끼게 되는 모든 것을 다 아는 듯한 예언적인 힘을 보여준다.

4) 그리스도인의 멘토

라일의 방법론은 언제나 실제 인간의 필요에 성경을 드러내어 교훈적으로 적용하는 것이다. 혹은 성경의 평가에 따라 영웅적 역사를 해설하거나, 모든 전환기를 그 자신의 시대와 대조시킨다. 19세기가 어떤 면으로도 그 이전 시대보다 더 지혜로운 시기였다고 주장하거나 인정하거나 암시하지 않는 것이다. 그의 작품의 이러한 특징들은 그를 전형적인 빅토리아식 모방을 넘어선 사람으로, 성경을 믿는 모든 시대의 그리스도인들을 위한 멘토(mentor)로 격상시켰다.

라일은 빅토리아 시대의 사람이었기에, 라일 역시 그런 사람이라고 칭하는 것은 어리석음의 극치임에 분명하다. 오히려 라일을 그리스도 예수의 영원한 복음의 재능 있는 증거자로 인정하고, 따라서 그가 하는 말을 들어야 한다고 지혜는 우리에게 충고한다.

4. 라일의 자서전

라일이 만났던 다른 사람들로부터 거리를 두려는 의지는 아버지의 파산으로 인해 부자에서 가난뱅이로 전락하는 과정을 통해 더 강화되었고, 삶에 대한 두려움은 그를 물 밖으로 나간 물고기처럼 빅토리아식 환경에서 떠나게 만들었다. 라일은 자신의 참 모습을 발견하는 것이 두려워 체셔를 비롯한 여러 부유한 귀족 사회의 친구들과의 관계를 단절했고, "어떻게 다루어야 할지를 거의 알지 못했던 완전한 가난의 상태"로 움츠러들었다. 다른 사회 계층 속에서, 또 새로운 장소에서 새로운 삶을 시작함으로써, 그는 정제되지 않은 내면 상태에 이 기억이 영구적으로 남게 되었다. 빅토리아 시대의 기준에 의하면, 이는 궁극적으로 불명예였고, 재난 이전의 라일의 장밋빛 전망에 비추어 본다면, 그야말로 고통스러운 일이었다. 1873년에 발간된 자신의 자서전에서 그는 이 사건에 대해 진솔하게 고백했다.

신약성경이 말하는 수난은 그리스도인의 삶을 위한 표준이나. 원래의 청교도들은 위대한 수난자들이었다. 1646년에 왕당파가 되었다는 사실 때문에 목회직에서 쫓겨났던 청교도 존 거리(John Geree)는 그의 소책자 『옛 영국 청교도의 특징』(*The Character of an Old English Puritan*)에서 "수난 당하는 자는 정복한다"(*Vincit qui patitur*)라는 말이 실제로 청교도들의 좌우명이었다고 기록했다. 청교도 주교였던 라일 역시 수난을 당했으며, 우리가 곧 보게 되듯이, 이 수난이 그의 일부를 만들었다고 할 수 있다.

1) 파산

존 라일의 아주 솔직하고, 심지어는 고통스러울 정도로 정직한 자서전은 출판을 목적으로 하지 않고, 그의 가족들을 위해 구술되었다. 자서전은 다음과 같이 시작된다.

> 내가 57세(즉 1873년)가 되어 내 삶에 대한 자서전을 기록하는 이유는 내가 죽은 이후에 나의 아이들이 내 삶의 역사에 대한 정확한 이야기를 소유할 수 있게 하기 위함이다.

여기에서 몇 가지 의문이 즉시 떠오른다.

첫째, 그가 누구에게 자서전을 받아 적게 했나? 원고의 원본이 현재 존재하지 않기 때문에 그 사실은 알려지지도 않았고 알 수도 없다. 이야기는 그의 두 번째 아내의 죽음과 1844년 이래 교구 사역자(vicar)로 일해 왔던 헬밍엄(Helmingham)에서 떠나고 싶었던 그 자신의 열망, 또한 관할 구역의 감독권을 가졌던 존 톨마쉬(John Tollemache)와의 관계 단절로 인해 1860년에서 멈춰있다. 추측할 수 있는 것은 그가 이 자서전을 스트라드브로크(Stradbroke)로 이동한 이후, 1861년에 결혼하여 세 번째 라일 부인이 된 헨리에타(Henrietta)로 하여금 받아쓰게 했다는 것이다. 그 당시 라일은 유명한 복음주의 인사가 되어 있었고, 헨리에타는 다른 많은 영역에서 뿐만 아니라 라일의 다섯 아이의 계모로서, 그의 주일학교에서의 큰 조력자이자 개인 비서와 교구 사진사로서 크게 성공적인 역할을 감당하고 있었기에, 자연스럽게 자신의 남편의 초기 일생에 대해서 모든 것을 알고 싶었을 것이고, 그의 자녀들이 이 모든 것을 알 필요가 있는 시점에서 그것을 출판하려고 했을 것이다.

둘째, 라일은 왜 구술이 이루어지기 13년 전인 1860년의 이야기에서 구술을 멈추었을까? 이 부분에 대한 그럴듯한 추측은 다음과 같다. 라일은 1860년까지 자신의 이야기에 하나님의 인도하심이 있었다고 여겼고, 고통과 슬픔을 정제시키면서, 1861년을 그 전에 결코 알지 못했던 공적인 인정과 내적 행복의 기간이 시작되는 하나의 분기점으로 보았다는 것이다.

스트라드브로크에서의 사례비는 헬밍엄의 두 배였기 때문에, 그는 언제나 부목사를 임용할 수가 있었다. 전체적으로 일곱 명의 부목사를 임용했었다. 거기에선 라일과 다툴 감독자가 없었고, 중년의 건강하고 성숙하고 사교성 좋은 오르간 연주자였던 헨리에타와 12년간의 행복한 나날은, 이전의 두 번의 결혼생활이 아내의 병으로 고통과 근심 속에 보냈던 것과 완전히 대비되었다.

그래서 우리가 추측할 수 있듯이, 라일의 아이들이 알 필요가 있는 것은 정확히 1860년 이전의 사건들이었다고 판단했다. 왜냐하면 그 아이들이 죄인들을 그리스도를 믿는 믿음으로 인도하시고 영적인 선을 이루시기 위해 상황을 통해 주어지는 악을 통제하시는 하나님의 구원하시는 은혜와 섭리에 대해 배웠기 때문이었다. 이 점에서 라일은 그 자신의 순례를 통해 그에게 주어진 하나님에 대한 지식과 삶의 지혜를 자녀들이 경험하도록 세심하게 도왔던 참된 청교도 부모였음을 보여주고 있다.

자서전의 전반부는 라일의 가족에 대한 전체 이야기를 전해 준다. 첫 번째와 두 번째 가정, 교육, 회심, 1841년의 가족 파산의 간접적인 결과로 목회에 들어선 일을 그리고 있다. 그 이야기를 하면서, 라일은 파산으로 인한 상처에 대해 사무치는 고백을 한다. 다음의 인용이 그 증거가 될 것이다.

아마도 몰락이 모든 것을 앗아간 그 처참한 폭력에 대해 어떤 올바른 생각을 제시하는 것은 불가능할 것이다. 우리는 어느 여름 날 아침, 우리는 세계를 품은 채 일어났으나, 밤에는 모든 것을 잃은 채 잠자리에 들었다. 즉각적인 결과는 극단적으로 쓰라리고 고통스럽다는 것이었으며, 극도로 비참해졌다. 채권자들은 당연하게도 올바르고 정당하게 모든 것을 차압하였고, 우리 아이들은 자신의 소지품과 옷가지들만을 가질 수 있었다.

체스셔 의용대의 매클스필드 부대(the Macclesfield troop of the Cheshire Yeomanry, 폭동을 진압하기 위해 소집된 반(半) 군사, 반(半) 경찰조직) 지휘관이었던 라일은 두 필의 말과 유니폼 하나를 이백 파운드에 팔았고, 총 250파운드에 모든 것을 다 처분했다. 막 의회에 진출하려고 했던, 지방 관리의 아들이자 유산 상속인으로서 1년에 15,000파운드를 받게 되어 있었던 25세의 한 청년에게 이것은 하나의 몰락이었다. 그 시기의 전체적인 상황은 오직 가슴에 잉태된 고통 그뿐이었으며, 32살이 끝나갈 무렵의 그 고통은 마치 어제였던 것처럼 여전히 생생하게 가슴 속에 남아있었다. 물론 식솔들도 즉시 붕괴되었다. 남자 하인들, 집사, 부집사, 시종, 마부, 가정부, 하녀들이 다 떠났다.

존 라일이 사랑했던 가족의 고향, 천 에이커 크기의 헨버리 (Henbury)는 1837년 이후에 팔렸고, 라일은 아버지의 가업을 정리하는 것을 돕기 위해 "일생에서 겪은 가장 쓰라리고 참혹한 6주"를 거기에서 머물렀다고 회고한다.

나는 앞으로 무슨 일이 일어나게 될지, 어디서 살아야 할지, 또는 무엇을 해야 할지에 대한 최소한의 생각도 없이 아버지의 집을 떠나고 있었다. 사실상, 하나님을 제외하고 그 누구도 그때에 내가 당하는 고통의 의미를 알고 있지 못했다. 분명한 것은 그 사건이 가족 중의 그 누구보다 내게 더 크게 다가왔다는 사실이다. 나는 25세의 장남으로서, 내 앞에 펼쳐진 세상과 함께 모든 것을 잃었다. 내가 그때 그리스도인이 아니었다면 자살을 했을지도 모르겠다. 그 당시 모든 사람은 내가 얼마나 아름답게 행동했는지, 내가 어떻게 체념했는지, 내가 어떤 평안의 본을 보였는지 말했다. 그러나 이보다 더 완벽한 오해는 없었다. 내 아버지의 패배의 파도가 내게 닥쳤을 때, 내가 얼마나 괴로워했는지, 내 전체 뼈대와 몸과 마음과 영혼이 요동치며 기반이 흔들린 것은 오직 하나님만이 아신다. 물론 나는 모든 것이 잘 된 것이라는 점을 안다(그 결과가 보여주는 대로, 하나님이 그 모든 것을 계획하셨다는 것). 그러나 나는 그것이 내 몸과 마음에 상처를 입혔고, 그 영향을 지금도 가장 무겁게 느끼고 있고 내가 혹시 백 세까지 산다고 하더라도 그것을 내내 느끼게 될 것이라는 것을 분명히 확신한다. 사람들이 외치지 않고 고함지르지 않고 밖으로 부르짖어 표현하지 않는다고 해서, 그들이 그것을 느끼지도 못하고 있다고 가정하는 것은 아주 순진하고 어리석은 것이다.

이 부분을 읽는 내 아이들과 다른 이들(가족의 다른 구성원들)은 내 표현의 심각함에 당황할 수도 있을 것이다. 그러나 나는 내가 1841년에 경험한 것을 인식하거나 이해하는 것처럼 보이는 사람을 만난 적이 없다고 믿는다. 반복하지만, 생각 없는 사람들은 그 안에 담긴 많은 것을 보지 못했고, 내게 그것이 아무런 시련이 되지 못했다고 생각해 버렸다. 나는 분명히 그 사건이 내 몸과 마음 모두에 가져다 준 상처는 거의 치명적인 것이었고, 42년 동안의 생애 동안 헨버리를 떠나면서 느꼈던 그 실신할 정도의 비참함(용기의 상실)을 기억하지 않고 단 하루도 지낸 적이 없다고 생각한다.

도덕적이고 영적인 관점에서 생각하면, 나는 그것이 나를 위한 최선이었음을 추호도 의심하지 않는다. 물론 내 아버지의 사업이 계속 번영하고, 그래서 내가 무너지지 않았다면, 내 인생은 전혀 다른 방향으로 흘러갔을 것이다. 아마도 의회에 아주 일찍 진출해 있을지도 모른다…나는 결코 성직자가 되지 않았을 것이고, 설교도 하지 않고 소책자와 책도 쓰지 않았을 것이다. 분명 영적인 면에서는 파선하고 말았을 것이다. 그래서 내가 말하고자 하는 것은 내가 지금과 다른 방향의 삶을 살고 싶다는 이야기가 아니다. 말하고자 하는 것은 내가 정말로 상처를 입었고 그것도 깊이 입었고…내가 그 결과로부터 몸과 마음이 완전히 회복되지 않았다는 것이다…내가 체스셔를 떠난 이후, 나는 편안함을 느낀적이 없었고, 나 자신이 늘 체류자(sojourner)로 혹은 숙박업소에 든 여행자(dweller in a lodging)처럼 느껴졌다. 또한 내가 살아 있는 한 어디에서도 그 이상의 다른 느낌을 기대하지 못할 것이다.

라일이 여기서 자신의 어린 시절에 대해 밝히고자 하는 것은 그 파산 위기의 기억이 그의 내면에 자리 잡은 영구적인 상처로 남아있었다는 사실이다. 쓰라림, 단절, 절망이 위협했고, 지속적으로 그를 궁지로 몰아넣었다. 다른 사람들을 섬기는 힘든 일이 그 고통을 경감시킬 수 있었고, 그가 교구에서, 강단에서, 출판물에서 주님을 위하여 싸울 때 그에게 힘과 용기를 북돋아 주었다. 그럼에도 불구하고 우리는 라일의 자서전에서 그의 수사 문제에 어느 정도 훼손을 가하는, 무언가에 사로잡힌 듯한 도전적인 문장들을 발견할 수 있다. 또한 불굴의 빅토리아 문화 속에서 살아가는 그에게서도 사람들이 느낄 만한 개인적인 은폐나 거친 비약도 일부 발견할 수 있다.

라일의 시대에는 그 누구도 목회를, 오늘날 흔한 방식의 상처 입은 치유자(wounded healer)의 사역으로 이상화하지 않았다. 라일은 스스로 이런 식의 개념이 메시지 자체에서 메시지를 전하는 자에게로 부적절하게 관심을 전환시킨다는 이유로 반대했을 것이다. 그럼에도 불구하고 이 메시지의 능력을 그토록 자주, 그토록 깊이 맛보아야 할 필요가 그에게 없었다면, 우리는 고난과 절망 앞에서 라일의 그리스도 중심적인, 십자가에 초점이 맞춰진, 그리고 언약 지향적인 위로와 격려에 대한 이해가 라일 자신의 마음을 그렇게 굳건하고 강건하게 만들 수 없었을 것이라고 추측할 수 있을 것이다.

자서전은 계속해서 체스셔를 떠나는 라일이 심각한 재정적인 문제로 햄프셔(Hampshire)의 보조 부목사 자리에 대한 제안을 수용한 상황을 아주 주저하면서 서술한다. 라일은 은행 파산 6개월 후인 1841년 12월에 윈체스터의 복음주의 주교 찰스 섬너(Charles Sumner)에게서 안수를 받았다.

> 나는 성직자가 되려는 특별한 열망을 가진 적이 없었다. 내 의지와 본래 취향이 그로 인해 만족했을 것이라고 생각하는 사람들은 전적으로 오해였다고 말하고 싶다. 나는 하나님이 모든 그리스도인을 성직자가 되도록 부르시지는 않았다는 생각을 강하게 하고 있었기 때문에 내가 성직자가 되어야 한다고도 생각하고 싶지 않았다. 성직자가 되면 즉각적으로 어느 정도의 수입을 얻을 수 있었기 때문에 성직자가 되는 것 말고는 내 앞에 남아 있는 것이 아무것도 없다고 생각했다. 어머니와 아버지는 내게 다른 더 좋은 것을 제시할 수 없으셨다. 그럼에도 불구하고 그분들 중 아무도 내가 성직자가 되는 것을 원하지 않으셨다.

그 시점부터 목회가 그의 직업이 되었다. 뉴 포레스트(New Forest)의 한적한 시골 엑스버리(Exbury, 1841-43)에서, 대부분의 시간을 몰타(Malta)에서 보냈던 주교의 사위의 부목사로서 꽤나 이상한 2년을 보낸 후에, 라일은 건강상의 이유로 그 직책을 사임했다.

계속되는 두통, 소화불량, 심장장애가 시작되었고, 전염병도 있었으며, 그 이후로도 계속해서 나를 괴롭혔다. 아마도 그 고통은 내 인생이 끝날 때까지 지속될 것이다.

연봉이 1년에 84파운드(아주 적은 100파운드 중에서도 16파운드는 그 집의 가구 사용료 명목으로 공제되었다)이었기 때문에, 그는 전염병 같은 가난에 시달렸다.

나는 부자였다가 가난해진 사람의 불행이 어떤지 이전에는 전혀 느껴보지 못했다. 오직 스물다섯 살까지 부자였다가 그 후, 가난해진 사람들만이 당신이 처한 상황이 부과했던 끝없는 죽음과 같은 고통을 이해할 수 있다.

이후 윈체스터(Winchester, 1843-44)의 세인트 토마스교회(St. Thomas Church)에서 다섯 달 동안 사역할 때도 사례비는 여전히 충분하지 않았기에, 1844년, 라일은 서퍼크(Suffolk, 1844-61)에 위치한 인구 300명의 시골 교구에서 일 년에 500파운드의 사례비로 생활하라는 요청을 받게 되었다. 여기서 가난이라는 부담은 덜어진 것 같았고, 결혼할만한 여유도 생겼기에 거기서 결혼도 했다. 그러나 우리는 이후 그의 첫 번째, 두 번째 부인들의 나쁜 건강 때문에 15년 동안 그의 소유가 얼마나 쉽게 동이 났는지, 그가 얼마나 고통을 받았는지를 듣게 된다. 자서전은 "나는 한때 다섯 아이가 딸린 홀아비였다. 이때만큼 마음이 힘들고 무력했던 적이 없었다"라는 기록의 시점에서 끝난다. 이 문장 다음에 이어지는 자서전의 마지막 단락을 그대로 인용하면 다음과 같다.

극소수의 사람들만이 내 아내가 죽기 전, 최소 5년 동안 내가 겪어야 했던 몸과 마음의 마모(wear and tear)와 고뇌가 어느 정도였는지 이해하고 있다. 나는 아내가 무언가를 원할 때, 준비된 상태로 있기 위해(즉, 그녀를 돕기 위해) 내 집 바깥에서 잠을 자본 적이 거의 없다. 나는 연설하거나 설교하기 위해 자주 한겨울에 지붕도 없는 마차를 타고 십이, 십오, 이십, 심지어 삼십 마일이나 되는 거리를 운전하곤 했고, 그 후엔 즉각 동일한 거리만큼 돌아와서 집에서 잠을 자야만 했다. 휴일, 휴식, 여가를 일 년 내내 가져본 적이 없다. 한편 저녁에 세 명의 어린 아들들과 놀아주고 그들을 즐겁게 하는 일은 전적으로 내 몫이었다. 사실상 이러한 모든 상황은 나의 몸과 마음을 무겁게 만들었다. 지금도 내가 어떻게 그 모든 것을 다 견뎠는지 궁금하다.

라일은 의아하게도 여기에서 기록을 멈춘다. 라일은 이 단락을 결론으로 남겨둔다. 라일이 죽은 후, 자신의 자녀들이 이 이야기를 읽으면서 깨닫기를 원했던 것은 무엇보다도 그가 겪었던 고통의 강렬함이었음은 분명하다. 또 다른 목적은 하나님께서 장기간에 걸쳐 그를 선하게 다스려 오셨다는 것을 말하고 싶었던 것이다. 은행 파산에 대한 장(chapter)을 마무리하면서 라일은 다음과 같이 기록한다.

내가 겪은 고통을 포함한 모든 고통은 하나님께서 우리 삶에 방문하시는 일을 더 쉽게 한다. 하나님께서는 결코 우리가 고통이나 아픔 없이 살기를 원치 않으신다. 이 점에서 오해가 있다. 하나님의 뜻에 따르는 순종은 그분의 뜻에 따른 처분 안에서 생기는 강렬히고 날카로운 고통과 완벽하게 양립할 수 있다. 사실상 느끼지 못하는 고난은 고난이 전혀 아니다. 고난을 깊이 느끼고 그것에 인내하며 순종하는 것이 그리스도인에게 요구되는 것이다. 나는 내 아이들과 이 자서전을 읽는 모든 사람이 내가 내 아버지의 실패, 또 내 모든 세상 자산의 붕괴와 함께 체스셔에서 쫓겨나게 된 사건을 가장 절절하게 가슴으로 받아들였음을 기억해 주기를 바란다. 또한 나는 그때부터 지금까지 그 사건들을 여전히 가슴으로 느끼고 있다. 그러나 나는 내가 하나님의 뜻에 순종했고, 비록 그 당시에는 그것을 알지도 느끼지도 못했지만, 모든 것이 옳았다는 것을 굳고 깊게 확신하고 있다는 사실도 그들이 알아주기를 바란다.

압박감에도 불구하고, 모든 것이 옳았다는 인식이 그를 계속해서 사로잡았다. 거스리 클락(Guthrie Clark)은 "그의 삶은 많은 점에서 느헤미야의 삶과 닮았다. 그는 모든 위기 속에서 그 위기에 그의 삶을 지배하신 하나님의 선하신 손이 있었음을 증언할 수 있었다"라고 말한다. 참되고 바른 지적이다. 우리는 라일의 삶 위에 임한 더 큰 하나님의 손을 곧 보게 될 것이다.

5. 위대한 변화

라일이 키우려고 노력했던 신앙은 그가 태어날 때부터 가지고 났거나 혹은 집안에서 자연스럽게 배운 것은 아니었다. 그 신앙은 1837년, 즉 옥스포드에서의 마지막 해를 지내는 동안에, 눈부시게 성공적인 학위 시험을 마친 6개월 후, 결실이 되어 나타났다. 그는 다음과 같이 증언한다.

1837년 말에 내 인격은 철저하고 전체적인 한 변화를 겪었다. 그 결과, 신앙과 실천 모두에 걸쳐 나의 종교관에 전적인 변화가 일어났다. 이 변화는 압도적일 정도로 엄청난 것이었다. 이 변화는 갑작스럽고 급속한 것이라기보다는 점진적인 것이었다. 어느 한 사람이나 어느 한 사건, 한 사물에게서 그 변화의 원인을 찾아낼 수는 없다. 오히려 이 변화는 다양한 사람들과 사물들이 합쳐져서 하나가 된 것이다. 그 당시에는 알지 못했지만 나는 이 모든 것을 통해 성령께서 역사하고 계셨음을 믿는다.

라일은 자신의 회심과 중생, 그리스도인이 된 사건의 실체에 대해 이렇게 말하고 있다. 그 길은 메클스필드의 한 신생교회에서 있었던 복음설교를 통해 닦였는데, 거기서 그의 누이인 수잔과 안수받은 한 친구가 회심했다. 라일은 이 설교에 애써 저항했다.

내 본성의 독립성과 호전성, 다수가 아닌 것을 사랑하는 마음, 흐름을 따라 헤엄치는 것을 싫어하는 나의 마음은 그토록 조롱받고 미움받던 복음 설교자들이 아마도 옳았을 것이라는 생각으로 복잡해진다.

라일은 에베소서 2:8을 중요한 구절별로 끊어서 읽었다. 다시 말해서 강조점이 분명히 부각되는 것, 즉 **"은혜로 구원받으며-믿음으로-여러분 스스로의 것이 아니라-하나님의 선물이다"** 이와 같이 읽었다. 그는 자신의 방법으로 성경을 읽기 시작했고, 기말고사 직전에 아픈 중에도 규칙적으로 기도했으며, 이전에 이튼을 다닐 때, 뉴캐슬 장학금과 학위를 받기 위해 공부했던 잉글랜드 국교회의 39개조 신조(Anglican Thirty-Nine Article)의 가르침을 기억해냈다. 이 순차적인 과정을 경험하면서 분명한 확신이 찾아오게 되었다. 그의 자서전에 기록한 고백을 좀 더 인용하는 것이 유익할 것이다.

이 기간에 종교의 어떤 점이 내 안에 강한 흔적을 남겼는지 자녀들이 알면 흥미로울 것이다. 이 위대한 변화가 나를 찾아왔을 때…마치 현상 용액이 부어지는 동안에 사진판 위에 올려져 있는 사진처럼 선명하고 분명하게 내 마음에 번쩍이며 떠올랐던 것들은 다음과 같은 것들이었다.

죄에 대한 극적인 인식, 나 자신의 개인적인 죄성, 무력함, 영적 필요, 주 예수 그리스도의 희생의 완벽한 적합함, 죄인의 영혼의 구원자가 되기 위한 대리와 중보, 모든 사람이 성령으로 인해 거듭나고 회심해야 하는 절대적인 필요성, 참된 그리스도인의 유일한 증거가 되는 거룩한 삶의 불가결한 필요성, 죄에서뿐만 아니라 세상으로부터 나와서 그 세상의 헛된 관습과 유희와 선악의 기준으로부터 구별되어야 할 절대적인 필요성, 믿음에서 참된 것, 실천에서 올바른 것이 무엇인가에 대한 유일한 기준으로서 성경의 수위성, 그 성경을 규칙적으로 연구하고 읽어야 할 필요성, 진실한 그리스도인으로 살기를 원하는 사람이라면 누구나 해야 할 매일의 개인 기도와 하나님과 교제의 절대적인 필요성, 로마 가톨릭과 비교해 볼 때, 개신교 원리들이라 불리는 것의 탁월한 가치들, 우리 주 예수 그리스도의 재림교리의 말할 수 없는 탁월함과 아름다움, 세례예식 그 자체가 중생이라고 하거나 교회가 기독교로 진입하는 공식적인 과정이라고 하거나, 성례를 받는 것이 죄를 씻는 수단이라고 하거나, 성직자가 다른 사람보다 성경을 더 많이 안다고 하거나 그들의 직책 때문에 하나님과 사람 사이의 중재자가 된다고 주장하는 것들의 말할 수 없는 어리석음. 이 모든 원리가 스물한 살을 지나던 겨울 즈음에 내 마음에 떠올랐던 것 같다.

나는 이전에 이것들에 대해 전혀 몰랐음을 분명히 확신하며, 이것들이 어떤 특정한 사람의 도움 없이 신비한 방식으로 내 마음 속에서 떠올라 나의 실존의 한 부분이 되었다고 확신한다. 나는 나 자신의 죄성, 그리스도의 귀하심, 성경의 가치, 세상으로부터 나오는 것의 절대적인 필요성, 거듭남의 필요, 세례를 받으면 중생한다는 교리의 엄청난 어리석음에 대한 생각이 내 마음 속에 그토록 명확하고 분명하게 떠올랐던 날에 대해 아무것도 기억할 수 없다.

> 반복해서 말하지만, 이 모든 것들이 1837년 겨울에 한 줄기 태양 빛처럼 내게 비춰졌던 것 같다…그 전에는 나는 죄 속에서 죽은 자였고, 지옥으로 가는 대로(大路) 위에 있었지만, 그날 이후 나는 살아나서 천국의 소망을 얻게 되었다. 내 지성으로는 이 모든 것들을 설명할 수 없으며, 오직 하나님의 값없이 주신 주권적 은혜로만 가능하다.

라일은 그 전에 결코 이런 복음주의적 개념들을 어떤 형태로든 접한 적이 없었으며, 한 번도 인식해 본 적이 없고, 참된 것으로 이해하지도 않았으며, 하나님이 가르치시는 삶의 체계로서 그의 지성과 결합한 적이 없었다고 말하고 있다는 사실을 우리는 알아야 한다. 그러나 한번 형성된 후에는 이러한 확신은 결코 그를 떠나지 않았다. 그러자 그는 집에서, 또 더 넓은 사회에서 그것에 대해 증언하고 논증하기를 시작했다.

그는 계속해서 그의 회심으로 인해 자신의 가족과 이전 친구들로부터 단절되는 고통이 얼마나 컸는지, 그러나 이 회심이 어떻게 그를 새로운 친구들과의 '일종의 즉각적인 동지애'로 이끌었는지를 언급한다. 이 친구들은 "감사하게도 내게 이런 저런 방식으로 큰 도움을 주고, 내가 지키려던 원칙들 안에서 내가 흔들리지 않도록 힘을 북돋아 주었으며, 내가 그 원칙을 실천할 수 있도록 격려하고, 내 어려움들을 해결하고, 충고로 나를 돕고, 많은 혼돈 속에 휩싸인 나와 상담해 주고, 내가 이 세상에 홀로 있지 않다는 것을 보여줌으로써 내게 힘을 주었던" 자신의 사회적 관계에 속한 이들이었다. 다음으로 그는 자신의 회심 이야기를 마무리 짓는다.

> 1837년 겨울 이후, 3년 반의 기간(즉, 파산 시기까지)은 내게 엄청난 시련의 시기였다. 그러나 나는 모든 것이 선을 위한 것이라는 사실을 의심하지 않았다. 나는 그 사건에 결점이 분명히 있었지만, 나의 기

독교 신앙을 결정하고 완성하는데 크게 기여했다고 믿으며, 이로 인해 언제나 하나님께 감사할 이유를 갖고 있게 될 것이다.

6. 위대한 복음주의자

존 라일의 '위대한 변화'에 대한 이야기가 우리에게 보여주는 것은 그가 1837년, 그의 시대 이전에 한 세기 동안 사람들에게 인식된 바로 그 잉글랜드 국교회 복음주의에 헌신함으로써 주류 잉글랜드 국교회의 복음주의자가 되었다는 사실이다. 이전 시대의 종교개혁자들과 청교도들과 함께 복음주의자들이 그랬던 것처럼, 그는 처음부터 세례의식 그 자체를 통한 중생 개념을 거부했고, 언제나 중생을 회심과 연관시켰다. 이것은 복음주의적 정체성의 핵심이었다.

첫 시작부터 40년이 걸려 1877년, 그는 『오직 한 길』(Knots Untied)을 출간했는데, 이 고전적인 저술에서 그는 소책자 형태로 이미 출간한 적이 있었던 자료를 통합하여 다루고 있었다. 그는 모든 항목에서 복음주의적 입장을 변증하면서, 참된 잉글랜드 국교회의 정체성과 발전에 관한 당대의 논쟁을 논의했다. 1900년 이전에 10번이나 다시 찍어낼 정도로 그의 생전에 가장 인기 있는 책이었다. 이 책은 기독교 이후 시대를 맞은, 서구(Post-Christian West)에 사는, 고뇌하는 국교도들을 향해 많은 것을 말하고 있었다. 첫 장은 "복음주의 신앙"(Evangelical Religion)이라는 제목을 달고 있는데, 여기서 라일은 효과적으로 그가 예수 그리스도의 복음이라고 이해하는 것을 국교회의 틀에서 설명하고 정의하고 있다. 그리 놀랄 것도 없이, 아마도 라일이 쓴 글의 취향은 그가 직접 쓴 글을 읽음으로써 가장 풍성히 느껴질 수 있을 것이다. 여기서 더 많은 인용이 필요할 것이다.

복음주의 신앙이 독특한 원리들을 갖고 있는가? 나는 그렇다고 대답한다. 그 원리들에 주장할 만한 가치가 있는가? 나는 그렇다고 대답한다. "복음주의 신앙이 무엇인가?"라는 질문에 대해서는, 나는 간단하게 그 신앙의 주요한 특징들로 보이는 것들을 언급함으로써 답할 수 있다. 내가 고려하는 것들은 다섯 가지 특징이다.

첫 번째 특징은 복음주의가 신앙과 행위의 유일한 규범인 성경에 부여하는 절대적인 수위성이다. 그 책에 분명하게 기록된, 우리의 살과 피가 되는 것을 어떤 것이든 내게 보여준다면, 나는 그것을 받아들이고 믿고 따를 것이다. 그 책에 반하는 신앙이 있으나, 그 신앙이 특별하고 그럴듯하고 아름답고 명백히 매력적인 것임을 내게 보여준다 해도, 나는 어떤 경우에도 그 신앙을 취하지 않을 것이다. 여기에 바위가 있다. 다른 모든 것은 그저 모래일 뿐이다.

두 번째 특징은 복음주의가 인간의 죄성과 부패 교리에 부여하는 깊이와 두드러짐이다. 모든 인간은 단지 불쌍하고 동정받을 만하며 파산한 존재일 뿐만 아니라, 죄책과 영구적인 위험과 하나님 앞에서 정죄 받은 존재이다. 인간은 그저 조물주와 반목하고 있고, 천국으로 갈 수 있는 자격이 없는 존재일 뿐만 아니라, 조물주를 섬길 의지도 없고 그를 사랑하지도 않으며 천국에 어울리지도 않는 존재이다. 그러므로 우리는 형식주의와 성례주의와 모든 종류의 단순한 외적이고 대리적인 기독교 형태에 온 마음으로 저항한다. 우리는 그런 종류의 모든 신앙은 인간의 영적 필요에 대한 부적절한 견해 위에 근거한 것이라고 주장한다. 한 영혼을 구원하고 만족시키고 거룩하게 하는 것 이상이 필요하다. 오직 아들 예수 그리스도의 피가 우리의 양심을 적시고, 성령 하나님의 은혜가 우리의 마음을 전적으로 새롭게 하는 것만이 요구될 뿐이다. 성경 다음으로 복음주의 신앙의 기반은 원죄에 대한 분명한 견해에 근거하는 것이다.

세 번째 특징은 복음주의가 우리 주 예수 그리스도의 사역과 직위 및 그리스도께서 인간을 위하여 행하신 구원의 본질에 부여하는 엄청난 중요성이다. 그를 믿는 자들은, 심지어 그들이 이 땅에 살아있는 동안에도, 모든 것으로부터 완전히 용서받고 의롭게 된다. 즉 하나님 앞에서 완전히 의로운 자로 인정받는다. 우리는 십자가에 달리시고 중재하시는 그리스도에 대한 실험적, 즉 경험적 앎이 기독교의 본질이라고 주장한다. 기독교 신앙을 사람들에게 가르칠 때, 우리는 그리스도 그분에 대해 지나친 강조를 하지 않을 수 없고, 모든 믿는 자들을 위하여 그분께서 주신 구원의 풍성함과 값없음과 현재성과 단순함을 지나치게 강조하지 않을 수 없다. 우리는 순수한 믿음으로, 영생이 그리스도를 아는 것이고, 그리스도를 믿는 것이고, 그리스도 안에 거하는 것이고, 매일 우리의 마음으로 그리스도와 교제하는 것이라고 말한다. 따라서 신앙과 관련된 것은 무엇이든지 그것이 신앙생활의 성숙을 도울 때에만 유용하며 그렇지 않을 때에는 무가치하다고 고백한다.

네 번째 특징은 복음주의 신앙이 인간의 마음속에서 역사하시는 성령의 내적 사역에 큰 역할을 부여하고 있다는 것이다. 우리는 사람들이 가장 관심을 가질 필요가 있는 것에 성령의 강력한 역사, 내면의 회개, 내면의 믿음, 내면의 소망, 내면의 마음, 하나님의 율법에 대한 내면의 사랑이 포함된다고 주장한다. 내면에 임하는 성령의 역사가 인간의 구원에 필수적인 것처럼, 내면에서 아무 것도 느낄 수 없다면 하나님께로 향하는 진짜 회심도 없고, 그리스도 안에서의 새로운 창조도 없고, 성령으로 새로이 태어나는 것도 없다는 사실이 내면에서 느껴져야 한다고 주장한다. 우리는 인간의 내면에서 느껴지는 것이 없다면 실제로 우리가 붙잡은 것은 아무 것도 없다고 주장한다.

다섯 번째 특징은 그 복음주의 신앙이 인간의 삶에서 역사하시는 성령의 외적이고 가시적인 사역에 부여하는 중요성이다. 하나님의 참된 은혜는 언제나 그 은혜를 받은 사람의 행위와 활동, 취향, 방식,

선택과 습관을 통해 증명되는 법이다. "하나님께로부터 났다"거나 중생했다고 말하면서, 경솔하게 살거나 죄악 중에 사는 것은 위험한 기만이다. 성령의 은혜가 있는 곳에는 언제나 많거나 적거나 성령의 열매가 있기 마련이다. 나타나는 것이 없다면 아무것도 가지지 못한 것이다.

라일은 계속해서 복음주의가 학문과 '지나간 날들의 지혜'를 무시한다거나, 교회와 교회의 사역, 또는 주님의 성례, 기도서, 주교들, 아름다움, 교회의 연합, 영적 치리의 가치를 평가절하 한다고 하는 의혹들을 논박한다. 이 논증에서 주옥과 같은 표현이 있다.

> 우리는 처음에는 교회를 인격화하다가 그 다음에는 신격화하고 마지막으로 우상화하는 현대의 경향에 저항한다. 우리는 그리스도의 성례가 그 집전된 행위 그 자체에 의하여 '사효적 효력'(ex opere operato)[2]의 은혜를 가져다 준다는 것과 성례들이 설교와 기도보다 우위에 있는 그리스도와 영혼과의 중요한 매개체라는 주장을 수용하기를 계속해서 거부한다.

마지막으로 라일은 구성요소들을 실제로 붙들고 있지만, 십자가에서 죽으시고 부활하신 전능한 구원의 그리스도를 충분하게 강조하지 않는 사람들 때문에 복음주의의 메시지가 얼마나 왜곡되고 있는지를 보여주면서, 순수하고 분명한 복음주의 신앙을 굳건하게 붙들라고 요청한다. 그는 독자들에게 복음주의가 아름다울 정도로 평이하게 정의된 잉글랜드 국교회의 39개조 신조를 공부하라고 촉구

---

[2] *ex opere operato*는 가톨릭 성례신학의 주요한 내용 중 하나로 '사효적 효력'(事效論)이라 불린다. 성례가 교회의 의향에 따라 거행되면 집전자의 개인적인 덕과 관계없이 은혜가 성례들을 통해서 반드시 전달된다는 가르침이다.

한다. 그의 가장 큰 관심은 분명 모든 국교도들이 복음을 내용으로 알고, 그리스도를 경험으로 알고, 그 이유가 무엇이든, 그 방식이 어떠하든, 다른 것들을 전파하면서 복음을 후퇴시키는 모든 이의 영적인 방탕을 분석할 수 있어야 한다는 것이었다.

그러므로 기독교 교사로서의 라일의 기본 입장은 다음과 같이 정리할 수 있다.

(1) 성경은 하나님의 말씀이며, 결정적인 권위가 있다.
(2) 복음주의는, 하나의 특정한 발전 형태로 연결되는 하나의 교리이며, 또한 하나의 특정한 교리에 근거한 헌신의 형태로서, 성경 안에서 중심이 되는 것이 무엇인지를 충분히 일관되게, 또 명백히 올바르게 이해한 것이다.
(3) 복음주의는 과거로부터 풍성히 발전된 유산이다(복음주의 신앙의 다섯 가지 주요한 특징 모두를 빠짐없이 보유했던 16세기 종교개혁자들, 17세기 청교도들, 18세기 부흥 지도자들).
(4) 39개조 신조[3]는 가장 높은 성경의 권위 아래서 역사적으로 해석된

---

[3] 종교개혁 시대(16세기)에 있어서 잉글랜드 국교회의 교의적 입장을 밝힌 요강이다. 이것은 10개조(1536), 주교서(1537), 6개조(1539), 킹스 북(1543) 그리고 42개조(1553)를 기초로 하여 개정하였다. 1563년 교직회의에서 39개조 초안을 내놓았다. 처음에는 29개조가 로마주의자의 감정을 고려하여 제외되었으나, 1571년에 이것을 첨부하여 현재의 39개조가 되었다. 39개조는 신조 형식에서 교의를 진술한 것이 아니고, 신조를 해설한 것도 아니다. 오히려 각 개조는 삼위일체, 그리스도의 부활, 자유의지, 칭의, 성찬 등의 교의에 관하여 잉글랜드 국교회의 입장을 간명하게 요약하여 진술한 것이다, 그 본래의 의도는 로마 가톨릭교회, 재세례파, 쯔빙글리파, 칼빈주의에 대하여 잉글랜드 국교회의 교의적 입장을 밝히고, 그 어느 파의 입장을 피하는 동시에, 좁은 의미에서의 교의적 한정을 피하자는데 있다. 가령 성찬에 관하여 로마의 화체설을 물리치는 동시에 쯔빙글리의 기념설도 배제하고 있다. 그리고 성례전에 있어서 그리스도의 현재를 주장한다(28조), 성경은 구원에 필요한 일체의 요건을 포함하고 있으며 신조는 성경에 의하여 증명되므로 거절해서는 안 되고, 교회회의는 그 자체에 있어서 무류가 아니라고 선언하고 있다. 전반적으로, 당시 이것은 유럽대륙에서 시행되고 있던 프로테스탄트적 신앙을 영국적으로 해석하였다. 고대부터의 공통된 가톨릭

잉글랜드 국교회 신앙고백으로, 이 신조가 개신교 복음주의를 분명하게 구현하고 있다.
(5) 공동 기도서(The Book of Common Prayer)는 의전에만 사용하기 위한 것이고, 교리가 아니며, 성경과 신조로 해석되어야 한다. 마치 세례가 중생을 가져온다고 주장하는 사람들이 사용하는 해석의 열쇠가 되지 말아야 한다.
(6) 그러므로 잉글랜드 국교회의 포괄성을 분명히 하고, 관용의 한계가 설정되고 유지되는 과정을 통해서 개신교 복음주의는 잉글랜드 국교회의 주류이자 규범으로 이해되어야 한다.
(7) 이 원리들을 모든 회중에게 분명하게 가르치고 그들이 붙들게 해야 한다. 이 원칙에 따라 교회의 실제적 본질을 이해하면, 예배와 증인의 삶에 생명력이 넘칠 것이다.

따라서 라일의 잉글랜드 국교회 복음주의는 성경적이고, 역사적이고, 조직적이고, 영적이다. 그의 설명은 아주 탁월한데, 이는 그의 주장이 다른 복음주의자들이 말하는 것과 본질적으로 달라서가 아니라, 그가 아주 명확하고 훌륭하고 매력적인 주장을 전개하기 때문이다. 한마디로, 정말 잘 전달했다. 내가 아는 한 어떤 국교도도 라일이 했던 것보다 더 풍성하게, 정당하게, 또는 능수능란하게 설명하지 못했다. 다른 분야에서도 마찬가지이지만, 이 점에서 그의 작업은 표준적 위치를 차지한다. 원리상 분명히, 그의 복음주의는 신약성경이 가르치는 기독교(New Testament Christianity) 그 이상도 이하도 아니다.

신앙을 강조하였고 프로테스탄트적인 급진론을 피한 것이라고 볼 수 있다. 1865년 이래, 공동 기도서가 잉글랜드 국교회의 교의를 표현한 것으로서 인정되었다. 그리하여 39개조 신조를 경시하는 경향도 있었으니 잉글랜드 국교회의 교의에 대한 입장을 공식적으로 표명한 것으로서 현재도 살아 있다.

7. 청교도 신학자

우리에게 알려진 대로, 라일은 고전적인 복음주의자로서의 17세기 청교도를 추앙했고, 그 자신이 '청교도 신학을 전적으로 사랑하는 신학자'임을 숨기지 않았다. 그래서 그는 『주교들과 다른 시대의 성직』(Bishops and Clergy of Other Days, 1868)을 확장한 『개신교 신앙과 개신교 사람들』(Protestant Facts and Men, 1882)을 다시 확장하여 출판한 『옛 시대에서 오는 빛』(Light from Old Times, 1890)에서, 이들 청교도들에 대한 활기찬 변증을 펼쳤다.

이 책에서 청교도와 관련하여 제시한 세 가지 사례는 오늘날 종교개혁자들이 받는 수준과 같이 많은 관심을 받을 자격이 있다고 믿었다. 그는 청교도에 대한 이해를 증진시키고 싶었다. 청교도처럼 제대로 이해되지 못하고 부조리하게 중상당해 온 이들은 결코 없다고 강조했다. 일반적인 인상은 청교도가 17세기에 영국에서 문제를 일으킨 무지하고 광적인 국교 반대자들이었다는 것이다. 즉 그들은 군주제 정부를 미워해서 찰스 1세의 머리를 잘랐다는 것이다. 그들은 지식과 공부를 멸시한 못 배운 열광주의자들이었고, 모든 정해진 예배 의식을 천주교 의식으로 인식했다는 것이다. 그들이 사용할 수 있는 가장 거친 모욕의 언사로 복음주의적 교인들에게 '청교도적인'이라는 어구를 사용하는데 결코 지치지 않는 사람들이 일부 있었다. 어떤 교인이 자기 자신을 '청교도'라고 이름 붙일 때, 그는 마음에 낙망해서는 안 된다. '청교도'가 된다는 것에 치욕적인 무언가가 있는 것이라고 세상에 말하는 사람은 자신의 무지를 드러내고 있는 것일 뿐이다.

1) 청교도는 군주제도의 적이 아니었다.

청교도 대부분은 찰스 1세의 처형을 강력하게 반대했고, 찰스 2

세를 영국으로 되돌아오게 하는 일을 열심히 중재했으며, 올리버 크롬웰의 죽음 이후에 왕관을 그 왕의 머리 위에 씌웠다.

2) 청교도는 잉글랜드 국교회의 적이 아니었다.

청교도는 기꺼이 그 교회의 정치와 의식의 진보를 보고 싶어 했고, 공공 예배 중에 교회의 목사들에게 더 많은 자유가 주어지기를 바랐다. 그리고 그들이 옳았다! 그러나 그들 중 많은 사람이 주교로부터 안수를 받았고, 감독제나 예전에 대하여 특별히 반대하지도 않았다. 백스터는 1662년 성 바돌로메 날의 통일령(Act of Uniformity: 잉글랜드 국교회의 예배에 전교회가 통일적으로 기도서를 사용하도록 정한 법령)때문에 추방되었던 이천 명 가운데 천육백 명이 잉글랜드 국교회 안에 남아 있게 되었다고 증언했다.

3) 청교도는 무식한 사람들이 아니었다.

청교도 중 대다수는 옥스포드와 케임브리지 졸업생들이었다. 그들의 작품은 잘 정리된 신학 도서관의 책장 위에서 그들의 목소리를 내고 있다. 한 몸으로서의 청교도는 역사상 존재했던 영국의 어떤 계급보다 더 민족적인 특징을 고양하려고 노력했다.

이 시대의 많은 사람이 청교도를 싫어하는 바로 그 이유가 내가 그들을 사랑하는 바로 그 이유라고 분명히 말할 수 있다. 내 생각에, 그들은 자신의 담대하고 거리낌 없는 개신교 신앙(protestantism) 때문에 영예를 받아 마땅하다. 그들은 분명하고 날카롭고 독특한 복음주의(evangelicalism) 때문에 영예를 받을 자격이 있다. 나는 영국 교인들이 그들의 저술을 더 광범위하게 읽고, 그들의 행동을 더 정당하게 평가하고, 바르게 이해하는 것을 보고 싶다. 내가 살아 있는 한, 나는 결코 그들을 옹호하는 것을 부끄러워하지 않을 것이다.

영적인 삶과 경건에 대한 질문을 접할 때, 라일은 "체험적 신앙이 지금보다 더 깊이 연구되고 더 잘 이해되었던 시대의 열매"인 청교도의 저작을 규칙적으로 인용했다. 그는 하나님과의 교제에 관한 모든 주제에 대해서, 청교도가 가장 무거운 권위를 지녔다고 인정했다.

따라서 확실히 라일은 그가 복음주의자로 불리는 것과 마찬가지로, 참으로 또 정당하게 청교도로 불릴만하다.

8. 위대한 논제

존 라일의 청교도주의에 대해 이제 더 많은 논의가 필요한 시점이 되었다. 즉 그는 전적으로 청교도가 집중한 논제에 매달렸다. 반세기 이상 라일의 사역에서 그가 정한 행동의 목적과 우선순위, 원리들은 라일보다 이백 년도 더 전에 살았던 역사적 청교도 성직자들의 것들과 직접적으로 연결된다. 라일에게는 네 가지 목표가 있었다. 즉 영국 민족의 복음화, 잉글랜드 국교회의 정화, 영국 그리스도인의 연합, 영국 그리스도인들의 성결이다. 이 네 가지 목표들은 자신들의 시대에 청교도가 추구했던 것과 일치한다.

1) 총체적 변화

라일은 직접 경험했던 그대로, 사람을 직접적으로 확신과 태도와 삶의 기준에서의 총체적인 변화로 이끄는 전도라는 목표, 즉 청교도 공식에 따른 중생과 회심을 추진했다. 그는 설교와 소책자를 통해서 이 일을 했는데, 이는 중생과 회심이라는 목표는 지속적으로 복음을 전파하는 원동력이 되었기 때문이다.

오늘날에 전도를 의미하는 결단 중심적 행위와 라일의 전도개념은 달랐다. 비록 선한 뜻으로 이루어진 무디와 생키의 1883년 리버풀 방문과 1895년의 리버풀 기독교선교대회(general christian mission)와 같은 시도들을 지지하기는 했지만, 전도에 대한 그의 기본 전략은 간헐적인 것보다는 조직적인 것이었다. 규칙적인 주일 강단 설교, 주일학교, 확신을 위한 준비, 정규적인 기도를 동반한 심방, 개인 가정에서의 성경 및 소책자, 좋은 서적, 즉 영적으로 도움이 되는 책 읽기와 이런 사역의 틀을 이루기 위해서 성직자와 함께 동역하는 평신도를 훈련시키는 것이 그의 사역의 영구적인 우선순위였다. 이 틀 자체는 라일 시대 이백 년 전의 청교도 리처드 백스터가 키더민스터(kidderminster)에서, 또 다른 청교도 성직자들이 다른 곳에서 정착시킨 형태와 거의 정확히 일치했다. 복음전도에서 라일은 그리스도 중심적이었다. 그는 청교도의 정신을 올바로 갖고 있었다.

2) 교회의 정화 추진

라일은 그의 적극적인 복음주의적 가르침을 로마 가톨릭주의와 자유주의 경향, 즉 예전주의자들의 외식주의와 중세주의, 성경의 기적에 대해 회의를 가지는 이들이 『에세이즈 앤드 리뷰즈』(*Essays and Reviews*)라는 글에 기고한 학자들에 반대하면서, 교회의 정화라는 목표를 추진했다. 따라서 그는 이들 두 그룹을 현대판 바리새인과 사두개인으로 보았다.

바리새인의 교리는 세 단어로 요약할 수 있다. 형식주의(formalist)

와 전통숭배(tradition-worshipper), 자기 의(self-righteous)이다. 사두개인의 교리는 아마도 다음 세 단어로 요약할 수 있다. 자유사상(free-thinking), 회의주의(skepticism), 이성주의(rationalism)이다.

우리는 의식적으로든 무의식적으로든, 로마 교회로 가는 길을 닦고 있는 일단의 사람들을 우리 안에서 발견한다. 이들은 원리를 원시 전통, 교부들의 저작, 교회의 목소리에서 끌어오려고 한다. 이들은 교회와 사역과 성사에 대해 지나치게 많이 말하고 쓰고, 아론의 지팡이처럼, 기독교 안에 있는 다른 모든 것을 삼키려고 한다. 이들은 종교의 외적 형태와 의식에 엄청난 중요성을 부여한다. 제스처, 몸짓, 절, 십자가, 성수반(聖水盤, piscinas), 성직자석(sedilia), 제기 탁자(credence table), 강단 칸막이(rood-screens), 미사용 긴 사제복(albs), 미사용 짧은 사제복(tunicles), 대법의(copes), 상제복(chasubles), 제단천(altar-cloths), 향(incense), 성상(images), 기(banners), 행렬(processions), 꽃 장식 및 다른 많은 것이다. 나는 예전주의자라 불리는 사역자들의 일파를 바리새인의 망토를 걸치고 있는 자들이 라고 칭한다.

다른 한편으로, 우리 교회 안에는 의식적으로든 무의식적으로든, 소시니안주의(Socinianism)로 가는 길을 닦고 있는 것처럼 보이는 일단의 사람들이 있다. 이들은 성경의 완전 영감에 대한 이상한 견해를 갖고 있다. 우리 주 예수 그리스도의 희생과 속죄에 대하여 이상한 견해를 갖고 있다. 형벌의 영원함과 하나님의 인간 사랑에 대한 이상한 견해를 갖고 있다. 부정에는 강하고 긍정에는 약하다. 의심을 불러일으키는 데는 탁월하지만, 의심을 사라지게 하는 데는 무능하다. 사람들의 믿음을 흔들고 헐겁게 하는 데는 영리하지만, 우리의 발바닥이 굳건히 안식을 취하게 하는 일에는 무력하다. 그들은 사두개인의 망토를 걸친 사람들이다.

나는 가장 강력한 바리새인의 우두머리는 노골적이고 공개적으로 로마의 교회를 드러내고 그 안에 합류하는 사람이 아니라고 믿는다. 오히려 가장 위험한 사람은 자신이 교리 상으로 여러분의 의견과 모든 점에서 동의한다고 말하는 사람이다. 그가 여러분에게 요구하는 모든 것은 여러분의 믿음에 여러분의 기독교를 완전하게 하기 위해 여러분의 신앙에 무언가를 조금 더 더하라는 것이다.

나는 가장 위험한 사두개파의 우두머리는 그가 여러분에게 원하는 것을…자유사상가나 회의자가 되라고 공개적으로 말하는 사람이 아니라고 믿는다. 가장 무서운 사람은 조용히 우리가 "이것이 참이고 저것은 거짓이야"라고 적극적으로 말해야 하는지 아닌지 모르도록 하는 의심, 결국에는 우리만큼 옳게 될 것이므로, 종교적 견해에서 우리와 다른 사람들에 대해 그들이 틀렸다고 말해야 할지 아닌지 모르도록 의심을 주입시키는 사람이다. 그는 언제나 하나님은 사랑의 하나님이라고 모호하게 말하면서 시작하고, 믿는 교리가 무엇이든지 아마도 모든 사람이 구원받게 될 것이라고 믿어야 한다고 암시하는 사람이다.

이런 표현들로 라일은 인기를 얻을 수도 없었고, 얻기를 기대하지도 않았다. 그리고 얻지도 못했다. 그러나 그는 복음이 위기에 처해 있고 예수 그리스도의 참된 영광과 그분에 대한 참된 지식이 가려져 있고, 정말로 더 크게는 사라져 버렸기 때문에, 그 논증이 필요하다고 믿었다. 자유주의자들에 대항하여 싸우기 위해 라일이 쓴 글에서 그들의 사상을 발견하는 것은 어렵지 않다. 라일은 자유주의자들의 글들을 매우 정확하게 묘사한다. 예선주의자들과 관련해서도, 우리는 2차 바티칸 회의 이전 시대에는 그들의 표현이 단지 전체적으로 하나님에 대한 경외감을 표현하거나, 교회 내의 전체적인 연속성을 축하하려는 의도를 갖고 있었던 것이 아니었음을 기억해야 한다.

그들이 스스로 공언한 목적은 트렌트공의회의 미사 교리, 즉 구별된 빵과 잔 안에 독특한 방식으로 그리스도의 '실제' 임재가 있다는 교리와, 그리스도께서 그 자신을 아버지께 희생의 제물로 드린 것과 교회를 연결시키기 위해 이러한 요소를 하나님께 바치는 사제들이 필요하다는 교리, 또한 주님의 만찬에서, 또 개인의 고해에서, 죄인과 구세주 사이를 중재하는 사제의 유일한 역할에 대한 교리를 교회 안에 심어주려는 것이었다. 라일은 이 모든 것이 비성경적이고 39개신조에 위배되며, 로마 가톨릭화 되는 불길한 조짐일 뿐 아니라, 신자를 피폐하게 만들고, 그들에 대한 하나님의 사랑과 하나님과의 교제, 교회의 주이신 예수 그리스도께서 그들과 함께 존재하신다는 사실을 깨닫는 것을 어렵게 하는 것이라고 보았다.

그러나 우리는 엄청난 결과를 몰고 올 수도 있는 사상의 발단을 제대로 탐색해 내는 라일의 명민함과 그가 그런 행동을 하도록 이끈, 성경에 근거한 그리스도의 진리에 대한 열정을 칭찬하지 않을 수 없다. 우리는 라일이 이 두 가지 형태의 오류들에 대해서 그가 쓴 내용을 무시해서는 안 되며, 청교도 존 오웬이 1662년 이후, 자신의 마지막 20년 동안에, 영국 내 로마 가톨릭의 주장의 나쁜 영향과 잉글랜드 국교회 자유주의자들의 주장에 대해서 쓰고 있었다는 사실 사이에 주목할 만한 일치가 있다는 것 또한 무시해서는 안 된다. 복음을 보존하고 교회로부터 반복음주의적인 오류를 씻어내는 역할을 추구했다는 점에서 라일은 청교도 정신에 투철했다고 할 수 있다.

3) 그리스도인의 연합

라일은 잉글랜드 국교회 내부에서와 외부 모두에서 그리스도인의 연합을 추구했다. 국교회 내부에서, 주교로 일했던 기간 동안에 그는 리버풀 교구로 보낸 자신의 첫 번째 목회서신(First Pastoral Letter)에서 그가 '목사들 사이에서의 형제애와 자비, 관용'이라 묘사했던 바를 지속적으로 요청했다. 우리는 상대의 생각 중 일부가 잘못되었다고 생각할 수도 있고, 우리가 그것을 말해야 한다고 생각할 수도 있지만, 인간적인 면에서의 사랑과 선의가 이 때문에 훼손되어서는 안 된다는 것이었다. 목회 서신은 계속해서 다음과 같이 진행된다.

> 우리 시대처럼 타락한 세상에서, 영국 같은 자유로운 나라에서, 모든 사람이 유사한 것을 인식하리라고 생각하거나, 똑같은 방식으로 규정집에 담긴 단어들을 해석하리라고 기대하는 것은 무리이다. 절대로 어떤 분명한 견해도 갖고 있지 않은, 색깔 없는 목사가 되지는 말아야 한다. 그러나 어떤 형제이든지 신조와 기도서가 규정하는 범위 내에서 신실한 길을 걷든, 비록 우리가 그의 의견에 모두 동의하지 않는다 할지라도 그를 존중하고 예의를 갖춰 대해야 한다. 나는 우리 교구의 모든 성직자에게 그리스도의 대의를 위하여 모든 불필요한 분열을 피하고, 진리와 마찬가지로 평화도 좇으라고 촉구하는 바이다.

이 편지는 연합운동에 베테랑이었던 한 사람에게서 나온 글이었다. 라일이 스트라드브로크 시절에 복음주의 성직자들을 정책 문제에 함께 동참시키지 못한 것은 그의 노력이 부족해서가 아니었다. 그가 교회 의회들(church congresses, 1861년부터 교회의 사업들을 토의하기 위해서 여러 중심지에서 모였고, 예전주의자들에 강령을 제공했던 연례회의)에 참석한 것에 대한 비판이 일었으나, 그는 자신의 참석이 상호 이해의 증진을 위한 것이었으며, 복음주의가 더 많은 존중을 받도록 하기 위한 것이었다고 스스로를 변호했다. 1870년 의회에서는 국내재연합(home reunion)에 대해 말하는 동안, 1662년의 통일령의 폐지를 주장하고, 예배를 짧게 할 것과 사역을 위해 평신도를 지원할 것을 주장하고, 존 웨슬리가 캔터베리의 대주교가 되지 못한 것에 유감을 표함으로써 청중을 흥분시켰다. 잉글랜드 국교회의 자유교회들과의 화해에 관해 라일은 다음과 같이 말했다.

> 우리의 내적 분열이 재연합의 과정에서 극복하기 어려운 장벽을 놓았다. 우리의 사랑하는 잉글랜드 국교회가 우편 극에서는 반(半)로마주의에 감염되어 있고, 좌편 극에서는 반(半)불신앙에 감염되어 있는 한, 이 질병을 치료할 수도 없고 쫓아낼 수도 없고, 우리가 거기에 의존하고 있는 한, 우리의 비국교도 형제들은 결코 우리의 배에 승선하려 하지 않을 것이다.

그러나 그는 비국교도 개신교도에 대한 예의와 배려는 언제나 가능했고, 언제나 하나의 의무였다고 주장했다.

이 모든 주장을 볼 때, 라일은 이 모양 저 모양으로 영국 그리스도인들의 연합을 추구했던 17세기의 전도자이자 목사, 저자, 청교도 지도자였으며, 또한 라일의 긴 생애의 마지막 50년간 그를 사로잡았던 리처드 백스터의 모습도 연상시킨다.

9. 위대한 잉글랜드 국교도

존 라일의 국교도주의의 틀과 내용은 이제 명확하다. 스코틀랜드의 '선생'(Rabbi)이라 불렸던 던컨(Duncan)이 자신을 "무엇보다도 그리스도인이고, 그 다음으로는 개신교도, 그 다음은 칼빈주의자, 그 다음은 유아세례론자(paedobaptist), 그 다음으로는 장로교도"로 규정한 것은 잘 알려져 있다. '장로교도'를 대신해서 '잉글랜드 국교도'를 집어넣으면 라일의 자기 정체성이 완성된다.

비록 라일은 언제나 자신이 '칼빈주의자'라기 보다는 '복음주의자'라고 말했지만. 그러나 칼빈주의적 복음주의는 언제나 그의 마음에 품고 있었던 것이다. 장로교에 대해 던컨이 그랬던 것처럼, 라일이 주장한 것은 잉글랜드 국교회가 주류 성경적 신앙이라는 것이었다. 우리가 알 수 있듯이, 그의 국교회주의는 문화적 타성이나 피상적인 감정에서 자라난 것이 아니라, 신중한 이성적 숙고와 비평적 성경 연구를 통해 성장한 것이었다. 존경받을 만한 습관을 형성하는 과정의 하나로 국교회 주일 예배에 참석하도록 교육받은 그는 자신의 회심 과정에서 국교회 신앙고백인 39개조 신조에 등장하는 정의와 선언, 부정이 성경적으로 옳다는 것을 확신하게 되었다. 이미 우리는 이것에 대하여 살펴보았다. 적절한 과정을 통해서 그는 잉글랜드 국교회의 다른 기초 문서, 공동 기도서와 설교서도 충분히 수용할 만하며, 교육에 유용하다고 확신하게 되었다. 또한 최소한 잉글랜드에서는 이 교회보다 이미 정착된 예전이나 목회, 교구, 주교구 구조에서 보다 더 나은 조직 체계가 없다고 믿었다.

> 나는 잘 관리되는 잉글랜드 국교회가 지상의 어떤 교회보다도 영혼들을 천국으로 인도하는데 좀 더 적합하다는 사실에 만족한다.

우리는 비록 그가 실천적인 면에서는 더 향상되기를 원하면서도, 국교회의 원리적 체계를 지속적으로 변증하고 있음을 발견하게 된다. 그의 생각에 국교회의 제세는 다른 어떤 대안들보다도 선을 더 많이 보장하고 악을 피하게 할만한 가능성을 갖고 있었기에, 오직 그것을 적절하게 감당할 성직자들이 필요할 뿐이었다.

국교회의 교구 조직이 시골 공동체들에 뿐만 아니라 더 큰 산업도시들에도 적합하다는 라일의 확신은 리버풀의 주교로 있을 당시 그의 전략에 뿌리를 둔 것이었다. 1882년에 더비교회 회의에서 있었던 연설, "교회가 대중에게 다가설 수 있을까?"에서, 그는 먼저 횟필드와 무디가 모델이 되는 '강렬한 생명력과 직접성을 갖춘' 그리스도 중심적 설교를 요청하고, 그 다음으로 다음과 같은 전제를 설명했다. 만약 우리가 노동 계층을 교회로 인도하기를 원한다면, 전국에서 성직자들이 그들을 향해 보여주는 깊은 동감이 더 필요하고, 우정 어린 인격적 관리가 필요하다. 이해를 돕기 위해 그의 글을 인용한다.

리버풀에는 2,000명의 교구민이 있는데 거기엔 부자가 한 사람도 없고, 오직 적은 수의 가게 운영자와 예술인들과 가난한 사람들이 있을 뿐이다. 하인이 있는 집은 삼십 가정 밖에는 안 된다. 한 건물 안에 한 가정 이상이 사는 집이 195채이다. 지하실에 사는 가정이 133가정이다. 잉글랜드 국교회가 이 교구에서 하는 일은 무엇인가?
수용인원이 1,000명인 평범한 벽돌로 13년 전에 지어진 한 교회에서 소박하고 정성스러운 예배가 드려지는데, 주일 아침 평균 참석 인원이 700명, 오후에는 350명, 저녁에는 950명이 모인다. 세 개의 선교실에는 아침에 평균 350명, 저녁에 평균 450명이 모인다. 성찬 참여자들의 대부분이 노동 계층이고, 거의 절반이 남자이다.
이 교구의 훌륭한 목사가 14년 전에 지하에서 4명을 데리고 홀로 그의 사역을 시작했다. 교회가 지어진 후, 첫 번째 성찬 집례에 8명만이 참여했다. 지금은 800명이 성찬에 참여하고, 두 명의 유급 부목사가 있으며, 한 명의 유급 성경 봉독자, 한 명의 유급 여자 전도사, 한 명의 유급 오르간 반주자가 있다. 거기에다 82명의 자원봉사 주일학교 교사, 120명의 교회 일꾼, 18개의 성경 공부반에 600명의 성인이 등록되어 있고, 1,700명의 주일학교 학생이 있다. 1년 내내 매주 교회에서 6번의 예배를 드리고, 선교실에서는 4번의 예배가 있으며, 매달 2번의 기도회 모임이 있다. 회중은 하나님의 사업을 위해 매해 800파운드를 모금한다. 이 교구에는 평판이 나쁜 집이 하나도 없다. 담당 목사는 강단에서 그리스도를 전하는 사람이고, 목회자로서 그리스도처럼 성도의 마음을 공유하며 한 주에 75가정의 비율로 심방을 한다. 나는 이 두 가지가 그의 성공비결이라고 생각한다.

성직자의 적절한 공급과 훌륭한 평신도 조력자들, 큰 교구의 합리적인 분할이 잘 이루어진다면, 우리가 노동 계층 때문에 절망할 이유는 하나도 없다.

잉글랜드 국교회의 목회적 가능성에 대한 라일의 생각은 그 교회의 권리 증서들(title deeds)이 요구했던 그 풍성한 복음주의적 특징을 확보하고, 그 안에 머물 때에만 가능하다는 것이다. 이것과 관련하여, 라일은 그의 "잉글랜드 국교회사의 교훈"(The Lessons of English Church History)에서 그의 생각을 가장 뚜렷하게 드러냈다. 신학적인 글이기도 하고 역사적인 글이기도 하며, 여전히 목회적인 면에도 집중하면서, 그는 도저히 잊을 수 없는 분석을 했다.

첫 번째 교훈은 종교개혁 3세기 전의 시기에서 기원한 것이다. 로마주의가 영국에서 그 나름의 방식으로 모든 것을 장악했던 시대만큼 영국의 신앙이 어둡고 악했던 시기는 없었다.

> 실제로, 대부분의 영국인들의 종교는 마리아를 예배하고, 성자를 예배했으며, 사제들에게 노예와 같이 굴종했다. 그리스도와 성령에 대한 성경의 참된 교리는 거의 알려지지 않았다. 회개의 믿음, 회심, 칭의에 관한 교리들도 마치 그런 것들이 아예 존재하지도 않았던 것처럼 거의 눈에 띄지 않았다.

1530년에서 1600년 사이의 기간에서 기원한 두 번째 교훈은 다음과 같은 것이었다. 종교개혁의 원리들로부터의 이탈한 것은 잉글랜드 국교회에 회복할 수 없는 상처를 주었다. 라우드주의자(Laudian), 즉 청교도와 비국교도를 반대하고 잉글랜드 국교회를 가톨릭화하려 애썼던 캔터베리 대주교 라우드(1573-1645)가 잉글랜드 국교회를 비개신교화 하려고 했던 시도는 일반 영국인들을 교회로부터 이탈시켰고, 내전과 '커먼웰스'(Common-wealth) 시기 동안 모든 국교도 체계를 금지한 사건, 1662년의 통일령으로 복수심에 불타 청교도 목회자들을 추방한 것, 조직적인 비국교도의 탄생, 그 시기와 이후의 잉글랜드 국교회에 대한 적대감으로 이어졌다.

1730년에서 1830년까지의 백 년간의 기간에서 비롯된 세 번째 교훈은 아래와 같았다. 18세기에 종교개혁의 원리가 부흥함으로써 잉글랜드 국교회가 구원받았다. 변화가 거의 없던 무영성의 상황에서, 하나님께서 복음주의적 각성을 허락하셨고, 한 줌의-소수의-영웅들을 통해서 하나님은 잉글랜드 국교회를 죽은 자들에게서 다시 되찾아오셨다. 본질상, 각성은 더도 덜도 아닌 '종교개혁 교리의 부흥'이었다. 라일은 그의 1869년 작품,『영적 거인: 지난 세기의 기독교 지도자들』의 한 각주에서 영웅 들의 이야기들을 전체적으로 소개했는데, 거기에는 잉글랜드 국교회의 부흥이 더 자세히 묘사되어 있다.

그 다음, 1830년부터 책의 저술 시기까지의 기간에서 끌어온 것이 네 번째 교훈이라고 할 수 있는데, 엄밀히 말하자면 교훈은 아니고, 라일의 '마음에서 내린 결론'을 언급한 것이었다. 즉 예전주의는 종교개혁 원리로부터 새롭게 이탈한 것이고, 로마로 향하는 운동이다. 따라서 이 운동은 잉글랜드 국교회의 존재 자체를 위협하고 있다. 어떻게 그럴 수 있는가? 결론은 라일이 한 세대를 살면서 자신의 목소리를 드러냈기 때문에, 그 질문에 대한 상당히 긴 자신의 대답을 들을 필요가 있을 것이다.

분명히 나는 예전주의에 대한 나의 주된 염려가 하류층과 중산층의 사람들에게 끼친 영향에서 비롯된 것임을 인정해야 할 것이다. 그들은 예전주의를 좋아하지 않았다. 그들은 예전주의에 빠져 있지도 않았다. 그들은 그것을 교황숭배라고 부른다.

지성이 얕은 특권층의 일부, 배우지 못한 금욕주의자들, 종교적 형식주의와 무도회에 참석하는 등의 세속성을 혼합하고, 하나로 다른 하나를 떠받치는 혼합주의적 신앙의 아집에 찬, 반쯤 교양 있는 일부 복음주의 사람들, 예배의 겉치레와 감정표출과 극적인 면은 무엇이든지 좋아하는 게으른 젊은 여인들과 생각 없는 청년들, 이들은 모두 예전주의에 이끌리고 대담하게도 그것을 후원할 수도 있는 이들이다. 이들은 마치 음식보다 장난감을 더 좋아하는 아기와도 같다. 그러나 예전주의는 영국의 두뇌이자 근육으로써, 열심히 일하고, 빈틈없고, 손이 거친 다수의 중산층과 똑똑한 장인들이 원하는 바를 만족시키지 못한다. 이들은 자신의 영혼을 먹일 양식을 원한다. 교회가 단지 그들에게 예전주의만을 제공할 수 있다면, 그들은 역겨워서 교회로부터 돌아설 것이다. 국교회 제도는 붕괴될 것이다. 이들의 교회는 아일랜드는 살아남아도 영국에서는 살아남지 못할 것이다. 일단 국교회 제도가 없어지면, 스코틀랜드 감독교회처럼, 잉글랜드 국교회도 조각조각 나눠져 한 당파로만 남게 될 것이다. 이후 역사는 잉글랜드 국교회가 개신교에서 교황주의로 퇴보하는 자살 같은 시도를 하다가 위대함을 잃고 난파되고 말았다고 기록할 것이다.

이러한 것들이 내가 순전한 마음으로 예전주의를 싫어힐 수밖에 없는 이유들이다. 나는 예전주의의 지도자들이 뜨겁고 열정적이고 능력이 있고 선의를 가진 사람이라는 것을 의식적으로 인정한다. 많은 라우드학파 사람들처럼, 그들은 자신이 잉글랜드 국교회를 돕고 있다고 진지하게 믿고 있다. 그러나 라우드학파처럼, 그들이 잉글랜드 국교회를 실제로는 파괴하고 있다는 것이 내 생각이다.

아마도 이미 분명해졌겠지만, 라일에게는 잉글랜드 국교회가 사랑의 대상이었다. 때때로 라일은 이렇게 말했다.

나는 내가 목사로 있는 이 잉글랜드 국교회를 사랑한다. 나는 내가 속한 잉글랜드 국교회의 탁월함을 확신한다. 나는 심지어, 이것이 지나친 교만만 아니라면, 이 교회가 지구상의 어떤 교회보다도 탁월 하다고 말하고 싶다.

그러나 어떤 사람은 그의 시대 예전주의자들이 의도적으로든 무의식적으로든 로마로 돌아가고 있었고, 예전주의 예배에서 형식을 교정해야 한다고 강조한 것이 예배를 피상적으로 만들고 황폐하게 했다고 라일이 믿은 것으로 평가한다. 평범한 영국인들이 그런 예배를 인정하지도 않았으며, 그런 예배가 대다수의 영국인들에게 매력적으로 다가오기 보다는 그들을 소외시켰을 것이라는 라일의 믿음이 옳았음은 의심의 여지가 없다. 그러므로 잉글랜드 국교회의 복음화의 영향력이 영국 내에 극대화되기를 바랐던 라일의 소망만으로도, 다른 논의의 필요 없이 예전주의에 대한 그의 적대감을 설명하는 것에는 부족함이 없다.

국교회에 대한 라일의 주장은 단지 변증의 차원에 그치는 것이 아니었다. 또한 그는 자신의 교회에 대한 애정을 표현한 것이었다. 라일은 연인의 입장에서 잉글랜드 국교회를 향하여 말했다. 라일은 자신의 교회가 탁월함을 자랑스러워했지만, 그의 연인이 길을 잃고 헤매고 있었던 것과 그의 연인이 최선을 따르는 데 실패하고 있었던 것을 슬퍼했다. 우리는 이 부분을 충분히 고려해야 한다.

빅토리아 시대는 어디서나 제도상의 발전이 있었고, 잉글랜드 국교회의 구조에 대한 정밀 검사를 요청하는 외침이 지속되고 있었다. 논쟁의 주제였던 교회 개혁에 대해 논의하면서, 신학적 보수파였던 라일은 자신의 당대 복음주의 동료들과는 달리, 정치가들이 그렇게 말하듯 자신을 상식적으로는 실용적이면서, 목회적으로는 진보적이라고 평했다. 그는 새로운 교회법과 '주교와 장로와 평신도로 구성된 하나의 잉글랜드 국교회협의회'(National Church Council)가 만들어지기를 원했다. 그는 평신도의 더 적극적인 참여가 한계를 넘어서는 교회의 미래를 여는 열쇠라고 생각했다. 리처드 후커(Richard Hooker)의 정신을 이어받고, 성직자 지배 사상을 반대했던 그는 "교회 내에서 안수와 목회를 제외하고 교회가 말하고 행하는 모든 것"에서 평신도들에게 주도적인 역할이 주어져야 한다고 주장했다. 여기에는 성직자 임명도 포함되었다.

또한 발췌한 글에서 볼 수 있는 것처럼, 더 많은 것들이 있었다. 1871년에 글래드스턴이 아일랜드 교회를 비국교화 한 것(이 움직임에 라일은 동의하지 않았다. 라일은 글래드스턴의 대부분의 정책을 반대했다)에 이어, 라일은 변화 없이 잉글랜드 국교회의 비국교화와 재산몰수에 대한 압력도 곧 저항할 수 없는 것이 되어, 어느 누구도 유익을 얻지 못하고 나라가 크나큰 해를 입게 될 것이라고 두려워했다. 그래서 정치적 이유 보다는 목회적 이유 때문에, 그는 당시에 교회의 저항(Church Defense)이라 불렸던 운동의 담대한 행동가가 되었다. 그가 언제나 분명히 표현했듯이, 그는 교회의 국교 제도를 특권의 보루가 아니라 섬김을 위한, 교회가 국내에서의 사명을 완수하기 위해 필요한 모든 영국인의 제자화를 위한 발판으로 평가했다. 라일은 교회가 악한 행보를 밟았던 역사는 솔직하게 인정되어야 하지만, 그것이 교회를 변방으로 밀어내고, 그럼으로써 더 나은 일을 행할 수 있는 미래의 희망을 위험에 빠뜨리는 이유가 되어서는 안 된다고 주장했다.

교회의 조직적 구조에 대한 이런 그의 친-조직적 성향에서 우리가 여전히 볼 수 있는 것은 한 연인이 자신의 사랑하는 연인을 격려하고, 그 연인에게 최고의 것을 주기 위해 노력하며, 과거의 실수를 넘어서서 현실에 충실하고 성숙하게 미래 목회를 추진하려는 경향이다.

영국의 비국교회 복음주의 개신교를 탄생시킨 것은 다른 무엇도 아니고 바로 그 교회의 실패였다. 잉글랜드 국교회의 보편적인 엘리트주의와 비순응주의자들(Nonconformists, 비국교도) 문제에 대한 무관심에 직면하여 라일의 반응은 신선할 정도로 솔직했다.

> 나는 국교회 반대자들의 첫 번째 씨앗은 스튜어트 왕조 시대 국교회의 편협한 비관용 때문이었다고 믿는다. 벌금과 형벌, 구류를 통해서 일치를 얻어내려 했던 서툰 시도는 지혜로운 사람들을 거의 미치게 만들었다. 지난 18세기에 있었던 잉글랜드 국교회의 철저한 죽음과 사람들의 반감은 그들의 교구를 수치스러울 정도로 무시당하게 했고, 활기 없는 주교들로부터 남자와 여자들을 떠나게 했다. 주교들-영혼을 위해서는 아무것도 하지 않았고, 복음을 전하지도 않았으며, 끔찍하게 세속적인 삶을 살았던-이 하지 말았어야 했던 모든 것이 이 나라를 황폐화시켰다. 이들이야말로 비국교도의 진짜 설립자이다. 우리는 선조가 뿌린 것을 거두기에, 불평할 것이 없다. 잉글랜드 국교회에 대한 반감이 영국의 비순응주의를 창조했다. 옛 속담이 너무 쉽게 잊혀졌다. "분리주의자들은 분리의 원인을 제공하는 이들이지, 분리하는 자들이 아니다"(*Schismaticus est qui separationem causat, non qui separate*).

그러므로 비국교도 복음주의자들에 대한 겸손한 선의는, 비록 우리가 그들의 신앙과 태도의 일부가 잘못되었다고 생각한다고 해도 마땅하다. 라일은 동시대의 어느 누구보다도 이 점에서는 긍정적으로 평가 받아야 한다.

나는 그들의 은사와 그들의 고귀함과 그들의 열정을 존중한다. 나는 결코 영국의 비국교도가 주로 영국의 주교들이나 성직자들에 대한 혐오감에 가득 찬 고집이나 수치스러운 무지로 인해 태어난 사람들이 아니었다는 사실을 잊지 않는다. 나는 언제나 꾸준히 비국교도를 교회에서 추방하거나, 그들 조직의 유효성을 부인하거나, 그들의 성사를 무시하거나, 그들에게 하나님의 계약과 관계 없는 자비에 그들을 맡기는 것을 거부한다. 나는 언제나 할 수 있는 한 그들과 협력하는 것을 기뻐한다.

그러나 이 모든 점에서, 라일의 머리와 가슴은 확고하게 고정되어 있었다. 그는 잉글랜드 국교회의 한 구성원이자 목회자였다. 하나님은 그가 거기에서 살고 섬기게 하셨다. 잉글랜드 국교회의 방식은 그에게 선한 것이었다. 정말로 그랬다.

10. 위대한 리버풀 주교

존 라일이 리버풀의 첫 번째 주교로 승진한 이야기는 분명히 매력적이다. 그가 주교가 된 것은 아주 자연스러운 선택은 아니었다. 이는 윈체스터에서의 다섯 달 이후, 그가 이스트 앵글리아(East Anglia: 300명의 인구를 가진 헬밍엄〈Helmingham〉에서 1844년에서 1861년까지, 그리고 그 이후에는 1,300명의 인구가 살았던 스트라드브로크〈Stradbroke, 1861-80〉에서)의 오지 마을에서 그 마을을 담당하는 성직자로서만 일했기 때문이다. 그러나 이제 그는 60대 중반의 나이가 되었고, 다른 지역으로 임명받아 이동할 준비를 하고 있었다. 1870년대에 복음주의권의 가장 유명하고 가장 존경받는 작가이자 대변인이었으며, 1872년 이후로는 노르위치 대성당의 참사회원(canon)이었던 그는 1880년 3월, 자신의 나이에 맞는 명예로운 직업이었음에도 상대적으로 부담이 가볍다고 할 수 있었던 솔즈베리의 주임 사제직(Deanery of Salisbury)을 제시받았다. 그는 회중에게 자신이 스트라드브로크에서 별로 떠나고 싶지 않으며, 자신은 "잉글랜드 국교회 안에서 복음을 보수하기 위해 싸우는 군사라는" 부르심을 받아들였다고 말했다. 그는 복음주의의 대의가 그의 노력에 의해 유익을 얻을 것이라고 믿었다.

그러나 그가 주임 사제로 배치받기 전이었던 4월 16일, 수상이었던 벤자민 디즈레일리(Benjamin Disraeli)가 라일을 런던으로 소환했다. 리버풀을 담당하는 하원의원이었던 샌든 경(Lord Sandon)이 리버풀 스트리트 기차역에서 내리는 그를 마중했다.

라일은 자신이 왜 와야 했는지를 물었다. 샌든 경은 다음과 같이 말했다. "우리는 당신께 리버풀의 주교직을 받아들이라고 요청하기 위해 사람을 보냈습니다." 사람들은 그때 잠시 동안의 침묵이 있었을 것이라고 추측한다. 그 후, 라일이 대답했다. "글쎄요, 저를 정말로 놀라게 하시는군요. 제가 뭐라고 대답을 해야 할지 모르겠습니다." 샌든은 선거에서 글래드스턴의 자유당에게 막 패배했다는 것과, 이로써 토리당원들은 다음 월요일에 모두 퇴임하게 될 것이라고 라일에게 설명했다. "이제 글래드스턴이 오게 될 것이기에, 당신은 가능한 빨리 답변을 해야 합니다. 당신이 결정하지 않으면 우리가 리버풀의 주교직을 잃는 것을 보게 될 거에요." 라일은 자신이 64세이고, 주교들이 항상 그렇듯이 부유하지도 않다는 사실을 지적했다. 샌든은 말했다. "압니다. 우리는 결정했어요. 당신은 리버풀의 주교가 될 겁니까? 안 될 겁니까?" 라일은 결심했다. "네 의원님, 제가 가지요." 샌든은 기뻐 뛰면서 라일을 디즈레일리에게로 데리고 갔다. 그들과 대화하면서, 라일은 젊은 사람이 아닌 자신이 새로 만들어진 교구에서 일하는 것이 어렵다는 것을 곧 알게 될 것이라고 강조했다. 이때까지 리버풀은 체스터 교구의 일부였기에, 라일이 계승해야 할 재정적이거나 행정적인 구조가 없었다. 디즈레일리는 "나는 당신의 체질이 아주 건강하다고 생각해요. 그래서 당신은 앞으로도 몇 년 동안 거기서 아주 잘 살 거예요." 일이 진행되었다. 글래드스턴이 수상직을 시작하기 3일 전인 4월 19일, 새 주교를 임명하는 증명서들이 발행되었다.

당연히, 이 임명에 대한 반응은 다양했다. 샌든은 토리당 정부가 강력한 개신교도 주교를 임명하지 않았다면 자신의 자리를 잃어버릴 것이라고 생각해왔기 때문에 라일의 임명을 크게 기뻐했다. 디즈레일리는 처음에 리버풀의 주교직은 더 젊고 좀 덜 직선적인 리치필드(Lichfield)의 주임 사제, 비커스테트(E. H. Bickersteth)가 맡아야 한다고 생각했다. 그러나 결국 그는 라일에게 만족하게 되었다. 글래드스턴은 리버풀의 주도적인 고교회(High Church) 가문 출신이었고, 고교회의 투표가 글래드스턴이 선거에서 승리하는데 기여했다. 따라서 라일은 글래드스턴의 고향 텃밭에서 그의 강력한 견제세력이 될 터였다. 현란한 문체의 『베너티 페어』(Vanity Fair)에서 '중생되지 못한 사람들'은 라일을 가리켜 탁자를 치며 열변을 토하는 사람이라고 부르겠지만, 자신들은 분명한 경멸감을 담아 '좋은 사람이기는 하나 전혀 관대한 사람은 아니며, 오히려 아주 열정적인 사람'이라고 묘사하려고 한다는 표현이 나온다. 리처드 홉슨(Richard Hobson)은 라일의 임명에 "전 세계 복음주의 교인들이 기뻐하며 환호했다"라고 기록했다.

라일의 임명 이전에 「타임즈」는 '열정적이고 쉼 없는 기질의 논쟁가'가 솔즈베리에 어떻게 적응할 수 있을지 공식적인 의문을 제기했다. 그러나 이제 그 질문은 라일이 주교의 삶에 적응할 수 있을까에 대한 것으로 옮겨갔다.

이 질문은 정곡을 찌르는 물음이었다. 이 시점까지 라일의 대외적인 위치는 성령에 의하여 삶을 변화시키는 중생을 체험하고 그리스도께 개인적으로 회심하는 복음을—교리적으로, 노골적으로, 탁월하게—변호하는 변증가의 역할이었다. 이로써 로마 가톨릭주의와 예전주의, 교리에 대한 무관심과 자유주의의 회의주의, 세례를 통한 중생 교리와 중생하지 못한 사람도 영적으로 안전한 기반 위에 서 있을 수 있다고 주장하는 모든 형태의 사상에 대항하여 논쟁하는 것이었다. 따라서 그의 목회는 복음설교가 충실하게 정기적으로 전해짐으로써 분쟁을 일으킬 수도 있는 성질의 것이었다. 자신들이 거듭나야 한다는 말을 듣고 분개하는 교인들이 언제나 있었다.

또한 당시 교회의회(Church Congresses)에서 라일은 추밀원 사법위원회(Judicial Committee of the Privy Council)가 교회의 최상위 항소 법정이 되어야 한다는 주장을 포함하여 교회와 국가의 연결을 옹호했다. 그는 평신도가 성직자와 함께 중요한 결정을 내리는 상황에 참여해야 한다는 내용의 대주교구 회의(Convocation) 개혁안도 요청했다. 또한 규모가 큰 도시 교구들은 어떤 성직자도 3,500명 이상의 사람들을 돌보아야 하는 일이 없도록 작은 단위들로 나누어야 한다고 주장하기도 했다. 계속된 말씀과 성례의 주요 사역과 견진성사(confirming)[4]와 안수 사역에 더하여, 국교회 주교가 된 라일의 소명은 지도자로서, 연합 사역에 매진하는 자로서, 사역 전략의 대표로서, 안정의 주도자로서, 그의 교구에 속한 개인과 사업과 내부 치리를 책임지는 것이었다.

아일랜드인 휴 맥닐(Hugh McNeile)이 그의 오랜 가르침을 통해 리버풀에 기반을 쌓은 강력한 반로마 반예전주의 교구는, 라일이 개신교적 기준을 강화하는 것에 지지를 보냈다. 교구의 소수 예전주의자 성직자들은 치열한 갈등에 대비해 마음을 다잡았다. 그러나

---

[4] 잉글랜드 국교회와 루터교는 세례 받은 신자를 위한 견진성사를 행하는 대표적인 개신교회들이다.

라일은 존경할 만큼 현명하고 평화로운 방식으로 이 어려운 상황을 다스려 나갔다. 그의 견해들이 변하거나 약화된 것은 아니었다.

> 내가 사제(presbytery: 잉글랜드 국교회에서 bishop과 deacon사이에 위치하는 성직자)였을 때 갖고 있는 견해들은 주교인 지금도 여전하다.

그러나 부끄러울 것 없는 당파에 속했음에도 불구하고, 그는 한 당파만의 주교가 되기를 거부했다. 우리가 이미 살펴 본대로, 그는 처음부터 구조적 포괄성을 주장하는 데 헌신한 복음주의자로 굳게 서 있었다. 첫 번째 주교 위원회에 참석해서는 다음과 같이 선언했다.

> 여러분들은 내 견해를 알고 있다. 나는 헌신된 사람이다. 나는 개신교도이자 복음주의자로 여러분 앞에 왔다. 그러나 나는 모든 신실한 교인들의 오른손을 붙잡는 동시에, 내 견해도 확고하게 붙잡기를 원한다.

그는 자신의 오른팔 역할을 할 부주교들(archdeacons)을 복음주의자들로 선별했지만, 그가 임명한 24명의 참사회원들 가운데에는 광교회(Broad Church, 자유주의 신학의 교회) 성직자들도 포함되어 있었다(예전주의자들은 신실하지 못한 교인들로 생각되었기에, 그들을 천거하지는 않았다). 연례 교구 회의와 삼 년에 한 번씩 있는 시찰회에서 그는 교구의 지도자들에게 90분 동안 지역 교회와 잉글랜드 국교회의 사업에 관한 연설을 했다. 이 연설은 행정가의 연설다웠고, 진취적이었으며, 어떤 면에서도 당파적이지 않았다.

그가 말하는 영구적인 우선순위는 성직자와 평신도 일꾼, 교회 건물의 수를 늘려, 어떤 성직자도 5,000명 이상의 영혼을 관리하는 일이 없게 하자는 것이었다(그래서 그는 이상적인 숫자를 3,500명으로 조정했다). 리버풀에 있는 모든 사람의 가까이에 잉글랜드 국교회 예배 처소가 있어야 하고, 국교회 목회 담당자들이 정기적으로 그들과 관계를 맺어야 했다. 이 때문에 그의 주교직 임기 동안 553명의 부제(deacons)와 541명의 사제(Priests)를 안수했고, 최소한 45명의 유급 평신도 성경 봉독자와 31명의 전도 부인(Bible Women)을 인허했다. 그가 설립한 평신도 조력자협회(Lay Helpers Association)에는 580명의 일꾼들이 주일 학교와 성경 공부반에서 일하며 선교 사역을 도왔으며, 병자들을 돌보고 소책자를 전달하러 집집마다 방문했다. 36개의 새로운 소교구들이 만들어지고 거기에 90개의 새로운 교회와 선교 강당이 세워졌다.

성직자 지원기금을 시작하여 성직자들의 사례비가 매년 200파운드 아래로 내려가지 않도록 했다(1899년에는 295파운드로 올렸다). 또 주교 관구 성직자 연금관리기금(Diocesan Incumbents' Pension Fund)을 설립해 병들고 나이 든 성직자들이 은퇴할 수 있게 도왔다. 그가 처음에 리버풀에 도착했을 때의 상황과 비교하면, 그가 성취한 것은 전체적으로 정말 놀라운 업적이었다.

1884년, 두 번째 3년 교지(Charges)에서 라일은 자신의 관구의 성직자들에게 다음과 같이 말했다.

> 새로 세워진 리버풀 주교 관구보다 더 참혹한 불이익과 어려움을 안고 국교회가 사역해야 했던 주교 관구는 당시 잉글랜드와 웨일스에 없었다. 우리 주교 관구의 인원은 절대적으로 부족했고, 구비된 것이 너무 없었기에, 관구의 첫 번째 개신교 주교(리버풀에는 이미 로마 가톨릭 주교가 있었다)는 배가 필요로 하는 선원과 기술자와 석탄을 각각 반만 싣고 대서양을 건너는 항해를 시작하라는 명령을 갑작스럽게 받은 거대한 증기선의 선장 역할을 해야만 했다.

그러나 1900년이 되면, 리버풀 관구는 총 설계자, 감독, 조직자, 격려자, 동원가였던 라일 자신에게로 원칙적으로 모든 공이 돌려져야 하는 변혁이 일어난 인상적인 지역으로 변해 있었다. 총 성직수임 시험(General Ordination Examination) 이전 며칠 안에 모든 주교들은 자신들이 안수를 줄 사람들에 대한 완전한 평가를 하고 있었다. 리버풀에서 사역할 청년들을 끌어오고 싶어 했던 라일이 정확한 교육적 기준을 갖고 있었다는 사실을 언급할 필요가 있다.

> 나는 부제직을 위해 필요한 기준을 낮추기를 원하지 않으며, 라틴어와 헬라어, 교회사, 영국 종교개혁, 기도서, 교회 요리 문답, 기독교의 증거들에 대해서 거의 모르거나 전혀 모르면서, 성경을 알고 복음에 대해서 말할 수 있다고 하는, 단지 경건하기만 한 사람들이 주교들을 압박하여 사역에 들어오려고 한다면 그들에게 전혀 공감할 수 없다. 나는 목사라는 직분은 이보다 높은 기준의 사람들을 요구한다고 생각한다.

그가 시험한 특수 목사들(chaplains, 원목, 교목) 가운데에는 케임브리지의 리들리 홀(Ridley Hall)의 첫 학장이었던 모울(H. C. G. Moule), 런던신학대학(London College of Divinity: St. John's Hall, Highbury)의 교수이자 두 번째 학장이 될 예정이었던 월터(C. H. Walter), 그리고 라일 자신의 아들이자 램퍼터(Lampeter)의 성 다윗 대학(St. David's College)의 학장이었던 허버트 라일(Herbert Ryle, 비록 이 비상한 청년이 고등비평을 수용함으로써 1887년에 그의 특수 성직을 잃어버리긴 했지만)이 포함되어 있었고, 또 부제와 사제 시험들 역시 아주 철저하게 치러졌다. 후보자들은 때때로 온전하게 준비되지 못했다는 이유로 안수를 거절당했고, 그들의 조력자로 부제들을 고용하고 있던 성직자들은 그들에게 공부할 시간을 더 주어야 한다는 충고를 들었다.

> 사제직을 받기 위해 온 한 부제가 그가 부제로 안수 받았을 때 했던 것만큼 잘하지도 못하고 시험을 잘 치르지도 못하며, 책을 읽을 충분한 시간이 없었음을 증명한 사건은…고통스럽지만 사실이다.

잉글랜드 국교회의 복음주의 성직자들이 교육적인 면에서는 보잘 것 없다는 지난 백 년도 넘는 시기 동안의 생각에 담긴 진실과 관련하여, 라일은 최소한 그런 상태에 대한 책임에서 면제되어야 한다.

주일 학교를 운영하는 것은 결코 쉬웠던 적이 없었고, 오늘날에도 많은 곳에서 그 일은 매우 어렵다. 이 점에 비추어 볼 때, 라일이 그의 방침에 따라 1884년 훈령에서 주일학교에 부여한 중요성을 이해하는 것은 큰 의미가 있다.

> 분명하고 철저하며 교리적인 신앙의 가르침을 교회의 아이들을 위해 적어도 한 주에 하루 제공하는 것이 지금보다 중요한 시기는 없었다. 나는 내 주교 관구에 있는 성직자들에게 그들이 할 수 있는 한 주일학교에 많은 관심을 쏟을 것을 엄숙히 훈련한다. 최선을 다해서 능력 있는 교사들을 확보하고, 주일학교가 잘 진행되도록 관리하고, 가볍고 작은 이야기 책을 읽고 아이들을 웃게 하는 것으로 만족하는 순진하기만 한 사람들이 시간을 낭비하지 않도록 해 주시오. 성경과 기도서의 교육이 언제나 가장 우선해야 하며, 구원에 필요한 교리에 대하여 분명한 가르침이 절대 빠져서는 안 된다.

어떤 이들은 라일이 주교 관구를 위해 대성당(a cathedral)을 짓는 일을 우선순위로 삼지 않았다고 그에게 맞섰다. 처음에 그는 이 계획을 이행하려고 했으나, 장소와 디자인에서 의견이 일치되지 않았고, 이후 건축가가 철수한 후, 자금 모금에 실패하였고, 마침내는 1888년에 의회의 리버풀 대성당 결의안(Liverpool Cathedral Act of Parliament)이 소멸됨으로써 그 계획은 백지장이 되고 말았다. 대성당 위원회의 한 구성원이었던 윌리엄 포우드 경(Sir William Forwood)은 실망한 나머지, 후에 다소 불쾌해진 마음 상태에서 "주교는 대성당 하나가 지어져야 한다는 사실을 그가 정말로 바라고 있다는 식으로 그 대의를 지원하지도 않았고, 오히려 공중에서나 사석에서는 여러 교회들이나 선교관들이 추가로 지어지는 것이 더 유용할 것이라고 자신의 의견을 자유롭게 표명했다"라고 기록했다. 그러나 거리를 좀 두고 생각해 보면, 라일의 정신에 칭송을 보내게 된다. 도시 중심부 옆에 있던 세인트 피터스 교구 교회(St. Peter's)가 라일의 감독 관구의 임시 주교좌 성당의 기능을 했던 것이다.

라일의 생전에 그에 대한 비판은 지속되었다. 그때나 그 이후나 교회협의회의 리버풀 지부의 지부장이었던 제임스 헤익스(James Hakes) 박사가 공식적으로 불만을 터뜨렸던, 열두 가지 불법적 예배 의식을 포기하라는 라일의 요구를 무시했던 예전주의 성직자, 제임스 벨 콕스(James Bell Cox) 사건으로 인해 꽤 부당하게 비난을 받아왔다. 1885년에 헤익스가 콕스를 문제 삼는 법적 절차들을 밟기 시작했을 때, 라일은 "모든 영국 국민은 나라의 법률을 관리하는 이들 앞에서 자신의 불평을 말할 권리가 있다"라는 내용(그가 지적한 대로, 마그나카르타(Magna Carta-대헌장, 1215년 존 왕이 승인한 국민의 자유 칙허장으로 영국 헌법의 기초)에 담긴 원칙)에 근거하여 그 절차들에 거부권을 행사할 수 있었으나 거부권을 행사하지 않았다. 불법을 행하는 예전주의자들을 법정에 세우는 교회협의회의 정책을 지원하고 정당화한 그의 입장으로 인해, 이는 정상적인 치리 행위의 붕괴를 돋보이게 하는 상황을 인정하는 셈이 되었고, 이는 극단적으로 나쁜 소식이었음에 틀림없었다.

주교 관구 내부에서 그에게 평화를 유지하고 문제를 피하도록 거부권을 행사하라는 두 건의 청원이 올라왔으나, 그는 당시의 원칙을 바꾸어야 할 필요를 전혀 찾아내지 못했다. 많은 사람이 그렇게 생각하는 것처럼, 이 점에서 라일이 잘못을 범한 것이라면, 그의 실책은 정확히 그가 어느 누구도 자신의 평안한 삶을 위하여 자신들이 가진 법적인 권리를 손상시켜서는 안 된다는 그가 가진 양심적 입헌주의자의 입장 때문에 생겨난 것이었다.

소송은 여러 법정을 소용돌이 속으로 몰아넣으며 계속 진행되었다. 이 소송 중에서 벨 콕스가 자신의 목회를 통제할 수 있는 권위를 가지고 있다는 사실을 인정한 사례는 전혀 없었다. 3년 후, 영국 상원(House of Lords)은 벨 콕스에게 호의를 베풀어, 그가 전에 하고 있던 사역 현장으로 돌아가도 좋다는 판결을 내렸다. 라일은 그 기소에 거부권을 행사하지 않았다는 이유로 정적들에게 정죄 받았다. 그러나 만약 라일이 거부권을 행사했다면 동료들에게 정죄 받았을 것이다. 이 사건은 공동 기도서 내의 전례 법규의 의전용 제구들(Ornaments Rubric in the Book of Common Prayer) 항목에서 허용된 것과 허용되지 않은 것이 무엇이냐에 대한 20여 년간의 논쟁이라는 배경 속에서, 확신에 따라 행동한 한 성직자의 냉정한 도전은 동일한 확신에 따라 행동한 한 평신도의 맹렬한 집착에서 비롯되어, 결국 라일을 이렇게도 저렇게도 승산이 없었던 상황으로 몰아간 것이었다. 이면을 보면 이해하기가 더 쉽다. 주교 라일은 상상조차 못했던 가장 교묘한 덫에 사로잡히고 말았다.

라일이 1889년의 리버풀교구회의에서 '우리의 불행한 분열들의 주요 원인들'에 대하여 그가 '3년간의 끊임없는 근심' 이후에 연설한 내용을 살펴볼 필요가 있다.

나는 전례 법규의 의전용 제구들은 명료한 원리들로 대치되어야 할 모호하고 서툰 진술이라고 믿는다.

나는 법정 소환에 불응(즉, 법정 모독)한 성직자를 구류하는 것(벨 콕스는 17일 동안 구류되었다. 맨체스터 주교 관구의 시드니 그린(Sidney Green)은 18개월 동안 구류된 사례가 있었다)이 치욕이라고 믿는다. 그러나 한 성직자가 오해 속에서 구류되면 그는 순교자가 된다. 교리나 예전에 관한 문제로 자격 있는 교회 법정이 내린 선고에 불응한다면, 유일한 형벌은 정직이나 파면이 되어야 한다.

나는 감독의 거부권(Episcopal Veto)을 존속시키는 것이 큰 해악을 가져 온다고 믿는다. 이 거부권은 어떤 주교도 그의 관구 안에 있는 한 파당이나 다른 파당을 공격하지 않고는, 또 그의 형제 주교의 결정에 직접적으로 반대하는 위험을 무릅쓰지 않고는 행사할 수 없는 편파적인 권력이다. 나는 거부권이 평신도들 사이에서 큰 불만을 자라게 할 토양이 된다고 확신한다.

마지막으로, 그렇다고 그 비중이 가장 적다고 할 수 없지만, 나는 우리의 교회 법정들(Ecclesiastical Courts)에 대한 개혁이 일어나기 전까지는 우리가 결코 평안을 누리지 못할 것이라는 사실을 믿는다. 5년도 더 전에, 영국 심의회(Royal Commission, 법의 운용, 사회, 교육사정을 조사하여 보고하는 심의회)는 이들에게 문제가 있음을 발견하고, 더 나은 사법기구를 만들라고 제안했다. 그러나 무슨 일이 이루어졌든지 결과는 교회가 교리와 예전의 논쟁과 관련된 어떤 법도 실제로 갖고 있지 못하다는 것이다. 이것은 잘못된 일임이 분명하다.

라일이 추구했던 것은 잉글랜드 국교회의 정교한 기준과 특징을 유지할 수 있는 교리적, 의식적 원리들이 제대로 작동하는 체계였다. 이것은 그가 가진 기독교적 구조 속에 있는 더 진보한 청교도적 틀의 하나로서, 그는 이런 원리들이 제대로 작동하는 교회이자, 언제나 청교도 기준의 중심이었던 하나님을 영화롭게 하는 교회의 표지여야 한다고 주장했다.

우리는 라일의 감독직 말기에 다른 사람들이 그를 다소 혼돈을 일으킨 사람으로 이해했다는 인상을 받는다. 이것은 부분적으로는 그의 나이 때문이고(그는 영국에서 가장 나이가 많은 주교였다), 부분적으로는 그가 계속해서 영국의 학문적인 신학적 엘리트들이 존중하지 않았던, 정말로 아무런 주목도 하지 않던 옛 교리로 알려진 것들에 대해 직설적인 목소리들을 발해 왔기 때문이었다. 또한 부분적으로 그가 행하고 그가 분명하게 모델로 보여주었던 본문 중심의 강해 방식이 교회의 다른 대다수에게는 낯선 것이었기 때문이다.

또 일부는 영국에서 자라나고 있던 교리적 무관심과 성경에 대한 회의주의와 그 가르침이 라일이 가지고 있던 것과 같은 신앙을 원시적이고 촌스러운 것으로 규정했기 때문이었다. 그리고 대부분의 젊은 복음주의자들의 관점과 방식이 라일의 것만큼 우악스럽지는 않았기 때문이고, 또한 그가 자신의 주교 관구와 성직자들을 아주 간결하고, 심지어는 극단적으로 단순하며, 전도 지향적이고 제자화하는 방식으로 훈련시킴으로써, 리버풀을 잉글랜드 국교회의 다른 지역들과는 본질적으로 한 단계 다른 곳으로 바꾸어 버렸기 때문이었다. 그의 이상은 그가 사임하던 때에 주교 관구에 보낸 고별 편지에 생생하게 반영되어 있었다. 다음의 발췌한 글에서 볼 수 있듯이, 50년 이상의 세월도 라일을 바꿔놓지 못했다.

> 나는 모든 성직자들이 그들의 설교를 절대 무시하는 일이 없기를 당부한다. 여러분들이 담당하고 있는 사람들은 지루하고 맥 빠진 설교에 만족하지 못할 것이다. 그들은 교구에서만 아니라 강단에서도 생명과 빛과 불과 사랑을 원한다. 그들이 그것들을 풍성하게 누릴 수 있게 하라. 생명의 그리스도께서 높임 받는 목회가 언제나 교회에 출석하는 신자들을 늘려준다는 사실을 잊지말라.

마지막으로, 그렇다고 가장 덜 중요한 것은 아니지만, 모든 형제 목사들과 평안히 지내는 습관을 기르고 또 연구하라.

형제들이여, 옛 잉글랜드 국교회에 남으라. 그 교회의 성경과 그 교회의 기도서와 그 교회의 신조들을 붙들어야 한다. 자선 기관들이 고통당하게 내버려 두지말라. 가난한 많은 사람과 도움을 필요로 하는 자들을 돌보고, 국내와 국외의 선교 사업을 지원하라. 기준 이하의 임금을 받는 성직자들을 도우라. 개신교 종교개혁의 원리들이 이 나라를 만들고 형성 했음을 잊지 말고, 그 원리들을 버리라는 유혹에 절대 굴복하지 말라.

그랬다. 라일은 변하지 않았다. 처음부터 그의 목회를 형성했던 목표와 지침이 여기에 그대로 들어있었다. 그러나 영국은 변했다. 소위 '타락한 90년대'(naughty nineties)에 더 넓은 사상 세계 속의 세속적 회의주의와 진화론, 유물론의 영향력이 드디어 감지되기 시작했고, 우리가 '기독교 후기'(post-Christian)라고 부르는 종교적 무관심의 정신이 자리 잡았다. 이때, 명백히 잉글랜드 국교회 또한 평범한 의미에서 문화적 변화에 적응한 것뿐만 아니라, 전면에 '고등 비평'(higher criticism)을 아주 구체적으로 수용함으로써 변화되었다 (1889년의 찰스 고어〈Charles Gore〉의 자유주의 가톨릭 선언인 세상의 빛 〈Lux Mundi〉이 여기서 분수령이 되었다). 성경적 교리들을 진실로 믿는 교회의 공동체적 헌신이 희석되고 약화되었고, 결코 다시는 회복되지 않았다. 신조적이고 고백적인 초자연주의는 냉담하고 흐린 내재론(immanentism)에 자리를 내어주고 말았다.

로마 가톨릭주의에 대항하여 잉글랜드 국교회를 재정비하려던 개신교적 노력은 빛을 잃었다. 지옥 사상에 대한 극단적인 혐오감이 모두에게 생겨났다. 보편적이고 차별 없는 관용에 대한 여론이 고조되어, 라일이 신랄하게 기록한 대로, "교회는 모든 종류의 견해와 신조가 안전하게 자리를 차지하고 방해받지 않는 노아의 방주가 되어야 하며, 교제의 유일한 조건은 안으로 들어오고자 하는 의지 하나면 되고, 당신의 이웃은 그냥 내어두어야 한다는 것을 선언하도록 하는" 지도자를 원하는 세상이 되었다. 이 변화는 상대적으로 갑작스러운 것이었다. 라일은 이 상황을 주목하고 슬픔에 가득 차서 그것을 언급했으며, 맹렬하게 그 상황에 반대했다. 그러나 아무 효과가 없었다. 영국의 문화와 교회는 계속해서 이런 현상을 따라 갔다. 지도자와 개척자였던 라일이 이 상황을 제대로 인정하기는 쉬운 일이 아니었다.

라일의 감독직에 대한 냉담한 비판은 아주 흔했다. 임명받았을 당시 그가 나이로나 지적으로나 스스로 아주 잘 준비된 사람이었다는 것은 진실이다. 그가 리버풀로 왔을 당시 그가 산업 도시에서 일한 경험 없이 마을과 작은 시장 도시들의 공동체에서만 일해 왔다는 것 또한 사실이다. 일하다 죽으려던 그의 로맨틱한 열정 때문에 그의 은퇴가 너무 오랫동안 연기되었다는 것도 사실이다(비록 1898년까지의 그의 지도력 수준이 다른 논쟁을 일으키고 있음에도 불구하고). 주교들의 모임은 그에게 힘을 주지 못했다. 1888년의 람베스회의(Lamberth Conference)에는 참석하지 않았고, 후에 그 회의의 회람 편지에서 자신의 이름을 빼기도 했다. 건물을 짓거나 노동자를 복음화시키기 위해 인력을 동원하는 모든 수고에서, 그의 노력이 주목할 만한 성공을 거둔 경우는 홉슨(Hobson)의 교구 같은 한두 교구에 지나지 않았다는 것도 사실이다. 그러나 이것들이 그의 생애의 전체 이야기도 아니고, 주요한 부분도 아니다. 라일의 감독직에 대한 더 나은 평가는 그의 죽음 이후에 남긴 유산을 통해 이루어져야 한다.

라일은 헌신적이었고, 열심을 다해 일했고, 완고했지만, 전체적으로는 관대하고 동정심 많은 주교였다. 우리가 살펴 본 것처럼, 그는 자신이 조직하고 세우고 지속적으로 성장하고 번영하게 했던 주교 관구를 남겼다. 그의 마지막 삼 년 주기의 시찰회에서 연설을 했다.

> 나의 성직자들은 새로운 리버풀 주교구의 첫 번째 주교가 그의 주교 관구를 사랑했다는 사실을 믿을 것이다. 또한 그가 하나님께서 그에게 주신 통찰에 근거하여 그 관구의 영적인 풍성함을 증진시키려고 애썼다는 사실도 믿을 것이다. 내가 여러분들에게 바라는 것은 오직 하나뿐이다. 내가 여기에 왔을 때 64세였고, 젊지 않았다는 사실을 기억해 달라는 것이다. 또한 많은 어려움 속에서도 내가 내 책임을 다하려고 노력했다는 사실을 믿어달라는 것이다.

라일의 소박함에 대해서는 크게 논쟁할 여지가 전혀 없지만, 무에서 시작했다는 것을 고려하면서 적절한 기준으로 평가해 보면, 자금을 모으고, 도덕률을 유지하며, 교구의 구조를 합리화하고, 평신도 사역을 극대화하고, 리버풀을 중요한 복음주의의 힘과 자질과 능력을 가진 교구로 세웠다는 점에서 그의 감독직은 탁월하게 성공적이었던 것으로 평가받아야 한다. 아마도 그의 생애 동안, 리버풀은 잉글랜드 국교회에서 가장 주목할 만하게 복음주의적이었을 것이고, 가장 열정적으로 복음화 사역에 참여했던 주교 관구였을 것이다. 80세가 될 때까지 그는 쉼 없이 선한 사업을 위해 일했다. 그가 이룬 업적을 볼 때 그의 삶을 다룬 전기가 있을 법도 한데, 왜 아무도 즉각적으로 그의 전기를 쓰지 않았을까?

그를 잘 알았던 사람들이나 그 일을 할 수 있는 능력을 가진 사람들은 모두 스스로 영국의 지배적인 종교적 흐름과는 너무나도 동떨어져 있고, 정말로 그 흐름을 목격할 때마다 그것을 가차 없이 비난했던 이 전투적인 옛 개신교도에게 주목함으로써 자신들이 스스로 혼란에 빠질지도 모른다고 생각했을 것이다. 1975년에 마이클스마우트(Michael Smout)는 다음과 같이 기록했다.

> 라일은 좋은 주교였다. 아마도 탁월하다고는 할 수 없을 것이다. 그러나 매우 유능한 주교였다. 칭찬에 너무 인색한가? 우리가 이미 살펴보았듯, 홉슨은 좀 더 너그러웠다. 라일은 리버풀의 첫 번째 주교로서 위대했다. 내게는 이것이 좀 더 진실한 평가로 느껴진다.

11. 위대한 설교자

유명한 지휘자 토스카니니(Toscanini)는 생애 말기에 무슨 음악을 연주하던 간에 그가 지휘하는 작품들을 즉각적으로 인정받게 해 주었던 탁월한 다목적 오케스트라 연주 체계를 발전시켰다.

이미 언급했듯이, 그의 사역 초기에 라일은 설교자와 논쟁가, 연설가, 상담가, 작가로서 그 자신을 똑같이 탁월하게 해 주었던 훌륭한 산문 양식을 발전시켰다. 이 양식은 짧고 갑작스럽고 도전적인 문장들로 구성되어 있는, 무뚝뚝하고 퉁명스러우며, 신랄하고 능수능란한 문체로서, 종속절이 하나 이상인 경우가 거의 없고, 규칙적으로 배열된 모든 단어가 북소리가 점층적으로 올라가는 듯한 효과를 만들어 내는 스타일이었다. 또한 청중과 독자들이 자기 자신에게 전달되고 있다고 느끼게 하려는 목적 하에, 일인칭 단수 대명사를 많이 사용하는 개인적이고 대화하는 듯한 방식이었다. 헬밍엄에서의 그의 첫 번째 설교를 요약하여 출판된 라일의 첫 번째 소책자의 제목,『여러분께 말씀드릴 것이 있습니다』(*I Have Somewhat to Say unto Thee*)가 이 방식을 완벽하게 반영하고 있다고 할 수 있다. 빗발치듯 쏟아지는 말의 포화를 통해서 그의 생각이 서서히 그리고 착실하게 드러났다는 점에서 그의 방식은 집요했다고 말할 수 있다.

또한 생각이 계속해서 이동하면서 한 단어도 헛되이 낭비하지 않았다는 점에서 경제적이었다고 말할 수 있다. 라일은 결코 자신의 말을 반복하면서 시간만 보내지 않았으며, '치고 빠지는'(strike and stick) 몇 개의 '선택해서 꾸려놓은'(picked and packed) 단어들을 사용함으로써 자신이 말하고자 하는 요점에 초점을 맞출 수 있었다. 그의 구분법은 언제나 명확했고("한편으로는…, 다른 한편으로는"), 그가 사용한 제목들은 눈에 띄었으며, 현실 세계에 적합한 예화와 수사적 강조법은 하나님의 눈과 손아래 있는 삶의 드라마와 위험, 도전과 영광, 그리고 기쁨의 복음을 이해할 수 있게 해 주었다.

한 마디로, 그는 대중의 눈높이에서 놀랍도록 탁월한 소통을 했던 것이다. 가르침의 열정, 정직한 겸손, 온화한 동료애의 감정, 진리를 전하는 용기가 개인적으로나 공적으로나, 그가 쓴 모든 글에서 동일하게 표현되었고, 그가 말한 모든 언사에서 일반화하여 입증되었다. 복음주의 그리스도인의 입장에서, 찰스 스펄전(Charles Haddon Spurgeon)이 가장 위대한 빅토리아 시대의 설교자였다면, 라일은 분명히 가장 위대한 빅토리아 시대의 저술가였고, 성경을 강해하고, 복음을 선포하며, 신앙을 변증하고, 사람과 시대를 평가하고, 교회의 문제을 분석하며, 필요한 개혁을 논하는 그의 책자들을 읽을 때, 모든 독자는 그의 책에서 엄청난 활력을 느낄 수 있게 된다.

라일의 방식이 어떻게 형성되었는가 하는 점은 공개된 비밀이다. 에스버리(Exbury)에서의 사역 초기 몇 달간, 라일은 시골 사람들이 계속해서 듣고 싶어 하는 단순한 언어 구사법을 익힐 필요가 있음을 깨달았다. 성직자들에게 행한 1887년의 강의, "단순하게 설교하라"에서, 그는 그 단순성을 확보하기 위해 그가 찾아낸 것이 무엇인지를 밝혔다. 명석한 두뇌, 일상적인 언어, 짧은 문장, 직접적인 화술, 예화(분석, 일화 등), '지성'(brains)과 기도. 단순성을 강조하는 것은 어려운 일이었기에, 그는 단순성을 추구하는 이들에게 다음과 같은 조언을 했다.

모범이 될만한 것들을 읽고, 설교할 때 좋고 단순한 예화들을 사용하는 것에 익숙해져야한다. 영어 성경은 좋은 모범이 될 것 이다. 영어 성경에 나타난 용어들을 사용하도록 노력한다면, 당신의 말하기 실력은 늘 것이다. 또 존 번연의 불후의 명작인『천로역정』을 읽어야 한다. 만약 당신이 단순하게 설교하길 원한다면, 읽고 또 읽어야 한다. 물론 청교도 저작이라고해서 무조건 이를 위해 읽으라고 권하는 것은 아니다. 그들의 저작 중에는 너무 무거운 것도 있음은 의심할 수 없다. 토마스 굿윈이나 존 오웬의 저작들은 매우 무겁다. 물론 그 작품들은 높은 지대에 있는 대포와 같이 훌륭한 책들이다. 백스터, 왓슨, 트레일, 플라벨, 차녹, 홀, 헨리 등 그들의 글들을 읽어야 한다. 그럼에도 불구하고 가장 좋은 모범은 영어성경이다. 언어란 시대에 따라 바뀐다. 청교도들은 영어를 사용하였고, 우리도 영어를 사용하지만, 그들의 문체는 오늘날과 많이 다르다. 그러니 그들의 저작 외에도 현대판 영어 성경을 구해서 읽기를 권한다.

지난 100년간, 급진주의적 정치적 색깔을 띤 윌리엄 코빗(William Cobbet)만큼 뛰어난 영어 문필가는 드물 것이다. 그는 세상 누구보다 훌륭한 앵글로색슨어를 사용해 저술 활동을 했다. 한편, 오늘날 앵글로색슨어를 가장 잘 사용하는 인물은 존 브라이트일 것이다. 오래된 정치적 연설가들 중, 채텀 경(Lord Chatham), 미국의 패트릭 헨리(Patrick Henry)의 연설들은 영어의 좋은 모범이다.

한편, 성경 다음으로 단순하고, 명료하며, 설득력 있으며, 힘있는 영어는 셰익스피어의 작품에 잘 나타나 있다. 만약 당신의 설교의 구성이 좋아지기를 원한다면 이러한 모범들을 연구하고 또 연구해야 한다. 당신이 심방을 간다면, 혹 그들 중 가난한 자들이 있다면, 그들과는 너무 어려운 이야기를 나누지 않도록 해야 한다. 난롯가에 함께 둘러 앉아 그들의 생각을 들어야 한다. 그들이 당신의 설교를 이해하게 만들기 위해서는 우선 그들의 생각의 틀, 그들의 표현 방식 등을 발견해야 한다. 그렇게 함으로써 당신은 당신도 모르는 사이에 많은 것들을 배우게 될 것이다.

여러분이 이런 식으로 준비되기만 한다면, 여러분들 역시 사람들을 붙잡고 사로잡는 잘 가르치는 설교자 그리고 저자가 될 수 있다고 라일은 말한다. 그는 좀 더 부드럽게 말한다.

나는 종종 스펄전 목사의 설교를 읽는다. 왜냐하면 입수 가능한 모든 자료로부터 설교 힌트를 얻어야 하기 때문이다. 다윗은 골리앗의 칼에 대해서 묻지 않았다. 누가 그 칼을 만들었는지, 누가 그 칼을 갈았는지, 무엇으로 그 칼을 주조했는지 등을 궁금해 하지 않았다. 다윗의 손에는 칼이 없었으나 골리앗의 머리를 베기 위해 다윗은 골리앗의 그 칼을 사용했다는 것이 중요하다.

스펄전 목사는 유능한 설교자이다. 그토록 많은 군중이 그의 설교를 듣기 위해 몰려드는 것을 보면 알 수 있다. 왜 사람들이 어떤 설교에 모이는지 생각해보아야 한다. 만약 당신이 스펄전 목사의 설교를 읽는다면 그가 대단히 명백하게 내용 구분을 하고 각 단락을 아름답고도 간결한 생각들로 채우는 것에 주목해야 할 것이다. 그의 생각을 이해하는 것은 조금도 어렵지 않다. 그는 중요한 진리들을 아주 철저하고 명확하게 전달하기에 그의 설교는 한번 들려지면 잊혀지지 않는다.

스펄전은 라일을 잉글랜드 국교회에서 가장 훌륭한 인물이라고 부른 적이 있었다. 여기에서 스펄전은 라일을 영국 전역에서 가장 위대한 설교자라고 효과적으로 칭송하고 있다.

그러나 우리가 라일의 평범하지 않은 설교와 가르치는 능력에 대해 고려할 때, 그러면 무엇을 가르쳐야 할까? 그에 대한 짧은 대답은 성경(과거에도, 또 현재에도 여전히)과 복음이었다. "단순하게 설교하라"의 끝머리에서, 라일은 다음과 같이 경고했다.

> 예수 그리스도의 단순한 복음을 아주 풍성하고 명확하게 모든 사람이 이해할 수 있게 전하지 않는다면, 세상의 모든 단순함은 전혀 훌륭하게 작용하지 못할 것이다. 십자가에 달리신 그리스도께서 여러분의 설교에서 올바른 자리에 계시지 못한다면, 그리고 죄가 마땅히 그래야 하는 것만큼 드러나지 않는다면, 청중은 그들이 믿어야 하고, 존재해야 하고, 행해야 하는 것을 전혀 듣지 못하게 된다. 그렇다면 여러분의 설교는 아무런 쓸모가 없는 것이다.

12. 위대한 유산

우리는 위대한 인물의 진짜 위대함이 언제나 그의 살아생전에 알려지는 것이 아님을 안다. 분명히 존 라일은 이 사례에 딱 들어맞는 인물이다. 그는 강하고 명석했으며, 박식하고 열심히 일했으며, 솔직하고 담대했고, 실천적이고 상식적인 인물이었음을 부인할 수 없고, 부인한 사람도 없었다. 그는 그리스도의 영광과 죄인의 구원, 잉글랜드 국교회의 복음주의적 갱신에 헌신한 청렴결백한 사람이었다. 그러나 이 평가 이외에도, 그의 관점에 공감을 가지지 못한 이들의 관점에 따라, 국교도 안에서는 대체로 별로 특별할 것이 없는 사람으로, 비국교도들 사이에서는 잉글랜드 국교회에 자신을 전적으로 바치는 것에는 실패한 국제적인 칼빈주의자로 평가 받았다. 우리는 두 범주 모두 라일의 위대함의 많은 부분을 잃어버린 평가로 느껴진다. 전체 공동체를 위한 목회를 통해 잉글랜드 국교회를 영적으로 갱신하려 했던 라일의 비전과 잉글랜드 국교회 체계를 효과적인 갱신의 수단으로 인식하고 그것에 충성한 점은 그의 위대함의 중요한 일부이다. 여기서 기록을 남긴 것은 이 위대함의 원인과 배경을 그대로 보여주고자 하는 희망에서이다. 이제 이 위대한 청교도 주교에게 발견한 여섯 가지 주요한 탁월함에 초점을 맞춤으로써, 라일의 위업을 전체적으로 보여주고자 한다.

1) 복음주의에 대한 냉대의 극복

19세기 잉글랜드 국교회 복음주의자들은 언제나 소수였고, 교회와 사회 모두에서 어느 정도 소외되고 조롱 받았다. 모든 사람이 새로운 태어남을 필요로 하는 죄인이며, 예배와 교제와 증인과 사마리아인과 같은 섬김에 대한 일관된 주장으로 라일은 성직자들의 위엄을 따지는 어리석음과 평신도의 일상적인 교회 출석 모두를 정죄했다. 또한 전자가 후자에 우선하는 삶의 참된 우선순위라는 일관된 주장은 강한 공격이 되었고, 이에 대한 조롱이 그 반응으로 돌아왔다. 라일은 일찍이 회심하였을 때, 가정에서 이것을 경험하였다.

시골의 교구 목사로 일하던 시기에는 설교했던 건물들을 가득 채운 그의 솔직함으로 인해 많은 동료가 그를 비난하고 거리를 두었다. 주교가 되었을 때의 이야기도 거의 비슷했다. 상황을 잘 살펴보면, 그는 언제나 감독 관구의 동료들 사이에서 열정과 능력, 성취로 크게 존경 받았던 눈에 띄는 점박이 새와 같은 존재였다. 그러나 복음주의자였던 그에 대한 냉담함에 더하여, 그가 공식적으로 그의 견해를 출판함으로써, 적어도 두 개의 당파로부터 적극적인 혐오와 무시를 당하게 되었다.

그들의 지도자였던 존 헨리 뉴먼(John Henry Newman) 이전, 혼돈의 10년 동안 옥스포드운동가들(Tractarians)로 불렸던 고교회 성례주의자들은 1845년에 로마 가톨릭 신도로 돌아섰다. 라일은 이들이 1860년경에 행한 바로크와 중세의 의식때문에 그들을 예전주의자라고 불렀다. 후에 그들은 스스로 잉글랜드 국교회 가톨릭주의자(Anglo-Catholics)라고 칭한 이들이 라일에 적대감을 품는 몇 가지 이유들이 있었다.

첫째, 신약성경뿐만 아니라 1850년의 고햄 재판(Gorham Judgment)에 호소하는 라일은 세례를 통한 중생을 주장하는 그들이 품은 믿음과 성인 교인들의 회심을 위해 노력하지 않고, 새로운 삶으로 증명되는 새 마음의 내적 실체를 강조하지 않는 그들의 실패를 비난했다.

둘째, 우리가 이미 살펴본 바와 같이 라일은, 그들이 실제로 이것을 인식했거나 그렇지 않았거나 그리스도의 실제 임재라는 그들의 사상을 표현하는 성찬의 예전화와 희생제물을 바치는 제사장 사상이 성경으로부터 이탈하여 로마로 향하는 중요한 움직임이라고 주장했다.

셋째, 그는 영국의 종교개혁자들과 순교자 열전 저술가인 존 폭스(John Foxe)를 거짓말쟁이와 바보, 고집쟁이라고 정죄한 고교회의 면전에서 그의 박식함을 동원해 폭스의 명예를 회복시켰다.

넷째, 그는 예전주의자들을 기소함으로써 예전의 합법적인 사용을 제한하려는 전략 속에서 1865년에 설립된 런던교회협의회(London Church Association)를 계속 지원했다.

다섯째, 그는 "나는 로마 가톨릭교회가 신앙에서 떠난 그 예언된 변절자임을, 바벨론이며 적그리스도라고 믿습니다"라고 선언하는 데 주저하지 않았다.

이로써 그는 어떤 상태로든 로마를 지향하는 것에 반대했던 영국인들의 전통적인 로마 적대감을 강화시켰다. 그러나 예전주의 성직자들의 숫자는 늘어났고, 라일의 반-성직, 반-성례주의는 그를 점점 더 고립되게 만들었다.

새로운 지성적 발전을 따라가려고 했던 광교회(Broad Church)의 이성 옹호자들은 라일이 한 세기 전 부흥운동으로 특징지어진 복음주의 신앙의 옛적 길에 집착한다는 이유로 그를 깎아 내렸다. 라일은 고등비평이 성경의 초자연주의를 벗겨내려 했던 시도에 저항했으며, 우리가 이미 보았듯이, 1860년에 『에세이즈 앤드 리뷰즈』(Essays and Reviews)지를 창간한 수정주의자와, 복음주의 선교운동에 그토록 강한 불을 붙인 종교 세계에서의 기독교 복음의 최종성(finality)과 이방인들은 멸망당할 것이라는 확신에 의문을 제기한 그들의 추종자들에게 현대판 사두개인들이라는 꼬리를 붙여주었다. 그러나 이 견해들은 19세기가 진행되면서 더욱 확장되어 갔고, 라일은 그들을 계속해서 반대함으로써 그들에게서 지적인 원시인으로 취급받아 소외되어 갔다.

반세기가 넘는 기간 동안에 생산한 라일의 저술들은 이로 인한 상처와 의심, 좌절을 조금도 보여주지 않는다. 라일의 감독직 기간 동안에 리버풀의 지역 신문들인 「머큐리」(Mercury), 「커리어」(Courier), 「데일리 포스트」(Daily Post), 「에코」(Echo), 특히 「포큐파인」(Porcupine)과 「리버럴 리뷰」(Liberal Review)에 의해서 그에게 때때로 가해진 질 낮은 비판들도 그를 괴롭히지 못한 것 같다. 지금과 마찬가지로 당시 리버풀은 매우 활기찬 지역이었고, 역시 지금과 마찬가지로 그때도 복음주의자들은 자주 풍자의 대상이 되었다. 그 이유들을 찾기란 어렵지 않다. 먼저, 은행 파산과 관련된 그의 이야기에서 우리가 이미 확인했던 것처럼, 그는 자신이 가진 개인적인 깊은 감정이 무엇이든 숨길 줄 알았다. 불굴의 정신(stiff upper lip)은 빅토리아 시대 신사 문화의 일부였고, 라일의 아들 허버트는 후에 그의 아들 에드워드에게 다음과 같이 말했다. "우리 라일 집안의 사람들은 정말로 여러 면에서 절제하는 사람들이다."

그러나 라일은 자신의 기반에 확신을 가졌기 때문에 깊은 상처를 전혀 받지 않았다. 그는 자신이 옳다고 확신했고, 그가 하나님을 위해 일할 때 반대하는 장애를 뛰어넘는 법을 배웠다. 하나님의 인도하시는 손에 대한 매우 강한 믿음으로 그의 삶에서 일어나는 모든 일은, 그것의 의미를 당시에 느끼고 볼 수 있는 순간이나 그렇지 않은 순간이나 궁극적인 의미가 있다고 확신했다. 일부 캐나다인들이 모기들과 기꺼이 사는 것처럼, 주교 라일은 그를 깎아 내리는 비판자들과 더불어 유쾌하게 살았다. 그래서 그는 결코 상처를 받거나 환멸을 느끼지도 않았고, 그의 친구들과 사랑하는 사람들에 대한 온화함도 사그라지지 않았다. 어떤 사람들은 그가 자신의 견해를 주장하는 그 열정 때문에 논쟁적이고, 우쭐거리고, 심지어 심술궂다고 생각함에도 불구하고, 라일은 많은 주님의 일을 하는 동안에 겸손하고, 침착하고, 단호하고, 완고하고, 굳건한 인물의 놀라운 예로 여전히 우리 앞에 서 있다. 우리가 라일의 유산을 따르고자 한다면, 그의 실례는 이 점에서 확실히 그 유산의 주요한 일부가 될 것이다. 즉 현대 세계에서와 잉글랜드 국교회 모두에서, 복음주의자들은 시대 풍조와는 멀리 떨어져 있고, 따라서 이들의 소외는 계속되는 현상인 것이다.

2) 복음주의 가정생활

17세기 청교도는 처음이자 동시에 가장 근본이 되는 사회 단위를 가정으로 보았다. 아버지가 다스리고 가르치고 매일의 가족 기도를 인도할 필요를 크게 강조했다. 어머니는 아버지를 지원하고 모든 면에서 그를 도와야 했다. 아이들은 순종하고 부모로부터 첫 교육을 받으며, 기쁨이 넘치는 장소로서 가정을 경험해야 했다. 19세기 복음주의자들도 이 이상을 동일하게 수용했다. 우리는 헬밍엄에 있던 시기에 라일의 아내가 만성적으로 질병에 시달리고 있었다는 사실을 살펴보았다. 라일은 세 자녀를 돌보아야 할 책임을 지고 있었다. 이 책임에서 아주 가깝고 따뜻한 관계가 형성되었다. 허버트 라일은 다음과 같이 회상한다.

> 서포크의 시골에서 생활할 때, 아버지는 우리들에게 전부였다. 우리에게 게임과 동식물의 역사(natural history)와 천문학을 가르쳤고, 우리가 절대로 게을러서는 안 된다고 가르치셨으며, 우리가 책을 사랑할 수 있도록 주의해서 양육하셨다. 우리 소년들에게 그분은 특별히 너그러우셨다. 또한 어느 정도는 우리가 잘 모르는 것에 대해서도 관대하셨다. 고교회 저술가들은 의도적인 험담으로 아버지의 자리를 무너뜨리려고 애썼다. 아버지와 나는 많은 점에서 달랐지만, 그 차이가 우리 사이에 있는 친밀한 애정에 그늘을 드리우지는 않았다. 아홉 살이 되어 학교에 간 이래로, 나는 그분에게서 거친 말을 들어본 적이 없다.

후에 부주교가 된 제임스(S. R. James)는 십대 시절에 라일의 두 큰 아들 역시 십대 소년들이었던 시절의 스트라드브로크를 방문한 후, 다음과 같은 글을 남겼다.

> 거대한 체구와 몹시 큰 목소리를 가진 라일 씨는 한 젊은 방문객에게 어느 정도 위압감을 가져다주었다. 그러나 그는 매우 친절하고 다정다감했다. 나는 곧 집에 편안히 있는 것 같은 느낌을 갖게 되었다. 그 집의 환경은 경건했다. 매일의 성경 읽기, 다소 긴 가족 기도, 많은 종교적인 대화. 그러나 이 모두는 풍성했고, 꾸밈이 없었다. 나는 우리 가운데 지루해 했던 사람은 없었다고 생각한다.

의심할 바 없이, 라일은 좋은 아버지였다. 그는 또한 좋은 남편이기도 했다. 첫 두 아내를 돌본 것이 좋은 사례가 될 것이다. 세 번째 아내와의 유대는 정말로 깊었던 것 같다. 그의 고백에 따르면, 1889년에 아내가 죽음으로써 정말 힘이 들었고, 그 이후의 생애는 이전과 완전히 달랐다. 라일이 차일드월(Childwall)의 교회 마당에 있는 아내의 묘석에 새긴 글은 다음과 같다.

> 여기 예수 그리스도의 재림을 기다리며, 우리가 함께 그분 안에서 다시 만나게 될 날을 기다리며, 그 소망 속에 헨리에타 아멜리아 라일(Henrietta Amelia Ryle) 잠들다…. 신학박사, 리버풀의 주교, 라일의 아내로 27년을 살다. "그리스도는 만유시요"(골 3:11). "예수님의 피가 우리를 모든 죄에서 깨끗하게 하실 것이요"(요일 1:7). "이르기를, 너는 평안하냐? 네 남편이 평안하냐? 아이가 평안하냐? 하였더니 여인이 대답하되 평안하다"(왕하 4:26).

그는 살아 있는 동안 매주 아내의 무덤을 방문하였는데, 아마도 그 구절들을 자주 묵상했을 것이다. 우리는 라일이 청교도 신앙의 거장으로서뿐만 아니라, 청교도 남편과 가정의 놀라운 모본으로서도 우리 앞에 서 있음을 깨닫게 된다.

많은 사람이 개가 없는 가정은 완전할 수 없다고 주장해왔다. 라일 가문이 헬밍엄과 스트라드브로크, 또는 리버풀에서 개를 키웠는지 아닌지에 대한 정확한 정보는 없다. 그러나 우리는 라일이 엑스버리에서 한 마리를 키웠다는 사실을 알고 있다. 또한 매클스필드에서 소년 시절에 후에 거대한 개로 자라난 라임 메스티프(Lyme mastiff) 종 강아지 한 마리를 선물 받았다.

> 지금(1873) 나는 그 녀석의 새끼를 태어날 때부터 내내 데리고 있는데, 그 녀석이 영원히 내 가족과 함께 살게 되기를 희망한다.

개를 사랑하는 사람들은 1841년 8월, 라일이 헨버리(Henbury)를 떠나려던 마지막 시기의 마지막 작별 이야기 안에 담긴 쓰라림을 느낄 수 있을 것이다.

그날 아침, 특히 나를 좋아했던 내 늙은 라임 메스티프 종, 시저(Caesar)의 얼굴만큼 내 마음을 움직였던 것은 없었다고 생각한다. 마치 그가 자신은 도저히 이해할 수 없다는 듯이, 왜 자신이 나와 같이 갈 수 없는지를 이해할 수 없다는 표정으로 나를 바라보았을 때를 기억한다. 그 이후 한 달 내내, 그 불쌍한 개는 매일 아침 집 문이 열릴 때마다 집 안으로 달려 들어와서 내 방으로 올라왔다. 아침부터 밤까지 그는 거기, 문에 앉아 있었고, 어떤 것에도 요동하지 않고 그대로 거기에 머물러 있었다. 어두워지면, 일어나서 문 바닥의 냄새를 맡으며, 가련하게 낑낑거리며, 아래 층으로 내려갔다. 그 개는 한 달 동안 매일 이 행동을 반복했다.

결국 라일은 시저를 그의 그리스도인 친구들 가운데 한 사람에게 주었다. 그러나 거기서 시저는 친구로서가 아니라 개로 취급 받았다. 그래서 시저는 거칠어졌고, 늘 줄에 묶여 있었으며, 결국 오래 살지 못했다.

라일은 자신과 관련된 이야기를 쓸 때, 대체로 사실에 근거하여 글을 쓰고 감정을 담지 않았다. 그러나 가족 관계에서의 우정과 사랑과 고통에 대한 그의 풍성한 감정은 위의 이야기를 통해 크게 빛난다. 드물게 보여주기는 하지만, 라일의 이런 점은 언제나 그의 일부였기에, 이는 때때로 그가 보여준 엄청난 유머와, 일부 사람들로 하여금 그가 선하고 부드러운 감정을 갖고 있지 않았다고 생각하게 만든 무뚝뚝함 사이에 균형을 잡게 해 준다.

그의 아들들 전부가 그의 신앙관에서 어느 정도 떨어져 나갔다는 점, 오직 그의 딸 제시 이사벨라(Jesse Isabella)만이 그 신앙을 변치 않고 유지했다는 점은 슬픈 아이러니다. 그 원인이 무엇이든지 라일이 아버지로서 실패한 것을 보여주는 것은 아니다. 라일이 가정에서 분명한 인간미와 온화함을 보여준 것은 그가 우리에게 하나의 본이 되는 더 좋은 사례인 것이다.

3) 복음주의 신앙의 선언

라일의 복음주의 선언 부분에 대해 몇 가지 중요한 사항을 언급할 필요가 있다.

첫째, 라일은 언제나 독자이자, 학자이자, 사상가였다. 소책자 저술가와 팜플렛 제작자로서의 그의 능력 때문에 그가 옥스포드에서 학위를 받을 때 가장 탁월한 우등생 그룹 안에 들었다는 사실과, 그가 스스로 가장 소중하게 여긴 개인 소유물이었을 가능성이 있는 커다란 신학 서재를 가지고 있었다는 것, 또한 그가 평생 신학 저술을 읽었다는 사실을 잊어서는 안 된다. 그는 학계에 있었던 사람이 아니라 목회자였다. 독서를 할 때, 그는 언제나 "이것이 참일까?"라고 묻는 동시에, "이것이 평범한 사람들에게는 어떤 유익이 있을까?"라는 질문을 늘 염두에 두고 있었다. 그러나 복음주의자는 좀 더 많은 것을 알게 되면 꺾이고 무너질 믿음을 갖고 있는, 많이 못 배운 사람이라는 대중적인 이미지는 라일에게 거의 해당하지 않는 것이었다. 라일에게 청교도 윌리엄 거널(William Gurnall)의 『전신 갑주를 입은 그리스도인』(*The Christian in Complete Armour*)은 "성경 다음으로 신앙과 실천의 유일한 규범으로 존경 받는 책, 그리스도와 성령이 그들의 가장 올바른 자리를 차지하고 있는 책, 칭의와 성화와 중생과 믿음과 은혜와 성결이 명확하고 분명하고 정확하게 해설되고 드러난 책… 정말로 좋은 책" 가운데 하나였다. 라일은 이 책이 다른 책들과의 차별성을 갖고 있다는 것을 보여주기 위해 다음과 같이 덧붙인다.

> 나로서는 내가 사람들 안에서 역사하는 내 주님의 경륜과 그리스도의 사역에 빛을 비춰주기 위해서 저술된 것은 내가 구할 수 있는 한 모두 다 읽는다고 말할 수 있을 뿐이다. 그러나 읽으면 읽을수록, 현대 신학에 대한 내 존경심이 점점 더 사라진다(그는 이 글을 1864년에 썼다). 내가 가르치는 사람들의 새로운 학파들이 출판한 책을 공부하면 할수록, 사람들이 그러한 글을 읽고 과연 만족할 수 있겠는가를 놓고 점점 더 많은 의문을 갖게 된다. 내 지성이 그들의 기원을 인지하는 바, 그들은 소위 가톨릭이나 광교회 체계들에서 나온 저술들인데, 그것들은 모호하고, 어렴풋하고, 피상적이며, 불분명하고, 속이 비어 있고, 목적이 분명하지 않다. 그러한 책은 이 세상에 집착하며, 세속적이다. 신학에 관한 한, 옛 것이 더 낫다.

라일이 종교개혁과 청교도와 복음주의 신학을 참된 것으로 여기고, 그의 시대에 유행한 어떤 종류의 신종 신학과 비평에도 지지할 의사를 표현하지 않은 것은 그가 무식해서가 아니라 오히려 그가 지식을 갖고 있었기 때문이다.

둘째, 라일에게는 진리에 대한 열정이 있었다. 그는 인간의 마음이 진리를 추구하며, 하나님은 성경 속에 우리가 구할 진리를 넣어 놓으셨으며, 우리는 종교적 의문에 대하여 책임을 갖고 하나님과 우리 자신 앞에 분명한 의견을 표현해야 한다고 믿었다. 『교인 수칙』(*Principles for Churchmen*)에서, 라일은 소위 '해파리'(jellyfish) 정신이라고 부른 상태를 날카롭게 조롱했다. 교의 혐오에 대해 그는 다음과 같은 글을 썼다.

이것은 현재 엄청난 해를 끼치고 있는 전염병으로, 특히 청년들 사이에서 유행하고 있다. 이것은 지상에서의 '해파리' 기독교라고 내가 부르고 싶은 현상을 만들어낸다. 즉 뼈와 근육과 힘이 없는 기독교이다. 해파리는 바다 속에서 유영하고 있을 때는 작고 섬세하고 투명한 우산처럼 예쁘고 우아하게 뻗어 나간다. 그러나 똑같은 해파리가 해변으로 떠밀려오면, 해파리는 움직일 능력도, 자기 방어 능력도, 자기 보존 능력도 없는 단지 무능한 덩어리일 뿐이다. 아! 이것은 오늘날의 종교에서 활기 있게 유행하는 형태이다. 그 주요 원리는 "교리, 특정주의, 좋은 교리는 없다"라는 것이다.

우리 주변에는 그들 신앙의 몸 안에 단 하나의 뼈도 없는 것 같은 수백 명의 성직자가 있다. 그들은 분명한 의견을 갖고 있지 않으며, 어떤 학파나 분파에도 속해 있지 않다. 그들은 아무런 견해도 갖고 있지 않기에 "극단적인 견해들"을 매우 두려워한다. 매년 수천 건의 '해파리' 설교가 행해진다. 날카로움도 없고, 요점도 없고, 구석으로 몰고 가는 것도 없고, 당구공처럼 부드럽기만 하고, 죄인을 깨우지도 않으며, 성도의 덕을 향상시키지도 않는다. 우리는 얻어 들은 껍데기 철학으로 무장하고, 종교에 관한 어떤 견해도 결정하지 못하는 수준에다, 기독교 진리가 무엇이냐에 대해 그들의 뜻을 정하도록 도와주지도 못할, 자신들의 영리함과 지식의 상징인 것처럼 생각하는 '해파리' 청년들이 떼거리로 매년 대학에서 배출되고 있다. 그들은 마치 무함마드의 꾸며낸 관처럼, 천국과 땅 사이에 대롱대롱 매달린 의심의 상태로 살아간다.

결국 그리고 최악의 상태라 할 수 있듯이, 우리는 수많은 '해파리' 예배자들에 대해 어떤 명확하고 분명한 관점도 입장도 갖고 있지 않은, 그저 모양새 좋게 교회만 다니는 사람들을 보유하게 되었다. 이들은 눈이 색맹인 사람들이 색을 구별하지 못하는 것보다 더하게, 정말로 아무것도 분별하지 못한다. 이들은 모든 것이 옳고, 아무도 잘못되지 않으며, 모든 것이 참되고, 아무것도 거짓된 것이 없으며, 모든 설교는 좋고, 어떤 설교도 나쁘지 않으며, 모든 성직자는 건전하고, 어떤 성직자도 불건전하지 않다고 생각한다. 이들은 '어린 아이처럼, 교리의 바람이 부는 흐름에 따라 앞뒤로 왔다갔다 하는' 사람들이다. 종종 모든 새로운 종류의 흥밋거리나 감정에 이끌린 운동에 휩쓸리고, 옛 것을 확고하게 붙잡고 있지 않기에, 새로운 것들은 언제나 받아들일 준비가 되어 있다. 궁극적으로 '그들 안에 있는 희망의 이유를 말할 수' 없는 이들이다. 평신도가 진리에 대한 체계적인 견해를 붙드는 것은 그렇게 중요하지 않고, 안수 받은 목회자들이 가르치는 동안 명확하고 분명하게 교리를 전달할 필요가 없다는 것이다.

라일의 사역이 이미 분명하게 보여준 것처럼, 또 라일이 출판한 소책자와 논문이 보여주고 있는 것처럼, 라일은 스스로 평생의 사역을 통해서 진리에 대한 열정의 모범을 제시했다.

4) 복음주의 성도의 자격

라일은 39개조 신조와 공동 기도서를 해석하고, 거기에 더하여 스스로 복음주의 전통, 즉 종교개혁, 청교도주의, 18세기 복음주의를 열정적으로 제시함으로써 교인들을 심사했다.

그는 역사적 분석을 통해 자신의 사례를 만들었는데, 이 기준에 의문을 제기할 수는 없었다. 그러나 라일의 시대에 잉글랜드 국교회에 널리 퍼져 나가고 있던 사상은 잉글랜드 국교회는 폭이 넓어야 하고, 고교회와 광교회에서 진행되고 있던 내용들을 적어도 일반적인 의미에서 하나님과 그분이 주시는 축복에서 나온 것으로 취급해야 한다는 것이었다. 우리가 잘 알고 있듯이, 라일은 이 견해에 반대했다. 그러나 크누트(Canute, 994-1035, 변화에 저항한 완고함으로 유명했던 잉글랜드, 덴마크, 노르웨이의 왕가)는 밀려오는 파도를 막아 낼 수 있었던 것과는 달리, 이 흐름에 저항할 수가 없었다.

그러나 예전주의자들과 광교회 전통이 영적 힘을 전달하지 못한다는 그의 논증이 잊혀서는 안 된다. 다른 무엇보다도 그의 논증은, 39개신조와 공동 기도서에서 제시된 교리적 잉글랜드 국교회주의는 신약성경이 직접적으로 보여주고 있는 영적 삶에 대한 교훈적인 강조와 묘사에 맞아 떨어진다는 것이었다. 근래 수 년간 유행한 예전(rituals)의 재발견과 새로운 은사주의가 잉글랜드 국교회를 라일의 세계와는 멀리 떨어뜨려 놓는 것처럼 보일 수 있다. 그러나 다시 한 번 반복되는 것일 수도 있지만, 세대가 아무리 달라져도 하나님과 인간의 본성과 필요는 조금도 변하지 않았기에, 역사적인 잉글랜드 국교회의 신조집 안에 있는 그대로를 따랐던 그때에 영적인 능력이 있었음을 상기시켜 주는 것이 바로 그의 증언이었다. 라일의 강조 속에서 드러나는 그 힘과 설득력, 명확성은 그가 우리에게 남겨 준 또 하나의 탁월한 유산이다.

5) 복음주의의 생명력

라일은 개인과 집단 모두가 가지고 있는 복음주의의 생명력에 대한 비전을 제시했다. 우리는 그의 삶을 통해 이것을 증명할 수 있지만, 여기서는 매혹적인 힘을 가진 그의 책을 통해서 그것을 드러내 보이고자 한다.

여러 차례 언급한 것처럼, 라일은 신앙적인 면에서 그의 동시대인들의 영적 기준이 낮았다고 믿었기에, 그리스도인의 삶에 대한 자신의 많은 저술은 그 기준을 높이기 위해 썼다. 열정에 대해 기록한 그의 글을 예로 들어 보자.

나는 이 말세의 나태하고 안락하고 잠들어 있는 기독교, 열정 속에 담긴 아름다움을 도무지 볼 수 없고, '열심 있는 사람'이라는 단어를 오직 불명예를 의미하는 단어로만 사용하고 있는 오늘날의 기독교에 일격을 가하고 싶다.

신앙적 열정은 하나님을 기쁘시게 하고자 하는, 그분의 뜻을 행하고자 하는, 모든 가능한 방법으로 이 세상에 그분의 영광을 증진시키고자 하는 불타는 욕구이다. 이 열정은 어떤 인간도 본성으로는 느낄 수 없는 것이며, 모든 신자가 회심할 때 성령께서 그의 마음 안에 넣어주시는 것이다. 그러나 어떤 신자들은 그들만이 소위 '열정의' 사람이라 불릴 만큼 다른 사람들보다 그 열정을 더 강하게 느낀다.

이 욕구가 사람을 정말로 지배할 때는, 이것이 너무도 강력해서, 만약 하나님을 기쁘시게 하고 그리스도를 높일 수만 있다면, 그는 어떤 희생도 감당하고, 어떤 난제도 다 감당하고, 어떻게든 자기 자신을 부인하고, 고난받고, 일하고, 수고하고, 인내하고, 그 자신을 드리고, 자신을 내어 놓고, 심지어는 죽기까지 한다.

신앙적으로 열정적인 사람은 탁월하게 한 가지에만 집중하는 사람(a man of one thing)이다. 그가 열심을 내고, 마음을 쏟고, 타협이 없고, 철저하고, 전심을 다하고, 영적으로 뜨겁다고 말하는 것만으로는 충분하지 못하다. 그는 오직 한 가지만을 바라본다. 그는 오직 한 가지에만 관심을 보인다. 그는 오직 한 가지만을 위해 산다. 그는 오직 한 가지에만 사로잡혀 있다. 그 한 가지는 오직 하나님을 기쁘시게 하기 위한 것이다. 그가 살든지 죽든지, 그가 건강하거니 병들어 아프거나, 그가 부유하든지 가난하든지, 그가 사람들을 기쁘게 하거나 화나게 하거나, 그가 지혜로운 사람으로 취급받든지 어리석은 사람 취급을 받든지, 그가 비난을 받거나 칭찬을 받거나, 그가 명예를 얻든지 수치를 당하든지, 이 모든 것에 대해 열정적인 사람은 전혀 신경쓰지 않는다. 그는 오직 한 가지만을 위해 불타오른다. 그 한 가지는 오직 하나님을 기쁘시게 하고, 하나님의 영광을 드높이는 것이다. 그가 그 불로 다 타버린다고 하더라도, 그는 거기에 신경을 쓰지 않는다. 그는 만족한다. 램프처럼, 그는 타버리기 위해 만들어졌다고 생각한다. 오히려 불에 다 타버리면, 그는 하나님께서 그에게 지우신 그 역할을 다 한 것이다. 그런 사람은 언제나 자신의 열정을 불태울 영역을 발견하기 마련이다. 전할 수 없다면, 일할 수 없다면, 돈을 줄 수 없다면, 그는 울고, 한숨 쉬고, 기도할 것이다.

그렇다. 그가 그저 극빈자일 뿐이라면, 영구적으로 침상에 누워있는 자라면, 그는 자신을 둘러싸고 있는 죄에 대항하여 중보의 기도를 드릴 것이다. 그가 여호수아와 함께 골짜기에서 전투하는 데 참여할 수 없다면, 그는 언덕 위에서 모세와 아론과 훌의 역할을 맡을 것이다(출 17:9-13). 그가 스스로 일할 수 없게 된다면, 그는 다른 곳에서 도움이 오기 전까지 결코 주님을 쉬게 하지 않을 것이고, 결국 일은 완수될 것이다. 이것이 바로 신앙의 '열정'이 의미하는 것이다.

우리는 앞에서 라일이 자기 기만과 영적 태만과 성경에 등장하는 용어들의 참된 의미를 공허하게 만들었던 '피어솔 스미스주의'(Piersall Smithism)를 어떻게 비난했는지를 살펴보았다. 승리(*Victory*)는 그들의 용어들 가운데 하나였다. 이제 여기서 라일 자신이 그리스도인의 활력이라는 그의 발전된 인식의 한 측면으로서, 승리라는 주제를 어떻게 다루는지 나온다. 그는 요한계시록 2장과 3장에 나오는, 이기는 자들에게 주시는 그리스도의 약속을 여기에서 다루고 있다.

여러분이 거듭나서 천국에 가게 될 사람인지 스스로 입증하고자 한다면, 여러분은 그리스도의 승리하는 군사가 되어야 한다. 여러분이 그리스도의 귀한 약속을 누릴 자격을 얻고자 한다면, 그리스도의 대의를 위하여 선한 싸움을 싸워야 하고, 그 싸움에서 반드시 승리해야 한다.

승리는 여러분이 구원을 주는 신앙의 소유를 보여주는 만족할 만한 유일한 증거이다. 아마도 여러분들은 좋은 설교를 좋아할 것이다. 여러분들은 성경을 존중하고, 때때로 성경을 읽는다. 여러분은 아침저녁으로 기도한다. 여러분은 가정 기도회를 갖고, 신앙 모임을 갖는다. 나는 이 모든 것에 대해 하나님께 감사드린다. 이들은 모두 좋은 것들이다. 그렇지만 전투는 어떻게 되어 가고 있는가?…여러분은 세상에 대한 사랑과 사람에 대한 두려움을 극복하고 있는가? 여러분은 마음의 열망과 분노와 정욕을 억제하고 있는가? 여러분은 악마와 싸우고 그가 여러분에게서 달아나도록 만들고 있는가? 이 문제가 어떻게 되어가는가? 여러분이 죄와 악마와 세상을 다스리지 않으면 그들을 섬겨야 한다. 중간의 길은 없다. 여러분이 정복하지 못하면 패배할 수밖에 없다.

나는 우리가 싸우는 싸움이 어려운 전투라는 것을 잘 안다. 그리고 여러분도 역시 그것을 알게 되기를 원한다. 여러분이 천국에 이르고자 한다면 매일의 싸움에서 결단해야 한다. 죄, 세상, 악마를 실제로 죽이고, 저항하고, 물리쳐야 한다.

이 길은 옛 성도가 걸었던 길이다. 모세는 쾌락을 사랑하는 것을 극복했다. 미가야는 안락에 대한 사랑을 극복했다. 다니엘은 죽음에 대한 공포를 이겨냈다. 마태는 돈에 대한 사랑을 이겨냈다. 베드로와 요한은 사람에 대한 두려움을 극복했다. 바리새인이었던 사울이 유대인들 가운데 있고자 하는 그의 마음의 소망을 포기하고, 한때 그가 핍박했던 그 예수님을 전했을 때, 이것은 바로 이기는 것이었다. 그는 사람의 칭찬을 사랑하는 마음을 극복한 것이었다.

여러분이 구원받기를 원한다면 여러분도 역시 이들이 행한 동일한 것들을 행해야 한다. 그들은 여러분이 가진 것과 같은 열망을 가진 사람들이었다. 그러나 그들은 그 모든 것을 극복했다. 그들은 여러분들이 경험했을 수 있는 많은 시험을 겪었지만 이겨냈다. 그들은 싸웠다. 그들은 씨름했다. 그들은 투쟁했다. 여러분도 똑같이 해야 한다. 그들의 승리의 비결이 무엇이었나? 그들의 믿음이다. 그들은 예수님을 믿었다. 믿음이 그들을 강하게 만들었다. 그리고 그들을 붙들어 주었다. 이 모든 전투에서, 그들은 자신들의 시선을 예수님께 고정시켰다. 그러자 예수님께서는 그들을 떠나지도, 그들을 버리지도 않으셨다. 그들은 "또 우리 형제들이 어린 양의 피와 자기들이 증언하는 말씀으로써"(계 12:11) 이겼다. 따라서 여러분도 할 수 있다.

그리스도인의 활력에 대한 라일의 비전으로 인해 우리는 하나님께 감사해야 한다. 그리고 그 비전이 우리를 감동시켜 우리의 시선을 위로 향하도록 해야 한다. 우리는 라일이 흠이 없었다고 주장하는 것이 아니다. 그에게는 분명히 약점이 있었다. 대성당 참사회 의원 홉슨(Canon Hobson)이 단언했듯이, 라일이 정말로 위대했다고 주장하는 것이다. 우리는 독자들에게 우리의 의견에 동의하는지 그렇지 않는지 고려해 보라고 요청하고 싶다. 또한 라일을 번민하게 했고, 그가 청교도적 용어로 대답했던 문제들이 오늘날 현대적인 형태로 등장할 때 도전이 된다.

우리가 성경을 어떻게 이해하고 적용할 것인가? 우리 성직자들이 체계적으로 날마다 가르쳐야 할 믿음은 무엇인가? 참된 영적 삶, 참된 영적 예배, 참된 기독교적 성결, 참된 기독교적 자기 훈련은 무엇으로 구성되어 있는가? 그리스도의 말씀이 어떻게 효과적으로 전달되고 전파될 수 있을까? 설교자들은 어떻게 양심에 호소할 수 있을까? 잠자는 교회가 어떻게 하면 깨어날 수 있고, 죽은 교회가 어떻게 하면 살아나고, 약한 교회들이 어떻게 하면 강해질 수 있을까? 내가 이미 언급했듯이, 이 질문들이 오늘날 떠오를 때, 나는 독자들이 문화의 변화를 초월하는 원리와 방법에 근거하여, 라일의 대답이, 또 그 대답에 따른 라일의 목회 모델이 독자들에게 앞으로 나아갈 참된 길을 잘 보여주고 있는지를 더 깊이 고려해 보라고 초청하는 것이다.

13. 위대한 저술가

1) 라일『신앙강좌 시리즈』

라일은 위대한 저술가였다. 그가 출판한 라일『신앙강좌 시리즈』의 자료들은 말로 행해진 연설이나 설교의 수사적 문체로 되어 있어서, 이 자료들을 통해서 라일은 이것들을 읽는 독자들이 즉각적으로 꾸밈없고, 마음을 탐구하게 하며, 교훈적이고, 능숙하고, 열정적으로 하나님의 영광에 헌신된 대중 전달의 언어 표현에 친숙해지도록 초대하고 있다.

① 성결(*Holiness*)
② 오직 한 길(*Knots Untied*)
③ 옛 길(*Old Paths*)
④ 선한 길(*The Upper Room*)
⑤ 곧은 길(*Practical Religion*)
⑥ 바른 길(*No Uncertain Sound*)
⑦ 영적 거인(*Christian Leaders of the Eighteenth Century*)

라일『신앙강좌 시리즈』책자들의 중심 주제는 진지하게 믿고 회개하고 순종할 뿐만 아니라, 그들이 그렇게 하는 만큼 영적인 정직과 겸손을 유지하는 죄인의 행복이었다. 그가 저술한 대부분의 책은 실제 설교와 연설에서 비롯한 것이었다. 이런 종류의 잘 알려진 대중전달을 대할 때, 우리는 그 지혜 뒤에 담긴 가르침을 무시하거나, 궁극적인 결과물을 결정적인 것보다 일시적인 것으로 치부하기 쉽다. 우리는 학문하는 사람들이 결정적인 것을 전달하기 원할 때는 그들이 전체적인 것을 다루는 책을 쓰기 마련이라고 생각한다. 그러나 라일『신앙강좌 시리즈』들은 대체로 이렇게 제각기 행해진 연설과 설교문들을 모은 것일 뿐이고, 주제에서는 연결성이 있으나 전체적인 논증이 연결되어 있는 것들이 아니었다. 실제로 이 모든 자료의 전체 제목이 제시된 것을 보면 알 수 있겠지만, 설교와 소책자가 함께 묶여 있었다. 따라서 이 장엄한 글의 신학적 무게가 내내 경시되어 왔다. 이 점은 정말로 고려되어야 하는 중요한 사항이다.

우리가 라일『신앙강좌 시리즈』를 충분하게 연구하여 전체적으로 글로 평가하는 것은 가능한 일이 아니다. 그러나 라일 주교 스스로 언급했듯이, 거스리 클락(Guthrie Clark)은 라일이 가장 가치있게 생각한 일곱 가지 주제에 초점을 맞추었다. 여기서 그가 정리한 그대로 그 긴 구절들을 인용하는 것 이상으로 더 좋은 글을 쓸 수는 없다고 생각한다. 다루어진 배경은 지금쯤 우리에게 익숙해졌을 것이다. 인용된 구절들의 일부는 이미 우리가 접한 적이 있지만, 클락의 재진술에는 우리가 충분히 주의를 기울일 만한 라일의 것과 같은 힘이 느껴진다.

(1) 성경의 충족성과 수위성

라일『신앙강좌 시리즈』는 성경의 충족성과 수위성을 말한다.

> 하나님의 말씀으로 모든 것을 입증하라. 모든 목회자, 모든 가르침, 모든 교리, 모든 설교, 모든 저술, 모든 견해, 모든 실천을 하나님의 말씀으로 입증하라. 성경을 기준으로 모든 것을 측정하라. 성경의 불

을 품을 수 있는 것은 받고 붙들고 믿고 순종하라. 성경의 불을 품을 수 없는 것은 거절하고 거부하고 의절하고 내어 버리라.

(2) 인간의 전적부패

인간이 하나님과의 관계 앞에서는 전적으로 타락했다. 예수 그리스도의 은총이 없이는 구원을 받지 못한다. 그는 18세기의 복음주의 설교자들에 대한 글을 쓰면서 말한다.

그들은 그리스도께서 모든 사람 안에 있다는, 모든 존재가 그 내부에 선한 것을 소유하고 있다는, 그들이 구원받기 위해서는 그냥 그것을 움직여 사용하기만 하면 된다는 현대의 사상에 대해서는 전혀 몰랐다. 그들은 이런 식으로 사람들에게 아부하지 않았다. 이들은 사람들에게 그들이 죽었고 다시 살아나야 한다고 직설적으로 말했다. 그들이 죄인이고, 잃어버린 자들이고, 무능하고 소망 없고 영원한 파괴의 임박한 위험에 처해 있다고 말했다. 사람들을 선하게 만드는 첫 번째 단계가 그들이 궁극적으로 악하다는 사실을 보여주는 것이라는 점은 이상하고 역설적인 것처럼 보인다. 자신들의 영혼을 위해 뭔가를 하도록 사람들을 설득하는 가장 우선되는 논증은 그들이 아무 것도 할 수 없다는 것을 확신시키는 것이라는 점 역시 이상하고 역설적이다.

(3) 그리스도의 죽음

그리스도의 십자가와 죽음이 전부이다.

우리는 '완성된 행위' 안에서 우리 영혼의 안식을 얻는다. 우리에게는 구원에 필요한 모든 것을 행하시고, 모든 것을 지불하시고, 모든 것을 성취하시고, 모든 것을 완성하신 한 분 구세주가 있다. 우리가 우리 자신의 행위를 바라볼 때, 우리는 그 불완전함 때문에 수치를 느끼게 될 것이다. 그러나 우리가 그리스도의 완성된 행위를 바라볼 때, 우리는 평안을 느끼게 된다. 우리가 믿기만 한다면, 우리는 그분 안에서 완전하다.

(4) 믿음으로 의롭게 됨

라일은 신조 11항을 정말로 엄청나게 자랑스러워했다. 라일은 우리가 오직 우리의 주님이자 구세주인 예수 그리스도를 믿음으로만 하나님 앞에서 의로운 자로 인정받는다는 것을 설명할 때보다 더 행복했던 적은 없었다.

그 하나님의 아들을 믿는 사람은 누구나 즉각적으로 용서받고, 용인되고, 칭의를 얻으며, 의롭다고 인정받고, 죄 없다고 인정받고, 모든 정죄의 가능성에서 해방된다. 우리의 많은 죄는 예수 그리스도의 귀한 피로 인해 즉각적으로 씻김을 받는다. 우리 죄악된 영혼은 즉각적으로 우리 주 예수 그리스도의 완전한 의로 옷을 입는다. 그가 과거에 무슨 짓을 했는지는 중요하지 않다. 그의 죄가 가장 최악의 종류일 수도 있다. 그의 이전 성품이 최악의 상태였을 수도 있다. 그러나 그가 하나님의 아들을 믿는가? 이것만이 유일한 질문이다. 그가 믿는다면, 그는 하나님 보시기에 모든 것으로부터 의롭게 된 자이다.

(5) 회심의 절대적 필요성

하나님의 영이 찾아오면 인간이 중생을 하고, 세상을 사랑하던 사람이 하나님을 사랑하게 된다.

우리 주 예수 그리스도께서 구원을 위해 필요하다고 선언하신 변화는 분명히 어둡고 피상적인 것이 아니다. 이 변화는 단지 개혁이나 수정, 도덕적 변화나 삶의 외적인 교체가 아니다. 이것은 부활이다.

이것은 죽음에서 생명으로 이동하는 것이다. 이것은 우리의 죽은 마음 안에 위로부터 온 새로운 원리를 이식하는 것이다. 새로운 본질과 새로운 삶의 습관과 새로운 취향과 새로운 욕구와 새로운 의욕과 새로운 판단과 새로운 의견과 새로운 희망과 새로운 근심을 가진 새로운 피조물이라는 존재로의 부르심이다. 우리 주 예수께서 우리 모두에게 새로운 탄생이 필요하다고 선언하실 때에 위의 내용과 다른 의미로 말씀하신 것은 아니다.

(6) 참 신앙과 개인적 성결의 연결
중생한 사람은 성령의 충만으로 거룩한 삶을 살아간다.

어떤 사람이 여전히 부주의함과 죄 안에서 살고 있는 것을 알면서도 하나님께로부터 태어났고, 거듭났다고 말하는 것은 위험하다. 성령의 은혜가 있는 곳에는 언제나 어느 정도 성령의 열매가 있다. 나타나지 않는 은혜는 은혜가 아니며, 반율법주의와 다르지 않다. 요약하면, 우리는 아무것도 보이지 않으면, 아무것도 소유하지 못한 것이다.

(7) 하나님은 죄를 미워하심
라일 『신앙강좌 시리즈』는 하나님이 죄를 미워하시므로 회개하고 구원을 받아야 한다는 데 초점을 맞추고 있다.

사람이 구원받지 못한다면, 하나님이 사람을 사랑하지 않으시기 때문이 아니다. 그들을 구원하고자 하지 않으시기 때문도 아니다. 사람들이 그리스도께 나아오지 않기 때문이다. 그러나 우리는 기록된 것 이상을 볼 수 있을 만큼 지혜로워야한다. 소위, 병적으로 관대함에 집착함으로써, 우리는 하나님이 다음 세상에 대해 계시하신 내용 가운데 단 하나라도 빠뜨려서는 안 된다. 때때로 사람들은 마치 하나님이 다른 어떤 속성도 갖고 있지 않은 것처럼, 오직 자비와 사랑과 동정에 대해서만 이야기한다. 그리고 그분의 거룩과 순결하심과 정의와 변치 않으심과 죄에 대한 미움에는 눈을 돌린다. 이런 망상에 떨어지지 않도록 주의하라. 이것이 마지막 시대에 급증하고 있는 죄악이다.

이 요약문에서 우리는 라일의 복음주의 신학의 핵심과 관점 모두 명확하게 진술된 것을 확인한다. 잉글랜드 국교회 성직자로서, 라일은 국교회 성직자의 역할은 교구 조직을 통한 교회 기관 중심의 전도를 실천하는 데 헌신하는 것으로 보았다. 이것은 요람에서 무덤까지, 즉 영국인들의 인생 여정의 전 단계에서, 교회가 그들을 목회적으로 돌보는 것과 참된 경건(piety, 그는 '종교'〈religion〉라는 단어를 썼다)을 모든 사람에게 가르치는 것을 포함하는 것이었다. 라일은 잉글랜드 국교회 복음주의자로서 그리스도와 구원에 대한, 이제는 은혜로 구원받아 입양된 자녀가 되어 아버지 하나님과 교제하는 것에 대한, 성령으로 중생하여 태어난 그 믿음과 소망과 사랑에 대한 지식을 모든 면에서 복음주의적으로 이해하여 그것을 그의 사역에 투영하는 것으로 보았다.

클락은 일곱 가지 요점을 강조하여 라일이 다룬 모든 것을 지속적으로 가르쳤다. 그래서 복음주의적 신앙에 대하여 라일이 가르친 것은 언제나 영적 실재의 세계라는 이야기에 각도가 맞추어졌고, 그 안에서 죄인은 성경을 따라서, 예수 그리스도를 믿는 믿음을 통해서, 실재이신 하나님을 알고, 실재적인 그리스도인의 삶을 살라는 부름을 받는 것이었다. 복음주의 신앙 체계에 목회의 각도를 맞추는 라일의 능력은 그의 유산의 가장 가치 있는 부분들 가운데 하나였다.

2) 사복음서 강해 시리즈

라일은 성경을 묵상할 때에도 복음주의적인 방식이 동일한 가치가 있다는 사실을 증명했다. 사복음서에 대한 해설서들『사복음서 강해 시리즈』(*Expository Thoughts*)를 짧은 단락으로 나누어 7권으로 저술했다.

① 마태복음 강해
② 마가복음 강해
③ 누가복음 강해(Ⅰ, Ⅱ)
④ 요한복음 강해(Ⅰ, Ⅱ, Ⅲ)

사복음서 강해 시리즈는 가정 기도와 심방 사역 시간에 읽기에 알맞은 저술이다. 각각의 단락을 읽는데 약 10분씩 걸렸다. 그는 또한 이 저술을 통해서 바쁜 개인이 경건한 묵상에 많은 열매를 맺기 바랐다. 실제로 이 글에는 일부 계파의 사람들 사이에서 소위 논증적 묵상(discursive meditation)이라 불린 묵상법의 탁월한 실례가 많이 포함되어 있었다. 특별히 청교도는 이런 묵상 방법을 설교자들이 매 주일에 강단에서 말씀을 선포하기 전에, 혼자서 하나님 앞에서 기도의 예비 단계로 묘사했다. 즉 성경 본문에서 나온 성부와 성자, 성령 및 삼위 하나님과 인간의 관계에 대한 우주적 진리를 지도와 위안, 교정과 동기 부여를 위하여 자기 자신에 적용하는 것이었다. 우리가 요한복음 6장에 대한 해설에서 이미 살펴본 것처럼, 라일의 강해 사상은 고전적인 방식의 작업을 토대로 한 것이었다. 이 방식은 우리가 아는 한, 성경 묵상을 위해 펌프에 물을 붓는 것과 같은 선한 역할을 지금도 여전히 감당하고 있다. 현대 목회를 들여다보면, 너무도 자주 어떤 묵상의 방법론을 보여주지도 않고, 실제로 어떤 사람들은 어떻게 한다는 사례도 제시하지 않으면서 사람들에게 성경을 읽고 묵상하라고 말한다. 라일의 방법은 오늘날의 그리스도인들의 양육을 위하여 지금도 제공할 수 있는 것으로써, 그 간극을 메울 수 있을 것이며, 엄청난 유익이 될 것이다.

14. 맺는 말

우리가 발전된 역사적 청교도주의 안에 신약 기독교가 명백하게 구현되어 있다는 사실을 분별하게 된 지 500년 이상이 흘러 오늘이 되었다.

역사적 청교도주의라고 할 때, 엘리자베스 여왕 시대의 사람들인 그리넘(Greenham), 퍼킨스(Perkins), 리처드 로저스(Richard Rogers)와 함께 형성되기 시작하여, 스튜어트 왕가를 반대하고 종교의 자유를 지지한 백스터(Baxter), 하우이(Howe), 헨리(Henry)와 함께 사실상 끝이 났지만, 잉글랜드에서는 십스(Sibbes), 오웬(Owen), 번연(Bunyan)을 배출하였고, 뉴잉글랜드에시는 토미스 후커(Thomas Hooker), 인크리스 매더(Increase Mather), 코튼 매더(Cotton Mather), 그리고 최종적으로 조나단 에드워즈(Jonathan Edwards)를 배출하였다. 역사적 청교도주의는 성경에 근거하고, 그리스도 중심적이며, 회심을 강조하고, 경건하고, 교회를 중시하고, 공동체 지향적인 운동을 지칭한다.

신약 기독교가 명백하게 구현되어 있다고 할 때, 교부들의 삼위일체 객관론, 아우구스티누스가 정리한 자아와 죄에 대한 지식, 주요 종교개혁자들이 소유했고 공유했던 그리스도와 십자가, 믿음으로 말미암는 칭의에 대한 지식, 예배하는 교회의 존재 이유에 합당하게 그리스도의 영광을 구하는 그리스도인의 우주적 열정을 청교도들이 특별히 공헌했던 중생과 성화와 자아의 내면적 삶에 대한 통찰과 크게 조화시킨 믿음의 틀과 삶의 형태에 대해 말하고 있는 것이다. 믿음의 틀과 삶의 형태란, 모든 상황과 삶의 걸음과 개인 상태와 관계와 삶의 활동에서 거룩함을 이뤄내고 유지하기 위한 투쟁을 체험하면서, 또한 그 거룩함을 잉글랜드와 웨일즈 전역에, 심지어는 영국 전역에 가능한 모든 수단을 동원하여 세우기 위한 투쟁을 겪으면서, 실천하고, 경험하고, 양심에 따르고, 결심하며, 열의를 다하고, 소망에 가득 차 있고, 열심히 일하고, 비전을 품었던 삶을 말한다. 청교도 기독교의 정확함과 풍성함에 처음부터 크게 놀랐고, 그 놀라움은 시간이 지날수록 점점 더 커져만 갔다.

이런 청교도적 이상 속에서 연구한, 한 사람 한 사람의 청교도들 안에서 본 것은 지금껏 세상에 존재한 가장 완벽하고, 가장 심오하고, 가장 장엄한 성경적 신앙이 그들 안에서 구현되었다는 사실이었다.

독일의 루터교 경건주의와 18세기, 19세기의 영어권 복음주의 운동들을 그들이 말하는 그대로 부분적이라고 평가할 때, 즉 그들이 거룩함에 대한 청교도적 비전을 불완전하게 실현했다는 점을 인정할 때, 복음주의 신앙을 18세기에 시작된 것으로 취급하는 복음주의 유산의 많은 후기 탐구들에 대해서는 부분적인 지지만을 보낼 수 있을 뿐이다. 옛 시대와 오늘날의, 소위 복음주의는 청교도주의가 계속되고 있는 것으로 보아야 한다는 것이 진실이다.

그러나 개신교 세계에서의 세속화된 압력과 관점으로 인해 그 폭이 점점 좁아지고 있다. 지적으로, 문화적으로, 인문학적으로, 미적으로, 관계적으로. 그 결과 이 운동은 거인들보다는 영적 난쟁이들(pygmy)만을 계속해서 배출하고 있다. 우리의 발전 정도와 우리의 약점들은 청교도의 기준으로 측정되고 탐색되어야 하는데, 그 기준이 성경적 기준이기 때문이다. 영국의 복음주의 부흥과 뉴잉글랜드의 대각성 운동의 주역들은 이것을 잘 알았기에, 그들은 이 기준에 따라 읽고 생각하고 기도하고 말하고 행동했다.

오늘날의 복음주의자들은 그들 자신의 역사에 거의 관심이 없기에, 그들이 자신에게 사용할 이름을 빌려 온 그들의 선조와 비교할 때, 얼마나 작고, 메마르고, 가볍고, 피상적이고, 유치한지조차 분간하지 못한다는 것이 사실이다. 이 사실이 우리가 현재 가진 약점들 가운데 더욱 두드러진 것이기 때문에, 시간이 갈수록 점점 더 인식을 못하게 될 것이 분명하다. 엘리엇(T. S. Eliot)이 자신의 문화 세대를 '짚으로 가득 찬…속이 텅 빈 인간'이라고 묘사한 것처럼, 우리는 스스로를 축소된 복음주의자들의 난쟁이 세대라고 인식할 수 있어야 한다. 현대의 그리스도인은 세련되고자 하는 열심으로 충만해 있지만, 소외되고 자포자기한 서구 세계의 취향에는 도무지 매력이 없다. 이것은 별로 좋은 상태가 아니다.

그러나 청교도 주형에서 만들어진 후기의 거인들, 청교도 전통이 주축 기독교의 척도이자 우리 영혼의 성장을 위해 공급된 비타민이라는 사실을 알고, 그것의 가치를 인정하고, 그것을 먹고 자란 거인들이 있었다. 빅토리아 시대의 인물 중에는 찰스 스펄전이 있었고, 또 존 라일이 있었다. 두 사람 다 순진한 성경적 복음을 중심에 두고, 그 복음을 확고하게 유지하기 위해 끝까지 싸웠다. 교리와 경건이 쇠퇴하는 상황 속에서 그들은 여기에 도전하는 거의 유일한 목소리였다. 둘 다 그들의 지지자들에게 존경을 받았으나, 그들은 자기 수준의 후계자들을 갖지는 못했다. 두 사람 모두, 21세기가 시작되는 시기였다면 그들이 어떻게 글을 썼을까에 대한 우리 시대 사람들의 궁금증을 풀어줄 작품을 남겼다.

마틴 로이드 존스 박사(Dr. D. Martyn Lloyd-Jones, 1899-1981)는 라일은 아마도 이런 빅토리아 시대의 불꽃같은 인물들과 특징에 가장 잘 부합하는 거의 유일한 20세기 영국 복음주의자이며, 청교도일 것이다. 그는 우리 시대가 영적인 문제에서 전례가 없을 만큼 혼돈스런 시대이고, "그리스도인이란 도대체 누구인가?"라는 세상의 질문을 받고 대답을 강요받을 정도의 교회가 되었다고 주장하곤 했다. 확실히 그가 옳았다. 로이드 존스의 말은 그가 그 말을 했던 한 세대 전보다 오히려 지금 시대에 더 진실하게 울린다. 우리가 이미 살펴보았듯, 라일은 풍성한 성경적 신앙의 열정적인 대표자였고, 거기에 더하여 교회의 사명에 대한 전략적인 사상가였다. 그러나 로이드 존스처럼, 그는 공적인 사역에서 언제나 현실의 그리스도인들이 통합해야 할 두 종류의 오래되고 변하지 않는 진리를 강조하고 강화했다.

첫 번째 것은 우리가 종교개혁의 신앙이라 부르는 것이다. 즉 신약의 모범에서 어떤 것도 더하지도 않고 빼지도 않은, 성경 중심, 하나님 중심, 그리스도 중심, 십자가 중심, 구원 중심의 신앙이다.

두 번째 것은 성경이 마음과 삶의 중생을 요청하고 있는 것이다. 즉 인격을 변화시키는 부활하신 그리스도와의 생명을 얻는 연합을 통해 동기와 가치와 목표와 행동 양식이 변화한 것을 명백히 보여주어야 한다는 것이다.

또한 성령께서 가져다주시는 행하고 인내하는 능력, 찬양과 기도, 사랑과 섬김을 명백히 보여주어야 한다는 것이다. 이 새로운 삶을 이해하고, 그 안으로 들어가고, 그렇게 사는 것이 모든 사람의 가장 중요한 소명이라고 독자들이 생각한다면, 그렇게 하도록 사람들을 돕는 것이 모든 교회의 가장 중요한 책임이라고 생각한다.

청교도 주교 라일은 우리로 하여금 잘못된 길과 곁길에서 불러내고, 그의 시대 이후의 새로운 세대의 사람들에게 어떤 땅 위에 발을 디뎌야 할지를 보여주는, 상징(icon)이자 봉화(beacon)와 같은 인물이었다고 평가받을 수 있다. 여기 위대한 전통이 있다. 여기 지혜와 생명의 참된 길이 있다. 라일은 많은 사람을 인도했다. 그는 인도자였다. 그는 이제 우리를 인도하고 있다. 모든 영광을 하나님께 돌린다!

이렇게 말한다고 해서, 우리가 우리 시대의 자녀들인 것처럼, 라일이 그의 시대의 자녀였다는 사실을 잊어도 좋다고 독자들에게 말하고 있는 것은 아니다. 라일의 사고방식과 수사법, 라일의 명민함과 학문, 영국인, 성직자, 주교로서의 라일의 자기 이해는 우리가 이미 주목했듯이 초기, 또는 후기 빅토리아 시대의 것이었다.

라일의 시대 이후로 시간의 다리 밑으로 많은 물이 흘렀고, 학문 세계, 잉글랜드 국교회, 로마 가톨릭교회, 일과 여가와 가정생활, 기술과 여행, 대중문화, 독서 습관, 일반적으로는 종교, 특히 기독교의 양식에 많은 변화가 찾아왔다. 그러나 우리는 라일이 우리의 가슴에 직접적으로 말하고 있음을 알게 된다. 라일은 모든 점에서 우리의 동시대인이 아니기에, 우리가 우리의 시대 상황 이외의 것을 상상한다면, 영적으로 상처를 받게 될 수도 있다. 나는 마치 라일이 우리에게 인류 최후의 지혜를 말했다거나, 그가 교리문답(catechetics)을 최종적으로 마무리하기라도 한 듯이 그의 말을 들으라고 촉구하고 있는 것이 아니다.

칼라일(Carlyle)의 표현을 빌자면, 자신을 참된 신앙에 속한 영원한 것과 무한한 것에 조율한 한 사람, 라일에 우리 자신을 조율하라고 권면하고 있는 것이다. 이 영원한 것과 무한한 것은 복음의 진리에 대한 지식, 우리 주 예수 그리스도의 은혜에 대한 지식, 중생의 변화를 가져다주는 실재에 대한 지식, 제자 훈련과 그 기쁨에 대한 지식, 하나님의 도우심으로 세상과 육신과 악마에 대항하는 싸움에 대한 지식, 선교와 목회를 가능하게 하시는 성령에 대한 지식, 성경에 충만하게 계시된 하나님에 대한 지식을 의미한다. 라일은 자기 자신에 대해서, 재미있으면서도 냉철한 기지로, "교황보다 오류가 더 많은 사람"이라고 말했다. 우리는 이 말에 동의할 수도 있다.

그러나 우리는 과거나 현재나, 그리스도와 성경에 근거하여 인류에 대한 신적 지혜의 최우선이자 근본이 되는 말씀을 표현하는 일에서, 라일보다 더 훌륭한 기독교적 직감과 실력을 가진 사람의 이름을 댈 수 있을 것이라고 생각하지 않는다. 독자 여러분은 라일이 줄 수 있는 것을 라일에게서 얻게 되기를 소망한다. 즉 어떤 것으로도 따라 잡을 수 없고, 어떤 것으로도 능가할 수 없는 근본적인 기독교 진리를 얻게 되기를 소원한다. 이 좋은 양식으로 인해 하나님께 감사하라. 여러분이 천국의 이편에서 이보다 더 영양이 풍부한 음식을 발견할 수 없을 것이다.

> 하나님의 말씀을 너희에게 일러 주고 너희를 인도하던 자들을 생각하며 그들의 행실의 결말을 주의하여 보고 그들의 믿음을 본받으라 예수 그리스도는 어제나 오늘이나 영원토록 동일하시니라(히 13:7-8).

존 C. 라일 신앙강좌 시리즈
바른 길

2013년 11월 30일 초판 발행

지은이 | 존 C. 라일
옮긴이 | 박영호

편집 | 박상민, 박예은
디자인 | 박희경, 박슬기
펴낸곳 | 사)기독교문서선교회
등록 | 제16-25호(1980. 1. 18)
주소 | 서울시 서초구 방배로 68
전화 | 02) 586-8761~3(본사) 031) 942-8761(영업부)
팩스 | 02) 523-0131(본사) 031) 942-8763(영업부)
홈페이지 | www.clcbook.com
이메일 | clckor@gmail.com
온라인 | 기업은행 073-000308-04-020, 국민은행 043-01-0379-646
　　　　 예금주: 사)기독교문서선교회

ISBN 978-89-341-1333-1 (04230)
　　　 978-89-341-1195-5 (세트)
* 낙장 · 파본은 교환해 드립니다.

이 도서의 국립중앙도서관 출판시 도서목록(CIP)은
서지정보유통지원시스템 홈페이지(http://seoji.nl.go.kr)와
국가자료공동목록시스템(http://www.nl.go.kr/kolisnet)에서
이용하실 수 있습니다.
(CIP제어번호: CIP2013022742)